Im März 1832 erhält Honoré de Balzac einen Brief, gezeichnet von einer ›Unbekannten‹ aus Odessa. Balzac ist zu diesem Zeitpunkt 33 Jahre alt und gerade im Begriff, sich als Schriftsteller einen Namen zu machen. Er leistet sich einen aufwendigen, seine materiellen Verhältnisse weit übersteigenden Lebenswandel, verkehrt in aristokratischen Kreisen und setzt alles daran seine ländlich-kleinbürgerliche Herkunft vergessen zu machen.

Der anonyme Brief erreicht Balzac im richtigen Augenblick: Gerade hat er mit der Marquise de Castries, einer Dame der besten Gesellschaft, gebrochen, nachdem er als Liebhaber abgewiesen worden war. Balzac konzentriert von nun an seine romantischen Hoffnungen und Lebensentwürfe auf jene rätselhafte ›Fremde‹, die er sich zu erobern und zu lieben vornimmt, noch bevor er sie kennengelernt hat. Hinter der Unterzeichnerin verbirgt sich Ève Hanska, Gemahlin eines reichen Grundbesitzers aus der Ukraine. Eine Antwort Balzacs auf ihren Brief erscheint im April 1832 in der ›Gazette de France‹. Die Korrespondenz, die sich über einen Zeitraum von siebzehn Jahren erstrecken wird, gewinnt bald an Intimität. Ein Jahr darauf begegnen sich die beiden zum ersten Mal in Neuenburg, bald darauf wird die sehr viel jüngere Frau Balzacs Geliebte. Nach dem Tod des Grafen Hanska unternimmt Balzac mehrere Reisen in die Ukraine und heiratet die lang Verehrte im März 1850, fünf Monate vor seinem Tod.

Von der Korrespondenz sind nur die Briefe Balzacs erhalten. Jene von Evelina Hanska verbrannte der Schriftsteller auf Verlangen der Gräfin. Die vorliegende Auswahl erzählt indirekt die Geschichte jener ›amour lointain‹, aus deren Spannung zwischen Hinwendung und Ferne Balzac kreative Kraft für seine literarischen Vorhaben schöpfte.

Honoré de Balzac (20. Mai 1799 bis 18. August 1850) ist mit der ›Comédie hùmaine‹, dem Titel seines erzählerischen Gesamtwerkes, einer der bedeutendsten französischen Schriftsteller des vergangenen Jahrhunderts. Am Beispiel der zeitgenössischen Gesellschaft versucht Balzac in seinen Romanen ein Panorama der menschlichen Gesellschaft zu entwerfen.

Honoré de Balzac

Briefe an die Fremde

Eine Auswahl

Aus dem Französischen
von Gerda Gensberger

Herausgegeben und eingeleitet
von Ulla Momm und
Gerda Gensberger

Fischer Taschenbuch Verlag

Veröffentlicht im Fischer Taschenbuch Verlag GmbH,
Frankfurt am Main, April 1999

Lizenzausgabe mit freundlicher Genehmigung
des Manholt Verlages, Bremen
Für die Übersetzung:
Copyright © by Manholt Verlag, Bremen 1996
Abbildung auf Seite 3: Evelina Hanska.
Miniatur von Moritz Michael Daffinger, 1835
Druck und Bindung: Clausen & Bosse, Leck
Printed in Germany
ISBN 3-596-14219-9

EINLEITUNG

*Je weniger wir von der Wirklichkeit behindert werden,
desto höher schwingt sich die Seele auf.*

Balzac an Ève Hanska

Um das Jahr 1830 vollzieht sich in Honoré de Balzacs
Leben eine Wende. Er ist dreißig Jahre alt geworden,
ein noch junger, robuster, untersetzter Mann, dessen
Dasein aus unermeßlicher Arbeit besteht. Da ihm nun
bewußt wird, daß sein Schreiben das persönliche Erleben nicht ersetzen kann, daß er, bei der Suche nach einer »Frau und einem Vermögen«, seine besten Jahre
versäumt, entsteht bei ihm der Wunsch, sich einen Lebensroman zu schaffen. Seine plötzliche Berühmtheit,
nachdem er u.a. die *Physiologie der Ehe*, *Louis Lambert* und das *Chagrinleder*, sowie zahlreiche Artikel
und Aufsätze in Zeitschriften veröffentlicht hat, verändert seine Situation von Grund auf. Nun beginnen die
Frauen, ihn zu suchen; Balzac erhält häufig Briefe, die
ihm sagen, wie sehr sich gerade Frauen bei der Lektüre
seiner Romane von ihm verstanden fühlen, und in diesem Einfühlungsvermögen Balzacs in die weibliche Seele - so deutet es zum Beispiel Stefan Zweig in seiner
großen Biographie *Balzac* - liegt seine Anziehungskraft
auf das weibliche Geschlecht begründet. Der weitaus
größte Teil seiner Briefe ist an Frauen gerichtet, nie
schreibt er private und intime Dinge an einen Mann.

»Überhaupt ist die Bedeutung der Frauen in Balzacs Leben größer als die der Männer.« (Ernst Sander in der Einleitung zur *Menschlichen Komödie*.)

Bevor Evelina Hanska, von ihm meist Ève oder Eva genannt, diejenige sein wird, auf die sich Balzacs intensiver Wunsch konzentriert, seinen Lebensroman Wirklichkeit werden zu lassen, und der er dann in langen Jahren Hunderte von Briefen schreibt, gibt es gewissermaßen ein »Vorspiel«: Balzacs Liaison mit der Marquise de Castries. Die Tochter eines Herzogs ist von altem Adel und hat ihren Wohnsitz im Faubourg St. Germain, Grund genug für Balzac, einen mit Pseudonym unterzeichneten Brief der Marquise mit sechs enthusiastischen Seiten zu beantworten. Er hat sich gerade ein »de« vor seinem Namen zugelegt und hat überhaupt große Ambitionen, seine ländlich-kleinbürgerliche Herkunft hinter sich zu lassen und in die adeligen Kreise emporzusteigen (man spricht zu Recht von der Aristokratomanie Balzacs).

Balzacs Phantasie hat sich an kleinen Details entzündet: die Schrift, die Ausdrucksweise - es muß sich um eine noch junge kultivierte und belesene Aristokratin handeln, vielleicht sogar aus dem Hochadel, vielleicht eine Schönheit, sicherlich unglücklich! Als er dann die Identität der Briefschreiberin erfährt, ist er entflammt und bewegt von ihrem romantisch-tragischen Schicksal. Nach dem Tod ihres Geliebten, einem Sohn des Fürsten Metternich, für den sie ihren Mann, ihre Familie verlassen und gesellschaftliche Ächtung auf sich genommen hat, führt sie, eine *Femme de trente ans*, ein zurückgezogenes Leben, in dem Bücher ihre Vertrauten sind. Balzac und die Marquise werden Freunde, Balzac besucht sie fast täglich in ihrem Palais. Er hat keine Kosten gescheut, um sich mit Equipage und Diener »standesgemäß« auszurüsten. Die Marquise ist angetan von dem einfühlsamen Freund und guten Unterhalter, dem genialen Schriftsteller und ist dankbar für den neuen Inhalt ihres Lebens. Für Balzac hat ein Traum begonnen, ein Rausch; in seiner Eitelkeit und mit seinem Temperament will er mehr als Verehrung und Freundschaft. Fünf Monate lang folgt er ihr auf ihren Reisen und bleibt doch als Liebhaber unerhört. Durch diese Ablehnung ist Balzac in seinem Stolz als Mann, auch als Poet, der sich einen nicht realisierbaren Traum erdichtet hat, schwer verletzt. In seinem Roman *Die Herzogin von Langeais*, den er ein gutes Jahr später, während seines Aufenthaltes in Genf im Januar/Februar 1834, in der Nähe von Ève Hanska schreiben wird, nimmt er Rache an der Marquise de Castries, indem er die Herzogin seines Romans mit all den negativen Zügen und Verhaltensweisen seiner ehemaligen Freundin ausstattet. Das gesellschaftliche Paris wird nachträglich zum Zeugen der ganzen Affäre.

Für Balzac ist dieser Mißerfolg bei der Marquise einer der schwersten Schläge, die er in seinem ganzen Leben erlitten hat. Vielleicht hat er sein eigenes Drama inszeniert, hat einen tragischen Stoff für einen zukünftigen Roman gesucht. Balzac ist in seinen Selbstdarstellungen auch sonst nicht besonders sachlich, er schafft Bilder von sich selbst, so wie er sich sehen möchte. Er versucht aus allem, was ihm widerfährt und begegnet, durch seine Imagination ein Höchstmaß an Dramatik zu schöpfen - das gilt auch und vor allem für seine Beziehung zu Ève Hanska. Er stilisiert sich und seine Lebensweise, wie es zu dem von ihm entworfenen Lebensroman paßt. Sicherlich hat Madame Hanska, die, trotz gewisser romantischer Sehnsüchte und Attitüden, einen sehr klaren Kopf besaß, Balzac in dieser Hinsicht durchschaut, und sie wird ihn objektiver gesehen haben als er sie, da er stets nur das von ihm geschaffene Wunschbild lieben und anbeten *wollte* - mit aller ihm zur Verfügung stehenden Kraft.

Es ist zu bedauern, daß die Briefe der Evelina Hanska bis auf drei nicht erhalten sind. Als vorsichtige Frau hat sie für die Vernichtung der Briefe gesorgt. In einem viel späteren Brief Balzacs aus dem Jahr 1847 geht hervor, daß er seiner »Liebesgemahlin« das »größte Opfer« gebracht und auf ihren Wunsch hin die Briefe verbrannt hat. Vielleicht wollte sie als die »Unbekannte«, die »Fremde«, als die Angebetete und Muse in seinen Briefen widergespiegelt werden und nur als sein Wunschbild in der Nachwelt weiterleben. In einem Brief an ihren Bruder aus dem Jahr 1833, nach ihrer ersten Begegnung mit Balzac in Neuchâtel, offenbart sie einige wesentliche Züge ihres Charakters und ihrer Sicht von Balzac:

Ich habe nun endlich Balzacs Bekanntschaft gemacht, und Du wirst fragen, ob meine blinde Vorliebe für ihn, wie Du es nennst, noch anhält, oder ob ich von ihr geheilt bin. Du wirst Dich erinnern, daß Du immer prophezeitest, er würde mit dem Messer essen und sich in die Serviette schneuzen. Nun, das zweite dieser Verbrechen hat er gerade nicht begangen, aber des ersten hat er sich tatsächlich schuldig gemacht. Natürlich ist es peinlich, das mit anzusehen, und bei verschiedenen Gelegenheiten, wenn er Fehler beging, die wir mit dem Begriff »schlechte Erziehung« umschreiben würden, war ich versucht, ihn zu korrigieren, so wie ich etwa Anna in einem solchen Fall zurechtweisen würde. Aber all das ist doch nur die Oberfläche. Der Mensch besitzt etwas, das mehr bedeutet als gute oder schlechte Manieren: seine geniale Natur elektrisiert dich und hebt dich empor in die höchsten geistigen Regionen. Sein Genie entrückt dich dir selber, du verstehst und begreifst durch ihn, was deinem Leben gefehlt hat. Nun wirst Du mir wieder sagen, ich sei »exaltiert«, aber ich versichere Dir, das ist keineswegs der Fall. Bestimmt macht mich meine Bewunderung für ihn durchaus nicht blind für seine Fehler - und deren hat er nicht wenige. Aber er liebt mich, und ich fühle, daß diese Liebe das kostbarste ist, was ich je besessen habe. Und wenn wir uns von heute ab trennen müßten, so würde er in meinem Leben die Rolle einer Fackel spielen, deren Licht ständig vor meinen geblendeten Augen scheint - meinen armen Augen, die bisweilen so müde sind, wenn ich an all die Armseligkeit und Kleinlichkeit der Welt und der Menschen denke, die mich umgeben.

Die Korrespondenz zwischen Balzac und Madame Hanska, die sich über siebzehn Jahre erstrecken sollte, beginnt mit einem anonymen Brief, den Balzac im März 1832 erhält und der von einer »Unbekannten« aus Odessa an ihn abgeschickt worden ist. Der Beginn des Briefwechsels folgt dem gleichen Muster wie die eingangs geschilderte Begegnung mit der Marquise de Castries. Der geheimnisvolle Brief aus dem fernen Rußland kommt im richtigen Augenblick: Balzac kann nach seiner großen Enttäuschung mit der Marquise de Castries im Herbst 1832 von neuem romantische Hoffnungen aufbauen, sich die »Fremde« als adelige und reiche Frau vorstellen; er ist entschlossen, sie zu erobern, noch ehe er sie kennengelernt hat.

Die »Fremde« ist eine geborene polnische Gräfin Rzewuska, verheiratet mit dem reichen ukrainischen Großgrundbesitzer Wenzeslaw Hanski. In ihrer Jugend war sie als Schönheit bekannt, nun ist ebenfalls eine reife

Femme de trente ans aus ihr geworden. Das Schloß der Hanskis, in einsamer, unendlich weiter Landschaft gelegen, ist mit allem erdenklichen Luxus ausgestattet - kostbare Bilder und Teppiche, französische Möbel, eine reichhaltige Bibliothek - doch das Leben an der Seite eines viel älteren, eher nüchternen und ernsten Mannes ist für Ève Hanska alles andere als glücklich und erfüllt. Sie hat fünf (oder sieben) Kinder geboren, alle sind früh gestorben, bis auf eine Tochter, Anna, die von ihr sehr geliebt wird und die in Balzacs Briefen, vor allem in den späteren, sehr präsent ist. Ève Hanska ist eine belesene Frau, die in ihrem Elternhaus, einem der vornehmsten des polnischen Adels, sehr kultiviert aufgewachsen ist. Sie spricht mehrere Sprachen, verfolgt alle Neuerscheinungen auf dem französischen Buchmarkt, und sie diskutiert im Kreis ihrer Vertrauten - zwei Nichten sowie Henriette Borel, die Schweizer Erzieherin Annas - die kulturellen und gesellschaftlichen Ereignisse aus der so fernen westlichen Welt.

Eines Abends im Jahr 1831 wird in diesem Kreis über die *Physiologie der Ehe*, sowie eine erste, zweibändige, Ausgabe der *Szenen aus dem Privatleben* eines jungen, bis vor kurzem noch unbekannten französischen Schriftstellers intensiv debattiert. Wie konnte dieser Honoré de Balzac, der sich so verständnisvoll in die Frauenseele hineinzuversetzen vermochte, gleichzeitig in seinen Schilderungen so zynisch, ironisch, kalt und nüchtern sein? Die literarische Runde entschließt sich, dem hoffnungsvollen Dichter einen gemeinsamen, schwärmerischen Brief zu schreiben - als Gesellschaftsspiel und ohne ernste Absicht. Natürlich hat Madame Hanska nicht mit ihrem Namen unterschrieben, sondern der Brief wird mit einem Petschaft »Diis ignotis« gesiegelt und mit »L'Étrangère« gezeichnet. Leider ist dieser Brief vom 28. Februar 1832 - nach julianischem Kalender - nicht erhalten geblieben; aber ein weiterer, ebenfalls von der Runde um Madame Hanska gemeinsam verfaßter Brief ist der Vernichtung entgangen. Wir können pathetische Sätze lesen wie: »Beim Lesen Ihrer Werke hat mein Herz gezittert. Sie verleihen der Frau ihre wahre Würde; bei ihr ist die Liebe eine himmlische Tugend, eine göttliche Ausstrahlung…«

Balzac ist zutiefst berührt und fühlt sich geschmeichelt: ein solcher Brief aus Rußland, der ihm zeigt, wie sein Ruhm in die fernsten Gegenden dringt und wie seine Phantasiegestalten die Menschen bewegen können. Vermutlich wird er von der »Fremden« aufgefordert, durch eine Zeitungsannonce auf ihren Brief zu reagieren. So kommt es zur ersten Botschaft Balzacs an Madame Hanska in Form einer Anzeige in der *Gazette de France*. Ève Hanska, die sich ihrer gesellschaftlichen Stellung sehr bewußt ist, entschließt sich dazu, aus dem anfänglichen Spiel Ernst werden zu lassen und von nun an persönliche Briefe an Balzac zu schreiben. Und sogleich ändern sich Form und Stil ihres Briefes: kein übertriebenes Pathos mehr, keine Idolatrie, sondern die schlichte Mitteilung, sie gedenke demnächst zu reisen und sich in der Nähe Frankreichs aufzuhalten; nur dann, wenn sie vor einer Kompromittierung geschützt sei, willige sie - aber weiterhin als Unbekannte - in eine Fortführung der Korrespondenz ein. Der Reiz, von einem nunmehr berühmten Schriftsteller eigenhändige Briefe zu erhalten und wohl auch die Verlockung ein langweiliges Leben aufregender zu machen, müssen bei ihr die Bedenken überwogen haben. Eine Lösung, die im Schloß in Wierzchownia eintreffenden Briefe geheimzuhalten, findet Madame Hanska in der verläßlichen Vertrauensperson Henriette Borel, in den Briefen Lirette genannt.

Mademoiselle Borel stammt aus einem calvinistischen bürgerlichen Haus in Neuchâtel und ist den Hanskis treu ergeben. Allerdings stellt ihre Kupplerrolle, die ihr erst später bewußt wird, eine Untreue gegenüber dem Hausherrn dar, und dieser Gewissenskonflikt führt zu einem sie schwer belastenden Schuldgefühl. Nach dem Tod von Wenzeslaw Hanski wird Henriette Borel, um ihre Lebensschuld zu sühnen, sich von Madame Hanska lösen und sich in ein katholisches Kloster in Paris zurückziehen, bei dessen Suche Balzac behilflich ist.

Die erste Begegnung zwischen Balzac und Ève Hanska findet Ende September 1833 in Neuchâtel statt; leider ist über diese so entscheidende Szene nichts Genaueres bekannt. Daß es sich bei diesem Treffen um einen ersten Höhepunkt in der Beziehung der beiden gehandelt hat, kann man Balzacs Briefen *nach* Neuchâtel entnehmen. Als er, nach einer mehrtägigen Reise in der Postkutsche, im vereinbarten Hotel in Neuchâtel eintrifft, findet er einen Brief von Madame Hanska vor, der ihn für den folgenden Tag zu einer bestimmten Zeit auf die berühmte Promenade Faubourg du Crêt bittet. Um diese Begegnung ranken sich viele Legenden - noch am Abend desselben Tages wird Balzac dem Baron Hanski vorgestellt, und dieser, als zwar wortkarger, aber kultivierter Mann, zeigt sich hocherfreut, einem Schriftsteller von solchem Ansehen zu begegnen und empfängt ihn sehr herzlich. Balzac ist nun geschätzter Gast des Hauses Hanski, aber zu seiner Verzweiflung nie allein mit der Herrin des Hauses, so daß er sich in einem Brief an seine Schwester Laure bitter beschwert, ein verfluchter Ehemann habe in fünf Tagen ihn und Madame Hanska nicht eine Sekunde allein gelassen. Monsieur de Hanski sei immer zwischen dem Rock seiner Frau und

Balzacs Weste hin- und hergependelt.

Balzac kehrt gleichwohl tief beglückt aus der Schweiz zurück. Am 6. Oktober schreibt er aus Paris: »Meine geliebte Eva, für mich hat also auf köstliche Weise ein neues Leben begonnen. Ich habe Dich gesehen, ich habe mit Dir gesprochen, unsere Körper haben wie unsere Seelen einen Bund geschlossen...« Balzac spricht von einer Wende in seinem Leben; er wählt das vertraute *Du* als Anrede, weil es ganz offensichtlich einen sicheren Weg gibt, die Briefe geheim an die Adressatin gelangen zu lassen. Im weiteren Verlauf der Korrespondenz wird immer wieder zwischen *Du* und *Sie* die Anredeform gewechselt, was nicht nur mit den *offiziellen* Briefen zu tun hat, die auch für Monsieur Hanskis Augen bestimmt sind, sondern wohl auch mit schwankender Gefühlslage. Aber selbst da, wo wir vermuten, daß Wenzeslaw Hanski einen Brief, der Empfehlungen an ihn enthält, zur Kenntnis genommen haben dürfte, geht Balzac oft erstaunlich weit in seinen Formulierungen und in seinem Mitteilungsbedürfnis - läßt das auf Ahnungslosigkeit oder eher auf Gleichgültigkeit des Ehegatten schließen?

Der entscheidende Wendepunkt, der die Weichen stellt für die Zukunft von Balzacs *roman d'amour*, ist ein weiteres Treffen nur knapp drei Monate später, diesmal in Genf und diesmal sehr viel länger. Balzac reist Ende Dezember 1833 dorthin und überbringt Madame Hanska als Weihnachtsgeschenk das Manuskript von *Eugénie Grandet*. Als er in der Auberge de l'Arc eintrifft, findet er als Willkommensgruß einen kostbaren Ring vor, den er von jetzt an immer tragen wird und für den er sich mit den Worten bedankt: »... der Ring, er ist wie Du, meine Liebste, er ist wunderbar und auserlesen.« Mehrere kurze Briefe, kleine, oft amüsante Mitteilungen, in der Vorfreude auf das nächste Rendez-vous geschrieben, wandern im Januar und Februar 1834 von Balzacs Hotel in die Villa Mirabaud, dem Domizil der Hanskis. Im Unterschied zu Neuchâtel ergibt sich nun die Gelegenheit zu intimer Begegnung. Der 26. Januar 1834 wird für Balzac zu einem »unvergeßlichen Tag«. Er hat mit seiner Beharrlichkeit, mit seiner Willenskraft Ève Hanskas Widerstand überwinden können: sie ist seine Geliebte geworden, auch wenn sie seine Schwächen durchschaut, das Parvenuhafte seines Auftretens, das Übertriebene seines Werbens. Vielleicht liebt sie in ihm mehr den berühmten Romancier als den Mann, seine intimen, überschwenglichen Briefe mehr als seine physische Gegenwart. Doch Balzac drängt auf eine feste Bindung und erlangt von Ève Hanska das abenteuerliche Versprechen, so lange seine *épouse d'amour* zu sein, bis sie, nach dem Tod des Wenzeslaw Hanski, seine rechtmäßige Gemahlin werden kann. Dieses eigenartige *Verlöbnis* sieht in Verbindung mit Balzacs Gefühlsüberschwang nach kühler Berechnung aus. Balzac ist nicht nur und nicht vorrangig ein feuriger Liebhaber mit Illusionen, er ist auch Realist: in seinem Lebensroman spielen Geld - das er immer mit vollen Händen ausgibt, auch wenn er keines hat - und die gesellschaftliche Stellung eine wichtige Rolle. So paßt Ève Hanska als Aristokratin und vermögende Frau wie dafür geschaffen in Balzacs Entwurf.

Wenn wir in der Briefflut - von der wir nur eine Auswahl aus dem entscheidenden Jahrzehnt bis 1843 zusammengestellt haben - eine Linie verfolgen, die den Anfang, die Entwicklung mit Höhen und Tiefen, mit Umwegen, vor allem aber die Wendepunkte markiert, dann muß Balzacs Reise im Mai 1835 zu den Hanskis nach Wien, in die Hochburg des habsburgischen Adels, hervorgehoben werden. Erst fünfzehn Monate nach der Begegnung in Genf kommt es zu dieser Unternehmung; denn Balzac hat zunächst kein Geld für eine weite und teure Reise, und Madame Hanska wird von ihm immer wieder vertröstet. Schließlich erscheint ihr Geliebter, der keine Kosten gescheut hat, in einer eigenen Kutsche, geschmückt mit dem Wappen der Balzac d'Entragues (zu denen Honoré, der geborene Balssa, in keiner verwandtschaftlichen Beziehung steht), mit livriertem Diener, mit einem kostbaren Spazierstock, über den ganz Paris inzwischen lästert, mit einem blauen Frack, der vergoldete, ziselierte Knöpfe hat... Gesellschaftlich gesehen sind die Wiener Tage nicht wegen, sondern trotz des unnötigen und lächerlichen Aufwands ein großer Erfolg, der Balzac ungemein schmeichelt. Der Hochadel reißt sich um den berühmten Autor, der trotz aller Ablenkungen täglich viele Stunden in seinem Hotelzimmer verbringt, um an seinem Roman *Seraphita* zu arbeiten. Es scheint aber, daß für Zweisamkeiten mit Ève Hanska während des Wiener Aufenthalts wenig Zeit geblieben ist. Die Wiener Begegnung war nicht dazu angetan, die Liebesbeziehung so zu festigen, wie es nötig gewesen wäre, um die kommenden Jahre der Trennung unbeschadet zu überstehen.

In den langen acht Jahren bis zum Sommer 1843, in denen es kein Wiedersehen mit Madame Hanska geben wird, schickt Balzac insgesamt siebzig Briefe (es handelt sich oft um Briefsendungen, in denen mehrere, innerhalb einer Woche verfaßte Briefe gebündelt werden); im Jahr 1839 nur vier; 1840 sechs; 1841 fünf. Allein diese Zahlen lassen eine deutliche Abkühlung in der Beziehung erkennen. Man bemerkt ein nachlassendes Interesse, vergebens bemüht sich Balzac, den alten leidenschaftlichen Ton zu finden. Vorwürfe von Ève Hanska werden mit unecht klingenden Ausflüchten beantwortet. Für Balzac gibt es in diesen Jahren neben intensiver Arbeit aufregende und persönlich bewegende Ereignisse, aber auch Zeiten schwerer Depression, die mit stetig wachsenden Schulden und gescheiterten geschäftlichen Unternehmungen zusammenhängen. Ein für ihn trauriges Ereignis, das ihn bis ins Innerste trifft und von dem in der Folge immer wieder in den Briefen die Rede ist, war der Tod von Madame de Berny im Sommer 1836. Obwohl zweiundzwanzig Jahre älter als er, war sie fast zehn Jahre lang seine Geliebte, aber vor allem seine verständnisvolle Vertraute; und die innige Verbindung zu dieser Frau, die er in den Briefen die *Dilecta*, die Auserwählte nennt, hat bis zu ihrem Tod gedauert. Immer war sie, vor allem in Balzacs schwierigen Anfangsjahren, Ratgeberin, hilfreiche Kritikerin, die seine Romane mit wachem Verstand und gutem Gespür beurteilte, korrigierte und nachhaltig beeinflußte. Und immer bot »La Bouleaunière«, ihr Wohnsitz in der Nähe von Nemours, ihm Zuflucht, so auch im Oktober 1832 nach seiner gescheiterten Beziehung mit der Marquise de Castries. Wenn Balzac Laure de Berny in seinen Briefen an die stets eifersüchtige Ève Hanska nur die »mütterliche Freundin«, der er unendlich viel verdanke, nennt, sagt er nicht die ganze Wahrheit. Daß sie trotz des großen Altersunterschieds eine ganz andere, eine erotische Rolle gespielt hat, wird von ihm nicht offen ausgesprochen.

Balzac hat in diesen Jahren der immer größeren Entfremdung von Madame Hanska ein sehr intensives Liebesleben: eine Liaison folgt der anderen, sein Lebenshunger ist unersättlich. 1836 wird die Gräfin Guidoboni-Visconti zu seiner Gönnerin und Geliebten. Als Balzac wegen seiner hohen Schulden, die durch den Konkurs seines Verlegers Werdet entstanden sind, seine Wohnung aufgeben und sich vor den Gläubigern verstecken muß, bietet ihm die Gräfin Unterschlupf in ihrem Palais an den Champs-Élysées. Im Auftrag des Grafen Visconti, für den er geschäftliche Angelegenheiten wahrnehmen soll, unternimmt Balzac zwei Italienreisen - eine äußerst großzügige Hilfeleistung der Viscontis für den hochverschuldeten Schriftsteller, dem die Gerichtsvollzieher andauernd auf den Fersen sind. In den Briefen an Madame Hanska ist ausführlich und ständig wiederkehrend von Geldsorgen und Mißgeschicken die Rede; Balzac setzt das unsinnige Spiel, sich als Einsamen und Unglücklichen hinzustellen, der in dieser schlechten Welt als Trost nur das Herz seiner Ève hat, weiterhin fort. Auf Vorwürfe, die sie ihm offensichtlich gemacht hat, reagiert er mit Ausreden, mit Vertuschung und Verkehrung der Wahrheit. Er bringt es nicht fertig, seiner notorisch eifersüchtigen, allzu weit entfernten Geliebten den Namen der Frau, die ihn in großmütiger Weise gerettet hat, mitzuteilen. Ihm fehlen dazu Mut und Aufrichtigkeit, Eigenschaften, die die Gräfin Visconti wohl in reichem Maße besessen hat.

Der Tod des Wenzeslaw Hanski im November 1841 bedeutet eine Zäsur. Balzac erfährt Anfang Januar 1842 durch einen Brief der Hanska von dieser für seine Zukunft so entscheidenden Wende. Aus seiner Antwort vom 5. Juni 1842 spricht echtes Gefühl, der Ton, der inzwischen kühl und unaufrichtig geworden war, findet zur alten Begeisterung und Leidenschaftlichkeit zurück. Was Balzac seit langem nicht mehr zu hoffen wagte, hat sich nun für ihn ereignet: die Frau, der er sich vor bald zehn Jahren versprochen hat, ist frei, sie ist im Besitz eines beträchtlichen Vermögens, sie ist Aristokratin und der Inbegriff seiner Wünsche und Träume. Die Erfüllung seines Lebensromans ist wieder in greifbare Nähe gerückt. »Seit Neuchâtel sind Sie mein Leben«, schreibt er ihr, »ich liebe Sie so sehr, und es kostete mich unendlich viel, es seit Wien zu verschweigen.« Und an anderer Stelle: »Schreiben Sie mir, daß Ihre ganze Existenz mir gehört, daß wir jetzt glücklich sein werden.«

Vielleicht hat Balzac mit seinem überschwenglichen Brief Madame Hanska zu stark, vor allem zum falschen Zeitpunkt, bedrängt. Ihre Antwort, die erst nach mehreren Wochen bei ihm eintrifft, ist zu seiner großen Bestürzung von »eiskalter Gelassenheit.« Ihre »grausamen Worte« lösen das Verlöbnis (hatte sie wirklich noch daran geglaubt?) auf. »Sie sind frei«, schreibt sie Honoré. Ève Hanska befindet sich nach dem Tod ihres Mannes in einer schwierigen Situation: da von der Verwandtschaft ihr Anspruch auf sein beachtliches Vermögen angefochten wird, ist sie gezwungen, einen Prozeß zu führen, zunächst in Kiew, den sie aber verliert. Um zu ihrem Recht zu kommen, begibt sie sich in die russische Hauptstadt Sankt Petersburg und erreicht dort, durch eine persönliche Petition beim Zaren, die Wiederaufnahme des Prozesses. Bis zum Mai des Jahres 1844 muß sie dort bleiben und die Regelung ihre Angelegenheiten abwarten.

Die fünfzehnjährige Tochter Anna nähert sich dem heiratsfähigen Alter und darf nicht durch eine unpassende Liaison der Mutter - als eine solche sähen die Familie und die Petersburger Gesellschaft eine Verbindung der Hanska mit dem Schriftsteller Balzac - um die Chance gebracht werden, eine standesgemäße Ehe einzugehen.

Wenn Madame Hanska aber Balzac zunächst in besonders schroffer Weise zurückstößt, so gibt es dafür noch andere Gründe: sie hat gute Verbindungen nach Paris zu Verwandten - vor allem zu ihrer Cousine Marie Potocka - und zu Freunden, die ihr wohl regelmäßig über Balzacs Eskapaden - seine ganz persönlichen Szenen aus dem Privatleben - berichtet haben. Diese sehen in Balzac nicht den genialen Romanschreiber, sondern einen unzuverlässigen Parvenu, der große Schulden hat und weitere macht, der Amouren in reichem Maße hat, der seine Freundin, die Gräfin Visconti in einem kleinen Nebenhaus seines neu erworbenen Besitzes »Les Jardies« in Sèvres wohnen läßt. Auch von einem besonders pikanten Ereignis wird nach Wierzchownia berichtet worden sein: auf seiner ersten Italienreise im Jahr 1836, die schon erwähnt wurde, ließ sich Balzac von einer jungen, als Page verkleideten Frau, Caroline Marbouty, begleiten. Madame Hanska wird sich gefragt haben, ob sie ihrem Leibeigenen, ihrem Muschik - so unterzeichnete Balzac vor allem in der Genfer Zeit gerne seine Briefe - noch Vertrauen schenken kann. Sie wird seinen Beteuerungen, er sei ihr treu ergeben und warte nur auf die Befreiung aus seinem mönchischen Dasein und auf die endgültige Vereinigung mit ihr, nicht so ganz geglaubt haben. Balzac darf vorläufig nicht nach Sankt Petersburg kommen, worum er fast flehentlich bittet: »Ach, mein geliebter Engel, ich habe wirklich nicht viel von meiner Ève verlangt; ich wollte nur dies: in achtzehn Monaten, in zwei Jahren werden wir glücklich sein. Ich wollte nur dieses *wir* und einen Zeitpunkt dafür…«

Balzac weiß, daß er, um Madame Hanska von neuem zu gewinnen, seine ganze Kraft einsetzen muß. Er vertraut auf die Stärke seiner Gefühle, wenngleich man immer wieder den Eindruck hat, daß diese Gefühle mit dem Willen erschaffen worden sind wie die Leidenschaften für seine Romane. In seinen Träumereien stellt er sich vor, seine »Königin« habe nun endlich das ersehnte Wort »komm« ausgesprochen. Schließlich Mitte 1843, anderthalb Jahre nach Hanskis Tod, trifft Balzac seine letzten Vorbereitungen für die Reise nach Rußland, wo er über zwei Monate verweilen wird. Zehn Jahre nach seiner ersten Begegnung mit Ève Hanska in Neuchâtel schifft er sich in Dünkirchen ein, um sie endgültig für sich zu gewinnen. Wieder ein entscheidender Wendepunkt, ein letzter Aufbruch im Lebensroman des Honoré de Balzac.

Aus Sankt Petersburg kehrt Balzac mit einem festen Versprechen zurück, das in Neuchâtel eingegangene Verlöbnis ist von neuem bekräftigt. Aber wieder wird Balzac auf die Zukunft vertröstet, und für ihn beginnt eine abermalige Zeit des Wartens. Denn erst nach Annas Verheiratung wird Madame Hanska ihn ehelichen. Balzac, dem großen Illusionisten, gelingt es, seine Hoffnung bereits als Gewißheit zu sehen, und so plant er von jetzt an die gemeinsame Zukunft. In Paris will er ein prachtvolles Domizil für sie beide einrichten und durch seine literarische Arbeit endlich ein Vermögen schaffen, um seiner Gemahlin ebenbürtig zu sein. Es ist ihm inzwischen gelungen, für eine Gesamtausgabe seiner Werke drei Verleger zu finden, die das gewaltige Œuvre, das sich noch weiter vergrößern wird, gemeinsam finanzieren wollen. Auf Anregung seines Freundes und ehemaligen Sekretärs de Belloy, der auf einer Italienreise von Dantes *Göttlicher Komödie* inspiriert worden ist, wird nun auch der Titel festgelegt, *Die Menschliche Komödie*. Er bezeichnet eine Gesamtvision, der ein großer Teil seines Werkes - so wie er es in der berühmten Briefstelle vom 26. Oktober 1834 an Madame Hanska bereits skizziert hatte - neu zugeordnet wird.

Trotz Phasen großer Erschöpfung und zuweilen auch Resignation nach seiner Rückkehr aus Rußland ringt Balzac sich immer wieder - das geht aus den fast täglich an Madame Hanska geschriebenen Briefen hervor - zum Glauben an ihrer beider große Liebe und eine gemeinsame Zukunft durch. 1843 war für ihn eines der glücklichsten Lebensjahre, weder in Neuchâtel noch in Genf, noch in Wien habe er so sehr das Gefühl verspürt, ihrem Herzen nahe zu sein, wie während seines Aufenthaltes in Sankt Petersburg. »Wenn ich mich prüfe, habe ich die Gewißheit, mein ganzes Leben lang so zu lieben«, schreibt er am 30. Dezember 1843, im letzten Brief unserer hier vorliegenden Auswahl. Und sein Schlußsatz lautet: »Ist es nicht seltsam, daß die Nelke, die ich Ihnen schicke, im Dezember blüht. Sie ist gestern in der Jardiniere aufgegangen. Sie ist rot, und sie riecht gut! Und Rot ist die Farbe des Triumphs!«

In den Folgejahren schreibt Balzac weiterhin fast täglich Briefe an Madame Hanska, in Form eines Journals verfaßt, die hier nicht berücksichtigt wurden. Es wird noch bis zum März 1850 dauern, daß Balzac Ève Hanska heiraten kann. Die Hochzeit findet in der Ukraine statt; anschließend reist das Paar wochenlang unter großen Mühen nach Paris. Balzac ist sehr krank, und die Reisestrapazen werden ihn zusätzlich geschwächt haben. Für Ève Hanska ist aus dem »bon Balzac« der »pauvre Balzac« geworden, wie den Briefen an ihre Tochter Anna zu entnehmen ist. Ob sie um seinen so ernsten Zustand gewußt hat? Ob sie nach unendlichem Zögern ihren Honoré schließlich nur geheiratet hat, um ihm doch noch seinen sehnlichsten Wunsch zu erfüllen?

Das anscheinend glückliche Ende erweist sich als Vorspiel zu seinem Tod. In Paris, in der Rue Fortunée, ist das Haus für die beiden vorbereitet - doch auch ihre Ankunft dort steht unter einem unglücklichen Stern, wie es Octave Mirbeau in seinem sarkastischen Text *Balzacs Tod* schildert. Nur fünf Monate nach ihrer Heirat erleidet Honoré de Balzac ein qualvolles Ende.

Die lange Zeit unbekannt gebliebenen Briefe sind für die Balzac-Forschung von eminenter Bedeutung. Es umgab sie noch lange nach Balzacs Tod ein geheimnisvoller Mythos, da sie weder in ihrer Gesamtheit noch in authentischer Form veröffentlicht worden waren. Das Verdienst, die Briefe für die Nachwelt gerettet zu haben, gebührt dem belgischen Bibliophilen, Sammler und Verehrer Balzacs, Charles de Spoelberch de Lovenjoul (1836-1907), der nach dem Tod der Ève Hanska im Jahr 1882 viele Manuskripte und Autographen aufspürte und erwarb. Es heißt, er habe sie weitgehend - abgesehen von Ankäufen auf Auktionen - für wenig Geld von kleinen Händlern und Ladenbesitzern erworben, die sich nach dem Tod von Madame de Balzac auf den Balzacschen Besitz gestürzt hatten, um auf diese Weise das Geld einzutreiben, das man ihnen schuldig geblieben war. Lovenjoul nahm eine große Arbeit auf sich: drei Jahre lang ordnete er Manuskripte und Briefe, vor allem die an Madame Hanska. Schon zuvor hatte er seinem Freund, dem Verleger Michel Lévy dabei geholfen, eine »Édition définitive« des Balzacschen Werks vorzubereiten. Erst 1894/95 erschienen die ersten Briefe in der *Revue de Paris* unter dem Titel *Lettres à l'Étrangère*, der in einer Anmerkung damit gerechtfertigt wurde, daß Balzac zunächst auf geheimnisvolle Briefe geantwortet habe, die mit »Die Fremde« unterzeichnet waren. Erst zwischen 1967 und 1971 erscheint eine vollständige Ausgabe der *Lettres à Madame Hanska*, wie jetzt der Titel lautete: frei von jeder Zensur, ohne Kürzungen und ohne Veränderungen im Stil.

»Wir haben hier ein *Werk* Balzacs vorliegen, ein langes Tagebuch seines Lebensromans aus siebzehn Jahren«, schreibt Roger Pierrot in seiner Einleitung zur Ausgabe der *Lettres à Madame Hanska* aus dem Jahr 1990. Es ist der längste seiner Romane und entspricht im Umfang ungefähr einem Viertel der *Menschlichen Komödie*, insgesamt handelt es sich um vierhundertvierzehn Briefe bzw. Briefsendungen.

Wenn Balzac auch zunächst von seiner Eitelkeit, später auch sehr stark von seinem Wunsch nach einer illusorischen finanziellen Sicherheit motiviert wurde, so war es dennoch eine Liebe, die er sich erschuf, die aber schließlich auch *strangulatoire* für ihn war. Die Briefe wurden offensichtlich nicht in der Absicht geschrieben, veröffentlicht zu werden. Sie sind ein sehr intimes, persönliches Zeugnis, inhaltlich oft ungeordnet und nicht zusammenhängend, denn spontane Emotionen werden mit sachlichen Schilderungen, Details aus seinem arbeitsreichen Leben oder einem Roman vermischt. Immer wird über das gesprochen, was ihn gerade beschäftigt und bedrängt. Balzac korrigiert seine Briefe nicht, er schreibt, wie ihm die Gedanken in die Feder fließen, jedem momentanen Einfall folgend; und er zeigt sich als ein glänzender, zuweilen bissiger Schilderer der Menschen, die ihm begegnen, sowie von Reiseeindrücken, Kunstwerken, historischen Ereignissen.

Die *Briefe an die Fremde* sind ein einmaliges Zeugnis, um einen authentischen Balzac, sein sanguinisches, imaginatives, manchmal depressives Temperament kennenzulernen; aber auch Bereiche seines Unbewußten lassen sich hierdurch entschlüsseln. Balzac erscheint *sincère*, wenngleich wir ihn oft in flagranti dabei ertappen, wie er die Wahrheit verschleiert oder verfälscht. Manche Fußnote im Text enthüllt die eigentliche Wahrheit, die die weit entfernte Madame Hanska nicht kennen konnte oder sollte. Im eigentlichen Sinn bleibt Balzac wahrhaftig, sich selbst treu und konsequent in der Befolgung seines eigenen Satzes, den wir als Motto dieser Briefauswahl vorangestellt haben: *Ich muß mir Leidenschaften erschaffen.*

Ulla Momm und Gerda Gensberger

EDITORISCHE NOTIZ

Die vorliegende Auswahl der Balzacschen *Briefe an die Fremde* basiert auf der 1990 bei den Éditions Robert Laffont von Roger Pierrot herausgegebenen vollständigen zweibändigen Ausgabe der *Lettres à Madame Hanska (1832 - 1850)*. Der hier gewählte Titel geht zurück auf die allererste Ausgabe der Briefe aus dem Jahr 1894, die von Charles de Spoelberch de Lovenjoul als *Lettres à l'Étrangère* veröffentlicht wurden.

Balzac hat häufig mehrere Briefe eines bestimmten Zeitraums zusammen an Madame Hanska geschickt. Seit der ersten Ausgabe wurden die Briefe immer in diese einzelnen Sendungen unterteilt, die hier durch ein Sternchen voneinander getrennt und durch eine vollständige Datierung erkennbar sind; nicht berücksichtigte Briefe innerhalb einer Sendung sind durch Auslassungszeichen (…), die nach einer Leerzeile folgen, gekennzeichnet.

Auf entstellende Irrtümer in Balzacs Schreibweise von Eigennamen wird durch ein *sic* hingewiesen.

Die endgültigen Titel aus der *Menschlichen Komödie* und den *Tolldreisten Geschichten* sind auf deutsch, alle anderen bleiben im Original.

ICH MUSS MIR LEIDENSCHAFTEN ERSCHAFFEN

1832

Im März 1832 erhält Balzac einen Brief, den eine »Unbekannte« (Étrangère) von Odessa aus am 28. Februar 1832 (12. März nach westeuropäischem Kalender) an ihn gerichtet hat. Dieser Brief ist an den Verleger Charles Gosselin geschickt, der 1831 *Das Chagrinleder* veröffentlicht hat. Diese »Fremde« ist Ève Hanska, geborene Gräfin Rzewuska (1805 oder 1806 - 1882), die Ehefrau von Wenzeslaw Hanski, einem reichen Grundbesitzer in der Ukraine.

Der Brief aus Rußland wird von entscheidendem Einfluß auf Balzacs Leben sein. Im Laufe des Jahres 1832 werden die ersten Briefe (die allererste Antwort Balzacs erscheint am 4. April 1832 in der *Gazette de France*) zwischen Balzac und Madame Hanska, die für ihn vorläufig die Fremde bleibt, ausgetauscht.

Balzac ist zu diesem Zeitpunkt 33 Jahre alt und gerade dabei, sich als Schriftsteller einen großen Namen zu machen. Er hat die *Physiologie der Ehe* bereits mit Erfolg veröffentlicht; er arbeitet an den *Tolldreisten Geschichten* und an *Louis Lambert*. Balzac ist hoch verschuldet aufgrund mißglückter Geschäfte, u.a. mit einer eigenen Druckerei. Er verkehrt in der aristokratischen Gesellschaft von Paris und ist mit der Marquise de Castries eng verbunden.

Bereits in dem Brief der polnischen Gräfin vom 7. November 1832 sieht er den Beginn seines ganz persönlichen Lebensromans, den er mit einem Satz in seiner Antwort von Ende Januar 1833 begründet: »Ich muß mir Leidenschaften *erschaffen*.«.

Monsieur de B. hat den Brief, der am 28. Februar an ihn gerichtet wurde, erhalten; er bedauert, daß es ihm nicht möglich gewesen ist zu antworten; und wenn die Natur seiner Wünsche es schon nicht erlaubt, sie hier öffentlich zu machen, so hofft er, daß sein Schweigen verstanden wird.

*

Madame, ich beschwöre Sie, den Autor gänzlich getrennt zu sehen vom Menschen und an die Aufrichtigkeit der Gefühle zu glauben, denen ich an dem Ort, an dem mit Ihnen zu korrespondieren, Sie mich gezwungen haben, nur andeutungsweise Ausdruck verleihen konnte. Trotz des ständigen Argwohns, den einige Freunde gegen bestimmte Briefe bei mir schüren, die jenen gleichen, die von Ihnen zu erhalten ich die Ehre habe, war ich zutiefst berührt von einen Tonfall, dem die Spötter nichts entgegenzusetzen haben. Wenn Sie die Güte haben, die Torheit eines jungen Herzens und einer ganz und gar jungfräulichen Phantasie zu verzeihen, werde ich Ihnen gestehen, daß Sie für mich Gegenstand der süßesten Träume waren. Trotz meiner Beanspruchung habe ich mich mehr als einmal dabei ertappt, durch den Raum zu schweben, durch eine unbekannte Gegend Volten zu schlagen, in der Sie, die Unbekannte, als einzige Ihrer Rasse leben. Ich habe Gefallen daran gefunden, Sie mir inmitten der fast immer unglücklichen Überreste eines versprengten Volkes vorzustellen, eines auf dieser Erde wenig verbreiteten Volkes, vielleicht aus dem Himmel verbannt, aber ein Volk, bei dem jeder einzelne eine ihm eigene Sprache und ihm eigene Gefühle besitzt, die denen der anderen Menschen in keiner Weise gleichen; dies sind Feingefühl, die Suche nach der Seele, die Zartheit der Empfindung, die Zärtlichkeit des Herzens, reiner, lieblicher, süßer als bei den herausragendsten Geschöpfen. Sogar in ihrem Überschwang liegt etwas Heiliges, und in ihrem Eifer ist Gelassenheit. Diese armen Verbannten haben alle in ihrer Stimme, in ihren Reden, ihren Gedanken etwas Bestimmtes an sich, was sie von anderen unterscheidet, das trotz der Entfernungen, der verschiedenen Örtlichkeiten und Sprachen, dem Zusammenhalt untereinander dient; ein Wort, ein Satz, die Empfindung, die selbst in einem Blick zum Ausdruck kommt, ist wie ein Erkennungszeichen, dem sie gehorchen, und da sie aus einem unbekannten Landstrich stammen, dessen Zauber nur in ihren Erinnerungen wieder auftaucht, erkennen sie einander wieder und lieben sich im Namen dieser Heimat, nach der sie sich sehnen. Poesie, Musik und Religion sind ihre drei Gottheiten, ihrer Liebe höchste Güter, und jede dieser Leidenschaften erweckt in ihren Herzen gleichermaßen starke Empfindungen.

Ich habe Sie also mit all diesen Gedanken versehen, und ich habe Ihnen von ferne brüderlich die Hand gereicht, ohne Dünkel und ohne Eitelkeit; vielmehr mit fast innigem Vertrauen, ganz bewußt, und hätten Sie meinen Blick gesehen, Sie hätten darin gleichzeitig die Dankbarkeit des Liebenden und die Tugenden des Herzens erkannt: jene reine Zärtlichkeit, die den Sohn mit der Mutter verbindet und den Bruder mit der Schwester, die ganze Ehrfurcht des jungen Mannes gegenüber der Frau sowie die köstliche Hoffnung auf eine lange und innige Freundschaft. Es war eine ganz und gar romantische Episode, aber wer wagt es, das Romantische zu rügen; nur die Kaltherzigen, die nicht alles erfassen, was an Größe in den Gefühlen steckt, denen das Unbekannte freien Lauf läßt. Je weniger wir von der Wirklichkeit behindert werden, um so größer ist der Aufschwung der Seele.

Ich habe mich also sanft meinen Träumereien hingegeben; und ich habe ganz zauberhafte erlebt. Wenn also Ihre Kerze flackerte, wenn in Ihrem Ohr Ihnen unbekanntes Geflüster erklang, wenn Sie Gestalten im Feuer sahen, wenn etwas geknistert hat neben Ihnen, um Sie herum etwas gesprochen hat, so sollen Sie wissen, daß mein Geist zwischen Ihren Wänden umherirrte. Während des Kampfes, den ich führe, während meiner harten Arbeit, meiner endlosen Studien, in diesem aufgeregten Paris, wo die Politik und die Literatur, mir Unglücklichem sechzehn bis achtzehn Stunden von vierundzwanzig rauben, habe ich, der so anders ist, als sich irgend jemand den Schriftsteller vorstellt, reizvolle Stunden verbracht, die ich Ihnen verdanke. Auch um mich dafür erkenntlich zu zeigen, habe ich Ihnen den IV. Band der *Szenen aus dem Privatleben*[1] gewidmet, in dem ich Ihr Siegel der letzten *Szene* vorangestellt habe, jener, die ich gerade schrieb, als ich Ihren Brief erhielt; aber eine Person, die wie eine Mutter für mich ist und auf deren Launenhaftigkeit oder gar Eifersucht ich Rücksicht zu nehmen habe, hat verlangt, daß dieses stumme Zeugnis meiner heimlichen Gefühle verschwände. In bester Absicht gestehe ich Ihnen sowohl die Widmung als auch ihre Vernichtung; weil ich glaube, daß Sie hochherzig genug sind, nicht wegen einer Huldigung zu zürnen, die einer so edlen und hochgeachteten Person Kummer bereitet hat, deren Kind ich bin, denn sie hat während all dem Leid und Unglück, an denen ich in jungen Jahren beinahe zugrunde gegangen wäre, über mich gewacht. Ich lebe nur mit dem Herzen, und sie erhielt mich am Leben. Ich habe ein einziges Exemplar dieses Blattes gerettet, das mir als schreckliche Koketterie vorgeworfen wurde; behalten Sie es, Madame, als Erinnerung und Dank. Wenn Sie dieses Buch lesen, werden Sie sich sagen, daß ich bei seiner Vollendung und beim abermaligen Lesen an Sie gedacht habe und an die Passagen, denen Sie vor allen anderen den Vorzug geben. Vielleicht ist es von Übel, was ich hier mache; aber die Reinheit meiner Absichten wird mich freisprechen.

Madame, setzen Sie die Dinge, die Sie in meinen Werken schockieren auf die Rechnung der zwingenden Notwendigkeit, eine gleichgültige Öffentlichkeit heftig zu erschüttern. Es ist sicher kühn, so wie ich die Gesamtheit der Literatur durch die Gesamtheit meiner Werke repräsentiert zu sehen; da ich ein Monument errichten möchte, das eher durch den Umfang und die Häufung des Materials denn durch die Schönheit des Gebäudes von Dauer ist, bin ich genötigt, alles zu erörtern, damit man mich nicht des Unvermögens zeiht; aber wenn Sie mich persönlich kennten, wenn man Ihnen von meinem einsamen Leben, meinen Tagen voll von Studien, von Entbehrungen und Arbeit erzählte, würden Sie einige Anschuldigungen unterlassen und Sie würden mehr als einen Gegensatz zwischen dem Mann und seinen Schriften erkennen. Gewiß gibt es Werke, in denen sich mein Innerstes äußert, sie werden sie jedoch entdecken, denn in ihnen spricht das Herz. Mein Schicksal ist es, das Glück darzustellen, das die anderen empfinden, und es zu ersehnen, ohne ihm zu begegnen. Nur jene, die leiden, können Freude darstellen, denn man vermag besser das zum Ausdruck zu bringen, was man sich vorstellt, als das, was man empfunden hat.

Sehen Sie, wohin mich diese Vertraulichkeit führt? Aber wenn ich an die Entfernung denke, die uns trennt, wage ich nicht, mich kurz zu fassen. Und dann sind die Ereignisse und meine Freunde um mich herum ja auch so düster. Die Zivilisation ist bedroht; die Kunst, die Wissenschaft, der Fortschritt sind bedroht. Ich selbst bin als Teil einer besiegten Partei und zukünftiger Repräsentant edler und frommer Ideen bereits Gegenstand lebhafter Anfeindungen. Je mehr man sich von meiner Stimme erhofft, um so mehr fürchtet man sie. Ach, mit welcher Leidenschaft man sich unter diesen Umständen, wenn man dreißig Jahre alt ist und in keiner Weise von seinem Leben und von seinem Herzen Gebrauch gemacht hat, auf einen freundschaftlichen Gruß, auf ein zärtliches Wort stürzt!... Vielleicht hören Sie nie wieder etwas von mir? Und wird die Freundschaft, die Sie geschaffen haben, wie eine Blume sein, die verborgen in einem tiefen Wald durch einen Blitzschlag zugrunde geht! Sie sollen wenigstens wissen, daß die Freundschaft ernsthaft ist und daß Sie in einem jungen Herzen ohne Schandfleck gut aufgehoben sind, geachtet und verehrt wie eine Frau es sich nur wünschen kann. Haben Sie nicht ein besonderes Aroma über meine Stunden verbreitet? Verdanke ich nicht Ihnen eine jener Ermutigungen, die uns unsere harte Fron annehmen lassen wie einen Wassertropfen in der Wüste.

Wenn die Umstände es zulassen, können Sie, Madame, trotz der Streifzüge, zu denen mich mein Leben als Dichter und Künstler verdammt, Ihre Briefe an die Rue Cassini 1[2], nahe dem Observatorium in Paris, richten, sofern ich nicht das Unglück habe, Ihnen durch den klaren Ausdruck der Gefühle, die ich für Sie hege, zu mißfallen.

Nehmen Sie, Madame, den Ausdruck meiner vorzüglichen Hochachtung entgegen.

H. de Bc.

1 Später der übergreifende Titel der Anfangsbände der *Menschlichen Komödie*.
2 Tatsächlich befindet sich Balzac von Juni bis Anfang Dezember 1832 nicht in Paris.

*

»DIE FREMDE« AN BALZAC

7. November 1832[1]

Monsieur,

es wäre nicht verwunderlich, wenn ich mich als Ausländerin einer Ausdrucksweise bediente, die Ihnen wenig französisch erscheinen mag, aber ich muß Ihnen schreiben, Ihnen mit der Begeisterung, zu der ich imstande bin, die tiefen Empfindungen schildern, die Ihre Werke in mir hervorrufen.

Ihre Seele, Monsieur, umspannt Jahrhunderte, Ihre philosophische Natur scheint von langem und durch die Zeit vollkommen gewordenem Forschen herzurühren; indes sind Sie noch jung, hat man mir versichert; ich würde Sie gern kennenlernen, obgleich ich meine, daß es unnötig ist: eine Regung meines Herzens läßt mich Ihr Wesen erahnen; ich stelle es mir auf meine Art und Weise vor, und bei Ihrem Anblick würde ich sagen, das ist er. Ihr Äußeres darf in keiner Weise Ihre glühende Vorstellungskraft ahnen lassen; Sie bedürfen der Anregung, das heilige Feuer des Ge-

nies muß in Ihnen entfacht werden, das Sie schließ-
lich als das erscheinen läßt, was Sie sind, und Sie sind
das, was ich fühle: ein Mann, der überlegen ist in der
Kenntnis der menschlichen Seele.

Beim Lesen Ihrer Werke hat mein Herz gezittert. Sie
verleihen der Frau ihre wahre Würde; bei ihr ist die
Liebe eine himmlische Tugend, eine göttliche Aus-
strahlung; ich bewundere an Ihnen dieses Feingefühl,
das Sie dazu führt, die Seele zu enträtseln.

Sie müssen lieben und geliebt werden; die Vereini-
gung der Engel muß Ihre Teilung sein: Ihren beiden
Seelen muß unbekannte Glückseligkeit widerfahren;
die Fremde liebt sie alle beide und will Ihre Freundin
sein; auch sie versteht zu lieben, aber das ist schon al-
les. Oh! Sie werden mich verstehen!...

Ihre Karriere ist glänzend, erwachsen aus liebli-
chen und duftenden Blumen; Sie müssen glücklich
sein und es immer bleiben.

Von dem Augenblick an, als ich Ihre Werke las, ver-
setzte ich mich in Sie, in Ihr Genie; Ihre Seele erschien
mir strahlend, ich folgte Ihnen Schritt für Schritt, stolz
auf die Elogen, mit denen man Sie überhäufte, oder
erfüllt von Tränen, wenn bittere Kritik ihre giftige
Galle über Sie ergoß. Einige Dinge jedoch erschienen
mir richtig und trotz meiner Vorliebe für Sie, habe ich
gezittert...

Ich möchte Ihnen die ganze Ernsthaftigkeit meiner
Zuneigung zeigen, indem ich Ihnen die nackte Wahr-
heit sage: die Wahrheit, möchten Sie sie von einem un-
bekannten Wesen hören? Aber die, die Sie liebt, sagt
sie Ihnen und darf sie Ihnen sagen.

Ihr Genie erscheint mir erhaben, aber es muß gött-
lich werden; allein die Wahrheit soll Sie dazu führen;
ich sehe Sie mit der Seele und erahne Sie, das ist mei-

ne einzige Gabe! Sie vermag alles, ist rein, mächtig, ihre Quelle ist göttlich, ihre Wahrheit heilig; ich würde Sie gern damit überhäufen, so daß Sie sicher inmitten derer leben, die Ihre Person, Ihr Talent und Ihr Genie umgeben dürfen.

Für Sie bin ich die Fremde und werde es mein ganzes Leben lang sein; Sie werden mich niemals kennenlernen...

Ich glaube meinerseits, daß ich Ihre Seele in all ihren himmlischen Ausstrahlungen erahnen kann, die Sie unwissentlich in Ihre Werke eindringen lassen. Sie fühlen die Liebe, schildern sie mit der Seele eines Engels. Ach! Wenn Sie die heilige Begeisterung ergründeten, die sie beseelt, so müßte es Ihnen gelingen, Seiten zu schaffen, die der Nachwelt erhalten bleiben und ein helles Licht auf die Möglichkeit des wahren menschlichen Glücks werfen.

Ich wünsche mir, Ihnen hin und wieder zu schreiben, Ihnen meine Gedanken, meine Überlegungen zu unterbreiten; betrachten Sie mich keineswegs als fanatisches, überschwengliches Wesen voll überspannter Ideen , nein, ich bin einfach und wahrhaftig, aber auch schüchtern und ängstlich; ich erscheine so gering, daß man mich kaum beachtet; ich habe nur dafür Kraft, Stärke, Mut, was sich mit dem Gefühl zu vereinigen scheint, das mich beherrscht, die Liebe! Ich weiß zu lieben und liebe noch immer; niemand konnte die feurige Seele begreifen, die mein ganzes Sein entflammte; Sie hingegen, Sie werden mich verstehen; Sie werden wie ich fühlen, daß ich einmal lieben muß, ein einziges Mal, und wenn ich nicht verstanden werde, ich dahinsiechen und sterben muß... Ich habe mein Herz gegeben, meine Seele, und ich bin allein!... Mein Leben wird ein schmerzlicher

Traum trügerischer Hoffnungen gewesen sein, und dennoch würde ich nie die Erinnerung an eine derartige Liebe verlieren wollen! Es ist die phantastische Vorstellung von der ewigen Macht, die alles kann, alles schafft, alles glaubt, alles belebt; das ist mehr, als ich beschreiben kann, das heißt, Gott träumen, ihn erfassen.

Ihre Schriften haben mich mit einem tiefen Gefühl der Begeisterung durchdrungen: Sie sind ein leuchtender Meteorit, der einer neuen Sinngebung Bewegung und Leben verleihen muß, aber hüten Sie sich vor den Fallstricken... Sie sind davon umgeben, ich fühle es!... Ich habe weder Talent noch Genie, aber ich bin von einem tiefen Gefühl der Wahrheit beseelt; ich wünschte, ich wäre ein Engel des Lichts und könnte Sie vor jedem Irrtum bewahren; ich wünschte, das Feuer Ihres Geistes würde mich beleben; ich kann es nicht wie Sie mit feuriger Feder beschreiben oder schildern, aber mein Sein ist davon erfüllt, und ich möchte Sie ohne Makel das Ende einer Laufbahn erreichen sehen, die für mich eher göttlicher denn menschlicher Natur ist.

Sie haben hier in wenigen Worten mein ganzes Wesen; ich bewundere Ihr Talent, ich huldige Ihrer Seele; ich möchte Ihre Schwester sein...

Mein Urteil über Sie könnte Irrtümer aufweisen, aber niemals Falschheit oder Lüge; ich bin ganz Seele und habe nur eine Tugend: zu lieben, und ich liebe in alle Ewigkeit... Wie oft habe ich gewünscht, mich an Ihrer Seite zu sehen, wenn tiefgründige Gedanken, die sie so gut darlegen, Sie beseelten; allein, in der Stille, mit der Ihnen eigenen Stärke; allein mit Ihrer sprühenden Phantasie; jeden Einfall wägend wie ein Wunder an moralischer Kraft, an fast übernatürli-

cher Vorstellung, die uns indes so gut erahnen läßt,
daß der Mensch alles in sich erfassen, alles vertiefen
kann. Jede Nacht einen neuen Gedanken gebärend,
wacht Ihr Genie, während alles um Sie herum schläft,
um uns diesen Überfluß an Kraft, Harmonie und Lie-
be zu bringen.

Obgleich tausend Meilen von Ihnen entfernt, sehe
ich Sie vor mir; ich glaube, durch Ihr Leben zu leben,
durch Ihre Gedanken, aber ich kann Sie nur fühlen,
nicht beschreiben.

Ich würde gern mit Ihnen über Ihre Werke spre-
chen: meine Begeisterung oder meine Einwände mit
Ihnen, mit Ihnen ganz allein, vertiefen. Mit Ihnen al-
lein und für Sie allein, Ihre Richterin, Ihre Moral sein;
Ihr Gewissen sein.

Eine ewige Wahrheit beseelt mich, ich fühle es; sie
brennt in mir, nur Sie können sie erfassen und diesen
Herzschlag der reinen Liebe schildern, diesen gehei-
ligten Herzschlag, der mich lieben läßt, um zu leben,
und leben, um zu lieben, der mich mit einer ruhigen
und abgeklärten Begeisterung eine Zukunft anstre-
ben läßt, die Glück und Freude für den Menschen
bringt, der diesen zündenden Funken erfassen kann,
der mir als ewige Wahrheit erscheint, und der, Natur,
Liebe, Wahrheit vereinend, dem Menschen seine har-
monische Existenz enthüllt und ihm sagt: das bist Du,
sieh, was Du sein solltest!

Ein Wort von Ihnen in der Quotidienne *wird mir*
Gewißheit geben, daß Sie meinen Brief erhalten ha-
ben und daß ich Ihnen ohne Furcht schreiben kann.
Unterzeichnen Sie mit: A d F - h. B.

Die Fremde

1 Einer der drei Briefe der Hanska, die erhalten geblieben sind.

*

Monsieur de B. hat erhalten, was man ihm geschickt hat, er kann dies erst heute mittels dieser Zeitung kundtun und bedauert, nicht zu wissen, wohin er seine Antwort richten soll.

A d F - h. de B.

1833

Die Korrespondenz zwischen Balzac und Madame Hanska wird sehr aktiv, da sich Mittel und Wege gefunden haben, den geheimen Briefkontakt weiter auszubauen.

Balzac führt in Paris ein mondänes Leben, er hat eine Liaison mit Maria Du Fresnay (1809-1892). Er erweitert seinen Verkehr in adeligen Kreisen, wird vom Marquis und der Marquise Fitz-James und von den Rothschilds empfangen. Im April begibt er sich zu seiner Freundin und Vertrauten Zulma Carraud nach Angoulême, wo er sich einen Monat lang aufhält.

Balzac verzichtet auf all seine journalistischen Tätigkeiten, er gibt nur noch Vorveröffentlichungen seiner Werke an die Zeitungen und Revuen.

Ende September reist Balzac nach Neuchâtel, wo er zum ersten Mal Ève Hanska trifft, die sich dort mit ihrem Mann, ihrer Tochter Anna und ihrer Entourage für einige Zeit aufhält.

Ende Dezember sieht er Madame Hanska in Genf wieder: er überbringt ihr als Weihnachtsgeschenk das Manuskript von *Eugénie Grandet*.

»DIE FREMDE« AN BALZAC

8. Januar 1833

Ich habe mit Freude La Quotidienne *erhalten, worin Ihre Nachricht inseriert war; es drängt mich, Ihnen dies mitzuteilen. Ich bin viel gereist, seit ich das Vergnügen hatte, Ihnen zu schreiben, und ich hoffe, daß wir uns wenigstens für einige Zeit nahe bei Frankreich aufhalten werden.*

Zu meinem großen Bedauern kann ich Ihnen nur sehr kurz und knapp schreiben, und das, obgleich ich Ihnen doch einige Dinge zu sagen hätte... aber ich bin nicht immer frei! Unglücklicherweise befinde ich mich fast immer im Zustand der Sklaverei und... aber bis zum Ende des Monats hoffe ich, einen Augenblick zu erhaschen, in dem ich mich für den Kummer, den ich verspüre, entschädigen werde.

Ich hätte so gern eine Antwort von Ihnen, aber es bedarf so vieler Vorsichtsmaßnahmen, so vieler Umwege, daß ich es noch nicht wage, mich wie auch immer festzulegen; ich möchte indes nicht wegen meiner Briefe in Ungewißheit bleiben, und ich werde dafür sorgen, daß Sie durch meinen ersten Brief einen sicheren Weg, frei zu korrespondieren, angezeigt bekommen, wobei ich auf jeden Fall auf Ihr Ehrenwort zähle, daß Sie nicht versuchen werden, die Person kennenzulernen, die Ihre Briefe entgegennehmen wird: ich wäre verloren, erführe man, daß ich Ihnen schreibe und Briefe von Ihnen empfange.

Warum kann ich nicht meine ganze Seele vor Ihnen ausbreiten und Sie in meinem Herzen lesen lassen, das sich genötigt sieht, alles in sich zu verschließen; gezwungen, Sie zu verlassen, empfinde ich größtes Bedauern, aber es muß sein!

Die Fremde

*

[Paris, Ende] Januar 1833

Verzeihen Sie die Verzögerung meiner Antwort. Ich bin erst in den letzten Dezembertagen nach Paris zurückgekehrt - und ich habe Ihren Brief erst in Paris vorgefunden; und hier war ich von erdrückender Arbeit[1] und heftigem Kummer in Beschlag genommen - lassen Sie uns jedoch nicht von Kummer und Arbeit sprechen. Nur Gott und ich werden jemals um die furchtbare Kraft wissen, derer es bedurfte, damit ein Herz voll von ungeweinten Tränen literarischem Schaffen genügen konnte. Seine Seele in Melancholie zu versenken und sie mit fiktivem Unglück und Glück zu besetzen, seelenlose Dramen zu schreiben und dabei selbst ein Drama in sich zu tragen, das Herz und Hirn entflammt. Aber lassen wir das. Ich bin allein, ich bin jetzt für lange Zeit zu Hause eingesperrt, vielleicht für ein Jahr. Ich habe diese freiwillige Kerkerhaft im Namen der Wissenschaft und der Armut bereits erlitten; doch diesmal sind die Sorgen meine Kerkermeister.

Ich habe mehr als einmal meine Gedanken wieder zu Ihnen schweifen lassen. Aber noch muß ich schweigen, dies sind Torheiten. Ich bedaure, Ihnen gegenüber *L[ouis] Lambert* gerühmt zu haben, die traurigste aller Frühgeburten. Nahezu drei Monate habe ich darauf ver-

48

wandt, dieses Buch zu überarbeiten, und dieser Tage ist es nun in einem kleinen Oktavband erschienen, von dem es ein besonderes Exemplar für Sie gibt; es erwartet Ihre Befehle und wird zusammen mit *Chénier*[2] der Person ausgehändigt, die es für Sie abholen wird, oder Sie schreiben mir, wohin es geschickt werden soll.

Dieses Werk ist noch immer unvollkommen, obgleich es jetzt den pompösen Titel *Die intellektuelle Geschichte des L[ouis] Lambert* trägt, und wenn diese Ausgabe vergriffen ist, wird es noch einen *Louis Lambert* geben, sogar einen noch unvollkommeneren. Ich sage Ihnen ganz unbefangen, was Sie von mir wissen wollen. Noch warte ich darauf, daß Sie mir von sich mit dem gleichen Freimut sprechen. Haben Sie Angst vor Spott? Und Spott von wem, von einem armen Kind, das auf ewig Opfer seiner Scheu vor Frauen, seiner Schüchternheit, seiner Leichtgläubigkeit sein wird. Sie haben mit Argwohn wegen meiner zwei Handschriften Rechenschaft von mir verlangt; aber ich habe so viele verschiedene Handschriften wie das Jahr Tage, ohne im geringsten wankelmütig zu sein.[3] Diese Beweglichkeit rührt von einer Vorstellungskraft, die alles ersinnen und dabei jungfräulich bleiben kann wie ein Spiegel, der durch keine seiner Spiegelungen getrübt wird. Der Spiegel ist in meinem Kopf. Aber mein Herz, mein Herz wurde erst von einer Frau auf dieser Welt erkannt, derjenigen, welcher das *Et nunc et semper* der Widmung in *L[ouis] Lambert* gilt.[4] Ewige Bande und zerbrochene Bande - klagen Sie mich nicht an; Sie haben mich gefragt, wie man sich lieben kann, leben und sich verlieren, während man sich noch immer liebt. Hierin liegt ein Geheimnis des Lebens, das Sie noch nicht kennen, und das kennenzulernen ich Ihnen nicht wünsche. Bei einem solch traurigen Los kann man nur das Schicksal anklagen; es gibt zwei Unglückliche, aber zwei unschuldige Unglückliche. Dabei gibt es keinen Fehler zu verzeihen, weil es keinen Grund zur Anklage gibt. Ich habe dem nichts hinzuzufügen.

(...) Von allen Seiten ruft man mir zu, daß ich nicht zu schreiben verstünde; und das ist grausam, wenngleich ich es mir auch schon selbst gesagt habe; und das, obwohl ich den Tag meinen neuen Werken widme und die Nacht der Vervollkommnung meiner früheren. Wie ein Bär lecke ich zur Zeit die *Szenen [aus dem Privatleben]* und die *Physiologie [der Ehe]*; anschließend überarbeite ich die *Contes [philosophiques]*[5].

Da ich um all meine Leidenschaften, all meine Überzeugungen betrogen wurde, da all meine Träume verfliegen, muß ich mir Leidenschaften *erschaffen*, und ich habe die für die Kunst erwählt. Ich lebe für meine Studien. Ich will besser werden. Ich wäge meine Sätze und meine Worte wie ein Geizhals seine Goldstücke. Welche Liebe verliere ich auf diese Weise! Welches Glück in den Wind geschrieben! Meiner so mühseligen Jugend, meinen langen Studien wird nie die Belohnung widerfahren, die ich mir immer wünschte. Seit ich atme, seit ich weiß, was ein reiner Seufzer von reinen Lippen bedeutet, habe ich die Liebe einer jungen und hübschen Frau ersehnt - und alles schlug fehl. In einigen Jahren wird die Jugend nur mehr eine Erinnerung sein, ich bin wählbar, seit das neue Gesetz uns Männer von dreißig Jahren zuläßt; und gewiß wird mir die Erinnerung an die Jugend in einigen Jahren kaum noch Freude bereiten. Wie also mit 40 Jahren das erhoffen, was mir mit 20 fehlte; jene, die heute, wo ich jung bin, vor mir Angst hat, wird sie dann geneigter sein? Aber Sie werden diese Klagen schwerlich begreifen; Sie sind jung, einsam, leben auf dem Land, weit entfernt von unserer Pariser Welt, die die Leidenschaften so heftig bewegt, und in der alles so groß und so klein ist. Noch muß ich meine Klagelieder in der Tiefe meines Herzens verbergen...

Sie haben mich um *ein wenig* Freundschaft gebeten; ich habe vorgestern an Sie gedacht, als ich ein ähnliches Versprechen gab, indem ich mich einem jungen Mann widmete, [Auguste Borget], von dem ich hoffe, daß sein Leben einen guten und würdigen Lauf nimmt. Sie haben recht, es gibt im Leben von jungen Menschen einen Moment, in dem eine freundschaftliche Seele überaus wertvoll ist. Im Park von Versailles steht ein *Achill zwischen Laster und Tugend*, der mir als großes Meisterwerk erscheint und bei dessen Anblick ich stets an diesen schwierigen Moment im menschlichen Leben denke. Ja, ein junger Mensch braucht eine ermutigende Stimme, die ihn für das Mannesleben ertüchtigt und ihn dabei doch die Blumen der Leidenschaft am Wegesrand auflesen läßt.

Sie werden sich nicht über mich lustig machen, Sie, die Sie mir eine so noble Briefseite und so melancholische Zeilen geschrieben haben, denen ich glaube. - Sind Sie eines dieser vollkommenen Geschöpfe, denen ich das Recht einräume, sich manchmal wie eine Wolke vor meine Blumen zu setzen, und die mir zwischen zwei Kamelien zulächeln, mein rosa Heidekraut durchstreifen, und zu denen ich spreche?

Sie fürchteten für mich die Zerstreuungen des Winters; ach, alles was ich an Eindrücken erlebe, erreicht mich durch einige Briefe, die guten Seelen entsprungen sind und die mich wärmen.

Ich verlasse mein großes mit Büchern bestücktes Kabinett nicht; ich bin allein und will niemanden hören. Ich habe solche Mühe, die Hoffnungen aus meinem

Herzen zu vertreiben, man muß sie auszupfen wie Hanfstengel, eine nach der anderen, Halm für Halm. Auf die Frau verzichten, auf meine einzige irdische Religion!

(…) Ich muß Ihnen lebewohl sagen und was für ein Lebewohl, dieser Brief wird vielleicht einen Monat unterwegs sein, Sie werden ihn in Ihren Händen halten, und ich werde Sie vielleicht nie sehen, Sie, die ich wie ein Trugbild liebkose, die Sie wie eine Hoffnung in all meinen Träumen sind, und die Sie meinen Träumereien so anmutig Gestalt verliehen haben. Sie wissen nicht, was es bedeutet, die Einsamkeit eines Dichters mit einem süßen Bildnis auszufüllen, dessen vage Umrisse in ihrer Unbestimmtheit anziehend sind. Ein feuriges und einsames Herz klammert sich so heftig an eine Chimäre, wenn sie wirklich ist. Wie oft habe ich nicht schon die Strecke zurückgelegt, die uns trennt; was für köstliche Geschichten gesponnen und was für Postspesen am häuslichen Kamin ausgegeben.

Also, leben Sie wohl, ich habe Ihnen eine Nacht geschenkt, eine Nacht, die eigentlich meiner rechtmäßig Angetrauten, der *Revue de Paris* gehören sollte, diesem zänkischen Eheweib. Folglich wird die *Théorie de la démarche* , die ich ihr schuldete, auf März verschoben. Und niemand wird wissen warum; Sie und ich allein werden das Geheimnis kennen. Der Artikel lag vor mir, eine ganze Wissenschaft, die veröffentlicht werden sollte; das war so unzugänglich, ich war deshalb entmutigt. Da tauchte wie von Zauberhand Ihr Brief in meiner *Erinnerung* auf, und mit einem Mal sitze ich wie auf Kohlen, lasse mich in meinem Sessel nieder und beurteile meine Gewissensbisse, all die Nächte, in denen ich mir beim Einschlafen sagte: - Wieder ist ein Tag vergangen, ohne daß ich ihr geantwortet habe. (Wie eine kleine Verfehlung in einer Freundschaft doch der Freundschaft Ansporn gibt). Alsdann, lebewohl dem *Gang*; ich galoppiere gen Polen und lese all ihre Briefe wieder - ich besitze nur drei - und ich antworte Ihnen - ich wette, daß Sie in zwei Monaten *La Théorie de la démarche* nicht lesen können, ohne bei jedem Satz zu schmunzeln, weil unter diesen gefühllosen oder vielleicht gar törichten Sätzen tausend Gedanken an Sie sind. Leben Sie denn wohl; ich habe so wenig Zeit, daß Sie mir verzeihen mögen. Es gibt keine drei Menschen, denen ich antworte. Dies hat ein wenig mit französischem Dünkel zu tun, und dennoch ist es das Taktvollste, was die Bescheidenheit betrifft. Mehr noch als das, ich wollte Ihnen sagen, daß Sie fast allein in meinem Herzen sind, abgesehen von meinen Großeltern.

Leben Sie wohl; hätte mein Rosenstock nicht all seine Blüten verloren, ich schickte Ihnen ein Blütenblatt. Wenn Sie weniger feenhaft, weniger kapriziös, weniger geheimnisvoll wären, würde ich Ihnen sagen: schreiben Sie mir oft.

1 *Der Landarzt*, *Les Maranas*, die Überarbeitung von Louis Lambert und der Druck des zweiten Zehent der *Tolldreisten Geschichten*.

2 Diese Ausgabe wird im folgenden mehrfach erwähnt. Tatsächlich überreichte Balzac sie Madame Hanska erst im Januar 1834 in Genf. André-Marie Chénier, 1762-1794, war der bedeutendste französische Lyriker des 18. Jahrhunderts.

3 Ein Brief wird vermutlich nicht von ihm selbst, sondern von seiner Vertrauten ZulmaCarraud verfaßt.

4 Widmung in *Louis Lambert* an Madame de Berny, mit der Balzac seit dem Winter 1821/22 eine Liebesbeziehung hatte. Als die wesentlich Ältere von seiner Liaison zu Madame Hanska erfuhr, litt sie grausam.

5 *Romans et Contes philosophiques*, Vorläufer des späteren übergreifenden Titels *Philosophische Studien in der Menschlichen Komödie*, worunter sich u.a. das *Chagrinleder* wiederfindet.

*

Es gibt mit Sicherheit irgendein geistiges Band zwischen uns, ich kann es nicht anders ausdrücken, denn wie ließe sich sonst erklären, daß Sie *L'Imitation de Jésus-Christ* [1] zu mir auf die Reise geschickt haben, während ich Tag und Nacht an einem Buch arbeitete, in welchem ich versuche, den Geist jenes Werks zu dramatisieren, indem ich es den kulturellen Anforderungen unserer heutigen Zeit anpasse; wie kommt es, daß Sie den Einfall hatten, es mir zu schicken, während ich darauf verfiel, seine meditative Poesie zur Wirkung zu bringen; daß das heilige Buch aus der Ferne, begleitet von einer Prozession zärtlicher Gedanken, zur mir kam, der ich mich in die herrlichen Gefilde einer religiösen Vorstellung erhoben hatte, daß es mir in dem Augenblick zugetragen wurde, als ich erschöpft und müde die Hoffnung aufgegeben hatte, dieses wunderbare Werk an Barmherzigkeit vollenden zu können, das schön in seinen Ergebnissen sein wird, falls meine Anstrengungen nicht umsonst waren. Oh, gewähren Sie mir das Recht, Ihnen in ein oder zwei Monaten meinen *Landarzt* zusammen mit dem *Chénier* und dem neuen *Louis Lambert*, an dem ich erneut Korrekturen vornehmen will, zu übersenden. Mein Buch wird nicht vor Anfang März erscheinen; - ich möchte Ihnen nicht diese unsägliche Ausgabe schicken; einige Wochen nach ihrem Erscheinen lasse ich eine neue anfertigen und biete werde etwas Ihrer Würdiges an. Dies ist der einzige Weg. Poesie, Religion, Geist, diese drei großen Prinzipien werden in diesen drei Büchern vereinigt sein, und vereint ihre Wallfahrt zu Ihnen antreten, all meine Gedanken werden sich ihnen anschließen, und wenn Sie daraus schöpfen, werden Sie bei mir Unerschöpfliches finden. Jetzt weiß ich auch, daß Ihnen dieses Buch gefallen wird. Sie schicken mir Christus am Kreuz[2], und ich habe ihn sein Kreuz tragend abbilden lassen. Darin liegt der Grundgedanke des Buches: Entsagung und Liebe; Glaube an die Zukunft und den Duft der Wohltätigkeit um sich verbreiten. Welche Freude empfindet ein Mann von Einfluß daran, endlich ein Werk schaffen, wo er er selbst sein kann, wo er seine Seele enthüllen kann, ohne Furcht vor Spott, denn wenn er den Leidenschaften der Masse dient, erwirbt er das teuer bezahlte Recht, Gehör zu finden.

Haben Sie *Les Marana* gelesen? Sagen Sie mir, ob Ihnen Juana gefällt.

Sie haben in mir eine vielfache Neugierde erweckt; Sie machen sich einer köstlichen Koketterie schuldig, die man unmöglich tadeln kann. Aber Sie wissen nicht, was alles einer lebhaften Phantasie und einem verkannten Herzen gefährlich werden kann, einem Herzen voll unerwiderter Zärtlichkeit, wenn es eine Frau, jung und schön, nebelhaft vor sich aufsteigen sieht; trotz der Gefahren gebe ich mich bereitwillig allen Erwartungen meines Herzens hin. Es bereitet mir Kummer, daß ich von Ihnen nur als von einer Hoffnung sprechen kann, als einem Traum des Himmels, als Inbegriff alles Schönen - ich kann mit Ihnen folglich nur von mir sprechen; aber mit Ihnen gebe ich mich auch all meinen geheimen Gedanken hin, meiner Verzweiflung, meinen Hoffnungen, Sie sind ein zweites Gewissen, weniger zänkisch vielleicht und etwas umgänglicher als jenes, das sich in ungünstigen Augenblicken so gebieterisch erhebt.

Nun gut, sprechen wir also von mir, wenn es denn sein muß: ich hatte eines dieser schrecklichen Kümmernisse, die allein die Künstler kennen. Nach dreimonatiger Arbeit überarbeite ich *L[ouis] Lambert* erneut. Gestern kam ein Freund, einer dieser Freunde, die dich nicht belügen, die dir die Wahrheit sagen mit dem Seziermesser in der Hand, und wir haben mein Werk geprüft. Er ist ein Mann der Logik, von sicherem Geschmack, unfähig, was auch immer selbst zu tun; aber der gründlichste Grammatiker, der strengste Lehrer, und er hat mir tausend Fehler nachgewiesen. Allein, des Abends, weinte ich vor Verzweiflung und aus dieser Wut heraus, die einem zu Herzen geht, wenn man nach soviel Arbeit seine Fehler erkennt. Nun, ich mache mich ans Werk und in ein oder zwei Monaten einen verbesserten *Lambert* erscheinen lassen. Warten Sie ihn ab. Lassen Sie mich Ihnen eine neue und schöne Ausgabe der 4 Bände der *Contes philosophiques* schicken, sobald sie fertig ist. Ich bereite sie gerade vor. *Das Chagrinleder*, zwar bereits korrigiert, wird erneut überarbeitet. Wenn schon nicht alles vollkommen sein kann, so wird es doch weniger schlecht.

Immerzu Arbeit! Mein Leben spielt sich in einer Mönchszelle ab, in einer schönen Zelle zwar, aber ich gehe selten aus; ich habe mancherlei persönlichen Verdruß, wie alle Menschen, die vom Altar leben, anstatt ihn anzubeten. Was tue ich nur für Dinge, auf die ich gern verzichten würde; aber die Zeit meiner Befreiung ist nicht weit: dann vollende ich langsam mein Werk. Ich brenne darauf, den *Landarzt* fertigzustellen, um zu erfahren, was Sie davon halten, denn Sie werden ihn zweifelsohne lesen, noch ehe Sie Ihr Exemplar in den Händen haben. Es ist die Geschichte eines Mannes, der einer verkannten Liebe treu bleibt, einer Frau, die ihn nicht liebt, die ihn durch ihre Koketterie zerbrochen hat, aber diese Geschichte ist nur eine Episode. Anstatt sich umzubringen, streift dieser Mann sein Leben wie ein Kleidungsstück ab, beginnt eine neue Existenz, und anstatt Kartäusermönch zu werden, wird er zum Barmherzigen Engel eines armseligen Landstrichs, den er zivilisiert. Im Augenblick bin ich auf dem Höhepunkt der Geschichte, ich weiß Ihnen nur Gutes darüber zu berichten, aber sobald ich fertig bin, werden Sie die Verzweiflung eines Mannes erleben, der nichts anderes mehr sieht als seine Fehler.

Wenn Sie wüßten, mit welchem Ungestüm, eine einsame, von allen gemiedene Seele nach wahrer Zuneigung lechzt. Ich liebe Sie, obgleich ich Sie nicht kenne, und diese wunderliche Tatsache ist die natürliche Folge eines stets unausgefüllten und unglücklichen Daseins, das ich nur mit Gedanken genährt habe. Wenn es jemanden gibt, dem dieses Abenteuer zustoßen mußte, dann bin ich es. Mir ist zumute wie einem Gefangenen, der in der Tiefe seines Kerkers von Ferne eine köstliche Frauenstimme vernimmt. Er legt seine ganze Seele in die vergängliche und überwältigende Wahrnehmung dieser Stimme und nach langen Stunden der Träumerei, nach den Reisen seiner Phantasie, wird die schöne und junge Frau ihn töten, dermaßen vollkommen wäre das Glück. Sie werden das für Hirngespinste halten; dies ist die Wahrheit und bleibt sogar noch hinter der Wirklichkeit zurück, denn das Herz, die Phantasie, das Romantische der Leidenschaften, von denen meine Werke zeugen, sind ziemlich weit entfernt vom Herzen, der Phantasie und dem romantischen Charakter des Menschen. Und ich kann das ohne Selbstgefälligkeit sagen, weil all diese Eigenschaften ein Unglück für mich sind. Denn schließlich fühlt sich niemand der Poesie mit mehr Liebe verbunden, diesem ebenso trügerischen wie wahren Gefühl. Es ist eine Art Religion, höher als die Erde, tiefer als der Himmel. Ich liebe es, bei Tage meine Blicke oft zu unbekannten himmlischen Sphären zu richten, zu einem unbekannten Land, um daraus neue Kraft zu schöpfen, indem ich daran denke, daß es gewiß eine Belohnung für mich gibt, wenn ich erfolgreich bin.

Sie müssen dazu wissen, daß es hier zwischen einem Karmeliterkloster und dem Ort, wo man derzeit die Hinrichtungen durchführt, ein armseliges Wesen gibt, dessen Freude Sie sind, eine nach den gesellschaftlichen Regeln unschuldige Freude und doch äußerst frevelhaft, wenn man sie mit dem Maß der Zuneigung mißt. Ich nehme mir zuviel davon, das versichere ich Ihnen, und Sie würden meine geträumten Eroberungen nicht billigen, wenn es mir möglich wäre, Ihnen meine Träume zu erzählen, von denen ich weiß, daß sie unmöglich sind und die mir doch so sehr gefallen. Zu reisen, ohne daß irgend jemand auf der Welt wüßte, wer ich bin, in Ihr Land zu reisen, Ihnen unerkannt zu begegnen, Sie gesehen zu haben und zurückzukehren, und von hier aus Ihnen zu schreiben: so sind Sie also! Wie oft habe ich mich an dieser köstlichen Vorstellung erfreut, ich, der ich durch tausend Liliputfesseln an dieses Paris gebunden bin; ich, dessen Unabhängigkeit noch vertagt werden muß, ich, der ich nur in Gedanken reisen kann. Sie gehören Ihnen, diese Gedanken; aber sagen Sie mir - aus Gnade und Barmherzigkeit, im Namen dieser Zuneigung, die ich nicht weiter erklären will, denn sie macht mich zur Zeit glücklich - sagen Sie mir, daß Sie außer mir niemandem in Frankreich schreiben. Das ist weder Mißtrauen noch Eifersucht, obwohl diese beiden Gefühle der Zärtlichkeit entspringen, finde ich die Verdächtigungen, die sie mit sich bringen stets gleichermaßen entwürdigend. Nein, was mich zu dieser Bitte bewegt, ist das Gefühl, die Ahnung der himmlischen Vollkommenheit, die Ihnen innewohnt.

Ich weiß darum, aber ich möchte Gewißheit.

Aber nun leben Sie wohl; die unbarmherzigen Verleger, Zeitungen, usw. warten schon; die Zeit fehlt mir bei allem, was ich unternehme; es gibt nur eines, wofür ich immer genug aufbringen werde. Seien Sie gut, barmherzig, liebenswürdig, vortrefflich. Sie müssen, falls Sie es nicht selbst können, jemanden ausfindig machen, der eine *Sepia*-Zeichnung machen kann; schikken Sie mir das getreue Abbild des Zimmers, in dem Sie schreiben, in dem Sie Ihren Gedanken nachhängen, in dem Sie *Sie selbst* sind, denn Sie wissen wohl, es gibt Momente, in denen wir mehr wir selbst sind, in denen die Maske gefallen ist. Ich bin sehr kühn, sehr indiskret, aber dieser Wunsch wird Ihnen so einiges verraten, und letztlich ist er sehr unschuldig, das schwöre ich Ihnen. (…)

1 Es handelt sich um eine Übersetzung des Buches *De imitatione Christi (Von der Nachfolge Christi)* des mystischen Schriftstellers Thomas von Kempen (1380-1471). Balzac hatte gerade eine *Imitation* von Madame de Hanska zugesandt bekommen.
2 Die Titelseite der Originalausgabe vom *Landarzt* war mit einer Illustration versehen, die Christus zeigt, wie er sein Kreuz trägt.

*

[Paris, Ende März 1833]

[...]

Ich habe Ihnen etwas über mein Leben gesagt; ich habe Ihnen nicht alles gesagt, aber Sie werden genug davon wahrgenommen haben, um zu verstehen, daß ich weder die Zeit hatte, Böses zu tun, noch die Muße, mich dem Glück hinzugeben. Da ich mit besonderem Feingefühl begabt war und lange in der Einsamkeit gelebt hatte, war das fortwährende Unglück meines Lebens der Ursprung dessen, was man so unzureichend als *Talent* bezeichnet. Ich war mit einer guten Beobachtungsgabe gesegnet, da es mich unfreiwillig quer durch alle Arten von Berufen verschlagen hatte. Als ich dann in den oberen Kreisen der Gesellschaft verkehrte, litt ich in allen Bereichen der Seele, zu denen das Leiden Zugang findet, und es sind nur die verkannten Seelen und die Armen, die zu beobachten wissen, weil alles sie verletzt und die Beobachtung dem Leiden entspringt. Nur Schmerz prägt sich dem Gedächtnis tief ein. Deshalb bewahren wir auch so deutlich die Erinnerung an große Freude, denn Lust ist stets nah am Schmerz. Auf diese Weise wurde alles von mir analysiert und beobachtet, sowohl die Gesellschaft in all ihren Entwicklungsstufen von oben nach unten als auch die Gesetze, die Religionen, die Geschichte, die Gegenwart. Meine einzige Leidenschaft hat mich die Frauen beobachten, studieren, begreifen und zärtlich lieben lassen, ohne eine andere Belohnung als die, aus der Ferne von großen und edlen Herzen verstanden zu werden. Ich habe meine Wünsche, meine Träume aufgeschrieben. Aber je weiter ich fortschreite, desto mehr begehre ich gegen das Schicksal auf. Mit 34 Jahren, nachdem ich ständig 14 bis 15 Stunden am Tag gearbeitet habe, besitze ich bereits einige weiße Haare, und zu ergrauen, ohne von einer jungen und hübschen Frau geliebt worden zu sein, das ist traurig. Meine durch und durch männliche Vorstellungskraft, die sich nie der Unzucht hingegeben hat, noch je erlahmte, ist eine Feindin für mich, sie ist jeoch immer im Einvernehmen mit meinem jungen reinen Herzen, das von unterdrücktem Verlangen aufgewühlt wird; so stark, daß das geringste Gefühl, das in meine Einsamkeit geworfen wird, dort Verheerungen anrichtet. Ich liebe Sie bereits zu sehr, ohne Sie gesehen zu haben. Gewisse Stellen in Ihren Briefen haben mein Herz höher schlagen lassen; und wenn Sie wüßten, mit welcher Sehnsucht ich mich auf das stürze, was ich solange ersehnt habe - Zu welcher Hingabe ich mich fähig fühle - Welches Glück es für mich wäre, mein Leben einer einzigen Möglichkeit unterzuordnen - Für eine einzige Stunde ein ganzes Jahr keine Menschenseele zu sehen - Die zartsinnigsten und romantischsten Träume einer Frau finden in meinem Herzen nicht nur ein Echo, sondern einen unglaublichen Gleichklang des Geistes. Verzeihen Sie mir den Stolz auf die Not meines Herzens, meine Einfalt im Erdulden.

Sie haben mich nach dem Taufnamen der *Dilecta* gefragt[1], obgleich ich Ihnen vollständig und blind vertraue und trotz meiner Gefühle für Sie, kann ich ihn nicht sagen, ich habe ihn nie preisgegeben. Hätten Sie noch Vertrauen zu mir, wenn ich ihn ausspräche? Nein.

Sie bitten mich, Ihnen eine Zeichnung der Räumlichkeiten zu schicken, in denen ich lebe. Hören Sie, in einer der nächsten Lieferungen des Albums von Régnier, den ich deswegen aufsuchen will, werde ich mein Haus für Sie abbilden lassen, oh, nur für Sie allein. Das ist ein Opfer. Es widerstrebt mir, ins Licht der Öffentlichkeit gerückt zu werden. Wie wenig mich jene kennen, die mich der Selbstgefälligkeit zeihen! Ich habe nie einen Journalisten empfangen wollen, denn ich würde mich schämen, um einen Artikel zu ersuchen. Seit acht Monaten nunmehr widerstehe ich den Bitten von Schnetz und von Scheffer, dem Illustrator des *Faust*, die mich unbedingt porträtieren wollen.

Vorgestern sagte ich im Scherz zu Gérard[2], der erneut davon sprach, daß ich nicht schön genug sei, um als Fisch in Öl konserviert zu werden. Anbei finden Sie eine kleine Skizze, die ein Künstler gemacht hat, eine Ansicht meines Kabinetts. Aber es widerstrebt mir ein wenig, Ihnen dies zu schicken, weil ich nicht an all die Freude und das Glück zu glauben wage, die Ihre Bitte in mir auslösen. In einem Herzen zu leben, ist ein so schönes Leben! Sie heimlich in mir selbst beim Namen nennen zu können. In schlechten Stunden, wenn ich leiden würde, wenn ich verraten, verkannt, verleumdet wäre, mich zu Ihnen flüchten zu können !... Das ist eine Hoffnung, an die ich kaum zu glauben wage. Das ist die Anbetung Gottes durch den Gottesfürchtigen, das *Ave Maria* auf die Wand einer Klosterzelle geschrieben, eine Inschrift, die mich in der Grande Chartreuse[3] unter einem Gewölbebogen zehn Minuten verweilen ließ. Oh, lieben Sie mich! Alles was Sie an Edlem, Wahrem, Reinem ersehnen, wird in mein Herz einziehen, das viele Schläge hinnehmen mußte, aber keineswegs verdorrt ist.

(…) Sie haben viel Mut! Sie haben eine große, wohlerzogene Seele. Zittern Sie also vor niemandem, denn sonst werden Sie unglücklich. In Ihrem Leben wird es durchaus Umstände geben, unter denen Sie verzweifelt sein werden, daß Sie nicht all die Macht erlangen konnten, die Sie brauchten, die Sie haben könnten. Was ich Ihnen hier sage, ist die Frucht der Erfahrung einer ziemlich alten und wahrhaft religiösen Frau.

Aber vor allem keine unnötigen Unbesonnenheiten. Mein Gott, sprechen Sie meinen Namen nicht mehr aus, lassen Sie zu, daß man über mich herfällt, das alles ist mir in diesem Zusammenhang gleichgültig, vorausgesetzt, ich wohne in zwei oder drei Herzen, die ich mehr als alles auf der Welt zu würdigen weiß. Ein Brief von Ihnen bedeutet mir mehr als der Lorbeer eines Lord Byron. Meine Bestimmung auf dieser Erde ist zu lieben, selbst ohne Hoffnung, vorausgesetzt ich werde auch ein wenig geliebt.

J[ules] Sand[eau] ist ein junger Mann. G[eorge] Sand ist eine Frau. Ich hatte mich sowohl für den einen als auch für die andere interessiert, denn ich fand es herrlich für eine Frau, alles aufzugeben, um einem armen jungen Mann zu folgen, den sie liebte. Diese Frau, die Madame Dudevant heißt, scheint sehr talentiert. Es galt, Sand[eau] von der Armee frei zu bekommen, die beiden schreiben zusammen ein Buch, das Buch ist gut. Ich mochte diese beiden Liebenden, die stolz und glücklich oben in einem Haus am Quai Saint-Michel hausten. *Madame D[udevant] hatte ihre Kinder bei sich.* Beachten Sie diesen Punkt. Man kommt zu Ruhm, und mit ihm schleicht sich Unglück über die Schwelle des Turteltaubennestes. M[adame] D[udevant] gibt vor, ihn ihrer Kinder wegen verlassen zu müssen. Sie trennen sich, und der Grund für diese Trennung ist, so glaube ich, eine neue Zuneigung, die G[eorge] Sand oder Madame Dudevant für den boshaftesten unserer Zeitgenossen entwickelt hat, H. de Latouche, den Verfasser von *Fragoletta*, einer meiner ehemaligen Freunde, einer der verführerischsten Männer, aber verabscheuungswürdig boshaft. Hätte ich als Beweis lediglich den Abstand, den M[adame] D[udevant] mir gegenüber hält, der sie mit Jules Sand[eau] so brüderlich empfangen hatte, reichte das bereits, aber sie verfaßt Epigramme auf ihren ehemaligen Gastgeber, und gestern habe ich Sand[eau] untröstlich angetroffen. So ist sie also, die Verfasserin von *Valentine* und *Indiana*, Sie haben mich ja danach gefragt.

Es gibt niemanden in Paris, den ich nicht in meiner Eigenschaft als Künstler oder Literat kenne, und 10 Jahre lang habe ich mancherlei Dinge erlebt, so traurige Dinge, daß der Ekel vor dieser Welt mir zu Herzen ging.

(Diese Leute haben mich gelehrt, Rousseau zu verstehen). Sie verzeihen mir nicht, daß ich sie durchschaue; sie verzeihen mir weder meine Distanz, noch meinen Freimut. Aber es gibt unparteiische Menschen, die beginnen, die Wahrheit zu sagen. Ich heiße *Honoré*, ich will meinem Namen treu sein.

Von welch niedriger Gesinnung dies alles zeugt! Und es stimmt, was Sie mir geschrieben haben, der Mensch ist eine verkommene Bestie. Ich beklage mich nicht, denn der Himmel hat mir drei Herzen geschenkt: die *Dilecta*, die Dame aus Angoulême, einen Freund, [Borget], der derzeit eine Skizze von meinem Kabinett für Sie verfertigt, ohne zu wissen, was ich mit dieser Skizze vorhabe - diese drei Herzen, und außer ihnen noch meine Schwester und Sie, Sie, die Sie nun soviel Einfluß auf mein Leben haben, auf meine Seele, mein Herz und meinen Geist, Sie, die Sie die Zukunft retten können, wenn schon die Vergangenheit dem Leid gehört; das sind meine einzigen Reichtümer. Sie können nun mit Recht behaupten, B[alzac] sei diffus, nicht im Sinne von Voltaire, sondern in Anbetracht der Tatsachen. Während ich Ihnen schreibe, müßten Sie bereits *Les Marana* gelesen haben, über *Juana*[4] vielleicht eine Träne vergossen haben. Im letzten Kapitel stehen Sätze, bei denen wir uns sehr nahe gewesen sein müssen: *Schwermut, unverstanden selbst von denen, die sie verursachen usw.*

Finden Sie nicht, daß ich mit Ihnen ein wenig zu gut über mich selbst und zu schlecht über die anderen spreche? Halten sie mich indes für nicht allzu verdorben. Zwar liegt Victor Hugo, der aus Liebe geheiratet und nette Kinder hat, in den Armen einer gemeinen Dirne, es gibt aber auch in Paris Monsieur Monteil, den Verfasser eines schönen Werks, der von Brot und Milch lebt und eine Pension ausschlägt, von der er glaubt, er verdiene nicht, daß man sie ihm gewähre; ein prächtiger Mann. Es gibt schöne und edle Charaktere, selten zwar, aber es gibt sie. Scribe ist solch ein Mann von Ehre und Tapferkeit. Eigentlich müßte ich noch eine richtige Literaturgeschichte für Sie verfassen, aber sie wäre nicht allzu schmeichelhaft.

Ich flehe Sie an, erzählen Sie mir doch in diesem so *launigen*, so reizenden Stil, wie Ihr Leben verläuft, Stunde um Stunde, lassen Sie mich an allem teilhaben. Beschreiben Sie mir die Räumlichkeiten, in denen Sie wohnen bis hin zur Farbe der Möbel. Sie sollten ein Tagebuch führen und es mir regelmäßig schicken, und trotz meiner Tätigkeiten würde ich Ihnen jeden Tag ein paar Zeilen schreiben. Es tat so gut, sich einer aufrichtigen und schönen Seele anzuvertrauen wie Gott!

Um einigen Ihrer Illusionen ein Ende zu bereiten, werde ich auf einem der Aquarelle eine Skizze des *Landarzt* anbringen lassen, und Sie werden erkennen, daß dies die vielleicht etwas *karikierten* Züge des Verfassers sind. Das wird ein Geheimnis zwischen Ihnen und mir sein.

Ich habe sehr wohl daran gedacht, Ihnen ein Exemplar zukommen zu lassen, sobald es fertig ist. Ich glaube, ich habe den einfachsten Weg gefunden, ich teile ihn Ihnen mit, falls Ihnen kein besserer einfällt.

Erfüllen Sie meine Bitten nach den Einzelheiten Ihres Leben, sorgen Sie dafür, daß, wenn meine Gedanken sich Ihnen zuwenden, sie Sie treffen, daß sie die Stickerei sehen, die angefangene Blume; daß sie Ihnen zu jeder Stunde folgen; wenn Sie wüßten, wie oft der müde Geist eine in gewisser Weise tätige Rast will. Wie wohltuend ist diese süße Träumerei für mich, die derart beginnt: - In diesem Augenblick ist sie dort, sie betrachtet jenes Ding. Und ich verleihe den Gedanken die Gabe, die Entfernung zu überwinden, und genügend Kraft, um sie zu beseitigen. - Dies sind meine einzigen Freuden inmitten fortwährenden Schaffens. Ich habe nicht genügend Platz, um Ihnen zu erklären, was ich dieses Jahr noch alles zu vollenden habe. Kommenden Januar können Sie darüber urteilen, ob ich das Haus oft verlassen mußte. Und dennoch fände ich gern die Zeit, zwei Monate zu reisen, um mich zu erholen. Sie haben mich um Auskünfte über *Saché* gebeten, Saché ist eine Schloßruine am Indre, in einem der lieblichsten Täler der Touraine. Der Eigentümer, ein Mann von 55 Jahren, hat mich einst auf seinen Knien geschaukelt, er hat eine unduldsame und frömmelnde, bucklige und wenig geistreiche Frau, ich komme seinetwegen dorthin, und außerdem bin ich dort ein freier Mensch, man kümmert sich in dieser Gegend nicht mehr um mich als um ein Kind, ich gelte dort gar nichts, und ich bin glücklich da zu sein wie ein Mönch in einem Kloster. Ich denke dort immer über einige ernsthafte Werke nach. Der Himmel ist dort so klar, die Eichen so schön, die Ruhe so grenzenlos. Eine Meile entfernt liegt das schöne Schloß von Azay, erbaut von Semblançay, eines der schönsten architektonischen Bauwerke, die wir besitzen. Etwas weiter liegt Ussé, so berühmt durch den Roman *Petit Jehan de Saintré* [von Antoine de La Sale]. Saché ist sechs Meilen von Tours entfernt. Aber nirgendwo eine Frau, nirgendwo die Gelegenheit zu einer Plauderei, das ist wie Eure Ukraine, allerdings ohne Eure Musik und ohne Eure Literatur. Aber je mehr eine Seele voller Liebe körperlich eingeengt ist, desto mehr schwingt sie sich in den Himmel auf, darin liegt eines der Geheimnisse der Zelle und der Einsamkeit!

Seien Sie großzügig, sprechen Sie mir viel von sich, so wie ich Ihnen viel von mir spreche, das ist eine Art, unser Leben auszutauschen. Aber möge es keine Enttäuschungen geben! Ich habe gezittert, als ich Ihnen schrieb, ich sagte mir: wird es wieder eine neue Bitternis geben, wird sich der Himmel wieder nur auftun, um mich aus dem Paradies zu jagen?

Nun denn, leben Sie wohl, Sie, eine meiner heimlichen Tröstungen, Sie, zu der meine Seele und meine Gedanken fliegen: wissen sie, daß Sie sich an einen ganz und gar weiblichen Geist wenden und daß das, was Sie mir verbieten, mich ungeheuer lockt! Sie untersagen mir, Sie zu sehen! Welch süßer Wahn, es doch zu tun! Dies ist ein Verbrechen, für das ich durch die Gabe meines Lebens büßen möchte, ich gäbe es hin, um Gnade zu erwirken. Aber fürchten Sie nichts, die Notwendigkeit hat mir die Flügel gestutzt. Ich bin an meine Scholle gebunden wie einer Ihrer Leibeigenen. Deshalb habe ich das Verbrechen schon hundertmal in Gedanken begangen. Sie schulden mir Entschädigung. Leben Sie wohl, ich habe Ihnen die Geheimnisse meines Lebens anvertraut, um Ihnen damit zu sagen, daß Sie meine Seele besitzen.

1 Aus Koketterie nennt Balzac Madame Hanska nie die Vornamen Louise-*Antoinette*-Laure von Madame Berny, die nur von Balzac mit Laure angeredet wurde und die von ihm in den Briefen an Madame Hanska eine ganze Zeit die *Dilecta* genannt wird.
2 Gemeint ist der Maler Baron François Gérard (1770-1837).
3 Balzac hatte 1832 dieses Gebirgskloster in Begleitung der Marquise de Castries besichtigt
4 *Juana* ist die Heldin in *Les Marana*.

*

[Paris, Mittwoch, 29. Mai - Sonnabend, 1. Juni 1833[1]]
Ich habe heute am 29. Mai Ihr letztes Brieftagebuch erhalten, und ich habe meine Vorkehrungen getroffen,

um Ihnen so zu antworten, wie Sie es wünschen. Nun zunächst habe ich endlich ein Papier entdeckt, das dünn genug ist, um Ihnen ein Tagebuch zu schicken, ohne das Mißtrauen aller Regierungen zu erregen, deren Gebiete wir durchqueren. Zudem füge ich mich aus Eifer, Ihren höchsten Befehlen zu gehorchen, darein, diese ermüdende kleine Schrift zu gebrauchen, die nur für Sie bestimmt ist. Habe ich Sie auch richtig verstanden, mein teurer Stern, denn zwischen uns sind erschreckende Entfernungen, und Sie strahlen rein und lebhaft über mein Leben, wie der wundersame Stern, der von den Astrologen des Mittelalters einem jeden Menschen zugeschrieben wurde.

Sie haben jetzt nichts mehr zu befürchten. Ihre teuren Briefe sind in einer kleinen Schatulle aus Zedernholz, zu der ich einen Schlüssel habe. Sie werden, wenn ich sterbe, von meiner Schwester, dem angenehmsten, schönsten, ergebensten und gehorsamsten Geschöpf, das ich kenne, verbrannt, falls ich sie nicht schon selbst verbrannt haben sollte. Sehen Sie, ich hatte daran gedacht, noch ehe Sie mir deshalb geschrieben haben. Sie wissen also nicht, wie sehr ich in dieses verborgene Dasein verliebt bin? Wie sehr ich das Feingefühl der Frauen teile.

Wohin fahren Sie? Sie sagen mir nichts darüber. Das Drängen eines so großen, so umfassenden Gefühls zu verspüren und nicht das vollkommene Vertrauen zu besitzen! Ist das nicht wahrlich von Übel. Sie schulden mir all Ihre Gedanken. Ich bin auf sie eifersüchtig.

Wenn ich Ihnen so lang nicht geschrieben habe, dann deshalb, weil ich Ihre Antwort auf meine Briefe erwartete, ohne zu wissen, ob Sie sie erhalten haben, jetzt weiß ich nicht, wohin ich adressieren soll, was ich eben beginne; nun jedoch zu dem, was mir widerfahren ist.

Im März und April habe ich meinen Vertrag mit der *Revue [de Paris]* mit einem Artikel erfüllt, der mit *Geschichte der 13*[2] überschrieben war und der mich Tag und Nacht arbeiten ließ, daraus entstanden Mißhelligkeiten, ich fühlte mich erschöpft, ich verbrachte einige Tage im Süden, in Angoulême, und dort habe ich die ganze Zeit auf dem Diwan gelegen, gehätschelt von einer Freundin meiner Schwester, von der ich Ihnen, glaube ich, bereits erzählt habe, und ich habe mich ausgeruht, um meine Arbeit wieder aufnehmen zu können.

Ich bin bei meinem neuen *Zehent*[3] und dem *Landarzt* auf unerhörte Schwierigkeiten gestoßen. Diese beiden Werke (noch im Druck) zehren meine Tage und Nächte auf, die Zeit vergeht mit erschreckender Geschwindigkeit. Mein Arzt, [Naquart], ist über meine Mattigkeit entsetzt, er verordnete mir, einen Monat lang nichts zu tun, weder Lektüre noch Briefe, noch Schreiben, sondern ich solle, sagte er mir, Nebukadnezar gleich, wie ein Tier vegetieren. Das habe ich getan. Während dieser Untätigkeit zog mein Ruhm unentwegt seine Bahn. *Madame*[4] ließ mir aus der Tiefe ihres Gefängnisses in Blaye rührende Dinge schreiben, ich sei ihr Trost, und die *Geschichte der Dreizehn* habe sie so sehr interessiert, daß sie drauf und dran gewesen sei, an mich schreiben zu lassen, um im voraus den Schluß zu erfahren, so aufgewühlt sei sie deshalb gewesen. Eine seltsame Geschichte! Monsieur de Fitz-James schrieb mir, daß der alte Fürst von Metternich diese Geschichte nicht aus der Hand lege und meine Werke verschlinge! - Lassen wir das, Sie werden *Madame Jules* lesen, und wenn Sie bei ihrem Testament angelangt sind, werden Sie bedauern, mich aufgefordert zu haben, Ihre Briefe zu verbrennen. *Die Geschichte der 13* hatte in diesem so sorglosen und so geschäftigen Paris außerordentlichen Erfolg.

Verzeihen Sie mir mein Gekritzel! Mein Herz und mein Kopf sind allem anderen voraus, und wenn ich an jemanden schreibe, den ich liebe, werde ich sehr oft unleserlich. Ich habe soeben Ihren langen und köstlichen Brief wieder und wieder gelesen; wie glücklich bin ich zu sehen, daß Sie das Tagebuch führen, um das ich Sie gebeten habe. Jetzt, wo das fest zwischen uns vereinbart ist, werde ich Ihnen all meine Gedanken, die Begebenheiten in meinem Leben anvertrauen wie Sie mir die Ihrigen. Ihr Brief hat mir sehr wohlgetan. Der arme Künstler ist einer meiner Freunde; derzeit bereist er die Küsten des Mittelmeers; wäre dem nicht so, hätten Sie diesmal mein Zimmer oder meinen kleinen Salon bekommen: ich kann Ihnen seinen Namen noch nicht nennen; aber er wird ihn vielleicht auf die Landschaft setzen, die er für das Ihnen zugedachte Exemplar des *Landarzt* zeichnen wird, das wohl kaum vor nächstem Herbst fertig sein wird. Er ist ein großer Künstler, er hat eine noch edlere Seele, ein junger Mann voller Willenskraft, rein wie ein junges lauteres Mädchen. Er wollte dieses Jahr wunderbare Skizzen nicht *ausstellen*, er will noch 2 Jahre studieren, ehe er damit an die Öffentlichkeit tritt, und ich lobe ihn für diesen Entschluß. Er wird mit einem Mal berühmt sein. Régnier, der die Sammlung der Domizile berühmter Leute herausgibt, hat mich gestern aufgesucht, mein Haus wird in der nächsten Lieferung erscheinen...

Ich hoffe, den *Landarzt* heute in zwei Wochen erscheinen lassen zu können. Dieses Werk findet am meisten Anklang. Meine beiden Vertrauten vergießen schon Tränen, wenn Sie nur Bruchstücke daraus hören. Und was habe ich für Mühe damit! Und auch Ärger.

Wollte der Verleger, [Louis Mame], nicht sogar auf raschere Lieferung des Manuskripts klagen? Und ich arbeite doch erst seit 8 Monaten daran, und jedermann erscheint diese Zeitspanne im Verhältnis zum Werk teuflisch knapp. Sie werden ein gewöhnliches Exemplar davon erhalten, in dem Sie diesen Text lesen sollten. Fragen Sie nicht danach, warten Sie auf das kleinformatige Buch, das ich Ihnen außer dem großen zugedacht habe, ich bitte Sie inständig - Sie wissen nicht, wieviel Wert ich darauf lege, daß Sie mich in einem Exemplar lesen, das ich ausgewählt habe. Dies ist ein Evangelium, dies ist eine Lektüre für jeden Augenblick. Ich will nicht, daß das Buch Ihnen gleichgültig ist; es wird auf jeder Seite ein Gedanke, eine Liebkosung für Sie enthalten sein.

Es wird wohl einige Zeit vergehen, ehe ich weiß, wohin ich meine Briefe an Sie richten soll, ich kann also ausgiebig mit Ihnen plaudern. Morgen spreche ich noch einmal über Ihren Brief, den ich hier nah bei mir trage, sehr nah, und der mir so wohl tut. Oh! Wie ein heimliches Gefühl das Leben beseelt! Wie stolz es macht! Wenn Sie wüßten, welchen Raum Sie in meinen Gedanken einnehmen! Wie oft ich mich in diesem Monat voll Muße unter dem schönen blauen Himmel von Angoulême mit Wonne auf die Reise zu Ihnen gemacht habe, mich mit Ihnen beschäftigt habe, Ihretwegen beunruhigt war, Sie krank wähnte, keine Antwort hatte! Mich tausend Verrücktheiten hingab. Ich lebte ganz stark durch Sie, vielleicht zu stark; meine Hoffnungen in Sie sind nicht ohne Furcht, nicht ohne Angst, wurde ich doch bereits einmal von einer Person verraten, die nur Neugier für mich empfunden hatte. Oh! Ich bin sehr viel mehr Kind, als Sie ahnen können. Gestern habe ich Madame Récamier besucht, die ich leidend fand, aber außergewöhnlich geistreich und liebenswürdig. Ich habe erfahren, daß sie sehr viel Gutes tut und zwar auf noble Weise, indem sie darüber schweigt und sich nicht über die Undankbaren beklagt, auf die sie trifft. Sie hat zweifellos auf meinem Gesicht einen Widerschein dessen gesehen, was ich von ihr dachte, und ohne sich indes über diese kleine Sympathie im klaren zu sein, war sie zauberhaft. Am Abend habe ich Madame Emile de G[irardin] (D[elphine] Gay) wiedergesehen (denn ich bin erst seit 6 Tagen in Paris), die ich nahezu von den Blattern genesen fand, sie wird keine Narben zurückbehalten. Es waren Langweiler zugegen, und so brach ich auf. Einer dieser Feinde jeden Lachens war ausgerechnet jener bibliophile Jakob, der sich Paul Lacroix nennt und nach dem Sie mich gefragt haben. Nun denn! Ich kann Ihnen alles in einem Satz sagen. Er hat eine Schauspielerin geheiratet, ein unbekanntes übles Mädchen, mit üblen Manieren, namens Biffe, das acht Tage vor der Hochzeit Sautelet⁵, einem meiner Studienkameraden, dem Direktor der *Nationalen*, eine Aufstellung seiner Schulden geschickt hatte, um ihm den Fehdehandschuh hinzuwerfen. Der Bibliophile hatte sehr viel Schlechtes über diese Schauspielerin gehört, er kannte sie nicht. Er geht in die Kulissen des Odéon, vernarrt sich in sie, und aus Rachsucht heiratet sie ihn; und die Rache gelingt ganz und gar, sie ist der schrecklichste Tyrann, den ich kenne. Sie hat ihre Schauspielerinnenallüren wieder angenommen, und sie beherrscht ihn. Unter derlei Umständen kann kein Talent sich entfalten. Er nennt sich Bücherfreund und weiß nicht einmal, was eine Bibliographie ist; Nodier und die Freunde machen sich über ihn lustig. Er braucht sehr viel Geld, und er bleibt nur deshalb Literat, weil es ihm an Kapital mangelt, um Bankier oder Händler von Neuheiten zu werden. Deshalb seine Bücher, *Scheidung, Tugend und Temperament* und was er alles so schreibt. Er ist der Gipfel an Mittelmäßigkeit. Durch einen dieser Zufälle, die an ein Wunder grenzen, habe ich erfahren, daß er sich entsetzlich schlecht einer armen Frau gegenüber benommen hat, an deren Verführung er sich gemacht hatte, wie man sich an ein Geschäft macht. Ich habe diese Frau heiße Tränen darüber weinen sehen, daß sie einem Manne gehört hatte, den sie nicht achten konnte und der ohne Talent war.

Stellen Sie sich vor, die Verfasserin von *Indiana*, Madame Dudevant, hat sich selbst entwürdigt, ganz Paris interessierte sich für die beiden Liebenden, Sand[eau] ist soeben nach Italien abgereist, er ist verzweifelt, ich glaubte schon, er sei verrückt geworden. Madame Dud[evant] hat sich einem Mann namens G. Planche hingegeben, einem allgemein verachteten Mann, der sie jedoch in der *Revue des 2 mondes* beweihräuchert hatte. Beklagen Sie Sand[eau], das edle Herz, und vergessen Sie Madame D[udevant].

Und was Janin anbelangt! Noch ein Drama! Er ist der offizielle Liebhaber von Mademoiselle Georges, die ihn schlägt. Wie soll ich Ihnen bloß die Niedertracht all dieser Leute schildern? Mir gilt ihr Haß, weil ich keinen Umgang mit ihnen pflege und weil sie genug Verstand besitzen, um zu spüren, daß ich sie verachte. Janin ist ein dicker kleiner Mann, der jeden attackiert. Das Vorwort zu *Barnave* ist nicht von ihm, sondern von Béquet, einem Redakteur von *Débats*, einem geistreichen Mann ohne Benehmen, der sich bei ihm versteckt hatte, um seinen Gläubigern zu entkommen. Béquet ist einer meiner Kameraden aus dem Kolleg, er, bereits gealtert durch seine Ausschweifungen, kam zu mir, um sich zum ersten Mal in seinem Leben auszuweinen. Janin hatte ihm eine armselige Sängerin weggenommen, bei der er, Béquet, sein Glück suchte. Das *Chanson de Barnave* ist von Musset, das niederträchtige Kapitel über die Schändung der Mädchen von Séjan ist von einem jungen Mann namens Félix Pyat.

Gewähren Sie mir bitte die Freiheit, Ihnen gegenüber all diese Dinge zu verschweigen, wenn sie zu empörend sind. All dies geht wie ein Lauffeuer in den Salons von Mund zu Mund, man muß es sich anhören, ob man will oder nicht.

Ich habe Ihnen schon von V. Hugo berichtet. Nun ja, er, verheiratet aus Liebe, mit Frau und Kindern, hat sich in eine Schauspielerin namens Juliette [Drouet] verliebt, die ihm neben anderen Liebesbezeugungen eine Rechnung ihrer Wäscherin in Höhe von 7 000 Francs geschickt hat, und V. Hugo war gezwungen, Schuldscheine zu unterzeichnen, um diesen Liebesbrief zu bezahlen.

Können Sie verstehen, daß ein großer Dichter, denn er ist ein Dichter, arbeitet, um die Wäscherin von Mademoiselle Juliette zu bezahlen.

Das ist noch nicht alles. Latouche ist neidisch, haßerfüllt, gemein, die Bosheit in Person, aber er ist seiner politischen Überzeugung treu, ist gewissenhaft und verbirgt sein Privatleben. Scribe ist ziemlich krank, er hat sich beim Schreiben aufgerieben.

Als allgemeine Regel gilt, es gibt wenige Künstler, wenige große Männer, die frei von Verfehlungen wären. Es ist schwierig, Macht zu besitzen und sie nicht zu mißbrauchen. Und dann sind da noch die Verleumdungen. Dabei handelt es sich bei allem, was ich Ihnen erzählt habe, außer der Rechnung von Juliette, die eine Sache ist, die ich vom Hörensagen kenne, um Tatsachen, von denen ich aus eigener Anschauung Kenntnis habe.

Leben Sie wohl für heute, mein teurer Stern, ich will Ihnen nur noch von dem was gut und schön ist in unserem Land berichten, denn Sie scheinen mir sehr dagegen eingenommen zu sein. Schauen Sie nicht auf unsere Fehler, schauen Sie auf die unglücklichen und armen Freunde von Sand[eau], die zusammengelegt haben, um ihm das für seine Italienreise notwendige Geld zu beschaffen - schauen Sie auf die beiden Johannot, die so einträchtig vereint und so fleißig sind und wie die beiden Corneille leben; es gibt noch gute Seelen. Leben Sie wohl, ich lese heute abend vor dem Einschlafen Ihre Seiten noch einmal, und morgen beschreibe ich Ihnen meinen Tag. Heute korrigiere ich das XV. und XVI. Kapitel von meinem *Landarzt* und unterzeichne einen Vertrag über die Veröffentlichung der *Szenen aus dem Pariser Leben*. Ich wüßte gern, was Sie tun, während ich mich Ihnen zuwende.

Während meiner Abwesenheit ist eines meiner Pferde, das ich liebte, verendet, und drei schöne Unbekannte haben mich aufgesucht. Diese drei werden mich für einen Weiberverächter gehalten haben. Bei meiner Ankunft habe ich ihre Briefe geöffnet, es gab keinen Absender, das war geheimnisvoll wie bei glücklichen Zufällen. Aber ich mache mich rar, ich schreibe nur Ihnen. Und der Zufall hat diesen Neugierigen für mich geantwortet.

1 Der Brief ist zu Beginn mit 29. Mai datiert und am Ende mit 1.Juni.
2 *Geschichte der Dreizehn* ist der Obertitel für die drei Romane *Ferragus*, *Die Herzogin von Langeais* und *Das Mädchen mit den Goldaugen*.
3 Dieses zweite Zehent der *Tolldreisten Geschichten* erschien am 20. Juli 1833 bei dem Verleger Charles Gosselin.
4 Gemeint ist die Herzogin von Berry, die am 6.11.1832 arretiert wurde, da sie einen Aufstandsversuch in der Vendée gegen Louis-Philippe unterstützt hatte. In der Festungshaft las sie voll Begeisterung Balzacs Romane, was er aus einem Brief ihres Leibarztes erfuhr, und was ihm außerordentlich schmeichelte.
5 Sautelet war Verleger in Paris gewesen.

*

Sie sind weder vergessen noch weniger geliebt worden; aber Sie waren ein wenig vergeßlich. Sie haben mir nicht geschrieben, wie lange Sie in Wien bleiben, so daß ich nicht wußte, ob meine Antwort Sie dort noch erreichen würde. Überdies haben Sie den Namen des Überbringers so wenig leserlich geschrieben, daß ich ihn in der Furcht schreibe, es könne irgendein Mißverständnis geben. Soviel dazu, ich habe Ihnen mehrere Briefe geschrieben, die ich jedoch verbrannt habe aus Angst, Ihnen zu mißfallen, und so will ich Ihnen in wenigen Worten das Leben schildern, das ich seit einiger Zeit führe. Wegen des *Landarzt* wurde mir vom Verleger ein widerwärtiger Prozeß aufgezwungen. Das Werk wurde heute am 19. Juli abgeschlossen und wird von einem Verleger, [Mame], verkauft werden, der vom Gericht eingesetzt wird. Was dieses Buch angeht, so habe ich darin, seit ich Ihnen zuletzt schrieb, mehr als sechzig Nächte begraben. Sie werden es lesen, Sie mein ferner Engel, und Sie werden sehen, wieviel Herzblut und wieviel gelebtes Leben in dieses Werk eingeflossen sind, mit dem ich noch nicht sehr zufrieden bin. Meine Arbeit hat mich so sehr in Beschlag genommen, daß ich Ihnen nichts anderes als meine Gedanken schenken konnte; ich bin so müde, und das Leben ist für mich so leer - das einzige, was in meinem gegenwärtigen Leben einen Schein von Gewißheit hat, befindet sich tausend Meilen von mir. Bedarf es nicht der ganzen Kraft einer Dichterseele, um daraus Trost zu schöpfen, um sich nach soviel Arbeit zu sagen: - Sie wird vor Freude erschauern, wenn sie sieht, daß mich ihr Name beschäftigt hat, daß sie in meinen Gedanken zugegen war und daß ich das, was ich an Schönem und Edlem von dem jungen Mädchen dachte, in ihren Namen hineingelegt habe.[1] Beim Lesen dieses Buches werden Sie sehen, daß Sie das Licht meiner Seele waren.

Ich habe nichts über mich zu vermelden; denn ich habe die Tage und Nächte arbeitend verbracht, ohne jemanden zu sehen, während indes einige unbekannte Frauen an meine Tür klopften, mir schrieben. Aber ich habe keine gewöhnliche Seele und, wie die *Dilecta* sagt, wäre ich jung und hübsch, käme ich selbst, ich schriebe nicht. Ich habe darum all dies zurückgewiesen. Und an dieser Zurückhaltung dem Weiblichen gegenüber hatten Sie großen Anteil. Eine Krone von der Art, wie ich sie erstrebe, gibt sich ganz hin; sie kann nicht geteilt werden. Noch einige Tage, noch einige Monate des Schaffens, und ich habe eine meiner Aufgaben erfüllt, ich werde mir etwas Ruhe gönnen, mein Gehirn durch eine Reise erfrischen. Einige Freunde haben mir bereits Deutschland, Österreich sowie Mähren und Rußland vorgeschlagen. *Non so.* Ich weiß noch nicht, was ich tun werde. Sie sind derart despotisch in Ihren Befehlen, daß ich Angst habe, in Ihre Nähe zu kommen, es bestünde doppelte Gefahr für mich.

Ihre Briefe entzücken mich, sie lassen mich Sie immer mehr lieben; aber dieses Leben, das Ihnen unaufhörlich entgegenstrebt, verzehrt sich in Anstrengungen, ohne reicher zu mir zurückzuströmen. Sich zu lieben, ohne sich zu kennen, ist eine Qual.

1 Kapitel 25 der Originalausgabe *Der Landarzt* trägt den Titel *Évelina*.

[Donnerstag,] 1. August

Zwölf Tage sind in der Zwischenzeit vergangen, ohne daß ich mir meinen Brief wieder vornehmen konnte, urteilen Sie selbst, was das für ein Leben ist. Es ist ein ständiger, ohne Unterlaß währender Kampf. Diese Unseligen, sie wissen nicht, was sie an Poesie vernichten. Mein Prozeß entscheidet sich morgen. *L'Europe littéraire* hat *Das Leben Napoleons* zitiert, von einem Soldaten der kaiserlichen Garde vor Bauern in einer Scheune vorgetragen - einer der wichtigsten Teile des *Landarzt* -pah! Das sind die Spekulanten, die mich seit acht Tagen bestehlen, ohne meine Erlaubnis drucken und bereits 20 000 Exemplare verkauft haben. Ich könnte die Justiz streng dagegen vorgehen lassen, aber das ist meiner unwürdig. Sie nennen weder meinen Namen, noch den meines Werks; sie töten mich und schweigen, sie stehlen mir meinen Ruhm und meinen Notgroschen, mir Armen! Eines Tages lesen Sie dieses gewaltige Stück, das die Gefühllosesten zum Weinen bringt und das hundert Zeitungen abgedruckt haben. Freunde haben mir berichtet, daß von einem Ende Frankreichs bis zum anderen ein Aufschrei der Bewunderung erklang. Widerführe das nur dem gesamten Werk.

Ich lege Ihnen hier einen Teil eines früheren Briefes bei, den ich nicht vollständig verbrannt habe.

Seit dem 19. des letzten Monats habe ich nichts als Kummer, Ängste, Arbeit. Um diesen kleinen Brief zu vollenden, nehme ich mir eine Nacht, und sie ist mir eine süße Erholung.

In acht Tagen fahre ich aufs Land, um in Ruhe das dritte Zehent der *Hundert tolldreisten Geschichten* sowie einen großen historischen Roman mit dem Titel *Le Privilège* zu beenden[1]. Immer nur Arbeit. Sie können sich, glaube ich, ohne zu erröten, das dritte Zehent vornehmen, es wird nahezu keusch sein.

Gewiß sehe ich Ihrem Brief über den *Landarzt* mit Besorgnis entgegen. Schreiben Sie mir rasch, was Sie darüber denken, schildern Sie mir Ihre Gefühle.

Mein Gott, ich würde Ihnen gern tausend Gedanken

erzählen; aber es gibt jemand Unerbittlichen, der mich vorantreibt und mich befehligt. Seien Sie großmütig, schreiben Sie mir, grollen Sie mir nicht zu sehr über ein scheinbares Schweigen, denn mein Herz spricht zu Ihnen. Wenn manchmal des Abends Ihre Kerze flackert, so nehmen Sie diesen kleinen Schimmer als eine Ankündigung der Gedanken Ihres Freundes. Wenn Ihr Feuer prasselt, denken Sie an mich, der oft an Sie denkt und die erzwungene Selbstsucht des Schaffenden beklagt. Ja, erträumen Sie sich das Wahre, das Wirklichkeit ist, indem Sie sich sagen, daß Ihre Worte nicht nur Widerhall finden, sondern mir auch im Gedächtnis haften bleiben; daß es im finstersten Winkel von Paris ein Wesen gibt, das Sie in seine Träume einschließt, in dessen Gefühlen Sie viel bedeuten, das Sie manchmal beleben und das manchmal auch traurig wird und nach Ihnen ruft, wie man auf einen fast unmöglichen Zufall hofft.

1 Der Titel wurde nicht ausgeliefert.

*

Paris, [Donnerstag,] 8. August

Ich erhalte soeben Ihren Brief aus der Schweiz, aus Neuchâtel.

Wären Sie nicht ziemlich ungehalten über sich selbst, wenn Sie wüßten, daß Sie mir gerade in dem Augenblick viel Kummer gemacht haben, als ich ohnehin sehr viel davon hatte. War mein Schweigen nach all dem, was ich Ihnen gesagt habe, doch unglücklicherweise von Bedeutung. Ich lege Ihnen hier die Briefe bei, die ich angefangen habe, ehe ich den Ihrigen aus der Schweiz erhielt, in dem Sie mir eine genaue Adresse angeben.

Ich werde Ihnen das Unglück, das über mich hereingebrochen ist, nicht ausführlich schildern, denn es ist von der Art, daß ich gestern daran dachte, Frankreich zu verlassen. Der Prozeß übrigens, der mich so verdrießt, ist selbst für Richter nicht einfach zu erklären, Sie verstehen also, daß ich Ihnen in einem Brief nichts dazu mitteilen kann. Mein Gott, wenn Sie schon nicht daran gedacht haben, daß ich unglaubliche Kümmernisse haben könnte, so hätte Ihnen zumindest Ihr Herz sagen müssen, daß ich nicht in Ihre Seele eingetreten bin, um sie wieder zu verlassen, wie Sie behaupten, daß ich es getan hätte und daß ich Sie keineswegs vergessen habe. Sie wissen nicht, mit welcher Hingabe sich ein Mann, der nur Arbeit ohne Anerkennung, Schmerzen ohne Freude kennt, an ein Herz klammert, bei dem er zum ersten Mal Trost findet. Die Bruchstücke, die ich Ihnen schicke, hielt ich drei Monate in Händen, und seit drei Monaten hatte ich keinen Tag, keine Stunde, um den Menschen zu schreiben, die ich am meisten liebe. Aber Sie sind fern, Sie kennen mein Leben aus Arbeit und Sorge nicht. Übrigens verzeihe ich Ihnen Ihr *Bösgewesensein,* das dem, den Sie ein wenig lieben, ja nur die Kraft Ihres Herzens beweisen.

Später schreibe ich Ihnen ausführlicher; aber heute kann ich Ihnen lediglich meine Briefe zeigen und Sie meiner beständigen Treue versichern. Ich rechne damit, meine Sache selbst zu verteidigen, und ich muß mich hineinarbeiten.[1]

Nichts wird Ihnen besser das bewegte Leben, das ich führe, nachzeichnen als diese Brieffragmente. Ich habe weder die Kraft noch die Fähigkeit, mich nur eine Stunde mit irgendeiner Sache jenseits meines Schreibens oder meiner Geschäfte zu beschäftigen.

Ich weiß nicht, wann das je enden wird, aber ich bin dieses immerwährenden Kampfes zwischen den Menschen, den Dingen und meiner selbst überdrüssig. Es heißt Ihnen lebewohl sagen. Schreiben Sie mir nur weiterhin und haben Sie Vertrauen zu mir. Während meiner Mußestunden werde ich mich Ihnen zuwenden und Sie an allem teilhaben lassen, was ich an guten und zärtlichen Gefühlen für Sie in mir hege. Leben Sie wohl, eines Tages erfahren Sie, wie unglücklich ich war, als ich Ihnen diese wenigen Zeilen schrieb, und Sie werden sich darüber wundern, daß ich sie überhaupt schreiben konnte. Leben Sie wohl, lieben Sie den, der Sie liebt.

1 Im Streit mit dem Verleger Louis Mame hatte Balzac den Entwurf zum zweiten Band vom *Landarzt* vernichtet. Mame schickte daraufhin einen Gerichtsvollzieher zu Balzac, was dann einen regelrechten Prozeß zur Folge hatte.

*

[Paris, Montag,] 19. August [1833]

Was würde man nicht alles verzeihen, nachdem man Ihren Brief gelesen hat, mein geliebter Engel; werden Sie doch zu sehr geliebt, um sich je des geringsten Fehlers schuldig zu machen; Sie sind ein verwöhntes Kind; Ihnen gehören meine kostbarsten Stunden. Sehen Sie, ich antworte Ihnen, Ihnen allein. Mein Gott, seien Sie auf niemanden eifersüchtig; ich habe weder Madame Récam[ier] wiedergesehen noch sonst jemanden. Ich mag Madame de Girard[in] keineswegs, und jedesmal, wenn ich zu ihr gehe, was selten vorkommt, kehre ich voller Abneigung zurück. In der Familie Gay sind die verdorbensten Menschen, was die Heiligkeit der Gefühle angeht. E[ugène] Sue habe ich schon seit gut zehn Monaten nicht mehr gesehen, und ich habe tatsächlich keine Freunde im wahrsten Sinne des Wortes.

Lesen Sie *L'Echo de la Jeune France* nicht; die zweite

Geschichte der *13* müßte eigentlich darin sein, aber diese Leute dort haben sich mir gegenüber so schlecht benommen, daß ich aufgehört habe zu tun, was mein äußerstes Entgegenkommen einem Freund aus dem Kolleg gegenüber, der an diesem Unternehmen beteiligt war, mich hatte beginnen lassen. Sie finden darin den Anfang einer großen und schönen Geschichte; ein erstes *gutes* und ein 2. *schlechtes* Kapitel, man hat die Unverfrorenheit besessen, meine Aufzeichnungen zu drucken ohne die Korrekturen, die ich selbst vornehme, und so werde ich diese Geschichte erst in den *Szenen aus dem Pariser Leben* abschließen, die diesen Winter erscheinen.

Ich habe nur einen Augenblick, um Ihnen zu antworten, und ich gehe aufs Geratewohl vor, vom Hundertsten ins Tausendste kommend. *Perdonate mi.*

Seit ich Ihnen nicht mehr geschrieben habe, außer in Eile, habe ich mehr Kummer gehabt als je zuvor in meinem Leben. ′

Meine Advokaten, meine Sachwalter, alle haben mich beschworen, nicht 8 Monate meines Lebens im Gerichtssaal zu vergeuden, und so habe ich gestern einen Vergleich unterzeichnet, der vorsieht, daß zwei unabhängige Schiedsrichter alle strittigen Fragen entscheiden. Das ist also der Stand der Dinge. In unserer Angelegenheit wird Ende der Woche entschieden, dann erfahre ich das Ausmaß meiner Verluste und Verpflichtungen.

(...) Jetzt, da alles, was ich als geschäftliche Angelegenheit betrachte, abgeschlossen ist, wollen wir von uns sprechen. - Uns! - Wer hat bloß den kleinen Metternich[1] Ihnen gegenüber erwähnt? Was die Gefälligkeiten betrifft, die ich Sue erweise, habe ich nicht verstanden, worum es Ihnen geht. Aber ich flehe Sie an, hören Sie weder auf die Verleumdungen noch auf die üblen Nachreden; ich bin all diesen bösen Zungen ausgesetzt. Gestern hörte einer meiner Freunde, wie ein Dummkopf behauptete, ich trüge zwei Talismane bei mir, an die ich auch glaubte, zwei Trinkgläser, von dem einen hinge mein Leben ab, von dem anderen mein Talent. Sie können sich nicht vorstellen, welche Dummheiten über mich in Umlauf gebracht werden, welche Verleumdungen, welch törichte Anschuldigungen. Es gibt nur einen wahren Umstand - mein einsames Leben, andauernde Arbeit und Sorgen.

Nein, Sie wissen nicht, was es alles an Grausamem und Bitterem für einen Mann gibt, der immerzu das Glück ersehnt und ihm doch niemals begegnet. Die Frau war von jeher mein Traum, und ich habe die Arme niemals nach etwas anderem als nach Illusionen ausgestreckt. Ich habe mir die größten Opfer ausgedacht, ich ging soweit, einen einzigen Tag vollkommenen Glücks im Jahr mit einer jungen Frau zu erträumen, die für mich wie eine Fee wäre. Ich wäre zufrieden und treu; doch nun stehe ich da, gehe mit meinen 34 Jahren durchs Leben, welke in immer anspruchsvoller werdenden Werken dahin, habe die schönsten Jahre bereits verloren und besitze nichts von wirklichem Wert. Sie, Sie mein teurer Stern, Sie, die Sie jung und schön sind, fürchten, mich zu treffen; Sie überhäufen mich mit ungerechtfertigten Verdächtigungen. Jene, die gelitten haben, begehen niemals Verrat, sie werden verraten.

Benjamin Constant hat meines Erachtens allen Menschen auf der Welt, auch den Politikern, den Prozeß gemacht, aber es gibt rühmliche Ausnahmen. Wenn Sie die *Beichte eines Landarztes* gelesen haben, ändern Sie Ihre Meinung, und Sie verstehen dann, daß der, der zum ersten Mal sein Herz in diesem Buch hat erahnen lassen, nicht zu den kaltherzigen, berechnenden Menschen gezählt werden darf. Oh, meine unbekannte Liebe, hegen Sie kein Mißtrauen gegen mich und glauben Sie nichts Schlechtes von mir. Ich bin ein Kind, das ist alles, ein Kind, das leichtfertiger ist, als Sie glauben, aber rein wie ein Kind und das liebt wie ein Kind. Bleiben Sie in der Schweiz oder nahe bei Frankreich. In zwei Monaten werde ich mich erholen müssen, ja und dann hören Sie vielleicht ohne Bestürzung eine *Tolldreiste Geschichte* aus dem Mund des Verfassers; ach ja, lassen Sie mich in Ihrer Nähe die Erholung suchen, die ich nach diesen 12 Monaten Arbeit so dringend nötig habe. Ich kann einen anderen Namen annehmen, der nicht bekannt ist, hinter dem ich mich verbergen kann. Das wird ein Geheimnis zwischen Ihnen und mir sein. Jedermann würde bei Monsieur de B.-c. mißtrauisch werden, aber wer kennt schon Monsieur d'Entragues[2]? Niemand.

Ich will, was immer Sie wollen; wir haben dieselben Wünsche, dieselben Befürchtungen, dieselben Ängste, denselben Stolz. Auch ich begreife die Liebe nicht anders als ewig, indem ich dieses Wort auf die Dauer unseres Lebens anwende. Ich kann nicht verstehen, wie man einander verlassen kann; und für mich ist eine Frau alle Frauen. Morgen schon zerbräche ich meine Feder, falls Sie es wollten; von morgen an würde keine Frau meine Stimme mehr hören. Ich bäte um Gnade für die *Dilecta*, die meine Mutter ist; sie wird bald 58 Jahre alt, auf sie können Sie nicht eifersüchtig sein; Sie, die Sie so jung sind. Ach, nehmen Sie all meine Gefühle, halten Sie sie fest und hüten Sie sie wie einen Schatz. Verfügen Sie über meine Träume, lassen Sie sie Wirklichkeit werden. Ich glaube nicht, daß Gott streng mit der Frau sein könnte, die vor ihn tritt, begleitet von einem wunderbaren Gefolge schöner Stunden, von Glück, von köstlichem Leben, das sie einem getreuen Wesen geschenkt hat. Ich lasse Sie all meine Gedanken wissen. Ich fürchte mich davor, Sie zu sehen, denn ich würde Ihre Erwartungen nicht erfüllen, und dennoch würde ich Sie gern sehen. Wirklich, meine teure unbekannte Seele, die Sie mein Dasein beleben, die Sie meinen Kummer vertreiben und meinen Mut in den schmerzlichsten Stunden neu entfachen, nur Hoffnung tut mir wohl und hält mich aufrecht. Sie sind die Triebfeder meiner gewaltigen Anstrengungen und meines ungeheuren Schaffens. Wenn ich etwas erreichen will, wenn ich arbeite, wenn ich ganze Nächte durchwache, dann rührt dies daher, ich schwöre es Ihnen, daß ich in Ihren Empfindungen lebe, versuche, sie im voraus zu erahnen; zudem bin ich verzweifelt, nicht zu wissen, ob Sie *Ferragus* zuende gelesen haben, denn *Der Brief von Madame Jules* ist eine Seite voller Tränen, und ich habe sehr wohl an Sie gedacht, als ich Ihnen damit das Abbild der Liebe bot, die in meinem Herzen ist, die Liebe, die ich will und die in mir immerwährend verleugnet wurde. Warum ? Ich liebe zweifellos zu sehr. Ich verabscheue Nichtigkeiten, und ich glaube ohne Mißtrauen an das Schöne. Ich habe auf Ihren *Lambert* ein lateinisches Wort des heiligen Paulus gesetzt: *una fides*, ein einziger Glaube, eine einzige Liebe.

Bei Gott, ich liebe Sie wirklich! Sie sollen es wissen. Sagen Sie mir, wo Sie im Oktober sein werden. Im Oktober habe ich zwei Wochen für mich. Wählen Sie einen schönen Ort; sorgen Sie dafür, daß er das Himmelreich für mich wird. Leben Sie wohl, Sie, die Sie mein Herz beherrschen, leben Sie wohl, ich schreibe Ihnen jede Woche wenigstens einmal. Sie, deren Briefe mir so wohl tun, seien Sie barmherzig, ergießen Sie in verschwenderischer Fülle den Balsam Ihrer Worte in ein Herz, das danach dürstet! Sie müssen wissen, Teure, daß meine

Gedanken jeden Tag bei Ihnen weilen; daß mein Mut von Ihnen herrührt, daß ein hartes Wort Trauer auslöst, eine Wunde aufbrechen läßt; seien Sie gütig und großherzig, Sie finden niemals (und an dieser Stelle läge ich gern auf Knien vor Ihnen, damit Sie meine Seele mit einem Blick erfassen könnten) ein Herz, das so gewissenhaft treu, das so vollkommen, so ausschließlich liebt. Leben Sie also wohl, da es denn sein muß. Ich habe Ihnen geschrieben, während mein Advokat mir seinen Schlußantrag vorlas, denn das Urteil über mich wird übermorgen gefällt, und ich muß die Nacht damit zubringen, einen *Abriß* meines Falls zu verfassen. (...) Leben Sie wohl. In fünf oder sechs Tagen erhalten Sie einen Band, der viel Arbeit, viele Nächte gekostet hat. Seien Sie nachsichtig wegen der Fehler, die trotz meiner Sorgfalt geblieben sind, und, mein angebeteter Engel, vergessen Sie nicht, einige Blumen aus Ihrer Seele dem zuzuwerfen, der sie als seine schönsten Reichtümer hütet; schreiben Sie mir oft! Sobald das Urteil gefällt ist, schreibe ich Ihnen; das wird am Donnerstag sein.

Also leben Sie wohl. Nehmen Sie all die Zärtlichkeit, die ich geben kann. Ich möchte Sie in meine Seele hüllen!

1 Eine Anspielung auf seine Affäre mit der Marquise de Castries, die wiederum die Geliebte des ältesten Sohns des Fürsten von Metternich war und von ihm 1827 einen Sohn bekam.

2 Der Sohn des kleinen Bauerns Bernard-François Balssa, der sich eigenhändig in *de Balzac* umbenannte, war in keiner Weise verwandt mit den Balzac d'Entragues. Doch Honoré trug sich mit der Absicht, mit deren Namen und deren Wappen zu reisen.

*

Meine teure und reine Liebe, in wenigen Tagen werde ich in Neuchâtel sein. Ich hatte eigentlich bereits im September beschlossen, dort hinzufahren, aber nun bietet sich mir der köstlichste Vorwand. Ich muß vom 20. bis 25. nach Besançon, vielleicht sogar vorher und dann - Sie verstehen; ich werde im Handumdrehen in Neuchâtel sein. Ich unterrichte Sie dann durch ein paar einfache Zeilen von meiner Abreise.

Ich habe neugierigen Zeitgenossen gegenüber ein umfangreiches geheimes Geschäft vorgeschützt, bei dem es sich um Bücher, bedrucktes Papier und andere gut verkäufliche Literatur handelt. Der einzige Mensch, der unser Papier herstellen könne, lebe in der Umgebung von Besançon. Ich würde mit meinem Drucker zu ihm fahren.

Oh ja, ich hatte Geldschwierigkeiten, aber wenn Sie wüßten, mit welcher Geschwindigkeit acht Tage Arbeit sie lindern. Innerhalb von 10 Tagen kann ich mindestens an die hundert Louisdor verdienen. Aber diese letzte Misere hat mich ernsthaft darüber nachdenken lassen, nicht mehr der Vogel auf dem Ast zu sein, der sich nicht um seine Körner sorgt, allein den Regen fürchtet und bei schönem Wetter singt. Nun, ich werde mit einem Schlag reich sein, denn man braucht Gold, um phantastische Wünsche zu befriedigen. (Wie Sie sehen, habe ich Ihren Brief empfangen, in welchem Sie über das Leben Klage führen, über Ihr Leben, das ich glücklich machen möchte.) Oh, mein geliebter Engel, nun lesen Sie, so hoffe ich, den zweiten Band [des *Landarztes*], Sie sehen auf jeder Seite einen voller Glück gemeißelten Namen. Ich habe so viel Gefallen daran gefunden, mich mit Ihnen zu beschäftigen, zu Ihnen zu sprechen. Seien Sie nicht traurig, mein guter Engel, ich trachte danach, Sie in meine Gedanken zu hüllen, ich wünschte, daß sie Ihnen ein Bollwerk gegen jeden Kummer wären. Leben Sie in mir, teures, edles Herz, um mich besser zu machen, und ich, ich werde in Ihnen leben, um glücklich zu sein. Ja, ich fahre nach meinem Besuch in Neuchâtel nach Genf; ich werde dort etwa zwei Wochen arbeiten. Oh, meine teure und vielgeliebte Evelina, tausend Dank für die Gabe der Liebe. Sie wissen nicht, mit welcher Treue ich Sie, Unbekannte, liebe und mit welcher Glückseligkeit ich von Ihnen träume! Oh, jedes Jahr eine erquickende Wallfahrt zu machen, nur einen Blick zu erhaschen, ich würde ihn mir mit grenzenlosem Glück holen. Warum erregen Sie sich wegen einer Frau von 58 Jahren, die meine Mutter ist, die mich in ihr Herz geschlossen hat und mich vor Verletzungen bewahrt. Seien Sie nicht eifersüchtig, sie wäre so froh über unser Glück. Sie ist ein wunderbarer Engel. Es gibt die Engel auf der Erde und die im Himmel, sie gehört zu den himmlischen.

Ich habe die gleiche Verachtung für das Geld, zu der Sie sich bekennen. Aber man braucht Geld, und deshalb gehe ich mit Feuereifer an eine umfangreiche und außergewöhnliche Unternehmung, die im Januar vollendet sein wird. Der Erfolg wird Ihnen gefallen. Ich werde ihm das Vergnügen verdanken, schnell reisen und öfter zu Ihnen fahren zu können.

Una fides, ja, mein geliebter Engel, eine einzige Liebe, ganz und gar für Sie. Es ist ziemlich spät für einen jungen Mann, dessen Haare schon grau werden, aber er hat ein feuriges Herz, er ist, wie Sie ihn wollen, unbefangen, kindlich, vertrauensselig. Ich komme ohne Furcht zu Ihnen; ja, ich werde meine Schüchternheit vertreiben, die mich so jung hat bleiben lassen, ich werde Ihnen die Hand voller Freundschaft reichen, eine Stirn, eine Seele, erfüllt von Ihnen.

Seien Sie also fröhlich, meine geliebte Angebetete, mein ganzes Leben liegt in Ihrem Namen! Für Sie würde ich alles erdulden.

Sie machen mich so glücklich, daß ich nicht mehr an meinen Prozeß denke. Der Verlust ist beziffert, ich habe es gemacht wie *Le distrait* von La Bruyère; ich habe mich trefflich in meiner Gruft eingerichtet. Für die 3 800 Francs, die ich diesem Mann in den Rachen werfen muß, werde ich frei wie auf Bergeshöhen sein!

Ich bringe Ihren *Chénier* mit und lese Ihnen im Schutz eines Felsens, an Ihrem See daraus vor. Oh, welches Glück...

Welche Ähnlichkeit! Wir wurden alle beide von unseren Müttern schlecht behandelt. Wie dieses Unglück doch die Empfindsamkeit entwickelt! Was reden Sie da von *geliebtem Schäfchen*, sind Sie denn nicht mein teurer Stern, ein Engel, zu dem ich aufzusteigen trachte!

Ich könnte noch drei Seiten füllen, mit dem, was ich Ihnen zu sagen habe; aber jetzt kommen Geschäfte, Advokaten, Verhandlungen. Auf bald. Tausend Zärtlichkeiten.

Sie sprechen mir von einer Ungetreuen, aber es gibt keine Untreue, wenn es keine Liebe gegeben hat.

*

[Paris, Montag,] 9. September [1833]

Hier ist es schon Winter, meine teure Seele, und ich habe bereits mein Winterquartier aufgesucht, dieses kleine Galeriezimmer, das Sie kennen; ich habe den kalten grünen Salon verlassen, von dem aus ich den Invalidendom durch zwanzig Morgen Laub hindurch sehen kann. In diesem Zimmer habe ich Ihre ersten Briefe erhalten und gelesen, deshalb liebe ich sie noch mehr als in der Vergangenheit. Als ich hierher zurückkam, habe ich ganz besonders an Sie gedacht, Sie mein innig geliebter Gedanke, und ich konnte nicht widerstehen, Ihnen ein paar Zeilen zu schreiben, eine Minute von einer Stunde mit Ihnen zu plaudern! Wie soll ich Sie nicht lieben, Sie, die Sie die erste sind, die die Entfernung überwunden hat, um mein Herz wieder zu erwärmen, das die Hoffnung auf Liebe aufgegeben hatte. Ich hatte alles getan, um einen Engel von oben zu mir herabzuziehen; der Ruhm war nichts anderes als ein Leuchtfeuer für mich. Dann kamen Sie und haben alles durchschaut - die Seele, das Herz, den Menschen. Gestern noch, beim Wiederlesen Ihres Briefes habe ich gesehen, daß nur Sie allein alles vorausgeahnt haben, was mein Leben ausmacht. Sie fragen mich, wie ich nur die Zeit finde, Ihnen zu schreiben... Ach ja, meine liebe Ève, lassen Sie mich Ihren Namen abkürzen, so wird er besser zum Ausdruck bringen, daß Sie das gesamte Geschlecht für mich sind, die einzige Frau, die es auf der Welt gibt, sie verkörpern es ganz allein wie die erste Frau für den ersten Mann. (...) Zu lieben, Eva, ist mein Leben. Ich wollte Sie schon längst um Ihr Porträt bitten, wäre mit dieser Bitte nicht eine gewisse Beleidigung verbunden, so will ich es erst tun, nachdem ich Sie gesehen habe. Heute, meine Himmelsblume, schicke ich Ihnen eine Strähne von meinem Haar; es ist noch schwarz, denn ich habe mich beeilt, der Zeit die Stirn zu bieten. Ich lasse es wachsen, und jedermann fragt mich warum. Warum? Ich möchte gern, daß es soviel davon gäbe, daß Sie Ketten und Armbänder daraus haben könnten. Verzeihen Sie mir, meine Liebste, aber ich liebe Sie wie ein Kind liebt, mit all den Freuden, all dem Aberglauben, all den Illusionen der ersten Liebe. Innig geliebter

Engel, wie viele Male habe ich gesagt: - Wenn ich von einer Frau von 27 Jahren geliebt würde, wie glücklich wäre ich, ich könnte sie mein ganzes Leben lang lieben, ohne die Trennungen zu fürchten, die das Alter verhängt! Und Sie, Sie, meine Göttin, Sie könnten mir auf immer diese Sehnsucht nach Liebe verwirklichen. Liebste, ich hoffe, am 18. nach Besançon aufzubrechen. Das hängt mit dringenden Geschäften zusammen. Ich hätte alles abgeschüttelt, wenn es sich nicht um meine Mutter und um durchaus schwerwiegende Interessen handelte. Man hielte mich für einen Narren, und ich habe ohnehin bereits reichlich Mühe, als besonnener Mann zu gelten.

(...) Ich habe mir eine verschließbare Schatulle machen und Briefpapier parfümieren lassen, ich habe mir die Freiheit genommen, Ihnen ein ähnliches Kästchen fertigen zu lassen. Es ist so schön, sich zu sagen: - Sie berührt und öffnet ein Kästchen wie dieses! Und dann fand ich es so hübsch. Außerdem ist es aus französischem Holz. Es könnte zudem Ihren *Chénier* bergen, den Dichter der Liebe, den größten französischen Dichter, von dem ich Ihnen auf Knien alle Verse vorlesen möchte. Leben Sie wohl, Inbegriff meiner Freude, leben Sie wohl. Warum lassen Sie weiße Stellen in Ihren Briefen? Aber lassen Sie nur, lassen Sie nur. Nichts soll erzwungen sein. Ich werde dieses Weiß ausfüllen. Ich sage mir, daß Ihr Arm darüber gestreift ist, und ich küsse die weiße Stelle. Lebt wohl, meine Hoffnungen. Auf bald. Die Post braucht 36 Stunden nach Besançon, heißt es! (...)

*

[Paris, Freitag,] 13. [September 1833]

Ihr letzter Brief vom 9., den ich soeben erhielt, hat mir heftigen Kummer bereitet, er ging mir ans Herz und erschütterte es. Seit drei Stunden bin ich in eine Welt voll trauriger Gedanken getaucht. Welchen Trauerflor binden Sie um die süßesten, die fröhlichsten Erwartungen, die jemals meine Seele liebkost haben. Wie konnte dieses Buch, *[Der Landarzt]*, das ich nun hasse, Ihnen Waffen gegen mich liefern! Aber Sie wissen anscheinend nicht, mit welchem Ungestüm ich nach dem Glück greife. Ich war so glücklich! Sie stellen sogar Gott zwischen uns. Sie wollen nicht an meinen Freuden teilhaben, Sie teilen Ihr Herz: - In der einen Hälfte werde ich leben, in der anderen werde ich nicht mehr vorhanden sein. Durch Sie lerne ich alle Ängste der Eifersucht gegen die Phantasie, gegen die Vernunft kennen. Mein Gott, ich möchte nicht, daß Sie falsche Schlüsse ziehen - ich hasse die Verderbtheit ebenso wie die Gewalt: - Ich möchte eine Frau weder der Verführung noch der Macht des Guten verdanken. Das Gefühl, das mich mit Freude erfüllt, ist das freie und reine Gefühl, das weder der Verführung des Bösen noch der Anziehungskraft des Guten nachgibt, das unmittelbare Gefühl, das durch eine Ahnung erweckt und durch das Glück gerechtfertigt wurde. All das hatten Sie mir gegeben, ich lebte unter einem strahlenden Himmel und nun stürzen Sie mich in die Schmerzen des Zweifels.

Lieben, mein Engel, bedeutet, im Herzen nichts anderes zu tragen als das geliebte Wesen. Wenn die Liebe das nicht tut, ist sie nichts. Ich habe keinen Gedanken mehr, der nicht um Sie kreist - Sie sind mein Leben. Kümmernisse?... Ich habe Ihnen seit Tagen von keinen zu berichten, es gibt weder Sorgen noch Mühen, außer denen, die Sie mir bereiten, alles andere sind nur Unannehmlichkeiten. Ich sage mir, ich bin so glücklich, daß ich für mein Glück büßen muß. Oh, meine Vielgeliebte, wer in Begleitung einer Seele, die einen glücklich macht, vor die Himmelspforte tritt, wird dort allezeit Einlaß finden. Ich habe edle Herzen gekannt, ganz reine, ganz zartfühlende Seelen, diese Frauen scheuten sich nicht zu behaupten, zu lieben sei die Tugend der Frauen. Ich bin es, der das Böse und das Gute für Sie sein muß. Sie wollen beichten, großer Gott! Wem denn, was denn?... Mein Engel, leben Sie in Ihrer Sphäre, betrachten Sie die Zwänge der Welt als Tribut für Ihre geheimen Freuden und leben Sie als zwei Wesen, als *unbekanntes*, was köstlich ist und als *Ihnen bekanntes*, als zwei Hälften des Tages - die glücklichen Träume der Nacht und die harte Arbeit des Tages. Wenn das, was ich Ihnen hier sage, falsch ist, mein Gott, dann ist es wider mein besseres Wissen! Zählen Sie mich nie zu den Franzosen, die man mit Recht des Leichtsinns, der Überheblichkeit und einer schlechten Meinung gegenüber den Frauen bezichtigen kann. Bei mir findet sich nichts davon. Seinen Geliebten für einen Mann oder eine Idee zu verraten, ist ein und dieselbe Sache. Oh, ich habe so sehr unter diesem Verrat gelitten. Die eisigste Kälte hat mich ergriffen aus Furcht vor neuem Schmerz. Ich hielte dem nicht mehr stand, ich bin nicht mehr stark genug. Ich müßte aufhören mit diesem Leben der süßen Gefühle, des Überschwangs, des geträumten Glücks, der beständigen und treuen Liebe, die Sie zum ersten Mal in ihrer ganzen Fülle entfacht haben. Ich habe mich sehr oft aufgemacht, um zu ernten, aber ich habe nichts auf den Feldern gefunden, oder ich habe verwelkte Blumen nach Hause gebracht. Ich bin noch trauriger, als ich Ihnen sage, und, weil mein Charakter so ist, nehmen meine Gefühle zu. Ich werde der unglücklichste Mensch auf dieser Welt sein bis zum Eintreffen Ihrer Antwort, die mich hier noch vor meiner Abreise nach Besançon und meiner Weiterreise von dort nach Neuch[âtel] erreichen kann. Ich breche am Sonnabend, dem 21., auf und werde am 23. in B[esançon] und am 25. in Neuch[âtel] sein. Meine Reise verzögert sich durch das Kästchen, das ich Ihnen mitbringen werde. Es gibt einiges daran zu tun. Ich habe den geschicktesten Handwerker von Paris für das Geheimfach holen lassen und das, was ich dort anbringen lassen will, hat Zeit gekostet. Mit welcher Freude laufe ich durch Paris, bin voll Tatendrang, bin unterwegs wegen eines Gegenstands, der Ihnen gehören wird. Dies ist ein gar eigentümliches Leben. Es ist wunderbar. Der *Chénier* ist unmöglich; man muß die neue Ausgabe abwarten.

Sie fragen mich, was ich treibe. Mein Gott, Geschäfte; meine Arbeit liegt danieder. Außerdem, was soll ich schon tun, wo ich doch am Sonnabend zu Ihnen fahre, man muß wissen, wie sehr mir jedes Warten Herzklopfen bereitet, um das ganze körperliche Übel zu erkennen, das ich angesichts einer Erwartung empfinde. Gott hat mir Membranen aus Eisen gegeben, wenn ich nicht gerade ein Geschwür am Herzen habe.

Hier greifen alle Zeitungen den *Landarzt* an. Sie versetzen ihm den Dolchstoß. Was Lord Byron traurig und wütend machte, bringt mich zum Lachen. Ich will die geistige Welt in Europa beherrschen und noch zwei Jahre Geduld und Arbeit, und ich tanze allen auf dem Kopf herum, die mir die Hände binden, meinen Aufstieg hemmen möchten. Verfolgung und Ungerechtigkeit verleihen mir unbeugsamen Mut. Nur gegen die zarten Gefühle bin ich machtlos. Nur Sie allein können mich verletzen. Eva, ich liege Ihnen zu Füßen, ich liefere Ihnen mein Leben und mein Herz aus, töten Sie mich mit einem Schlag, aber lassen Sie mich nicht leiden. Ich liebe Sie mit der ganzen Kraft meiner Seele, lassen Sie nicht so viele schöne Hoffnungen zerbrechen! Tausend Dank für das Bild. Wie gut und gnädig Sie sind. Diese Landschaft erinnert an das rechte Loireufer. La Grenadière ist zehn Schritte von diesem Glockenturm entfernt. Genauso sieht es aus. Ich habe Ihre Zeichnung vor Augen, bis ich sie nicht mehr brauche. Auf bald, mein Liebling. Von nun an werden meine Briefe stets *postlagernd* sein, auf diese Weise haben Sie mehr Sicherheit.

*

[Paris, Mittwoch, 18. (?) September 1833]

Teurer geliebter Engel, ich bin der Überzeugung, daß ich, wenn ich nach Neuch[âtel] komme, noch mehr auf mich nehme als all diese Helden der Liebe, von denen Sie mir sprechen, und ich habe ihnen gegenüber den Vorzug, daß ich nichts darüber verlauten lasse. Aber gerade diese Verrücktheit gefällt mir.

Ich kann nicht vor dem 22. abreisen, aber die Eilpost, der hurtigste Wagen, schneller als jedes andere Postgefährt, bringt mich in 40 Stunden nach Besançon, am 25. morgens werde ich in Neuch[âtel] sein und dort bis zu Ihrer Abreise bleiben.

Unglücklicherweise weiß ich nicht, ab das Haus *Andrea* oder *Andrée* heißt. Schreiben Sie mir eine kurze Nachricht postlagernd nach Besançon.

Tausend Liebkosungen des Herzens und tausend Blumen der Liebe. Meine Liebste, in zwei Jahren werde ich tausend Meilen zurücklegen können und den Gefahren arabischer Märchen ausgesetzt sein, um einen Blick zu erhaschen, ich werde nichts Außergewöhnliches tun im

Vergleich zu den Unwägbarkeiten aller Art, die meine Reise mit sich bringt. Es geht nicht darum, Gott ein ganzes Leben darzubieten, nein, es ist das Glas Wasser, das in der Liebe und in der Religion mehr zählt als die Schlachten. Doch wie süß ist diese Torheit, wie bin ich dafür belohnt, weil ich doch voller Stolz weiß, wie sehr ich Sie liebe. Ich breche am Sonntag, den 22., um sechs Uhr abends auf. Ich würde gern drei Tage in Neuch[âtel] bleiben. Reisen Sie nicht vor dem 29. ab.

Leben Sie wohl, innig geliebte Blume. Was für Gedanken in all den langen Stunden dieser Reise, erfüllt von Ihnen. Ich werde nur Ihnen gehören. Ich habe niemals so sehr gelebt, so sehr gehofft. Auf bald.

*

[Neuchâtel, Donnerstag, 26. September 1833]

Mein Gott, ich habe eine zu überstürzte Reise gemacht, und ich war sehr müde aufgebrochen, aber all das spielt keine Rolle mehr. Eine gute Nachtruhe hat alles behoben. Ich war vier Nächte lang auf den Beinen ohne Schlaf.

Ich werde zwischen eins und vier Uhr auf die Vorstadtpromenade gehen. Ich werde die ganze Zeit dort bleiben und mir den See anschauen, den ich nicht kenne. Ich kann so lange bleiben, wie Sie hier sein werden. Schreiben Sie mir ein paar Zeilen, um mir mitzuteilen, ob ich Ihnen hier postlagernd in aller Sicherheit schreiben kann. Denn ich habe Angst, Ihnen die geringste Unannehmlichkeit zu bereiten, und haben Sie die Güte, mir Ihre Adresse genau anzugeben. Tausend Zärtlichkeiten. Es gab zwischen Paris und hier kein bißchen Zeit, das nicht mit Ihnen ausgefüllt gewesen wäre - und ich habe das *Val de Travers* für Sie betrachtet. Es ist lieblich, dieses kleine Tal. Auf bald.

*

Meine innig Geliebte, jetzt bin ich wieder in Paris, sehr erschöpft; wir haben den 6. Oktober, und es war mir bislang unmöglich, Dir zu schreiben. Auf der gesamten Strecke waren unglaublich viele Menschen unterwegs, und in jeder Stadt, durch die wir kamen, hat der Wagen 10 bis 15 Reisende abgewiesen. Die Postkutsche war für sechs Tage im voraus belegt, so daß mein Freund aus Besançon keinen Platz für mich erhielt. Ich habe also die Strecke auf dem Wagenverdeck zurückgelegt, in Begleitung von fünf Schweizern aus dem Kanton Wallis, die mich am ganzen Leib wie ein Stück Vieh, das man zum Markt führt, behandelten und das Reisegepäck eifrigst dabei unterstützten, wenn es galt, mich zu stoßen. Bei meiner Ankunft habe ich ein Bad genommen und Deinen lieben Brief vorgefunden. Oh, meine Seele, weißt Du überhaupt, welche Freude er mir gemacht hat, wirst Du es je wissen? Nein, denn ich hätte Dir sagen müssen, wie sehr ich Dich liebe, und man schildert nicht das Unermeßliche. Weißt Du, meine innig geliebte Eva, daß ich am Tag meiner Abreise um fünf Uhr morgens aufgestanden bin und daß ich eine halbe Stunde lang auf dem *Crêt*[1] geblieben bin, in der Hoffnung..., ich weiß nicht worauf. Du bist nicht gekommen; im Haus rührte sich nichts, kein Wagen vor der Tür; also habe ich angenommen, daß Du, wie Du mir berichtest, einen Tag länger geblieben bist, und tausend Schmerzen des Bedauerns haben sich mir ins Herz geschlichen. Mein Engel, tausendfach wirst Du bedankt sein, sobald ich Dir für das, was Du mir schickst, danken kann, so, wie ich möchte, Du Böse, wie schlecht Du mich kennst. Wenn ich Dich um nichts gebeten habe, so deshalb, weil mein Plan zu hochfliegend war, ich wollte möglichst viel, um eine Kette fertigen zu lassen, damit ich Dein Bildnis immerzu bei mir tragen kann, und da ich Dein edles, abgöttisch verehrtes Haupt nicht entblößen wollte, war ich wie Buridans Esel zwischen seinen beiden Schätzen gleichermaßen geizig und gierig. Ich habe soeben nach meinem Juwelier geschickt, er wird mir ehrlich sagen, wieviel ich noch brauche, und da das Opfer seinen Anfang genommen hat, wirst Du es wohl auch vollenden, mein Engel. Laß deshalb Dein Porträt als Miniatur machen, ich glaube, es gibt einen guten Maler in Genf, und laß es auf ein sehr flaches Medaillon aufziehen. Ich schreibe Dir offiziell erst mit der Sendung, die ich Dir bald schicke.

(…) Meine geliebte Eva, für mich hat also auf köstliche Weise ein neues Leben begonnen. Ich habe Dich gesehen, ich habe mit Dir gesprochen, unsere Körper haben wie unsere Seelen einen Bund geschlossen, und ich habe in Dir all die Vollkommenheit gefunden, die ich schon vorher liebte; jeder hat die seine, und Du hast die meine ganz und gar ans Tageslicht gebracht. Du Böse! Du hast in meinen Blicken nicht all das gesehen, was Du sehen solltest. Oh, schweig still, all das Verlangen, das eine Frau, die liebt, erregen möchte, ich habe es gespürt; und wenn ich Dir nicht gesagt habe, wie sehr ich mich danach sehne, daß Du eines Morgens kommen mögest, dann deshalb, weil ich mich so ungünstig untergebracht hatte. Lediglich in diesem Haus bestand Gefahr; woanders wäre es vielleicht möglich gewesen. Aber in Genf, oh, mein angebeteter Engel, in Genf bringe ich für unsere Liebe mehr Scharfsinn auf als zehn Männer benötigen, um als geistreich zu gelten. Ich habe hier alles jenseits meiner Erwartungen angetroffen, *im Schlechten*. Die Leute, die mir etwas schulden und die mir ihr Wort gegeben hatten zu zahlen, haben es mitnichten getan, aber meine Mutter, von der ich weiß, daß sie in Geldverlegenheit ist, war von größter Opferbereitschaft. Meine teure Liebesblume, ich muß die Torheit meiner Reise wieder ausgleichen, eine Torheit, die ich morgen erneut beginge, wenn Du mir morgen schreiben würdest, Du hättest 24 Stunden Freiheit. Jetzt also heißt es, Tag und Nacht zu arbeiten. Fünfzehn Tage Glück in Genf zu erobern, das sind die Worte, die ich in meine Stirn eingemeißelt finde und die mir den kühnsten Mut verleihen, den ich je hatte. Ich glaube, bei dem Gedanken daran strömt mehr Blut in mein Herz, strömen mehr Einfälle in mein Gehirn, mehr Kraft in mein Wesen. Zudem zweifle ich nicht daran, daß ich, beseelt von diesem Wunsch, schönere Dinge schreiben werde. Einen Monat lang also Arbeit im Übermaß! All das, um Dich zu sehen. Du bist in allen meinen Gedanken, in allen Zeilen, die ich verfassen werde, in allen Augenblicken meines Lebens, in meinem ganzen Sein, in meinem Haar, das für Dich wächst.

Vom morgigen Montag an gerechnet, wirst Du nur noch alle acht Tage Briefe von mir bekommen, und ich bringe sie immer sonntags zur Post, sie werden die wenigen Zeilen enthalten, die ich Dir jeden Abend schreibe; denn jeden Abend, ehe ich zu Bett gehe, ehe ich in Deinem Herzen Schlaf finde, sreche ich mein kleines Liebesgebet für Dich, und ich werde Dir kurz und bündig berichten, was ich tagsüber getan habe. Es wird nur Dich geben und die Arbeit, die Arbeit und Dich; schlafe in Frieden, meine Eifersüchtige; Du wirst übrigens sehr bald wissen, daß ich eigenwillig bin wie eine Frau, daß ich liebe wie eine Frau und daß ich die Empfindungen einer Frau errate. Ja, meine angebetete Blume, ich erleide Deinethalben alle Ängste der Eifersucht, und ich kenne sie nun, diese Hüterin des Herzens, die Eifersucht, die mir unbekannt war, denn ich wurde auf eine Art und Weise geliebt, die mich nichts fürchten ließ. Die *Dilecta* lebte in ihrem Zimmer, Dich hingegen, Dich kann alle Welt sehen. Ich bin erst dann ganz glücklich, wenn Du entweder in Paris oder in Wierzchownia bist.

Meine himmlische Liebe, finde für meine Briefe einen unerreichbaren Ort. Oh, ich flehe Dich an, daß Dir kein Mißgeschick widerfahren möge. Henriette [Borel] sei deren treue Hüterin, und sie treffe alle Vorsorge, die die Natur der Frau in einem solchen Fall eingibt. Morgen mache ich mich ohne Zögern an *Le Privilège*, denn ich muß arbeiten, noch scheue ich davor zurück. Ich würde ungern nach Genf abreisen, ohne Nodiers Einladung zum Diner erwidert zu haben, und ich kann nicht umhin, sie üppig zu erwidern, folglich muß ich für den unbedingt notwendigen Luxus genauso viel arbeiten wie für die überflüssigen Notwendigkeiten meiner Existenz. Morgen, am Montag, den 7., beginne ich also ein Tagebuch meines Lebens, das nur während der glücklichen Tage, an denen mir mein glücklicher Stern erlaubt, Dich zu sehen, unterbrochen wird. Die Lücken werden mein Glück anzeigen. Möge es viele geben. Mein Gott, wie bin ich stolz, noch in dem Alter zu sein, wo ich alle Schätze ermessen kann, die in Dir stecken, in dem ich Dich als junger Mann voller Überzeugung lieben kann, als ein Mann, der eine Zukunft vor sich hat. Oh, meine geheimnisvolle Liebe! Sie sei auf ewig wie eine unter Schnee begrabene Blume, eine unbekannte Blume. Eva, teure und einzige Frau, die es für mich auf der Welt gibt und die die Welt für mich ausmacht, verzeih mir all die kleinen Listen, die ich gebrauchen werde, um das Geheimnis unserer Herzen nicht zu verraten.

Mein Gott, wie schön ich Dich am Sonntag fand, in Deinem violetten Kleid. Oh, wie hast Du allen meinen Vorstellungen entsprochen, warum hast Du mich so sehr gebeten, Dir zu sagen, was ich Dir nur durch meine Blicke zum Ausdruck bringen wollte, diese Art von Gedanken verliert, wenn man sie ausspricht. Ich möchte sie von Seele zu Seele durch die Flammen eines Blickes übermitteln. Nun, meine Gemahlin, meine Angebetete, Du mußt wissen, wenn ich Dir auch von Zeit und Kummer bedrängt schreibe, daß in meiner Seele eine unermeßliche Liebe ist, daß Du mein Herz und mein Leben erfüllst, daß, wenn ich Dir auch nicht immer diese Liebe richtig zeigen kann, sie durch nichts verändert wird, daß sie immer schöner erblühen wird, frischer und anmutiger, denn sie ist eine wirkliche Liebe, und wahre Liebe wächst. Sie ist eine schöne Blume, die für lange Jahre ins Herz gepflanzt ist und die ihre Triebe ausbreitet, die zu jeder Jahreszeit ihre köstlichen Früchte, ihren Wohlgeruch vervielfacht; und, mein teures Leben, sag mir, sag mir immer wieder, daß nichts ihre Rinde und ihre zarten Blätter verletzen wird, daß sie in unser beider Herzen gedeihen wird, geliebt, frei, gehegt, wie ein Leben in unserem Leben, ein einzigartiges Leben. Oh, wie ich Dich liebe und welchen Balsam diese Liebe auf mich verströmt, ich fühle keinen Schmerz. Du bist meine Kraft, Du weißt es.

Nun denn, meine geliebte Eva, ich muß Dir lebewohl sagen; nein niemals lebewohl, auf Wiedersehen, auf bald, in Genf, am 5. November in Genf. Und falls Du nach Paris kommen solltest, laß es mich rasch wissen. Ich habe Dir indes nichts von dem gesagt, was ich Dir sagen wollte; wie wahrhaftig, wie liebevoll ich Dich fand, wie sehr Du auf jede Schwingung meines Herzens geantwortet hast, sogar auf meine Launenhaftigkeit.

Mein Gott, manchmal war ich so abwesend, trotz all der Plauderei, an der man sich beteiligen mußte, daß ich Dir nichts geantwortet habe, als Du mich fragtest, ob man wohl in [Sankt] Petersburg gut Bücher zu binden verstünde.

Teurer Engel, Du gibst meinen Stunden einen unschätzbaren Wert, urteile, was eine Sache, die von Dir kommt, für mich bedeutet, wenn ich wirklich in Dir leben will, anstatt dort nur in Gedanken zu sein. Also, auf bald. Die Arbeit wird die Zeit, die uns trennt, verkürzen. Was für schöne Tage waren das in Neuchâtel! Wir werden dorthin wallfahrten, ja? Oh, Engel, jetzt da ich Dich gesehen habe, kann ich Dich im Geist wiedersehen! Tausend Küsse, gefüllt mit meiner Seele, ich möchte Dich darin einschließen. Mein Gott, das Süßeste von allem muß ich mir noch immer erträumen.

1 Gemeint ist ein Felsvorsprung in den Neuenburger See, der als beliebter Aussichtspunkt oberhalb von Neuchâtel galt.

*

[Paris,] Sonntag[, 13. Oktober 1833]

Wie, meine Liebe, Ängste, Sorgen? Du wirst, so hoffe ich, die beiden Briefe, die ich Dir seit meiner Rückkehr geschrieben, erhalten haben. Was tun, um Dir nicht die geringste Sorge zu bereiten, Dir einen ungetrübten Himmel zu verschaffen. - Wie, Du hast nicht mit einem Tag Verspätung, auch nur mit einer Stunde der Erschöpfung gerechnet. Mein Gott, mein Gott, was tun. Ich schreibe Dir jeden Tag, wenn Du lieber alle drei Tage einen Brief bekommen willst, anstatt mehrere alle acht Tage, sag es, sprich, befiehl. Ich werde alles tun, um auch nicht einen einzigen bösen Gedanken in Dein Herz dringen zu lassen. Wenn Du wüßtest, wie sehr mir

Dein Brief weh getan hat. Du kennst mich noch nicht! Das ist schlimm. Aber ich verzeihe Dir diesen kleinen Kummer, den Dein Brief mir verursacht hat, denn das sagt mir nur von neuem, daß Du mich liebst.

Ich habe eine gute Nachricht für Dich. Ich glaube, daß die *Études de mœurs* am Dienstag unter Dach und Fach sind und ich eines der gediegensten Verlagshäuser vor Ort gefunden habe. Das ist immerhin etwas. Verzeih, meine Eva der Liebe, daß ich zu Dir von meinen Geschäften spreche, aber sie sind meine Beruhigung, denn sie werden mir zweifellos erlauben, nach Genf zu fahren. Leider kann ich vielleicht erst im Dezember fahren, weil ich nämlich nicht fahren kann, ohne die erste Lieferung dieser *Études* abgeschlossen zu haben.

Mein Gott! Ich segne dieses Papier, das Du in Händen halten wirst, ich wünschte, es könnte Dir meine ganze Liebe und mein ganzes Herz bringen, damit Du nicht mehr solch schlimme Gedanken hegst. Das ist entwürdigend, mein Liebling. Die Liebe gedeiht nicht ohne Vertrauen.

Nun denn, lebe wohl. Muß ich doch zu *E[ugénie] Grandet* zurückkehren, mit der es gut vorangeht, ich habe noch den ganzen Montag und einen Teil vom Dienstag daran zu tun.

Lebe wohl, mein Engel des Lichts, lebe wohl, teurer Schatz, behandle mich nicht so schlecht. Mein Herz kann ebenso feinfühlig sein wie das einer Frau, ich liebe Dich besser oder schlechter, denn ich ruhe mich ohne Furcht auf Deinem teuren Herzen aus und küsse Deine beiden Augen - alles. Lebe wohl. Auf morgen.

*

[Paris,] Freitag[,18. - Sonntag, 20. Oktober 1833] Freitag

Meine innige Liebe, jetzt sind es fast drei Tage, daß ich Dir nicht geschrieben habe, und das wäre sehr schlimm, wenn Du nicht meine geliebte Gemahlin wärst. Aber die Arbeit hat mich so in Beschlag genommen, die Schwierigkeiten sind so groß. - Armer Engel, ich erzähle Dir lieber von der Zärtlichkeit, von der meine Seele voll für Dich ist, als von meinem Kummer. Was mein Leben angeht, so ist es unerschütterlich festgelegt, wie ich es Dir, glaube ich, schon geschildert habe. Schlafen gegangen wird um 6 Uhr nach meinem Nachtmahl, aufgestanden um Mitternacht, von da an beuge ich mich über diesen Tisch, den Du kennst, sitze in dem Sessel, den Du siehst, an diesem Kamin, der mich seit sechs Jahren wärmt, und arbeite bis zum Mittag. Danach folgen die geschäftlichen Zusammenkünfte, die Kleinigkeiten des Lebens, um die ich mich kümmern muß, dann gegen 4 Uhr oft ein Bad, dann um 5 Uhr das Nachtmahl. Und ich fange unermüdlich wieder von vorne an, in Arbeit schwimmend, ohne aus diesem weißen Schlafrock mit dem seidenen Gürtel herauszukommen, den Du kennen müßtest. Es gibt Schreiberlinge, die von meiner Zeit schmarotzen, einfach auftauchen und mir eine oder zwei Stunden stehlen; aber häufiger noch sind es die Sorgen, die ständigen Verpflichtungen, die mich vom Weiterarbeiten abhalten.

Endlich bin ich im Begriff, einen Kontrakt abzuschließen, der in unserer Welt voller Neid, Eifersucht und Dummheit Aufsehen erregen und denjenigen die Galle hochkommen lassen wird, die die Stirn haben, auf meinen Spuren wandeln zu wollen. Ein ziemlich angesehenes Verlagshaus, [Madame Charles-Béchet], kauft mir für 27 000 Francs die Lieferungen der *Études de mœurs au XIX. siècle* ab: 12 Oktavbände, bestehend aus der dritten Auflage der *Szenen aus dem Privatleben*, der ersten der *Szenen aus dem Provinzleben* und der ersten der *Szenen aus dem Pariser Leben*. (…) Das wird all die Nichtsnutze, die Maulhelden und Zeitungsschreiber zum Aufheulen bringen! So bin ich, abgesehen von dem, was ich meiner Mutter schulde, meine Schulden los und damit frei, in sieben Monaten zu reisen, wohin ich will. Wenn unsere große Unternehmung Erfolg hat, werde ich reich sein, und ich werde mein Möglichstes für meine Mutter tun können und auf meine alten Tage ein Kopfkissen, ein Stück Brot und ein weißes Taschentuch haben. Ach, mein vielgeliebter Engel, um diesen Vertrag zustande zu bringen, mußte ich Auskünfte einholen, herumlaufen, morgens um 9 Uhr aus dem Haus gehen, und das nach der nächtlichen Arbeit. Ich werde nicht weniger Sorgen wegen der Zahlungen haben, da man den Verlegern immer Kredit gewähren muß. Meine schlaflosen Nächte, meine Arbeit, alles was mir auf der Welt heilig ist, steht auf dem Spiel. *Der Verleger* ist eine Dame, eine Witwe, die ich nie gesehen habe und die ich nicht kenne. Ich schicke diesen Brief erst ab, wenn beide Seiten unterschrieben haben, damit er gute Nachricht über meinen Wohlstand bringt; aber es gilt noch zwei weitere Verhandlungen zu führen, die nicht weniger wichtig sind, aber zu verwickelt, um sie Dir zu erklären, und von denen ich Dir nur die Ergebnisse mitteilen werde.

Les Aventures d'une idée sind zu einem Viertel fertig, und ich bin sehr fleißig dabei, sie zu vollenden; *Eugénie Grandet*, eines meiner vollkommensten Sittengemälde, steht zur Hälfte; ich bin sehr zufrieden damit. *Eugénie Gr[andet]* ist mit nichts zu vergleichen, was ich bislang dargeboten habe. E[ugénie] G[randet] auf Madame Jules folgen zu lassen, das, ohne Eitelkeit, zeugt von Talent. Habe ich Dir erzählt, daß unser Papier nicht in Angoulême hergestellt werden kann, ich habe gestern die Antwort meiner Freundin aus Angoulême erhalten. Ich fahre in einigen Tagen nach Angoulême. Ich muß außerdem vorher noch nach Saintes, der Hauptstadt der Saintonge, um das Viertel zu studieren, aus dem Bernard de Palissy stammt, der Held von *Die Leiden des Erfinders*, die ich in Angoulême gleich nach meiner Rückkehr aus Saintes schreiben werde. Saintes liegt an den Hängen zwölf Meilen vor Angoulême. Ich bringe Dir persönlich Deine Quittenmarmelade aus Orléans mitund Deine Herzpfirsiche aus Tours, ich warte noch immer darauf, daß ich Dir berichten kann, wie weit das Werk meines Juweliers gediehen ist, aber Fossin ist ein König, er ist eine Macht, und wenn man gut gefertigte Stücke will, muß man den Teufelsfuß küssen, den man Geduld nennt. Ich kann nicht sagen, daß ich den Brief *con gran piacer* erhalten habe, in dem Du zwar nicht mehr bekümmert bist, aber in dem Du mir die Geschichte dieses Ungeheuers von Engländer erzählst. Versteht man das unter einem Ehegatten? Ein Liebhaber hätte dem Engländer beim Duell den Hals umgedreht. Der rächende Gott möge ihn auf eine Herbergsmagd treffen lassen, die ihn ansteckt und ihm tausendfache Übel bereitet! Wenn man den Charakter dieses Herrn bedenkt, wird mein Wunsch bald in Erfüllung gehen; hoffe ich.

Zumindest steckt Liebe in Deinem Brief, meine teure Liebe. Der andere war gar so verdrießlich. Mein Gott, wie kannst Du Dich nur einen Moment dem Zweifel hingeben, auch nur eine Befürchtung hegen. Übrigens, ein paar Freunde sind gekommen, um mir mitzuteilen, daß das Gerücht in Umlauf sei, ich wäre in der Schweiz gewesen, um eine Frau aufzusuchen, die mit Sicherheit

aus Odessa stammt. Aber glücklicherweise sagten andere Leute, daß ich hinter Madame de C[astries] her sei;
und wieder andere schließlich, daß ich wegen einer
wichtigen geschäftlichen Angelegenheit in Besançon
gewesen sei. Derjenige, der die Verabredung erfunden
hat, ist, glaube ich, der Verleger G[osselin], der mir vor
fünf Monaten einen Brief aus Rußland geschickt hat.
Andere haben schließlich behauptet, daß ich Paris
überhaupt nicht verlassen hätte und in S[ainte]-Pélagie
gewesen sei, *daß man mich dort gesehen habe!* Das ist
Paris. Meine teure Göttin, bis morgen, für heute ein Lebewohl. Gleichwohl sollte ich Dir noch all die Gedanken mitteilen, die mich seit 3 Tagen umtreiben, die
guten Viertelstunden, die ich mir zugestehe, sobald ich
eine bestimmte Anzahl von Seiten fertiggestellt habe!
Ich sehe das Val de Travers wieder vor mir, ich verge-
genwärtige mir meine fünf Tage, und sie sind mit all ihren Freuden in den fünfzehn Minuten enthalten; die
kleinsten Ereignisse kommen mir wieder in den Sinn.
Da ist zum einen der Anblick dieser schönen Stirn, dann
ein Wort oder, besser noch, die von Sév[erine][1] entfachte Flamme. Oh, Liebling, wie anbetungswürdig und
liebenswert Du bist, und wie dumm ist es gleichzeitig
von Dir, Furcht zu empfinden. Nein, nein, meine innig
geliebte Eva, ich gehöre keineswegs zu denen, die eine
Frau wegen ihrer Liebe strafen. Oh, wie gern hätte ich
einen halben Tag zu Deinen Füßen verbracht, den Kopf
in Deinem Schoß, schöne Träume träumend, Dir meine
Gedanken schildernd oder schweigend, dafür Dein
Kleid küssend; mein Gott, wie köstlich wäre dieser Tag
gewesen, an dem ich mit Dir ganz ungezwungen hätte
spielen können, wie ein Kind mit seiner Mutter spielt;
oh, meine vielgeliebte Eva, Sonne meiner Tage, Licht
meiner Nächte, meine Hoffnung, meine Angebetete,

meine ganz und gar Geliebte, meine einzige Liebe, wann werde ich Dich sehen können. Ist es ein Trugbild, habe ich Dich überhaupt gesehen? Habe ich Dich lange genug gesehen, um sagen zu können, daß ich Dich gesehen habe. Mein Gott, wie sehr liebe ich Deinen etwas schleppenden Tonfall, Deinen schönen und sinnlichen Mund, erlaube mir, Dir das zu sagen, mein Liebesengel. Ich arbeite Nacht und Tag, um Dich im Dezember zwei Wochen sehen zu können. Ich werde den verschneiten Jura überqueren, doch ich werde dabei an die schneeweißen Schultern meiner Geliebten denken; meiner Heißgeliebten. Ah, den Geruch Deines Haars einzuatmen, Deine Hand zu halten, Dich in meine Arme zu schließen. Daraus schöpfe ich meinen Mut. Ich habe Freunde hier, die verblüfft sind, über das unbarmherzige *Streben*, das ich derzeit an den Tag lege. Ach! Sie kennen mein Liebchen nicht, mein süßes Liebchen, dessen Bild allein nimmt dem Schmerz seine Stacheln! (…) Einen Kuß, mein Engel auf Erden, einen langsam ausgekosteten Kuß und bis morgen. Die Nachtigall hat zuviel gesungen; ich habe mich dazu verlocken lassen, Dir zu schreiben, und *E[ugénie] G[randet]* grollt.

1 Séverine Wylezynska, eine Cousine von Madame Hanska, die sie auf ihrer Reise in die Schweiz begleitete.

(…)

*

[Paris, Mittwoch, 23. - Sonntag, 27. Oktober 1833] Mittwoch Tausend Liebkosungen für Dich, meine Liebe, für Dich. Gestern war ich den ganzen Tag am Hin- und Herlaufen, ich war so müde, daß ich mir gestattete, eine ganze Nacht lang zu schlafen, und so kam es, daß ich an meine Göttin nur ein Gebet im Geiste richtete. Ich bin über dem süßen Gedanken an Dich eingeschlafen; auf diese Weise war ich, wie verheiratet, in die Arme meiner Vielgeliebten gebettet. Mein Gott, es erschreckt mich beinahe zu sehen, wie sehr mein Leben Dir gehört! Mit welcher Geschwindigkeit es in Dein Herz geströmt ist. Deine Ādern pulsieren genauso für mich wie für Dich. Angebetete Liebste! Wie wohl mir Deine Briefe tun, ich glaube an Dich, weißt Du, wie an den Schlag meines Herzens! Ich trete für dieses Glück ein wie ein Kind, wie ein Weiser, wie ein Narr, der seine Tulpen pflegt. Ich weine vor Zorn, nicht bei Dir zu sein. Ich sammle all meine Einfälle, um diese Liebe zu entwickeln, ich wache unaufhörlich darüber, daß sie ohne Störungen gedeihe. Weder vom Kind, noch vom Narren darf sie beeinträchtigt werden. Deshalb, mein Engel, begeh keine Torheiten. Nein, reiß Dich nicht von Deinem Pflock los, Du armes angebundenes Zicklein, Dein Geliebter wird kommen, sobald Du nach ihm rufst. Du hast mich indes erzittern lassen. Täusche Dich nicht, meine liebe Ève, man übergibt Mademoiselle H[enriette] B[orel] keinen so sorgfältig gefalteten und versiegelten Brief, ohne ihn anzusehen. Es gibt geschickte Verschleierungsmanöver. Ich beschwöre Dich, nimm einen Wagen, wenn Du zur Post gehst, damit Du niemals naß wirst. Übrigens ist es in der Rue du Rhône immer sehr zugig. Geh immer mittwochs hin, denn die Briefe, die ich am Sonntag zur Post bringe, kommen am Mittwoch bei Dir an. Ich werde niemals, wie groß die Dringlichkeit auch sei, Briefe an Dich an einem anderen Tag als Sonntag aufgeben. Verbrenne die Kuverts. Henriette soll den Mann von der Post schelten, daß er den *postlagernden Brief* ausgehändigt hat, aber sie soll ihn lachend schelten, denn die Leute auf dem Postamt sind nachtragend. Sie wären imstande, eines Mittwochs zu behaupten, es gäbe keine Briefe, und sie wieder zurückzuschicken, so daß Unheil entstünde. Oh, mein Engel, Schicksalsschläge rühren immer nur von Briefen her. Ich flehe Dich auf Knien an, suche Dir einen Ort, eine Höhle, eine Mine, um die Schätze unserer Liebe zu verbergen. Geh so vor, daß Du keinen Grund zur Beunruhigung hast!

Die Gräfin Potocka, ist das nicht diese schöne Griechin, die Geliebte Potemkins, die erst einen Arzt, einen General von Witt und dann den Grafen Léon Potocka geehelicht hat. Wenn dem so ist, vertraue ihr nicht das geringste über Deine Liebe an, mein armes, argloses Schäfchen. Wenn sie Beweise dafür hat, nun gut, dann gib es zu, aber ein solches Geständnis muß man nur machen, wenn man sonst gar nicht weiter weiß und sich unter diesen Umständen das erzwungene Eingeständnis als Verdienst anrechnen lassen könnte. Du mußt entscheiden, ob es angebracht ist. Aber Du mußt verstehen, daß, wenn ich in Genf sein werde, die Leute, die nur zwei Gedanken im Kopf haben und das Schlechte annehmen, wenn es auch gar nicht zutrifft, die Wahrheit wohl erraten werden.

Jetzt da ich Dich lese, bin ich in Gedanken in Genf, ich sehe alles vor mir. Mein Gott, wieviel Liebreiz und Anmut ist doch in Deinen Briefen. Ja, mein Liebesengel, ja gewiß, ich werde genau dann in G[enf] sein, wenn Du es möchtest. Aber rechne damit, daß es 4 Tage dauert, ehe Dein Brief bei mir eintrifft und weitere 4 Tage, bis ich eintreffe; das macht 8 Tage.

Mein innig geliebter Engel, teile meine Sorgen nur soweit es sein muß, um daran Anteil zu nehmen, der Himmel hat mir ja den notwendigen Mut verliehen, sie zu ertragen. Ich möchte nicht, daß nur ein einziger meiner Gedanken Dir verborgen bleibt und erzähle Dir alles; aber gerate deshalb nicht in Aufregung.

(...) Mein teures Glück, hier gibt es keine Stimme zu

meinen Gunsten, alles ist feindselig, man muß sich damit abfinden. Man behandelt mich wahrlich wie einen Mann von Genie. Das macht einen stolz. Ich muß meine Bemühungen und meinen Mut verdoppeln, um diesen letzten Schritt zu tun. Ich gebe ihnen gute Gründe, mich zu hassen. Ich arbeite mit beispielloser Zähigkeit.

Den offiziellen Brief kann ich Dir nicht vor nächster Woche schreiben, denn ich möchte, daß die Sendung vollständig ist. Um so besser, wenn man mich beschuldigt, das macht die Erinnerung um so kostbarer.

Meine Liebste, Du kannst ruhig zugeben, daß Du mich in Neuchâtel gesehen hast, denn das wird sich genauso wenig verheimlichen lassen wie die Nase mitten im Gesicht. Man wird es wissen. Man muß es also eingestehen, Seele meiner Seele.

Du siehst, ich antworte auf alles, was Du mir schreibst, allerdings vom Hundertsten ins Tausendste kommend. Es drängt mich, mit dem zu schließen, was ich die Geschäfte unserer Liebe nenne, um Dir von der Liebe zu sprechen.

Wie denn, Du hast die *Tolldreisten Geschichten* ohne die Zustimmung Deines Gemahls der Liebe gelesen. Neugierige! Oh, mein Engel, man muß ein Herz haben so rein wie Deines, um *Die läßliche Sünde* zu lesen und Gefallen daran zu finden. Das ist ein Juwel an Unbefangenheit. Aber Liebste, Du warst ziemlich kühn. Ich bange, daß Du mich nun weniger liebst. Man muß unsere nationale Literatur, die große, die majestätische Literatur des 15. Jahrhunderts kennen, die so sehr vor Genialität sprüht, so frei im Ausdruck ist, so lebendig durch Worte, die damals noch nicht unstatthaft waren, daß ich Angst um mich habe. Ich wiederhole es Dir also, wenn es etwas gibt, das mich überleben wird, dann sind es diese *Geschichten*. Der Mann, der hundert davon schreibt, wird unsterblich. Lies den *Epilog* des 2. Zehents noch einmal und urteile selbst. Betrachte diese Bücher vor allem als unbekümmerte Phantasiegebilde, die mit Liebe entworfen wurden. Was sagst Du zu *Succubus*. Diese Erzählung, meine Vielgeliebte, hat mich sechs qualvolle Monate gekostet. Ich litt darunter. Ich halte Deine Einwände für unbegründet.

(…) Jetzt habe ich fast die halbe Nacht mit Ihnen zugebracht und darauf verwandt, Ihnen zu schreiben, mein Gott, sorgen Sie dafür, daß sie mir in Liebkosungen zurückgegeben wird, Engel, ich muß die elende Plackerei wieder auf mich nehmen; aber dies wird nicht geschehen, ohne daß ich Dir hier alle Blumen meines Herzens ausgebreitet hätte, tausend Zärtlichkeiten, tausend Liebkosungen, alle guten Wünsche eines armen Einsamen, der zwischen seinen Gedanken und seiner Liebe lebt. Lebewohl, meine geliebte Schöne, einen Kuß auf Deine schönen roten, blühenden Lippen, einen Kuß, der weit reisen möge, der Dich erhitzt. Ich sage Dir nicht lebewohl. Oh, wann werde ich Dein teures Bildnis haben. Solltest Du es gerade aufziehen lassen, sorge dafür, daß es zwischen zwei Emailplättchen paßt und daß das ganze nicht dicker ist als eine 5-Francs-Münze, denn ich möchte es immer auf meinem Herzen tragen. Es wird mein Glücksbringer sein, ich werde es dort spüren, ich werde Kraft und Mut daraus schöpfen. Von dort werden die Strahlen des Ruhms ausgehen, den ich mir so groß, so weit, so glänzend wünsche, um Dich in sein Licht zu hüllen.

Nun denn, ich muß Dich verlassen, wie immer voll Bedauern. Aber sobald ich frei bin und ohne Kummer, welch süße Wallfahrten wird es dann geben! Das ist der Grund, weshalb ich soviel arbeite. Mein Gott, wie sind die Reichen glücklich! Sie fahren mit der Postkutsche und fliegen wie die Schwalben! Aber meine Gedanken sind schneller, und jede Nacht schleichen sie um Dein Herz, um Deinen Kopf und decken Dich zu! Nun, lebe wohl. Bis morgen.

(…)

(…) Morgen nehme ich meine Arbeit an den Manuskripten wieder auf, ich will entweder *Eugénie [Grandet]* oder *Les Aventures [d'une idée heureuse]* beenden. Es ist fünf Uhr, ich werde zu Abend essen, meine einzige Mahlzeit einnehmen, zu Bett gehen, schlafen, ich schlafe immer in Gedanken an Dich ein, auf der Suche nach einem angenehmen Augenblick in Neuchâtel, in der Erinnerung daran verlasse ich die sichtbare Welt, indem ich ein Lächeln von Dir mit hinübergleiten lasse oder einem Deiner Worte lausche.

Habe ich Dir berichtet, wer alles aus Berlin, aus Wien, aus Hamburg mir Komplimente über meine Erfolge in Deutschland gemacht hat, wo, so sagten mir diese reizenden Menschen, nur noch von Deinem Honoré die Rede ist. Das war bei Gérard.[1] Ich habe Dir das wohl schon gesagt. Ich wünschte, daß die ganze Erde voll Bewunderung von mir spräche, daß immer dann, wenn ich meinen Kopf in Deinen Schoß lege, die ganze Welt Dir gehöre. Lebe wohl für heute, mein Engel, bis morgen, meine Liebkosungen, meine Worte voller Liebe und Verlangen begleiten Dich. Ich schreibe Dir, sobald ich Deinen Brief erhalten habe, der zweifellos morgen eintreffen wird. Teurer himmlischer Tag! Ich würde gern Worte und Liebkosungen nur für Dich allein erfinden. Hier habe ich einen Kuß hingesetzt.

1 Obwohl er vorgibt, nicht mehr auszugehen, besucht er gleichwohl regelmäßig den Mittwochsempfang des Baron Gérard.

Wie, meine teure Liebe, keine Briefe. Was für ein Kummer. Nicht zu wissen, was Du denkst. Oh, schicke mir doch zwei Briefe die Woche, damit ich einen mittwochs und den anderen sonntags erhalte. Ich habe bis zum letzten Moment auf Post gewartet. Ich kann Dir lediglich ein paar Zeilen schreiben. Laß mich nicht leiden, sei so zuverlässig wie möglich, mein Leben liegt in Deinen Händen.

Ich habe noch keine Antwort wegen meiner Verhandlungen. Lebe wohl mein geliebter Hauch. Diese letzte Seite wird Dir tausend Liebkosungen, mein Herz und meine Unruhe bringen. Meine Liebste, Du sprachst von einer Erkältung, Deine Gesundheit! Oh, so weit weg zu sein. Mein Gott, alles Bangen in meinem Leben verblaßt vor dem Gedanken, Dich leidend zu wissen. Bis morgen, Engel; morgen bekomme ich einen Brief. Vor diesem Augenblick schwindelt mir. Mein guter Geist, meine teure Gemahlin, hier sind tausend Blumen der Liebe für Dich.

*

[Paris, Montag, 28. Oktober - Sonntag, 3. November 1833] Montag

Ich habe Deinen Brief, meine Liebe! Wieviel Bangen bringt so ein Tag der Verspätung. Bis morgen, ich berichte Dir dann, warum ich Dir heute nicht antworten kann.

Dienstag[,29.]

Meine geliebte Eva, am Donnerstag muß ich 4 bis 5 tausend Francs bezahlen, und ich besitze im wahrsten Sinne des Wortes nicht einen Sou. Das sind die kleinen Schlachten, an die ich gewöhnt bin. Von Kindesbeinen an habe ich keine zwei Sous besessen, die ich als mein Eigentum hätte betrachten können. Bis zum heutigen

Tag war ich immer darüber erhaben. Nun muß ich durch die Welt des Geldes, um die Summe aufzubringen. Ich vergeude meine Zeit mit Laufereien. Der eine ist auf dem Land, der andere zaudert; meine Sicherheiten erscheinen ihm zweifelhaft. Ich habe indes 10 000 Francs an Wechseln in Händen, und morgen abend schließlich bei Ablauf der Frist habe ich zweifellos genug zusammengetragen. Die beiden Tage, die ich verliere, sind ein hoher Preis. Ich schildere Dir diese Dinge lediglich, um Dich ein wenig ins Bild zu setzen über die Schwierigkeiten in meinem Leben. Es ist ein Kampf ums Geld, es sind Schlachten gegen die Neider, ununterbrochene Auseinandersetzungen mit meinen Themen, physische Kämpfe, moralische Kämpfe, und wenn es mir nur ein einziges Mal nicht gelänge, die Oberhand zu gewinnen, wäre ich auf der Stelle tot.

Geliebter Engel, sei tausendmal bedankt für Deinen Wassertropfen, für Dein Anerbieten, es bedeutet mir alles, und es ist doch nichts. Du siehst, was tausend Francs sind, wenn man 10 000 im Monat braucht. Wenn ich 9 aufbringe, kann ich auch 12 aufbringen. Aber beim Lesen dieser köstlichen Passage in Deinem Brief hätte ich am liebsten meine Hand ins Meer getaucht, um alle Perlen daraus hervorzuholen und sie in Dein schönes schwarzes Haar zu streuen. Engel der Hingabe und der Liebe, hier kommt Deine ganze angebetete teure Seele zum Vorschein! Aber was sind schon alle Perlen des Meeres; ich habe zwei Tränen der Freude, der Dankbarkeit, der Rührung über Deinen Brief vergossen, die, für Dich und für mich, alle Reichtümer der ganzen Welt bedeuten. Nicht wahr, meine Eva? Wenn Du dies liest, fühle Dich von einem liebestrunkenen Arm umschlungen und nimm die Küsse, die ich Dir im Geiste schicke. Du findest ihrer tausend auf dem Rosenblatt, das in diesem Brief liegen wird.

Vergessen wir das schnöde Geld. Doch ich muß Dir mitteilen, daß die beiden wichtigsten Verhandlungen, die ich für meine Befreiung zu führen gedachte, gescheitert sind. Du machst mich zu glücklich, der Reichtum meiner Seele und meines Herzens ist zu grenzenlos, als daß , was reine Gewinnsucht ist, Bedeutung haben könnte. Ich büße für mein Glück.

Himmlische Mächte! Wem, glaubst Du, soll ich schon schreiben, ich, dem es an Zeit fehlt! Meine Liebe, sei nur ganz ruhig, mein Herz kann sich nur in der Tiefe Deines Herzens entfalten. Anderen schreiben!... Anderen den Duft meiner geheimsten Gedanken mitteilen! Hast Du auch nachgedacht? Nein, nein, Dir gehört mein ganzes Leben, Dir gehören meine teuersten Augenblikke. Wenn ich um Mitternacht aufstehe, beginne ich mein Schaffen mit der kurzen Zwiesprache, die wir miteinander führen. Meine edle und teure Herzensgemahlin, sei unbesorgt! Du hast mich nach neuerlicher Bestätigung für Deine Briefe gefragt, frag mich nicht mehr danach. Alle Vorsichtsmaßnahmen sind getroffen, damit alles, was Du mir geschrieben hast, wie ein Liebesgeständnis sei, das man sich von Herz zu Herz zwischen zwei Liebkosungen anvertraut. Keine Spuren! Das Kästchen aus Zedernholz ist verschlossen. Keine Macht wäre imstande, es zu öffnen, und die Person, die beauftragt ist, es zu verbrennen, wenn ich stürbe, ist ein *Jacquet*, das Urbild von Jacquet, heißt zudem auch Jacquet[1], es ist einer meiner Freunde, dessen Redlichkeit von gehärtetem Stahl ist wie ein orientalischer Säbel. Hörst Du, meine Liebe, ich habe mich weder der *Dilecta*, noch meiner Schwester anvertraut. Sprich mir nicht mehr davon. Ich habe die Bedeutung dieses Wunsches für Dich erkannt, ich liebe Dich deswegen noch mehr, falls das möglich ist, und da Du mein ganzer Glaube bist, eine leidenschaftlich verehrte Göttin, werden Deine Wünsche mit blindem Eifer erfüllt. Was ist mit Deinem Orden? Oh nein, geh nicht nach Fribourg! Ich verehre Dich, weil Du religiös bist, aber keine Beichte, keine Jesuiten. Bleib in Genf.

Mein Juwelier kommt nicht zurück, das macht mir etwas Kummer. Meine Sendung verzögert sich. Aber es verhält sich nun einmal so, daß *La Caricature*[2] noch nicht gebunden ist, und ich möchte, daß Du alles erhältst, was zu schicken, ich Dir versprochen habe. Mein Gott, Dein Brief hat mir meine Seele erfrischt, Du bist wirklich entzückend! Koboldhafter Engel, reizende Blume, oh, sag mir nur alles! Ich hätte gern mehr Zeit für mich, um Dir besser mein Leben erzählen zu können. Aber hier bin ich, von diesen 12 Bänden, die veröffentlicht werden müssen, gefangen wie ein Sträfling an seiner Eisenkugel. (…)

Übrigens, meine Liebe, *L'Europe litt[éraire]* ist zahlungsunfähig; morgen findet eine Versammlung aller Aktionäre statt, um Maßnahmen zu überlegen. Ich werde um 7 Uhr abends hingehen, und da es nur zwei Schritte von dort zu Madame Délphine sind, werde ich mit ihr das Nachtmahl einnehmen und danach den Abend bei Gérard beschließen. Seit zwei Tagen befinde ich mich in Verwirrung. Außerdem laufe ich seit dem Morgen wegen meiner Gelder herum. Auf diese Weise lösen sich die hundert Louisdor von Mademoiselle Eugénie Grandet bereits in Rauch auf. All das heißt es ertragen, geduldig, wie die Schafe von Monsieur de H[anski] sich scheren lassen.

Seit drei Tagen kein literarisches Schaffen mehr. Dafür renne ich bis zur Erschöpfung herum.

Meine kostbare Liebe, was kann ich Dir sagen, um Dein Herz zu trösten. Daß meine Zärtlichkeit, daß die

Gewißheit Deiner Zuneigung, daß das schöne geheime Leben, das Du mir bereitest, mir alles unbedeutender erscheinen läßt, daß ich über meine Sorgen lache, - daß es überhaupt keine Sorgen mehr für mich gibt! Oh, ich liebe Dich, meine Eva! Ich liebe Dich so, wie Du geliebt werden willst, grenzenlos. Ich liebe es, mir das selbst immer wieder zu sagen, Du kannst Dir das Glück nicht vorstellen, mit dem ich es Dir wiederhole.

Ich muß Dir gestehen, daß ich das Porträt von Dir, das nach einer Kopie angefertigt ist und das so glänzt, überhaupt nicht mag. Nein, nein, ich habe in meinem Herzen ein teures Bildnis, das mich entzückt. Ich sehe Dich, ich höre Dich; ich werde warten, bis Du ein Porträt machen lassen kannst, das der Natur wirklich gleicht. (…) Meine Vielgeliebte, meine Gedanken sind alle aus dem Geflecht der Liebe gesponnen, und ich möchte sie vor Dir ausbreiten, um Dir einen kostbaren Mantel daraus zu wirken, ich wünschte, Du könntest in meiner Seele wandeln, in meinem Herzen, um auch nicht einen Schritt im Morast des Lebens tun zu müssen! Für heute ein Lebewohl, mein heiliges und schönes Geschöpf, Du Quelle meiner Stärke und meines Muts! Du, die Du liebst, die Du schön bist, die Du alles hast und die Du Dich des armen Kindes angenommen hast. Mein Herz wird immer jung, blühend und zärtlich für Dich schlagen. In der Unendlichkeit der Tage sehe ich für uns kein Unwetter heraufziehen. Ich werde immer zu Dir kommen, das Herz voller Liebe, auf den Lippen ein Lächeln und ein süßes Wort, das Dein Ohr liebkosen möchte: meine Ève, ich liebe Dich.

1 In *Ferragus*. Charles-Louis-Antoine Jacquet-Duclos war zu Lebzeiten Balzacs Schreiber im Pariser Polizeiarchiv.
2 Balzac wollte seiner Geliebten die ersten drei Jahrgänge dieser satirischen Zeitschrift schicken, bei deren ersten Nummern er als Mitarbeiter tätig gewesen war.

Keine Sorgen mehr! Alles ist geregelt. 6 000 Francs aufgetrieben, 5 500 Francs bezahlt! Dem armen Dichter bleiben noch 500 Francs in Form einer edlen Banknote! Freude ist ins Haus eingezogen! Ich frage, was kostet Paris. Meine Liebe, Du wirst Dich schließlich doch noch ganz gut in einem Junggesellenleben auskennen lernen!

Gestern stand alles in Frage! Innerhalb von zwei Stunden war alles entschieden. Ich hatte meinen Arzt aufgesucht, einen alten Freund meiner Familie, und da ich glaubte, ich hätte nichts von den Bankiers zu erhoffen...

Ah! Während meiner Erledigungen komme ich in die Rue Laffite, ich treffe auf Rothschild, der mich bei der Hand nimmt und zu seiner Frau führt, sie besteigen den Wagen. Artigkeiten, Gunstbeweise. Warum man sich nicht mehr sähe? Nicht? Warum! Tausend Fragen, und Madame Rothschild macht mir wie schon in Aix[-les-Bains] schöne Augen, wo sie heimlich mein Porträt an sich nehmen wollte.

Kannst Du Dir mich im Gespräch mit dem Geldfürsten vorstellen, meine Liebe, ich, der ich keine 4 Sous auftreiben konnte? Gibt es etwas Ungewöhnlicheres. Ein einziges Wort hätte genügt, und meine Wechselschulden in Höhe von 12 000 Francs wären im Rothschild'schen Schlund verschwunden. Ich habe nichts gesagt. Und dabei hätte er mir sicher keinen Sou Zinsen abgenommen. Als ich von ihm fortging, lachte ich angesichts dieser Umstände wie ein Verrückter. Ich fahre fort. Wissend, daß ich nichts von den Bankiers zu erhoffen hatte, überlegte ich, daß ich meinem Arzt 300 Francs schuldete, ich gehe zu ihm, um sie mit einem meiner Wertpapiere zu zahlen, und er gibt mir 700 Francs abzüglich der Zinsen zurück. (…) Ich setze mich wieder in meinen gebrechlichen Schaukelstuhl und lasse mich von meiner Phantasie wiegen. *Ecco signora!* Meine liebe angebetete Gemahlin, schuldete ich Ihnen nicht das getreue Abbild Ihres Pariser Haushaltes. Ja, aber dafür sind schon Francs von den 27 000 verbraucht, und ehe ich nach Genf aufbreche, muß ich noch 10 000 bezahlen - 3 000 an meine Mutter, 1 000 an meine Schwester, und 7 000 an Entschädigungen. Woher nehmen? Aus meinem Tintenfaß, meine Eva der Liebe. Ich bin herrschaftlich gekleidet, ich habe mit Madame Delphine diniert, und nachdem ich der Agonie von L'E[europe] lit[éraire] beigewohnt habe, fand ich mich gutgelaunt bei Gérard ein, wo ich Komplimente an die Grisi austeilte, die ich am Vorabend mit Rossini in *La Gazza ladra* gehört hatte, da er mich am Dienstag auf dem Boulevard aufgefordert hatte, in seine Loge zu kommen um *un pocco* zu plaudern, und wie am Dienstag, dinierte Dein armer Honoré bei Madame Abrantès, die ihm über die große Entschädigungsverhandlung mit dem schrecklichen Mame Bericht erstatten mußte, und so ertränkt Dein armes Kind seinen Kummer in einem Strudel von Harmonie (...)

Freitag[, 1. November]
Ich habe den ganzen Tag an zwei Korrekturbogen gearbeitet, die mich zwanzig Stunden in Anspruch nahmen, und nun glaube ich, muß ich etwas finden, um meinen zweiten Band der *Szenen aus dem Provinzleben* zu vervollständigen, denn um ein schönes Buch zu machen, muß mein Manuskript noch eine *Szene* von vierzig oder fünfzig Seiten dazugewinnen. Heute also nichts für die, die mein ganzes Herz besitzt, nichts als tausend Küsse und meine lieben Gedanken am Abend, wenn ich beim Einschlafen an Dich denke. Bis morgen, meine allerliebste Ève.

120

Gewiß doch meine Liebe, Du wirst niemals Komödie spielen. Das habe ich auch nicht gemeint, ich habe soeben Deinen letzten Brief noch einmal gelesen. Es ist wie eine Entblößung, sich so zu offenbaren, derlei Worte der Liebe auszusprechen. Oh, gehöre mir ganz - wenn ich Dir sagte, wie weit mein Feingefühl geht, hieltest Du mich eines Engels, wie Du einer bist, für würdig. Ich liebe Dich in mir. Ich will weit entfernt von Dir leben wie die Blume in ihrem Samenkorn und meine Gefühle nur für Dich erblühen lassen.

Heute unter Mühen *Das Antiquitätenkabinett*[1] ersonnen, Du wirst es eines Tages lesen können. Ich habe in einem Zug siebzehn Blatt geschrieben. Ich bin sehr erschöpft, ich werde mich ankleiden, um bei *meiner Verlegerin* zu dinieren, wo ich die Gesellschaft von Béranger ertragen muß. Ich werde spät zurückkommen, ich habe noch einige Angelegenheiten zu regeln. Meine innige Liebe, sobald die 1. Lieferung erschienen und die zweite gedruckt ist, eile ich nach Genf und kann dort gut zwanzig Tage verbringen. Ich werde im Hôtel Couronne[2] absteigen, in diesem düsteren Zimmer, das ich dort schon einmal bewohnte. Ich zittere zwanzigmal am Tag bei der Vorstellung, Dich zu sehen. Ich wollte Dir eigentlich von Madame de Castries berichten, aber ich habe keine Zeit mehr. Ich erzähle es Dir heute in fünfundzwanzig Tagen persönlich. Kurz gesagt, Dein Honoré, meine Eva, hat sich über ihre Frostigkeit, die mit der Freundschaft spielte, geärgert. Ich ließ wissen, was ich davon hielt. Man schrieb mir, man dürfe eine Frau, der man derartig grausame Dinge geschrieben habe, nicht wiedersehen. Ich habe wegen der *großen Freiheit*, die ich mir genommen hatte, tausendmal um Vergebung gebeten, und seither stehen wir auf sehr frostigem Fuß. Ich habe Hoffmann[3] ganz gelesen, er taugt weniger als sein Ruf, es ist schon etwas an ihm, aber nichts Besonderes; er spricht gekonnt über Musik; aber er versteht weder etwas von Liebe noch von Frauen; er erzeugt überhaupt kein Grauen, es ist ja auch unmöglich, mit physischen Dingen welches zu erzeugen.

Einen Kuß und ich breche auf.

1 Balzac zeigte Madame Hanska diese Blätter zwei Monate später in Genf. Der Roman wurde jedoch erst 1836 veröffentlicht.

2 Balzac war schon einmal am 14. Oktober 1832 im *Couronne* abgestiegen, fuhr aber nach wenigen Tagen wieder ab, da ihn die Marquise de Castries zurückgewiesen hatte. Aus Genugtuung, daß ihn diesmal die polnische Gräfin Hanska empfangen wollte, stieg er erneut hier und nicht im günstiger gelegenen *Arc* ab.

3 E.T.A. Hoffmann war seit 1828 in Frankreich bekannt. Zahlreiche Erzählungen erschienen in der *Revue de Paris*. Der Einfluß auf spätere Werke Balzacs ist unstrittig.

Sonntag[, 3. November]

Ich bin um 8 Uhr aufgestanden, gestern war ich um 11 Uhr nach Hause gekommen. So ist also die Einteilung meiner Zeit auf vier Tage hinaus in Unordnung geraten. (…) Es ist 11 Uhr und noch kein Brief aus Genf. Wie sehr mich das beunruhigt! Oh, meine Liebe, ich werde also keinen Brief erhalten, ich flehe Dich an, versuche, sie mir an bestimmten Tagen zu schicken. Gehe rücksichtsvoll mit der Empfindsamkeit eines kindlichen Herzens um, Du weißt nicht, wie jungfräulich meine Liebe ist, meine Liebe ist zwar stark, aber zartfühlend, oh, meine Liebste, ich liebe Dich, wie Du Dir nur wünschen kannst, geliebt zu werden, Dich einzig und allein! In meiner Verwirrung und Einsamkeit beunruhigt mich jede Kleinigkeit. Mein Blut erregt sich wegen einer Silbe. Ich war soeben in meinem Garten, ich pflückte eines der letzten Veilchen, die sich dort finden; beim Auf- und Abgehen habe ich Dir eine Hymne der Liebe gesandt. Nimm sie von diesem Veilchen, nimm die Küsse vom Rosenblatt. Die Rose, das sind die Küsse, das Veilchen, das sind die Gedanken. Mein Schaffen und Du, das ist die Welt für mich. Darüber hinaus gibt es nichts. Ich vermeide alles, was nicht mit meiner Eva zu tun hat, mit meinen Gedanken an sie. Teure Himmelsblume, meine Fee, Du berührst hier alles mit Deinem Zauberstab; durch Dich ist alles hier schön. Wie mißlich das Leben zuweilen auch sein mag, es hat sein Gleichgewicht; über meinem Kopf siehst Du schöne Himmelssphären!

Also morgen habe ich einen Brief! Lebe wohl, meine geliebte Seele. Tausend Dank für Deine lieben Briefe, geize nicht mit ihnen. Ich möchte Dir immerzu schreiben; aber ich armer Unglücklicher bin gezwungen, manchmal an das Gold zu denken, das ich aus meinem Tintenfaß beziehe. Du hast mein Herz, was kann ich Dir also noch geben?...

*

[Paris,] Mittwoch[, 6. November 1833]
Die Ängste, die Du ausgestanden hast, meine Ève, ich habe sie gleichfalls grausam gespürt, denn Dein Brief erreichte mich erst heute. Ich kann Dir all diese schrecklichen Hirngespinste, die mich jeden Augenblick gequält haben, nicht schildern, denn eine Verspätung von einem Deiner Briefe stellt Dich und mich in Frage; eine Verspätung der meinen läßt nicht soviel Unheil fürchten.

Was die letzte Seite dieses Briefes angeht, versuch sie zu vergessen, ich verzeihe sie Dir, und ich habe Deine Pein miterlitten. (…) Du sprichst vom Tod. Es gibt etwas Schrecklicheres, das ist der Schmerz, und ich habe soeben einen ertragen, den ich Dir nicht schildern werde. Was die Beziehungen zu der Person betrifft, um die es geht, so waren sie nie sehr herzlich, aber jetzt habe ich gar keine mehr. Ich habe auf einen gänzlich belanglosen Brief geantwortet und wegen eines Satzes gab ich Erklärungen, das ist alles. Es gibt Beziehungen aus Höflichkeit, die man Frauen eines gewissen Rangs, mit denen man bekannt war, schuldig ist, aber ein Besuch bei Madame Récamier fällt, denke ich, nicht unter *Beziehungen*, wenn man sie alle drei Monate aufsucht. Mein Gott! Der Mann, der sich hier den Anschein gibt, als wolle er sich rechtfertigen, hat soeben einen Dolchstoß ins Herz erhalten, er lächelt Dir zu, meine Ève, und dieser Mann, der sonst reichlich Schlaf braucht, schläft nur 5 1/2 Stunden und arbeitet 17 Stunden, um acht Tage länger unter Deinem Blick bleiben zu können. Jahre meines Lebens würde ich dafür hingeben, Dich zu sehen. Dies ist kein Vorwurf, aber wie konntest ausgerechnet Du mir unterstellen, daß ich die Seiten, die ich *aus Notwendigkeit* schreibe, vielleicht Dir, meiner Liebe, vorziehen könne: aber bei Dir bin ich überhaupt nicht stolz, ich bin nicht unterwürfig, ich bin Du, ich versuche, Du zu sein. Du hast gelitten, ich habe gelitten, Du wolltest mich leiden lassen. Du wirst es einst bereuen. Bemühen wir uns, daß das nicht wieder vorkommt, Du würdest das Herz, das Du liebst, zerbrechen wie ein Kind ein Spielzeug zerbricht, um sein Inneres zu schauen. Arme Eva! Wir kennen uns also nicht. Oh doch, nicht wahr? Mein Gott! Mich für mein Vertrauen zu bestrafen, für die besondere Freude, die ich dabei empfinde, immer einsamer zu werden. Ich weiß nicht, wo meine Mutter ist; es sind nun schon zwei Monate, daß ich keine Nachricht von ihr habe.

Kein einziger Brief von meinem Bruder. Meine Schwester ist auf dem Land, umgeben von Anstandsdamen, durch die ihr Gatte sie bewachen läßt, während er auf Reisen ist. Deshalb kann ich Dir von niemandem berichten. Die *Dilecta* ist bei ihrem Sohn in Chaumont, am Ende der Welt. Ich selbst kämpfe mit einer Flut von Korrekturbogen, Abzügen, Manuskripten, Arbeiten. Und gerade als ich mich in unsere gemeinsamen Freuden versenken wollte, finde ich auf den ersten Seiten Deines Briefs diese hochtrabende Lobrede auf –, mein Gott, und die Anklage gegen mich, meine Verurteilung, und einen Dolchstoß, der ein Herz wie das meinige lange bluten lassen wird. Jetzt bin ich traurig und melancholisch, verletzt, den Tränen nahe und warte auf die Heiterkeit, die nie wieder voll und ganz zurückkehren wird. Wenn Du das gewollt hast, wenn Du soviel Schmerzen auf meinem Haupt versammeln wolltest, wie ich Arbeiten auf mich genommen habe, so ist das jetzt nicht mehr möglich, Eva, Du hast es bereits getan. Wut, nein; Vorwürfe - wozu, entweder bist Du verzweifelt, weil Du mir Kummer bereitet hast oder Du bist gar froh darüber. Ich zweifle nicht an Dir, ich würde Dich gern trösten können; aber Du hast auf grausame Art die Entfernung mißbraucht, die uns trennt, die Armut, die mich hindert, eine Postkutsche zu besteigen, Verpflichtungen, die mir als Ehrenmann verbieten, Paris vor dem 25. oder 26. dieses Monats zu verlassen, Du hast wie eine Frau gehandelt, ich hielt Dich für einen Engel. Vielleicht werde ich Dich deswegen noch mehr lieben: du hast Dich mir angenähert. Während des ganzen Lebens in Zweisamkeit, daß Du meiner beharrlichen Liebe gewähren wirst, werde ich Dir unaufhörlich zulächeln, seit ich das indische Sprichwort kenne: - Schlage eine Frau nicht einmal mit einer Blume, selbst wenn sie sich hundert Vergehen hat zu Schulden kommen lassen, ich habe mir das zum Maßstab für mein Verhalten gemacht. Das hindert mich jedoch nicht daran, in meinem Herzen die Beleidigungen und die falschen Verdächtigungen noch heftiger zu empfinden als jene, die ihre Geliebten töten. Ich, der ich so außergewöhnlich bin, soll durch Banalitäten besudelt werden!

Mich klein genug zu machen, um mich zur Rache herabzuwürdigen! Was soll das, Du befleckst eine so reine Liebe mit einem Verdacht! einem Vorwurf, einem Zweifel. Selbst Gott kann nicht auslöschen, was einmal war; er kann sich der Zukunft widersetzen, aber nicht der Vergangenheit. Ich kann nicht mehr schreiben, ich fasele herum, meine Gedanken geraten in Verwirrung. Nach zwölfstündiger Arbeit brauche ich etwas Erholung, und heute muß ich mich im Leid erholen. Oh, meine einzige Liebe. Welch Kummer für mich, der sich nichts vorzuwerfen hat, auf das aufpassen zu müssen, was ich Dir schreibe, meine Worte abwägen zu müssen, nicht alles ohne Umschweife sagen zu können! Ach, ich leide, dies ist keine vorübergehende Leidenschaft, sondern eine ewige Liebe!

*

[Paris,] Sonntag früh[, 10. November 1833]

Ich ließ gestern abend einen Brief zur Post bringen, da ich glaubte, nicht weiter schreiben zu können; ich litt zu sehr. Meine Neuralgie machte sich bemerkbar, das ist ein Geheimnis zwischen mir und meinem Arzt, der mich ein paar Pillen schlucken ließ. Heute morgen geht es mir besser. Obwohl er das auf mein exzessives Arbeiten zurückführt, und es mich teuer zu stehen käme, anzunehmen, daß die Schmerzen des Herzens die Kopfnerven in Mitleidenschaft ziehen, überlege ich, mir noch 2 Stunden Schlaf wegzunehmen, von den 6, die ich mir zugestehe. Was willst Du, Dein Brief zerreißt mir das Herz. Ich werde nach Genf fahren, ich werde dort den Winter verbringen. Zumindest wirst Du nicht das Recht haben, einen Verdacht zu äußern. Du wirst mein arbeitsreiches Leben sehen, Du wirst die ganze Grausamkeit begreifen, die darin lag, mein Vertrauen und meine Offenheit als Waffe gegen mich zu benutzen. Gegen mich, der ich durch Dich denken möchte. Ich, der ich mich von allem lossage, um Dir besser zu gehören. Dich betrügen! Das wäre, wie Du schon gesagt hast, wirklich zu billig. Heißt das eigentlich, mich zu kennen? Die Liebe ist für mich Vertrauen, ich glaube an Dich wie an mich selbst. Was Du mir über diesen Landsmann sagst, läßt mich leiden, aber ich hege keinen Zweifel daran. Ich werde Dir gegenüber den Grund für diese Verwünschung *Wirf Dich Deiner Marquise zu Füßen und bleib dort* nur mehr mündlich erwähnen. Ich muß 5 größere Werke abschließen, aber ich bringe jedes Opfer, um am 25. in Genf, in dieser Auberge Pré-l'Évêque zu sein. Aber wir werden uns nur wenig sehen. Ich werde um 6 Uhr abends zu Bett gehen müssen und um Mitternacht aufstehen. Aber von Mittag bis 4 Uhr habe ich jeden Tag für Dich Zeit . Dafür muß ich hier Unmögliches vollbringen. Ich werde es versuchen. Sollte man mir hier auch tausenderlei Verdruß bereiten, ich fahre nach Genf und vergesse alles, um nur noch das einzige Ding, das einzige Herz, den einzigen Menschen zu sehen, durch den ich lebe. Ich gäbe sogleich mein Leben, um diese schreckliche Seite ungeschrieben zu machen! Sogar meine Ergebenheit anzuzweifeln. Du glaubst also nicht, daß ich alles aufgeben und mich mit Dir in einen Schlupfwinkel zurückziehen könnte. Und Du bewaffnest Dich mit dem Satz, mit dem ich Dir alles opfere. Warum hast Du Leid gebracht über das, was so süß war. Du hast mich meinem Kummer die Zeit widmen lassen, die eigentlich der Arbeit gehörte, die mir die Mittel geben soll, schneller zu Dir zu kommen.

Ich warte mit unsäglicher Ungeduld auf einen Brief, auf ein Wort.

Du hast mich aus jedem Gleichmaß gebracht. Nein, Du kennst das Kinderherz und das Dichterherz nicht, das Du gekränkt hast. Ich bin schließlich Manns genug, um zu leiden.

Lebe wohl, habe ich Dir die Geschichte des Mannes erzählt, der Trinklieder schrieb, um das Begräbnis für seine angebetete Geliebte bezahlen zu können. Bis zu Deinem nächsten Brief mit einem trauernden Herzen zu arbeiten, das ist mein Schicksal. Du schuldest mir Dein Leben für diese unheilvolle Woche. Oh nein, mein Engel, das meinige gehört Dir, zerstöre, schlage zu, aber liebe mich immer.

Ich bete Dich dennoch an; aber Gnade für den, der unschuldig ist. Ich weiß nicht, ob Du eine Ahnung von dem hast, was ich zu tun habe. Ich muß den Druck von 4 Bänden beendet haben, ehe ich verreisen kann; Aufschub für fünf schwierige Dinge erwirken, 8 000 Francs bezahlen, und diese 4 Bände haben je hundert Bogen oder hundertmal 16 Seiten, deren jede ich 3 oder viermal durchsehen muß, ohne die Manuskripte dazuzurechnen. Nun gut, ich opfere eben meinen Schlaf, ich setze alles aufs Spiel, aber Du sollst mich spätestens am 26. bei Dir haben.

Morgen schreibe ich offiziell an Madame de Hanska, um ihr meine Sendung anzukündigen.

Kann ich hier einen Kuß voller Tränen hinterlassen, wird er in Liebe aufgenommen werden? Verursache keine grundlosen Stürme mehr in dem, was so rein ist. Es ist Mittag, damit Du dies hier rechtzeitig bekommst, lasse ich es zur Post schicken.

*

[Paris, Dienstag, 12. - Mittwoch, 13. November 1833] Dienstag, 12.

Es ist sechs Uhr abends, ich werde mich hinlegen, unheimlich erschöpft von einigen Laufereien in dringenden Angelegenheiten, denn ich habe die Hoffnung, mit Hilfe einer Summe von 3 000 Francs einen Vergleich in dem Streitfall [mit Louis Mame] abzuschließen, der mir am meisten Kummer macht; beim Nachhausekommen habe ich Deinen am Freitag abgeschickten Brief vorgefunden, mit dieser liebenswürdigen Seite, die meine Schmerzen lindert. Oh, mein angebeteter Engel, solange Du nicht vollständig die heikle Empfindsamkeit kennst, die die fortwährende Arbeit und eine zurückgezogene Existenz in meinem Herzen hinterlassen haben, wirst Du nicht verstehen, was ein Wort, ein Zweifel, ein Verdacht dort für Verheerungen anrichten können. Als ich heute morgen durch Paris ging, sagte ich mir, daß im Geschäftsleben nicht der einfachste Vertrag gebrochen wird, ohne daß ein Schiedsgericht angerufen wird, aber hast Du nicht, ohne mich anzuhören, ein Versprechen gebrochen, das uns auf ewig verbindet. Es ist das letzte Mal, daß ich Dich auf diesen Brief anspreche, davon abgesehen, daß ich Dir in Genf erklären werde, was sich da abgespielt hat. Fürchte nichts, ich habe all meine Besuche eingestellt und gehe nicht einmal mehr zu Gérard. Ich lehne alle Einladungen ab. Ich *igele mich vollkommen ein*, und auch die Frau, die am meisten der Liebe bedarf, hätte mir nichts vorzuwerfen.

Aber leider ist mir nur gelungen, meinem Schlaf *eine Stunde* zu entreißen. Ich muß einfach fünf Stunden schlafen. Mein Arzt, den ich heute morgen aufgesucht habe und der mich seit meinem 10. Lebensjahr kennt (er war ein Freund des Hauses), macht sich ständig Sorgen, wenn er auf meine viele Arbeit blickt. Er hat mir mit einer Gehirnhautentzündung gedroht.

- Nun ja, Doktor, erwiderte ich ihm, wenn ich Ausschweifung auf Ausschweifung folgen ließe, aber seit drei Jahren bin ich keusch wie ein junges Mädchen, ich trinke niemals Wein noch Spirituosen, meine Ernährung ist ausgewogen, und der Wiederausbruch meiner Neuralgie rührte weniger von der Arbeit als von Sorgen her.

Während er mich ansah, entgegnete er achselzuckend: - Wie teuer Sie Ihr Talent zu stehen kommt! Es stimmt, man hat nicht wie Sie einen flammenden Blick, wenn man sich den Frauen widmet. - Hier hast Du also ein ganz echtes Zertifikat für meine Tugend. Der Arzt ist entsetzt über das Ausmaß meiner Arbeit. Eugénie Gr[andet] füllt einen großen Band aus. Ich bewahre das Manuskript für Dich auf, es sind Seiten darin, die ich in tiefstem Kummer' geschrieben habe, sie gehören Dir wie alles von mir.

Meine teure Liebe, meine Blume, paß auf - hör zu! Du mußt Dich damit abfinden, nur einige Sätze am Tag - ein Wort nur vielleicht - zu erhalten, wenn Du mich im November in Genf sehen willst.

Was das angeht, schreib mir doch offiziell als Antwort auf meinen offiziellen Brief, daß ich in die Auberge Pré-l'Évêque kommen soll und teile mir die Adresse und den Namen mit. Ich komme für einen Monat und werde dort *Le Privilège* verfassen. Ich muß eine ganze Bibliothek dorthin mitnehmen.

Meine Liebe, auf bald. Gleichwohl treffe ich auf tausend Unannehmlichkeiten. Die Drucker, und es sind 3 Drucker mit diesen 4 Bänden beschäftigt, kommen nicht voran. Von Mitternacht bis Mittag komponiere ich, d.h., daß ich 12 Stunden in meinem Lehnstuhl sitze, schreibend, improvisierend im wahrsten Sinne des Wortes; anschließend sehe ich von Mittag bis 4 Uhr meine Korrekturbogen durch. Um 5 1/2 bin ich im Bett, um Mitternacht wieder auf.

Dank für Deine liebenswürdige Briefseite, Du hast mir meine Leiden getilgt, oh, meine Beste, mein Schatz, zweifle niemals. Niemals wird weder ein Gedanke noch ein Wort im Widerspruch zu dem, was ich Dir im Taumel der Begeisterung gesagt habe, die Worte und Gedanken trüben, die Dir gehören.

(…) In *E[ugénie] G[randet]* gibt es (meiner Meinung nach, und ich werde dafür bezahlt, diese Meinung zu haben) eine herrliche Szene, in der sie ihr Vermögen ihrem Vetter anbietet. Der Vetter muß ihr darauf eine Antwort geben, und was ich Dir seinerzeit gesagt habe, wäre die eleganteste. Aber auch nur ein einziges Wort, das ich meiner Eva gesagt habe, unter das zu mengen, was die anderen lesen werden! Ich hätte *E[ugénie] G[randet]* lieber ins Feuer geworfen. Oh, meine Liebe, ich finde nicht genug Schleier, um das, was zwischen uns geschieht, vor allen Blicken zu verbergen. Ach, Du wirst erst in zehn Jahren wissen, daß ich Dich liebe und wie *sehr* ich Dich liebe. Meine teure Allerliebste, wenn ich dieses Papier nehme und zu Dir spreche, lasse ich mich von dem Vergnügen leiten, ich könnte Dir die ganze Nacht lang schreiben; ich bin gezwungen, eine bestimmte Stunde auf meinem Wecker einzustellen, und wenn er läutet, muß ich aufhören, und er hat seit langem geläutet. Bis morgen.

Gib nach dem 22., den 22. inbegriffen, keine Briefe mehr zur Post, ich werde sie nicht mehr erhalten. Oh, ich möchte trunken sein, nur um unterwegs nicht denken zu müssen. Drei Tage, um sich zu sagen: ich werde sie sehen. Ach, Du weißt, was das heißt, nicht wahr. Das heißt, vor Erwartung, vor Vergnügen sterben. Ich habe Dir soeben einen *offenen* Brief geschrieben, und ich mache mich daran, Dir Deine Sendung zu schicken, die Kiste zu packen. Ich habe die Reste der Kieselsteine zurückgeschickt, ich habe nicht das Recht, etwas zu vergeuden, was Anna gehört, was sie gesammelt hat, und ich wollte Mademoiselle de Hanska nicht in Verlegenheit bringen, indem ich die Steine behalte, ach, laß mich doch lachen, nachdem ich um Dich geweint habe. Bald sehe ich Dich. Ich bringe Dir das erhabenste Werk der Dichtkunst! Eine Epistel von Madame Desbordes-Valmore, von der ich das Original besitze; ich bewahre es für Dich auf. Morgen, Donnerstag, hoffe ich von *E[ugénie] G[randet]* erlöst zu sein; das Manuskript wird fertig sein. Ich muß unverzüglich *Ne touchez pas à la hache*[1] vollenden. Ich verstehe nicht, wie Du Dich so oft diesem Milieu, der steifen Genfer Atmosphäre aussetzen kannst. Aber ich weiß auch, daß es nichts Angenehmeres gibt, als sich in einer Gesellschaft zu bewegen und an etwas zu denken, von dem keiner weiß, oh, mein schöner Engel, meine Eva, mein kostbarstes Gut. Nichts ist weniger wahr als das, was die fremde Reisende über mich und Madame de C[astries] gesagt hat. Du verstehst doch wohl, meine Liebe, daß die zielstrebige Art, die ich derzeit an den Tag lege, zu tausenderlei Verleumdungen, zu tausenderlei unsinnigen Auslegungen Anlaß geben muß. Um Dir ein Beispiel zu geben, ich habe ein Glas, an dem ich hänge, einen Becher, aus dem meine Tante, ein Engel an Freundlichkeit und Güte, gestorben in der Blüte ihrer Jahre, zuletzt getrunken hat, und den meine Großmutter, die mich liebte, 10 Jahre lang auf ihrem Kamin stehen hatte, mein Advokat hat in irgendeinem literarischen Salon sagen hören, daß mein Leben von einem Talisman abhinge, einem Glas, einem Becher, den ich besäße, und mein Talent natürlich ebenso, das versteht sich von selbst. Einige Menschen besitzen bestimmte überlieferte Gegenstände, die sie schätzen und lieben, was von dritten meist eher verdammt denn verstanden wird.

Latouche hat einem meiner Freunde ein in seiner Gehässigkeit geradezu erschreckendes Wort gesagt, er hatte ihn auf dem Quai getroffen; sie sprachen über mich. Latouche ergeht sich trotz unseres Zerwürfnisses in unerhörten Lobreden: - *Was mir an ihm gefällt*, sagte er, *ist, daß ich anfange zu glauben, er wird sie ALLE unter die Erde bringen!* Mein Gott, wie mag ich Deine lieben Briefe, nicht die, in denen Du zürnst, sondern diejenigen, in denen Du mir genau schilderst, was Dir widerfahren ist. Oh, erzähle mir alles! Daß ich in Deiner Seele lese, wie ich möchte, daß Du in der meinen liest. Berichte mir nur ja von den Komplimenten, die Deiner angebeteten Schönheit zuteil werden. Wenn jemand Dein Haar betrachtet, Deinen geliebten Nacken, Deine kleinen Hände, sag mir, wer es ist. Du bist mein wertvollster Glorienschein. Wir haben, so sagt man, alle einen Stern am Himmel; Du bist mein herabgestiegener Stern, der Glanz, in dem ich lebe, das Licht, auf das ich zugehe. Warum sprichst Du von dem, was ich schreibe - das, was ich denke und nicht sage, ist schön, das ist meine Liebe zu Dir, ihr Gedankenflug und alles, was ich Dir ins Ohr sagen möchte, daß uns kein Lüftchen mehr trenne.

Marie Tudor [von Victor Hugo] gefällt mir nicht, nach den Kritiken in den Zeitungen zu urteilen, erscheint es mir ziemlich unanständig. Ich werde keine Zeit haben, mir dieses Schauspiel anzusehen. Ich habe keine Zeit zu leben. Ich werde erst in Genf leben. Und was für Arbeiten muß ich selbst dort noch machen! Dort wie hier muß ich um 6 zu Bett gehen und um Mitternacht aufstehen, von Mittag bis 5 Uhr jedoch, oh, Liebe! Welche Kräfte werde ich unter Deinen Blicken sammeln. Und schließlich, was für ein Vergnügen, Dir Kapitel für Kapitel *Le Privilège* oder irgendeine andere Geschichte vorzulesen.

Mein geliebter Schatz, glaube nicht, daß meine Ablehnung, Du weißt wovon, des goldenen Tropfens, den Du engelsgleich auf die Seite gelegt hast, im geringsten mit Stolz, mit falscher Zurückhaltung zu tun hat. Wer weiß, ob er nicht eines Tages das Blut einer Wunde stillen wird, denn von nun an kann ich von Dir allein auf dieser Welt etwas annehmen, ich bin sicher, auch Du würdest alles von mir annehmen. (...)

1 Dieser unsägliche Titel, wörtlich auf deutsch *Berühren Sie nicht die Axt*, gemeint ist damit dieMarquise de Castries, die sich auf keine Affäre mit Balzac eingelassen hat, wurde umbenannt in *Die Herzogin von Langeais*.

*

[Paris, Mittwoch, 13. November 1833]

Madame,

ich glaube nicht, daß das Haus de Hanski die netten kleinen Andenken zurückweist, die das Haus de Balzac zur Erinnerung an eine liebenswürdige und sehr fröhliche Gastfreundschaft aufbewahrt. Ich habe die Ehre, eine kleine Kiste postlagernd nach Genf an Sie zu adressieren, die durch das Paketamt aus der Rue Notre-Dame-des-Victoires geschickt wird. Sie werden zweifellos den

Leichtsinn und die Unbekümmertheit des *Franzosen* beklagen und dabei vergessen, daß ich Gallier bin, nichts anderes als ein Gallier, und Sie werden nicht all die Schwierigkeiten des Pariser Lebens bedacht haben, die mir das Vergnügen einbrachten, mich Ihnen und Anna ausführlich zu widmen. Die Verzögerung rührt daher, daß ich alle meine Versprechungen halten wollte. Gestatten Sie mir ein wenig Stolz auf meine Beharrlichkeit. Ehe der erhabene Fossin geruhte, die Diademe und Kronen der Prinzen im Stich zu lassen, um die von Ihrer Tochter gesammelten Kieselsteine zu fassen, mußte ich, fleißig bitten, sich ziemlich erniedrigen, oft meinen Schlupfwinkel verlassen, wo ich damit beschäftigt bin, armselige Worte in Sätze zu fassen. Ehe ich aus Orléans die beste Quittenmarmelade kommen ließ, da Sie wieder zum Kind werden und Quitten kosten wollten, bedurfte es erst einer ausführlichen Korrespondenz. Und da ich vorhersah, daß Sie die Quitten zweifelsohne ihrem Ruf nicht angemessen finden würden, wollte ich Herzpfirsiche aus der Touraine mitschicken, um Sie gastronomisch die Luft meiner Heimat atmen zu lassen, verzeihen Sie mir diese Eitelkeit hinsichtlich der Touraine. Um Ihnen *La Caricature* vollständig schicken zu können, war ich ferner gezwungen, das Ende des Jahrgangs 1833 abzuwarten, und ich mußte die Launen des Buchbinders ertragen, dieser hohen Instanz, der über die Geschicke meiner Bibliothek entscheidet.

Nichts war leichter, als für Ihre schönen Haare das zu finden, worum zu bitten Sie die Güte hatten. Ich werde die Ehre haben, Ihnen das Rezept für die wunderbar konservierende Pomade eigenhändig zu überbringen, damit Sie sie in der tiefsten Ukraine selbst herstellen können und kein einziges ihrer schönen schwarzen Haare mehr verlieren werden.

Rossini hat mir kürzlich ein paar Zeilen geschrieben, ich schicke sie Ihnen als Geschenk für Monsieur de Hanski, seinen leidenschaftlichen Bewunderer.

Sie sehen, Madame, ich habe Sie keineswegs vergessen, und wenn es meine Tätigkeit zuläßt, werde ich bald in Genf sein, um Ihnen persönlich zu sagen, was für angenehme Erinnerungen ich an unsere glückliche Begegnung behalten habe. Sie haben Chénier bewundert, er wurde soeben in einer vollständigeren Ausgabe, als es die vorherigen waren, veröffentlicht, kaufen Sie sie nicht; richten Sie es so ein, daß ich selbst Ihnen die verschiedenen Gedichte vortragen kann, und vielleicht messen Sie dann den Bänden Wert bei, die ich hier für Sie auswähle. Dieser Satz soll weder eitel, noch zudringlich erscheinen, er ist vielmehr Ausdruck eines Wunsches! einer geradezu kindlichen Offenheit.

Ich hoffe, am 25. in Genf zu sein, aber ach! bis dahin muß ich 4 Bände vollenden, und obgleich ich 18 von 24 Stunden arbeite, der Musik der Opera buffa und allen Freuden von Paris entsagt habe, um in meiner Zelle zu bleiben, habe ich Angst, daß die Arbeitervereinigungen, deren Opfer wir alle sind, meine Anstrengungen hinfällig machen. Da ich gezwungen bin, diese Reise zu unternehmen, würde ich gern ein wenig Ruhe finden, diesem Schmelztiegel namens Paris wenigstens zwei Wochen fernzubleiben und sie zu irgendeinem *farniente* zu nutzen; aber ich muß ohne Zweifel mehr arbeiten als mir lieb ist.

Verleihen Sie, Madame, meinen Gefühlen und meinen Erinnerungen, den herzlichsten Ausdruck, wenn Sie sie Monsieur de Hanski übermitteln; küssen Sie Mademoiselle Anna in meinem Namen auf die Stirn und haben Sie die Güte, meine vorzügliche Ehrerbietung entgegenzunehmen. Werden Sie mir glauben, werden Sie sich nicht über mich lustig machen, wenn ich Ihnen sage, daß ich vor dem Hintergrund der Landschaft der St.-Peter-Insel oft Ihren schönen Kopf wiedersehe, wenn ich mitten in der Nacht, erschöpft von meinem Tun, ins Feuer schaue, ohne es wahrzunehmen, und mich den angenehmsten Erinnerungen meines Lebens hingebe. Es gibt in diesem Leben so wenig ungetrübte Augenblikke, ohne jeden Hintergedanken, unbefangen wie in unserer Kindheit! Hier sehe ich nur Feindseligkeit um mich herum, wer vermag mir da zu verargen, wenn ich mich in jene Situationen zurückversetze, in denen um mich herum eitel Wohlgefallen herrschte. Ich vergesse weder Mademoiselle Séverine noch Mademoiselle Borel. Leben Sie wohl, Madame, ich lege Ihnen hiermit meine ganze Ergebenheit zu Füßen.

de Balzac

*

[Paris,] Sonntag 1 1/2 Uhr früh[, 17. November 1833]
Donnerstag, Freitag und gestern war es mir unmöglich, Dir ein einziges Wort zu schreiben. Korrekturbogen, Arbeiten und Erledigungen haben meine gesamte Zeit in Anspruch genommen. Deine Kiste wird erst morgen, am Montag, auf die Reise gehen, so daß Du sie kaum vor Donnerstag oder Freitag haben wirst. Du mußt mir sagen, wie Du das Kreuz für Anna findest. Die Steine überwogen und verhinderten, daß etwas wirklich Hübsches entstehen konnte. Deine Quittenmarmelade habe ich zum Teufel gewünscht. Aus Orléans schrieb man mir, ich solle warten, bis die neue Quittenmarmelade hergestellt sei, daß sie besser sei als die alte und ich sie in 4 bis 5 Tagen erhielte. Nun, da ich mich wegen der versprochenen Quittenmarmelade nicht Lügen strafen lassen wollte, bin

ich zu allen Delikatessenhändlern gelaufen, die mir alle sagten, sie verkauften derlei nicht, vielleicht zwei Büchsen im Jahr und deshalb führten sie derlei nicht mehr. Bei Corcelet jedoch habe ich eine letzte Büchse gefunden, und er sagte mir, nur er würde *diesen Artikel in Paris* noch führen und daß er bald wieder welche bekäme. Ich habe die Büchse genommen, und Du wirst erst bei meiner Ankunft frische Quittenmarmelade haben, *cara!* Was Rossini angeht, so wollte ich lediglich, daß er mir einen netten Brief verfaßt, und schon lädt er mich zum Diner ein mit seiner Mätresse, die ausgerechnet die schöne *Judith* ist, die ehemalige Mätresse von Horace Vernet und von Sue, Du weißt schon, er verspricht mir den Brief, Musik usw. Er ist sehr zuvorkommend, jetzt laufen wir schon zwei Tage hintereinander her. Man macht sich keinen Begriff von der Hartnäckigkeit, mit der man in Paris eine Sache betreiben muß, um sie zu erreichen. Je geringfügiger diese Sache ist, um so schwieriger ist es, sie zu erwirken. Heute morgen schnüre ich endlich das Paket, schicke es zum Zollamt, nichts. Der Zoll ist geschlossen, und es wird erst am Montag auf die Reise gehen. Ich bringe den Brief von Rossini selbst mit, ich werde sagen, ich hätte ihn verlegt gehabt. Du wirst die Sendung *postlagernd* auf Deinen Namen vorfinden.

Gosselin hat mir nun einen ausgesprochen hilfreichen Aufschub gewährt. Ich werde in Genf nicht *Le Privilège* schreiben, sondern zwei Bände der *Philosophischen Studien* verfertigen, die mich nicht zum Nachschlagen zwingen und mich Herr meiner Schritte bleiben lassen, ohne den Ballast einer ganzen Bibliothek im Gepäck.

Ich fürchte sehr, daß ich hier nicht vor dem 26. abreisen kann, mein armer Engel. Geld ist eine schreckliche Sache! Ich muß 4 000 Francs Entschädigung bezahlen, um meinen Frieden zu haben, und so bin ich wieder gezwungen, Geld auf meine Verlegerwechsel aufzutreiben, und ich muß Ende Dezember 10 000 Francs zurückzahlen, außerdem 3 000 Francs an meine Mutter. Es ist zum Verrücktwerden. Und wenn ich daran denke, daß es zum Dichten, zum Arbeiten einer großen Ruhe bedarf, daß man alles andere vergessen muß! (…) Im Urteil aller vernünftigen Menschen ist *Marie Tudor* [Maria Stuart] eine Schande und das schlechteste Stück aller Zeiten.

Mein Gott, ich lese erneut mit einem unglaublichen Vergnügen Deine Briefe. Abgesehen von der Liebe, für die es keinen Ausdruck gibt, sind wir darin Herz an Herz; Du hast den scharfsinnigsten, den originellsten Geist, oh, Liebste, wie sehr Du mein ganzes Wesen ansprichst. Bald werde ich Dir also durch einen Blick mehr sagen können als durch all diese Briefe, die nichts sagen. Ich lege Dir ein duftendes Kamelienblatt bei, das ist eine Rarität, ich habe sehr viele Blicke darauf geworfen, seit einer Woche betrachte ich es beim Arbeiten, ich suche darin die Worte, die mir fehlen, und ich habe an Dich gedacht, die Du die Reinheit dieser Blume besitzt. Oh, meine Liebe, ich möchte Dich in meinen Armen halten! In diesem Augenblick, wo Liebe in meinem Herzen brennt, wo ich tausendfaches Verlangen spüre, tausenderlei Phantasien, wo ich Dich nur mit den Augen der Seele sehe, aber wo Du ganz und gar mir gehörst. Diese Glut der Seele, des Herzens, des Geistes, wird Dich einhüllen, wenn Du diese Zeilen liest. (…) Du kannst mir noch am Tag, nachdem Du diesen Brief erhalten hast, schreiben, danach ist es zu spät. Du wirst mich sehen, das wird meine Antwort sein. Das Blatt der Kamelienblüte wird Dir meine Seele zutragen. Ich habe es zwischen meinen Lippen gehalten, während ich diese Seite schrieb, die ich mit Zärtlichkeit füllen möchte.

AN WENZESLAW HANSKI

[Paris, Montag, 18. November 1833]

Monsieur,

um Ihre Bewunderung für den Maestro wissend, dessen Geist und Güte seinem Genie gleichkommen, glaubte ich, Ihnen eine Freude zu machen, indem ich eine Originalhandschrift von ihm erbat, die angesichts der außergewöhnlichen Faulheit des Königs der Musik von Seltenheitswert sein dürfte; er schreibt nicht, er singt, aber jetzt hat er mir einen Brief übergeben, den ich so schmeichelhaft für mich fand, daß ich Ihnen wirklich nur wider Willen diesen Brief schicke, glücklicherweise wissen Sie, wie wenig die Eitelkeit Teil meines Charakters ist, und deshalb offeriere ich Ihnen diesen Brief, wissend, daß Originalhandschriften eine der Modetorheiten unseres Pariser Lebens geworden sind, aber diese hier wird zumindest Gegenstand eines Kultes sein, den unser unsterblicher Komponist verdient.

Wenn Sie ihn persönlich kennten, wären Sie vielleicht noch entzückter.

Vielleicht habe ich das Vergnügen, Madame de Hanska die Originalhandschrift einer Romanze überbringen zu können, was allem die Krone aufsetzen würde.

Haben Sie die Güte, ihr meine Hochachtung zu Füßen zu legen und Ihrerseits, wenn es beliebt, meine herzlichen Empfehlungen entgegenzunehmen.

de Balzac

*

Mittwoch, 5 Uhr früh

Meine teure Gemahlin der Liebe, die Müdigkeit hat mich übermannt, ich habe nun die Frucht dieser andauernden Rastlosigkeit geerntet. Ich habe tausend Kümmernisse. Beim nochmaligen Lesen der *Junggesellenwirtschaft*, die ich äußerst sorgfältig verbessert hatte, habe ich nach Drucklegung wieder verheerende Fehler gefunden. Außerdem nehmen meine Prozesse kein Ende. Für heute erwarte ich die Vereinbarung über einen Vergleich, der alle Beziehungen zwischen mir und diesem widerlichen Mame beenden wird, der ein zu niederträchtiger Wurm ist, als daß er meinen Haß erwecken könnte, das wäre der Ehre zuviel für ihn, aber mächtig genug, um mich zu piesacken, mich aufzureiben. Ich schicke ihm 4 000 Francs, meine letzte Reserve. Sie sehen mich also, arm wie eine Kirchenmaus, und ich muß diese Woche 12 000 Francs auftreiben, um noch einen anderen Streitfall zu regeln. Oh, wie teuer der Ruhm sich erkauft, wie schwer es einem die Menschen machen, ihn zu erringen; nein, der Ruf, ein großer Mann zu sein, ist nicht billig zu haben. Ich konnte Dir weder gestern noch am Montag schreiben; ich war immerfort unterwegs. Kaum konnte ich meine Druckfahnen aufmerksam lesen. In dem ganzen Ärger habe ich die Worte für eine Romanze von Rossini geschrieben. Wenn er mir seine Komposition gibt, bewahre ich sie für Dich auf:

141

Rive chérie
Où sont nées mes amours
Sois ma patrie.

Là, mon amie,
Des cieux la fleur,
S'est attendrie
De mon malheur.

Rive etc.

Là, de ma vie
Commença l'heur;
Mélancolie
N'est plus douleur.

Ah dis chérie,
Où sont nées les amours,
Est la patrie.[1]

Weißt Du, was das heißen soll? Am Sonntag war ich
bei Bra, dem Bildhauer, ich habe dort das größte Meisterwerk gesehen, das es gibt, ich nehme davon weder
den *Olympischen Jupiter*, noch den *Moses*, noch die
Venus, noch den *Apollon* aus. Es ist *Maria mit dem Je-
suskind, von zwei Engeln angebetet.* Wäre ich reich,
ich ließe es in Marmor hauen, mich würde das nur 20
000 Francs kosten, einen Edelmann hingegen 200 000
Francs. Ich habe das schönste aller Bücher ersonnen,
einen kleinen Band, zu dem *Louis Lambert* das Vorwort sein soll, ein Werk mit dem Titel *Seraphita. Seraphita* soll wie *Fragoletta* zwei Naturen in einem Wesen
darstellen, aber mit dem Unterschied, daß ich dieses
Geschöpf als einen Engel verstehe, der sich zu seiner

142

letzten Verkörperung entwickelt hat und nun seine Hülle abwirft, um gen Himmel zu fahren; er wird von einem Mann und von einer Frau geliebt, denen er, wie er in den Himmel entschwebt, sagt, sie hätten alle beide nur die sie verbindende Liebe geliebt, die sie in ihm, dem reinen Engel, erblickt hätten. Er offenbart ihnen so ihre Leidenschaft und schenkt ihnen, da er selbst unser irdische Elend hinter sich läßt, die Liebe. Wenn ich kann, schreibe ich dieses schöne Werk nahe bei Dir in Genf.

Aber der Entwurf für diese gewaltige *Seraphita* hat mich erschöpft, seit zwei Tagen wühlt sie mich auf. Gestern habe ich die äußerst seltene Originalhandschrift von Rossini an Monsieur de H[anski] gesandt und an Dich die Romanze. Ich befürchte, daß ich erst am 27. von hier aufbrechen kann, 17 Stunden Arbeit reichen nicht aus. Du wirst in einigen Stunden meinen letzten Brief erhalten, der Deine Ängste und Deine entzückende Reue beruhigen wird. Ich wäre jetzt gern Folterungen ausgesetzt, wenn mich das nur nicht zu sehr leiden ließe. Oh, Deine wunderbaren Briefe! Und Du meinst, daß ich diese heiligen Ergüsse Deines Herzens nicht verbrenne! Und Du fürchtest es! Oh, laß uns niemals davon sprechen!

(…) Gestern ist mein Lehnstuhl, der Gefährte meines nächtlichen Schaffens, zusammengebrochen. Das ist schon der zweite Sessel, den ich unter mir begraben habe, seit dem Beginn der Schlacht, die ich führe. Wenn man mich fragt, wohin ich fahre, warum ich Paris verlasse, behaupte ich einfach, ich führe nach Rom. Der Kaffee hat keine Wirkung mehr auf mich. Ich muß ihn für einige Zeit aufgeben, damit er seine Wirksamkeit wiederfindet. Sag, meine geliebte Eva, es wäre mir lieb, wenn es in diesem Gasthof, von dem Du sprachst, ein sehr ruhiges Zimmer gäbe, zu dem kein Lärm dringt.

Denn ich habe wirklich sehr viel zu arbeiten. Ich werde nicht länger als meine 12 Stunden von Mitternacht bis Mittag arbeiten, aber die brauche ich. Ich kann Dir gar nicht sagen, wie sehr mich die Verzögerung beim Druck verärgert, sie macht mich krank. (...) Lebe wohl für heute, ich habe mich einen Augenblick an Deinem Herzen erquickt, oh, meine liebe Freude, meine süße Zuflucht, mein einziger Gedanke, meine Himmelsblume, so lebe denn wohl.

1 Teures Ufer, an dem meine Liebe geboren ward, sei meine Heimat. Dort, ward meine Freundin, die himmlische Blume vom Mitleid gerührt über mein Unglück. Teures Ufer usw. Dort begann die Stunde meines Lebens; Melancholie ist nicht länger Schmerz. Ach, weißt Du, innig Geliebte, wo die Liebe geboren ward, da ist die Heimat.

Sonnabend [, 23. - Sonntag, 24. November]

(...) Laß uns jetzt nicht mehr über die materiellen Dinge des Lebens sprechen, die doch so auf unserem Leben lasten. Wie sehr hast Du mich wieder Reichtum begehren lassen!

Meine teure Liebe, hast Du Deine Quittenmarmelade schon gekostet, munden Dir die Herzpfirsiche? Hat Anna ihr Kreuz? Ich habe Deinen offiziellen Brief erhalten, und er hat den Eindruck auf mich gemacht, als sähe ich Dich bei einer feierlichen Gesellschaft in einem Salon unter fünfhundert Menschen.

Ach meine allerliebste Ève! Mein Gott, wie ich Dich liebe. Auf bald also. Etwas mehr als zehn Tage, und ich habe alles getan, was zu tun war. Ich werde vier Oktavbände in einem Monat gedruckt haben, oh, nur die Liebe vermag so etwas zu vollbringen. Meine Liebste, leidest Du auch an meiner Verspätung, so zürne mir deshalb nicht. Konnte ich denn wissen, als ich zu Dir zu kommen versprach, daß ich 36 000 Exemplare von den

Études de mœurs verkaufen würde, und daß ich wegen 9 000 Francs Prozeßkosten die Dinge würde aufschieben müssen! Ich werfe mich Dir zu Deinen geliebten Füßen, ich küsse sie, ich liebkose sie, oh, ich begehe in Gedanken alle Torheiten dieser Erde, ich küsse Dich voll Trunkenheit, ich halte Dich fest, ich drücke Dich, ich bin so glücklich wie die Engel in Gottes Schoß. Die Natur hat mich für die Liebe geschaffen, bin ich wohl deshalb zur Arbeit verdammt? Es gibt Augenblicke, in denen Du für mich gegenwärtig bist, in denen ich Dich liebkose, indem ich über Deine teure Gestalt alle Poesie der Zärtlichkeit vergieße. Ach, ich glaube, es gibt kaum jemanden außer mir, der an seinen Fingerspitzen und auf seinen Lippen solche Wonnen verspürt! Meine Vielgeliebte, meine teure Liebe, meine Perle, wann habe ich Dich ohne Furcht ganz für mich. Wenn diese Reise nach Fribourg, von der Du sprachst, stattgefunden hätte - oh sag - ich glaube, dann hätte ich mich bei der Rückkehr ertränkt. Wie sorgsam ich mit Deinem *Chénier* umgehe, denn dieses Mal lese ich Dir Chénier vor, und Du wirst an der Stimme, am Blick, an den Versen, an den Seiten, an den Gedanken erkennen, was Liebe heißt! Oh, das ist der Mann für die Liebenden, die Frauen, die Engel! An Deiner Seite *Seraphita* zu verfassen, Du wirst es mögen, Du wirst erschüttert sein, nachdem Du es gelesen hast.

Ich bin ziemlich müde, ich kann kaum mehr die Feder zwischen den Fingern halten, aber solange es um Dich und unsere Liebe geht, finde ich noch Kraft.

Ich habe diese Woche eine kleine Laune befriedigt, ich habe mir für mein Zimmer die schönsten Kaminleuchter besorgt, die ich je gesehen habe, und außerdem zwei Kandelaber für meine festlichen Diners. Mein Gott, wie schön es ist, eine Torheit zu begehen. Aber ich denke über eine größere nach, die wenigstens nützlich sein wird. Es dauert zu lange, davon zu schreiben. Engel der Liebe, parfümierst Du Dein Haar? Oh, meine Schöne, meine innig Geliebte, meine Angebetete, meine teure Ève, ich bin ungeduldig wie eine an ihren Pflock gebundene Ziege, obgleich Du diesen Ausdruck nicht magst. Ich möchte Dir nahe sein; Du bist tyrannisch geworden, Du bist eine allgegenwärtige Vorstellung. Ich meine, daß jede geschriebene Zeile mich Dir näher bringt wie die Umdrehung eines Rades, und so schöpfe ich aus dieser Erwartung teuflischen Mut. Spätestens am 10. sehe ich Dich also. Am 10.! Ich weiß sehr wohl, daß das unermeßliche Arbeitspensum, das mir noch bleibt, mir die Zeit ein wenig verkürzen wird. Mein Gott, der Gott, an den ich glaube, ist mir wohl süße Gefühle beim Anblick von Genf schuldig, denn ich habe es tief betrübt verlassen, alles verfluchend, mit Abscheu gegenüber den Frauen. Mit welcher Freude kehre ich dorthin zurück, meine himmlische Liebe, meine Eva. Nimm mich mit in Deine Ukraine, laß uns vorher nach Italien reisen, alles wird möglich sein, sobald die *Études de mœurs* erst einmal veröffentlicht sind.

Ich schicke dies hier erst am Mittag ab, ich warte ab, ob ein Brief von Dir kommt, damit ich Dir antworten kann, falls eine wichtige Antwort erforderlich ist.

Sonntag, [24.,] mittags

Also auf in die Auberge de l'Arc! Ich bin gewiß vom 7. auf den 8. Dezember dort. Du siehst, ich hab Deine paar Zeilen soeben erhalten.

Mein angebeteter Engel, Du kannst mir noch einen Brief schreiben, diesen hier wirst Du am 27. erhalten, ich fahre erst am 4. Dezember los, und die Briefe brau-

chen drei Tage, ich schreibe Dir am Mittwoch noch einmal , dann ein weiteres Mal am Mittwoch, den 3., so
wirst Du noch zwei Briefe empfangen.

Nachdem ich Dir letzte Nacht geschrieben hatte, war
ich gezwungen, mich schlafen zu legen, ohne weiterzu-
arbeiten. Ich war krank, es sind jetzt schon 5 Tage, seit
ich zuletzt meine Wohnung verlassen habe; es geht mir
derzeit nicht sehr gut, aber ich vermute, es ist nichts
weiter als Nervosität, die von der Arbeit herrührt.

Wir werden uns von unseren Fenstern aus sehen können, das ist reichlich gefährlich, nun denn, auf bald. Ich
lege Dir ein geküßtes Rosenblatt bei, es wird meine Seele zu Dir tragen und die himmlischste Erwartung, die
man hienieden haben kann. Oh, meine Liebe, Du weißt
selbst nicht, wie sehr Du mir gehörst. Ich bin ein ziem-
licher Schlemmer. Lebe wohl, mein schönes Leben, es
sind nur noch ein paar Tage. Ich stelle mir vor, daß wir
nach Italien reisen könnten, drei bis 4 Monate zusammen verbrächten.

Lebe wohl, Engel, den ich bald von Angesicht zu Angesicht sehen werde.

*

[Paris,] Sonntag, 4 Uhr früh[, 1. Dezember 1833]

Mein angebeteter Engel, in den letzten acht Tagen
habe ich wie ein Löwe gekämpft, ich konnte Dir kein
Wort schreiben, aber trotz meiner durchwachten
Nächte sehe ich nicht, wie meine beiden Bände vor
dem 5. Dezember fertig werden könnten und die beiden anderen, die ich während meiner Abwesenheit erscheinen lassen muß, vor dem 10., aber am 10. steige
ich in den Wagen, denn, fertig oder nicht, weder mein
Körper noch mein Geist, so stark sie mein mönchisches
Leben auch gemacht haben mag, werden diesen Berg

von Arbeit weiter aushalten. Von daher glaube ich, daß ich am 13. in Genf bin, jetzt kann nichts mehr dieses Datum verändern. Ich lasse Dir das Manuskript von *E[ugénie] G[randet]* binden und es Dir offiziell schikken. Ich benötige dringend Ruhe, ich muß fort von Paris, nahe bei Dir sein, bei Dir, Engel, bei Dir, meine Gedanken, die nie ermüden, bei Dir, die Du Erholung bist, das Glück, einfach alles, das schöne Geheimnis meines Lebens. Jetzt sind es schon 48 Stunden, daß ich nicht mehr geschlafen habe. Ich habe im Augenblick obendrein die heftigsten Geldsorgen. Ich habe alles geopfert, um den inneren Frieden zu erringen, den ich so sehr brauche, um einige Zeit in Deiner Nähe zu verbringen. Gestern hat mich mein Verleger, auf den ich gerechnet hatte, um meine Miete zu begleichen, mich in einem Strudel von Arbeit im Stich gelassen. Oh, ich will mir unbedingt eine Reserve anlegen, eine Summe in Silberlingen beiseite tun, an die meine dichterischen Phantasien niemals rühren dürfen, und die ich im Falle einer Notlage stolz in die Pfandleihe tragen kann, auf diese Weise lebt man ruhig und muß nicht den fahlen und kalten Blick der Freunde aus Kindestagen über sich ergehen lassen, die sich gegen die Freundschaft wappnen, um einen abzuweisen. Ach, wie viele Tränen werde ich in Dein Herz vergießen, wenn ich Dir von diesen beiden Monaten berichte. Doch genug von diesem Geschwätz über meine Geschäfte. Wenn Du die 4 in 45 Tagen geschriebenen, korrigierten und gedruckten Bände liest, wirst Du begreifen, wieviel Mut eine Liebe wie die meine dem Herz verleiht, wieviel Willenskraft dem Geist, wieviel Stärke dem Körper, wieviel Energie allem Tun. Ich werde auch in Genf noch zu tun haben, denn die beiden Bände der *[Philosophischen] Erzählungen* müssen bis zum 10. Januar erstellt sein. Aber ich werde

Ermutigung haben, einige Küsse und die Stunden zwischen Mittag und 6 Uhr.

So breche ich also am 10. auf, ich weiß nicht, wann man dort ankommt, aber wie müde ich auch sein mag, ich werde Dich sofort nach meiner Ankunft aufsuchen. Ich habe diese Woche ständig 18 Stunden am Tag gearbeitet und mich lediglich durch Bäder aufrecht gehalten, die die allgemeine Überreizung linderten. Was für Widrigkeiten, was für Laufereien habe ich nicht gehabt. Ich mußte diese Woche am Freitag, den 29., ein großes Diner geben. Ich mußte feststellen, daß ich weder Messer noch Gläser besaß. Ich ertrage es nun einmal nicht, unelegante Dinge im Haus zu haben. So mußte ich mich noch ein wenig mehr verschulden; ich wollte von meinem Juwelier einiges an Silbergeschirr machen lassen. Aber es war mir nicht möglich. Nun, ich werde eben in Genf sparen, indem ich arbeite und mich ruhig verhalte. Meine teure Liebe, hast Du auch an mich gedacht, an mich, der ich so oft den Stich von der St.-Peter-Insel betrachte. (Ach, Du kannst mir übrigens bis einschließlich zum 6. schreiben).

Ich stampfe auf der Stelle wie ein armer ungeduldiger Gaul! Das Verlangen, Dich zu sehen, läßt mich Dinge erfinden, die mir für gewöhnlich nicht in den Sinn kämen. Ich korrigiere viel zügiger. Du machst mir nicht nur Mut, die Beschwernisse des Lebens zu ertragen, Du verleihst mir auch Talent und Leichtigkeit, wenn nicht gar mehr. Man muß lieben, meine Ève, meine Liebste, um die Liebe von *E[ugénie] G[randet]* zu verstehen. Eine reine, unermeßliche, stolze Liebe. Oh, Teure, Liebste, meine gute, meine göttliche Ève, welcher Kummer, Dir nicht jeden Abend mitteilen zu können, was ich getan, gesagt und gedacht habe. (...)

Mein Engel, soeben habe ich Deinen Brief gelesen, oh, ich hätte Dir zu Füßen fallen mögen! Meine Ève, meine teure Gemahlin. Hab nie auch nur für eine Sekunde einen trübsinnigen Gedanken, oh, Du kennst mich nicht. Solange ich lebe, werde ich Dein Liebster sein, ich werde in mir selbst das Herz achten, das Du erwählt hast; ich gehöre mir nicht mehr. Es gibt darin weder Torheiten noch Opfer, nein, niemals. Oh, sei nicht so, sprich mir nie von Laudanum. Ich habe die letzten Druckabzüge von *E[ugénie] G[randet]* durchgesehen und habe dabei Sprünge gemacht, als sei ich auf dem Weg zu Dir. Das Ende des Briefes hat mich die Schmerzen des Anfangs vergessen lassen.

Meine Liebe, meine teure Liebe, in einigen Tagen bin ich bei Dir, wenn Du dieses Papier voll der Liebe für Dich, durch das ich Dir mein Herzklopfen übermitteln möchte, in Händen hältst, dann sind es nur noch wenige Tage, ich werde meine Bemühungen, meine Arbeit verdoppeln, ich ruhe mich dort unten aus. Übrigens werde ich es so einrichten, daß ich lange dort bleiben kann. Oh, meine Liebe, feiere himmlische Feste, laß den Himmel heiter über Dir erstrahlen, denn in meinem Dasein gibt es nur Zuneigung, Liebe, Zärtlichkeit und Liebkosungen für Dich.

Du solltest diesen *Gaudissart* verwünschen. Der Drucker hat Lettern genommen, die das Ganze *ineinander geschoben* und verkleinert haben, und um den Band zu vervollständigen, mußte ich *in einer Nacht* improvisieren, Liebling, und zwar, bitteschön, achtzig Seiten.

Meine Allerliebste, Du wirst zusammen mit dem Manuskript von *E[ugénie] G[randet]* einen hübschen Brief erhalten, sehr höflich, ergeben, ehrerbietig, und Du wirst auf der Rückseite der ersten Manuskriptseite das Datum des Tages finden, an dem ich meinen Platz in der Postkutsche reserviert habe.

(…) Lebe wohl, diesmal habe ich keine Blumen, aber ich schicke Dir ein Ende des Streichholzes aus Zedernholz, auf dem ich herumgebissen habe, während ich Dir schrieb, ich habe ihm tausend Küsse geschenkt. Mein Gott, ich habe keine Ahnung, wie ich die Zeit unterwegs überstehen soll, wenn ich sehe, wie sehr mein Herz schon schlägt, sobald ich Dir nur schreibe. Du wirst nur noch einen Brief bekommen, den vom nächsten Sonntag; denn danach werde ich auf dem Weg zu Dir sein. Oh, meine innig Geliebte, Dir ohne Unruhe nahe zu sein, meine Zeit für mich zu haben, frei zu sein, gut arbeiten zu können, Dir am Tag vorzulesen, was ich des Nachts geschrieben habe, mein Engel, einen Kuß zu bekommen, die größte Belohnung, die es für mich unter diesem Himmel gibt! Einen Kuß von Dir. Nein, Du wirst erst in zehn Jahren wissen, wie sehr ich Dich liebe, wenn Du mein Herz richtig kennen wirst, dieses so große Herz, das Du ausfüllst. Ich kann nur noch sagen: auf bald. (…)

*

[Paris,] Sonntag früh[, 8. Dezember 1833]

Meine Liebste, keine einzige Zeile für Dich in acht Tagen, dafür Tränen, Seelenergüsse, über die 150 Meilen, die uns trennen, mit Wut hinweg geschickt. Wenn ich am nächsten Donnerstag, den 12., bereits unterwegs bin, so will ich mich für einen Giganten halten. Nein, ich kann das Papier, das voll der Liebe ist, und das Du in Händen halten wirst, nicht länger beschmutzen, indem ich meine Geldnöte darauf ausbreite, wie würdig sie auch vorgetragen sein mögen. Die Drucker haben mich im Stich gelassen, ich bin ihr Sklave. Die Erwartungen des Verlegers, der Druckermeister sowie die meinen sind von den Arbeitern so grausam enttäuscht worden, daß mein Buch in allen Zeitungen als gestern erschienen angekündigt ist, und dabei erscheint es erst nächsten Donnerstag. Zudem bin ich in einer bedenklichen Notlage, ohne Freunde, die ich um einen Obolus angehen könnte, aber ich borge mir am Dienstag oder Mittwoch, ich weiß nicht von wem, das Geld für meine Reise.

Ich berichte Dir dann alles. Ich habe nicht einmal mehr eine Minute, um Dir zu schreiben, ich habe diese Woche bis zu 48 Stunden ohne Schlaf zugebracht. Gestern sagte mir der alte Dubois[1], daß ich dem Altern und dem Tod entgegenginge. Aber was tun. Ich habe nur mein Vergnügen vor Augen gehabt, unser Vergnügen, und ich habe diesem Ziel alles geopfert, selbst Dich und mich, leider, meine Liebste, habe ich nicht einmal mehr die Zeit, diesen Brief zu Ende zu schreiben. Der Verleger von *Seraphita* ist hier, er will es bis Neujahr, aber trotzdem werde ich am Sonntag bei Dir sein. Verzeih, verzeih die Qualen, die ich Dir bereite, Du wirst sie mir verzeihen, wenn Du erst die meinen kennst. Lebe wohl, meine Liebe, auf bald, aber dieses bald wird nicht vor Sonntag, dem 15., sein, denn ich habe über alles Auskunft eingeholt, die Postkutsche fährt nur alle zwei Tage und braucht dreieinhalb Tage. Ich hätte Dir eine Menge zu sagen, aber ich kann Dir jetzt nur meine Liebe schicken, die süßeste und leidenschaftlichste aller Lieben, die beständigste und unvergänglichste über alle Entfernung hinweg. Oh, mein geliebter Engel, Du erwähnst noch unser Versprechen, sag mir nichts mehr dazu, das ist heilig und geweiht wie unser beider Leben. (Du hast keine Zeit mehr, mir zu schreiben), ich werde bis Donnerstag ohne Brief sein, aber schließlich bin ich schon am Donnerstag auf dem Weg sein. Lebe wohl, mein Engel. Ich kann Dir nicht sagen: beruhige Dich, ich, der ich selbst so unglücklich bin über diese Verzögerungen. Du wirst bestimmt darunter leiden, weil ich darunter leide.

1 Antoine Dubois (1756-1837, Leibarzt von Kaiserin Marie Louise, der zweiten Frau Napoleons.

*

[Genf, 24. oder 25. Dezember 1833]

In wenigen Augenblicken sage Dir alles, meine Vielgeliebte, meine Vergötterte. Ich bin doch tatsächlich hingefallen, als ich zum Wagen ging, dann ist mein Diener krank geworden. Aber sprechen wir nicht davon.

In einem Augenblick sage ich Dir mit einem Blick mehr als auf tausend Seiten. Ob ich Dich liebe, wäre ich sonst bei Dir? Ich wollte, es wäre noch tausendmal schwieriger gewesen, wollte, ich hätte noch mehr gelitten. Aber nun endlich habe ich mir einen guten Monat, vielleicht sogar zwei, erobert. Nicht nur einmal, millionenmal liebkose ich Dich, ich bin so glücklich, daß ich ebensowenig zu schreiben vermag wie Du. Bis gleich.

Ja, mein Zimmer ist sehr gut.[1]

Und der Ring[2], er ist wie Du, meine Liebe, er ist wunderbar und erlesen.

1 In de Auberge de l'Arc, nahe dem Domizil der Hanski.
2 Madame Hanska hatte ihm als Weihnachtsgeschenk einen Ring schicken lassen.

1834

Balzac beginnt das Jahr in Genf, in der Nähe von Madame Hanska. Für ihn wird der 26. Januar zu einem »unvergeßlichen Tag«. Madame Hanska verläßt die Schweiz im Februar und begibt sich auf eine Italienreise, nach Turin, Genua, Florenz, Mailand, Venedig und Triest; Ende Juli läßt sie sich für mehrere Monate in Wien nieder. Balzac verbringt im April zwei Wochen bei den Carrauds, die sich gerade aufs Land nach Frapesle, nahe Issoudun zurückgezogen haben. Am 4. Juni wird Marie Du Fresnay († 1930) geboren, eine mutmaßliche Tochter Balzacs.

Balzac faßt den Entschluß, seine Werke, die er gerade plant und beginnt, zu einer großen Einheit zusammenzufassen, die aus drei Teilen bestehen soll: *Études de mœurs au XIX. siècle*, *Philosophische Studien* und *Analytische Studien*. Er beginnt zudem mit *César Birotteau* und vollendet *Die Frau von dreißig Jahren*.

Im September beginnt er in Saché, wo er einen Monat bleibt, mit der Arbeit an *Père Goriot*. Jules Sandeau, der verlassene Geliebte der George Sand, zieht Ende Oktober in sein Wohnhaus, Rue Cassini Nr. 1, wo er für einige Zeit als Balzacs Sekretär arbeiten wird.

Madame, hier ist der erste Teil Ihres Quittengedichts. Sie sehen gleich einen verzweifelten Mann vor sich. Ich wollte Ihnen den *Chénier* erst gar nicht mitbringen, und ich zögere, ob ich ihn nicht zurückschicken soll. Nichts von all dem, was ich angeordnet hatte, wurde gemacht. Der Einband von abscheulicher Häßlichkeit, der Buchumschlag ungeschickt gefertigt, man muß dabei sein, um die Dinge selbst zu überwachen. Wenn es Ihnen beliebt, werden Sie sich wenigstens an den Eifer erinnern, mit dem ich mich um Ihr Buch bemühte, nur auf diese Weise erfährt es einen besonderen Wert.

Ich war in der Stadt, war guter Dinge, ich glaubte, etwas zu finden, was Ihnen Vergnügen bereiten würde; ich habe mir Mühe gegeben. Wenn Sie gestatten, gleiche ich meinen Kummer dadurch aus, indem ich Sie früher aufsuche.

Tausend ergebenste Empfehlungen.

Noré

Ich habe die Quittenmarmelade für so kostbar angesehen, daß ich Ihre gastronomischen Genüsse nicht hinauszögern wollte.

*

Madame, möchten Sie, daß wir unsere Kolonialwaren austauschen, hier ist ein bißchen von meinem Kaffee. Meine Schwester schreibt, daß ich morgen noch einmal so viel erhalte. Nehmen Sie ihn also. Morgen bekommen Sie Ihre Kaffeekanne. Können Sie mir *ein wenig* Tee für mein Frühstück geben, ich brauche nur ganz wenig.

Hatten Sie eine gute Nacht - Sind Sie wohlauf, hatten Sie schöne Träume - Ich hoffe, Sie sind bei guter Gesundheit, so daß wir spazieren, *spasieren* gehen können. - Die Schätze?... *Futsch*!

*

[Genf, Januar 1834]

Teure Regentin, geheiligte Majestät, erhabene Königin von Pawofka[1] und Umgebung, Herrscherin über die Herzen, Rose des Abendlandes, Stern des Nordens usw., usw., usw., usw.

Fee des *Liindenbliitentäs*![2]

Euer Gnaden haben meine Kaffeekanne verlangt, und ich flehe Euer Durchlaucht an, mir die Ehre zu erweisen, eine noch vollkommenere und hübschere von mir anzunehmen; und mir dann von Eurem hohen Thron herab ein Wort voll Glück, voll Ambra, voll Blüten zuzuwerfen und mich dadurch wissen zu lassen, ob ich mich in einer Stunde mit dem Wagen vor Eurer erhabenen Tür einfinden soll, damit wir nach Coppet fahren.

ch lege Eurer Majestät meine Ehrerbietung zu Füßen und bitte Euch inständig, an die Redlichkeit Eures ergebensten Muschik zu glauben.

Honoreski

1 Es handelt sich um das Gut Pawlowka, das Ernest Rzewuski 1833
  an seine Schwester und seinen Schwager Hanski verkauft hat.
2 Balzac amüsierte sich köstlich über den slawischen Akzent der Madame Hanska und ahmte ihn inphonetischer Schreibweise nach.

*

[Genf, Januar 1834]

Wenn Du wüßtest, wie abergläubisch Du mich
machst. Sobald ich arbeite, stecke ich den Talisman an
meinen Finger, diesen Ring trage ich stets beim Arbeiten; ich stecke ihn an den 1. Finger der linken Hand,
mit dem ich das Papier halte, so daß Deine Gedanken
mich umfassen; Du bist hier bei mir, von nun an frage
ich diesen herrlichen Ring nach meinen Worten und
Gedanken, anstatt sie in der Luft zu suchen, und ich
habe durch ihn *Seraphita* zur Gänze gefunden.

Himmlische Liebe, ich habe Dir soviel zu sagen, und
dafür bedarf es der heiligen Stunden, in denen das Herz
danach verlangt, sich zu offenbaren. Die wunderbaren
Freuden der Liebe sind nur die Mittel, diese Vereinigung
zu erreichen, dieses Verschmelzen der Seelen. Liebste,
mit welcher Freude sehe ich den Reichtum meines Herzens und das Schicksal meiner Seele gefestigt. Ja, ich
werde nur Dich einzig und allein mein ganzes Leben
lang lieben. Alles an Dir gefällt mir. Du verströmst für
mich den betörendsten Duft, den eine Frau besitzen
kann, das allein ist schon ein Schatz der Liebe. Ich liebe
Dich mit einer geradezu fanatischen Leidenschaft, die
die bezaubernde Ruhe einer Liebe ohne drohende Ge-
witterstürme indes nicht ausschließt. Ja, sag Dir nur
stets, daß ich die Luft atme, die Du atmest, daß all meine
Gedanken immerfort Dir gelten. Du bist die Erfüllung
von allem für mich. Du wirst die junge *Dilecta* sein, und
schon nenne ich Dich die *Prédilecta*, murre nicht über
diese Verbindung zweier Gefühle, denn ich glaube, daß

ich Dich in ihr liebte und daß die edlen Eigenschaften, die mich angezogen haben, die mich besser gemacht haben, als ich war, alle in Dir liegen.

Ich liebe Dich, mein irdischer Engel, wie man im Mittelalter liebte, mit der allergrößten Treue, und meine Liebe wird immer größer werden, ohne Makel sein, ich bin stolz auf meine Liebe. Sie ist die Quelle für ein neues Leben. Von daher rührt der Mut, den ich angesichts meiner letzten Mißgeschicke verspürt habe. Ich möchte mehr Größe besitzen, reich an Ruhm sein, damit die Krone, die man Dir aufs Haupt setzte, die lorbeerreichste, die blütenreichste unter all denen wäre, die große edle Männer errungen haben. Hege deshalb niemals weder Argwohn noch Furcht; im Himmel gibt es keine Abgründe. Tausend Küsse voller Liebkosungen, tausend Liebkosungen voller Küsse. Werde ich Dir denn soviel Gutes tun können, wie es meiner Liebe zu Dir entspricht, zu Dir, meiner Ève.

Auf bald, die tausend Küsse werden in meinem ersten Blick sein.

*

[Genf, Januar 1834]

Meine innig Geliebte, durch eine einzige Liebkosung hast Du mir neues Leben geschenkt. Oh, meine Liebste, ich konnte weder schlafen noch arbeiten. Versunken im Gefühl dieses Abends, habe ich Dir eine Menge zärtlicher Worte gesagt. Oh, Du besitzt diese göttliche Seele, der man ein ganzes Leben lang verhaftet bleibt. Meine Seele, die Liebe hat Dich die köstliche Sprache der Liebe gelehrt, die die Kümmernisse und Widrigkeiten pfeilschnell fliehen läßt. Geliebter Engel, verdunkle durch keinen Zweifel die Eingebungen der Liebe, für die Deine zärtliche Liebkosung nur der Vermittler war.

Glaub ja nicht, Du würdest je mit wem auch immer verglichen werden. Meine innig Geliebte, meine Himmelsblume, begreifst Du nicht, Du, ganz Zauber und Wahrhaftigkeit, daß ein armer Dichter im Innersten erschüttert werden kann, wenn er ein verwandtes Herz findet und über seine Erwartungen hinaus geliebt wird. Meine angebetete Gemahlin, ja, Du bist es, für die mich das feinfühligste, das sanfteste Frauenherz, das es je gab, erzogen hat. Es wird mir erlaubt sein, ihr zu sagen - Sie wollten, daß wir uns nach zwanzig Jahren wiederfinden, um mich noch mehr zu lieben und mir sogar die Freuden der Eitelkeit zu gewähren, nun, mir ist das begegnet, was Sie mir wünschten - sie wird für *uns* froh darüber sein. Teure Abgöttin auf ewig, meine schöne und heilige Religion, ich weiß, wie sehr die Erinnerungen an eine andere Liebe eine stolze und feinfühlige Seele verletzen müssen; aber Dir nicht davon zu sprechen, hieße, Dich unerhörter Freuden der Seele und Wonnen der Liebe zu berauben. Es gibt eine solche Übereinstimmung an Zärtlichkeit und eine solche Seelenverwandtschaft, so daß es mich für Dich mit Stolz erfüllt und ich nicht weiß, ob Du es bist, die ich in ihr liebte. Zudem hat eine unbändige Eifersucht mich dazu gebracht, freimütig zu denken, derjenigen, in der ich lebe, alles zu sagen, so daß ich Dir niemals einen Gedanken verheimlichen könnte. Nein, Du bist mein eigenes Herz. Dir ist alles erlaubt. Ich werde Dir unbefangen sagen, was ich Gutes denke und auch was ich Schlechtes denke. Du bist ein schöneres, besseres Ich.

Meine Liebe kennt keine Exaltiertheit, sie hat so gar nichts Irdisches, meine teure Ève, sie ist Engelsliebe, stark und beständig in ihrer Begeisterung. Deine Hand der Liebe zu spüren, zu berühren, diese Hand, die Gefühle schenkt, die süß sind und, hörst Du, mein Engel, die *stolz* machen, zärtliche, angenehme, leidenschaftliche Gefühle, diese vor Liebe leuchtende und weiche Hand, das ist das Glück Deiner Liebkosung aus Honig und Feuer. Das also wollte ich meinem furchtsamen Engel sagen, der nicht glauben wollte, daß in jeder einzelnen Liebkosung alle enthalten sind. Eine jede, die zarteste wie die leidenschaftlichste, sie umfaßt alle. Du siehst dabei bis auf den Grund meiner Seele. Ein Kuß auf Deine teuren Lippen, Deine jungfräulichen Lippen, die noch keine Erinnerungen haben, (was Dich in meinen Augen reiner macht als das jungfräulichste Mädchen), ein Kuß wird fast zum Talisman für das Verlangen der Liebe, wenn er alle ihre Zärtlichkeit in sich birgt. Unser armseliger Kuß, der noch nichts von allen unseren Freuden weiß, reicht nur bis in Dein Herz. Ach, ich wünschte, er erfaßte Deine ganze Person. Du würdest sehen, daß die Besitznahme die Liebe steigert, sie sogar adelt. Wenn Du Deinen Honoré, Deinen Gemahl, kennen würdest, dann wüßtest Du, daß er Dich von Tag zu Tag mehr lieben wird.

Meine geliebte Eva, zweifel nie an mir, aber noch weniger an Dir selbst. Ich habe Dir gesagt, daß es bei Dir, in Deinen Briefen, in Deiner Liebe, in ihrer Entäußerung, mehr noch als in den Briefen, gibt es Ausdrücke, die sich nicht nachahmen lassen. Aber Du bist 28 Jahre alt, das ist das große Geheimnis. Mein geliebter Schatz, Du hast die göttlichste Seele, die ich kenne und bist von betörender Schönheit. Mein Gott, wie kann ich Dir nur sagen, wie trunken ich bin nach dem leisesten Duft von Dir, daß, würde ich Dich tausendmal besitzen, Du mich noch trunkener sehen würdest, weil dann Hoffnung und Erinnerung gäbe, wo es jetzt nur Hoffnung gibt. Du erinnerst Dich an den Vogel[1], der nur zu einer Blume fliegen kann, das ist die Geschichte meines Herzens und meiner Liebe, oh, himmlische Blume, geliebter Wohlgeruch, geliebte frische Farben, mein schöner Blumenkelch, verschließe Dich nicht, bewahre mich stets. Bei jedem Schritt einer Liebe, die wächst, die immer weiter wachsen wird, fühle ich mich mitten im Herzen aller Zärtlichkeit und Anbetung. Oh, ich möchte Deiner sicher sein, so wie ich es meiner selbst bin. Ich fühle bei jedem Atemzug, daß ich im Herzen eine Festigkeit habe, die nichts beeinflussen wird. Ich habe geweint auf dem Weg zur Diodati[2], denn, nachdem mir so viele Zärtlichkeiten versprochen worden sind, hat eine Frau mit einem einzigen Wort vermocht, den Faden zu trennen, den sie anscheinend mit Vergnügen geknüpft hatte. Urteile, falls ich Dich anbete, Dich, die Du nichts verstehst von diesen hassenswerten Intrigen, die sich der Liebe mit Aufrichtigkeit und Glück überläßt und die all meine Gaben anspricht. Das ist mein Bekenntnis. Ich sehe in Dir allen Edelmut des Herzens, denn, angebeteter Engel, man muß die Schwächen akzeptieren, sogar die Verbrechen einer Frau, und wenn ich nichts vor Deinem Herzen verberge, so, weil es immer das *meine* sein soll. Ich schicke Dir auch das Geschwätz meiner Schwester und auch den Brief von Madame de C[astries] mit der Bestimmung, sie zu verbrennen, mein Engel.[3] Ich weiß um Deine Wahrhaftigkeit und Deine Größe. Ach, ich würde nicht zögern, Dir den Brief der *Dilecta* vorzulesen, falls Du es wünschst, denn Du bist wirklich ich selbst. Ich möchte vor Dir nicht den Schatten eines Gedankens verbergen, und Du sollst zu jeder Stunde in mein Herz eintreten wie in den Palast, den Du Dir auserkoren hast, um dort Deine Schätze auszubreiten, Dir zu Gefallen. Alles dort soll Dir gehören.

Wenn Dir der Brief von Madame de Castries mißfällt, sag es frei heraus, meine Liebe. Ich werde ihr schreiben, daß meine Zuneigung in einem zu eifersüchtigen Herzen verankert ist, als daß es mir gestattet sei, mit einer Frau von ihrem Ruf, ihrer Schönheit, ihrem Reiz zu korrespondieren und daß ich freimütig handle, indem ich ihr das mitteile.Ich wollte diesen Brief schon aus eigenem Antrieb schreiben. Ich würde mich aber sehr freuen, wenn Du es mir befehlen würdest. (...)

Ich wache auf und bin glücklich, Dich zu lieben; ich lege mich schlafen und bin glücklich, geliebt zu werden. Es ist ein himmlisches Leben, und meine Verzweiflung besteht darin, daß ich das Mißverhältnis verspüre, das wegen meines Mangels an Reichtum und Freiheit zwischen den Wünschen meines Herzens, dem Ungestüm meines Naturells und meiner Arbeit herrscht, die mich wie einen der Leibeigenen von Pawlowka an eine schäbige Hütte fesseln. Wenn ich wenigstens in Pawlowka wäre! Ich wünschte, Du wärst für einen Augenblick ich, um zu erfahren, wie Du geliebt wirst, denn dann könnte ich sicher sein, daß, wenn Du soviel Liebe, soviel Hingabe, eine so große Gewißheit des Gefühls sähest, Du niemals zweifeln und *in aeternum* ein Herz lieben würdest, das Dich derart liebt.

Tausend Küsse, und jeder berge tausend Liebkosungen für Dich, so wie der gestrige für mich.

1 Erste Anspielung auf den »Bengali«, der mehrmals in den Briefen erwähnt wird.

2 Balzac war also bereits gemeinsam mit Madame Hanska den Weg zur Villa Diodati, die bei Cologny am Genfer See liegt, in Huldigung an Lord Byron gegangen. Er nahm auf diese Weise Revanche an der Enttäuschung, die ihm am selben Ort mit der Marquise de Castries widerfahren war.

3 Diese Briefe sind unauffindbar geblieben. Entgegen ihrer Absicht hatte die Marquise de Castries Balzac doch nach Genf geschrieben.

*

[Genf, Montag, 13. (?) Januar 1834]

Wenn ich heute abend kommen und mich entsprechend kleiden soll, da Sie Ihr Scharade-Kränzchen abhalten, erlauben Sie mir, früher zu kommen. Madame Bioley[1] gibt ein Essen, man singt und macht einen Lärm, der den Teufel in die Flucht schlagen könnte. *Ecco.*

Ich kann rechnen. Mittwoch bin ich *encandolliert*[2]; donnerstags verabredet. Morgen arbeite ich ohne Unterlaß, denn ich habe Druckfahnen durchzusehen. Wenn man also innerhalb von fünf Tagen nur einen gemeinsamen in Aussicht hat, ist es doch keine Schmeichelei, einige Stunden hinzuzufügen. Einverstanden?

Sie gestatten, daß ich Ihnen den *Marquis* mit einer *Maréchale* heimzahle.

[Adresse:] An die Marschallin Madame de Hanska

1 Die Besitzerin der Auberge de l'Arc.
2 Gemeint ist eine Einladung bei dem damals berühmten Genfer Naturforscher Pyrame de Candolle, den er schon Ende Dezember wegen der skandinavischen Flora für seinen Roman *Seraphita* befragt hatte

*

[Genf, Donnerstag, 16. oder Freitag, 17. (?) Januar 1834]

Madame,

Ich weiß nicht, ob ich gestern die Ehre hatte, Ihnen mitzuteilen, daß ich heute vielleicht nicht mit Ihnen speisen kann. Ich wäre untröstlich, wenn Sie auf den Gedanken verfallen könnten, daß ich dieser Gunst keinen übermäßigen Wert beimäße, indem ich vergeblich auf mich warten ließe.

Ihre verehrte Cousine hat mich für Donnerstag eingeladen, und ich habe angenommen, um durch meine Ausflüchte nicht lächerlich zu erscheinen. Ich hoffe,

Sie sehen nichts Französisches in diesem Vorgehen.

Ich hoffe nur, daß dieser andauernde Regen Sie nicht trübsinnig gemacht hat und bitte Sie, Monsieur de Hanski den Ausdruck meiner vorzüglichsten Hochachtung zu übermitteln und meine herzlichsten und untertänigsten Empfehlungen entgegenzunehmen.

de Balzac

*

[Genf,] Sonntag, 19. [Januar 1834]

Mein geliebter Engel, ich bin ganz verrückt nach Dir, so verrückt wie man nur sein kann; ich kann keine zwei Gedanken fassen, ohne daß Du Dich zwischen sie drängst. Ich kann nur noch an Dich denken. Meine Phantasie trägt mich wider meinen Willen zu Dir, ich halte Dich fest, ich drücke Dich, ich küsse Dich, ich liebkose Dich und tausend verliebteste Zärtlichkeiten erfassen mich. Was mein Herz angeht, so wirst Du dort immer *bereitwillig* Aufnahme finden, ich spüre Dich darin mit Wonne, aber, mein Gott, was wird aus mir, wenn Du mir erst den Verstand geraubt hast, das ist eine fixe Idee, die mir heute morgen Angst macht. Ich erhebe mich alle Augenblicke und sage mir - »Auf, ich gehe zu ihr«. Von den Gedanken an meine Verpflichtungen eingeholt, setze ich mich dann wieder hin. Das ist ein schrecklicher Kampf. Das ist doch kein Leben. So ist es mir noch nie ergangen. Du hast alles an Dich gerissen. Ich fühle mich dumm und glücklich, sobald ich mir gestatte, an Dich zu denken. Ich wiege mich in einer köstlichen Träumerei, in der ich in einem Augenblick soviel wie in tausend Jahren erlebe. Was für eine scheußliche Lage. Mit Liebe überhäuft zu sein, die Liebe durch alle Poren aufzusaugen, nur für die Liebe zu leben und sich von Kümmernissen verschlungen, in tausend Spinnennetze verstrickt zu sehen. Oh, meine liebste Eva, Du weißt ja nicht - Ich habe Deine Karte[1] aufgehoben, sie liegt hier vor mir, und ich spreche zu Dir, als seist Du hier. Ich sehe Dich vor mir wie gestern, schön, bewundernswert schön. Gestern sagte ich mir den ganzen Abend lang: - Sie gehört mir! Die Engel im Paradies sind nicht so glücklich wie ich es gestern gewesen bin.

1 Sie enthielt zweifellos das Versprechen eines morgendlichen Besuchs in der Auberge de l'Arc und ließ ihn auf das hoffen, was er sich seit Neuchâtel so glühend ersehnte.

*

[Genf, Freitag, 24. (?) Januar 1834]

Ich kann nicht kommen, denn ich bin unpäßlicher als erwartet, und ein Ausgang könnte mir übel bekommen. Wenn Sie die Güte hätten, mir ein wenig Mandelmilch ins Haus zu schicken, erwiesen Sie mir einen großen Dienst, denn ich weiß nicht, was ich trinken soll, und leide verheerenden Durst.

Ich habe einen ziemlich tristen Tag verbracht, denn ich wollte arbeiten und war nicht dazu imstande; ich glaube zudem, daß ich mich in einigen Stunden zu Bett begebe.

Tausend freundlichen Dank und meine untertänigste Empfehlung an den Großmarschall.

*

[Genf, Freitag 24. (?) Januar 1834]

Was habe ich nur getan, daß der gestrige Abend so endete. Meine teure, vielgeliebte Ève, vergißt Du denn immer wieder, daß Du mein letzter Glaube an das Leben bist? Ich spreche weder von Liebe noch von menschlichen Gefühlen, Du bist mehr als all das für mich. Sag, warum hast Du alle Hoffnungen auf unser gemeinsames Leben durch ein einziges Wort mit Füßen getreten.

Warum hast Du wieder diese Worte gebraucht, die Du mir schon einmal geschrieben und gesagt hast. Du zweifelst an dem, der Dich aus freien Stücken und mit Wonne liebt, für den es ein maßloses Glück bedeutet, Dich zu spüren, der Dich *in aeternum* liebt, und Du zweifelst doch nicht an - Oh, meine Liebe, Du spielst ziemlich leichtsinnig mit einem Leben, das Du für Dich haben wolltest, und das Dir überdies mit völliger Hingabe dargebracht worden ist und das ich Dir angeboten haben würde, hättest Du es nicht selbst verlangt. Und es ist mir lieber, daß Du es begehrtest.

Ich liebe Dich mit viel zu großer Beharrlichkeit, als daß derlei Erörterungen nicht tödlich für mich wären. Mein Gott, ich habe Dir die Geheimnisse meines Lebens anvertraut, und Du müßtest eigentlich für den Preis grenzenlosen Vertrauens dem, der nur durch Dich lebt, die Qual dieser Zweifel ersparen. Du hältst mich an der Hand, und an dem Tag, an dem Du diese angebetete Hand von mir wegziehst, wirst Du das, was mir geschehen wird, zu verantworten haben. Meine geliebte Ève, ich begehe eine Narrheit nach der anderen. Es ist mir unmöglich, an etwas anderes als an Dich zu denken. Das ist kein bloßes *Verlangen*, obgleich ich wohl das Recht hätte, heftiger als alle anderen Männer ein Vergnügen zu begehren, und obgleich dieses Verlangen mich manchmal stumpfsinnig macht, aber es ist nicht nur das; es ist mir ein Bedürfnis, die gleiche Luft wie Du zu atmen, Dich zu sehen, und gestern hast Du mir immerwährende Erinnerungen an Deine Schönheit geschenkt.

Hätte ich keine pekuniären Verpflichtungen (noch begehe ich die Torheit, sie manchmal zu vergessen), dächten wir nicht an die Rue C[assini]. Nein. Gestern in der Villa Diodati sagte ich mir: »Warum meine Ève verlassen, warum ihr nicht überallhin folgen?« Ich will es. Ich ergebe mich in alle Leiden, wenn ich Dich nur sehen kann, aber Du, Du hast mich gestern verletzt.

Du liebst mich nämlich nicht so, wie ich Dich liebe, Du weißt nicht was Liebe ist, und ich kenne zu meinem Unglück ihre Wonnen, und ich sehe, daß ich von Neuchâtel bis zu meinem Tod jetzt ein seit meiner Jugend ersehntes Ziel erreichen kann, mein Leben und meine Gefühle auf ein einziges Herz zu richten und meine Freuden dahin, wo ich meine Verehrung noch nicht durch einen Kuß ausdrücken darf.

Liebste, Liebste, ich bin zu unglücklich über den Lauf der Dinge, als daß es nicht eine Grausamkeit derjenigen wäre, die ich liebe, die ich vergöttere, mich auch nur mit dem Schatten eines Kummers zu umgeben. Ich würde den schrecklichsten Todeskampf vorziehen, anstatt Dir eine Qual zu bereiten.

Soll ich kommen und mir einen Kuß holen?

Um fünf Uhr.

Deine Zweifel tun mir weh. Du bist mächtiger als alles. Engel meines Lebens, woran liegt es, daß ich Dir überallhin folge - an meinem Elend. Mein Gott, Du hast nichts zu befürchten. Seit dem Tag, an dem ich Dir meine Liebe erklärte, hat nichts dieses köstliche Leben beeinträchtigt; ich habe eben nur dieses Leben. Erniedrige uns nicht durch Zweifel, trübe unsere Freuden nicht. Es gibt niemanden, der in meinem Herzen vor Dir kommt; Du wirst es auf ewig füllen. Warum bewaffnest Du Dich mit Gedanken an mein früheres Leben? Bestrafe mich nicht für mein großes Vertrauen zu Dir. Ich möchte, daß Du meine ganze Vergangenheit kennst, denn meine ganze Zukunft gehört Dir. Dein Herz zu brechen, Dich wofür auch immer zu opfern - Du kennst mich schlecht. Ich fürchte die Schmach, Dir Leid zuzufügen, ich fürchte die Schmach, Dir kein Leben im Einklang mit dem Leben des Herzens bieten zu können - ich leide unter unerhörten Qualen, die Du durch Deine Gegenwart tilgst.

Verzeih mir, meine Liebe, das was Du mein Kokettieren nennst. Verzeih einem Pariser eine harmlose Pariser Plauderei; aber es soll geschehen, was Du willst. Ich mache niemandem mehr meine Aufwartung. Zwei viertelstündige Besuche werden alles beenden. Lieber möge die Genfer Gesellschaft tausendmal zugrunde gehen, als Dich wegen einer viertelstündigen Konversation betrübt zu sehen. Es wäre (den anderen) lächerlich erschienen, hätte ich mich ausschließlich um Dich gekümmert. Ich mußte Rücksicht auf Dich nehmen, und um mich so lange mit Dir unterhalten zu können, war es wohl nötig, daß ich auch mit Madame P[otocka] plauderte. Im übrigen, was für Erbärmlichkeiten. Wie kannst Du Dich angesichts des Ozeans, von dem Du sprichst, um eine elende Spinne kümmern. Mein Gott, Du weißt also nicht, daß Du *unendlich* geliebt wirst. Nun denn, lebe wohl, ich fühle mich so leidend, daß ich gar nicht weiß, was mir fehlt. Vielleicht ist es ein fiebriger Katarrh. Ich bin unfähig, aufzustehen, ich bin zerschlagen.

Was ich Dir heute morgen schrieb, soll Dir zeigen, wie falsch Deine Besorgnis war. Ich habe nicht aufgehört, Dich zu beobachten, während ich mich mit Madame P[otocka] unterhielt.

Ach, Liebste, meine teure Gemahlin, meine Ève, ich

würde sogleich mein Talent für zweitausend Dukaten verkaufen. Ich würde Dir wie ein Schatten folgen. Willst Du nach W[ierzchownia] zurückkehren. Ich folge Dir und bleibe mein Lebtag dort. Aber es bedarf eines Vorwands, denn ich Unglücklicher kann Paris nicht verlassen, ohne meine Verleger und Gläubiger zufriedengestellt zu haben!

Ich habe zwei Briefe erhalten - einen vom guten Borget, und den anderen von meiner Schwester. Nichts als Verdruß. Immerfort die Aussicht aufs Paradies und die Leiden der Hölle vor sich zu haben, das heißt leben. Tausend Zärtlichkeiten.

*

[Genf, Freitag, 24. (?) Januar 1834]

Meine Liebe, mein einziges Leben, mein einziger Gedanke, oh, Dein Brief! Er ist auf immer in mein Herz geschrieben. Höre, himmlischer Engel, denn Du bist nicht von dieser Erde, ich will Dir ein für allemal auf diese Dinge antworten.

Ruhm, Eitelkeit, Selbstgefälligkeit, Literatur, dies sind allenfalls Wolken an unserem Himmel. Du trittst all das zwanzigmal am Tag mit Füßen, die ich zwanzigmal in der Stunde küsse.

Oh, mein Engel, so sieh mich denn hier zu Deinen Füßen, und laß mich Dir eines sagen - wenn ich mir auch nur einen flüchtigen Namen gemacht habe, so geschah dies, als ich das gar nicht wollte. Ich war berauscht davon bis zu meinem zweiundzwanzigsten Jahr, ich wollte einen Leuchtturm aus meinem Namen machen, um einen Engel auf mich zu lenken. Ich hatte nichts, um zu gefallen, ich verdammte mich selbst. Dann kam der Engel; ich habe mich an seinem Busen dem Leid hingegeben, ihm mein Verlangen nach einer schönen und jungen

Frau verheimlicht, er erkannte es jedoch und sagte mir: - Wenn sie auftaucht, werde ich Deine Mutter sein, ich werde für Dich die Hingabe einer Mutter haben.[1]

Eines Tages dann ist das Elend meines Lebens noch größer geworden. Es galt Tag und Nacht zu arbeiten. Die Frau, die mir auf Knien ihr Vermögen angeboten, das ich schließlich angenommen hatte und das ich unter Einsatz meines Namens zurückzahlte, sie wachte nun mit mir, sie las Korrekturen und verbesserte, so wie ich Korrekturen las, verbesserte und wachte.

All mein Begehren erlosch damals in der Notwendigkeit der Arbeit. Nicht mehr von Ruhm, sondern von Geld war die Rede. Damals war ich *verschuldet* und besaß nichts.

Drei Jahre lang arbeitete ich ohne Unterlaß, in einem ehernen Ring, den ich von 1828 bis 1831 geschmiedet hatte.

Ich verabscheue Madame de C[astries], denn sie hat dieses Leben zerstört, ohne mir ein anderes dafür zu geben, ich sage nicht ein vergleichbares, aber sie hielt nicht einmal das, was sie versprochen hatte. Dies ist nicht der Schatten von verletzter Eitelkeit, sondern Abscheu und Verachtung.

Du allein hast mich den Rausch des Ruhms kennenlernen lassen. Als ich Dich damals in Neuchâtel traf, wollte ich jemand sein! Mit Dir beginnt also dieses erträumte Leben und noch herrlicher, als ich es mir erträumte.

Oh, meine Ève, Du allein bist in meinem künftigen Leben - ach, wie *L[ouis] Lambert* möchte ich Dir die Vergangenheit zum Geschenk machen. - Deshalb berührt mich nichts von dem, was *Erfolg, Ruhm, Pariser Zerstreuungen* sind. Es gibt nur eine Macht, die mich das gegenwärtige Leben annehmen läßt. - DIE ARBEIT. Sie dämpft das Verlangen eines ungestümen Temperaments. Nur weil ich mich vor mir selbst fürchte, bin ich keusch.

Was die Ausschließlichkeit angeht, die Du willst, ich will sie genauso wie Du. Es geschieht nicht aus Eitelkeit, wenn ich Dir berichte, daß seit Neuchâtel drei reizende Frauen in die Rue Cassini gekommen sind und daß ich sie nicht einmal mit den Augen eines Mannes betrachtet habe.

Meine Ève, ich liebe Dich mehr, als Du mich liebst, denn ich bin allein mit dem Geheimnis dessen, was ich verliere, und Du, das weiß ich, Du kennst nichts von der Liebe als Liebesgefühle. Schließlich liebe ich Dich auch deshalb mehr, weil ich mehr Gründe habe, Dich zu lieben. Aber wenn ich frei wäre, käme ich zu Dir, glücklich, der Verwalter Deines Glücks zu sein und dessen Urheber, wie es der Bruder von Madame Carraud für Madame d'Argout[2] ist. Ich fühle eine Geborgenheit in der Liebe, eine Fülle an Hingabe, die Du erst mit der Zeit erkennen wirst. Es bedarf der Zeit, um auszuloten, was unendlich ist. Das ganze Leben lang mit Dir zu leiden und dabei seltene Momente des Glücks zu erhaschen, - ein ganzes Leben in zwei, 3, 4, 5, 6, 7, 8, 9, 10 Jahren zu leben und dann zu sterben - nicht mit einer Frau zu sprechen, mir alles zu versagen, in Dir zu leben, oh, Engel, daran denke ich doch alle Zeit. Was ich Dir über Madame Potocka gesagt habe, habe ich nur deswegen erwähnt, weil sie Dich betrübt hat, und weil ich angesichts Deines Leids verstumme wie Du angesichts des meinen.

Mein Gott, wenn wir zusammen lebten, wenn ich 20 Dukaten im Monat hätte, dann gehörte meine Dichtung Dir. Ich schriebe Bücher, ich läse sie Dir vor, und danach würden wir sie in unserem Feuer verbrennen. Mein angebeteter Liebling, ich weine manchmal, wenn ich daran denke, daß ich meine Einfälle verkaufe, daß man mich liest - Ach, Du weißt ja nicht, wie ich wäre, wenn ich einen Abend lang ganz frei wäre, mit Dir sprechen, Dich sehen könnte, Dich mit meinen Gedanken und durch mich selbst liebkosen könnte. Oh, dann wüßtest Du, daß Deine Vorstellungen von Reinheit, von ausschließlicher Zärtlichkeit die meinigen sind. Engel meines Lebens, ich lebe in Dir, für Dich, durch Dich! Wenn ich mich irre, sag es mir ohne Zorn. Ich bin ohne jede falsche oder schlechte Absicht. Ich folge meinem Herzen, sobald es um Gefühle geht. Ich wußte nie, was Berechnung ist. Wenn ich Fehler mache, dann aus Gutgläubigkeit.

Meine Liebe, wir werden uns niemals trennen. In einem halben Jahr werde ich frei sein. Und dann wird keine Macht der Welt uns entzweien können. Die *Dilecta* war 46 Jahre alt, ich war 22; was redest Du von Deinen 40 Jahren. Wir haben 30 Jahre zusammen vor uns, glaubst Du, daß ein Mann mit 64 Jahren dreißig Jahre an Zuneigung verrät? Und für mich bedeuten diese dreißig Jahre nichts im Hinblick auf die Stärke meiner Liebe zu Dir. Du wirst immer schön für mich sein.

Oh, meine vielgeliebte Ève, ich will Dir nie mehr von etwas anderem als von meiner Liebe sprechen; Dir nur noch antworten, um Dir zu danken. Nein, Du wirst mir wegen nichts mehr zürnen, und dennoch möchte ich mich nicht auf die Probe stellen lassen. Aber das was Du wünschst, wird zu einer Eigenschaft meiner Seele. Es wird mir nicht schwerfallen zu tun, was Du willst. - Was Du willst, will auch ich. Fühlst Du indes nicht die Notwendigkeit, einen Schleier über unsere Liebe zu legen, einen dichten Schleier. Was sage ich. Wer auf der Welt kann ihr Wesen erahnen. Die Engel eher als die Menschen!

Du glaubst, das *Théâtre des Italiens, die Salons, der Ruhm* könnten mich von Dir ablenken - aber dann weißt Du nicht, wie sehr ich Dich liebe. Dies bringt mich wesentlich mehr in Harnisch als Dich Madame P[otocka]… Nein, glaube mir, ich liebe Dich, wie eine Frau liebt und wie ein Mann liebt. In meinem künftigen Leben wird es nur noch Dich und die Arbeit geben. Mein teures Gut, meine teurer Stern, mein süßer Geist, laß Dich von der Hoffnung liebkosen. Und sage Dir, daß ich weder verliebt noch leidenschaftlich bin, all dies ist vergänglich. Ich liebe Dich, ich bete Dich an *in aeternum*. Ich glaube an Dich wie an mich selbst. Mein Gott, ich wüßte gern Worte, die Dir meine Seele und meine Gedanken einflößen könnten, die Dir versichern könnten, daß Du in meinem Herzen bist, in meinem Blut, in meinem Gehirn, in meinem Denken, daß Du das Leben meines Lebens bist; daß jeder Herzschlag von mir ein starkes Verlangen nach Dir hervorruft. Oh, Du weißt nicht, was drei Jahre Keuschheit bedeuten, die sich jeden Augenblick ins Herz bohren und es rasen lassen, jeden Augenblick in den Kopf bohren und ihn pochen lassen. Wenn ich nicht so maßvoll wäre und wenn ich nicht soviel arbeitete, diese Keuschheit würde mich verrückt machen.[3]

Ich allein weiß um die schreckliche Erregung, in die mich Deine geliebte Person versetzt, um diesen unerhörten Rausch, der nach und nach mein Wesen durch die Allmacht der Sinne erstarren und dann wieder in Flammen lodern läßt. (…) Wir haben beide unser Teil zu leiden; wir wollen uns nicht darüber streiten, lieben wir uns vielmehr, und verweigere mir nicht das, was alles ertragen läßt. Im übrigen, mein Engel, bin ich Dir in allen Dingen ergeben, wie ich Gott ergeben bin. Nimm mein Leben, verlange von mir zu sterben, befiehl mir alles, außer Dich nicht zu lieben, Dich nicht zu begehren, Dich nicht zu besitzen. Dies ausgenommen, ist mir in Deinem Namen alles recht.

1 Obwohl Madame de Berny 22 Jahre älter ist als Balzac, war sie noch immer nicht ganz frei von Eifersucht. In einem Brief an seine Schwester Laure schreibt er ihr, daß Madame de Berny *die Fremde* nicht möge, weil sie wohl seine Erfüllung sei.

2 Silas Tourangin, der Bruder von Madame Carraud, war nach dem Ausscheiden aus der Armee enger Mitarbeiter des Grafen d'Argout, der zum Zeitpunkt dieses Briefes Innenminister war.

3 Diese Erklärung stimmt in keiner Weise überein mit den Vertraulichkeiten gegenüber seiner Schwester vom 12. Oktober des Vorjahres, wo er eine geheimnisvolle Geliebte erwähnt, die wollüstig wie tausend Katzen sei und von ihm eine tägliche Ration Liebe fordere.

*

[Genf, Sonnabend, 25. (?) Januar 1834[1]]

Madame, vielleicht nur, weil ich ungeduldig werde und weil ich darunter leide, soviel Zeit für meine Freuden und für meine Arbeit verloren zu haben - heute morgen bin ich nun wieder wohlauf und fühle mich wie ein Mann, der vom Fieber genesen ist. Ich weiß nicht, ob ich ausgehen soll oder besser das Zimmer hüte, aber ich gestehe freimütig, daß das Alleinsein mich schrecklich quält.

Tausendfachen liebenswürdigen Dank für ihre gütigen Bemühungen und verzeihen Sie mir, gestern eher überrascht als dankbar über Ihren Besuch gewesen zu sein, der mich zutiefst gerührt hat, nachdem Sie aufgebrochen waren, denn ich weiß nicht, ob Sie wissen, daß es Dinge gibt, die im Lauf der Zeit stärker werden.

Tausendfachen Dank und meine Empfehlung an Monsieur de Hanski. Wie bin ich töricht, daß ich Sie wegen einer solchen Geringfügigkeit beunruhigt habe, und wie glücklich bin ich, erfahren zu haben, daß Sie mir ebensoviel Freundschaft entgegenbringen wie ich Ihnen.

1 Ein »offizieller« Brief, in dem Balzac dem Ehepaar Hanski dankt für ihren Besuch am 24. Januar, nachdem seine kurze Nachricht vom selben Tag über seine *Unpäßlichkeit* sie sehr beunruhigt hatte.

*

[Genf, Sonnabend, 25. (?) Januar 1834]

Meine Liebe, ich bin heute morgen wieder ganz wohlauf. Ich war gestern nur deshalb so in Verlegenheit, weil unter dem, was Du hochgehoben hast, diese beiden Briefe für Dich lagen, die ich Dir hiermit zukommen lasse. Mein Gott, meine Liebe, ich hatte Angst, daß Dein Vorgehen ein böses Ende nähme und Du die beiden Briefe entdecken könntest. Im übrigen, weiß Gott, daß ich Dich gern bei mir sähe, aber ich muß unbedingt meinen Katarrh kurieren, so daß, falls ich überhaupt ausgehe, dies allenfalls heute abend sein wird. Ich bin auf, ich mag mich nicht mehr hinlegen; so bin ich nun mal, zu schlimm. Ich muß mich entweder unterhalten oder beschäftigt sein. Die Untätigkeit bringt mich um. Gestern habe ich übrigens einen grauenhaften Abend damit verbracht, mir zu vergegenwärtigen, was ich alles zu tun habe. Ich fühle mich folglich heute morgen wie jemand, der Fieber hatte. Tausend zärtliche Liebkosungen, mein Gott, wie ich leide, wenn ich Dich nicht sehe. Ich habe Dir tausenderlei Dinge zu sagen.

*

[Genf, Montag, 27. (?) Januar 1834]

Niemals hat ein Kranker diesen Titel weniger verdient. Er ist bereit, spazieren zu gehen, seine Druckfahnen abzuholen, und wenn seine geschäftlichen Angelegenheiten abgeschlossen sind, was nicht länger als eine Viertelstunde dauern dürfte, wird er vorbeikommen und der gnädigen Frau Doktor den Vorschlag ma-

177

chen, diesen schönen Tag zu nutzen, um ein Luftbad auf dem *Aussichtsberg* von Genf zu nehmen, und zwar am Fuße des eisernen Stegs, falls die Bequemlichkeit des Hauses Hanski mit der des armen literarischen Leibeigenen übereinstimmt, der Ihnen, Madame, eine Flut seiner imaginären Perlen, die Schätze seiner Helden und seine phantastische Alhambra zu Füßen legt, in der er überall, nein, nicht den heiligen Namen Gottes, sondern einen auf andere Weise geheiligten menschlichen Namen eingraviert hat; aber all diese unermeßlichen Güter sind weniger wert als die 4 gestern gewonnenen Partien.

*

[Genf, Ende Januar 1834]

Ich habe geschlafen wie ein Murmeltier, ich gehe wie auf Wolken, ich liebe Sie wie ein Wahnsinniger, ich hoffe, Sie sind wohlauf, und schicke Ihnen tausend Zärtlichkeiten.

*

[Genf, Ende Januar 1834]

Madame, einem Mann, der die glücklichen Momente für das vielversprechendste Kapital des Daseins hält, sei es gestattet, daß er nichts von den Reichtümern verlieren will, die er anhäuft. Nur was die Freude angeht, will ich wie Grandet sein.

Wenn ich heute morgen die Zeit in Anspruch nähme, die Sie mir von 3 bis 10 Uhr gewährten, würden Sie mich abweisen - Nein. - Gut. - Wenn Sie mich lieben! Ja, - dann zeigen Sie sich mittags oder um ein Uhr.

Sie werden mir meinen Geiz vergeben - Ich besitze immer noch nichts anderes als das Glück, mit dem mich der Himmel belohnt; das ist das einzige, womit ich geizen kann, denn ich habe nur das. Ihnen tausend freundliche und herzliche Empfehlungen und meine Ehrerbietung für den ehrenwerten Marschall der Ukraine und der umliegenden Ländereien.

*

[Genf, Ende Januar 1834]

Madame,

Bautte ist ein großer Mann, der sich allerdings nicht gern mit geringfügigen Dingen abgibt, und da Sie geruhen, der Kette Ihres Sklaven einige Bedeutung beizumessen, schicke ich Ihnen den wackeren Liodet[1], der eher begreifen wird, worum es geht, und sich dem bereitwillig widmen wird. Ich habe ihm übrigens gesagt, er solle eine Muschel verwenden, um die beiden kleinen Ketten zu verbinden, usw.

Empfangen Sie tausend Empfehlungen und die vorzüglichste Hochachtung Ihres Muschik.

Honoré

---

1 Bautte war ein berühmter Genfer Uhrmacher, ebenso Liodet, dem Balzac lange Jahre verbunden war. Die erwähnte Kette ist jedoch nicht fertiggestellt, als Balzac Genf wieder verlassen muß.

*

[Genf, Februar 1834]

Dem Sire de B[alzac], Madame, geht es vorzüglich, und er wird sich in wenigen Augenblicken bei Ihnen einfinden, um zu plaudern, er geizt mit den wenigen Augenblicken, die er noch in Genf verbringen darf, und hätte er nicht Briefe beantworten müssen, wäre er schon heute morgen gekommen.

Tausend herzliche Empfehlungen an Monsieur de Hanski und Ihnen tausendfache freundschaftliche Ehrerbietung.

*

[Paris, Mittwoch, 12. Februar 1834]

Ich vermag Dir nichts anderes zu sagen, als daß ich Dich mit wachsendem Ungestüm liebe, mit einer Hingabe, die an den Widrigkeiten wächst, und ich möchte Dir, wenngleich unvollkommen, den Verlauf der letzten 3 Tage schildern. Am Sonntag bringe ich ein vollständiges Tagebuch zur Post. Ich habe keine Minute für mich. Alles drängt zugleich, und die Zeit fehlt. Aber, mein angebeteter Engel, Du ahnst ja, wie es um mich steht.

Der *Dilecta* geht es besser, trotzdem erscheint mir die Zukunft düster. Noch gebe ich mich nicht der Verzweiflung hin. Mein Gott! Wie mögen Dir die Ohren klingen von meinen liebestrunkenen Gedanken und Dich einwiegen.

*

[Paris,] Donnerstag[, 13. Februar 1834]

Madame, ich bin sehr erschöpft angekommen, und zudem erwarteten mich daheim Sorgen, deren Heftigkeit Sie verstehen werden. Madame de B[erny][1] ist krank, und zwar schwer krank, kränker als sie glaubt. Ich habe ihr Gesicht unheilvoll verändert gefunden, ihr aber meine Besorgnis verborgen; sie ist grenzenlos. Ehe mich nicht mein Arzt oder eine Wahrsagerin beruhigt haben, solange bange ich um dieses Leben, das mir, wie Sie wissen, so kostbar ist.

Ich habe es um einen Tag aufgeschoben, Ihnen zu schreiben, weil ich von Mittwoch früh an ständig in die Rue d'Enfer laufen mußte; und als ich Ihnen endlich schreiben konnte, war es zu spät; die Postämter schlossen wegen des Feiertags früher.

Dieses anmutige Gesicht in einem Monat um zwanzig

Jahre gealtert und schrecklich gezeichnet zu sehen, hat meinen Kummer noch größer gemacht. Selbst wenn ihre Gesundheit wiederhergestellt wird, und das hoffe ich, wird es mir allezeit schmerzlich sein, den traurigen Wandel, den das Alter mit sich bringt, zu sehen. Ich sage das nur Ihnen. Es scheint, als habe sich die Natur plötzlich auf einen Schlag für den Widerstand gerächt, der ihr und der Zeit so lange geleistet wurde. Es ist mein glühendster Wunsch, daß dieses Leben gerettet wird, aber ich habe die Symptome erkannt, die ich mit Entsetzen bei meinem Vater sechs Monate vor seinem Ableben festgestellt hatte. So habe ich Kummer über Kummer gehabt.

Nachdem ich Ihnen meine Sorgen anvertraut habe, Madame, kann ich Ihnen nunmehr einige tröstliche Neuigkeiten vermelden. Mein Verleger hatte Verständnis für meine Säumigkeit und nahm sie mir nicht weiter übel. Gewiß habe ich ungeheuer viel zu tun, aber zumindest habe ich keinen Ärger durch Vorwürfe. Was Monsieur Gosselin betrifft, so handelt es sich lediglich um einen Geldverlust. So können Sie, die Sie die Verlängerung meines Aufenthalts mit teilnahmsvoller Besorgnis als eine zu kostspielige Angelegenheit betrachteten, ganz beruhigt sein. Ich werde mich meiner Freude ganz hingeben, es wird keine Gewissensbisse deshalb geben, und jetzt, wo es keine Gewissensbisse gibt, hätte ich gerne einige - es ist so voller Süße, etwas für die Menschen zu tun, deren Freundschaft uns kostbar ist. Von ferne kann ich Ihnen mit etwas weniger Zittern in der Stimme und weniger geröteten Augen gestehen, daß die vierundvierzig Tage, die ich in Genf verbrachte, eine der erfreulichsten Stationen in meinem literarischen Wanderleben waren. Diese Erholung war notwendig für mich, und Sie haben sie mir in Freude verwandelt. Es war wie ein Schlaf mit den süßesten Träumen, Träumen, die Wirklichkeit werden. Wahre, zärtliche, gute Freundschaft und schöne und angenehme Gefühle sind so selten im Leben, daß wir einander ein wenig Dankbarkeit für diese Verbindung schulden, und ich empfinde meinerseits ebensoviel Dankbarkeit wie Freundschaft.

Glauben Sie mir, ich werde keines meiner kleinen freundschaftlichen Versprechen vergessen: weder das Album noch den Kaffee, noch sonst irgend etwas. Heute kann ich Ihnen nur mitteilen, daß ich, abgesehen von einer großen Müdigkeit, ohne Zwischenfall zu Hause angekommen bin. Es herrschte eisige Kälte. Sonnabend früh habe ich bei Schnee zu Fuß den ganzen Jura überquert, und als ich an dem Stein vorbeikam, wo ich mich vor zwei Jahren niedergelassen hatte, um das bewunderungswürdige Schauspiel der Trennung Frankreichs und der Schweiz durch ein Rinnsal, das der Genfer See ist, und durch einen Graben, der das Tal zwischen dem Montblanc und dem Jura ist, zu betrachten, habe ich einen Augenblick lang schmerzliche Freude empfunden.

Vor zwei Jahren mußte ich über verlorene Illusionen weinen. und diesmal dachte ich sehnsuchtsvoll an das Süßeste, was mir, außer Familiengefühlen, je widerfahren ist, Stunden der Freundschaft, deren Wert ein armer Schriftsteller notwendigerweise lebhafter als jeder andere wahrnehmen muß, denn in ihm schlummert ein großer Dichter, empfänglich für alle Regungen des Herzens; ja, allein diese Gefühle erfüllen mich mit Stolz, und es liegt ein großes Unglück darin, die Freuden der Freundschaft in ihrem ganzen Ausmaß zu erfahren und sie, sei es auch nur vorübergehend, dann zu verlieren.

Heute stürze ich mich wieder in meine Arbeit, und sie ist wahrlich erdrückend. Ich habe versprochen, daß am

25. Februar die zweite Lieferung erscheinen wird, es sind also nur zehn Tage, um, Sie wissen was, zu vollenden, und nur meine Sorgfalt wird die Verzögerungen entschuldigen. Sie sehen, wenn ich Ihnen schreibe, bin ich ebenso schwatzhaft, wie wenn ich Sie aufsuche.

Nun denn, Madame, leben Sie wohl, glauben Sie mir, daß ich keineswegs französisch bin, wenn es um Erinnerungen geht, und daß ich alles weiß, was ich an Gutem und Echtem hinter dem Jura zurückgelassen habe. In Stunden der Niedergeschlagenheit werde ich an unsere Abende denken, und beim Wort: *Patience*, das in mein Leben eingemeißelt ist, werde ich an unsere Patiencen denken. Sie wissen alles, was ich dem *großen Marschall* der Ukraine zu sagen habe, und ich bin sicher, meine Worte klingen aus Ihrem Mund anmutiger als aus meiner Feder. Sagen Sie Anna, Ihr Pferd läßt sich ihr empfehlen und küßt sie auf die Stirn. Tausend herzliche Grüße an Mademoiselle Séverine, unterrichten Sie Mademoiselle Borel darüber, daß ich mir nicht den Hals gebrochen habe, und nehmen Sie, ich ersuche Sie innigst, Madame, meine aufrichtige und herzliche Ehrerbietung zu Ihren Füßen an, Ihre edle Schönheit versichert Sie der Aufrichtigkeit, und was die Herzlichkeit angeht, so möchte ich Sie Ihnen unter Beweis stellen, ohne daß es dazu eines Anlasses bedürfte. Vergessen Sie nicht, das *Morgen* war eine Ihrer Empfehlungen, als ich Ihnen sagte, daß ich nicht an ein Morgen glaube, aber jetzt glaube ich daran, denn fast durch Zufall habe ich eine Zukunft, und der Verleger [Werdet] hat es mir glücklicherweise bestätigt. Er ist sehr zufrieden mit dem Verkauf von *E[ugénie] Grandet*. Er hat gar das gewichtige Wort gesprochen, *das verkauft sich wie warme Semmeln*, ich erzähle das Ihnen, die darin Kuchen sehen will, während so viele Leute wünschten, mich kleinere *Brötchen backen* zu sehen. Sie, die Sie die

Künstler lieben, werden diesen Scherz aus dem Atelier verzeihen.

In Freundschaft ganz der Ihre.

de Bc.

1 Erstmals taucht dieser Name zumindest in Form eines Initials auf.

*

[Paris,] Sonnabend, 11 Uhr[, 15. Februar 1834]

Meine geliebte Eva, Dir soll dieser Teil meiner Nacht gehören. Seit Mittwoch früh dieser Woche war ich auf den Beinen, aber als ich in diesem Paris hin- und herrannte, verfolgte mich die fixe Idee, Dir auf immer nahe zu sein. Meine geliebtes Idol, ich hatte noch nie in meinem Leben so viel Schwung, oder besser gesagt, ich habe ein neues Leben. Ich lese Deinen Namen in mir, ich sehe Dich; alles erscheint mir einfach, um unser Wiedersehen zu erreichen. Ich schrecke vor nichts zurück. Meine Tränen, meine Traurigkeit, mein Liebesschmerz, all das befällt mein Herz, sobald ich zu Bett gehe. Dann, ganz allein mit mir, bin ich voll Kummer, nicht in der Auberge de l'Arc zu sein, meine Liebste nicht gesehen zu haben, und ich lasse in meiner Erinnerung alle, auch die geringsten Einzelheiten dieser Tage vorüberziehen, wo es mein einziger Kummer war, drei Stunden zu früh zu erwachen, drei Stunden, die mein Aufstehen von dem Augenblick trennten, wo ich den ersten Schritt tun konnte, um zu Dir zu gehen. Am folgenden Tag arbeite ich dann mit enthusiastischem Eifer. Was soll ich Dir über diese vier Tage berichten. Ich mußte meine beiden Verleger treffen, auch den Drukker, ich mußte meine Korrekturbogen durchsehen, mich um Madame de B[erny] kümmern, der es besser

184

geht, aber welche Veränderung! Sie ist noch immer ein wenig geschwächt, nicht einmal imstande, meine Korrekturbogen zu überprüfen, alles wird darunter leiden; aber was macht das schon. Ich wüßte dieses Leben gern außer Gefahr. Dabei habe ich gespürt, wie sehr ich Dich liebe. Ein entsetzliches Gefühl hat mir gesagt, daß ich die Vorstellung, Du könntest in Gefahr sein, nicht ertrüge. All das hat mich an meinen Schrecken wegen Deiner Nervenkrise erinnert. Oh, mein Gott, Dich ernsthaft krank zu sehen, Dich, die Du all meine Zuneigung in Deinem Herzen bündelst und festhältst, sowie mein Leben in Deinem Leben, ich würde jedoch nicht an Deinem Tod, sondern an Deinen Schmerzen sterben. Nein, Du weißt nicht, was Du für mich bist. In Deiner Nähe empfand ich zu viel, um Dich an meinen egoistischen Gefühlen teilhaben zu lassen; hier spreche ich den ganzen Tag mit Dir. Du bist in meine Gedanken verwoben, ich finde kein besseres Wort dafür. Kaum in Paris angekommen, sann ich Mittel und Wege, Dich, und sei es auch nur für einen einzigen Tag, in Genf zu sehen.

Ich habe hier heftigen häuslichen Kummer vorgefunden. Heute hatte ich meinen Schwager und meine Mutter zum Abendessen eingeladen. Das will heißen, daß sie mich von 5 Uhr bis 10 1/2 Uhr mit Beschlag belegten. Gestern mußte ich mit meiner Schwester, meiner Mutter und meinem Schwager essen, somit war ich wiederum gezwungen, ihnen die Zeit zwischen 4 Uhr und 11 Uhr zu opfern. Die Ärmsten sind ganz verwirrt. Ich muß Mut, Ideen, Energie und *Geschäftssinn* für alle haben. Am Freitag morgen habe ich mich über die hiesigen Verhältnisse unterrichtet. Ich mußte in aller Frühe den Arzt aufsuchen, um über die Zahlung heute am 15. zu verhandeln und um ihn zu konsultieren, Du siehst also, womit ich mich gestern und heute beschäftigt habe. Den Donnerstag haben die Verleger, ein wenig Schlaf und ein notwendiges Bad beansprucht, und auch Madame de B[erny], der ich zumindest *Ne touchez pas la hache* vorlesen wollte. Am Mittwoch, dem Tag nach meiner Ankunft habe ich Dir am Abend geschrieben, am Morgen bin ich herumgelaufen, habe meine Angelegenheiten in Ordnung gebracht, tausend kleine Dinge erledigt, die ich Dir gar nicht weiter erläutere, da sie zu diesen unerläßlichen Übeln gehören - wie abrechnen, schreiben usw. Nach dieser Flut von Bagatellen befinde ich mich nun nicht allzu ausgeruht, aber etwas weniger beunruhigt wegen der *Dilecta*, vor einem Berg von Druckfahnen, ungeheuerlichen Verpflichtungen zum Monatsende. Madame D[elannoy] benötigt dringend die Hälfte der ihr zustehenden Summe bis Ende Februar; wir haben den 15., der Monat ist kurz, und ich muß meine beiden Bände fertigstellen, muß *Die Herzogin* vollenden und *Die Frau mit den roten Augen* [1]machen. Meine Angebetete, mein innig geliebtes Herz, ich sage Dir ja, es ist schrecklich; aber erschreck nicht zu sehr. *Wien* steigt vor meinem geistigen Auge auf; alles wird gut.[2] Dein Verlangen, mich zu sehen, Deine Liebe, Dein ganzes Ich schwebt über mir, ich glaube nur an Dich; ich will neuen Erfolg, neuen Ruhm, neuen Mut; und schließlich *will ich*, daß Du tausendmal stolzer auf Deinen Gemahl der Liebe bist denn auf Deinen Geliebten. Ja, teure himmlische Ève, ich werde von Melancholie heimgesucht, da ich hier bin und Du dort unten, aber ich kenne keine Entmutigungen, keine Niedergeschlagenheit mehr. Wenn ich die Augen erhebe, sehe ich klarer als Gott, ich sehe ein sicheres Glück, ein bewährtes Glück, oh, mein Schatz, mein teures Leben, Du weißt nicht, was eine so süße

Gewißheit für meine Seele bedeutet! Du weißt nicht, was Du mit Deinen teuflischen Scherzen angerichtet hast, nicht wahr! Du hast auf das liebevollste Herz eine Feuerwaffe gerichtet, die Du nicht zu laden wußtest. Noch einen Augenblick länger, und ich wäre verloren gewesen. Meine immerwährende Liebe hat ihren Platz nur in Dir, ich sehe das sehr wohl, ich weiß es jetzt, denn jetzt begehre ich Dich mehr denn je. Meine geliebte Seele, ich unternehme alle erdenklichen Anstrengungen, damit wir uns wiedersehen, ich versuche, aus meiner Hoffnung Wirklichkeit zu machen, aber Du, mein schönes Ich, was machst Du? Ach, mein schönes und heiliges Geschöpf, ich weiß, daß es nicht der in Paris ist, der die schwerste Bürde trägt, nämlich unsere Liebe, wie sie in Genf war, sondern Du bist es, die Du all unser Glück trägt, die auch eher unsere Schmerzen und Leiden spürt. Niemals wieder werde ich uns *beide* betrachten, ohne ein Lächeln voll Hoffnung, aber auch mit ein wenig Traurigkeit. Oh, mein abgöttisch geliebter Engel, Du, der meine ganze Zukunft gehört, mein ganzes Glück und für die ich all den schönen Glanz haben möchte, der eine Frau glücklich macht, Du, die ich mit der ganzen Leidenschaft eines jungen Empfindens liebe, als erste und letzte Liebe gleichzeitig, ja wisse wohl, es bedarf derselben Leiden, Vorstellungen, Freuden, um meine Seele wie die Deine zu bewegen. In diesem Augenblick, in dem ich Dir schreibe, wo ich alles hinter mir gelassen habe, um in Dein Herz einzutauchen, um mich Dir zu nähern, nein, da fühle ich keine Entfernung mehr, da sind wir einander nahe, ich sehe Dich und berausche mich an der Erinnerung einer jenen kurzen Augenblicke der Wollust, die mich so beglückten. Ich bin sehr stolz auf Dich. Ich rufe mir selbst zu, daß ich Dich liebe, weißt Du, die Liebe eines Dichters birgt stets ein bißchen Verrücktheit. Nur die Künstler verstehen den Wert der Frauen, denn sie sind selbst ein wenig Frau. Oh, wie sehr ich es brauche, mir selbst andauernd zu sagen, daß ich sehr geliebt werde, es aus Deinem Munde wiederholt zu hören. *Du*, Du bist einfach alles. Aber auch Du wirst erst, wenn Du meine Stimme hörst, wissen, wie leidenschaftlich ich Dir sage, daß Du die einzig Heißgeliebte, die alleinige Gemahlin bist. Diesmal werde ich noch verliebter als die beiden Male zuvor zu Dir eilen. Du weißt warum, meine liebe, so naive Frau, weil ich Dich nun besser kenne, weil ich weiß, was Dein liebes und himmlisches Temperament an Göttlichem, an Mädchenhaftem in sich birgt (...) Als ich nach Neuch[âtel] fuhr, *wollte ich es*; aus Genf zurückkehrend, ist es mir unmöglich, Dich nicht zu lieben. Wer wird jemals wissen, was der Weg nach Ferney mir bedeutet, der Ort, an dem ich vor meiner Abreise noch versunken in den Anblick Deines teuren betrübten Antlitzes verharrte! Mein Gott, wenn ich Dir alle Gedanken mitteilen wollte, die in meiner Seele wohnen, die Wollust, die mein Herz enthält und ersehnt, dürfte ich nicht aufhören, Dir zu schreiben; und unglücklicherweise taucht das Wort *Wien* auf; ich bin im Namen eines fortwährenden Glücks grausam mit uns beiden, ja, *ein* zusammen verbrachtes *Jahr* wird Dir beweisen, daß Du täglich mehr geliebt werden kannst, und ich sehne den September herbei...

Meine Geliebte, ich habe überaus viel Kummer! Dieses leuchtende Glück ist umgeben von Dornen, Stacheln und Steinen. Ich kann Dir den Kummer mit der Familie gar nicht schildern, er ist grenzenlos. Du wirst es mit einem Wort verstehen, Du, die Du durch eine Schwester das erlebst, was ich auf ähnliche Art durch meine Mutter erlebe. Meine Mutter hat aus guter Absicht heraus Torheiten begangen, die einen in Frank-reich in Verruf bringen. So finde ich mich nun damit beschäftigt, meine Mutter über ihr Tun ins rechte Bild zu setzen, sie im Zaum zu halten; ich muß sie wie ein Kind behandeln. Wenn die Welt schon Hindernis über Hindernis in meinem Leben angehäuft hat, wie traurig ist es erst zu sehen, daß meine Familie es noch schlim-mer gemacht hat, indem sie mir nicht nur zu nichts nut-ze war, sondern mir insgeheim noch Fesseln angelegt hat; eines Tages rechnet es dir die Welt als Sieg an, daß du sie überwunden hast, aber den Kummer mit der Fa-milie muß man mit dem lieben Gott abmachen.

Ich hatte zu Borget gesagt, daß ich mich im Septem-ber in Wien und dann ein ganzes Jahr lang in der Ukrai-ne und auf der Krim aufhalten würde; und Du weißt, daß ich ihm geschrieben habe, er könne Dich in Italien treffen. Ich schicke Dir einen Auszug aus dem Brief die-ses vortrefflichen Freundes, er wird Dir gefallen; Du wirst darin Adel der Seele, Schönheit des Empfindens erkennen. Was für ein offenes Herz er denen entgegen-bringt, die seinen Freund lieben. Liebe ihn aber nicht zu sehr, *ma dame*. Er wird Dir *Deine Kette* mitbringen und die Skizzen von meiner Wohnung sowie Dein Sie-gel, wenn es denn fertig ist, ohne zu wissen, was er Dir da übergibt. Sag mir deshalb, an welchem Tag Du in Ve-nedig sein wirst, und er wird kommen.

(...) Mein Gott, Freitag, beim Diner im Haus meiner Schwester habe ich eine dieser Szenen gesehen, die be-weisen, daß die berauschendste Liebe, die eifersüchtige Liebe, daß nichts in Paris einer fortgesetzten Misere standhält. Oh, geliebter Engel, welch schreckliche Wir-kung in meinem Herzen, wenn ich an das kleine Haus in der Rue Cassini denke. Wie habe ich mir dort in felsen-fester Überzeugung geschworen, nie die Blumen meines

Lebens dem auszusetzen, daß sie in den braunen Topf geraten, in dem die Nelken der Mutter Ida standen, Du weißt, in *Ferragus*. Nein, nein. Diese Erfahrung werde ich nie machen, daß ich darüber den Freitag, den 14. Februar 1834 noch den 26. Januar vergessen würde; das war daraus die Lehre für mich. Ja, ich will viel, es gibt in meiner Natur ein unbezwingbares Bedürfnis, Dich immer mehr und besser zu lieben, um nie meine Liebe einer Unstimmigkeit auszusetzen. Oh, mein Herz, meine Seele, mit welcher Freude erkenne ich bei jedem Schritt, daß ich Dich liebe, wie Du Dir es erträumst. Es gibt kein Vorkommnis, es gibt nichts, was nicht zu diesem eigentlichen Mittelpunkt vorstoßen kann. Die gleichgültigsten Dinge treten in diesen Bannkreis.

Nein, Deine Jungmädchenkette wird rein bleiben, ich würde sie gern tragen, sie ist indes zu hübsch für einen Mann. Deshalb wollte ich Deinen Kopf von Grosclaude gemalt haben. Was für ein wunderbares Schmuckstück hätte ich dafür aus Deiner Kette gemacht und was für ein wunderbarer Gedanke, Dich, meine teure Frau, mit all dem Aberglauben Deiner Kindheit zu umgeben, den ich vergöttere. Deine Kindheit war die meine. Wir sind Bruder und Schwester durch die Leiden der Kindheit.

Ich weiß nicht, wann ich Madame Appony aufsuche, um den Brief Deiner Cousine zu überbringen. Vielleicht gehe ich am Dienstag hin, und ich werde ihr, darauf mache ich Dich aufmerksam, einen reizenden Dankesbrief schreiben, denn ich fürchte sie Deinetwegen. Gib mir das Recht, schon im voraus, einige Dornen auszureißen, die sich in Deinen Kleidern verhaken könnten.

Es ist ein glückliches Lächeln von Dir, eine kleine entzückende Veränderung Deiner Züge, eine Blässe, die Dich in einem Moment der Freude überzog, deren berauschende Erinnerungen mich überkommen und quälen. Oh, Du weißt ja nicht, in welcher Tiefe Du mit den Launen, Lieben, Freuden, der Poesie, den Gefühlen meiner Natur übereinstimmst.

Nun denn, lebe wohl. Bedenke, meine Vielgeliebte, daß in jedem Augenblick des Tages ein Gedanke voller Liebe Dich umgibt, daß ein helles und geheimnisvolles Licht Deine Umgebung vergoldet, daß meine Gedanken bei Dir sind, daß ich in Dein Inneres blicke, daß ein beständiges Verlangen Dich liebkost, daß ich in Deinem Namen und für Dich arbeite. Hab Dich wohl und bedenke, daß die einzige ernsthafte Weisung, die Dir derjenige gibt, der Dich liebt und die Du zu befolgen versprochen hast, lautet, viel *an die Luft zu gehen*, wie auch immer das Wetter sei. Es muß sein. Der Arzt hat über meine Befürchtungen gelacht, aber ich muß dennoch einige Bäder nehmen und Vorsorge treffen, er sagte, dies sei die Folge meines exzessiven Schaffens. »Solange Sie Ihr keusches Mönchsleben führen und zwölf Stunden am Tag arbeiten,« fuhr er fort, »müssen Sie jeden Morgen einen Trunk *wilder Gedanken* zu sich nehmen.« Ist seine Verordnung nicht köstlich?

Du kennst alles, was ich Dir an zärtlichem Begehren schicke. Nun denn, ich hoffe, daß Du jeden Mittwoch einen Brief von mir den Klauen der Post entreißen kannst. Von jetzt an bis zum Ende des Monats arbeite ich nur noch zwölf Stunden, schlafe sieben und verwende die übrigen fünf auf Erholung, Lektüre, Bäder und die Mühen des Alltags. Dein B[engali] ist brav. Also, tausend Herzensblumen!

1 Balzac dachte also bereits an einen neuen Titel für *Ne touchez pas la hache*. - Er redigierte nur den Anfang von *Das Mädchen mit den Goldaugen* für die 2. Lieferung der *Études de mœurs*.

2 Balzac plant bereits ein neues Zusammentreffen in Wien, zu dem es aber erst im Mai 1835 kommen wird.

[Paris, Montag, 17. Februar - Sonntag, 23. Februar
1834]

Montag

Kein Brief von Dir heute, meine innig geliebte Ève,
mein Gott, bist Du unpäßlich? Was leidet man nicht für
Qualen über diese Entfernungen hinweg! Wenn Du
krank wärst, und jemand nähme Dir Deine Briefe weg!
Tausend Gedanken gehen mir gleichzeitig durch den
Kopf und stürzen mich in Verzweiflung. Heute habe
ich viel gearbeitet, aber ich komme schlecht voran.
Morgen muß ich zu Monsieur Margonne, dem Lehns-
herrn von Saché, zum Diner. Trotzdem stehe ich um 1/
2 2 Uhr morgens auf und lege mich um 1/2 7 zur Ruhe.
So sehen also meine wiederaufgenommenen Arbeitsge-
wohnheiten aus, und auch die Ermüdung ist geblieben,
aber ich ertrage sie gut. Ich habe unerhörte Schwierigkeiten, das, was ich im Moment zu tun habe, gut zu machen. In jedem Augenblick des Tages fliegen meine
Gedanken zu Dir. Ich habe tödliche Angst, weniger geliebt zu werden. Ich bete Dich in völliger Hingabe an.
Ich verspüre eine so große Notwendigkeit, mich geliebt zu wissen. Ich wäre nur dann glücklich, wenn ich,
zwar nicht jeden Tag, aber jeden zweiten, einen Brief
von Dir erhielte. Deine Briefe erfrischen meine Seele,
sie füllen sie mit himmlischem Balsam. Du darfst nicht
an mir zweifeln, ich arbeite Tag und Nacht, und jede
Zeile bringt mich Dir näher; aber Du, mein geliebter
Engel, was machst Du, bist Du müßig, bewegst Du Dich
auch ein wenig in Gesellschaft. Mein Gott, welch starke
Bande sind zwischen uns. Sie zerbrechen nicht, nicht
wahr. Du weißt nicht, wie sehr ich mich durch all die
Dinge an Dich gebunden fühle, von denen Du glaub-
test, mich abbringen zu müssen. Es gibt nicht nur hem-

mungslose Liebe, Leidenschaft, Glück, Vergnügungen, ich empfinde Dir gegenüber auch eine wie auch immer geartete tiefe Wertschätzung Deiner moralischen Qualitäten. An Deinem Geist werde ich immer Gefallen finden, Deine Seele ist stark, Du bist genau *die Frau*, die ich mir als die meine ersehnt habe. Ich lasse all meine guten Erinnerungen von diesen 45 Tagen mit Wonne vor meinem geistigen Auge Revue passieren, und alle beweisen mir, daß ich zu *Recht* liebe; ja, ich kann Dich auf immer lieben, mit aufrichtiger Zuneigung auf immer Deine Hand festhalten, Dich in einem Herzen aufnehmen, das auf immer von Dir erfüllt sein wird. Ich spreche gern von Deiner Überlegenheit, denn es gibt sie wirklich. Jeder Klang, der aus Deiner Seele kommt, ist groß und stark und wahr. Ich bin sehr glücklich durch Dich, wenn ich daran denke, daß Du alle Qualitäten besitzt, die die Zuneigung das ganze Leben lang dauern lassen. Meine teure Blume der Liebe, ich habe Dir in meinem letzten Brief geschrieben, daß ich möchte, daß Du spazierengehst; aber ich will noch mehr, ich will auch, daß Du darauf verzichtest, *Milchkaffee* oder *Tee* zu trinken. Ich wünsche, daß Du mir gehorchst, und ich verlange, daß Du kein rotes Fleisch ißt. Darüber hinaus muß es Dir gelingen, für Deine Toilette nach und nach kaltes Wasser zu benutzen. Du wirst all dies machen, wenn es im Namen der Liebe verlangt wird. Weiche in nichts von dieser Lebensweise ab. Was das Gehen anbetrifft, beginne mit Spaziergängen von geringer Dauer und steigere sie täglich, bis es Dir gelingt, zwei Meilen am Tag zu Fuß zurückzulegen.

Mach Deinen Spaziergang mit nüchternem Magen nach dem Aufstehen und iß bei der Rückkehr ein wenig Fleisch zu Mittag, aber nicht roh sondern stets gebraten. Wenn Du mich liebst, wirst Du Dich mit steter Beharrlichkeit so verhalten. Auf diese Weise wird Deine Schönheit erhalten bleiben, Du wirst ein wenig abnehmen, Du wirst Dich großartig fühlen, und Du wirst Krankheiten vermeiden. Oh, ich bitte Dich inständig, mach Dir diese Lebensweise zu eigen, und wenn Du am Meer bist, nimm Bäder. Du weißt nicht, wie sehr ich Dich liebe.

Dienstag[, 18.]

Immer noch kein Brief! Welches Bangen, ich komme von Madame de C[astries] zurück, die ich wegen meines Buches nicht zur Feindin haben will, und das beste Mittel, mir einen Verteidiger gegen den F[au]b[ourg] [Saint Germain] zu beschaffen, besteht darin, mir im voraus ihren Beifall für das Werk zu sichern. Und sie hat es sehr beifällig aufgenommen. Ich war bei Madame Appony, um ihr den Brief von Madame Potocka zu übergeben. Die Botschafterin machte jedoch gerade Toilette; ich habe sie gar nicht gesehen und letztlich bin ich froh darüber, ich möchte keine Störungen, ich will nirgendwo hingehen, und es ist mir die einzigartige Idee gekommen, mir den Schädel zu rasieren wie ein Mönch, damit ich nicht mehr auszugehen brauche. Sonnabend dieser Woche bin ich bei Dablin[1] zu einem Ball eingeladen, ich bin ihm verpflichtet und muß mich erkenntlich zeigen. Weißt Du, daß es für mich darum geht, meine Mutter und meine Schwester und meinen Schwager bei mir aufzunehmen, ich erwarte einen diesbezüglichen Rat. Ich sehe durchaus Nachteile darin, eine Beschränkung meiner Freiheit, obwohl mich nichts davon abhalten würde, in die Ukraine oder nach Wien zu fahren, zwei Jahre lang fortzubleiben; aber seit zwei Tagen rät mir meine Vernunft, mich diesem Zusammenwohnen zu verweigern, und doch ist dies das einzige

Mittel, meine Mutter davon abzuhalten, Dummheiten zu begehen. Welch ein Ärger und was für Unannehmlichkeiten, außer meinem persönlichen Kummer. Ich habe wenig gearbeitet heute und viele Laufereien gehabt.

1 Théodore Dablin war ein mit der Familie Balzac befreundeter Eisenwarenhändler.

Mittwoch[, 19.]

Besessene Arbeit. *Die Herzogin von Langeais* kostet mich mehr, als ich Dir sagen kann. Meiner Ansicht nach ist es ein kolossales Werk, aber es wird von der Masse nicht sehr geschätzt werden. Mein Verleger verweigert mir die Zahlung zum Monatsende; ich bin also zu tausend lästigen Schritten gezwungen, und ich werde auch Erfolg haben! - Er ist ja im Recht, er vertritt Madame Béchet und sagte mir, er könne sie nicht um einen Vorschuß bitten; die Lieferung muß eben um jeden Preis erscheinen. Auf diesem Weg sage ich Dir tausend Zärtlichkeiten. Jetzt, während Du diese Zeile liest, wirst Du daran denken, daß das Herz Deines Geliebten voller Liebe war, daß es voll *Verlangen* war, Dir tausenderlei liebevolle Dinge zu schreiben und daß er verstummen mußte, arbeiten. Auf morgen.

(…)

Freitag[, 21.]

Ich habe Deinen Brief! Den zweiten Brief, den Du Deinem Liebsten geschrieben hast. Mein Gott, wie ich Dich liebe, das tausendfache Begehren, die Erwartungen des Glücks, die mir bei jeder Drehung des Wagenrads das Herz entflammten, als ich nach N[euchâtel] fuhr, die sicheren Wonnen, die ich in Genf suchte und die Dich verehrungswürdig, hinreißend und schließlich zu meiner Gemahlin machten, auf ewig zur meinen, ach, ich habe all diese so unterschiedlichen Gefühle noch einmal verspürt, aber gesteigert durch teure Freuden und die wunderbare Geborgenheit eines Engels in seinem Himmel. Oh, meine Liebe, was für schnelle Flügel haben mich zu Dir getragen. Ja, meine Gedanken haben Deine herrliche Stirn geküßt, mein Herz war in Deinem Herzen, meine Gedanken in Deinem schönen Haar, und mein Mund, ich wage es kaum zu sagen, spürte gewiß Deine Liebe, denn er küßte Dich mit unerhörter Leidenschaft. Oh, geliebte Ève, geliebter Glücksschatz, geliebte edle Seele, geliebtes Licht, geliebte Welt, mein einziges Glück, wie soll ich Dir richtig zum Ausdruck bringen, wie ich dort gefühlt habe, daß ich Dich *in aeternum* liebe. Ich hätte diesen Brief vor Deinem Bildnis auf den Knien lesen sollen! Wieviel Mut Du mir verleihst.

Nun gut, ich bin froh über das, was Du mir berichtest. Damit dem so sei, muß es die Frucht gewissenhafter Überlegungen sein. Oh, Liebste, dieses andere *Du*, dieses andere *Wir*, nun, ich will, daß es alles habe, was dem Stolz einer Mutter schmeicheln kann, oh, daß es groß sei, daß es Deine Stirn habe, meine Energie, daß es schön sei und edel, mit einem großen Herzen und einer schönen Seele. Für all das bedarf es der Weisheit. In Wien, meine Liebe, in Wien werden wir uns darum bemühen. Was für Wonnen liegen in einer Keuschheit, einem Ruhm, einem Schaffen, die ein Ziel haben. Treue, Berühmtheit, Arbeit, all das für eine Frau, eine einzige, deren Liebe bereits auf mich ausstrahlt, ja, auf mein ganzes Leben. Eva, Eva der Liebe, meine schöne und edle Geliebte, meine reizende, naive Dienerin, meine große Herrscherin, meine Fee, meine Blume, ja, Du erleuchtest alles! Halte an Deinen Plänen fest; sei eine Frau, die so überlegen ist in ihrem Benehmen, in ihren Vorhaben, sei auch so stark bei Dir zu Hause, wie Du es in der Liebe bist. Ah, Deine Briefe! Sie entzücken mich, sie bewegen mich, Du betörst mich, welche Seele, was für ein Herz, welch wertvoller Geist, Du bist die Krönung all meines Strebens, und gestern sagte ich zu Madame de B[erny], daß Du die *Unbekannte* von Genf und N[euchâtel] seist, die Verwirklichung der anspruchsvollen Vorstellung, die ich mir von einer Frau gemacht hatte.

Denn, meine Liebe, es will schon etwas heißen, wenn eine Frau, die wie alle Frauen einen Sieg über die Sinne und das Herz ihres Geliebten erringen will, vollkommen sicher sein kann, daß sie auch aus der Ferne bewundert wird, daß der Geliebte es immer versteht, sie zu schätzen, zu ehren, daß er Gefallen an ihrer Gegenwart findet. So wie Du mich an Deiner Seite erlebt hast, so werde ich immer sein. Dir gehört mein Lächeln, Dir gehören meine Blumen des Herzens und der Liebe, die unaufhörlich in Blüte stehen. Dir gehört die Aufrichtigkeit und Reinheit meiner Empfindungen, Dir gehört alles, Dir, die Du den Geist, die Ausgelassenheit, die Melancholie, die Größe, das stets wechselnde Ungestüm der Liebe eines Dichters begreifst. Oh, ich schließe, indem ich Dich auf die Augen küsse.

Morgen habe ich Laufereien; ich habe lästige Geldgeschäfte zu tätigen; aber es ist das letzte Mal. Ich werde die Schwierigkeit mit einem Schlag bei der *Physiologie [der Ehe]* beheben, und Ende März schulde ich Madame D[elannoy] keinen Sou mehr. Danach, nun ja, danach mache ich mich wieder ans Werk, um den Rest zu vollenden. Ich sage Dir nichts über diese Laufereien, aber sie rauben mir nicht wenig Zeit, ermüden mich, sind mir genauso lästig wie die bittere Notwendigkeit, die mir jeden Morgen zuruft: *Vorwärts!*

Meine Liebe, meine Ève, abends und morgens schlafe ich ein und erwache in Deinem Herzen, in Deinen Gedanken. Für Dich zu leiden und zu arbeiten, das sind wahre Freuden. Bis morgen.

Sonnabend[, 22.]

Ich habe soeben Deinen offiziellen Brief erhalten und beantwortet. Ich erwähne *dummerweise* Deine Kette darin, aber ich brachte es nicht übers Herz, den Brief ins Feuer zu werfen, ihn neu anzufangen. Ich bin müde. Heute abend muß ich auf einen Ball gehen; ich, auf einen Ball! Aber, meine Liebe, es muß sein. Er findet bei meinem einzigen Freund statt, und so bin ich verpflichtet, hinzugehen. Ich werde Dir eine Vorlage für die Kette schicken, die von Vaucanson, Du sollst sie für mich ganz massiv fertigen lassen, und *Liodet* wird sie mir zukommen lassen und dabei versuchen, mich mit dem Preis zu übervorteilen. Laß mich übrigens wissen, ob vergoldete Bronze nach Rußland eingeführt werden darf. Ich habe einen so prachtvollen dreiarmigen Leuchter herstellen lassen, daß ich Dir gern den gleichen schicken möchte, ebenso wie ich möchte, daß es ein Tintenfaß, einen Wecker (ein sehr nützliches Ding für eine Frau), nun alles, dessen ich mich bediene, in ähnlicher Weise bei Dir gäbe. Wenn ich wohlhabender wäre, hätte ich Deine Kette durch eine ähnliche ersetzt und die Deine an mich genommen, damit Du Dir beim Spielen damit hättest sagen können, *er spielt mit der Kette.* Aber diese Freuden werde ich uns erst später einmal bereiten können, gib mir Bescheid wegen der Bronze, denn ich möchte gern, daß Du dieses Meisterwerk vor Augen hast. Bedenke, welches Glück darin läge, während Du mir schreibst, das *Exsultat vitam angelo-*

rum anzusehen, das ich ansehe, wenn ich an Dich schreibe. Oh, ich bin ein Feinschmecker, ausgehungert nach den Dingen, die zwei Liebende ohne Unterlaß einander ins Herz streuen. In W[ierzchownia] werde ich Dein Zimmer ähnlich dem meinen einrichten lassen, ich will, daß Du den gleichen Teppich hast.

Oh, ich bete Dich an! Soeben habe ich geweint, als ich an die Dielen im Haus Mirabaud[1] dachte. Welches Glück, wenn man die Stärke hat, das Husten zu unterdrücken. Diese Tränen haben mir gesagt, daß ich am 10. September in Wien sein und Dich an mich drücken werde, und Du wirst glücklich sein über dieses Herz, das ganz das Deine ist.

Mein Dummchen, in zehn Jahren wirst Du 37 sein und ich 45, und in diesem Alter kann man sich für ein ganzes Leben lieben, vermählt sein, sich vergöttern. Auf, meine edle Gefährtin, meine teure Ève, niemals Zweifel, Sie haben es mir versprochen. Lieben Sie voll Vertrauen, *Seraphita*, das sind wir beide, entfalten wir also unsere Flügel mit einem einzigen und gemeinsamen Schlag, lieben wir uns auf dieselbe Weise. Ich vergöttere Dich, ohne vorwärts noch rückwärts zu schauen. *Du* bist die Gegenwart, mein Glück in jeder Minute.

Sei nicht eifersüchtig auf den Brief von Madame Potokka; diese Frau muß für *uns* sein. Ich habe ihr geschmeichelt, und ich wünsche mir, daß sie Dich verschmäht glaubt.

Alles was ich Dir aus *Ne touchez pas la hache* vorgelesen habe, ist abgeändert worden. Du wirst ein ganz neues Werk lesen.

Teurer Engel, nein, wir werden niemals die Sphäre des Glücks verlassen, in der Du mir ein so vollständiges Glück bereitest. Liebe mich immer, und Du wirst mich immer glücklich sehen, mein Leben, mein schönes Leben. Ich weiß nicht einmal mehr, was Ärger ist, wenn ich sehe, wie mein ganzes Leben durch diese eine einzige Liebe erglüht. Erzähl mir genau, was Du alles treibst. Dein Besuch in Genth[od][2] hat mich entzückt. Laß Dich niemals von einer Frau beißen, ohne sie zuerst gebissen zu haben. So werden Sie Dich fürchten und Dich respektieren.

Danke für das Veilchen, aber ein Stück weißes Band wäre mir lieber, das Veilchen roch überhaupt nicht mehr.

Ich schicke Dir ein Veilchen aus meinem Garten.

[1] Domizil der Hanskis in Genf im Winter 1833/34.
2 Schloß Genthod bei Genf war der Wohnsitz der Prinzessin Galitzin. 1846 wird Balzac ihr *Ein Drama am Meeresufer* widmen.

Sonntag[, 23.]

Lebe wohl, Seele meiner Seele, wird Dir dieser Brief sagen, daß Du geliebt wirst, wird er es Dir genügend sagen - Nein, niemals genügend. Meine Federspitze muß da sein, wo die Liebe ist.

Ich hoffe, diese Woche meinen Band zu beenden, Du wirst ihn rechtzeitig in Genf erhalten. Du wirst noch einen Brief von mir bekommen, der nächsten Sonntag abgeschickt wird. Nur damit Du es weißt. Danach erwarte ich Deine Anweisungen. Ich werde blind befolgen, was Du mir sagst, aber vor allen Dingen *schreibe die Namen leserlich*. Wirst Du es glauben, wenn ich Dir sage, daß gestern 2 junge Leute bei mir zum Diner waren, die mir erzählten, daß sich mehrere Männer, darunter 2 ihrer Freunde, beim Opernball *für mich ausgegeben haben* und die Gunst anständiger Damen erlangten, während ich in Genf weilte, und daß ich auf diese Art verleumdet wurde. Es gibt Frauen, die sich rühmen, mir zu gehören, mit mir Umgang zu pflegen, mit mir, der ich lediglich die *Dilecta* sehe, mit mir, der niemanden empfangen will, der in Deinem Herzen wohnen möchte! Ich habe das gestern abend erfahren. (...)

*

Mein Engel ist zu mir zurückgekommen, ach, ich werde vor Dir mein Bangen, meinen Kummer, meine schrecklichen Entschlüsse einer ganzen Woche verbergen, in der mir alles das Herz zerrissen hat. Am Montag Du. Am Dienstag habe ich mich mit É[mile] de Girardin überworfen, so daß wir uns vielleicht schlagen werden, aber zum Glück ging es um ein Unternehmen, mit dem ich ohnehin nichts mehr zu tun haben möchte. Meine Feinde haben das Gerücht in Umlauf gebracht, ich sei mit einer russischen Prinzessin liiert, man nennt Madame Potocka. Ich habe seit meiner Rückkehr niemand anderen gesehen als Madame Appony, Madame de C[astries] und Madame de Girardin und für eine Stunde Madame de la Bourd[onnaye]. Das kann nur aus Genf kommen und nicht von mir, der ich kein Wort über meine Reise habe verlauten lassen. Schließlich habe ich mich wegen der *Herzogin von Langeais* mit Madame de C[astries] überworfen; um so besser. Aber alles geschah auf einmal. Auch wird es nie eine tiefere *Einsamkeit* geben als die meine. Ich habe nur eine Stunde, um Dir zu antworten. Oh, meine Liebe, ich schwöre Dir, ich habe Madame de P[otocka] nur geschrieben, um mir meinen Weg nach Rußland offenzuhalten. Es gibt sehr geschickte Zungen, die hier in Paris verbreiten, daß ich nach Rußland führe. Auf diese Weise wird man mir die Pässe verweigern, wenn ich sie beantrage. Ich habe Z[aluski][1] nicht getroffen. Ist er es etwa, der klatscht! Mein Gott, ich in meinem Loch muß derlei Unbill ertragen. (…) Von hier bis *Wien* indes gibt es nur Arbeit und Einsamkeit. Gib mir die Möglichkeit, Dir mein Paket zukommen zu lassen, Deinen Kaffee, in dem die Kette für Dein Haar sein wird. Deshalb wirst Du diese Kiste selbst auspacken müssen. Aber ich schicke besser Auguste nach Venedig und sende Dir nach Genua nur meine Büchersendung. Bereite mir nie wieder solche Ängste. Wäre die *Dilecta* nicht gewesen, hätte ich mich am gestrigen Sonnabend umgebracht! Oh, ich flehe Dich an, wenn Du willst, daß ich Dich achte und Dich bis ans Ende meiner Tage anbete, dann bleib Dir selbst treu. Sei immer nur ganz mein. Ich, siehst Du, ich habe nur noch Dich. Die übermenschlichen Anstrengungen, die ich unternehmen muß, sind das größte Unterpfand der Liebe, das ein Mensch geben kann. Oh, angebetete Geliebte, meine Ève, meine Eva, sein Leben hinzugeben, was ist das schon - Nichts! Jedesmal, wenn ich Dich sah, habe ich mich ohne Bedauern hingegeben. Ich würde Dir alles opfern. Jeden Tag um Mitternacht aufstehen, um sich in einen Krater voll Arbeit zu stürzen, es jedoch mit einem Namen auf den Lippen, einem Bild im Herzen, einer Frau vor sich zu tun! *Kraft und Beharrlichkeit*; ich lebe nur durch das Bewußtsein der Größe, das mir eine geheimnisvolle Liebe verleiht. Das heißt lieben. Oh, sei meine wahre Beatrix, eine Beatrix, die sich hingibt und dabei ein Engel, ein strahlendes Licht bleibt. Alles, was Deine Eifersucht fordern wird, alles, was Deine Launenhaftigkeit verlangt, wird mit Freuden erfüllt. Außer der *Dilecta*, die mir meine Druckbogen korrigiert, und die, ich schwöre es Dir, wie eine Mutter ist, wird mich keine Frau hören oder sehen. Meine Schwester und meine Mutter haben ihre Entscheidung getroffen. Sie werden zusammenbleiben und nicht zu mir kommen. Ich bin also weiterhin frei.

Oh, meine Liebe, meine teure und angebetete Liebe, verzeih mir meine Antwort auf Deinen Brief; aber eine Liebe wie die meine, einem Kind, einem Ehemann zu opfern, heißt sie, für welchen Vorteil auch immer, zurückweisen; das würde mich töten. Oh, mein Engel, zu glauben, Du seist nur einer Laune entsprungen, nach allem, was Du mir gesagt hast, nachdem was Du gefordert hast, was ich vollbracht habe, das ist zum Sterben. Ich bin stolz darauf, ein Dichter zu sein, ich lebe nur durch das Herz, durch die Gefühle, und ich habe nur ein einziges Gefühl. Meine *Dilecta* ist 60 Jahre alt, ist nur mehr eine Mutter, sie ist meine ganze Familie, wie Du mein ganzes Herz bist, meine ganze Zukunft. Ich habe viel zu tun, die *Herzogin* erscheint am 15.; sie versetzt bereits ganz Paris in Aufruhr. Mein Gott, tausend Küsse, von denen jeder tausendfach zählen soll. Oh, mein Engel, ich möchte Dir nie mehr sagen müssen, daß mich, in wessen Namen auch immer, zu verraten, den Tod für mich bedeutet. Ich küsse Dich voll Trunkenheit. Der B[engali] ist artig. Er ist unter meiner Arbeit begraben.

Laß *ave* auf das Tintenfaß gravieren.[2] Die *Tolldreisten Geschichten* werden Dir sagen warum. Ich wollte Dir nichts sagen. Es strömte tausendfach aus meiner Seele, ich muß alles für mich behalten. Es ist jetzt Mittag. Der Brief muß um ein Uhr auf der Hauptpost sein, ich habe Deinen am Mittag erhalten.

1 Den Grafen Roman Zaluski hatte Balzac in Genf kennengelernt. Er hatte Madame Hanska um dessen Pariser Adresse gebeten, konnte ihn jedoch nicht ausfindig machen.
2 Es handelt sich um das Tintenfaß, das er vor seiner Abfahrt aus Genf in Auftrag gegeben hatte. Das *ave* ist ein Anagramm von Eva.

*

Meine Blume, meine einzige Liebe! Ich empfange soeben Deinen Brief, den Du mir nach Erhalt meines Briefs mit den *Bösartigkeiten* geschrieben hattest. Oh, welch Glück, Dir noch einmal schreiben zu können, damit Du ohne Reue Genf verlassen kannst. Du kannst Dir nicht vorstellen, wie schön, groß und prächtig das Fest war, das seit dem Brief, mit dem Du zu mir zurückkamst, in der Tiefe meines Herzens wegen der Rückkehr des innig geliebten Herzens gefeiert wurde; welche Freude, welche Trunkenheit des Geistes, welch ein Vergessen der Schmerzen, oder besser gesagt, wie süß die Erinnerung daran war, denn sie sagte mir, wie sehr Du geliebt wirst, vergöttert, so wie Du es sein möchtest. Oh, wenn Du all das gesehen hättest, nie würde ein Verdacht, ein Wort des Zweifels, ein geschriebener Satz die Reinheit entehren, die blaue Unermeßlichkeit dieser Liebe, die meine ganze Seele besetzt hält, mein ganzes Leben für sich eingenommen hat, der Hintergrund all meines Denkens geworden ist. Seit zwei Tagen bin ich trunken vor Glück, selig, fröhlich, tanzend, sobald ich einen Augenblick für mich habe, springe ich herum wie ein Kind. Oh, teurer Talisman des Glücks, innig geliebte Eva, mein Herz, meine Frau, Schwester, Familie, mein Tag, mein alles. Ich lebe mit Freuden allein; ich habe der Welt, allem, ernsthaft lebewohl gesagt. Mein Gott verzeih mir, was Du meine Koketterien nennst, ich werfe mich vor Deine Knie, vor Deine geliebten, rundlichen, geküßten, liebkosten Knie, ich schmiege meinen Kopf an Dich, ich bitte um Vergebung. Ich werde einsam und fleißig sein. Ich werde nur mit Madame de B[erny] spazierengehen, ich werde ohne Unterlaß arbeiten. (...) Ach, Liebste, ich bete Dich an, siehst Du, ich habe kein anderes Leben, keine andere Zukunft.

Gestern habe ich einen Brief von Madame P[otocka] erhalten. Ich werde ihn nicht beantworten, um die Korrespondenz zu beenden.[1] Im übrigen kann ich nur noch Dir schreiben. Meine Zeit ist furchtbar knapp. Vor allem in den letzten zehn Tagen, kenne ich keine Abwechslung: um 6 Uhr schlafen, um Mitternacht aufstehen. So wird es bis zum 30. April weitergehen. Danach gönne ich mir 15 Tage Freiheit, um mich auszuruhen. Mein Buch wird am 16. erscheinen, am Tag Deiner Abreise aus Genf. Du wirst es auf Deinen Namen postlagernd in der Paketpost von Genua vorfinden. Ich habe Dir am Sonntag in aller Eile geschrieben. Es werden unglaubliche Dummheiten über mich verbreitet, während ich die Nächte durchwache, behauptet man, ich sei von einer Engländerin entführt worden. Jetzt ist es nicht mehr die Potocka noch eine russische Prinzessin, sondern eine Engländerin. Oh, mein teurer Schatz, ich flehe Dich an, laß Deine himmlische Stirn sich niemals unter dem Eindruck dessen, was geredet wird, unter dem Eindruck eines *Gerüchts* verdüstern, denn Du kannst sagen hören, ich sei verrückt geworden und noch tausend andere Albernheiten. Schreib mir und erwarte eine Antwort, ich werde Dich niemals lange darauf warten lassen.

Deine liebe Handschrift bewegt mich; sie strahlt in meinen Augen wie die Sonne. Ich *spüre* Dich, atme Dich, wenn ich sie sehe. Du wirst umgeben von liebevollen Gedanken auf Reisen gehen, ich begleite Dich in meiner Phantasie, ich verlasse Dich nicht. Bei jeder beendeten Korrektur, bei jedem vollendeten Blatt, rufe ich *Wien*. Dies ist mein Wort der Freude, mein Ausruf des Glücks. Was sprichst Du mir von Gott! Man hat keine zwei Religionen, die meine bist Du. Wenn Du wankst, glaube ich an gar nichts mehr. Oh, meine Liebe, Du hast mir Dein *Ich* geschenkt, Du wirst es mir nicht wieder entziehen, man zerbricht nicht allein von sich aus etwas, das zweien gehört. Du bist ganz und gar Edelmut, sei ganz und gar Beständigkeit. So werde ich voller Leichtigkeit sein, voller Freude, ich liebe Dich wie ich atme und *in aeternum*; oh ja, mein ganzes Leben lang.

Ich kann Dir die Leiden meiner Schmerzenswoche nicht schildern, meine Lust, meine Tage in Deinem Haus in Neuchâtel zu beschließen. Ich hatte Borget gebeten, sogleich zu kommen, ich habe *Seraphita* vom Drucker zurückgeholt und habe Dir ein einziges Exemplar davon geschickt, ohne Manuskript und in Dein Liebesgeschenk eingebunden.[2] Kurzum, tausend Verrücktheiten, tausend Stürme bewegten grausam mein Herz. Oh, ich bin ganz wie ein Kind. Es ist ein Verbrechen, eine so aufrichtige, so reine, so unveränderliche Liebe zu martern.

Oh, wie war ich Dir böse. Ich verwünschte Deine *analytische Stirn*, die ich mit tausend Küssen der Liebe bedecke. Oh, mein guter Schatz, laß mich keine Bitterkeit mehr spüren. Als ich einige Schmeicheleien an Madame P[otocka] schrieb, geschah dies lediglich, um mich gut mit der werten Gesandten zu stellen, denn durch sie gewinne ich die Gunst Pozzo di Borgos[3], und ich möchte keine Hindernisse für mein Jahr in der Ukraine, dem ersten vollständigen Glück meines Lebens. Deshalb, flehe ich Dich an, spiel die Gleichgültige, wenn Dir Deine Cousine triumphierend meinen Brief zeigt. Achtzehn lange Monate in der Ukraine zu leben, ohne Geldsorgen, die mich quälen könnten, ich kann sogar für Dich sterben, ohne jemandem zu schaden. Hörst Du meine Liebe, das ist das Geheimnis meiner Nächte. Glücklich zu sein, ohne daß ein Gedanke mein Glück verdunkelt; wenn ich ein Jahr an Deiner Seite gelebt habe, kann ich danach glücklich sterben. Jede Stunde wird das schönste Liebesgedicht sein. Zu jeder Stunde werde ich froh und glücklich sein wie ein Kind, wie ein Gymnasiast, der selig an die Liebe einer Frau glaubt. Und wenn uns der Himmel eines Tages vermählt, in welchem Augenblick meines Lebens dies auch immer geschehen mag, so wird das die Vereinigung zweier Seelen in einer sein. Du bist ein kostbarer geliebter Geist. Alles an Dir gefällt mir, und Du bist von fern wie von nahem die allen überlegene Frau, die stets ersehnte Geliebte, Du bist die eine und die andere, eine der anderen Beistand leistend. Es ist so erfreulich für einen Mann, nichts engstirnig Beschränktes in Geist, Herz, Seele und Verständnis der Frau anzutreffen, die ihm ihre Gunst gewährt.

Oh, Liebste, alles ist in Dir, ich glaube an Dich, ich liebe Dich, und als ich Dich besser kannte, habe ich tausend Gründe für eine ewige Zuneigung und tausend Gaben Deines Herzens und Deines Geistes gefunden. Wenn ich an das Leben denke, das Du mir durch Deine Liebe schenkst, kann mir kein Unglück widerfahren. Indem ich Dir dies alles schreibe, was Du vor dem Verlassen Deines Liebeszimmers lesen wirst, wollte ich Dir meine ganze Seele auf das Papier, das Du in Händen hältst, fließen lassen, alle Empfindungen eines Wesens, das für immer ganz das Deine ist; entziehe mir jedoch nie dieses Herz, das ich an mich gedrückt habe, die anbetungswürdigen Sinnenfreuden Deiner innig geliebten Seele. Lebe wohl, Seele meiner Seele, mein Glaube, meine Stärke, mein Mut, meine Liebe, die Du alle edlen Gefühle verkörperst, die einen großen Mann und ein glückliches Leben ausmachen. Lebe wohl, auf bald, auf eher, als Du es für möglich hältst, Liebste.

Oh ja, ich werde Dich mehr lieben, als je eine Frau geliebt worden ist, und unser *Chêne*[4] wird prächtiger sein als das, was Du mir beschreibst. Ganz gewiß, meine Kokette! Du weißt sehr wohl, daß mein Herz an Deinem ausruhen wird, ohne eine Wolke über unserer Liebe, außer denen, die Du selbst aufziehen lassen wirst.

Nun denn, Auguste[5], bring dies zur Hauptpost!

1 Es handelt sich um einen Brief von Marie Potocka vom 4. März. Balzac hält jedoch nicht sein Versprechen, sondern antwortet ihr am 16. April aus Frapesle.

2 Das Schultertuch von Madame Hanskas Kleid aus grauer Wolle diente als Einbandstoff für das Manuskript.

3 Charles-André Pozzo di Borgo war russischer Botschafter in Paris. Diese Bekanntschaften erleichterten Balzac seine Reisen ins Ausland.

4 Anspielung auf den Besitz der Sismondi in Chène nahe bei Genf.

5 Auguste Depril, sein Kammerdiener.

*

Paris, Sonntag. 30. März - Donnerstag,] 3. April [1834]

30. März

Ich habe Ihnen nicht eher geschrieben Madame, weil ich angenommen habe, daß Sie nicht vor den ersten Apriltagen in Florenz sein werden. Ich habe an die Messieurs Borri ein kleines Paket geschickt, in dem sich Ihr Exemplar der 2. Lieferung [der *Études de mœurs*] befindet, und ich habe noch für Monsieur de Hanski den *Prolog* des 3. Zehents dazugelegt. (…) Sie werden am Ende von *Ne touchez pas la hache*, daß ich ein paar Erinnerungen an Pré-l'Évêque aufbewahrt habe, denn ich habe dieses mit dem Datum dieses revolutionären und militärischen Ortes versehen, wo wir so kriegerische Zustände vorfanden. Ich hätte Ihnen noch vieles zu sagen, habe aber wenig Zeit für mich; aber ich will die

Dinge nicht durcheinander bringen. Meine 3. Lieferung ist im Druck, und ich muß die verlorene Zeit wieder einholen. (…)

Seit dem dreißigsten März, dem Tag, an dem ich begonnen habe, Ihnen zu schreiben, bis heute abend, habe ich auf meinem elenden Lager gelegen, außerstande zu schreiben, zu lesen, zu arbeiten, noch irgend etwas sonst zu tun. Ein Verfall all meiner Kräfte hat mich zutiefst beunruhigt; heute bin ich ganz wohlauf und gehe für acht Tage in den Pavillon im Wald von Fontainebleau. Ich werde anordnen, daß meine gesamte Post in Paris verbleibt, ich werde frische Luft schöpfen und an einem einzigen Werk arbeiten. Ich habe gerade ziemlich viel durchgemacht, aber Gott sei Dank ist alles vorüber. Ich fahre mit meinem Brief fort.

(…) Ich bitte Sie, Madame, geben Sie mir postwendend Nachricht, ob Sie am 10. Mai noch in Florenz sind, und wieviel Zeit Sie anschließend in Rom verbringen, wann Sie dort ankommen und wann Sie dort abreisen, denn sobald meine 3. Lieferung fertiggestellt ist, habe ich zwanzig Tage für mich, ich möchte nichts tun in dieser Zeit, und ich werde Auguste nach Florenz begleiten. Wir brechen am 1. Mai auf, und man braucht nicht länger als 8 Tage von Paris nach Florenz.[1]

Seien Sie mir nicht allzu böse wegen der Unpünktlichkeit meiner Korrespondenz, in meinem extremen Verlangen nach FREIHEIT, wovon ich besessen bin, nehme ich keine Rücksicht mehr auf meine Kräfte und arbeite über alle Maßen. Ich habe im Moment die beiden Bände meiner dritten Lieferung, zwei Bände der *Chouans* und das dritte Zehent im Druck; danach folgen in acht bis zehn Tagen die beiden Bände für Gosselin. Das reicht, um einen in Angst zu versetzen. Es gibt jedoch zwei magische Worte, die mich alles ertragen lassen: meine *Freiheit* am *1. September*. Bin ich an diesem Tag in Wien, werde ich weder meine Nächte, noch meine Qualen bereuen; denn die Einkünfte eines Federfuchsers stimmen nie mit den Ausgaben überein.

Mein Gott, was für ein angenehmes Vorhaben, am 10. Mai in Florenz zu sein und erst am 20. zurück in Paris. Mit Ihnen Florenz zu sehen. Schreiben Sie mir rasch, denn nach dieser schrecklichen Arbeit im Monat April brauche ich zwanzig Tage Erholung, und ich kenne nichts Köstlicheres als in Begleitung eines Freundes eine italienische Stadt zu besichtigen. Ich denke ziemlich oft an Sie, und ich bereue, daß ich in Genf soviel gearbeitet habe, obgleich ich mich auch amüsierte. Von einigen Mißhelligkeiten abgesehen, gehen meine Geschäfte gut. Einige Schmeichler sagen mir, daß mein Renommee wächst, aber ich weiß nicht, ob das stimmt, denn ich lebe allein an meinem häuslichen Herd und arbeite, um mir das Bürgerrecht in der Ukraine zu erwirken. Ihre arme *Seraphita* habe ich im Stich gelassen; zuallererst muß das gemacht werden, was versprochen wurde. Sie selbst halten mich dazu an zu arbeiten, ohne es zu wissen. Ich habe immer noch das *druckreif* vor mir, mit dem Sie in Genf ein Blatt versehen haben, und es scheint mir ein dauerhafter Rat. Wissen Sie eigentlich, daß es mich ziemlich traurig macht, nur mit Wehmut an Sie zu denken. Sie können nicht wissen, daß es seit zwölf oder fünfzehn Jahren in Neuchâtel und in Genf die einzigen beiden Momente gab, in denen es mir, ich weiß nicht durch welche Gnade des Himmels, erlaubt war, weder nach vorn noch zurück zu schauen, sondern unter dem Himmel lebendig zu sein, ohne weder an Sorgen, noch an Geschäfte, noch an Miseren zu denken, und Sie taten mir wohl, in meiner Erinnerung liegt mehr Dankbarkeit, als Sie ahnen. Und jetzt, wo ich seit zwei Monaten und noch für einen weiteren Monat an diesen unersättlichen Tisch genagelt bin, den ich nur zum Schlafen verlasse, denke ich nicht ohne Rührung an den Spaziergang nach Sacconex, nach Coppet und zum Haus Mirabaud, an meinen Hunger, der uns den Garten verlassen ließ, wo wir unter den Weiden saßen und wo Sie diesen würzigen Duft einer im Wasser vermoderten Roßkastanie entdeckten. In Paris gibt es derlei stille Vergnügungen ganz und gar nicht. Aber ich bin nicht mehr in Paris.

Ich bin hier also allein, ziemlich allein. Ich habe mit aller Welt gebrochen und bin zu meiner früheren fruchtbaren Einsamkeit zurückgekehrt. Es muß vor allem ein Werk beendet werden, und die *Études de mœurs* müssen bis Ende dieses Jahres fertig sein. Meine Freiheit besteht darin, daß ich dahin gehen, kommen und bleiben kann, wohin zu gehen oder wo zu bleiben mir gefällt. Dennoch kenne ich kein angenehmeres Ziel für einen Ausflug als Florenz, und Sie fünf Tage lang zu sehen, Sie nur einen Abend lang *Liindenbliitentä* sagen zu hören. Das wird mir, glaube ich, den Mut für drei weitere Monate zurückgeben.

Vielleicht bringe ich Monsieur de Hanski das 3. Zehent mit, um seine *blue devils* zu vertreiben; er müßte im übrigen schon sehr krank sein, wenn er meiner verrückten Freude widerstehen sollte. Jetzt sind es schon zwei Monate, seit ich zum letzten Mal gelacht habe; noch einen, dann sind es 3, aber er wird sich totlachen. Sagen Sie ihm doch, daß ich Genf, das so niederträchtig zu den armen Polen war, nie wieder erwähnen werde.

Lassen Sie mich wissen, ob es Ihnen in Italien wohl ergeht. Wie haben Sie die Berge hinter sich gebracht? Ich folge Ihnen im Geiste! (…)

Wie geht es Ihrer lieben Anna. Sie werden mir berichten, wohin Ihre kleine Karawane zieht, nicht wahr. Monsieur Bernard Potocki hat mich gestern aufgesucht, um mir Komplimente über *Die Herzogin von Langeais* zu machen, und er war ausgesprochen liebenswürdig.

Mein Gott, Sie werden mir armen arbeitsamen Einsiedler verzeihen, daß ich soviel von mir spreche, aber das heißt nur, an Ihre Selbstsucht bei der Antwort zu appellieren, bei der Sie nur von sich sprechen sollen, das wäre mir gerade recht. Ich kann Ihnen nur zwei Dinge berichten, ich arbeite ständig, ich zahle, ich denke an meine Freunde. In meinem Herzen gibt es einen glücklichen Winkel, und das muß reichen, um ein schönes Leben zu führen. Meine *blue devils* haben keine Zeit aufzutauchen. Haben Sie immer noch die Absicht, die Grandet in Wierzchownia zu spielen, dann würde ich dreißig Einladungen abwarten, ehe ich mich dorthin begebe, um den Konsum nicht zu vergrößern. Falls Sie irgend etwas aus Paris haben möchten, hoffe ich, daß Sie und Monsieur de Hanski keinen anderen Vermittler wählen als mich. Borget und ich werden dann bepackt mit Quitten, Kuchen aus Herzpfirsichen und Pasteten aus Angoulême und Straßburg ankommen. (…)

Leben Sie wohl, Madame, ich möchte Ihnen immerzu schreiben, so wie ich auch nie aufbrechen wollte, wenn ich bei Ihnen war; aber es heißt, Ihnen lebewohl zu sagen, nein nicht lebewohl, sondern Aufwiedersehen. Ich erwarte mit großer Ungeduld Ihre Antwort, um zu erfahren, ob Sie am 10. Mai in Florenz sind. Seien Sie dort. Je kürzer die Reise dauert, desto länger kann ich Sie sehen; ich werde zwanzig Tage für mich haben, nicht mehr. Am 21. werde ich das *Joch des Elends* wieder auf mich nehmen müssen.

Ach, Madame de Girardin hat verschiedentliche Anstrengungen unternommen, mich wiederzusehen; aber
Ihr starrköpfiger Muschik, hat auf die vornehmste Weise der Welt *njet* gesagt, denn er wäre kein rechter Muschik, wenn er nicht artig *njet* sagen könnte, und er ist
ja durchaus zivilisiert, Ihr ergebener Muschik.

Honoré de B.

Sie wissen genau, was ich jeder einzelnen Person in
Ihrer Umgebung sagen möchte, und meine freundschaftliche Ehrerbietung erfährt mehr Wert, wenn sie
durch Ihre Lippen übermittelt wird.

1 Ein Projekt, das nie verwirklicht wurde.

*

[Frapesle, Donnerstag, 10. April 1834]
Madame, seit ich zuletzt das Vergnügen hatte, Ihnen
zu schreiben, bin ich sehr krank gewesen. Ich mußte
für meine nächtliche Arbeit, meine Exzesse bezahlen.
Ich bin in einen Zustand der Erschöpfung gefallen, der
es mir weder erlaubte zu lesen noch zu schreiben, noch
einem zusammenhängenden Gedankengang zu folgen.
Meine körperliche Schwäche entsprach meiner geistigen Schwäche. Ich konnte mich nicht regen. Was mich
am meisten erschreckt hat, ist die Tatsache, daß diese
Ermattung seit ungefähr zwei Jahren zunimmt. Zuerst
verspürte ich nach einem Monat Arbeit ein oder zwei
Stunden lang eine Schwäche, dann fünf Stunden, dann
einen Tag, dann wurde die Schwäche größer, dann
währte sie schon zwei, drei Tage; dieses Mal brachte sie
mich dem Tode nahe, aber jetzt bin ich schon seit zehn
Tagen auf dem Weg der Genesung. Der Arzt hat Luftver-
änderung verordnet; absolute Ruhe, keine Beschäfti-

gung und ausreichende Ernährung. So bin ich nun etwa für zehn Tage im Berry, in Issoudun bei Madame Carraud. Heute, den 10. April, geht es mir besser, und ich kann Ihnen schreiben, Ihnen meine kleine Agonie, meine Verzweiflung zu vermelden, denn als ich weder Kraft noch Geist in mir fühlte, weinte ich wie ein Kind. Aber heute fasse ich wieder Mut; *passato pericolo, gabbato il santo.* Ich werde mir nichts daraus machen, daß der Arzt zu mir gesagt hat: »Sie werden sterben wie Bichat, wie Béclard, wie all jene, die die Kräfte des Gehirns überanstrengt haben, und das Seltsame bei Ihnen ist, daß Sie, der Sie am erbittertsten jede Überanstrengung verbieten, daß Sie, der Apostel, der das Ruhen des Geistes predigt, Sie, der Sie behaupten, daß die Lebenskraft von den Leidenschaften aufgesogen wird und die Überanstrengung des Gehirns ihr mehr schadet als die des Körpers, daß Sie sterben werden, weil Sie die Grundsätze nicht beherzigen, die Sie selbst aufgestellt haben.«[1]

Aus all dem, Madame, folgt der gute und schöne Plan, auf jeden Monat Arbeit einen Monat der Zerstreuung folgen zu lassen; ich will mich zwanzig Tage freimachen, um Sie vom 10. bis 12. Mai zwei oder drei Tage zu besuchen, dort, wo Sie gerade in Italien sein werden, und, falls Sie im Juni den Petersdom in Rom besichtigen wollen, werden wir zusammen Rom sehen. Wenn ich anschließend fünf Tage lang Rom bewundert habe, werde ich zurückkehren und mein elendes Joch wieder auf mich nehmen. Nachdem ich dann im Juli und August neue *Strafarbeiten* vollbracht habe, werde ich Deutschland besuchen, und ich werde Sie von neuem in Wien begrüßen, denn ich weiß mir nichts Erfreulicheres als einer reinen Vergnügungsreise ein freundschaftliches Ziel zu geben, zwei oder drei traute Abende zu erleben,

Sie zum Lachen zu bringen, Ihre *blue devils* zu verjagen. Sie haben mir nicht geschrieben, daß Sie undankbar sind und daß Sie es sind, die ein französisches Herz hat. Nicht ein einziges armseliges Wort. Nichts aus Genua, nichts aus Florenz. Sie werden, so hoffe ich, in Florenz meine dritte Lieferung in Empfang nehmen können, und dort wird das dritte Zehent Monsieur de Hanski aufheitern.

(...) Sobald ich einen Augenblick für mich habe oder zu müde bin, um zu schreiben, aber noch fähig zu denken, versetze ich mich in Gedanken nach Genf, *Liindenbliitetnä* kommt mir wie von selbst über die Lippen, und ich gebe mich einer Sinnestäuschung hin, dann kommt ein *Korrekturabzug*, und ich nehme mein trauriges Arbeiterdasein wieder auf.

Leben Sie also wohl. Seien Sie glücklich, besichtigen Sie die prächtigen Sehenswürdigkeiten, diese schönen Gemälde, diese Meisterwerke, diese Galerien, indem Sie sich sagen, wenn irgendeine Mücke surrt, wenn manches Mal das Feuer flackert oder wenn irgendein Funke auf Sie fällt, daß dies ein verbündeter Gedanke ist, ein Teil meines Herzens, meiner Seele auf dem Weg zu Ihnen und daß auch ich meinen Anteil an den schönen Freuden der Kunst haben möchte, aber daß ich in meinem Kerker bin und Ihnen nur einen Gedanken schenken kann, aber einen immerwährenden Gedanken.

Ich habe Ihnen an dem Tag geschrieben, an dem ich mich erholt hatte; so haben Sie also keine Befürchtungen, falls Sie Anteil an meiner Gesundheit nehmen. Nur meine Augen sind noch voll Müdigkeit.

---

1 Nacquart, Balzacs Leibarzt, erinnert auf diese Weise den Autor an seine eigene Theorie über den Verschleiß der Lebenskräfte, wie er sie in *Louis Lambert* und im *Chagrinleder* ausführt.

*

Madame, ich habe soeben Ihren schönen Brief vom
20. empfangen, den Sie in Florenz geschrieben haben,
wohin zu reisen, mir unmöglich ist, wie Sie ja bereits
wissen; Sie müssen meine kurze Nachricht aus Issoudun inzwischen erhalten haben, wo ich eindringlich
um ein Treffen vor dem Petersdom bitte; was diese Reise betrifft, so kann ich dafür einstehen. Bis dahin werden meine Belange geregelt sein. Aber das Haus Béchet
braucht mich und meine Lieferungen noch, ohne die es
in Gefahr geriete. Ich hoffe, Sie haben nichts Persönliches in Ihre Überlegungen zu *das war nur ein Gedicht*
gemengt. Klagen Sie nur nicht den Verfasser für das an,
was er beschreibt. Wenn die Maler, die Dichter, die
Künstler Komplizen dessen wären, was sie schildern,
würden sie alle mit 25 Jahren sterben.

Nein, meine Herzogin ist nicht meine Fornarina.[1]
Wenn ich eine hätte - *aber ich habe* ja eine Fornarina -
würde ich sie niemals schildern. Ihr bewundernswerter
Geist wird meine Seele beleben können, ihr Herz wird
in meinem sein können, ihr Leben in meinem Leben,
aber sie zu schildern, sie dem Publikum preiszugeben,
lieber stürbe ich vor Hunger als vor Scham. Ich bin sehr
glücklich, daß Sie mich noch nicht vollständig kennen,
denn auf diese Weise werden Sie mich vielleicht eines
Tages mehr lieben. Die Leidenschaft, nach deren Stoff
Sie mich fragen, ist die einer Frau für eine Frau.[2] Mein
Gott, was Sie mir über Ihre Gesundheit und die von
Monsieur H[anski] mitgeteilt haben, hat mich von meinem Stuhl aufspringen lassen. Madame, im Namen der
Gefühle und aufrichtigen Zuneigung, die ich Ihnen ent-
gegenbringe, flehe ich Sie an, sobald Sie, Monsieur de
H[anski] oder Ihre Anna krank sein sollten, schreiben

Sie mir. Machen Sie sich nicht lustig über das, was ich Ihnen jetzt gleich sage. In Issoudun haben jüngst eingetretene Ereignisse mir bewiesen, daß ich im Besitz einer sehr starken magnetischen Kraft bin und daß ich, sei es mit Hilfe eines Mediums, sei es aus mir selbst heraus, Menschen, die mir teuer sind, heilen kann. So nehmen Sie also Zuflucht bei mir, ich werde alles liegen und stehen lassen, um zu Ihnen zu eilen. Ich werde mich mit dem heiligen Eifer wahrer Hingabe der Pflege widmen, die die Leiden erfordern, und ich werde Ihnen unwiderlegbare Beweise für meine unerhörte Macht liefern. Deshalb setzen Sie mich sogleich darüber ins Bild, wie es Ihnen geht. Täuschen Sie mich nicht und spotten Sie nicht über mich. Ihre Schilderungen haben mich betrübt. Warum so düstere Vermutungen äußern. Mein Gott, wenn ich träume, träume ich immer nur vom Glück. Gestern ist jemand erschienen und hat mir eröffnet, das Geheimnis meiner Reisen sei gelüftet, man wisse, daß ich mit *Königin Hortense* zusammengetroffen sei; ich habe sehr darüber gelacht. Ich habe vor Schmerz geweint, als ich gelesen habe, was Sie mir über Florenz sagen. Werde ich das jemals sehen? Mein Gott, welches Bedauern. Oh, sehen Sie zu, daß Monsieur de H[anski] erfährt, wie sehr ich diese 8 Tage erflehe, die ich in Rom verbringen könnte. Sie sehen, es wäre möglich. Das Fest des Heiligen Petrus ist am 23. Juni, ich kann am 12. von Paris nach Lyon fahren, mich von dort aus am 15. in Marseille einfinden, von wo aus ein Dampfschiff geht, das einen innerhalb von 48 Stunden nach Civitavecchia bringt. Ich könnte 8 bis 10 Tage in Rom verbringen, ohne meinen Geschäften zu schaden, denn Wahrsager und Ärzte, alle beschwören mich einmütig, auf einen Monat Arbeit einen Monat Zerstreuung folgen zu lassen. Es gibt nichts, was mich von mei-

217

nem Schaffen ablenken könnte, außer Musik und Reisen, denn nichts in Paris findet mein Interesse oder regt meinen Geist an. Ich lebe wie in einer Wüste; ich bin hier wie in einem Kloster. Das Herz wird durch nichts bewegt. Rom wäre eine willkommene und schöne Zerstreuung, wenn ich allein dort wäre, aber mit Ihnen, was wird es erst mit Ihnen als *Cicerone* sein. Und das sage ich keineswegs aus *Galanterie*, auf die *charmante französische Art*, nein, das sei der Frau aus dem Norden, der Barbarin, von Herz zu Herz gesagt. Ich habe mit aller Welt gebrochen, ich war alle Verstellung leid. Ich habe nur noch zwei unerschütterliche Freundschaften, Freunde die aufrichtig sind und denen ich mich manchmal anvertraue. Ansonsten habe ich die Arbeit, in die ich mich jeden Morgen stürze. Dieser Brief wird Sie noch in Florenz erreichen, er wird Ihnen einen schwachen Eindruck von meinem Bedauern vermitteln, das grenzenlos ist. Aber dieses erdrückende materielle Leben, dem ich in Genf so weitgehend entflohen war, nimmt mir hier den Atem. Ich dürste nach Freiheit, nach Befreiung, und wenn Sie wüßten, wieviel Willensstärke, welche Beharrlichkeit der schöpferischen Kraft notwendig sind, um wenigstens meine 24 Tage im Juni und Juli zu erringen, würden Sie wie einer meiner *Freunde* (Sie verstehen, etwas mehr als eine *Bekanntschaft*), der ein wenig von der geistigen Bewegung in meinem Glutofen wahrgenommen hat, sagen, daß nicht einmal Napoleon so viel Willen und so viel Mut an den Tag gelegt habe.

Also, was Sie mir über Montriveau[3] geschrieben haben, macht mir erneut Sorge, denn Sie sind *ein wenig* epigrammatisch, und es wäre mir sehr schmerzlich, von Ihnen falsch beurteilt oder gar mißverstanden zu werden. Sie sind die zweite Person, der ich meine Seele in all ihrer Wahrheit gezeigt habe. Ich ziehe es vor, sie sonst von niemand durchdringen zu lassen, denn was soll man sonst denen schenken, die man liebt! Sie wollten mir nicht weh tun, nicht wahr?

Ihre Ansichten über Florenz und die Kunstwerke gefallen mir sehr gut, außerdem wäre es mir lieb, wenn Sie die Güte hätten, für Ihren Muschik Rom zu studieren, damit es mir möglich ist, ohne mich erst mit den *Bagatellen* aufzuhalten, in acht Tagen alles zu sehen, was wirklich wertvoll und wichtig ist und die Seele berührt. Mein Gott, sprechen Sie mir nicht von *Montriveau*. Bedenken Sie wohl, daß ich mit dem Herzen und dem Hirn lebe, daß ich eher durch die Gefühle denn durch die Launen des Geistes lebe, daß ich sehr viel lieber fühle, als Ideen zum Ausdruck bringe und daß eines dem anderen nicht Unrecht tut. Man braucht etwas Geist, um zu lieben. Ich schreibe Ihnen aufs Geratewohl, ohne den Brief vorher zu bedenken, denn ich muß Ihnen gestehen, ich bin mitten in den *Chouans*, die ich mit äußerster Schnelligkeit zu Papier bringe, *causa metalli*, um endlich einige Schulden loszuwerden. Aber was macht das schon, mein Gekritzel wird Ihnen sagen, daß die Gedanken eines Freundes Ihnen folgten, wohin Sie auch gehen, und daß an seinem häuslichen Herd, nahe dem Observatorium, ein Dichter an jedem Ihrer Schritte Anteil nimmt, den Ihr Husten bekümmert und die Krankheit von Monsieur de H[anski] in Sorge versetzt. Ich war schon ziemlich beunruhigt, keine Briefe von Ihnen zu erhalten. Ich gehöre Ihnen als Leibeigener, und wenn Monsieur de H[anski] den Seinen Getreide gibt, so sind Sie mir, dem Leibeigenen von Pavoufka (sie), hin und wieder wenigstens ein paar Brocken an Zuneigung schuldig. Seit Turin hätten Sie mir *dreimal* schreiben können. Ich werde Ihnen nichts von meinen Kämpfen berichten, ich kümmere mich nur um *mein Werk* und um ein Leben, das für mich gleichfalls ein Kunstwerk ist, kein Gedicht, Madame, aber sehr wohl alles an Schönem und Gutem, was es auf dieser Erde gibt, auch kommt mir hier alles, die Politik, die Menschen und die Dinge, armselig vor im Vergleich zu dem, was ich in meinem Herzen und in meinem Kopf verspüre.

Es betrübt mich jeden Tag, daß ich gezwungen war, *Seraphita* liegenzulassen; aber in Rom wird das mein bevorzugtes Tagwerk sein. Es gehört Ihnen, es muß vor Ihren Augen entstehen.

Mein Gott, wenn es Ihnen besser geht, lassen Sie mich das ganz schnell wissen, werfen Sie nur diese Worte in die Post - Mir oder uns geht es besser. Es tut so gut, die Handschrift, die Schilderung eines Gedankens zu sehen, der einem verbündeten Herzen entsprungen ist. Sie wissen ja nicht, daß, wenn ich des Abends sehr ermattet bin, mein Schloß in Spanien, mein Roman, der mir gehört, *Diodati* ist, aber Diodati ohne die Enttäuschungen Ihrer Romane. Ein Diodati ohne Bitterkeit, wenn wir uns trennen müßten. Wäre ich also der jüngere? Der mit den meisten Illusionen! Es gibt Tage, da sage ich *Liindenbliitentä* mit einem kindlichen Lachen, und diejenigen, die mich für einen gesetzten Mann halten, wären wohl ziemlich verblüfft. Aber treten Sie doch meine Träume, meine Luftschlösser nicht mit Füßen. Lassen Sie mich an einen wolkenlosen Himmel glauben. Seit ich existiere, konnte ich nicht ohne unabänderliche Überzeugungen leben, und Sie sind eine dieser Überzeugungen. Husten Sie nicht und werden Sie nicht traurig; möge die Melancholie des *Spleen* weder Sie heimsuchen noch Monsieur de H[anski], den ich in diesem Brief zur Hälfte mit anspreche, denn, ich wiederhole es Ihnen, nehmen sie dies hier lediglich als eine Plauderei voller Anhänglichkeit.

Man versäumt nicht viel, wenn man unsere Ausstellung nicht besucht. Monsieur de H[anski] würde nichts Besonderes dort erstehen können; aber wenn ich reich wäre, fände ich Gefallen daran, Ihnen ein Gemälde zu schicken, *Die Frauen von Algier* von E. Delacroix, der mir ein ausgezeichneter Maler zu sein scheint. Borget trifft die Vorbereitungen für seine Reise, Sie werden ihn vielleicht in Venedig sehen, denn er reist gemächlich.

Seien Sie gnädig, Madame und teilen Sie mir mit, ob wir uns nach neuesten Beschlüssen in Rom treffen werden, denn ich muß Sie jetzt darüber aufklären, daß ich Ihnen schreibe, um dies in Erfahrung zu bringen. Es wäre sehr schön von Ihnen, wenn Sie Monsieur de H[anski] belästigen würden, um dies von ihm in Erfahrung zu bringen. Zumal Sie ihn, indem Sie ihn quälen, auch amüsieren werden; Sie werden die *blue devils* durch tatsächliche Unannehmlichkeiten ersetzen, und es ist doch immerhin schon etwas, wenn man sein Übel benennen kann! Danach werden Sie ein kleines eheliches Drama für ihn inszenieren; anschließend werden Sie siegreich sein, und es ist so süß, einen Sieg davonzutragen, besonders über seinen Gatten.

Nun denn, leben Sie noch einmal wohl. Bringen Sie bei allen, die Ihnen nahestehen, den armen Buchstabendrechsler in Erinnerung, der sich als Ihnen gewogen empfiehlt, Ihr sehr ergebener Diener und Freund

H. de Bc.

(…)

1 Anspielung auf *Die Herzogin von Langeais* und die Marquise de Castries, laut Balzac eine »quasi Herzogin« sowie auf ein Bild von Raffael aus dem Palazzo Pitti in Florenz, den Madame Hanska besucht hatte. Dieses Bild zeigt Raffaels Geliebte Fornarina.

2 In *Das Mädchen mit den Goldaugen*.

3 Montriveau ist eine Hauptfigur in *Ne touchez pas la hache*, später *Die Herzogin von Langeais*.

*

[Paris,] Sonnabend, 10. Mai [1834]

Ich erhalte soeben Ihren Brief vom 30. April, Madame; leider muß ich meinen Wunsch nach einem Ausflug nach Rom begraben, es kostet mich immer entsetzlich viel, auf eine Illusion zu verzichten, es scheint mir, als hätte sich alles gegen mich verschworen. Ich habe nur einen Augenblick, um Ihnen zu antworten, denn damit Sie diesen Brief am 20. in Florenz empfangen, muß er heute abgeschickt werden, und es ist bereits Mittag. Sie sagen mir nicht, wohin Sie sich begeben? Fahren Sie nach Mailand? Wie lautet Ihre Adresse dort, wie lange werden Sie bleiben? Ich könnte Sie dort aufsuchen, falls ich Monsieur Borget begleite. Und schließlich im September in Wien! Das ist vernünftiger. Mein Gott, ja, die Empfehlungen, die Sie mir geben, sind unmöglich einzuhalten. Mit der Gewißheit, ein Wagnis zu begehen, wage ich alles. Es gibt keinen würdigen Dank für die Güte, die Sie mir erweisen, indem Sie sich mir gegenüber so offen über das, was ich mache, äußern, und Sie werden erst sehr viel später erfahren, wie sehr ich Ihnen für diese Aufrichtigkeit danke. Haben Sie keine Angst, tadeln Sie kühn drauflos. Sie raten mir, Gérard aufzusuchen; als hätte ich die Zeit. Die Zeit zerrinnt mir zwischen den Fingern. Um meinen erdrückenden Verpflichtungen endlich ein Ende zu machen, habe ich mich an eine Tragödie in Prosa gemacht mit dem Titel *Don Philippe et don Charles*. Es ist der alte Don-Carlos-Stoff, den bereits Schiller behandelt hat. Es muß alles gleichzeitig vorangehen: die Groschenlite-

222

ratur, die das große Geld bringt, die Spielereien, die Sittengemälde und die großen Gedankengebäude, die kein Verständnis finden wie *L[ouis] Lambert, Seraphita, C[ésar] Birotteau*, usw.

Mein Leben ist immer dasselbe, ich stehe auf, um zu arbeiten, ich schlafe wenig, manchmal gebe ich mich süßen Träumereien hin. Seit ich Ihnen zuletzt geschrieben habe, habe ich nur eine Zerstreuung gekannt; ich habe im Konservatorium die Sinfonie in *C-moll* von Beethoven gehört.[1] Ach, wie habe ich Sie vermißt. Ich war allein in einer Loge. Ich allein! Das ist ein Qual ohnegleichen. Es existiert in mir ein großes Bedürfnis, mich mitzuteilen, das durch die Arbeit zurückgedrängt wird, sich aber, ausgelöst durch die erstbeste Emotion, in Form von Tränen seinen Weg bahnt. Ja, ich bin allein, jämmerlich allein. Um glücklich zu sein, brauche ich die Abendstunden, die Stille, keine Arbeit mehr, aber die Einsamkeit und meine innersten Gedanken. Schreiben Sie mir schnell, wohin ich Ihnen *Die Chouans* schicken soll, die in fünf Tagen, am 15. dieses Monats, erscheinen. Florenz wird mich mit Gewißheit sehen; Sie waren dort glücklich, ich werde Ihre Gedanken beim Anblick dieser schönen Örtlichkeiten, dieser wunderbaren Kunstwerke fortspinnen. Ich bin nur auf die berühmten Toten eifersüchtig: Beethoven, Michelangelo, Raffael, Le Poussin, Milton, einfach alles was groß, edel und einsam war, berührt mich. Noch habe ich nicht alles gesagt, ich bin erst bei den kleinen Einzelheiten eines großen Werks. Wenn man sich an das macht, was ich zu tun gedenke, ach Madame, erlauben Sie mir, mich Ihrem Herzen anzuvertrauen, dann ist es unmöglich, sich in die kleinen und niedrigen Ränkespiele dieser Welt zu verstricken, denn die Empfindungen müssen genauso groß sein wie die Werke groß sein wollen. Mein Ehrgeiz ist sogar im Bereich der Gefühle stärker als jener, der mich zum Ruhm treibt, der letztlich nur über den Gräbern erstrahlt. Deshalb lebe ich einsam, einsamer denn je; nichts reißt mich aus meinen Betrachtungen heraus. Lieben und denken, handeln und nachsinnen. Seine ganze Kraft auf zwei große Dinge zu verwenden, die Arbeit und die reichsten Empfindungen der Seele, was will man mehr. Ein Tropfen Freundschaft, ein bißchen Sonne. Eine Hand halten zu können, der man sich anvertraut. Ihre Ratschläge zu dem, was ich schreibe, beweisen mir, daß Sie meinen Ehrgeiz auf einen Punkt zusammengedrängt haben. Deshalb möchte ich mit Hilfe dieses Papiers die Gefühle der Freude, die Ihr Brief in mir ausgelöst hat, in Ihre Seele gleiten lassen. Aber das ist schwierig. Ich kann Sie also erst in Wien wiedersehen, dort erst werde ich der einzigen Person zuhören können, die mich schon so vollkommen poetische und so wirklich großmütige Worte hat vernehmen lassen. Ich muß innehalten, denn Sie werden die Wahrheit für Schmeichelei halten. Welches Hindernis ist doch das geschriebene Wort; wie oft hat nicht ein Blick mehr Bedeutung als alle Worte. Sie werden erraten, was ich Schönes denke, und all das, woran die Zeit mich hindert, es Ihnen zu sagen. Sie werden verstehen, daß es für einen Einsamen, einen Mann, der manchmal von seiner Arbeit erdrückt wird und der in Paris verloren ist, unmöglich ist, nicht jeden Tag an die Menschen zu denken, die er wirklich liebt, daß ich mich mit Ihnen beschäftige, daß ich Autographen für Sie sammle.

(…) Nun denn, es ist Zeit, ich weiß nicht mehr, wohin ich Ihnen schreiben soll, aber ich schreibe Ihnen trotzdem, und sobald Ihre neue Postanschrift eintrifft, werde ich den Brief abschicken.

In Wien gibt es keinen See; machen Sie mir also die Hoffnung, mit Ihnen den Lago Maggiore zu sehen. In Wien werde ich der Donau meine Reverenz erweisen, um die Schlacht von Wagram und den Kampf von Eßling besser schildern zu können, die ich nächsten Winter, wenn Sie denn wollen, in der Ukraine beschreiben werde. Ferner werde ich die von Prinz Eugen auf seinem Marsch von Italien nach Tirol durchquerten·Länder besuchen müssen.

Leben Sie wohl, leben Sie wohl, Sie, von der man nicht lassen kann. Sie wissen so gut wie ich, was ich denke, und Sie haben Sie die Güte, Ihren Reisegefährten meine besten Empfehlungen zu überbringen. Oh, ja doch, ich hätte gern die Stadt der Blumen mit Ihnen besucht.

1 Acht Tage vor diesem Brief hörte er im Konservatorium die 5. Sinfonie von Beethoven, die er dann in *César Birotteau* erwähnt.

*

[Paris, Dienstag, 3. Juni - Sonnabend, 21. Juni 1834]

3. Juni 1834

Madame, ich empfange gerade den letzten Brief, den aus Florenz zu schreiben, Sie mir die Ehre erwiesen, und ich hoffe nun, daß dieser hier Sie in Mailand rechtzeitig erreicht, rechtzeitig, um zu verhindern, daß Sie sich falschen Hoffnungen hingeben, da Sie die Güte hatten, sich nach meinem wackeren Borget zu erkundigen. Er ist noch in Issoudun und wird über Tirol nach Italien reisen, wobei er zunächst dem Rheinufer folgt, und er wird keine Gelegenheit haben, mit Ihnen zusammenzutreffen. Ich bin darüber verärgert. Er gehört zu jenen schöngeistigen Seelen, die man kennen muß, um Wertschätzung für die Menschen und Glauben an die

Zukunft empfinden zu können. Ich selbst verzichte unter Schmerzen auf das Vergnügen, das ich ausgeheckt hatte, Ihnen in Mailand guten Tag zu sagen. Meine Verpflichtungen haben mir die Hände gebunden. Sie haben mir gegenüber so viel Wohlwollen gezeigt und so dringend gebeten, meine Lage kennenzulernen, daß ich sie Ihnen darlegen will, nachdem ich sie für mich resümiert habe. Ich habe noch 6 000 Dukaten[1] Schulden, in diese Münze übertragen, müßte es für Sie verständlich sein. Von jetzt an bis Ende Oktober muß ich 2 000 bezahlen. 4 000 schulde ich meiner Mutter; bis Ende Oktober muß ich jedoch 500 Dukaten monatlich bezahlen, und seit meiner Rückkehr aus Genf haben meine Feder und mein Mut genügt, um bislang diese Summe aufzubringen. Wenn ich Ende September schuldenfrei bin, so habe ich ein Wunder vollbracht. Aber bis dahin weder Rast noch Ruhe. Mein stiller und glücklicher Winter hat diesen Preis. Mein Arzt schwört auf die Heilwasser von Baden. So ist also meine Lage. Seit zwei Monaten arbeite ich Nacht und Tag an dem Werk, das mit Ihrer Vorliebe auszuzeichnen, Sie die Güte hatten.[2] Sie haben sehr meine Entscheidung zu diesem Werk beeinflußt. In dem Wunsch, alles Ihrer Freundschaft würdig erscheinen zu lassen, habe ich alles überarbeitet, es ist noch nicht vollkommen, denn, besorgt über die Mangelhaftigkeit des Gesamtwerks, habe ich einige Einzelheiten und mehrere sprachliche Ungenauigkeiten durchgehen lassen. Aber so wie es ist, kann es jetzt meinen Namen tragen, und Sie können Ihre liebevolle Protektion eingestehen. Es bedurfte einer Beharrlichkeit, die mir niemand zugute halten wird, aber das Geheimnis meiner Ausdauer und meiner Liebe zu diesem Werk lag in dem Wunsch, Ihr Wohlgefallen zu finden, die Anerkennung zu verdienen, die es wert ist, mich vor Freude trunken zu machen und, nachdem ich die übermäßige Last meiner Nöte abgeschüttelt habe, aus Ihrem Mund zu hören, daß das Werk Ihnen gefällt. Ich schicke es zu Monsieur Borri nach Florenz mit der Bitte, es Ihnen nach Mailand nachzusenden, und ich schicke es gleichfalls nach Triest, damit diese arme erste Blume sicher sein kann, Ihre freundschaftlichen Blicke zu empfangen. Ich war davon entzückt, und ich habe mich überzeugen lassen, daß Sie recht hatten. Aber ich habe mich bemüht, diese Vorliebe zu rechtfertigen.

(...) Große Neuigkeiten! Pichot ist von der *Revue de Paris* entlassen worden, und ich bin wieder eingetreten! Mit einigen pekuniären Vorteilen, die mir helfen, schuldenfrei zu werden. Dank *Seraphita* vollzog sich mein Wiederauftritt mit großem Aufsehen. Das Werk hat die Pariser überrascht. Sobald der letzte Artikel erschienen ist, schicke ich ihn Ihnen mit einem Begleitbrief zu, in dem sich die Widmung befinden wird, die Ihrer würdig zu gestalten, nämlich schlicht und groß, ich mich bemühe. Ich habe sie nicht an den Anfang gestellt, denn ich wollte Ihnen kein unfertiges Werk widmen.

Jetzt arbeite ich schon mehr als einen Monat völlig vergeblich an meiner dritten Lieferung. Ich bin unzufrieden, hadere mit dem, was ich schreibe. Trotzdem werden Sie sie in Triest vorfinden. Ich muß einen Entwurf im Stil von *Eug[énie] Grandet* machen, um dieses große Unterfangen richtig zur Geltung zu bringen.

(...) Je älter ich werde, um so erhabener wird meine Vorstellung vom wahren Glück. Für mich steht ein glücklicher Tag über allem in der Welt. Wenn ich mir ein prachtvolles Fest bereiten will, schließe ich die Augen, lege mich auf eines meiner Canapés und tauche in die Erinnerung an die Torheiten ein, die ich Ihnen sagte, als ich Ihnen beim Rundgang um den See *mein kleines wirres Ehrenwort* gab, und ich versetze mich zurück in diesen schönen Tag in Diodati, der die tausend Kümmernisse auslöschte, die mich ein Jahr zuvor dort heimgesucht hatten. Sie haben mich den Unterschied gelehrt, der zwischen einer wahren Zuneigung und einer vorgespielten Zuneigung besteht; und für ein so kindliches Herz, wie es das meine ist, gibt es von daher Grund zu ewiger Dankbarkeit.

Gestern habe ich meine Mutter besucht und sie sehr verändert vorgefunden, ziemlich krank und durchaus in ihr Schicksal ergeben. Ich bin seither ganz traurig. Als wir unsere Geldgeschäfte regelten und bereinigten, war sie zwei Wochen lang ständig in Sorge, was mir geschähe, wenn sie stürbe, und diese ständige Vorahnung tat mir weh. Gestern war ich noch tausendmal trauriger. Sie ist sehr gut zu mir. Sie hat nach mir verlangt, aber heute kann ich nicht zu ihr gehen, weil ich einen Vermittler in der Sache Gosselin erwarte. Aber morgen suche ich sie sogleich auf. Ich habe nur noch vierzehn Tage, um einen Band zusammenzustellen, den man sehr ungeduldig erwartet, und niemals hatte ich weniger Schwung.

1 Ein Dukaten hatte knapp 3,5 g Goldgewicht. Demnach hätte nach heutigen Kurs Balzac etwa 420.000 DM Schulden gehabt.
2 Es handelt sich um die 2. verbesserte Ausgabe der *Chouans*.

[Freitag,] 20. Juni

Sie sind in Mailand, und ich bin nicht dort. Dieser Brief, den ich vor siebzehn Tagen angefangen habe, ist durch den Lauf der Dinge liegen geblieben. Erst die Rückkehr meines Bruders, der mit einer Frau aus Indien zurückkam (mußte er 5 000 Meilen zurücklegen, um eine solche Frau zu finden!), danach Verdrießlichkeiten und zahlreiche Sorgen, abgesehen von der Arbeit.

Der Mann der *Chouans*, der Verleger [Vimont], hat mich nicht bezahlt. Hier sitze ich nun mit Wechseln, die nicht eingelöst werden! Dann verlangt Monsieur Gosselin 10 000 Francs, fast tausend Dukaten, um mich von meinem Vertrag zu entbinden; wir sind dabei, sie aufzubringen. Aber das größte Unglück ist folgendes - nach sehr viel Mühen, hatte ich schließlich ein Thema für meine 3. Lieferung gefunden, aber nachdem ein *halber Band* fertig ist, werfe ich ihn in die Kiste zu den Entwürfen und wende mich einem großen, schönen, prächtigen Stoff zu, der Ihnen, so hoffe ich, zur Ehre gereichen und Vergnügen machen wird. Meines Erachtens und meinen Kritikern zufolge übertrifft er alles.[1] Aber ich mußte die verlorene Zeit wieder aufholen. Ach, Madame, wie viele Stunden der Verzweiflung und der schrecklichen Schlaflosigkeit zwischen dem 3. und dem 20. Juni. Es gab jedoch auch Zustimmung.

Glauben Sie an mich, ich flehe sie an, ob Sie nach Wien fahren, ob Sie nach Wierzchownia fahren, mein Winter gehört Ihnen. Ich möchte Paris entfliehen, ich möchte in der Stille meinen *Philipp II.* vertiefen. Sie werden mich mit der Schnelligkeit, der Treue einer Schwalbe ankommen sehen.

Im Juli fahre ich nach Nemours, um dort, weit von Paris, das im Sommer unerträglich ist, meine 4. und 5. Lieferung erstellen. Falls ich sie bis September beenden kann, werde ich unerhörte Anstrengungen unternehmen müssen, um die letzte bis Anfang November fertig zu haben. Vielleicht werden Sie ja die ersten beiden Novemberwochen noch in Wien sein. Ich wäre gern im Bild über Ihre Route, denn ich werde mir, sobald ich kann, vierzehn Tage Freiheit gönnen, und ich werde natürlich in das Land fahren, in dem Sie sich aufhalten.

Ich schicke Ihnen heute nur *Die Chouans* nach Triest und die 2. Ausgabe vom *Landarzt* für Monsieur de H[anski], da Sie ja die Ihre bereits haben. Ich sende später die 3. Ausgabe, und ich bin sehr ungeduldig, Ihre Meinung über das neue Werk zu erfahren.

Sobald *Seraphita* beendet ist, bringe ich Ihnen mit, was Ihnen gehört, gebunden vom Gatten des schönen Mädchens aus Versailles. (...) Aber wenn ich erfahren könnte, wann und wie lange Sie in Triest sind, könnte ich am 10. Juli von hier abfahren, wäre am 16. in Triest, könnte sie drei Tage sehen und wieder aufbrechen. Ich habe Ihnen tausend Dinge mitzubringen, die Quitten, die Parfums und *tutti quanti*.

Ich beende diesen Brief, indem ich Ihnen zurufe *auf bald*, die Erwartung, so viele Landstriche zu durchqueren, um Sie am Ziel meiner Reise zu treffen, verleiht mir Mut, ich arbeite zwanzig Stunden hintereinander. Nun denn, es heißt Ihnen lebewohl sagen, indem ich Ihnen auf die liebenswürdigste Weise der Welt sage, daß Sie für mich weniger eine Erinnerung sind, denn ein Herzensgedanke und daß es sehr ungnädig von Ihnen wäre, mir immerzu unter die Nase zu reiben, daß ich Franzose bin. Bedenken Sie, Madame, daß ich ein Grünschnabel bin, der sich nicht vermählt und wenn doch, nur mit den Musen. Ich wiederum war entsetzt in Hoffmanns *Gelübde* ein so strenges Urteil über die Polinnen zu lesen; aber um ehrlich zu sein, ich hatte einen vergnüglichen Abend, indem ich mir vorstellte, daß auf Sie alles Schmeichelhafte zutrifft, jedoch keinesfalls das Grausame.

Unser armer Sismondi wurde letzten Sonntag in der *Revue de Paris* grob DEMONTIERT (und das Wort trifft

es genau). Seine *Geschichte Frankreichs* wurde nieder-
gemacht, ganz und gar in Grund und Boden verdammt.
Die arme Madame de C[astries] ist sterbenskrank, so
krank, daß ich mir Vorwürfe mache, seit einem Monat
nicht bei ihr gewesen zu sein, denn diese niederträchtigen Leute in Paris lassen sie im Stich, weil sie leidend
ist. Was ist Mitleid doch auch für ein trauriges Gefühl!
Ach!

1 Es handelt sich um *Die Suche nach dem Absoluten*.

[Sonnabend,] 21.

Ich war tagelang traurig und betrübt. Ich habe Ihnen
das gestern verschwiegen. Ich habe gar die Stunde für
die Post versäumt, diesen Brief habe ich aufgehoben. Ja,
ich hatte keine Hoffnung, ich, der ich nur durch die
Hoffnung lebe, diese schöne Tugend des christlichen
Lebens. *Der Landarzt* erscheint morgen erneut. Welches Schicksal wird er haben? Ich war heute morgen
ziemlich glücklich, Sie erraten vielleicht nicht, warum.
Ich müßte Ihnen dazu den Zustand eines armen Einsamen schildern, der in seiner Zelle in der Rue Cassini
bleibt und der nur durch ein kleines fliegendes Tier erfreut wird, das von Zeit zu Zeit auftaucht, und das arme
Glühwürmchen war ausgeblieben, und ich war entsetzlich traurig und sagte mir - Wo ist es, fehlt es ihm an irgend etwas. Ist es gar verschlungen worden. Endlich
tauchte das hübsche kleine Insekt auf! Ich hatte mein
schillerndes Glühwürmchen wieder, das nur ein wenig
betrübt war; ich setzte es auf mein Papier und fragte es
wie einen Menschen : - Du kommst aus Italien? Wie
geht es meinen Freunden!

Sie werden mich für einen Narren halten, nein, nicht
doch, denn ich habe Herz und Verstand und sündige

231

nur aus Übermaß und nicht aus Mangel an Empfindsamkeit. Sehen Sie nur, wie ein Mann, der die *[Geschichte der] 13* geschrieben hat, beim Anblick eines Tierchens vor Freude weinen kann.

Nun denn, leben Sie wohl. Ich wünschte, Sie wären zu derartiger Erschütterung imstande, denn das bedeutet, daß man noch immer jung ist, daß das Herz noch kräftig schlägt, daß das Leben schön ist, daß man fühlt, daß man liebt, daß alle Reichtümer der Erde weniger bedeuten als eine Stunde der Wonne, so war es mit mir und meinem kleinen Tier; aber wissen Sie auch, wieviel Freude, wieviel Ambrosia und Blumenduft, wieviel Zauber von den Ländern, die es durchquert hat, so ein Tierchen bringen kann, es hat sich unter das Haar einer hübschen Frau gesetzt und überbringt mir deren Gedanken. Sehen Sie, was die Poesie alles durch ein Tier des Schöpfers erfinden kann, und wie närrisch die einsamen und träumerischen Menschen sind!

Nun denn, leben Sie wohl. Haben Sie eine glückliche Reise; sehen Sie sich all diese schönen Länder nur gut an. Ich bin wütend, daß ich an diesen kleinen Mahagonitisch gefesselt bin, der Zeuge ist meiner Gedanken, meiner Ängste, meiner Nöte, meiner Verzweiflung, meiner Freuden, Zeuge von allem! Ich gebe ihn auch niemandem, außer... Doch heute will ich Ihnen nicht alle meine Geheimnisse anvertrauen.

Heute bin ich fröhlich. Ich war quasi den ganzen Monat über so traurig. Meine schönen blauen Blumen auf den brachliegenden Feldern vor meinen Fenstern lassen schon die Köpfe hängen, es ist heiß; doch wenn ich Sie diesen Winter sehen will, darf ich weder Müdigkeit noch Hitze noch Schwäche kennen.

Sie werden es nicht glauben, die [2. Auflage] der *Physiologie der Ehe* erscheint nicht, diese Leute bezahlen mich nicht, und ich werde noch einen Prozeß führen müssen. Mein Gott! Was habe ich diesen Leuten getan!

Küssen Sie Anna auf die Stirn, oh, ich wäre gern ihr Pferd! Entbieten Sie Monsieur de H[anski] meine herzlichsten Grüße. Legen Sie alles, was die französische Höflichkeit an Blumigem hervorzubringen vermag, Ihren beiden Gefährten zu Füßen und behalten Sie für sich, Madame, was Sie sich von meinem Herzen wünschen.

*

[Paris, Sonntag,] 13. Juli [1834]

Es ist eine ziemlich lange Zeit vergangen, Madame, seit ich Ihre hübsche Handschrift zum letzten Mal sah, und meine Einsamkeit erscheint mir deshalb noch trostloser, mein Tagwerk noch drückender. Ich betrachte schmollend diese Schachtel, in der Sie mir Brustbeeren geschickt haben, und in der ich nun mein Siegelwachs aufbewahre.

Weilen Sie in Venedig. Sind Sie in Triest. Sind Sie unterwegs? Ruhen Sie sich aus? Sie sehen, ich denke an Sie, und ich will nicht auf all die Träumereien verzichten, in die ich mich versenke, ich schicke Ihnen eine davon. Oh, ich bin Paris leid. Noch nie habe ich die Atmosphäre hier als so bedrückend empfunden. Ich atme die Luft, die Sie atmen, mit überschwenglicher Eifersucht. Sie ist, so heißt es, so mild, sie würde meinen Lungen so wohl tun; mein Gott, die Arbeit zermalmt mich (...) Ich erstelle im Moment ein schönes Werk, *Die Suche nach dem Absoluten*; ich verrate Ihnen nichts darüber, ich will, daß Sie es unvoreingenommen lesen mit all der Frische der Unkenntnis des Themas. Wo werden Sie sich also aufhalten?

Meine Unternehmungen stehen unter einem schlechten Stern. Nichts kommt zu einem Ende. Dieses Roast-beef auf Beinen, in das Gott alle Gedanken gelegt hat, die die Dummheit nur haben kann, und das auf den Namen Gosselin hört, hält uns mit Kleinigkeiten auf. Nächsten Dienstag kommen wir vielleicht zum Abschluß; ich schreibe Ihnen dann sogleich. Denken Sie sich auf der einen Seite 37 000 Francs, die ich zu zahlen habe, und auf der anderen Papier für 28 Francs und ein Faß Tinte, ein paar Federn, die ich angeschafft habe, und Sie bekommen eine klare Vorstellung von meinem Soll und Haben- um den Ausgleich herbeizuführen, brauche ich eine eiserne Gesundheit und nicht etwa nur Talent, aber immer das *Glück* in meinem Talent. Noch 6 Bände sind für besagten Béchet fertig zu machen und 25 Duodezbände für die erste Ausgabe der *Philosophischen Studien*. Sobald dies alles getan ist, habe ich einige Taler und die *Freiheit der Berge*; wenn ich sage Berge, meine ich natürlich die Ebene, denn nachdem was Sie sagen, ist die Ukraine ja eine Ebene.

So steht es also um die Geschäfte, Madame. Was die Gefühle betrifft, so sind sie infolge der Zwänge tausend-mal stärker, als Sie sie erlebt haben, da Sie ja die Güte hatten, meine Vertraute zu sein. Wäre denn diese Person zufriedener, wenn sie alles wüßte, was ich ihr verheimliche, es ist wirklich schwierig, die Gefühle so auszudrücken, wie sie im Grunde des Herzen vorhanden sind. Es bedarf nicht eines Tête-à-tête, sondern einer Begegnung von Herz zu Herz. Vermischen Sie diese Arbeitswut mit einer *Furia d'amore*, mit einigen schönen Erinnerungen, die mich ergreifen, sobald ich gute Musik höre, allerdings ohne den Herzog von Braunschweig zu hören, der manchmal auftaucht, um unsere Loge zu germanisieren, denn dieser entthronte Prinz, der kein *Löwe* mehr ist, will bei uns den Tiger spielen.

(Sie verstehen diese armselige Anspielung nur dann, wenn ich Ihnen sage, daß unsere Loge die Loge der *Tiger* genannt wird, verzeihen Sie mir diese Abschweifung, aber ich weiß doch, wie gern Sie die belanglosen Kleinigkeiten des Pariser Lebens wissen wollen.) Und so haben Sie eine genaue Vorstellung von der armseligen Existenz, die Ihr Muschik führt, der im übrigen so sittsam ist wie ein sittsames Mädchen; *Die Suche nach dem Absoluten* wird es Ihnen beweisen; *Seraphita* noch viel mehr.

Wahrlich, ich schreibe Ihnen mit heiterer Feder und bin dennoch traurig; aber meine Traurigkeit ist so groß, daß ich davor zurückschrecke, sie Ihnen zu offenbaren. Ich würde auf meinen Ruhm und mein ganzes literarisches Gepäck verzichten, hätte ich den Steinen auf der Straße nach Ferney gegenüber nicht gewisse Verpflichtungen. Wenn Sie meine Bücher en gros kaufen wollen, überlasse ich sie Ihnen Buch für Buch, ich werde Sie Ihnen am heimischen Kaminfeuer erzählen. Sorgen Sie dafür, daß Monsieur de H[anski] ein Fürstentum ersteht, denn wenn ich schon den Hofnarren spiele, so muß es zumindest für einen Fürsten sein. Das ist man doch seiner Eigenliebe schuldig. Sie setzten mir gewiß sehr hübsche Narrenkappen auf, und was den Lohn betrifft, so fände ich ihn in dem Lachen, das ich dann auf Ihren Lippen sähe. Sie wären jedoch gehalten, Elogen und eine Loge für mich bereitzuhalten und Glöckchen und einen Kuchen. Aber keinen Bortsch, das mache ich zur Bedingung. Dafür wird der Narr sein Herz vor Ihnen verbergen. Nun, Sie wären mir doch nicht böse. Dann hätte ich nämlich Angst, daß meine Narrheit mich verließe. Mein Gott, wie oft habe ich in meinem Leben den schelmischen Fürsten beneidet! Ich muß Ihnen lebewohl sagen, Ihnen viel Vergnügen auf der Reise wünschen. Ich mache mich wieder daran, eine *Tolldreiste Geschichte* zu beenden, während Sie von neuem Ihren Wagen besteigen und sich vielleicht sagen - Ich habe nicht geglaubt, daß dieser Franzose, den ich der Leichtfertigkeit bezichtigte, als wir an den Bieler See fuhren, es so ernst meinte, als er mir sagte, daß er für eine Bindung empfänglich sei. Ach, Madame, die armen Leute haben nur ein Herz, und sie verschenken es, und ich bin ein *armer Mensch*, ein Werkzeug, das die Sätze bearbeitet, wie andere Mörtel tragen.

Wenn ich frei wäre, würde ich heute abend im adriatischen Meer baden und käme zurück, um Ihnen ein schönes Märchen zu erzählen, die Fürstenhäuser im Gotha-Almanach Revue passieren zu lassen oder Patiencen zu legen. Sie haben mich die Patiencen lieben gelehrt, und ich lebe durch die *Patience*, aber ich leide ein bißchen viel.

Leben Sie denn wohl, ich schicke Ihnen die anmutigsten Blumen meiner Seele und bitte Sie, unter Ihren Reisegefährten meine Hochachtung, meine Empfehlungen, meine Erinnerungen zu verteilen, wie nur Sie es vermögen, ich möchte Ihnen nicht lebewohl sagen, ich verwende dieses Wort nicht gern bei den Menschen, die ich nicht verlassen will, und wo die Schloßherrin ist, da ist auch der Leibeigene!

H.

*

[Paris, Dienstag,] 15. Juli [1834]

Ich möchte, daß Sie bei ihrer Ankunft in Wien diesen Brief vorfinden. Ich hatte vorgestern einen Brief nach Triest zur Post bringen lassen, als zehn Minuten später Ihr langer gütiger Brief aus Triest eintraf. Ah, das nenne ich schreiben! Das nenne ich jemanden glücklich machen! Armer Royer, der *Venezia la bella* geschrieben hat und der es in zwei Bänden nicht vermochte, mir soviel über Venedig mitzuteilen wie Sie auf zwei Seiten. Ich sagte zu einem meiner Freunde, der eintrat, als ich Ihren Brief in das hübsche Kästchen legte, das ich zu diesem Zweck habe anfertigen lassen, denn für mich sind Ihre Briefe Geschöpfe, Feen, die mir tausend Wonnen bringen; und ich bin eitel mit meinen Feen-Briefen, ich sagte also zu ihm: - Wir sind Dummköpfe, wir, die wir meinen, schreiben zu können! Wir sollten gewissen Frauen die Pantoffeln küssen, aber auf der Seite, wo die Pantoffeln die Erde berühren, denn das Innere zu küssen, wäre allenfalls Sache der Engel! (…)

*

[Paris, Mittwoch,] 30. Juli [1834]

Oh mein Engel, meine Liebe, mein Leben, mein Glück, meine Kraft, mein Schatz, meine Vielgeliebte, welch starker Drang, welche Freude, Dir von Herz zu Herz zu schreiben, welche Schmach für mich, falls Du diese Zeilen nicht zur rechten Zeit am rechten Ort vorfindest. Ich bin 6 Tage aufs Land gefahren, um etwas sehr Dringendes zu beenden. Ich kann erst am 10. August zu den Heilwassern von B[aden] aufbrechen, aber ich werde eilen wie der Wind; es ist mir unmöglich, Dir Näheres darüber mitzuteilen, denn um dort hinfahren zu können, heißt es riesige Anstrengungen unternehmen. Aber ich liebe Dich mit übermenschlicher Kraft. So werde ich vom 10. bis 15. unterwegs sein. Ich werde nur drei oder vier Tage für mich haben, aber ich überbringe Dir diesen Tropfen meines leidenschaftlichen Lebens, mit einer Glückseligkeit, die allein die Unendlichkeit des Himmels zu erklären vermag. Mein Gott, wie viele meiner Stunden waren ganz von Dir erfüllt, was Du nur ahnen konntest, ich bin Dir überallhin gefolgt, ich habe Dich zu jeder Stunde begehrt. Ja, meine geliebte Ève, meine Himmelsblume, mein schönes Leben, bleib bis September bei den Heilquellen. Wenn man acht Tage braucht, um dorthin zu gelangen, wenn ich am 15. August aufbreche, werde ich nicht vor dem 23. da sein, und ich muß die ersten Septembertage über hier sein. Alles hängt von meinen Arbeiten und von meinen Zahlungen ab. Das Verlangen, frei zu sein, Dir zu gehören, hat mich Dinge unternehmen lassen, die über meine Kräfte gehen, aber meine Liebe ist so groß, daß sie mich aufrecht hält.

Deine *Seraphita* ist schön, groß, und Du wirst Dich in 3 Monaten an diesem Werk erfreuen. Ich brauche zwei Monate für den 3. Abschnitt; aber vielleicht beende ich ihn, wenn ich bei Dir bin. Du hast mir die Seele für den ersten Gesang erwärmt, Du sollst auch den letzten Gesang hören.

Oh, meine geliebte Angebetete, wisse wohl, daß die Liebe, die Du in mir erweckt hast, unendlich ist. Habe weder Furcht noch Eifersucht. *Nichts* kann den Zauber zerstören, unter dem ich leben möchte. Ja, es gab durchaus Augenblicke voll von Schwermut und Traurigkeit. Ich war ein wie verpflanzter Baum. Dich im August zu sehen, gibt mir wieder Glück und Mut.

Auf denn, um nach B[aden] zu kommen, muß ich in der *Revue Das Antiquitätenkabinett* unterbringen, wovon Du den Anfang kennst. Zu arbeiten, um Dich zu sehen, welch ein Genuß, es liegt Erwartung in jeder Zeile. Hast Du *Die Chouans* in Triest erhalten? Aber Du kannst mir ja nicht antworten. Du wirst diesen Brief am 8. August in Wien erhalten, und am 10. *will ich* unterwegs sein. Was sind schon N[euchâtel] und G[enf] im Vergleich zu B[aden]? Waren es nicht sechs Monate voll

Verlangen, voll unterdrückter Liebe, voll Arbeiten, die in Deinem Namen geschaffen wurden, oh, mein Leben und mein Denken. Man muß stark sein, um das so lange erwartete Glück auszuhalten. Oh ja, bleib allein. Es ist mir unmöglich, Dir einen langen Brief zu schreiben, ich brauchte einen Tag mehr Zeit, da ich heute morgen erst angekommen bin und Angst habe, daß Marie de Verneuil[1] ihn nicht bekäme und demjenigen zürnen könnte, der sie liebt wie ein Märtyrer seinen Gott. Nur noch 18 Tage von Dir getrennt zu sein, das ist alles und nichts. Dein kleiner Brief hat mich um den Verstand gebracht. Es steckt viel Unvernunft[2] darin, nach B[aden] zu fahren, denn ich muß im September tausend Dukaten zahlen, aber Dich auch nur einen Tag lang zu sehen, diese vergötterte Stirn zu küssen, diese geliebten Haare zu fühlen, von denen ich welche um den Hals trage, diese Hand voll von Güte und Liebe zu halten, Dich zu sehen, das wiegt allen Ruhm, alle irdischen Güter auf. (…)

Teurer Engel, wirst Du je wissen, wieviel Glück diese 18 Tage und diese Reise zu Dir für mich bedeuten. Mein Gott, Tag und Nacht habe ich Dich angebetet, ich sandte alle Gedanken meiner Seele zu Dir, ich gab Dir mein Herz, hast Du denn nichts davon verspürt! Und mein Schmerz, nicht nach Florenz fahren zu können! Schließlich alles, was ich Dir noch sagen möchte. Teurer Engel, sei glücklich, denn die leidenschaftlichste, die grenzenloseste Liebe, die ein Mann fühlen kann, ist das Leben, das Du begehrt hast zu führen, zu schenken, zu empfangen. Auf bald, also. Oh, was für ein Wort. Drei oder vier Tage des Glücks lassen Monate der Trennung besser ertragen. Oh, mein Schatz, welch ein Abgrund ist die Zärtlichkeit für mich, Du bist der Grund für meinen erschreckenden Mut.

Wirst Du meine grauen Haare mögen? Alle wundern sich, daß man das schaffen kann, was ich schaffe, und prophezeien mir den Tod. Nein, drei Tage bei Dir, das bedeutet, Leben und Kraft für tausend Jahre zu schöpfen.

Lebe wohl, tausend Küsse, ich habe, während ich Dir schrieb, dieses kleine Immergrün zwischen meinen Lippen gehalten. Es sei Dein, mein teurer, reiner Schatz, auf bald. Tausend Zärtlichkeiten und Liebkosungen und in jeder noch einmal tausend!

1 Madame Hanska hatte eine Vorliebe für *Die Chouans*, und Balzac nahm sie als Vorlage für die Heldin des Romans.
2 Diese Unvernunft wurde nie in die Tat umgesetzt.

*

August, [Montag,] 11. Paris[, 1834]

Dank, Madame, für Ihren gütigen und liebenswürdigen Brief vom 3. dieses Monats. Ihre Schrift hat tausend Düfte in meine Seele strömen lassen. Der Umschlag, den Sie in Hieroglyphen mit religiösen Sprüchen versehen haben, hat mich entzückt.

Ich habe Ihnen einiges zu beantworten, tausend, millionenfaches Lob für Ihre Ideen zu *Ph[ilippe], le discret*. Sie teilen also mein Urteil über Schiller, desgleichen meine Vorstellungen über das, was ich tun muß. Oh, den Winter in Wien zu verbringen, ich werde da sein, ja. - Sie haben die Bücher, gut.

Nein, ich sehe niemanden, weder Mann noch Frau. Meine Tiger langweilen mich; sie besitzen weder Krallen noch Hirn. Im übrigen gehe ich selten in die Oper.

Wie reizend Ihr Brief ist, mit welcher Freude ich ihn gelesen habe, diese Beschreibung Ihres Hauses, der Blumen, des Gartens, Ihres wohlgeordneten Lebens bis hin zu den *blue devils*, die Monsieur de H[anski] verlassen haben. Haben Sie Dank für die Einzelheiten, die Sie mir schildern. In dem Augenblick, als ich den frommen Teil Ihres Briefes las, dessen gottgefällige Gedanken mir zu Herzen gingen, stimmten meine Karmeliterschwestern, die der Hitze wegen die Fenster Ihrer Kapelle geöffnet hatten, eine Hymne an, die in unserer kleinen Gasse und in meinem Hof widerhallte. Das hat mich eigentümlich berührt.

Ihre Schrift hat in meinen Augen geleuchtet und ist süß in mein Herz gedrungen, das leidenschaftlicher erbebte denn je. Dies ist keine Poesie, sondern eine dieser im Leben seltenen Tatsachen.

Die Suche nach dem Absoluten bringt mich noch um. Es ist ein unermeßlicher Stoff, das schönste Buch, das ich machen kann, sagen *einige*. Leider bin ich jedoch nicht vor dem 20. dieses Monats damit fertig, in 9 Tagen also. Danach breite ich meine Schwingen aus und gönne mir 20 Tage Muße, denn mein Kopf wird keinen Gedanken mehr fassen können. Am 21. rufe ich dann, *es lebe der Gotha-Almanach*. Und so Gott will, überreiche ich selbst Ihnen *Das Absolute*. Ich will Ihnen nichts davon verraten. Diese kleine Eitelkeit des Autors werden Sie mir verzeihen, wenn Sie das Buch aus der Hand gelegt haben.

(...) Also nichts als immerzu Arbeit, mitunter Kummer, dazu der Zustand von Madame de B[erny], die den Kopf hängen läßt wie eine Blume, deren Kelch mit Wasser gefüllt ist. Sie kann ihren letzten Schicksalsschlägen keinen Widerstand mehr entgegensetzen. Niemals hatte eine Frau mehr zu ertragen. Wird sie sich aus diesen Krisen befreien können! Ich weine blutige Tränen, sie notgedrungen auf dem Land zu wissen und mich notgedrungen in Paris. Ich sehe großes Leid auf mich zukommen. Dieses sanfte Gemüt, dieses teure Geschöpf, das mich wie sein Lieblingskind ins Herz geschlossen hat, siecht dahin, ohne daß unsere Zuneigung (die ihres ältesten Sohnes und die meine) ihre Plagen zu lindern vermöchte. Oh, Madame, sollte der Tod mir dieses Licht meines Lebens entreißen, seien Sie gütig und großmütig und empfangen Sie mich. Ich kann mir nichts anderes vorstellen, als mich bei Ihnen auszuweinen. Sie sind der einzige Mensch (Borget und die Dame aus dem Berry ausgenommen), bei dem ich diese aufrichtige, sanftmütige Freundschaft gefunden habe. Und in diesem Fall, wäre mir *Frankreich* unerträglich. Borget ist im übrigen weit weg, und Madame Carraud besitzt nicht diese weibliche Sanftmut, die so angenehm ist. Sie ist von eher altmodischer Redlichkeit, unsere Freundschaft mehr verstandesbetont, mit Ecken und Kanten. Sie hingegen verstehen zu fühlen! Ja, ich bin geradezu überwältigt von diesem Kummer, der immer größer wird. Und diese göttliche Seele bereitet mich mit den wenigen Worten, die sie noch zu schreiben vermag, darauf vor, wenn man das so sagen darf. Oh, ich habe nur Ihr Herz, in das ich die Tränen gießen kann, die mir in den Augen stehen, während ich Ihnen schreibe. Hier in Paris bin ich entsetzlich allein, niemand kennt die Geheimnisse meines Herzens. Ich leide, und vor den anderen Menschen lächele ich. Weder meine Schwester noch meine Mutter verstehen mich.

Das sind traurige Seiten! Ich habe jedoch etwas Hoffnung. Madame de B[erny] hat eine so gute Konstitution! Aber ihr Alter läßt mich zittern, ein so junges Herz in einem Körper von bald 60 Jahren, das ist ein gewaltiger Gegensatz. Sie hat scheußliche Entzündungen zwischen dem Herzen und der Lunge; als ich sie magnetisierte, verstärkte meine Hand die Entzündung noch. Man mußte auf diese Maßnahme zur Heilung verzichten, obwohl ich mich, wie ich Ihnen bereits schrieb, in der zweiten Julihälfte dort zehn Tage aufhalten konnte. (…)

*

Gestern habe ich mir eine Gehirnentzündung als Folge meines übergroßen Arbeitspensums zugezogen; aber durch den größtmöglichen aller Zufälle befand ich mich bei meiner Mutter, die ein Fläschchen mit *beruhigendem Balsam* besitzt und mir damit die Stirn einrieb. Ich habe neun oder zehn Stunden lang entsetzlich gelitten. Heute geht es mir besser.

Der Doktor wollte, daß ich zwei Monate verreise. Meine unglückseligen Geschäfte erlauben mir nicht mehr als 20 Tage. Ich muß noch zehn Tage lang an der *Suche nach dem Absoluten* arbeiten, die mich beinahe ebenso aufgezehrt hätte wie *L[ouis] Lambert* vor zwei Jahren. Am 1. oder 2. September werde ich jedoch auf dem Weg nach Wien sein. Ich kann mir kein angenehmeres Reiseziel vorstellen. Von daher werde ich zwischen dem 7. und 10. September das Vergnügen haben, Sie zu sehen, Sie erlauben, daß ich sage, das Glück. Nein, ich erhalte keine Briefe mehr von Ihrer Cousine. Es gibt etwas, von dem ich nicht genau weiß, was es ist, das zu unserem Zerwürfnis geführt hat. Nehmen Sie mir die Kürze dieser Zeilen nicht übel, es ist das einzige, was ich heute schreibe, denn meine Nerven sind noch angegriffen von der Krankheit, die mich gestern heimgesucht hat. Alle Welt hat mich gewarnt. Ich aber zählte auf meine Kraft und auf eine Gesundheit, die mir durch Mäßigung und andere Tugenden des Einsiedlerlebens gegen alles gefeit schien, aber alle Welt hat recht behalten. Ein Arzt erzählte mir, daß Broussais und Dupuytren an Überarbeitung starben, und man sagte mir unheilvolle Dinge voraus. Ich werde mich ein wenig in meinem Tun mäßigen.

(…) Leben Sie wohl, auf bald, haben Sie Nachsicht mit einem armen Künstler, der sich verabschiedet mit der Absicht, keinen Gedanken mehr zu denken, ganz Kind zu sein, und der sich lediglich der einzigen Zuneigung hingeben will, die niemals ermüdet, der Freundschaft und den süßen Herzensdingen.

Wollen Sie Monsieur de H[anski] im voraus für sein freundliches Briefchen danken. Ich habe in diesem Moment nicht die Kraft, mehr zu schreiben, als das, was ich hier zu Papier bringe. (…)

*

[Paris, Freitag, 22. (?) August - Dienstag, 25. (?) August 1834]
[Freitag, 22. (?) August]

Vielleicht hatte ich Sie in Schrecken versetzt, Madame, aber Madame de B[erny] geht es besser. Sie ist indes noch nicht ganz genesen; nein, sie befindet sich in einem grausamen Schwächezustand. Vor zwei Tagen schrieb ich Ihnen, daß ich nach Deutschland aufbräche; aber das war eine Torheit, denn es dauert zehn oder zwölf Tage, um nach Wien zu gelangen, ebenso lang, um zurückzukehren, und ich verfüge nur über 20 Tage. Nein, es ist nicht möglich in der Lage, in der ich mich befinde. *Das Absolute* hat derart viel Zeit verschlungen, daß ich mit meinen Lieferungen ins Hintertreffen geraten bin und folglich auch mit meinen Verbindlichkeiten.

Andererseits kann ich auch nicht abreisen, ohne der *Revue de Paris* das Ende von *Seraphita* zu übergeben, und wie kann ich die Zeit bestimmen, die ich benötige, dieses für die anderen himmlische, für mich teuflische

Werk zu vollenden. All das bekümmert mich; ich habe nicht vor November meine Freiheit; und dann! Werden Sie noch in Wien sein, ja, aber selbst, wenn ich günstigenfalls einen Monat für mich hätte, wäre das Problem noch immer dasselbe. Ich sehe schon, ich muß warten, bis ich an *Philippe II.* bin. Ich fühle mich gänzlich schwach und verspüre diese Art physischer Schwermut, die einen überfällt, wenn man sich überarbeitet hat.

[Montag, 25. (?) August]

Das Leben in Paris ist mir kaum noch erträglich, und obgleich ich in meinem Herzen wie ein Kind empfinde, ist alles Äußerliche gealtert. Diese Woche werde ich das außergewöhnliche Vergnügen haben, Ihnen an Baron Sina die 3. Lieferung der *Études de mœurs* und zwei sehr verschmierte Manuskripte zu schicken mit den Korrekturen, die ich in Genf mit Ihrer Feder und Ihrer Tinte vorgenommen habe, denn zwischen dem 1. Kapitel von *Ne touchez pas la hache* und dem 3. ging das Manuskript in der Druckerei des *Echo de la Jeune France* verloren, so daß ich es nur durch die Korrekturfahnen ersetzen konnte.

Es ist ein Buch erschienen, das bestimmten Geistern gefallen wird, durchweg schlecht geschrieben, schwach, weitschweifig und von aller Welt abgelehnt, das ich wiederum tapfer gelesen habe und in dem es schöne Stellen gibt. Es handelt sich um *Volupté* von S[ainte]-Beuve. Wer nicht seine Madame de Couaën gehabt hat, ist nicht würdig zu leben. Es gibt in dieser gefährlichen Freundschaft einer verheirateten Frau, in deren Nähe die Seele sich duckt, sich erhebt, sich herabwürdigt, wankelmütig wird, sich nie zur Kühnheit entschließt, den Fehltritt begehrt, ihn nicht begeht, alle

Wonnen der Jugend. Es gibt schöne Sätze in diesem Buch, schöne Seiten; aber es ist ein Nichts. Es ist das Nichts, das ich liebe, das Nichts, das mir erlaubt, mich einzumischen. Ja, die erste Frau, der man mit den Illusionen der Jugend begegnet, ist etwas Heiliges und etwas Verfluchtes. Zum Glück gibt es in diesem Buch keine anzüglichen Späße, diese Freizügigkeit, diese Frivolität, die die Leidenschaften in Frankreich kennzeichnen, es ist vielmehr ein puritanisches Buch. Madame de Couaën ist nicht Frau genug, und die Gefahr existiert nicht wirklich. Aber ich betrachte das Buch als auf heimtückische Weise gefährlich. Es sind so viele Vorkehrungen getroffen worden, um die Leidenschaft als schwach darzustellen, daß man sie statt dessen verdächtigt, unermeßlich zu sein, und die Freuden sind so rar, daß sie in ihren kurzen und zarten Erscheinungen unendlich scheinen. Dieses Buch hat mich dazu gebracht, eine tiefschürfende Überlegung anzustellen. Die Frau mißt sich mit dem Mann, und da, wo sie nicht triumphiert, stirbt sie. Wenn sie nicht im Recht ist, stirbt sie. Wenn sie nicht glücklich ist, stirbt sie. Das ist erschreckend.

Ich muß unbedingt Wien sehen. Ich muß die Schlachtfelder von Wagram und Eßling bis zum nächsten Juni erkundet haben. Ich brauche wohl vor allem Stiche, die die Uniformen der deutschen Armee, darstellen, und ich werde sie zu finden wissen. Haben Sie die Güte, mir nur mitzuteilen, ob derlei existiert.

Heute ist der 25., und seit fast zwölf Tagen habe ich keinen Brief von Ihnen erhalten. Ich lebe in solch einer Abgeschiedenheit, daß ich die Freuden, die mich in dieser Wüstenei erreichen, zähle und ersehne. Leider hat mich die Krankheit von Madame de B[erny] in schreckliche Gedanken versinken lassen. Dieses engelsgleiche

Geschöpf, das seit 1821 alle Düfte des Himmels über mein Leben verströmt hat, ist nun vollkommen verändert, sie erstarrt zusehends. Das Weinen, das Klagen, ich kann nichts dagegen tun. Eine Tochter ist verrückt geworden, eine andere Tochter tot, eine dritte liegt im Sterben, was für Schicksalsschläge!... Dann noch tieferes Leid, über das man nicht einmal sprechen kann. Nach 30jähriger Geduld und Aufopferung war sie schließlich gezwungen, sich von ihrem Gatten zu trennen, denn wenn sie nur einige Tage länger geblieben wäre, hätte sie nicht überlebt. All dies innerhalb kurzer Zeit. Das alles habe ich durch das Herz erlitten, das mich einst schuf. Außerdem ist im Berry das Leben von Madame de C[arraud] durch ihre Schwangerschaft in Gefahr. Borget ist in Italien. Meine Mutter ist wegen der Heirat meines Bruders verzweifelt, sie ist in zwanzig Tagen um 20 Jahre gealtert. Ich bin in den Fängen von erheblichen, dringend notwendigen Arbeiten und von Geldgeschäften sowie zwei kleinen Prozessen, die ich angefangen habe, um endlich die letzten Schwierigkeiten meines Literatenlebens zu klären.

Für all das bedarf es eines eisernen Schädels, wie sich mein Doktor ausdrückte. Unglücklicherweise kann das Herz aber den Schädel zum Zerspringen bringen. Ich hatte auf die Reise nach Wien gesetzt, wie ein Reisender auf eine Oase in der Wüste; aber die Unmöglichkeit des Unterfangens entsetzt mich. Ich muß vom 20. bis 30. September in Paris sein. Ich muß 500 Dukaten zahlen, und wenn man mit einer Feder nach Gold gräbt, sind die Goldstücke sehr rar. Letztlich wird die Arbeit schon getan werden. Ich werde in einigen Monaten frei sein, wenn mich mein übermäßiges Studieren nicht umbringt. Ich fange an, dies zu befürchten.

Heute habe ich die *Suche nach dem Absoluten* beendet. Möge der Himmel dafür sorgen, daß dieses Buch gut und schön ist. Ich kann es nicht beurteilen; ich bin zu ermüdet von der Arbeit, zu erschöpft von der Anstrengung des Schreibens. Ich sehe es verkehrt. Alles darin ist klar. Die eheliche Liebe ist dort eine erhabene Leidenschaft. Die Jungmädchenliebe ist dort frisch. (…)

*

Paris, Sonnabend, 18. und Sonntag, 19. Oktober[1834]

Madame, ich habe vierzehn Tage in Saché in der Touraine verbracht. Nach der Beendigung des *Absoluten* hat mich Monsieur Nacquart sehr kraftlos vorgefunden, und da er, wie er sich schmeichelhafterweise ausdrückte, nicht wolle, daß ich auf der letzten Stufe zum Ruhm stürbe, verordnete er mir heimatliche Luft und schärfte mir gleichzeitig ein, nichts zu schreiben, nichts zu lesen, nichts zu tun und an nichts zu denken, falls mir das möglich sci, wie er lachend hinzusetzte. Ich habe mich also in die Touraine aufgemacht, aber ich habe dort gearbeitet. Meine Mutter kam einstweilen hierher, um meine Briefe in Empfang zu nehmen. Als ich heute morgen ankam, fand ich einen ganzen Stoß vor, aber ich habe nur nach einem gesucht. Ich habe die Briefmarke aus Wien erkannt und Ihre Handschrift, die mir zweifellos Vergebung verhieß, die ich hiermit annehme, denn Stolz wäre fehl am Platz. Könnte ich fliegen und wäre ich so frei wie ein Vogel, hätten Sie mich noch vor diesem Brief in Wien gesehen, und ich hätte Ihnen die am fröhlichsten strahlende Miene der Welt mitgebracht; aber von hier kann ich Ihnen nur auf den Schwingen der Seele meinen ehrerbietigen Herzensgruß schicken.

In meiner Freude habe ich gleich drei Briefmarken aus Wien gesehen, wie der betrunkene Pitt, der zwei Redner auf der Tribüne sah, während Sheridan überhaupt keinen sah.

Ich nehme die Korrespondenz wieder auf, den Befehlen Ihrer Schönheit (mit großem Anfangsbuchstaben, wie bei Hoheit, Heiligkeit, Exzellenz, Majestät, denn die Schönheit ist all das) Folge leistend, aber was kann ich Ihnen an Gutem vermelden? Ich bin fröhlich in meiner Trauer, fröhlich, weil meine kunterbunten Gedanken wieder ohne Furcht zu Ihnen eilen können; aber in Wirklichkeit bin ich ermüdet, überhäuft von Arbeit und Unannehmlichkeiten. Liegt Ihnen viel daran, den blutigen Ernst des Lebens in diesem Krater kennenzulernen? Wie soll ich Ihnen, die Sie so frisch, so rein sind, so viele Schmerzen schildern. Wissen Sie, was ein Verleger unsereinem an Leid bereitet, indem er ein Buch, das uns hundert Nächte gekostet hat wie *Die Suche nach dem Absoluten*, schlecht lanciert. Zwei Mitglieder der Akademie der Wissenschaften haben mich die Chemie gelehrt, und um das Buch wissenschaftlich richtig zu machen, haben sie mich meine Druckabzüge bis zu zehn-, zwölfmal überarbeiten lassen. Ich mußte Berzelius[1] lesen, arbeiten, um in der Wissenschaft auf dem laufenden zu bleiben, meinen Stil verbessern, um die nüchternen Leser in Frankreich nicht der Chemie überdrüssig werden zu lassen, da ich ja ein Buch geschrieben habe, dessen Hauptthema die Chemie ist, von der im ganzen Buch allerdings nur auf 8 von 400 Seiten die Rede ist.

Nun ja, diese umfangreichen Arbeiten, die in vorgegebener Zeit geschaffen werden mußten, haben 20 Druckereiarbeiter erschöpft, die mich einen *Menschenschinder* nannten, denn wenn ich zehn Nächte dort verbrachte, hatten sie fünf zu tun, nun ja, diese heldenhafte Arbeit ist kompromittiert. Dem *Absoluten*, das meines Erachtens zehnmal so bedeutend wie *[Eugénie] Grandet* ist, wird kein Erfolg beschieden sein, und meine 12 Bände werden sich nicht nach meinem Willen verkaufen, meine Befreiung wird sich verzögern! Verstehen Sie meine Wut? Ich hoffte, *Seraphita* in der Touraine zu beenden; aber ich habe mich wie Sisyphus in überflüssigen Anstrengungen verbraucht. Nicht jeden Tag steht einem der Himmel offen.

Ich habe hier ein großes Werk begonnen, *Père Goriot*. Sie werden es in den nächsten Ausgaben der *Revue de Paris* finden. Ich habe *Liindenbliitentä* dort untergebracht und dabei gelacht wie ein Wahnsinniger; jedoch nicht im Mund einer jungen Frau; nein, in dem einer gräßlichen Alten. Ich wollte nicht, daß Sie eine Rivalin hätten.

Kaum hier angekommen, mußte ich meine letzten beiden Prozesse abwickeln, meine erste Lieferung der *Philosophischen Studien* in Umlauf bringen; glücklicherweise ist Werdet ein kluger und gänzlich ergebener Mann; er hat jedoch wenig Geld. Um zu verhindern, daß er scheitert, muß ich *César Birotteau* bis zum 15. Dezember liefern; außerdem muß Madame Béchet zwischen dem 1. bis zum 15. November ihre vierte Lieferung bekommen.

Meine pekuniären Verpflichtungen nähern sich der Fälligkeit, und meine Rückkehr gestaltet sich schwierig. Anschließend nehme ich mich J[ules] Sandeaus an, er braucht Möbel, danach muß ich ihn durch den literarischen Ozean lotsen, diesen armen Schiffbrüchigen mit dem guten Herzen, der an der Klippe G. Sand gestrandet ist, die ihm seinen Namen genommen und seine Seele ihres Zaubers beraubt hat. Kurzum, man müßte sich verzehnfachen können, Gehirn zum Auswechseln besitzen, ohne Schlaf auskommen, immer mit seinen Eingebungen glücklich sein, jeder Zerstreuung entsagen.

Jetzt sind es schon drei Monate, seit ich Madame de Berny zuletzt gesehen habe; urteilen Sie über mein Leben anhand dieser Tatsache. Wenn ich geliebt würde, könnte meine Geliebte wohl ruhig schlafen; in meinem Leben ist nicht einmal für Gedanken Raum, geschweige denn für Untreue. Dies wäre somit kein Verdienst, ich schäme mich auch über mich selbst. Ich werde 600 Meilen zu Fuß zurücklegen müssen, eine Wallfahrt nach Wierzchownia machen, um dort in jugendlicher Gestalt anzukommen, denn ich bin so dick, daß die Zeitungen darüber spotten, die elenden! Das ist Frankreich, das schöne Frankreich; man macht sich lustig über das Unglück, das durch die Arbeit erzeugt wird. Sie machen sich über meinen *Leib* lustig. Von mir aus, sie haben ja sonst nichts. Sie können mich weder der Ehrlosigkeit, noch der Feigheit, noch dessen, was ihnen selbst Schande macht, bezichtigen, und wie mir Philippon von *La Caricature* sagte: - Seien Sie glücklich, *jeder, der nicht selbst vom Schreiben lebt*, bewundert Ihren Charakter ebenso wie Ihre Werke! - Ich habe ihm an diesem Tag ganz fest die Hand geschüttelt. Er verlieh mir wieder Kraft.

Sie wissen durch die Ankündigung der 4. Lieferung, womit ich mich für den 2. Band der *Szenen aus dem Privatleben* befasse; aber worauf Sie überhaupt nicht gefaßt sein werden, ist *Père Goriot*, ein Meisterwerk! Die Schilderung eines Gefühls, das so tief ist, daß nichts es zum Erlöschen bringen kann, weder Verunglimpfungen noch Kränkungen, noch Ungerechtigkeit; ein Mann, der *Vater* ist, wie ein *Heiliger*, ein *Märtyrer* Christ ist. Was *César Birotteau* angeht, so habe ich Ihnen davon erzählt.

Ja, ich habe ein wenig den Herbst in der Touraine ge-
schnuppert; ich habe die *Pflanzen* und *Austern* gou-
tiert, und wenn der Himmel besonders schön war,
dachte ich, es sei ein Zeichen, und eine weiße Taube
mit einem grünen Zweig im Schnabel käme vielleicht
aus Wien herbei.

Nun bin ich also hier in meinem Winterquartier, in
meinem Kabinett, in meinem Kartäusergewand, das Sie
kennen, und arbeite ohne Unterlaß. Was meine Freuden
anbetrifft, so sind sie unschuldiger Natur. Neue Möbel
in meinem Zimmer, ein Spazierstock, über den ganz Paris spricht, ein göttliches Lorgnon, das meine Chemiker
von einem Optiker des Observatoriums haben anfertigen lassen; außerdem goldene Knöpfe auf meinem blau-
en Gewand, von Feenhand ziselierte Knöpfe, denn ein
Mann, der im XIX. Jahrhundert einen Spazierstock mit
sich führt, der eines Ludwig XIV. würdig ist, konnte keine häßlichen Knöpfe aus Goldimitat behalten. Das sind
so die kleinen Narrheiten, die Sie befürworten werden,
wenn Sie an die Urheber viel *schlimmerer Narrheiten*
denken. Ist es da nicht besser, wegen eines Knopfes, eines Rings *Kindereien zu begehen.* Diese kleinen unschuldigen Marotten bringen mich in den Ruf, Millionär
zu sein. Ich habe den Orden der Stockophilen in der ele-
ganten Welt gegründet, und man hält mich für einen Le-
bemann, das amüsiert mich.

Seit einem Monat habe ich keinen Fuß mehr in die
Oper gesetzt. Ich habe, so scheint mir, eine Loge in den
Bouffons. Lebt er nicht in einem sehr glücklichen Elend,
werden Sie jetzt sagen? Bedenken Sie indes, daß die Musik, die Spazierstöcke aus ziseliertem Gold, die Knöpfe
und die Lorgnons meine einzigen Zerstreuungen sind.
Nein, Sie werden das nicht tadeln?

(…) Stellen Sie sich vor, ich werde mir das Vergnügen gönnen, mich auf der Bühne zu sehen. Ich habe eine Posse entworfen, an der ich meinen Spaß haben will: *Prudhomme bigame* Prudhomme ist geizig, er hält seine Frau knapp, sie führt den Haushalt; sie ist eine hinter dem Titel *Épouse* versteckte Dienstmagd, sie war nie auf dem Opernball. Ihre Nachbarin will sie dorthin mitnehmen, und nachdem sie sich nach den ehelichen Gewohnheiten von Joseph Prudhomme erkundigt hat, machen die beiden Frauen eine Puppe, die Madame de Prudhomme ähnelt, lassen sie im Bett zurück und gehen auf den Maskenball. Prudhomme kehrt heim, hält seine Monologe, sieht nach, ob seine Frau schläft, und geht schließlich zu Bett. Um fünf Uhr kehrt seine Frau nach Hause zurück, und nun sind zwei Frauen da. Sie können sich die Späße kaum vorstellen, die unsere Schauspieler aus dieser Vorlage machen werden, und ich schwöre Ihnen, wenn dies durchschlägt, werden sich die Pariser das hundertmal anschauen. Wenn Gott es will, wird es mich nicht mehr als einen Morgen kosten und kann 15 000 Francs einbringen. Und schon haben wir die schönste Posse. Alles hängt jedoch von so vielen Dingen ab! Ich brauche ein Pseudonym. Und dann sind die Theater Lasterhöhlen! Und mein Fuß ist jungfräulich und ohne Schandflecken. Vielleicht kann ich Ihnen brieflich über die erste und letzte Vorstellung berichten. Eine schöne unbezahlte Seite ist mehr wert als hunderttausend Francs für ein schlechtes Vaudeville. Ich habe das Elend nie vom Ruhm getrennt betrachtet, das Elend mit Spazierstöcken, Knöpfen und Lorgnons versteht man, und vom Ruhm glaubt man, er sei leicht zu ertragen. Das wird mein Los sein.

Habe ich Ihnen meinen Kummer auch gut verborgen, habe ich fröhlich geplaudert? Werden Sie überhaupt glauben, daß ich leide, daß ich heute morgen das Leben nur schwer ertragen habe, daß ich gegen meine Einsamkeit aufbegehrte, daß ich in die Welt hinausziehen wollte, sehen, wie es auf der Landstraße ist, meinen Finger in die Donau halten, den Wiener Torheiten lauschen, kurzum, etwas anderes machen als Seiten, lebendig sein, anstatt über Sätzen zu erblassen?

(...) Ich überlasse Ihnen die Mühe, Monsieur de H[anski] für seinen letzten Brief zu danken, aber ich bin in meiner Freude betrübt. Ich hätte gewünscht, daß Sie aus einem anderen Grund als einer Unpäßlichkeit Ihrer lieben kleinen Anna in Wien geblieben wären. Küssen Sie sie von mir auf die Stirn, falls das stolze Kind dies überhaupt zuläßt. Und bringen Sie mich schließlich denen in Erinnerung, die Sie umgeben.

Sie werden *Seraphita* in *gebundener* Form wohl kaum vor dem Neujahrstag haben. Ich wüßte gern, ob ich Anna ein kleines Andenken schicken kann, ohne die Nasen und neugierigen Hände der deutschen Zöllner zu fürchten. Ich würde ihr gern ein kleines *Schmuckkästchen* für ihre Ringe schicken als Dank für ihren Hund, der mich auf meinen Reisen begleitet. Zumindest wird sie sich eines Tages, wenn sie ihre Ringe ansteckt, an ihr Pferd erinnern, das ist eine Angelegenheit von Hund zu Pferd.

Leben Sie denn wohl! Ich habe Ihnen meine Ruhestunden geschenkt, um weder Werdet noch Madame Béchet zu bestehlen; tausend ehrerbietige Grüße und haben Sie die Güte, meine tiefste Hochachtung entgegenzunehmen.

(...)

1 Der schwedische Chemiker Berzelius (1779-1848) begründete die Elementaranalyse und führte die heute gebräuchlichen chemischen Symbole ein.

*

Ich war seit zwei Tagen damit beschäftigt, Sand[eau]
einzurichten, denn er ist wie ein Kind, so daß ich Ihnen
nicht schreiben konnte. Nun bin ich mit rückständiger
Arbeit belastet. Ich schreibe Ihnen, wie es kommt, wie
es mir eben einfällt, und nicht in logischer Reihenfolge.
(…) Nur Madame de B[erny] und Ihnen gegenüber bin
ich ganz offen. Ich finde, man muß sich hüten, mit
kleinlichen Menschen umzugehen. (…) Bis jetzt hat
mich nur eine einzige Frau, (Madame de B[erny]), richtig erkannt, weil sie gesehen hat, daß mich mein Lächeln, dieses im Ausdruck ewig wechselnde Lächeln,
nie verließ. (…) Gott hat mir die Gabe verliehen, mich
am Duft der Blumen zu erfreuen und nicht am Gestank
des Straßenschmutzes. Warum sollte ich in Nichtigkeiten verstricken, alles drängt mich zu dem, was groß ist.
Ich ersticke in der Niederung, ich lebe in der Höhen-
luft. Und ich habe so vieles unternommen. Wir sind im
Zeitalter der Intelligenz angelangt. Die Könige der materiellen Güter, die rohe Gewalt verabschiedet sich. Es
gibt Welten der Intelligenz, in der man auf einen Pizar-
ro, Cortez, Kolumbus treffen kann. Es wird Herrscher
im universalen Königreich der Gedanken geben. In dieser erstrebten Welt sind weder Feigheit noch Nichtigkeiten möglich. Nichts vergeudet mehr die Zeit als
kleinliche Lappalien, es müßten schon große Dinge
sein, die mich in ihren Bann ziehen außerhalb dieses
Kreises, wo ich die Unendlichkeit finde. Es gibt nur
eine einzige Sache - bis in die Unendlichkeit - eine überwältigende Liebe. Wenn ich sie besitze, wie sollte ich
dann einer *Pariserin* nachlaufen, einer Madame de
C[astries]. Ich hege solchen Abscheu gegenüber den
Pariser Frauen, daß ich hier von 6 Uhr morgens bis 6

Uhr abends an meiner Arbeit festhalte, um 6 1/2 Uhr holt mich mein Mietcoupé ab, um mich an einem Tag in die Oper, an einem anderen ins Théâtre des Italiens zu bringen, um Mitternacht gehe ich zu Bett. Wie soll ich so wem auch immer eine Minute widmen. Ich empfange während meiner Abendmahlzeit Gäste und bespreche bei Tisch unsere Pläne für Theaterstücke. Ich korrespondiere nur mit Ihnen oder Madame de B[erny], meiner Schwester oder meiner Mutter. Alle fremden Briefe müssen bis Sonntag warten, dann erbreche ich das Siegel, und alles was nicht mit Geschäften zu tun hat, wird Sandeau übergeben, der mir angeboten hat, als mein Sekretär zu fungieren. So kann ich diesen Schuldenberg abtragen und meine versprochenen Werke vollenden. Ohne dies keine Rettung, keine Freiheit. ZUM TEUFEL! Sie werden sehr wohl den Beweis für das, was ich Ihnen schreibe, sowie den Beweis meiner Standhaftigkeit erhalten, indem Sie meine Bücher erscheinen sehen; denn glauben Sie ja nicht, man könne kokettieren, sich amüsieren und gleichzeitig derartige Veröffentlichungen hervorbringen. Die Arbeit und die Muse, das heißt, die arbeitsame Muse ist weise, sie ist jungfräulich. Es ist beklagenswert, im 19. Jahrhundert auf die Bilder der griechischen Mythologie zurückzugreifen, aber ich war noch nie so betroffen wie von der mächtigen Wahrheit dieser Mythen.

Glauben Sie bloß nicht, daß ich mit dem, was ich soeben geschrieben habe, Ihnen auf Umwegen sagen möchte, daß, wie auch immer Ihr Alter oder Ihre Gestalt sei, meine Zuneigung zu Ihnen immer dieselbe sein wird, denn ich schlüge keine Umwege ein, um Ihnen etwas mitzuteilen, wenn ich nicht vermuten könnte, daß Sie über genügend Scharfsinn verfügen, es ohnehin gespürt, es ohnehin erahnt zu haben. Nein, ich prüfe mich auf Treu und Glauben und habe dabei keineswegs die Absicht, mich in ein günstiges Licht zu setzen. Ich will durch Geist und Ruhm soviel Größe erlangen, daß Sie auf meine aufrichtige Freundschaft stolz sein können. Jedes meiner Werke, die ich immer umfangreicher, durchdachter und in besserem Stil schaffen will, wird eine Schmeichelei für Sie sein, eine Blume, ein Strauß, den ich Ihnen schicke! Die Entfernung läßt nur rhetorische Blüten zu.

(…) Ich werde ohne Ankündigungsschreiben die 1. Lieferung der *Philosophischen Studien* an die Adresse von *Sina* schicken. Sie kennen das alles bereits; aber lassen Sie mich doch in dem Glauben, daß Sie Anteil nehmen an den umfangreichen Korrekturen à la Buffon (er war großartig darin), die aus meinem ganzen Werk ein Denkmal unserer schönen Sprache machen. Ich gehe davon aus, daß die drei Teile dieses gigantischen Werks im Jahr 1838, wenn nicht ganz vollendet, so doch wenigstens ergänzt sein werden, und man aufgrund des vorhandenen Umfangs sich ein Urteil wird bilden können.

Die *Études de mœurs* stellen alle gesellschaftlichen Bereiche dar, ohne daß irgendein Lebensumstand, ein Typus, eine soziale Schicht, weder ein männlicher noch weiblicher Charakter, weder eine Lebensart noch ein französischer Landstrich, noch was auch immer von Kindheit, Alter, Erwachsenenalter, Politik, Gerichtsbarkeit oder vom Krieg vergessen worden wäre.

So bilden die Geschichte des menschlichen Herzens, Zug um Zug nachgezeichnet, und die gesellschaftliche Entwicklung in all ihren Bereichen den Grundstock. Dies werden keine fiktiven Tatsachen sein; es wird das sein, was sich überall abspielt.

Die *Philosophischen Studien* stellen das zweite Fundament dar, denn nach den *Wirkungen* kommen die Ursachen an die Reihe. In den *Études de mœurs* werde ich Ihnen das Spiel der Empfindungen und den Lauf des Lebens schildern. In den *Philosophischen Studien* liefere ich dann die Begründung für die Empfindungen und die Triebfedern des Lebens; zeichne die Grenzen und die Bedingungen, ohne die weder die Gesellschaft noch der Mensch existieren können; und nachdem ich die Gesellschaft durchforstet habe, um sie zu beschreiben, werde ich sie erforschen, um ein Urteil über sie zu fällen. Deshalb sind in den *Études de mœurs* die *Typen* generalisiert; in den *Philosophischen Studien* sind die *Typen* individualisiert. So werde ich alles mit Leben erfüllen - den Typus, indem ich ihn individualisiere, das Individuum, indem ich es typisiere. Ich werde das Fragmentarische beseelen, und ich werde dem Denken individuelles Leben einhauchen.

Anschließend an die *Wirkungen* und *Ursachen* werden die *Analytischen Studien* folgen, zu denen die *Physiologie der Ehe* gehört, denn nach den Wirkungen und *Ursachen* muß man sich auf die Suche nach den *Grundlagen* machen. Die *Sitten* sind das *Stück*, die *Ursachen* sind die *Kulissen* und die *Maschinerie*. Die Grundlage, das ist der *Autor*; aber in dem Maße, wie sich das Werk spiralenförmig zu den Höhen des Denkens hochschraubt, desto gedrängter wird es, desto mehr verdichtet es sich. Erfordern die *Études de mœurs* 24 Bände, so sind es für die *Philosophischen Studien* nur 15; für die *Analytischen Studien* braucht man dann nur noch 9. Auf diese Weise werden der einzelne Mensch, die Gesellschaft, die Menschheit ohne Wiederholung beschrieben, beurteilt, analysiert und das in einem Werk, das die *Märchen aus Tausendundeiner Nacht* des Abendlands sein wird. Wenn schließlich alles fertig ist, meine Kathedrale vollendet ist, der Giebel freigelegt, die Gerüste gefallen, letzte Hand angelegt ist, wird es sich weisen, ob ich recht oder unrecht gehabt habe. Und nachdem ich voll künstlerischer Gestaltungskraft das Bild eines ganzen Systems geschaffen habe, werde ich mich im *Essay über die menschliche Kraft* der Wissenschaft zuwenden.

Und auf dem Fundament dieses Palastes werde ich, *Kind und Spötter*, die gewaltige Arabeske der *Hundert tolldreisten Geschichten* entwerfen.

Glauben Sie jetzt noch immer, Madame, daß ich viel Zeit zu Füßen einer Pariserin zu vergeuden habe. Nein; ich mußte eine Wahl treffen. Ich habe Ihnen heute meine einzige Geliebte enthüllt; ich habe ihr ihren Schleier weggezogen, hier ist das Werk, hier ist der Abgrund, hier ist der Krater, hier ist der Stoff, hier ist die Frau, hier ist diejenige, die mir meine Nächte raubt, meine Tage, die diesem Brief, der den Stunden des Studiums abgerungen ist, aber mit Wonnen abgerungen, seinen Wert verleiht. Ach, ich flehe Sie an, unterstellen Sie mir niemals etwas Kleinliches, Niederträchtiges, Schäbiges. Denn nun können Sie ja die Spannweite meiner Schwingen ermessen. Noch einmal ein Lebewohl. Grüßen Sie alle, die mich lieben, von mir, den Ziseleur, den Gießer, Bildhauer, Goldschmied, Zwangsarbeiter, Künstler, Denker, Dichter, den *was immer Sie wollen*, und sagen Sie sich, daß meine Liebe, einer Palme in der Wüste gleich, die bis zum Himmel reicht, um sich zu erfrischen, ihre Kraft aus der Einsamkeit schöpft, damit Sie wissen, wie wertvoll Ihr Anteil daran ist. Eines Tages, wenn ich fertig bin, lachen wir zusammen darüber. Heute heißt es arbeiten.

*

22. November

Mein Gott, ich werde für meine Unbesonnenheit büßen müssen. Ich war nicht in London, mein Schwager
hat seine Meinung geändert. Sie wähnen mich in England, und Sie schreiben mir nicht; ich bin hier, ohne zu
wissen, wie es Ihnen geht, noch was Sie treiben. Seit einigen Tagen bin ich von tausendfacher Unruhe ergriffen. Waren Sie krank? War Monsieur de H[anski] krank?
Anna! Ich, ich malte mir Ihretwegen die schrecklichsten Dinge aus. Ich erwartete einen Brief, und da der
Brief nicht kam, begann ich mich zu fragen, warum?
Der Grund war Ihre Annahme, ich sei abgereist.

Ich habe nichts Gutes von mir zu berichten. Ich bin
zu Tode betrübt. Trotz der Tröstungen durch die Arbeit
und trotz der Umtriebigkeit, die die Not erfordert, gibt
es in meinem Leben eine Leere, die schwer wiegt. In
den Augenblicken der Verzagtheit bin ich allein. Madame de B[erny] leidet noch immer grausam und ist auf
dem Land geblieben. Ich habe sie für ein paar Tage besucht. Diese wenigen Tage waren alles, was ich ihr in
fünf Monaten bieten konnte. Daran können Sie ermessen, was für ein Leben ich führe: eine Wüste, die es zu
durchqueren gilt. Werde ich die glücklichen Gefilde erreichen, in denen es Flüsse, Weiden und Gazellen gibt.

Meine arme Mutter ist schwer krank. Ich erwarte sie
morgen; sie muß wegen ihrer Gesundheit Ärzte konsultieren. Die Lage meines Bruders wird immer hoffnungs-
loser, und gegen Jahresende gehen die Geschäfte ganz
allgemein schlechter. Sie sehen, wie sich alles verschworen hat, mich traurig zu stimmen.

Wir, Sandeau und ich, haben mit einer großen Komödie angefangen: *La Grande Mademoiselle*, die Geschich-

te von Lauzun, seiner Heirat und als Lösung des dramatischen Knotens: *Marie, tire-moi mes bottes.*[1] Aber mit solch einem Stoff können wir bei einem hochnäsigen Publikum allen möglichen Widerwillen erregen und durchfallen; was geistreich sein soll, wird blaß erscheinen, nun, man wird sehen...

Hier war ich stehengeblieben, als Ihr Brief mich erreichte, und ich antworte Ihnen nun Punkt für Punkt. Sie kennen meinen Charakter nur ungenügend, wenn Sie glauben, ich würde je ein Gefühl oder einen Einfall oder einen Freund aufgeben. Nein, nein Madame; es bedarf schon vieler Verletzungen und vieler Schläge mit der Axt, um das herauszureißen, was in meinem Herzen ist. Borget weilt in Italien; Borget fährt herum, malt, schreibt mir nicht. Ich habe nur indirekt von ihm gehört, und er ist trotzdem stets in meiner Erinnerung allgegenwärtig, obgleich wir uns erst seit einigen Jahren kennen. Ich bin nicht in Sandeau *vernarrt*; aber ich habe einem armen Schiffbrüchigen, der zu versinken drohte, eine Planke hingehalten. Worin Sie allerdings recht haben, ist Ihre Überzeugung, daß ich niemanden in die Tiefe meines Herzens vordringen lasse. Dafür bedarf es des *Sesam-öffne-Dich*, das Sie ausgesprochen haben. Wenige Menschen kennen diese entscheidenden Worte. Ich wäre der unglücklichste Mensch der Welt, wenn man um die Geheimnisse meiner Seele wüßte. Im übrigen fehlt es nicht an Mutmaßungen. Aber ich verfüge über eine zu starke Dosis Spott, als daß das, was ich zu verheimlichen suche, je entdeckt werden würde. In Frankreich sind wir gezwungen, Tiefe hinter Leichtigkeit zu verbergen, sonst wären wir verloren.

Ihr Brief hat mir ein wenig, sehr, über die Maßen Kraft gegeben. Sie haben etwas Balsam auf mein Herz gegossen. Ich schicke Ihnen also sogleich die 5 Bände der *Philosophischen Studien*, meinen *Lettre à la littérature* und das Manuskript von *Père Goriot* sowie die beiden Nummern der *Revue de Paris*, in denen diese Geschichte steht.

Sie haben mir nichts zu den *Unbekannten Leiden* im vierten Band der *Études de mœurs* gesagt.

César Birotteau macht Fortschritte, und ich bin an den*Memoires d'une jeune mariée*. Ich arbeite zur Zeit 20 Stunden. Der Luxus wird mich nie daran hindern, mich wie geplant in die Einsamkeit von W[ierzchownia] zurückzuziehen, denn ich erkenne einerseits die Unmöglichkeit, mich stets hier im Brennpunkt literarischer Debatten aufzuhalten, die sich heftig an meiner Person zu entzünden beginnen und andererseits fernab aller Seitenhiebe zwei große schicksalsträchtige Werke vorbereiten zu müssen, die Tragödie *Philippe II.* und die *Histoire de la succession du marquis de Carabas*, worin die Frage nach dem politischen System klar zugunsten der Herrschaft der absoluten Monarchie entschieden wird. Wäre dies nicht der Fall, gäbe ich meinem lebhaften Wunsch zu verreisen nach; denn hätte ich nicht diesen Grund zu reisen, so hätte ich doch den besten aller Gründe, der mich alle Hindernisse überwinden ließe.

Kennen Sie ihn? Wollen Sie ihn wissen? Legen Sie Wert darauf? Nun gut, ich kenne nichts Süßeres, nichts Schmeichelhafteres, nichts Größeres, nichts Köstlicheres als Ihre Freundschaft. Um sie zu suchen, um sich ihrer 8 Tage lang zu erfreuen, kann man leicht achthundert Meilen zurücklegen, ohne die Beschwerlichkeiten der Reise zu beklagen.

Nein, nein, die Tiger verderben mich nicht, ach, sie sind doch zu dumm. Ich bin kompromittiert. Ich muß aufgrund der Nachbarschaft auf meine Loge verzichten. Es ist ein Tigerstall.

Ich habe im Italiens zwei Logen von meiner entfernt Ihre Délphine Potocka gesehen, die arme, verblühte, veränderte, ehemalige Geliebte von Monsieur de Flah[aut]. Mein Gott! Was für ein Skelett! Was für ein gelangweiltes, langweiliges Gesicht mit dem Teint eines verwelkten Blattes, nein, diese Frau ist keine Frau. Sie sieht aus wie ein Körper, der gleich in Verwesung übergeht. Zum Ausgleich dafür befindet sich hinter unserer Loge die Loge der Gräfin Comar oder Komar oder Komarck, Zaluski hat mir zwar den Namen genannt, aber ich weiß nicht, wie man ihn schreibt, und niemals sah ich eine liebenswürdigere, reizvollere alte Frau. Es ist Madame Jeroslas, neben Herzensbildung und Ungezwungenheit verfügt sie auch noch über die Gesellschaft zweier hübscher Geschöpfe. Zaluski muß mich mit ihnen bekannt machen. Sie wissen nicht, wie sehr ich es liebe, mich in Gesellschaft von Menschen aus Ihrem Land aufzuhalten, ein Name, der auf *ka* oder *ki* endet, geht mir zu Herzen. Diese Gräfin steht mit Madame Délphine Potocka in Verbindung, Sie müßten sie eigentlich kennen.

Oh, wenn Sie gütig sind (wenn Sie mich lieben, ich möchte dies so anmutig und unwiderstehlich aussprechen können, wie Sie es getan haben), dann lassen Sie mich nie wieder zwei Wochen ohne Brief. Gleichgültig, ob Sie in Wien sind oder in W[ierzchownia], Sie wissen nicht, wie süß eine aufrichtige Freundschaft für das Herz eines armen Arbeitenden ist, dem es mitten in Paris wie einem Arbeiter in einem schwedischen Bergwerk ergeht. Ich habe mit allem um mich herum gebrochen. Ich habe in der Gesellschaft keine Aufgabe zu erfüllen. Ich verabscheue die falschen Freunde und ihre Fratzen. Ich bin allein wie ein Fels im Meer. Mein fortwährendes Arbeiten ist nach niemandes Geschmack. Meine arme Schwester Laure ist verärgert, weil sie mich nicht zu sehen bekommt. Ich will auch noch den letzten Rest von Elend besiegen, der mich umhüllt, und ich war nicht fünf Jahre lang stark, ausdauernd und mutig, um im sechsten Jahr zu scheitern.

Wenn ich zu Beginn des Jahres einen Monat für mich habe, wären Sie böse, mich dann der lieben Anna persönlich ihre Neujahrsgeschenke überbringen zu sehen, da die Zöllner doch so niederträchtig sind. Ich würde durchaus Gefallen daran finden, fünfhundert Meilen zurückzulegen, um mit Ihnen am Abend zu speisen. Aber es ist noch so viel Arbeit nötig, um dahin zu gelangen, daß ich das Ihnen gegenüber nur als eine dieser Unmöglichkeiten erwähne, die mich bei meinem Tun anspornen und mich meinen Mut verdoppeln lassen, es hilft immerhin. *Das Absolute* verdankt seine Entstehung ganz und gar einer derartigen Hoffnung. Nur daß mich die *Vereinbarung mit Gosselin* um die Früchte dieses hartnäckigen Schaffens gebracht hat. Oh, Sie kennen mich nicht. In Ihren Briefen sind all diese Klagen, diese Zweifel, diese höflich vorgetragenen Anschuldigungen, die mich entmutigen.

Père Goriot ist ein schönes Werk, aber ungeheuer traurig. Der Vollständigkeit halber mußte der *moralische Sumpf* von Paris gezeigt werden, und das erzeugt Abscheu wie eine häßliche Wunde.

1 Von diesem Stück ist kein Fragment erhalten geblieben.

(…)

Mein Brief ist acht Tage lang auf, in, unter dem *Père Goriot* liegengeblieben. Ich hatte tausenderlei Scherereien in Gelddingen; aber ich werde sie bewältigen. Ich war noch nie so stark durch meine feste Absicht, mich aus der Affäre zu ziehen. Noch einige Monate und ich bin gerettet.

Vor ein paar Tagen wurde mir ein kleines Glück zuteil. Nach tausend flehentlichen Bitten, und nachdem ich drei Jahre lang ein *nein* ertragen mußte, willigt man ein, mir La Grenadière[1] zu verkaufen. So habe ich einen Schlupfwinkel zum Arbeiten, und die Möbel, die Bücher, die Einrichtung gehen in meinen dauerhaften Besitz über. Ich kann mich dort sechs Monate *inkognito* aufhalten, ohne irgend jemanden zu sehen. Ich bin darüber sehr glücklich, so glücklich wie einen eine materielle Sache eben machen kann.

Sie werden sehr stolz auf *Père Goriot* sein; meine Freunde behaupten, dieses Buch sei mit nichts zu vergleichen und stehe über allen meinen früheren Werken.

Was kann ich Ihnen schicken, was Sie noch nicht kennen. Die frischesten und hübschesten Blumen einer aufrichtigen tiefen Freundschaft. Wissen Sie, daß ich beunruhigt bin über das, was ich Ihrem letzten Brief hinsichtlich dieser Tiefe des Herzens entnehme, in die kein Mensch vordringen darf. Diese wenigen Worte machen mich glauben, daß Sie mich nicht besonders gut kennen, und das würde mich bekümmern, denn es würde bedeuten, daß Sie mich nicht so lieben, wie Sie mich lieben könnten, wenn Sie mich besser kennen würden. Mein Gott, ich bin Gegenstand von tausenderlei Verleumdungen, eine scheußlicher als die andere, aber ein Wort von Ihnen versetzt mein ganzes Hirn und mein ganzes Herz in Aufruhr.

Leben Sie wohl. Jetzt sind es schon acht Tage, daß ich mit Ihnen plaudere. Ich schreibe Ihnen künftig ein wenig regelmäßiger. Die Ärzte haben erreicht, daß ich mein Leben ändere. Ich begebe mich um Mitternacht zur Ruhe, stehe um 6 Uhr früh auf, arbeite von 6 Uhr früh bis 3 Uhr nachmittags. Von 3 bis 5 Uhr habe ich meine Mußestunden, und ich schreibe Ihnen ein paar Zeilen. Danach hat man mir Spaziergänge verordnet und mir empfohlen, mir von 6 Uhr bis Mitternacht Zerstreuung zu gönnen. *Ecco*.

Mein Gott, ich verspüre dieselbe Schwierigkeit, die Feder niederzulegen, wenn sie mit Ihnen plaudert, die ich beim Verlassen von Haus Mirabaud verspürte, wenn der Besitzer mich zwang zu gehen, indem er sich zur Ruhe begab. Also, noch einmal ein Lebewohl Ihnen, die man nicht verlassen kann. Tausend schöne Dinge für Anna. Meine Empfehlungen an Monsieur de H[anski], falls Sie sie nicht alle für sich behalten wollen. Vergessen Sie nicht, mich Ihren Reisegefährten in Erinnerung zu rufen.

Ich schreibe Ihnen in 3 oder 4 Tagen ein paar Worte, um das Paket anzukündigen. Vergessen Sie ja nicht mehr, mir zu schreiben, schreiben Sie mir oft, mir, der nur an Sie schreibt. Ich werfe mich Ihnen zu Füßen.

1 Der Erwerb dieses Landsitzes in Saint-Cyr-sur-Loire, wo er 1830 mit Madame de Berny weilte, sollte für Balzac nur ein schöner Traum bleiben.

*

[Paris, Montag,] 15. Dezember [1834]

Oh, jetzt ist es schon so lange her, seit ich Ihre Schrift gesehen habe! Bin ich etwa wieder bei Ihnen in Ungnade gefallen? Seien Sie nicht böse über die langen Briefe, die ich mit Unterbrechungen schreibe. Ich kann Ihnen hin und wieder einen Tag schenken, den Tag der Atempause, den ich mir während meiner langen Kämpfe gönne. Das ist der Augenblick, in dem ich arme Taube ohne Zweig mich neben einer sprudelnden Quelle niederlasse, einer Quelle, in die man seinen Schnabel taucht, der sich durch das reine Wasser der Liebe verwandelt.

Ja, alles ist größer geworden, der Zirkus und der Akrobat. Um all dem standzuhalten, muß ich mich verhalten wie ein französischer Soldat auf einem der ersten Italienfeldzüge: niemals vor den Unmöglichkeiten zurückweichen, und aus einem Sieg die Kraft schöpfen, sich am nächsten Tag erneut zu schlagen - den Feind zu schlagen.

Ich schicke Ihnen auf einmal die 2 ersten Lieferungen der *Philosophischen Studien* mit *Père Goriot* und *Seraphita*. All das wird zur selben Zeit fertig sein. Ich habe noch ungefähr zwanzig Tage ununterbrochener Arbeit vor mir. In der letzten Woche habe ich insgesamt nicht mehr als 10 Stunden geschlafen. Deshalb lag ich gestern und heute wie ein lahmer Gaul auf der Flanke in meinem Bett, außerstande, etwas zu tun oder auch nur etwas anzuhören. Der erste Teil von *Père Goriot* hat doch tatsächlich 83 Seiten in der *Revue de Paris* eingenommen, was einem halben Oktavband entspricht. Diese 83 Seiten mußten innerhalb von 6 Tagen in drei verschiedenen Durchgängen korrigiert werden. Zur Ehre gereicht mir nur, daß ich allein einen solchen Gewaltakt vollbringen kann. Aber ich darf darüber nicht meine übrigen Arbeiten, die *Études de mœurs* und die *Philosophischen Studien* vernachlässigen.

Vergeben Sie mir also die Unregelmäßigkeit meiner Korrespondenz. Heute reißt mich die eine Flut hinweg und morgen eine andere. Ich zerschelle an einem Felsen und morgen an einem anderen, ich richte mich wieder auf und treibe auf das nächste Riff zu. Das sind diese Kämpfe, die Sie nie werden nachvollziehen können. Niemand weiß, was es bedeutet, Tinte in Gold zu verwandeln. Ein Zittern hat mich überfallen. Ich habe Angst, daß Müdigkeit, Erschöpfung und Ohnmacht mich ereilen, ehe ich mein Werk errichtet habe. Ich brauchte von Zeit zu Zeit einen kleinen netten Monat, den ich mit angenehmen Zerstreuungen außerhalb Frankreichs verbringen könnte, und die besten Zerstreuungen entspringen nun einmal dem Herzen, nicht wahr!

Père Goriot erlebt übrigens einen unerhörten Erfolg und übertrifft *Eugénie Grandet* sowie *Das Absolute*, wie man einhellig feststellt. Dabei bin ich erst beim ersten Teil, und der zweite wird den ersten bei weitem übertreffen. *Lindenblütentä* hat einiges Gelächter hervorgerufen. Dieser Erfolg gebührt Ihnen.

Aber Sie, was treiben Sie? Kein Brief, nichts! Oh, das ist schlimm, sehr schlimm, ausgesprochen schlimm. Noch einige Tage und dann hoffe ich, daß meinen Arbeiten die Belohnung widerfahren wird, daß Ihnen mein Name wie ein Vorwurf in den Ohren klingt. Ich hatte geglaubt, Sie würden mir regelmäßig ein Lächeln zuwerfen, einen Brief, einen anmutigen Morgentau von Worten, der die Stirn, das Herz, die Seele und den Willen Ihres Leibeigenen erquicken soll. Sie oder ich, wer von uns beiden verfügt über seine Zeit? Sie! Wer schreibt am häufigsten, Ich! Ich hege mehr Zuneigung, aber das ist natürlich, Sie sind liebenswerter, und ich habe mehr Grund, Ihnen Freundschaft entgegenzubringen, als Sie mir. Es gibt nur ein Ding, das zu meinen Gunsten spricht, und das ist das Unglück, das Elend, die Arbeit, und da Sie über all das Mitleid einer Frau und eines Engels verfügen, müßten Sie eigentlich ein wenig mehr an mich denken, als Sie es tun. Habe ich nicht etwa recht? Sie müßten mir alle acht Tage schreiben und mir nicht zürnen, wenn ich Ihnen manchmal nur zweimal im Monat schreibe. Dieses wild bewegte Leben ist meine Entschuldigung. Sobald ich frei bin, obliegt es Ihnen, über mich zu urteilen. Ja, Sie müssen dem, der viel liebt und viel arbeitet, auch viel verzeihen. Rechnen Sie mir die ohne Vergnügen, ohne Ablenkungen verbrachten Nächte und Tage nur ja an. Madame Mitgilas hat mich eingeladen, aber ich habe nicht angenommen; ich habe weder Zeit noch Lust. Die Gesellschaften bieten so wenig und verlangen so viel. Ich fühle mich dort überaus unbehaglich! Ich bin derart befangen, wenn ich dumme Komplimente erhalte, und die aufrichtigen, von Herzen kommenden sind so rar!

Seit ich Ihnen zuletzt geschrieben habe, gab es nichts als Arbeit in meinem Leben; nur einige gute kleine musikalische Genüsse haben es unterbrochen. Hier gibt man derzeit [die Rossini-Opern] *Moses* und *Semiramis* und so großartig aufgeführt wie niemals zuvor, und jedes Mal, wenn man eine von beiden gibt, gehe ich hin. Dies sind meine einzigen Freuden. Ich mische mich überhaupt nicht in die Politik ein. Ich sage mir immer, wie ein gewisser Grammatiker - was immer auch geschieht, ich habe meine sechstausend konjugierten Verben. Wie eine Ameise trage ich jeden Tag einen Krümel auf meinen Haufen. Es gibt Tage, an denen die Erinnerung an die St.-Peter-Insel mich in Raserei versetzt; ich lechze nach einer Reise; ich zerre an meinen Ketten, am nächsten Tag denke ich dann daran, daß ich am Monatsende fünfzig Dukaten zu zahlen habe, und ich mache mich wieder ans Werk.

Werden Sie mich mit langen Haaren mögen, jedermann hier sagt mir, daß ich mich damit lächerlich mache, ich beharre jedoch darauf, sie sind seit meinem schönen Genf nicht geschnitten worden. Damit Sie verstehen, was mit *mein schönes Genf* gemeint ist, müßten Sie die Karikatur von Charlet *über meine schöne Felswand* kennen: ein Rekrut auf dem Montblanc, der keinen Apfelbaum sieht und den Berg einen *Ort des Elends* nennt.

(…) Sie *verstehen* doch, daß meine Nächte und Tage gut ausgefüllt sind, zumal ständig die Korrekturbogen meiner Neuauflagen anfallen. Sandeau ist davon ganz überwältigt. Er sagt, daß diese Arbeiten hier nicht mit Ruhm zu bezahlen seien, daß er lieber stürbe, als sich so zu schinden. Er bringt mir kein anderes Gefühl entgegen als das des Mitleids, wie man es Kranken gegenüber hegt.

Ich sehe Sie zweifellos in Wien. Ich habe mit mir selbst ganz fest abgemacht, im März dorthin zu fahren, um die Schlachtfelder von Eßling und Wagram in Augenschein zu nehmen. Ich breche nach dem Karneval auf.

Haben ich Ihnen schon berichtet, daß ich La Grenadière bekomme?

Mein Gott, ich muß noch einmal auf Ihr Schweigen zurückkommen; Sie ahnen nicht, wie sehr ich mich Ihretwegen beunruhige, wegen Ihrer Kleinen, wegen Monsieur de H[anski]. Es würde Sie doch wirklich nicht allzu viel kosten, mir mitzuteilen, uns geht es gut, und man denkt an Sie.

Auf, es heißt, Ihnen lebewohl zu sagen, Ihnen tausend liebevolle Gedanken zu schicken, Sie zu bitten, Monsieur de Hanski meine Wertschätzung zu übermitteln und meine Verehrung zu Ihren Füßen entgegenzunehmen. Ich schreibe Ihnen in drei oder vier Tagen ein wenig ausführlicher.

Mit aufrichtiger Zuneigung.

H.

1835

Dieses Jahr zeichnet sich durch eine intensive literarische Produktion aus, u.a. beginnt Balzac mit den *Philosophischen Studien*; er vollendet *Père Goriot*, *Seraphita* und den *Ehekontrakt*.

Im Februar trifft er erstmals auf einem Ball seine künftige Geliebte, die Gräfin Guidoboni-Visconti (1804-1883). Seit Anfang März wohnt Balzac in der Rue des Batailles in Chaillot.

Anfang Mai verläßt Balzac Paris und begibt sich über Stuttgart, München, Linz, Schönbrunn nach Wien, wo er Madame Hanska wiedersieht. Er wird vom österreichischen Hochadel mit Freuden und Respekt aufgenommen. Am 20. Mai empfängt ihn Fürst Metternich, am 31. Mai besichtigt er in Begleitung des Prinzen Schwarzenberg, dem ältesten Sohn des Fürsten Schwarzenberg, das Schlachtfeld von Wagram, wo Napoleon 1809 die Österreicher schlug.

Anfang Juni verläßt Balzac Wien und Madame Hanska, die er erst im Spätsommer 1843 in Sankt Petersburg wiedersehen wird.

Im Oktober hält sich Balzac für einige Wochen bei seiner alten, mütterlichen Freundin und ehemaligen Geliebten Madame de Berny, der *Dilecta*, auf. Er wird sie vor ihrem Tod im Jahr darauf nicht wiedersehen.

Madame Hanska und ihr Mann verbringen den Winter und das Frühjahr in Wien; erst im Herbst kehren sie auf ihre Besitzungen in der Ukraine zurück.

[Paris, Sonntag, 1. März 1835]

Ich habe, Madame, den Brief erhalten, in dem Sie mir Ihren Aufbruch in Ihr abgelegenes Wierzchownia anzeigen. Ich sehe Sie also nicht in Wien. Ich schiebe meine Reise nach Eßling und Wagram bis zum Ende des Sommers auf, damit ich, wenn ich dann fahre, bis in die Ukraine vorstoßen kann.

Die aufrichtigsten Wünsche für Ihr Wohlergehen und das derjenigen, die mit Ihnen sind, werden Sie also begleiten. Ich bin soeben nach einigen Tagen der Zerstreuung, die meine Erschöpfung eingefordert hatte, in die tiefste Abgeschiedenheit zurückgekehrt, um die beiden Verträge mit Madame Béchet und Werdet zu erfüllen, um dadurch an Größe zu gewinnen, um dadurch meinen Namen auf die Höhe der Wertschätzung zu bringen, die Sie ihm angedeihen lassen, damit Sie nicht vergeblich stolz darauf sind, mir einige Tage holder Freundschaft gewährt zu haben, denn mein eigener Stolz soll immer durchaus gerechtfertigt sein. Ich wiederhole Ihnen mit gewissermaßen frommer Inbrunst, daß Sie, zusammen mit derjenigen, von der ich Ihnen oft gesprochen habe, die schönste Seele, das edelste Herz, die anziehendste Person sind, die ich auf Erden kenne, und zugleich der erhabenste und am feinsinnigsten gebildete Geist. Lassen Sie mich Ihnen noch einmal sagen, was ich in diesem Augenblick denke, in dem Sie noch einmal so viel Entfernung zwischen uns legen, wie bereits besteht.

Ich bin gerade dabei, den Umfang der Arbeiten auszuloten, die mir zu tun bleiben, ich brauche noch sechs Monate dafür. Während dieser sechs Monate werde ich versuchen zu wachsen, Ihnen schöne Werke, die Blumen meines Geistes zu senden, die einzigen, die den Raum überbrücken können, ohne zu welken, und die wie das, was ich Ihnen bislang geschickt habe, als junge Triebe in der ersten Blüte in Ihre Hände gelangen werden. Empfangen Sie sie stets als Beweis meiner Ehrerbietung und meiner Bewunderung, als Beweis dieser Beständigkeit, die Sie mir anempfohlen haben, als Unterpfand einer heiligen und reinen Freundschaft, als Zeichen dieses schönen, übel beleumundeten, der Leichtlebigkeit bezichtigten Frankreichs, wo es gleichwohl noch ritterliche, schwärmerische und starke Seelen gibt, die die wahren Gefühle nicht auf die leichte Schulter nehmen. Sie haben in mir den Wunsch erweckt, weiter zu wachsen; lassen Sie mich nach meinem Gusto meine Dankbarkeit bezeugen. Als ich meine Klause betrat, stand Grosclaude auf der Schwelle[1]. Er bittet inständig, ihn ein Porträt von mir machen zu lassen, stehend und im Arbeitsgewand. Er sagte mir, daß Sie und Monsieur de Hanski sich für diesen Fall eine Kopie ausbedungen hätten. Sie werden meine Person als Gemälde nicht zurückweisen, wo Sie doch die ersten ungestümen Anläufe meines Geistes als Manuskripte besitzen. Ich bin so glücklich über diese Freundschaft, daß Sie und Monsieur de Hanski keineswegs deren Bezeugungen zurückweisen dürfen. Wir sind so weit von einander entfernt! Lassen Sie mich Ihnen wenigstens so weit annähern, wie es nur möglich ist. Sie werden doch ja sagen, nicht wahr?

Ich habe soeben alle Fäden zerrissen, mit denen mich dieses Lilliput-Paris bislang gefesselt hatte, ich habe mir einen geheimen Unterschlupf gesucht, wo ich ein halbes Jahr zubringen werde. Als ich dort Einzug hielt, wurde ich von einem tiefen Gefühl ergriffen, denn es gilt, meine letzte Schlacht zu schlagen und mich des Zepters zu bemächtigen. Sollte ich unterliegen, sollte ich nicht erfolgreich sein, sollte ich krank werden, obwohl mir einige Ärzte eine ausgewogene Ernährung und zudem eine Lebensweise empfohlen haben, die es mir erlauben sollte, ohne Gefährdung meine Arbeiten in Angriff zu nehmen. Ich wurde von einer Fülle von Gedanken übermannt, die vom Ernst dessen, was ich anstrebe, erfüllt waren. Des Morgens schließlich stand ich am Fenster und sah über meinem Kopf den Stern dieser herrlichen Stunde glänzen, da faßte ich Zutrauen und war fröhlich wie ein Kind, nachdem ich schwach wie ein Kind gewesen war, und ich wandte mich wieder meinem Tisch zu, indem ich mich mit einem Hü! antrieb wie den Gaul in der Heiligen Schrift. Ich will mit diesen Zeilen an Sie den Anfang machen. Werden Sie mir wohl Glück bringen, Sie und der Stern?…

Das nächste, was ich schreibe, ist der Schluß von *Seraphita*, ein ungeheures Werk, das ich in drei oder vier Monaten ersonnen habe und das immer gewaltiger geworden ist. Ich muß es nur noch niederschreiben. Sie wissen, daß es Ihnen gehört. Teilen Sie mir doch die Adresse mit, an die ich meine Briefe schicken soll, ich schreibe Ihnen zweimal im Monat, am 1. und am 15., so daß Sie genau wissen, wann meine Briefe eintreffen. Ich berichte Ihnen von den Geschehnissen meines abgeschiedenen Lebens, - viel wird das nicht sein -, berichte Ihnen, wie weit meine Arbeiten fortgeschritten sind, welcher Natur meine Gedanken, meine Hoffnungen sind. Antworten Sie mir sehr sorgfältig, ich bitte Sie darum. Einen einsamen Mann trifft alles schwer; ich könnte sonst beunruhigt sein; ich könnte glauben, einer der Ihren sei krank, glauben, daß Sie selbst leiden.

Nun denn, leben Sie wohl. Dies ist der Brief vom 1. März; am 15. schreibe ich wieder einen und zwar erneut an die Adresse des Baron Sina, damit er ihn Ihnen zukommen läßt, wo immer Sie sein mögen. Meine guten Wünsche werden Sie auf Ihrer Reise begleiten. Sie müßten in diesem Augenblick, da ich Ihnen schreibe, *Père Goriot* bereits gelesen haben. Wie bewerkstellige ich es nur, Ihnen meine Manuskripte zu schicken, wenn Sie erst in Rußland sind. - Sie werden es mich wissen lassen. Was die Bücher angeht, wird es gleichermaßen schwierig sein. Sie werden mir Ihre Anweisungen geben. Nun, die meinen lauten, daß Sie es sich wohl ergehen lassen; daß Monsieur de H[anski] fröhlich und von keinen schwarzen Schmetterlingen umgeben sei und daß seine Geschäfte gedeihen; daß Anna hüpfe und lache, und ungestört heranwachse; daß alle in Ihrer Umgebung glücklich seien und es ihnen gut ergehe.

Anfang Herbst, wenn es Gott gefällt und wenn meine Arbeit wirklich Früchte getragen hat, werden Sie einen Pilger ankommen sehen, der an der Pforte Ihres Schlosses läuten und um einige Tage Gastfreundschaft bitten und die er Ihnen dadurch entgelten wird, daß er Ihnen die im literarischen Turnier errungenen Kränze zu Füßen legt, falls der Ruhm überhaupt jemals etwas anderes sein kann als ein Körnchen Weihrauch auf dem Altar der Freundschaft. Ein Wort wiegt schwerer als die Böen des Windes, und dieses Wort voller Dankbarkeit, das werde ich Ihnen ohne Unterlaß wiederholen. Auf bald, denn für mich vergehen sechs Monate Arbeit wie ein Tag.

1 Balzac hatte gerade den Schweizer Maler dem Baron Gérard anempfohlen, aber Grosclaude hat das Porträt Balzacs nicht angefertigt.

[Paris, Sonntag,] 3. Mai [1835]

Soeben empfange ich Ihren Brief vom 24. April. Ich habe Ihnen bereits durch den Prinzen Schönburg geschrieben, der Ihnen alles übergeben wird, was vom Manuskript von *Ne touchez pas la hache* noch vorhanden ist, von dem ein Teil in den Druckereien verlorenging, und zwar ausgerechnet der, an dem ich am meisten hing, der Teil, den ich an Ihrer Seite in Genf geschrieben habe, während ich Ihnen lachend erklärte, was es mit den Korrekturen auf sich hatte; und dann noch das Manuskript vom *Mädchen mit den Goldaugen* und den vierten Teil der *Études de mœurs*. Aber dieser Brief hier wird noch vor dem Prinzen eintreffen, der noch keine Erlaubnis hat, abzureisen.

Wieviel hätte ich nicht auf Ihren letzten Brief zu antworten; aber ehe ich antworte, muß ich Ihnen etwas sagen, was eigentlich die beste aller Antworten ist. Sie machen mir zu viele Vorwürfe, als daß ich im einzelnen darauf eingehen könnte. Sie reisen erst am 15. Mai ab, nun, brechen Sie doch erst am 25. auf. Ich habe meine Pässe und werde mich persönlich von Ihnen verabschieden. Ich will nicht, daß Sie wieder in Ihre Wüstenei eintauchen, ohne daß ich Ihnen die Hand gedrückt habe. Ich möchte das Manuskript von *Seraphita* niemandem anvertrauen. Ich überbringe es Ihnen selbst. Ich brauche noch 10 Tage, um den Rest zu veröffentlichen. Am 16., meinem Namenstag, breche ich nach Wien auf; man braucht 10 Tage dorthin; ich werde am 25. oder 26. dort sein. Warten Sie auf mich, räumen Sie einem Freund eine Frist von ungefähr zehn Tagen ein. Ich werde vier Tage in Wien[1] bleiben, mir Eßling und Wagram ansehen und dann zurückkehren.

Ich kann Ihnen nicht mehr dazu sagen, denn ich brauche Tag und Nacht, um hier alles in Ordnung zu bringen und meine begonnenen Bücher zu beenden. Allein *Seraphita* erfordert schon 8 Tage und 8 Nächte.

Ich lasse nichts für Monsieur de H[anski] bestellen, da ich Sie ja alle sehen werde; ich freue mich wie ein Kind über diesen Streich: mein Gefängnis zu verlassen und ein anderes Land zu sehen. Auf bald.

Ich adressiere meine Habseligkeiten an Sina. Sollten sie vor mir ankommen, so bitten Sie ihn doch, mit dem Öffnen meiner Kiste beim Zoll auf mich zu warten, denn Sie sollen den Spazierstock ruhig sehen, dessenthalben Sie mir Vorwürfe machen, und ich werde ihn schließlich auch dem Zoll nicht vorenthalten. Nun denn, *addio*, auf bald. Küssen Sie Anna von ihrem Pferd auf die Stirn.

1 Tatsächlich bleibt er vom 16. Mai bis zum 4. Juni 1835 in Wien.

*

[Wien, Mai 1835]
Brief eines unanständigen und unbekümmerten
Mannes.

Ich möchte nicht bis ein Uhr warten, um zu erfahren, ob es Ihnen besser geht, ob Ihre Heiserkeit und Ihre Beklemmung abgeklungen sind, ob das Fußbad gewirkt hat, nun, ob alles zum besten steht. Haben Sie die Güte, mir ein Wort zu diesen wichtigen Dingen zu sagen, denn für die Untertanen ist es wichtig zu wissen, wie es ihren Herrschern geht.

Tausend liebevolle Grüße, Ihr gehorsamer Diener.

[Wien, nach dem 20. Mai 1835]

Es ist mir unmöglich zu arbeiten, wenn ich ausgehen muß, denn ich arbeite niemals nur ein oder zwei Stunden. Ich mußte so sehr an Sie denken, daß ich erst um 1 Uhr zu Bett ging. Folglich bin ich erst um 8 Uhr aufgestanden, und zwischen 9 und 1 Uhr gibt es nichts Besseres zu tun, als Ihnen einen Besuch abzustatten, um den Besuch beim Fürsten zwischen zwei angenehme Dinge zu betten, die den diplomatischen Einfluß abschwächen.

Den Prater wollte ich eigentlich am Morgen besuchen, wenn er noch verlassen liegt. Wenn Sie auch Lust dazu hätten, wäre das sehr angenehm, da ich mich erst morgen an die *Lilie im Tal* mache und dann zunächst 14 Stunden durcharbeiten muß, um die verlorene Zeit aufzuholen. Und ich habe mir doch geschworen, dieses Werk in Wien zu machen oder mich in die Donau zu stürzen.

In zwanzig Minuten bin ich also bei Ihnen, um Ihren Rat zu erbitten. Was die Überredungskünste des Fürsten angeht, so hat er mich schon einmal hereingelegt, und ich habe zuviel Stolz, um mich noch einmal überraschen zu lassen; man hielte mich ja dann für einen Tölpel.

Tausend Herzenswünsche.

[Wien, Donnerstag, 28. Mai 1835]

Meine Heiserkeit ist völlig unverändert, es ist weiter nichts. Ich erhalte soeben einen Brief von Monsieur de Hammer[1], ich glaube, er ist erzürnt, denn er betreibt mir gegenüber einen Aufwand an Gefälligkeiten, der sehr oft den Spott der großen Geister ausmacht. Wissen Sie eigentlich, daß die Franzosen sehr dazu neigen, die österreichischen Uniformen gegen Siege einzutauschen, aber das treibt ein junges Imperium leicht in den Untergang. Ich bleibe nicht länger in der Stadt als notwendig, um die Befehle Ihrer Majestät zu erfüllen.

Ich flehe Sie an, seien Sie meinetwegen unbesorgt. Man wird nur dann krank, wenn man unglücklich ist. Ich tue nichts; ich gebe mich dem Glück zu leben hin, und das ist bei mir so selten, daß ich nicht weiß, was mir etwas anhaben könnte.

Tausend Herzenswünsche.

Honoré.

1 Gemeint ist der Orientalist Joseph Freiherr von Hammer-Purgstall (1774-1856), dessen Übersetzung von Hafis' *Diwan* Goethe zum *Westöstlichen Diwan* anregte.

*

[Wien, Juni 1835]

Du spürst hoffentlich, meine teure Vielgeliebte, daß ich nicht engherzig genug bin, zwischen dem, was Dein und dem, was mein ist, zu unterscheiden, alles gehört uns, Herz, Seele, Leib, Empfindungen, alles, vom geringsten Wort bis zum flüchtigsten Blick, vom Leben bis zum Tod, aber schade uns nicht, denn sonst schicke ich Dir hundert Österreicher statt einen; und Du wirst wie eine Wahnsinnige um Hilfe schreien.

Meine angebetete Ève, ich war noch nie so glücklich, ich habe noch nie so sehr gelitten. Ein Herz, das feuriger ist als die lebhafteste Phantasie, ist ein unheilvolles Ding, wenn das vollkommene Glück nicht den alltäglichen Durst löscht. Ich wußte, was alles an Schmerzen auf mich zukommen würde, und ich habe es ja erlebt. Dort [in Paris] erschienen mir diese Schmerzen als das größte aller Vergnügen, und ich habe mich wahrlich nicht getäuscht. Beides gleicht sich aus. Deshalb mußtest Du noch schöner werden, und nichts ist wahrer als das. Gestern noch warst Du so, daß es mir den Atem verschlug. Wüßte ich nicht, daß wir einander ewig verbunden sind, ich würde Kummers sterben; verlaß mich daher nie, denn das wäre Mord. Zerstöre niemals unser Vertrauen, das in dieser so reinen Liebe unser einziges vollkommenes Gut ist. Gib Dich keinen Eifersüchteleien hin, die niemals begründet sind. Du weißt, wie treu die Unglücklichen sind; die Gefühle sind ihr einziger Schatz, ihr einziger Reichtum, und wir können nicht unglücklicher sein, als wir es bereits sind.

Nichts kann mich von Dir trennen, Du bist mein Leben und mein Glück, all meine Hoffnung. Nur mit Dir glaube ich an das Leben. Was hast Du zu fürchten? - Meine Arbeit beweist Dir meine Liebe, und hierher zu kommen hieß, der Gegenwart den Vorzug vor der Zukunft geben. Das ist die Torheit der trunkenen Liebe, denn ich habe, um diesen Augenblick zu genießen, mehrere Monate lang diese Tage aufgeschoben, von denen Du denkst, daß wir frei sein werden, endlich frei, denn frei zu sein, oh, ich wage nicht, daran zu denken. Gottes Wille geschehe. Ich liebe Dich so sehr, wir sind so sehr eins, daß alles sich fügen wird, nur wann?

Sei nun tausendmal geküßt, denn mein Verlangen nach Deinen Küssen wird von kleinen Überraschungen noch gesteigert. Wir werden keine Stunde, keine Minute für uns haben. Diese Hindernisse schüren ein derartiges Feuer, daß ich, so glaube mir, gut daran tue, meine Abreise zu beschleunigen.

Ich drücke Dich von allen Seiten an mein Herz, wo Du Dich nur sittsam befindest, ich möchte Dich dort lebendig bewahren.

*

Einen Dummkopf zu lieben, heißt sich der Eintönig-
keit des Glücks verschreiben, das zudem im Morgen-
grauen endet; eine Liebe von Dauer ist das Hohe Lied
zweier Geschöpfe und der offensichtlichste Beweis einer verborgenen Überlegenheit, die jedoch den größten
Freuden des Menschen vorbehalten ist, den Freuden
des Herzens, in denen alles gipfelt, und die ihn bis zur
Erkenntnis Gottes durch die Ekstase führen.

Wien 4. Juni

*

[München,] Sonntag[, 7. Juni 1835]

Ich bin gestern abend um 11 Uhr in München angekommen, aber ich wäre in 36 Stunden anstatt 48 angelangt, hätte ich nicht 3 elende Postillone gehabt, die
anzutreiben keine menschliche Macht vermochte und
von denen mich jeder 3 Stunden kostete. Ich habe 7
Stunden geschlafen und bin soeben aufgewacht und
will mein Versprechen erfüllen, Ihnen ein paar Zeilen
zu schreiben; danach, um 10 Uhr, fahre ich, sobald ich
die Gebäude von außen besichtigt habe, umgehend
weiter. Es gibt so gar nichts Romantisches, was ich Ihnen von dieser allezeit tristen Reise erzählen könnte,
wie es eben so ist, wenn man gute Freunde zurückläßt.
Ich habe keine anderen Erlebnisse gehabt, als die Begegnung mit zwei Pferden, die für gewöhnlich Sand trans-
portierten und mich beinahe in eine Kiesgrube
geworfen hätten, da der Postillon es nicht zu verhindern wußte, daß sie ihren gewohnten Weg gingen; ich
habe mich beizeiten aus dem Wagen geworfen und es
ihnen gleich getan, indem ich den Weg nach Wien wie-

der einschlug; aber man hat ihnen unter Peitschenhie-
ben beigebracht, daß es nach Hohenlinden ging, und
zwangsweise wurde auch ich davon überzeugt, daß es
nach Paris zurückzukehren galt. Der Postillon fürchtete,
ich würde ihm grollen. Er wußte nicht, daß die Pferde
und ich gleichermaßen unseren Gewohnheiten treu
waren. Ich habe tausend trübsinnige Betrachtungen
über die Art und Weise angestellt, wie Pferde und Menschen ihre Freiheit verlieren, über die verschiedenen
Zügel, die man ihnen anlegt, über Schicksals- und Peit-
schenschläge, aber ich verschone Sie damit, Sie würden
sonst am Ende nur sagen, daß meine Traurigkeit zu
geistreich ist, als daß Sie sie ernst nehmen könnten; bei
mir hingegen verwandeln sich die großen enttäuschten
Gefühle stets in eine Art Zorn, den ich zum Ausdruck
bringe, indem ich ihn gegen etwas richte, wie am Mittwoch abend beim Prinzen R[azumowski], wo ich nur
deshalb über Magnetismus sprach, weil mir verwehrt
war zu tun, was ich eigentlich wollte.

Vergessen Sie in Gottes Namen nicht, ich flehe Sie an,
Monsieur de Tatischew darzulegen, durch welchen Zufall er weder meine Karte noch meinen Besuch erhielt,
denn Sie glauben gar nicht, wie sehr mir daran gelegen
ist, mit Sorgfalt den Pflichten der Höflichkeit nachzukommen. Obgleich ich Ihren Kammerdiener nicht
mag, war er mir doch einige Male von Nutzen, ich habe
allen außer ihm, der nicht anwesend war, etwas gegeben. Tun Sie mir den Freundschaftsdienst und geben
Sie ihm einen Dukaten von mir, ich schicke Ihnen diesen Dukaten mit meinem ersten Brief zurück. Man darf
weder ungerecht noch vergeßlich sein, sonst beweist
man keine Größe.

Ich wollte München links liegen lassen und gleich
weiter; aber Sie baten mich, Ihnen ein paar Zeilen zu

schreiben, und so habe ich einen Halt eingelegt. Es gefällt mir nicht, hier anzuhalten. Der Lärm, das Hin und Her der Wagen, die Notwendigkeit zu bezahlen, die Leute anzutreiben, alles lenkte mich so sehr ab. Anhalten heißt nachdenken, und man hat nichts außer trübseligen Gedanken, wenn man von Ihnen fortgeht.

Erkennen Sie mich wieder, mich, den Mann der Schulden, der ich Ihnen doch gleich zwei zum Begleichen hinterlasse; Koller[1] und den Kammerdiener; bitten Sie doch Monsieur de Hanski, dem Wagenbauer zu sagen, er möge mich nicht für einen Gauner halten und mir bis zu meiner Rückkehr Kredit gewähren, dann bestelle ich nämlich einen Wagen bei ihm. Sie sehen, daß ich umgehend zurückkommen möchte.

Nun denn, leben Sie wohl bis in Paris; dort werde ich Ihnen Nachricht von mir geben. Empfangen Sie einstweilen tausend zärtliche Dankesbezeigungen für............[2]

1 Wiener Karrosseriefabrikant, der ohne Zweifel Balzacs Kalesche instand gesetzt hatte.
2 Der Schluß des Briefes ist verlorengegangen.

*

[Paris, Sonntag 23. - Montag, 24. August 1835]
Sonntag, 23. August

Meine Briefe werden kürzer, sagen Sie mir, und Sie wüßten nicht mehr, wen ich treffe. Aber ich treffe niemanden, und ich arbeite in einem fort, so daß ich keinen Augenblick habe, um zu schreiben; aber ich habe Stunden der Muße, in denen ich nachdenke. Eines Tages werden Sie darüber verwundert sein, daß ich tun konnte, was ich getan habe und zudem noch einer Freundin geschrieben habe. Hören Sie zu, um diesen

Punkt abzuschließen, sollten Sie das folgende bedenken: Walter Scott schrieb zwei Romane im Jahr und galt als jemand, der Glück hatte mit seiner Arbeit, er versetzte England in Erstaunen. In diesem Jahr werde ich folgendes geschaffen haben: 1. *Père Goriot*; 2. *Die Lilie im Tal*; 3. *Mémoires d'une jeune mariée*; 4. *César Birotteau*. Ich werde drei Lieferungen der *Études de mœurs* für Madame Béchet fertigstellen und drei Lieferungen für Werdet. Schließlich werde ich das 3. Zehent sowie *Seraphita* vollenden. Aber ich zweifle daran, ob ich im Jahr 1836 überhaupt noch am Leben oder bei Verstand bin. Manchmal scheint es mir, als entzünde sich mein Gehirn. Ich werde an Überanstrengung meiner geistigen Kräfte sterben.

All diese Anstrengungen retten mich noch nicht aus meiner finanziellen Krise; um mich liquide zu machen, reicht dieser erschreckende Ausstoß an Büchern, der Massen von Druckfahnen nach sich zieht, noch nicht einmal aus. Man muß es schaffen, für das *Theater* zu schreiben, wo die Einnahmen, verglichen mit denen, die uns die Bücher erbringen, enorm sind.

Ich habe Ihnen nichts zu sagen, was Sie nicht schon wüßten. Ich bin noch immer bestürzt, nicht zu wissen, ob Sie meine Sendung erhalten haben. Was mich angeht, so lastet auf mir das Gewicht dreier Oktavbände, die ich für die *Revue* und die Verleger beenden muß. Was wollen Sie, im 18. Jahrhundert hat ein Autor 10 Jahre gebraucht, um 10 Bände zu verfassen. Ich werde in diesem Jahr 14 gemacht haben, und man beachtet es nicht einmal. *Ein Bogen* (und es sind 25 in jedem Band) kostet mich 20 Stunden Arbeit, und aus Ischel[1] erreicht mich ein Brief, in dem man mich fragt: »Was treiben Sie so? Warum schreiben Sie mir nicht?« und das in dem Augenblick, da ich niedergedrückt werde von 16 000

Francs, die es innerhalb von 40 Tagen zu zahlen gilt, und wo ich doch keine anderen Quellen als meine Feder besitze und mit beispiellosem Mut kämpfe. Es ist ermüdender, die Schlachtfelder des Geistes zu bestellen als die Felder, auf denen man stirbt, oder diejenigen, auf denen man Korn sät. Sie sollten es wohl zur Kenntnis nehmen: Frankreich saugt menschliche Gehirne aus, wie es weiland adelige Köpfe rollen ließ.

Ja, ich kann nicht anders, als Ihnen nur diese paar Seiten zu schreiben, und bald schreibe ich Ihnen nur noch solche der Verzweiflung, denn mein Mut fängt an zu sinken. Ich bin dieses rastlosen Kampfes überdrüssig, dieses ständige Schaffen ohne verwertbaren Erfolg. Es ist schon ein seltsames Unterfangen, moralische Sympathien zu gewinnen, wenn Bruder und Mutter nach Brot verlangen! Es ist schon ein seltsames Unterfangen, einfältige Lobhudeleien über Werke zu hören, die wir mit unserem Blut geschrieben haben und die sich nicht verkaufen, wogegen Monsieur Paul de Kock sich mit 3 000 Exemplaren verkauft und *Le Magasin pittoresque* gar mit 60 000. Wir sehen uns wieder, wenn ich einst triumphiere, aber ich zweifle am Erfolg.

1 Vorübergehend halten sich die Hanskis im mondänen Bad Ischl auf.

Montag[, 24.]

Verzeihen Sie mir, daß ich diesen Schmerzensschrei ausgestoßen habe, beunruhigen Sie sich darüber nicht allzu sehr; sollte ich jedoch dahinscheiden, von einem Exzeß an Arbeit dahingerafft, so sollten Sie sich darüber nicht verwundern. *Seraphita* wird kaum vor der 1. Septembernummer der *Revue [de Paris]* erscheinen können. Die Korrekturen, die Arbeit daran sind erdrückend. In den beiden ersten Abzügen stecken bereits

160 Stunden Arbeit; ich weiß noch nicht, wie viele die anderen in Anspruch nehmen. Wenn Sie gütig sind, dann schreiben Sie mir häufiger. Sobald ich Ihre Briefe gelesen habe, erscheint mir die Luft um mich herum frischer, mein Gehirn erholt sich, und es kommt mir vor, als sei ich in einer Oase. Sie erquicken mich. 14 Tage lang hatte ich keinen Brief erhalten, als ich den empfing, der wohl der letzte aus Ischel sein wird. Ich bin gut mit den Korrekturen der *Lilie im Tal* vorangekommen; sie wird in *La Revue des 2 mondes* erscheinen, während Sie auf Reisen sind. Ich glaube nicht, daß ich je ein schöneres Werk geschaffen habe, was die Schilderung eines Innenlebens betrifft. Ich habe *Gobseck* überarbeitet und vervollständigt. Ich werde mich in *La Fleur des pois*[1] wieder auf mich selbst besinnen. Ich habe alles Unglück der Frauen geschildert, es wird Zeit, auch die Leiden der Ehemänner zu zeigen.

Es ist etwas Einzigartiges, daß ich dieses Werk ersonnen habe, während Sie noch an der ersten Idee festhielten, und der Brief, in dem Sie mir von den Leiden sprechen, die die Männer befallen, bereits auf dem Weg zu mir war. Macht das nicht glauben, daß die Entfernung nicht existiert und daß wir miteinander geplaudert haben. Leben Sie wohl. Ich habe keine Zeit mehr zu schreiben. Aber wie ich Ihnen sagte, habe ich sie zum Denken, und ich denke an Sie in meinen Mußestunden. Es heißt Geld verdienen, um in die Ukraine fahren zu können, denn man darf hier keinem etwas schulden, wenn man sorgenfrei verreisen will. Leben Sie wohl. Tausend Liebenswürdigkeiten und grüßen Sie mir... *[unleserlich]*.

1 Später *Le contrat de mariage (Der Ehekontrakt)*.

*

Ich habe Ihren Brief aus Brody empfangen und danke Ihnen aus tiefstem Herzen dafür, je mehr Sie mir unter dem Vorwand, es sei zu anstrengend, verbieten, nach W[ierzchownia] zu kommen, um so eher kann ich fahren. Aber seien Sie ganz beruhigt, ich werde die Luft der Freiheit nicht vor April, Mai, Juni atmen können, mich nicht eher frei von Ketten fühlen, das heißt, ohne Schulden sein. Aber ich werde mich in W[ierzchownia] in aller Ruhe an *Philippe II.* und *Marie Touchet* machen oder an einige andere schöne Werke, die mir zu finanzieller Unabhängigkeit verhelfen, zu den 3 Francs täglich, nach denen der entthronte Napoleon verlangte. Jawohl, Madame K[isseleff] weilt in Paris. Glücklicher Monsieur E.! Ich hingegen halte mich bis zu meiner Befreiung von der Gesellschaft fern; ich sehe niemanden, und ich arbeite, wie ich es Ihnen geschildert habe. Sie werden also erst in Wierzchownia *Seraphita* und meinen neuen *L[ouis] Lamb[ert]* lesen, die *Le livre mystique* bilden; diese Bücher wird Ihnen Zar Nikolaus wohl kaum verbieten. Dort werden Sie auch *La Fleur des pois* und *Die Lilie im Tal* lesen, all dies wird meine Leserschaft fesseln.

Ich würde gern das Haus kaufen, von dem ich Ihnen berichtet habe. Das wäre eine außergewöhnlich gute Geldanlage, und ich wäre gezwungen zu sparen.

Ich gewinne allmählich eine ziemlich schlechte Meinung von Ihrer Standhaftigkeit. Je mehr Sie sich dem *cara patria* nähern, um so mehr schwinden Ihre erhabenen Pläne sich durchzusetzen, und Sie verwandeln sich wieder in eine feine Dame, kreolisch und träge.

Ich sehe Sie also nächstes Jahr in der Herrlichkeit Ihrer Wüsteneien, Ihrer Steppen wieder. Ich bringe Ihnen die Manuskripte von *Seraphita* mit, die durchaus kurios sind, die der *Lilie*, die es noch viel mehr sind, sowie ein schönes Exemplar des *Livre mystique* auf Chinapapier, in dem sich Ihre *Seraphita* befindet. Nun denn, spielen Sie die Königin von W[ierzchownia]. Seien Sie eine geistvolle Blüte, entwickeln Sie Ihre hübsche Stirn, in der das strahlendste göttliche Licht glänzt.

Ich will auf dem Weg nach W[ierzchownia] noch einmal Deutschland durchqueren und mich des Ruhms würdig erweisen, über den wir uns oft so belügen! In 7 Monaten werde ich große Arbeiten vollbracht haben. *César Birotteau* wird mit einigen anderen Teilen auf die folgen, die gerade im Entstehen sind. Aber *Die Lilie*, wenn *Die Lilie* kein weibliches Brevier ist, dann bin ich nichts. Die Tugend darin ist erhaben, aber keineswegs fade. Der Tugend dramatische Seiten abzugewinnen, dabei spannend zu bleiben, sich der Sprache im Stile Massillons[1] zu bedienen, glauben Sie mir, das ist eine Schwierigkeit, die, will man sie im 1. Anlauf lösen, bereits 300 Stunden an Korrekturen kostet, die *Revue* 400 Francs und mich einige Leberschmerzen. Monsieur Nacquart hat mir jeden Tag drei Stunden Bäder und 10 Pfund Trauben verordnet und will nicht, daß ich arbeite, aber ich durchwache stets schreibend die Nächte. Madame de Bern[y] geht es sehr viel besser, sie hat einen letzten unheilvollen Sturm überstehen müssen: die Krankheit ihres heißgeliebten Sohnes[2], den ihr Bruder nun aus Belgien zurückholen wird. Ich war bei ihr, um ihren Schmerz zu lindern[3]. Sie sagte mir, man könne nur ein einziges Wort über meine *Lilie* sagen, nämlich, daß es wahrlich *Die Lilie im Tal* sei. Aus ihrem Mund ist dies ein großes Lob, ist sie doch sehr eigen. Endlich ist der 1. Teil beendet, ich muß noch zwei weitere in jeweils zwanzig Tagen erstellen, es sind also noch 40

Tage Arbeit. Sainte-Beuve hat vier Jahre lang an der *Volupté* gesessen. Vergleichen Sie ruhig. Ich werde 500 Francs verlieren, wenn *Seraphita* nächsten Samstag nicht bei der *Revue [de Paris]* abgeliefert wird. Und da ich keinen Heller verlieren will, weil Häuser teuer sind, wird *Seraphita* am ersten Sonntag im November erscheinen. Ich sende Ihnen tausend liebevolle Wünsche meines Herzens und bitte Sie, mich allen in Erinnerung zu rufen. Ihre Blechschere ist mir in der Hand zerbrochen und hätte mich zu meinem Leidwesen beinahe verletzt. Und dann weiß ich nicht, wo der kleine Bleistift aus Genf sich versteckt hat, was mich noch mehr betrübt, aber er wird sich wohl in irgendeiner Tasche wiederfinden. Ich bin derart voll von Einfällen, überhäuft von Arbeit, daß ich anfange, zerstreut zu werden. Aber das Herz wird es niemals sein, höchstens der Kopf. Nun denn, tausend Wünsche mögen Sie begleiten.

1 Jean-Baptiste Massillon (1663-1742). Französischer Kanzelprediger.
2 Armand-Marie de Berny starb am 23. November 1835.
3 Dieser Besuch, der um den 19. Oktober stattfand, war der letzte Balzacs.

*

[Chaillot, Samstag, 21. - Sonntag, 22. November 1835]
22. November

(...) Ich hatte und habe noch immer heftigen Kummer wegen Nemours. Madame de B[erny] ging es etwas besser, ihr schreckliches Herzklopfen hatte sich gelegt. Es bestand Hoffnung, daß sie am Leben bleibt. Plötzlich erkrankt jedoch der einzige Sohn, der ihr ähnelt, ein bildschöner Knabe sanft und geistreich wie sie, voll edler Empfindungen, erkrankt an einer Erkältung, die einer Lungenkrankheit gleichkommt. Das einzige Kind von *neun*, mit dem sie sich wirklich versteht. Von diesen neun sind nur noch *vier* übrig, denn Sie wissen ja, daß ihre jüngste Tochter krankhaft hysterisch geworden ist ohne eine Aussicht auf Heilung. Dieser Schlag hat sie beinahe umgebracht. Ich korrigierte *Die Lilie* bei ihr, aber meine Zuneigung war zu schwach, um diesen letzten Schlag abzumildern. Ihr Sohn (23 Jahre alt) war in Belgien, wo er eine bedeutende Firma leitete. Sein Bruder Alexandre machte sich auf, ihn zu holen. Der Kranke traf vor einem Monat in einem jämmerlichen Zustand ein, und diese entkräftete Mutter, die selbst am Erlöschen ist, durchwacht die Nächte und pflegt Armand, obwohl sie Krankenpfleger und Ärzte hat. Sie hat mich inständig gebeten, nicht zu kommen, ihr nicht zu schreiben. Sie wissen ja, daß in den Momenten, wo alles in uns angespannt ist, die geringste Aufregung, gleichgültig ob sie von tief empfundener Zuneigung oder Ungeschicklichkeit herrührt, einen niederstreckt. Was für ein Zustand! Ich habe also ihretwegen, die ein Teil meines Lebens ist, doppelte Sorgen.

Mein Bruder und meine Mutter bereiten mir andere von so grausamer und zerstörerischer Art, daß ich zu Ihnen nicht davon sprechen will. Man muß sehr viel Glauben an die Zukunft haben, um so zu leben, um jeden Morgen seine schwerer gewordene Bürde wiederaufzunehmen. Meine Freunde haben nur begrenzte Mittel und können mir in meiner finanziellen Lage nicht helfen, die durch zweitausend Dukaten erträglich würde, und wären sie auch nur für 6 Monate geliehen. Es wird bis zum letzten Augenblick weitergehen müssen trotz dreifacher Ängste, nämlich denen um die Familie, die Arbeit und das Geld. Ich will gar nicht von den Verleumdungen sprechen und den Elenden, die mir Knüppel zwischen die Beine werfen. Das ist weiter nicht schlimm. Was einen Künstler normalerweise umbrächte, rechne ich nicht einmal als Unannehmlichkeit.

Ich habe die letzten 26 Tage in meinem Arbeitszimmer verbracht, ohne es zu verlassen. Ich schöpfte nur Luft an diesem einen Fenster, das ganz Paris beherrscht, das auch ich beherrschen will.

Ich habe Ihren letzten Brief noch einmal hervorgeholt, der aus Ihrem gottverlassenen Land geschrieben wurde; ich schätze, Sie sind jetzt zurück in Wierzchownia, haben Ihre Weizenfelder wiedergesehen, Ihre Gewohnheiten wiederaufgenommen und werden mir sicherlich zweimal im Monat schreiben können. Wie das bei Ihnen so üblich ist, haben Sie mir Ihre Adresse sehr unvollständig angegeben und die der Stiftsdame [Louise de Thürheim, einer Vermittlerin der Briefe] in einer geradezu epigrammatischen Kürze. Schreiben Sie ihr also, daß es mir ebenso unmöglich ist, ihr einen Brief zu schicken wie in den Mond zu beißen. Die reichen Müßiggänger von Welt haben keine Vorstellung vom arbeitsamen Leben der Künstler und der armen Leute. Der Gipfel ist, daß sie eher Undankbarkeit und Nachlässigkeit unterstellen und nie sehen, daß wir Tag und Nacht arbeiten.

Um alles über mich zu begreifen, denken Sie nur an diese 17 Bände, die ich ohne Hilfe vollendet habe, das macht 300 Bogen, jeder mehr als zehnmal gelesen, ergibt das 3 000, abgesehen vom Entwurf und Manuskript, und dazu braucht man außer Willenskraft auch *Glück*.

Was immer man Ihnen auch über mich sagt, lachen Sie darüber! Und denken Sie an das, wofür es Beweise gibt. So sagte sogar einer meiner erbittertsten literarischen Feinde: das Talent, das Genie, seine unglaubliche Willenskraft, ich kann mir das vorstellen, ich glaube daran! *Aber wo und wie verschafft er sich DIE ZEIT!*

Ach, Madame, es ist mir gelungen, mir, der ich so

schlafbedürftig bin, mit wenig Schlaf auszukommen, ich schlafe nur 4 Stunden und habe, obwohl ich so leidenschaftlich, so kindlich bin, mein ganzes Leben auf hoffnungsvolle Träume ausgerichtet. Ich habe seit meiner Rückkehr keine 2 Zeilen in der Zeitung gelesen. Mein Leben bestand einzig aus Leid, Arbeit und Hoffnung. Mein Glück wird nach 3 in Wierzchownia ohne Sorgen und Kümmernisse verbrachten Monaten gemacht sein, in denen ich 2 schöne Theaterstücke verfassen werde.

Durch eine einzigartige Fügung des Schicksals ist die Freundschaft zu Ihnen mit den Ruhepausen verbunden, die ich in diesen letzten 3 Jahren eingelegt habe. N[euchâtel], G[enf] und W[ien] waren 3 Oasen. Ich habe dort an nichts gedacht; ich habe neue Kraft geschöpft. Sie werden sehen, daß ich halbtot in W[ierzchownia] ankomme und ganz lebendig zurückkehre.

Nun, leben Sie wohl. Meine herzlichsten Grüße an den Benassis von Wierzchownia. Meine Empfehlungen an die drei Fräulein. Einen Kuß auf Annas Stirn. Beunruhigen Sie sich nicht darüber, wie ich diese Reise unternehmen werde. Ich komme allein, ohne irgend etwas, was der Zoll beanstanden könnte, ohne Bücher, ohne Papiere, nur Wäsche und Kleidung. Ich schreibe Ihnen im voraus, welche Bücher ich benötige, damit Sie sie in Ihrer Bibliothek haben. Das ist das einzige, was ich Ihrer Bibliothek entleihen werde. Ich will nämlich nicht 20 schwere Bücher mitnehmen. Habe ich doch meine sämtlichen geistigen Reichtümer im Kopf und all meine Schätze im Herzen. Sie werden lediglich Nachsicht haben müssen mit meinem einzigen Gewand, meiner Dichterrobe. Ich werde behende und schnell wie ein Pfeil reisen, aber schwer beladen mit Hoffnungen auf die Freuden, die ich an dem Kamin finden werde, an den Sie mich gelockt haben.

1836

1836 ist das »Jahr der Katastrophen« (Stefan Zweig). Balzac ist total verschuldet und außerdem mit seinen Arbeitsverpflichtungen im Rückstand. Er hat die gefährliche Gewohnheit angenommen, sich seine Romane von den Zeitungen oder den Verlagen gegen die Verpflichtung der Ablieferung zu einem festgesetzten Termin im voraus bezahlen zu lassen, was bei Nichteinhaltung Konventionalstrafen zur Folge hat. Mit dem Verleger und Pariser Pressezaren Buloz führt Balzac einen langen und teuren Prozeß, weil dieser mit der Veröffentlichung einer ersten, unkorrigierten Fassung des Romans *Die Lilie im Tal* ohne Balzacs Einverständnis bereits begonnen hat. Er fängt mit den *Verlorenen Illusionen* an.

Balzac übernimmt die *Chronique de Paris*, was zu einem völligen Mißerfolg wird. Der Verlust für Balzac beziffert sich auf mindestens 46 000 Francs.

Auch im privaten Bereich ist Balzac vom Unglück verfolgt. Er hat Ärger mit seiner Mutter und mit seinem jüngeren Bruder Henry, der mittellos aus Indien zurückkehrt. Ende April wird er von der Garde Nationale für eine Woche in Schuldhaft genommen. Madame de Berny, auf deren Hilfe er sich in früheren Jahren immer verlassen konnte, stirbt am 27. Juli. Davon erfährt Balzac erst nach seiner Rückkehr von einer Reise nach Turin (26. Juli bis 22. August), die er in Begleitung einer als »Page« verkleideten Frau (Caroline Marbouty, 1803-1890) unternommen hat. Diese erste Italienreise macht er im Auftrag der Familie Guidoboni-Visconti, deren geschäftliche Belange er dort vertreten soll. Seit einiger Zeit besteht eine enge Verbindung zwischen Balzac und der Gräfin Visconti.

Madame Hanska verbringt das Jahr bis auf einen kurzen Aufenthalt in Kiew in der Ukraine.

[Chaillot, Montag, 18. Januar - Freitag, 22. Januar 1836]
18. Januar

Trotz meiner Bitte ist Ihr Brief, den ich heute nach fast *einmonatiger* Unterbrechung erhalte, weder datiert noch numeriert, so daß es unmöglich ist, sich in den Antwortbriefen zu verständigen, wenn man so weit voneinander entfernt ist. Dieser Brief enthält zwei Vorwürfe, die mich schwer getroffen haben, und ich meine, Ihnen bereits gesagt zu haben, daß nur wenige unüberlegte Bemerkungen genügen, um mich nach W[ierzchownia] aufbrechen zu lassen, was in der heiklen Lage, in welcher ich mich derzeit befinde, ein Unglück wäre; aber lieber verliere ich alles, anstatt eine wahre Freundschaft zu verlieren.

Doch was die Briefe angeht, so zählen Sie zunächst diejenigen, die Sie mir geschrieben haben, und diejenigen, welche ich beantwortet habe; die Waage wird sehr zu meinen Gunsten ausschlagen. Wenn Sie davon sprechen, wie rar gesät meine Briefe seien, machen Sie mich glauben, es seien welche verlorengegangen, und das beunruhigt mich. Und schließlich mißtrauen Sie mir aus der Ferne, wie Sie mir auch von nahem mißtrauen, ohne jeden Grund. Ich habe mit großer Verzweiflung den Teil Ihres Briefes gelesen, wo Sie mein Herz meinem Geist unterordnen, wo Sie meine ganze Person meinem Hirn opfern.

Ich habe sehr darüber gelacht, wie Sie meine Arbeiten nach ihrem Umfang und nicht nach ihrer Qualität einschätzen. Ich habe gelacht, weil ich dabei an ihre analytische Stirn dachte; ich habe gelacht, weil ich mir vorstellte, daß Sie vielleicht in dem Augenblick, als ich diese zu Unrecht anklagenden Seiten las, *Seraphita* in der Hand hielten und im Grunde Ihres Herzen Abbitte leisteten.

Ach, *cara*, wenn Sie das Geheimnis meines Schaffens kennen würden, das um Mitternacht beginnt und nicht vor Mittag endet, wenn Sie wüßten, daß die neueste Ausgabe vom *Landarzt* (die 3. als Oktavband) und die zweite des *Livre mystique* (als Oktavband) soeben 600 Stunden verschlungen haben, daß ich am 1. Februar die Manuskripte der zwei neuen Oktavbände liefern muß, daß ich Geschäfte und Prozesse anstehen habe, dann sähen Sie voll Schmerz, daß Sie *den Freund* zu Unrecht verdächtigt haben, daß es mit *Marie Touchet* voran geht, daß, daß usw.

Ihre Strafe wird gewichtig ausfallen; eines Tages haben Sie in W[ierzchownia] das Manuskript und die Abzüge von *Seraphita* sowie die der *Lilie*. Dann werden Sie sich fragen, wie Sie auch nur einen Verdacht gegen dieses unermüdliche Arbeiten hegen konnten.

Heute lastet mir soviel auf den Schultern, daß ich zu außergewöhnlicher Eile gezwungen bin. Ich habe mich mit der *Revue de Paris* unwiderruflich überworfen. Mir steht dafür die *Chronique de Paris* offen, eine Zeitung, die zweimal wöchentlich erscheint und meinen royalistischen Neigungen entspricht. Ich habe das Jahr mit *Der Messe des Atheisten* begonnen, einem Werk, das ich in einer Nacht erdacht, geschrieben und gedruckt habe. Bis Februar muß ich ein Werk mit dem Titel *Die Entmündigung* abliefern, dessen Umfang 72 Seiten in der *Revue de Paris* ausmacht. Das muß sein, trotz der Arbeiten, die ich Madame B[échet] und W[erdet] schulde.

In zwei Monaten, von heute an gerechnet, habe ich den Vertrag mit Madame B[échet] erfüllt. Dann bin ich mit ihr quitt.

Bei der Aufzählung meiner Arbeiten, die Sie vornehmen, berücksichtigen Sie in keiner Weise die umfangreichen Korrekturen, die mich die Neuauflagen kosten. So hat mich der Band, von dem ich Ihnen die Druckabzüge mit nach Wien gebracht hatte, Sie wissen schon, der, der *Gobseck* enthält, genauso viel Zeit gekostet wie *La Fleur des pois*. Ist es nicht traurig, daß ich Ihnen das so aufzählen muß? Daß ich in der Freundschaft dieselben Berechnungen anstellen muß wie mit meinen Verlegern? Sie haben mich falsch verstanden, als ich Sie gebeten habe, mir nicht unnötig Kummer zu bereiten, denn ich krümme mich bereits unter der Last wirklichen Kummers. Um Ihnen dies zu sagen, müßte ich Bände voll schreiben. Er ist so beschaffen, daß der Erfolg von *Seraphita* in meinem Herzen nicht die geringste Freude ausgelöst hat. Gab es nicht selbst für Sisyphus einen Augenblick, wo er nicht mehr geweint, nicht mehr gelächelt hat, sondern sich der Natur der Steine anglich, die er ohne Unterlaß bergauf rollte?

Mein Leben wird dadurch immer mehr zu dem einer Dampfmaschine. Gestern Arbeit, heute Arbeit, immerfort Arbeit und wenig Ergebnisse. Jetzt schreiben wir schon 1836, und bald bin ich 37 Jahre alt. Ich habe noch ein halbes Jahr, um 50 000 Francs oder 5 000 Dukaten aufzutreiben, die ich zurückzahlen muß; dann habe ich es geschafft, zu begleichen, was ich Fremden schulde. Bleibt noch meine Mutter. Aber ich habe dann 9 Jahre lang mit den Schreibutensilien an einer Tischkante gelebt. Ich hatte nur dreimal Zerstreuung, gestatten Sie mir zu sagen, drei Momente des Glücks, nämlich meine drei Reisen, drei meinen Kämpfen unter Gefahren entrissene, gestohlene, geraubte Erholungspausen, die dem Feind in die Hände spielten. Drei kurze Ruhepausen, während derer ich aufatmen konnte. Und Sie klagen Ihren armen kleinen Soldaten an, der sein Leben in Enthaltsamkeit wiederaufgenommen hat, sein kämpferisches Leben, den armen Schriftsteller, der seit 3 Jahren keine Feder mehr angerührt hat, ohne auf Ihre Visitenkarte zu blicken, die unter seinem Tintenfaß liegt!

Nein, gewiß möchte ich nicht, daß Sie mir auch nur einen der traurigen oder fröhlichen Gedanken verbergen, die Ihnen in den Sinn kommen; aber wenn ich an allem, was mit Ihnen zu tun hat, lebhaft Anteil nehme, so müssen Sie mir auch glauben, daß ich schrecklich unter dem Kummer leide, den Sie meinetwegen erfahren, indem Sie von Tatsachen oder Gefühlen ausgehen, die unrichtig oder mir fremd sind. Ich messe die Entfernung, die uns trennt, und ich senke den Kopf. Die Wunde wurde mir beigebracht in dem Augenblick, als Sie in W[ierzchownia] einen Brief empfingen und bedauert haben müssen, zu rasch ein Herz verurteilt zu haben, das Ihnen ganz und gar ergeben ist. Ich kann Ihnen alles erklären.

Ich wünschte, Sie hätten die 2. Ausgabe des *Livre mystique*, an der ich einige Veränderungen vorgenommen habe; aber mit diesen Korrekturen ist es noch nicht getan. Madame de B[erny] hat mir ihre Anmerkungen erst zu spät mitgeteilt, so daß ich nur das 2. Kapitel mit dem Titel *Seraphita* neu schreiben konnte. Sie allein hatte den Mut, mir zu sagen, daß dieser Engel zu sehr wie ein leichtes Mädchen spricht, was reizvoll erscheint, solange man den Schluß noch nicht kennt, was dann jedoch äußerst gewöhnlich wirkt, und ich habe eingesehen, daß ich die Frau in sich begreifen, *ihre verschiedenen*

Facetten zusammenfassen muß, wie ich es im übrigen Werk getan habe. Leider werde ich ein halbes Jahr brauchen, um diesen Teil neu zu gestalten, und während dieser Zeit werden mir all die edleren Menschen diesen Fehler vorwerfen, der ihnen sogleich in die Augen springen wird.

Ich werde ein Exemplar der 2. Ausgabe an Hammer schicken, in Erinnerung an sein gutes Benehmen und seinen freundschaftlichen Empfang.

Habe ich Ihnen schon gesagt, daß die Prinzessin Schönburg ihr Kind hier in meinem Haus untergebracht hat, wegen der Nachbarschaft zur Orthopädie, wo sie ihren Erben behandeln läßt. Gestern habe ich sie in unserem Garten getroffen und mit ihr über Wien geplaudert; sie hat Sie mit keinem Wort erwähnt. Sie hat mir berichtet, daß Lady Ellenborough schon wieder mit einem Griechen durchgebrannt ist, daß Prinz Albert verhindert habe, daß sie weiter als bis nach Stuttgart komme, der Ehemann sei aufgetaucht, habe sich mit dem Griechen geschlagen und seine Frau nach Hause gebracht. Welch außergewöhnliche Frau.

Verzeihen Sie mir diesen Klatsch! Ich war so glücklich über die Einsamkeit meines Hauses in der Rue des Batailles. Mein Hauswirt sagte mir eines Morgens, daß ein Prinz Schudenburg erschienen sei. Ich widersprach ihm, es gäbe lediglich einen Grafen Schullenbourg. Am darauffolgenden Tag traf ich einen deutschen Kammerdiener auf der Treppe, der mich lächelnd ansah, und drei Tage später teilt mir der Prinz Schönburg bei Madame Appony mit, daß er seinen Erben unter die Fittiche unserer guten Luft und unseres Gartens gestellt habe.

Wenn das Stück *Marie Touchet* ein Erfolg wird, könnte ich das Haus kaufen, das ich im Auge habe. Wir sehr würde ich mein Heim genießen. Aber der verfluchte Verkäufer will meine Zahlungsbedingungen nicht annehmen. Er verlangt 25 000 Francs in bar, und ich weiß nicht, wann ich sie aufbringen kann. Selbst wenn ich sie in einem halben Jahr haben sollte, wird er vielleicht schon verkauft haben. Man muß sich eben darein fügen.

Ich muß noch 20 Tage lang am *Landarzt* arbeiten; es ist erst ein Band gedruckt; ich muß den 2. beenden; Ich hoffe, dieses Mal wird der Text seine endgültige Fassung haben, wird korrekt sein, ohne Fehler, ohne Makel.

Sie sehen, nichts ist eintöniger als mein Leben mitten in diesem so lebhaften Paris. Ich schlage alle Einladungen aus, ich beende mühsam meine Arbeiten, ich schaffe auf Vorrat, um einige Tage Freiheit zu haben. Da ist noch eine Reise, die ich gern machen würde. Mit einigen zusätzlichen durchwachten Nächten könnte ich Sie vielleicht Mitte des Jahres besuchen. Das wird nicht vor der Begleichung meiner Schuld sein können, denn ich möchte Ihnen auch nicht nur ein einziges Mal diese sorgenvolle Stirn zeigen, die Sie an dem Tag, an dem Sie sangen, und ich den Blick durch den Garten der Walters streifen ließ, so erschreckt hat.

Nein, Sie haben mir keineswegs von diesem Roger berichtet. Sie haben kleine Sünden, die Sie, wie verwöhnte Kinder, erst gestehen, wenn bereits lange Zeit vergangen ist.

Ich flehe Sie an, schreiben Sie mir doch regelmäßig. Schicken Sie Ihre Briefe alle acht Tage immer am gleichen Tag ab. Ich antworte stets unverzüglich. Datieren und numerieren Sie sie, denn auf diese Weise gibt es weder Unsicherheiten noch Irrtümer; zeigen Sie mir den Empfang der meinen an, indem Sie sich auf die jeweilige Nummer beziehen, und ich will genauso verfahren. Auf diese Weise haben wir in einem Monat Antwort auf eine Bitte und können jede Quelle für Irrtümer vermeiden. Sie haben jetzt also Zeit für sich selbst in Ihrer Einsamkeit, wo die Wölfe die Grundbesitzer fressen (mein Gott, schicken Sie mir doch diese braven Wölfe, wir werden ihnen einige Grundbesitzer überlassen, die uns Verdruß bereiten). Auf diese Weise können Sie die rühmliche Genauigkeit erlangen, die das Gefühlsleben bereichert, ich ersuche Sie flehentlich darum. Wenn der wöchentliche Abstand unmöglich ist, teilen Sie mir mit, weshalb und wählen dann eben zweiwöchige Abstände. Sie werden nicht glauben, wie viele Sorgen ich mir machte, während Sie sich Ihrerseits Sorgen machten. Die Abstände, die zwischen meinen Briefen liegen, sind die genaue Widerspiegelung derjenigen, die zwischen den Ihren liegen, denn ich beantworte sie stets in der Nacht, die dem Tag folgt, an dem ich sie erhalten habe, und indem ich Ihnen antworte, erzähle ich Ihnen, was mir in der Zwischenzeit widerfahren ist.

Zur Zeit bin ich in den Fängen dieses schrecklichen Keuchhustens, den ich auch in Genf hatte, und den ich seit jenem Jahr immer zur selben Jahreszeit bekomme. Monsieur Nacquart hat mir erklärt, daß ich darauf achten müsse und daß ich mir bei der Durchquerung des Jura etwas zugezogen habe, das er nicht genauer benannte. Und der gute Doktor will jetzt meine Lunge gründlich untersuchen. Dieses Jahr geht es mir merklich schlechter. Wenn ich nächstes Jahr um diese Zeit in W[ierzchownia] bin, werden Sie unweigerlich einen alten Mann zu pflegen haben.

Ich bin sehr betrübt über die Verzögerung, die mein Prozeß mit der *Revue [de Paris]* für *Die Lilie im Tal* bedeutet. Noch nie hat ein Werk so viel Arbeit erfordert.

Die Lilie, Seraphita, Der Landarzt sind die drei tiefen Abgründe, in die ich am meisten Nächte, Geld und Gedanken geworfen habe. Der schönste Teil, der Schluß, ist noch gar nicht erschienen.

Im Augenblick drucken wir den 4. Band der *Szenen aus dem Privatleben*, in dem ich einschneidende Veränderungen im Hinblick auf den allgemeinen Sinn der *Même histoire* vorgenommen habe[1]. Auf diese Weise wird Hélènes Flucht mit dem Mörder fast glaubhaft; es hat lange gedauert, bis ich diese letzten Verstrickungen gefunden habe.

Ich will alle Fragen noch einmal zusammenfassend beantworten: um die Gesundheit ist es derzeit nicht gut bestellt; die Geschäfte haben sich vervielfacht, die Arbeit gleichermaßen; während Sie unsereins verdächtigen, reibt man sich hier auf, um sein Geld zu verdienen. Kein Vergnügen, viele Sorgen. Nichts hat sich seit meinem letzten Brief verändert, weder mein Herz noch meine Tätigkeiten. Ich warte auf Ergebnisse. Ich hatte mir tausenderlei Übel vorgestellt, ich glaubte Anna, Sie und Monsieur de H[anski] erkrankt. Wie ich sehe, leiden Sie tatsächlich am Herzen. Denken Sie daran, was ich Ihnen darüber geschrieben habe. Vermeiden Sie Aufregungen, machen Sie keine abrupten Bewegungen, und es wird Ihnen nichts geschehen. Was eine Heilung angeht, so wird sie vollständig eintreten, sobald Sie nach Paris kommen; wir haben auf diesem Gebiet sehr gelehrte Ärzte, und es bedarf lediglich einer der Konstitution angemessenen Dosis Digitalis.

---

1 Balzac war unzufrieden mit der Fassung der *Même histoire*, später unter dem Titel *Die Frau von dreißig Jahren*.

Seit der Nacht, in der ich Ihnen geschrieben habe, blieb der Brief liegen, ohne daß ich auch nur einen Moment gehabt hätte, ihn zu beenden und zu verschließen. Sie müßten mich sehen, um sich dieses Leben unter dem Joch, dieses Leben einer Maschine vorstellen zu können. Werdet hat die Mutter der Frau, die ihm nahesteht, am Neujahrstag verbrennen sehen. Er wollte sie retten und hat sich dabei die Hände verbrannt. Die arme Alte ist gestorben, nachdem sie 10 Minuten gebrannt hatte. Werdet hingegen mußte 20 Tage das Bett hüten, um seine verbrannten Hände zu heilen. Ich mußte mich um seine Geschäfte kümmern, denn Werdet, das bin ich.

Ich mußte 5 000 Francs für mich selbst auftreiben; und es galt 8 000 für ihn zu beschaffen. Wir haben noch zehn sorgenvolle Monate vor uns, sowohl er wie ich. Diese letzten vier Tage waren durch Besorgungen und Laufereien verschwendet. Was für verlorene Stunden! Hierher begab ich mich lediglich, um ein paar Stunden zu schlafen. Ich habe einen scheußlichen Februar vor mir, voller Arbeiten, die mir keinen Heller einbringen. Ich muß Ihnen lebewohl sagen, Ihnen und allen, die mit Ihnen sind und die die Erinnerung an mich erfreuen kann, denn die Arbeit erwartet mich. Das Fach mit den Druckfahnen ist voll, und ich bin mit mehreren Manuskriptseiten im Verzug. Ich habe wesentlich mehr zu tun als die Generäle auf ihren Feldzügen, aber meine Arbeiten sind nicht glanzvoll. Sie können sich wohl vorstellen, daß das Militär im Felde nicht zum Schreiben kommt, aber Sie wollen, daß der Schriftsteller, der an 4 Fronten gleichzeitig kämpft, freigebiger sein soll; aber ich versichere Ihnen, daß mein Zeitproblem sich unlösbarer denn je darstellt. Wenn ich irgendwann bei Ihnen bin, können Sie nach dem Warum fragen, und ich werde es Ihnen sagen, denn man braucht Bände, um es schriftlich auseinanderzusetzen; und im Moment ruhe ich mich einfach auf dem Vertrauen aus, das unter Freunden herrschen muß, um meine Hingabe, meine Herzensbezeigungen und meine ganze Seele auf die einfachste Weise auszudrücken, in der Gewißheit, daß dies trotz der Entfernung genügen möge, einander zu verstehen. Ist es nicht so? Sagen Sie ja, wenn Sie mich lieben! Nun denn, leben Sie wohl; nehmen Sie all meine Wünsche für Ihr Glück an, das so sein möge, wie Sie es sich wünschen. Wenn ich Gott wäre! Ach!

Ihnen ist sehr wohl bekannt, wie selten die erhabenen Gefühle der Zuneigung vorkommen; ich spreche hier nicht von Talent; nein, nichts anderes will ich hören als die von reinem Geist erhellten Empfindungen. Habe ich Ihnen schon berichtet, daß ich den kleinen silbernen Stift, an dem ich so hing und in den ich das *Ave* hatte eingravieren lassen, diesen anmutigen und frommen Gruß, daß ich ihn in einer Postkutsche im Schlaf verloren habe, und ich will doch keinen anderen. Ich hing so sehr an ihm, er ist mir aus der Uhrentasche gefallen; ich hätte eine Kette für ihn gebraucht, habe allerdings nicht rechtzeitig daran gedacht.

Die brüchige Kette meiner Uhr hatte sich gelöst, es war nur zu wahrscheinlich, daß sie reißen würde; sie scheuerte alles durch, ich habe sie Ihnen im Geiste übereignet. Lecointe wird ein Medaillon daran befestigen, und ich hebe es Ihnen sorgfältig auf, damit Sie es dann tragen können.

Verzeihen Sie, wenn ich Ihnen von diesen Lappalien spreche, aber ich möchte Ihnen das Verschwinden von *Ave* erklären, ein Gebet, das ich nichtsdestoweniger oft spreche.

Liebe, ich möchte, daß Sie beim Anblick Ihrer Blumen die süßen Worte vernehmen, die mein Herz in diesem Augenblick für Sie findet; ich möchte, daß Sie beim Einatmen der Düfte den Geist hören, der Sie tröstet, ich möchte, daß das Schweigen beredt und die Natur in ihrer Zartheit meine Fürsprecherin sei; aber vielleicht sollte man nicht all diese Dinge heranziehen, mit denen wir doch nur allzu friedlich leben. Man muß sich in die Höhe flüchten, auf kahle und stürmische Gipfel, wo uns alles durch seine Größe und sein Zeugnis unermeßlichen Kampfes überwältigt. Sie finden in dem, was ich Ihnen von mir verschweige, etwas Vergleichbares; aber ich habe nicht den notwendigen Mut, Ihnen all meine Wunden aufzudecken. Also adieu oder vielmehr auf bald. Ich muß wie der arme Fischer im *Antiquar* von Walter Scott mein Brett zurechtzimmern, auch auf die Gefahr hin, um Haaresbreite zu fehlen; es heißt schreiben; oh, *cara*, schreiben, wenn die Seele Trauer trägt und die verwandte Seele gleichermaßen, schreiben, wenn man etwas von seinem Glauben verloren hat, weil man die Seele, die ihn inspirierte, verlor. Wir wollen dieses Geheimnis in unseren Herzen begraben. (...)

Tausend Freundlichkeiten für Monsieur de H[anski] und alle, die bei Ihnen weilen. Möge der Himmel Ihnen honigsüße Worte einflüstern, das zärtliche Schweigen, die Herzensgüte, die frommen Bestrebungen des Geistes, die vonnöten sind in den schrecklichen Tagen des Übergangs, die wir die schlimmen, die schmerzlichen Tage nennen.

Erlauben Sie, daß ich ganz zärtlich Ihre Hand drücke.

*

Cara, soeben erhalte ich Ihren letzten Brief vom 24.
Dezember nach dem [julianischen] Kalender, in dem
Sie mir von der Prinzessin G. schreiben, *dem kleinen
Biest*[1]; ich hätte über Ihre Verdächtigungen gelacht,
wenn Sie mir Ihr Mißfallen nicht auf 3 wutentbrannten
Seiten gezeigt hätten, deren Heftigkeit ich anbetungswürdig finde. Denn ich habe nur einmal in meinem Leben einen Fuß ins Haus von diesem *kleinen Biest*
gesetzt. Und ohne Ihre wunderbaren Empfehlungen für
das gesellschaftliche Leben je gelesen zu haben, sind sie
wortgetreu befolgt worden. Alles, was Sie mir zu diesem Thema sagen, beweist mir, daß wir völlig im Denken übereinstimmen. Lassen Sie mich Ihnen ein letztes
Mal wiederholen, daß ich durch meine Lage Gegenstand von Klatsch und grundlosen Verleumdungen bin,
daß aber die Leute, die mich zu Fall bringen wollen, niemals in die Geheimnisse meines Herzens eingeweiht
sind, ich kann ihnen meine Werke ausliefern, sie über
meine Person, meine Geschäfte sagen lassen, was immer sie wollen, aber alles, *was Sie nicht unmittelbar
von mir selbst erfahren* über Dinge, die Sie betrüben,
betrachten Sie es einfach als falsch. Ich beeile mich Ihnen diese wenigen Worte zu schreiben, damit dieses
für unsere Freundschaft so wichtige Schriftstück nicht
zu spät kommt. (...)

Es ist mir unmöglich, mich in Gesellschaft zu begeben, ich begehe sogar Unhöflichkeiten. Es gelingt mir
kaum, meine engsten Freunde zu sehen. Sie, Madame,
befinden sich, was mich betrifft, im allergrößten Irrtum. Wären Sie Zeuge meines Lebens, würden Sie mich
bedauern; aber mein Schaffensdrang steht in unmittel-
barem Verhältnis zu meinem Drang nach Unabhängig-

keit. Mein Prozeß wird morgen bei Gericht aufgerufen. Es ist fünf Uhr morgens; ich bereite die Beweisgründe für meinen Advokaten vor. Ich danke Ihnen sehr für Ihren langen liebenswürdigen Brief. Das ist wirklich ein Brief, ein hübscher Brief, in dem die Liebe grollt, in dem sie grollend liebkost, in dem Sie mir alles erzählen, was Sie so treiben.

Ich habe die letzten schwachen Höflichkeitsbande mit Madame de Castries gelöst. Sie hat Umgang mit den Herren J[anin] und S[ain]te-Beuve, die mich so über die Maßen beleidigt haben, das erschien mir geschmacklos, und ich bin jetzt ganz froh darüber. (...)

Tausend hübsche Blumen der Zuneigung; nehmen Sie sie, pflücken Sie sie, schmücken Sie damit diese geistreiche Stirn, die sich nur einer Erkenntnis verweigert, nämlich der, das Ausmaß der Zuneigung zu entdecken, die Sie hervorrufen. Sie haben sie in Wien erfahren und verdächtigen nun diejenige aus Paris. Oh, das ist gar nicht recht, vor allem wenn es sich um jemanden handelt, der Ihnen ganz und gar ergeben ist, wie es der Fall ist bei Ihrem armem

Muschik

Honoré de Bc.

1 Es handelt sich sehr wahrscheinlich um die Prinzessin Sophie Galitzin, die er an anderer Stelle ein hübsches Geschöpf nennt.

Paris, 23. April - 29. April - 30. [- 1. Mai 1836]

(…)

[Mittwoch, 27. April]

Mein Brief wurde durch das Auftauchen eines Polizei-
kommissars und zweier Schutzmänner unterbrochen,
die mich festnahmen und ins Gefängnis der Nationalgarde überführten, wo ich mich augenblicklich befinde
und wo ich in aller Ruhe mit meinem Brief fortfahre.
Ich muß fünf Tage hierbleiben. Ich werde hier den Namenstag des Königs der Franzosen begehen, ich versäu-
me ein hübsches Feuerwerk, das zu besuchen, ich
vorhatte.

Mein Verleger ist erschienen, um mir zu erklären,
weshalb *Le Livre mystique* nicht in Ihre Hände gelang-
te. Und zwar wurde *Le Livre mystique* von der Zensur
verboten. So weiß ich jetzt nicht, wie wir vorgehen sollen. Ist es nicht einmalig, daß ausgerechnet die Person,
der dieses Buch gewidmet ist, die einzige sein sollte,
die es überhaupt nie liest. Sie werden herausfinden,
was zu tun ist. Ich erwarte Ihre Anweisungen.

Alle meine Einfälle sind hier verschwunden. Dieses
Gefängnis ist entsetzlich, alle Gefangenen sind zusam-
mengepfercht, es ist kalt, und wir haben kein Feuer.
Die Häftlinge sind Leute der untersten Schicht, und sie
brüllen beim Spiel, es ist unmöglich, auch nur eine ruhige Minute zu haben. Es sind arme Arbeiter, die keine
zwei Tage ihrer Zeit verlieren können, ohne das Auskommen ihrer Familie einzubüßen, und hin und wieder
irgendein Künstler oder Schriftsteller, für die das Gefängnis immer noch besser ist als die Nationalgarde. Die
Betten sollen fürchterlich sein.

Ich habe soeben einen Tisch, einen Lehnsessel und
einen Stuhl bekommen und sitze in der Ecke eines rie-

sigen leeren Saals. Hier werde ich *Die Lilie im Tal* beenden. Meine Geschäfte ruhen und das an einem Tag,
wo ich eigentlich in der Zeitung hätte sein müssen, und
kurz vor dem Monatsletzten, an dem ich 300 Dukaten
zahlen muß.

Das ist nur einer der tausend Vorfälle unseres Pariser
Lebens, und jeden Tag ereignen sich in der Geschäftswelt ähnliche; der Mann, auf den man setzt, damit er einem einen Dienst erweise, ist auf dem Land, und schon
scheitert das Vorhaben; eine Summe, die ausbezahlt
werden soll, wird einbehalten, man hat zehn Laufereien, um jemanden anzutreffen, und oft verpaßt man das
Gelingen einer wichtigen Sache um nur eine Stunde.
Sie können sich gar nicht vorstellen, von wie vielen
Ängsten diese verlorenen Stunden und Tage begleitet
sind; wie oft ich zu Bett ging, müde und unfähig, auch
nur ein Wort zu schreiben, meinen liebsten Gedanken
nachzuhängen. Ich kann es nicht oft genug wiederholen, dies ist ein Kampf, der dem im Krieg ebenbürtig ist,
es sind die gleichen Strapazen in anderer Form. Kein
wirkliches Wohlwollen, kein Beistand. Hier ergeht sich
alles nur in hohlen Beteuerungen. Ich habe mich sechs,
ja sogar 8 Jahre lang nicht unterkriegen lassen; und nun
überfällt mich die Mutlosigkeit, jetzt, da ich lediglich
noch ein Viertel meiner Schuld zu begleichen habe, das
letzte Viertel; ich weiß nicht mehr weiter. Mein Leben
stockt wegen viertausend Dukaten.

(...)

*

Ich empfange hier Ihren letzten Brief, in dem Sie mir von Madame Rosalie und von *Seraphita* sprechen. Was Ihre Tante angeht, so muß ich gestehen, daß ich nicht weiß, aufgrund welcher Gesetzmäßigkeit es dazu kommen kann, daß so hochgestellte Persönlichkeiten an so niedrige Verleumdungen glauben. Ich ein Spieler! Überlegt, berechnet, kombiniert denn Ihre Tante nur beim Whist? Ich, der ich hier 16 Stunden am Tag arbeite, soll dem Spiel frönen, das ganze Nächte verlangt? Das ist ebenso absurd wie verrückt. Ich bin mit 36 Jahren zum ersten Mal und aus purer Neugierde nach Frascati gefahren, wo ich Bernard[1] getroffen habe. Eines Abends hat Bernard mich in den »Kreis der Fremden« eingeführt, wo man mich zum Diner lud. Am Tag des Diners ging ich ein 3. Mal hin, und obwohl man mich danach noch mehrere Male eingeladen hat, bin ich nie mehr hingegangen. Beim letzten Mal habe ich Bernard gebeten, mich mit einer Summe von... an seinem Spiel zu beteiligen, was doch hinlänglich beweist, wie fern mir jede Spielleidenschaft liegt. Alles in allem habe ich in meinem ganzen Leben vielleicht dreißig Dukaten verloren. Soviel zum Spielen. Diesem Laster werde ich niemals verfallen; ich spiele eine viel kostbarere und schönere Partie. Möge Ihre Tante auf ihre Weise über Taten, von denen sie weder den Zusammenhang noch die Tragweite kennt, urteilen, das ist ihr gutes Recht, ich unterwerfe mich allen Urteilssprüchen. Das ist eines der Mißgeschicke, die wir ertragen müssen. Resignation ist eine Bedingung meiner Existenz.

Ihr Brief war traurig; ich habe gespürt, daß er unter dem Einfluß der Reden Ihrer Tante geschrieben wurde. Verstehen, heißt sich angleichen, hat Raphaël[2] gesagt, und wie Sie selbst behaupten, gibt man sich in unserer armseligen Zeit nicht die Mühe, einander zu verstehen, woraus folgt, daß Gleichklang selten ist. Was ich im Hinblick auf mich und meine Person erstrebe, ist der Gebrauch einer dem Menschen gegebenen Fähigkeit, *der Vernunft*. Ihre Tante macht aus mir einen Spieler und Wüstling; *sie hat Beweise*, sagen Sie mir. Es sind jetzt sieben oder acht Jahre, daß ich so arbeite, wie ich es Ihnen schildere, nämlich sechzehn Stunden am Tag. Wenn ich ein Spieler und Wüstling bin, dann muß sich der Mann, der 30 Bände in 7 Jahren verfaßt hat, wohl verborgen halten. Der eine und der andere können nicht in einer Haut stecken, und wenn dies doch der Fall wäre, hätte es Gott gefallen, ein außergewöhnliches Wesen zu erschaffen, das ich nicht bin.

Ich fing hier, wo ich seit fünf Tagen weile, wieder an, neues Leben und neuen Mut zu schöpfen; von allen Briefen, die für mich eintreffen könnten, so hatte ich bei meiner Abreise verfügt, solle man mir nur die aus Rußland nachschicken, und dann hat mich Ihr Brief mehr niedergeschmettert als alles, was Neid und Verleumdungen, mein Prozeß und meine Geschäfte an Boshaftigkeit über mir ausgegossen haben; meine Verletzbarkeit ist ein Beweis meiner Freundschaft; denn nur die Menschen, die wir lieben, können uns leiden machen. Ich bin Ihrer Tante nicht böse, aber es verstimmt mich, daß eine so vornehme Person, als die Sie sie mir schildern, anfällig ist für feige und absurde Verleumdungen. Aber Sie selbst haben ja in Genf, als ich Ihnen sagte, ich sei frei wie der Wind, auf das Gerede eines dieser Dummköpfe hin, deren Metier es ist, Geld zu verkaufen, geglaubt, ich sei verheiratet. Ich habe daraufhin nur gelacht. Jetzt lache ich nicht mehr, denn ich habe das entsetzliche Privileg, auf abscheuliche Art und Weise verleumdet worden zu sein. Noch ein paar Erörterungen wie diese hier, und ich ziehe mich in die tiefste Touraine zurück, indem ich mich von allem fernhalte, auf alles verzichte, mich zwinge, selbstsüchtig zu werden, weder nach Gefühlen noch nach Glück strebe, nur durch den Geist und für den Geist lebe.

Ihre Tante erscheint mir wie ein armseliger Christ, der in dem Augenblick in die Sixtinische Kapelle kommt, als Michelangelo eine nackte Figur malt, und fragt, warum die Päpste derartige Schändlichkeiten im Petersdom zuließen. Sie beurteilt ein Werk, das in der Literatur mindestens gleichwertig ist, ohne Distanz zu nehmen und ohne abzuwarten, wie es enden wird; sie beurteilt den Künstler, ohne ihn zu kennen, nur auf die törichten Reden von Dummköpfen hin. Das alles tut mir nicht meinetwegen weh, sondern ihretwegen, weil Sie sie lieben. Aber daß Sie sich von derartigen Irrtümern beeinflussen lassen, das ist es, was mir Kummer bereitet und mich äußerst beunruhigt, denn ich lebe nur durch meine freundschaftlichen Bande. Jetzt aber genug davon, denn sonst glauben Sie auch noch an einen zornigen Autor, eine Person, die es bei mir gar nicht gibt. Ich habe ihr verboten, jemals in Erscheinung zu treten.

Kommen wir zu dem, was Sie mir zu *Seraphita* sagen. Es ist seltsam, daß nicht gesehen wird, daß *Seraphita ganz Glaube* ist. Der Glaube ist bejahend, und damit ist für sie alles gesagt. Der Engel ist aus seiner Sphäre mitten in die Spitzfindigkeiten der Argumente herabgestiegen, er stellt Argument gegen Argument. Es ist seiner nicht würdig, den Zweifel zu unterdrücken. Was jedoch seine Erwiderung angeht, so hat noch kein geistlicher Schriftsteller jemals durchschlagender die Existenz *Gottes* bewiesen. Der aus der Unendlichkeit der Zahlen abgeleitete Beweis hat sogar die Gelehrten überrascht. Sie haben den Kopf eingezogen, denn das hieß, sie auf ihrem eigenen Terrain, mit ihren eigenen Waffen zu schlagen. Was die Orthodoxie des Buches anbelangt, ist Swedenborg[3] diametral entgegengesetzter Ansicht zu Rom, aber wer wagte es schon, sich zwischen dem Heiligen Johannes und dem Heiligen Petrus zu entscheiden. Die mystische Glaubensauffassung des Heiligen Johannes ist folgerichtig; sie wird die der höheren Wesen sein, die Auffassung Roms wird die der breiten Masse bleiben.

Wie Sie schon sagten, muß man den Sinn von *Seraphita* zu durchdringen versuchen, um über das Werk urteilen zu können; aber ich habe ja auch nie mit einem Erfolg gerechnet, nachdem *L[ouis] Lambert* so mißachtet wurde. Das sind Bücher, die ich für mich selbst und noch ein paar andere schreibe. Wenn es gilt, ein Buch für jedermann zu machen, weiß ich sehr wohl, welcher Einfälle es bedarf und wie man sie ausdrücken muß. Seraphita ist nicht mehr von dieser Welt; liebte, zweifelte, litte sie, wäre sie durch irgend etwas Irdisches zu beeinflussen, wäre sie kein Engel. (…) Seraphita ist wie eine Blume der Schöpfung, alles woran sie sich labte, trauert ihr nach. *Der Weg zu Gott*[4] beinhaltet eine Religion, die weit über der von Bossuet steht; es ist dies die Religion der Heiligen Therese, die Fénélons, Swedenborgs, Jacob Boehms (sie) und Monsieur Saint-Martins.

Aber ich sage es noch einmal. Ihr Glaube führt Sie genauso dorthin wie der meinige. Ich glaubte, ein schönes und großes Werk zu schaffen, aber vielleicht habe ich mich ja auch getäuscht. Es ist wie es ist, und so ist es nun dem Für und Wider dieser Welt ausgeliefert.

In diesem Augenblick, da ich Ihnen schreibe, haben Sie gewiß schon *Die Lilie im Tal* in Händen, eine andere *Seraphita*, dieses Mal orthodox; aber ich möchte Ihnen dazu nichts sagen. Die Literatur und ihre Begleiterscheinungen langweilen mich. Sobald ein Werk beendet ist, möchte ich es am liebsten vergessen, ich vergesse es und komme erst ein oder zwei Jahre später wieder darauf zurück, um seine Fehler zu bereinigen. Sie werden dieses Buch in seinem Fleisch und Blut und nicht in seinem Skelett lesen, ich wünsche mir, daß es Ihnen Freude macht.

Ich habe mich hier an die beiden Bände für Madame Béchet gemacht, wie ich Ihnen vermutlich vor meiner Abreise aus Paris bereits geschrieben habe; die Touraine hat mich wieder einigermaßen zu Kräften kommen lassen, aber in dem Moment, als ich gerade am meisten arbeitete, erreichte mich gleichzeitig mit Ihrem Brief der Brief eines Freundes, der einen ganzen Berg von Unannehmlichkeiten enthielt. Derlei Dinge verleiden mir die Lust am Leben. Zum Glück ist das Buch, das ich zu schreiben habe *(Verlorene Illusionen)*, so ziemlich in diesem Ton gehalten, und alles, was ich an bitterer Traurigkeit hineinlegen kann, wird wunderbar zum Ausdruck kommen. Es ist einer dieser *Romane*, der gut verstanden werden wird.

Ich sitze im Augenblick in diesem kleinen Zimmer in Saché, in dem ich schon so viel gearbeitet habe! Ich sehe die schönen Bäume wieder, die ich so oft betrachtet habe, während ich nach Einfällen suchte, und ich bin 1837 nicht sehr viel weiter als im Jahr 1829, ich habe Schulden und arbeite ohne Unterlaß. Noch immer habe ich dasselbe junge Leben in mir, noch immer ist mein Herz so kindlich, obgleich Sie mich fragen, wieviel *Gefühl* ein Mensch sein Leben lang verschlingen kann. Es scheint gar, als besäße ich wie ein Spieler eine engelsgleiche Natur, die sich vervielfachen kann. Meine vermeintlichen Erfolge sind eher wie Torheiten, so wie man sie mir unterstellt. Ich weiß nicht, welcher meiner Kritiker geschrieben hat, daß ich alle Personen, die meinen Figuren Pate standen, auf sehr innige Weise gekannt habe. Ich wollte wirklich niemals auf all diese Übertreibungen antworten. Berryer vertritt dieselbe Meinung, und ich werde es mir nie verzeihen, meine schweigsame Haltung aufgegeben zu haben und in diese Arena voller Schmutz hinabgestiegen zu sein, wie ich es in der Vorrede zu *Die Lilie im Tal* getan habe.

Ich sinniere hier seit einigen Tagen über den Umfang meines Werks und über das, was mir zu tun bleibt. Das ist ungeheuer viel. Wenn ich auf dieses riesige Fresko blicke, habe ich deshalb große Lust die *Chronique [de Paris]* aufzugeben, auf jede politische Ambition zu verzichten und einige Vereinbarungen zu treffen, die mir erlauben, mich in ein *Cottage* in der Touraine zurückzuziehen und dort friedlich und sorgenfrei dieses Werk zu vollenden, das mir helfen wird, mein Leben, wenn schon nicht glücklich, so doch zumindest ruhig zu verbringen. Denn um aus meinem Leben ein glückliches zu machen, bedarf es schon besonderer Umstände.

Wie, Anna war also krank? Umhegen Sie sie nicht zu sehr, ein Übermaß an Fürsorge, so sagte mir ein bedeutender Arzt, ist eine Seuche, die die Kinder der Wohlhabenden bedroht, man richtet es so ein, daß sich alles um sie dreht; aber Sie kennen dieses Kapitel ja nur zu gut. Was ich Ihnen sagen will, ist nicht eine dieser Banalitäten, mit denen man Mütter gemeinhin überhäuft; es ist vielmehr Ausdruck tiefster Überzeugung. Meine Schwester [Laure] vergötterte ihre kleine Tochter, die sie verloren hat, weil sie sie verzärtelte; ihre kleine Valentine ist im Gegensatz dazu sich selbst überlassen, und sie ist bestens geraten.

Mein Bruder bereitet uns noch immer viel Kummer,

meine Mutter verzehrt sich vor Schmerz. Aber mein Schwager ist ein wenig vorangekommen; beide Kammern haben für den Seitenkanal der Loire gestimmt und somit das Gesetz angenommen. Es müssen nur noch Gelder für die Durchführung aufgetrieben werden. Er hat dieser Tage auch den Auftrag für eine Brücke in Paris erhalten, was ein ausgezeichnetes Geschäft ist. So gibt es also auch für ihn einen Lichtstreif am Himmel. Aber er hat genau wie ich viel Beharrlichkeit und Mut gebraucht.

Beim nochmaligen Lesen Ihres Briefes, finde ich, daß Sie mich ein bißchen größer machen, als ich eigentlich bin und daß Sie mehr von mir verlangen, als ich geben kann. Der Wunsch, etwas Gutes zu leisten, hat mich zu Mitteln und Wegen greifen lassen, die neu erscheinen, aber der Einsatz der Verstandeskräfte zieht keine wirkliche Größe nach sich, man bleibt, menschlich gesehen, was man ist: ein armes, sehr beeinflußbares Wesen, das Gott geschaffen hat, damit es glücklich sei, und das die Umstände zur ermüdendsten Arbeit der Welt verurteilen. Ich muß Sie jetzt verlassen, um mein Buch zu vollenden; in fünf oder sechs Tagen, wenn ich diese zwei Bände los bin, mit denen die härteste der Verpflichtungen, die ich je einging, erfüllt sein wird, kann ich Ihnen ausführlicher und froheren Herzens schreiben, denn im Moment betrübt mich alles eher, statt mich zu erfreuen. Seele und Geist sind zu sehr von der Arbeit angespannt, ich bin nervös wie eine kleine Mätresse; aber vielleicht finde ich zu ein wenig mehr Frohsinn zurück, sobald ich mich um diese zwei Bände erleichtert habe. Die Touraine ist in diesen Tagen sehr schön. Es herrscht eine außergewöhnliche Wärme, die die Rebstöcke erblühen läßt. Ach, mein Gott, wann werde ich ein kleines Stück Land, ein kleines Schloß, einen kleinen Park, eine schöne Bibliothek haben und dort sorglos leben und die Liebe meines Lebens beherbergen können; je älter ich werde, um so mehr nehmen diese verführerischen Wünsche Züge von Träumen an; und dennoch, darauf zu verzichten, wäre für mich der Tod. Seit zehn Jahren lebe ich nur von der Hoffnung.

Leben Sie also wohl; tausend freundliche Grüße an Monsieur de Hanski. Ich drücke Anna einen Kuß voller guter Wünsche auf die Stirn; ich überlasse es Ihnen, allen meine Empfehlung zu übermitteln, und bitte Sie hiermit, diese schönen Blumen der Seele zu empfangen, diese liebkosenden Gedanken, die Sie auslösen und die Ihnen gehören, traurig oder nicht, denn durch diese auf ewig geschlossenen himmlischen Freundschaften können einige Wolken hindurch ziehen, die Atmosphäre kann mehr oder weniger erhitzt sein, aber darüber ist der Himmel immer blau. Wenn Sie traurig sind, müssen Sie nur ein wenig höher steigen.

Ich habe in diesen Tagen, in denen ich keine Briefe erhielt, viel an Sie gedacht, und ich bin mir sicher, daß sich Ihnen meine Erwartung mitgeteilt hat; nun bereue ich es, Grobheiten einer Person gegenüber begangen zu haben, die Sie lieben und die Sie liebt, selbst wenn ich sie auf ihrem Porträt als sehr kalt empfunden habe.

Noch ein Lebewohl. Lassen Sie es sich gut ergehen, achten Sie auf Ihre Gesundheit, damit ich Sie nicht krank vorfinde, wenn ich in Wierzchownia eintreffe; denn sollten sich meine Geschäfte zum Guten wenden, werden Sie mich vielleicht im September oder Oktober sehen.

Nun denn, tausend und noch abertausend liebenswürdige Grüße. Ich vertraue alles, was ich gedacht, diesem Stückchen Papier an, das unglücklicherweise sehr verschwiegen sein wird; Sie werden mir etwas zur *Lilie*

sagen und ein wenig mehr über sich, als Sie es diesmal
getan haben.

1 Gemeint Bernard Potocki.
2 In *Das Chagrinleder*. Originellerweise weist Balzac auf diesen Roman hin, obwohl er darin sehr genau eine Spielhölle beschreibt.
3 Emanuel von Swedenborg (1688-1772) stellte 1747 seine naturwis-
senschaftlichen Untersuchungen ein, um von da an den Sinn der Bi-
bel zu ergründen. Aus visionären Erlebnissen entstand schließlich
eine umfassende dreistufige Deutung des Universums.
4 Titel von Kapitel VI aus *Seraphita*.

*

[Chaillot, Samstag,] 22. Oktober [1836]

Ich hatte den Brief, den ich soeben von Ihnen empfange, bitter nötig, um den Kummer zu tilgen, den mir
Ihr letzter gemacht hat, denn heute kann ich es Ihnen
ja sagen, er hat mir durch die darin zum Ausdruck ge-
brachte Unbeständigkeit sehr viel Schmerz bereitet,
und vielleicht wird er meine Antwort beeinflußt haben,
obgleich ich nur schwerlich zu erschüttern bin. Wenn
jedoch eine so hingebungsvolle, von aller Unbill freie
Zuneigung wie die von Madame de B[crny] ein Ende genommen hat, und wenn um uns herum nur wenig
bleibt, und wenn mitten im schrecklichsten Unglück
der Ast, an den man seine Hoffnungen geknüpft hatte,
auch noch bricht, ist im Himmel alles ziemlich düster,
und der Aufprall auf die Erde ist heftig. Dann kam dieser
Brief voller Zweifel und Vorwürfe, die in Ihre hübschen
Sätze verpackt waren, während ich in einer Mansarde
saß, die ich nicht eher verlasse, bis ich keine Schulden
mehr habe; und ist es nicht auf grausame Weise komisch, sagen zu hören, man suche Zerstreuung, wenn
man gerade bei seiner 40 sten durchwachten Nacht ist,
und die Ärzte es sich nicht erklären können, wie ich
meine Arbeit durchstehe. Diese Ärzte sehen mein mön-

chisches Leben nicht, sie wollen einfach nicht daran glauben. Sie sind wie Sie.

Ein schreckliches Unglück hat meinem Elend die Krone aufgesetzt. Werdet, der noch nie einen Sou besaß, steht vor dem Bankrott und zieht mich mit in den Abgrund, denn um ihm beizustehen, habe ich mich dazu hinreißen lassen, Wechsel zu unterschreiben, deren Gegenwert ich nie erhalten habe, sowie Wertpapiere über eine Summe von 13 000 Francs, für die ich geradestehen muß. Ich habe bereits meine Vorkehrungen getroffen, um diesen Sturm zu überdauern. Morgen schaffe ich alles aus der Rue Cassini fort und ziehe für immer weg. Meine Wohnung hier läuft auf den Namen eines Dritten, das habe ich getan, um der Nationalgarde zu entkommen; auf diese Weise kann ich mein Mobiliar vor jeder Nachstellung schützen, denn ich bin mit fünftausend Dukaten konfrontiert, die ich auf der Stelle zahlen muß, und ich kann weder auf einen eigenen Kredit noch auf den meines Verlegers zurückgreifen.

Unter diesen Umständen, die aus dem Monat Oktober eine wahre Beresina machen, habe ich nicht übel Lust, Sie um zwei Jahre Asyl und Brot zu ersuchen, in denen ich die hunderttausend Francs erarbeiten will, die ich benötige, aber mein Leben wäre durch diese Flucht, zu der mir übrigens meine taktvollsten und gesetzestreuesten Freunde rieten, zu sehr besudelt. Ich habe jedoch mehr Größe gezeigt als mein Unglück.

Binnen 14 Tagen habe ich 50 Spalten an die *Chronique* verkauft, für tausend Francs; hundertzwanzig Spalten an *La Presse* für achthundert Francs, zwanzig Spalten an die *Revue musicale* für tausend Francs; einen Beitrag für das *Konversationslexikon* für tausend Francs, das macht elftausend Francs in 14 Tagen, ich habe 30 Nächte lang ohne Schlaf durchgearbeitet. (…)

Und da ich mich nicht mehr auf diese morsche Planke Werdet stützen muß, werde ich einen Vertrag für die letzten vierzehn Bände der *Études de mœurs* mit einem reichen und soliden Verlagshaus abschließen, und zwar für die Bände 12 bis 26, die gut 56 tausend Francs an Autorenrechten einbringen müßten, von denen ich sofort 30 000 haben will. Wenn dies gelingt, erhalte ich durch diese letzten beiden Geschäfte, die ich mit Fleiß betreiben will, 63 tausend Francs, die mich aus allem retten werden. Ich habe dann nicht nur keine Schulden mehr, sondern auch etwas Geld. Aber ich muß ein halbes Jahr lang Tag und Nacht arbeiten und anschließend zwei Jahre lang mindestens 10 Stunden täglich. Rossini sagte gestern zu mir: *Wenn ich das täte, wäre ich nach zwei Wochen tot und bräuchte zwei weitere, um mich wieder zu erholen.*

- Ich wiederum, entgegnete ich ihm, habe lediglich die Aussicht, mich im Sarg auszuruhen, aber die Arbeit ist ein schönes Leichentuch.

Sie verstehen vielleicht, wie schrecklich es ist, wenn mitten in diesen tausend Laufereien, diesen Sturzfluten von Druckfahnen, diesen zu schreibenden Manuskripten, wenn man mitten in diesem erbitterten Kampf Steine vom Himmel erhält statt Sonnenstrahlen. Doch Sie werden mein Leben niemals verstehen; Sie müßten daran teilhaben. Nicht nur, daß ich weder ein Vergnügen noch einen Moment Zeit habe, auch konnte ich seit meiner Rückkehr weder ein Bad nehmen noch ins [Théâtre des] Italiens gehen, zwei Dinge (das Bad und die Musik), die mir wichtiger sind als das tägliche Brot. Alles in mir verkommt zugunsten des Gehirns. Das läßt mich erschaudern.

Dreimal in meinem Leben habe ich, der Schwächling, Anteil am Schicksal Unglücklicher nehmen wollen, sie

Laure de Berny von van Gorp

Madame de Castries von Jean Guérin

Evelina Hanska. Miniatur von Moritz Michael Daffinger, 1835

Honoré de Balzac von Louis Boulanger, 1837

Zulma Carraud von Edouard Vienot, 1827

Rue Cassini

auf die Kruppe meines Pferdes oder in mein Boot holen wollen, alle drei, sowohl der Drucker[1] als auch Jules Sandeau und Werdet haben das Ruder zerbrochen, das Boot untergehen lassen und mich ganz nackt ins Wasser geworfen. Das ist vorbei. Ich nehme keinen Anteil mehr an den Schwachen, ich habe zu viele Verpflichtungen, die mir befehlen, der kalten Logik der Geldschränke zu folgen, ich schließe mich ein in meine Arbeit und in meine Mansarde. Ich werde immer einsamer.

Sehen Sie nur, wie die ganze Gesellschaft sich darin einig ist, die Überlegenen zu isolieren, wie sie sie in die obersten Stockwerke verjagt.[2] Man erwartet von uns ausschließlich gütige und mitleidige Gefühle, wir sollen die Schwachen nicht richten, aus einer Mücke keinen Elefanten und aus einem Elefanten keine Mücke machen, doch sie verwirren uns durch ihre phantastischen Forderungen, sie versetzen uns Nadelstiche aus reiner Torheit, sie verlangen, daß man an sie glaubt, aber sie glauben nicht an uns. (...) Der Schutz, den wir den Schwachen gewähren, läßt uns nur um so rascher in die unentwirrbaren Schwierigkeiten des materiellen Lebens stürzen; gedankenlos übernehmen die Leute die Verleumdungen, die von unseren Neidern andauernd wiederholt und von unseren Feinden in die Welt gesetzt werden. Niemand kommt uns zu Hilfe. Die breite Masse versteht uns nicht, die höhergestellten Personen haben nicht die Zeit, uns zu lesen und uns zu verteidigen. Der Ruhm leuchtet nur über Gräbern, die Nachwelt verschafft uns kein Einkommen, und ich bin versucht, dasselbe zu tun wie dieser *Country gentleman*, der in den Debatten immer von der Nachwelt sprechen hörte und schließlich die Tribüne erklomm und schrie: - Ich höre immer, wie von der Nachwelt die

Rede ist; ich wüßte gern, was diese Macht bislang für England getan hat.

So sehen Sie also, *cara*, daß, - es sei denn, es geschähe ein Wunder, - die armen Schriftsteller zum Unglück in all seinen Formen verurteilt sind; deshalb flehe ich Sie an, verschonen Sie mich nicht mit Ihrer Trübsal, Ihren Gedanken, allem, was Sie bewegt; aber seien Sie dabei stets nachsichtig und gütig mit mir; denken Sie immer daran, daß alles, was ich tue, einen Grund und ein Ziel hat, daß meine Taten *notwendig* sind! Es liegt für zwei Seelen, die ein wenig oberhalb der anderen sind, etwas Beschämendes darin, wenn ich Ihnen zum zehnten Mal wiederholen muß, Sie sollten nicht an Verleumdung glauben. Als Sie mir, es ist drei Briefe her, unterstellten, daß ich spiele, war das so wahr wie meine Hochzeit in Genua. *Cara,* das Leben, das ich führe, duldet es nicht, daß die süßen Dinge der Freundschaft beständig nach Erklärungen verlangen; so kann das Seelenleben nicht aussehen.

Sie fragen mich immerzu, wer Bernard[3] ist. Ich habe es Ihnen bereits geschrieben, haben Sie diesen Brief etwa nicht erhalten; er ist ein Edelmann aus Besançon, der mich auf der Durchreise nach Neuchâtel wie eine Berühmtheit empfangen hat und den ich für talentiert halte. Nachdem ich die *Chronique* übernommen hatte, habe ich ihn gleich rufen lassen, ihn beraten und mit väterlicher Zuneigung angeleitet, wobei ich feststellte, daß er ein Mann ist, der sofort losgaloppiert, wenn man ihm ein Pferd gibt; und so war es dann auch. Ein von mir gemachtes Journal durfte nur mit hervorragenden Köpfen arbeiten. Planche, Bernard und Théophile Gautier hatte ich ausersehen. Ich hätte noch andere ausfindig machen können. Aber dazu ist schon alles gesagt.

Ein polnischer Oberst, der über Warschau nach Petersburg zurückgekehrt ist, ein gewisser Monsieur Frankoski, wird Ihnen das Medaillon überbringen, das an meiner Uhrkette hing, die, wie Sie wissen, so fein war, daß die kleinen Kettenglieder alle Augenblicke brachen. Ich habe Ihnen ja bereits gesagt, daß es an einen Ring gehört, so werden Sie es beim Herumspielen nicht beschädigen. [Der Juwelier] Lecointe hat sich Mühe gegeben; Sie haben mir doch in Wien die Erlaubnis erteilt, mich Ihnen durch derlei Tand in Erinnerung zu bringen. Lassen Sie es also zu, daß Ihnen Paris hie und da einige Blüten seiner Handwerkskunst übersendet. Ach, *cara*, hätte ich nicht während so vieler Nächte den Gedanken gehabt, daß eine dieser schaffensreichen Nächte dazu dient, Ihnen ein kleines Etwas zu schicken, dessen Gold Stäubchen für Stäubchen gewonnen wurde, um Ihnen meine Dankbarkeit zu bezeugen, dann wäre mir mein Los gar zu schwer.

Monsieur Frankowski war bereit, sich meiner Manuskripte anzunehmen und hätte sie Ihnen gewiß mit polnischer Zuverlässigkeit ausgehändigt, aber er befürchtete Schwierigkeiten mit dem Zoll. Sie haben hier also eine richtige Bibliothek. Sie wären stolz, wenn Sie wüßten, welchen Wert die Richter dieser riesigen Sammlung von Manuskripten und Korrekturbogen beimißt, die ihm zu zeigen, ich anläßlich meines Prozesses mit der *Revue* gezwungen war. Die große Begeisterung für diese Dinge erreicht einen geradezu komischen Grad. Monsieur de Montholon wollte hundert Francs bezahlen für *eine dieser Druckvorlagen,* die Sie mich in Genf korrigieren sahen. Aber von einem Drucker, der Madame de Hanska auch nur einen dieser Korrekturbogen wegnähme, würde ich mich sofort trennen. Nun, *addio.* Leben Sie wohl. Ach ja, hätte ich Geld, führe ich in einigen Tagen, wenn ich einen Monat Erholung nötig habe, für acht Tage in Ihr Wierzchownia; aber es ist nichts dergleichen möglich in diesem Elend, in diesem Elend, das alle Welt mir neidet!

1 André Barbier; mit ihm betrieb Balzac ab 1826 für einige Jahre eine eigene Druckerei.

2 Balzac wohnt 1836 teilweise in der Mansarde von Jules Sandeau.

3 Mit Charles de Bernard, einem Romanschriftsteller, stand Balzac in Korrespondenz, seit dieser eine überschwengliche Kritik über das Chagrinleder veröffentlicht hatte

*

Paris, [Donnerstag,] 1. Dezember [1836]

Ich komme eben aus der Touraine, von wo ich Ihnen [am 23. September] einen rein geschäftlichen Brief geschrieben habe. Sie sollen wissen, daß, wenn dieser Brief auf dem Weg ist, Sie sich keine Sorgen mehr um die finanziellen Belange Ihres Mönches von Chaillot machen müssen. Ich knie demütig nieder zu Ihren Füßen und bitte für all meine zuvor vergossenen Tränen um vollständige Vergebung.

Sie haben mich zum Lächeln gebracht, als Sie mir in Ihrem gütigen Brief (Nr. 20) vorwarfen, Ihre Zeilen nicht aufmerksam zu lesen! Läse ich derart aufmerksam die Heilige Schrift, müßte man mich an die Seite des Heiligen Hieronymus stellen, und läse ich auf diese Weise meine Werke, wären sie ohne Fehler. Sie werfen mir vor, ich ginge in keiner Weise auf bestimmte Dinge ein; was dies betrifft, kann ich nur weiter schweigen. Aber vor allem anderen nun zu den Geschäften. 1. Der arme Boulanger[1] ist ein stolzer, aber armer Künstler von edlem und gutem Charakter; sobald ich Geld hatte, brachte ich ihm 500 Francs, indem ich vorgab, ich hätte sie anderweitig aufgetrieben, denn von mir hätte er sie vielleicht gar nicht angenommen. Jetzt, wo das nur noch mich angeht, hat nichts Eile, und um die Sache zum Abschluß zu bringen, muß er mir lediglich durch die Herren Rostchild (sie) einen Schuldschein zu meinen Gunsten über diese Summe anweisen lassen. Nun, da Sie mir die Anschrift des Hauses geschickt haben, steht alles zum Besten. Sie erhaltenen das Gemälde nach unserer Ausstellung, die im Februar beginnt. Ich habe nicht den Mut, bloß die Kopie ausstellen zu lassen. Der arme Boulanger würde vor Kummer sterben. Er sieht darin seine ganze Zukunft. Seit ich Ihnen zuletzt geschrieben habe, sind viele ernstzunehmende Leute gekommen, und alle haben dieses Werk über manch anderes gestellt. Der Graveur, der den Stich machen soll, ist nur mittelmäßig. Planche hat Boulanger aufgesucht, um ihm zu raten, er solle die 1 000 Francs, die man ihm angeboten hat, ausschlagen und die Wirkung abwarten, die das Porträt im Salon haben wird, und er riet ihm gleichzeitig, dann mit den besten Graveuren zu verhandeln und einen besseren Preis zu erzielen. Das Bild hat etwas von Tizian und Rubens. Das Original wird im Haus meiner Mutter durch eine Kopie ersetzt, sie wird das nicht stören und sie wird, unter uns gesagt, auch keinen Wert auf das Original legen. Sie erhalten also das Werk, in das Boulanger all sein Können gelegt hat und für das ich 30 Tage Modell gestanden habe.

Was für ein Pech, daß ich Ihnen nicht den schönen Rahmen schicken kann, den ich aus der Touraine mitbrachte und den ich neu vergolden lasse! Ich habe ihn für 20 Francs erstanden, dabei hatte man dem Holzbildhauer, der ihn gefertigt hat, vor 50 Jahren über 200 Francs dafür geboten.

Seit ich Ihnen zuletzt geschrieben habe, war ich ziemlich krank. All diese Sorgen, die Streitereien, die Arbeiten und die Erschöpfung haben dazu geführt, daß in Saché meine Nerven und mein Blut revoltierten, und einen Tag lang schwebte ich zwischen Leben und Tod. Ausgiebiger Schlaf und die Wälder von Saché haben mich in drei Tagen wiederhergestellt.

In Ihrem Brief steckt ein Vorwurf, der zwischen uns schwer wiegt und sich auf einen bestimmten Abend in der Oper bezieht. Sie kennen mich wirklich sehr wenig, wenn Sie sich nach dem Unglück, das mich ereilte, nicht vorstellen können, daß meine Trauer ewig währt, daß sie mich auch bei meinen Freuden verfolgt, bei meiner Arbeit, überall. Oh, Gnade, nur Sie allein auf der Welt dürfen an dieser Wunde meines Herzens rühren, aber rühren Sie niemals zu heftig daran. Meine Empfindungen auf diesem Gebiet sind unwandelbar, sie sind in einem Winkel meines Herzens und meiner Seele, wo nichts anderes hingelangt. Es ist nur Platz für zwei Gefühle dieser Art, und das erste muß erst vorbei sein, damit das zweite seine ganze Kraft entfalten kann und ewig währt. Wozu nützte meine ganze Kraft, wenn nicht dazu, in mir selbst ein reines und glühendes Allerheiligstes zu schaffen, an das nichts von den äußeren Aufregungen heranreicht. Das Bild, das hoch oben auf diesem reinen unerreichbaren Felsen plaziert ist, wird niemals von dort herabsteigen, und wenn es aus freien Stücken herabstiege, so könnte es doch nie verhindern, daß sein Platz auf ewig bezeichnet wäre.

Unter diesem Gesichtspunkt ist es egal, ob ich *Wilhelm Tell* höre oder an meinem heimischen Kamin vor mich hin weine, alles ist unverrückbar in diesem Mittelpunkt, zu dem nur so wenig Worte vordringen. Aber, meine Liebe, Sie sollten wissen, daß ich keinesfalls der Welt zugewandt bin, daß ich es so wenig bin, daß der geringste meiner Vorstöße eine Bedeutung annimmt, die mich erschreckt. Ich sage es noch einmal, bedienen Sie sich Ihres analytischen Verstandes und fragen Sie sich, indem Sie die Daten meiner Werke auf ein Stück Papier schreiben, in welcher Zeit ich sie gemacht hätte, wenn ich mir auch nur ein Vergnügen, einen Abend in Gesellschaft, eine Zerstreuung gestattet hätte. Seit der Winter angebrochen ist, und das ist seit zwei Monaten, war ich zweimal im [Théâtre des] Italiens, und beide Male mit Madame Delannoy und ihrer Tochter, da Madame V[isconti] verreist war.

Jetzt, da ich es erreicht habe, keine finanziellen Sorgen mehr zu haben, tauschte ich sie gegen ein fortwährendes Schaffen. Die 10 Tage im Monat, die mich dieser materielle Kampf bislang kostete, werden nun zum Arbeiten verwendet. Und um die Früchte dieser Regelung zu ernten, darf ich 18 Monate lang meine Dachkammer nicht verlassen, die Sie ja für die Gesundheit so förderlich halten. Sie ist es mitnichten. Die Dachluke ist zu weit oben; ich habe überhaupt keine Aussicht. Sobald ich kann, ziehe ich zum Arbeiten wieder in den zweiten Stock, wo es weniger stickig und die Luft besser ist. Jeder andere wäre angesichts meiner *Schreibverpflichtungen* entmutigt. Von heute an gerechnet in drei Monaten muß ich folgendes abgeben: *La Haute Banque* und *La Femme supérieure*[2] an *La Presse*, *César Birotteau* und *Les Artistes* an den *Figaro*; diesen Monat noch die *Verlorenen Illusionen* und das 3. Zehent veröffentlichen. Und ich muß bis April *Die Memoiren einer jungen Frau* vorbereitet haben, ohne mitzurechnen, was ich an der 3. und 4. Lieferung der *Philosophischen Studien* zu tun habe. Glauben Sie mir, ein Mann, der derart große Leistungen vollbringt, steigt nicht in die Niederungen der gewöhnlichen Amüsements hinab. Seit 4 Jahren habe ich meine *Feder nicht*

einmal in die Tinte getunkt, ohne Ihren Namen zu sehen, denn der Zufall ließ mich eine Ihrer Visitenkarten
behalten, und ich habe sie an meinem Tintenfaß po-
stiert. Sie werden es vielleicht nicht glauben, daß ich
seit dieser Zeit nie des kindlichen Vergnügens überdrüssig geworden bin, Ihren Namen mit all meinen Gedanken vermählt zu sehen. Ich weiß jetzt, daß ich sie
dort aufgestellt hatte, um Ihren Namen und Ihre Adresse korrekt zu schreiben. Und Sie werfen mir vor, ich
läse Ihre Briefe nicht richtig! Sie verstehen hoffentlich,
daß ich die reine Freundschaft, die Ihnen entgegenzubringen, Sie mir erlauben, zu sehr schätze, als daß ich
Sie mit Dingen behelligen wollte, die ich verachte,
denn erstens hätte es den Anschein, als wäre ich einge-
bildet, und Sie wissen, daß man mich nicht der Überheblichkeit bezichtigen kann!

Ganz im Ernst, ich bin im Geiste viel in Wierzchownia, ich nehme Anteil an allem, was Sie mir darüber berichten; Ihre Besuche bei den Nachbarn, Ihre Geschäfte, Ihre Vergnügungen, Ihr Park, der sich links
und rechts erstreckt, all dies beschäftigt mich. Lesen Sie
das, wie ich es schreibe, mit kindlichem Gemüt, es sind
meine Angelegenheiten, wie vielleicht Sie und Monsieur de H[anski] die meinen zu den Ihrigen machen,
indem Sie des Abends meinen Kummer beklagen, der
nun ein Ende hat. Wenn Sie traurig sind, werde auch
ich traurig; wenn Ihr Brief fröhlich klingt, bin ich fröhlich. Die Einsamkeit erzeugt diesen lebhaften Austausch von Gefühlen. Die Seele hat die Fähigkeit, genau
so zu leben, wie es ihr gefällt. Gewiß, nur der Wunsch,
wenigstens im Bild bei Ihnen zu sein, hat mich den Verlust der 30 Tage, die Boulanger verlangte, verschmer-
zen lassen. Sie allein kennen das Geheimnis meiner
Geschäfte, wie das Geheimnis, was mir Madame de

B[erny] bedeutet hat. Sie allein kennen meine Trauer über einen Verlust, der niemals wiedergutgemacht werden kann, denn der Himmel ist hierbei ungnädig, ist zu hoch oben, wie Sie in Polen sagen, und Sie sind zu weit weg. Aber hüten Sie mir ganz und gar und ohne alle Abstriche diese Zuneigung, die mich in traurigen Stunden weniger traurig sein läßt und fröhlicher in den frohen Stunden. Bedenken Sie, daß ich nur ein Leben in Arbeit kenne, daß ich nicht in das Geheimnis des Aufsehens, das ich errege, eingeweiht bin, daß die Aufregungen des Ruhms mich nicht erreichen, daß ich in einem verborgenen Nest von ein wenig Hoffnung und Sonne lebe.

Die Originalhandschrift von Mademoiselle Mars wurde mir nun übersandt. Es handelte sich um ihre Rolle in *[La Grande] Mademoiselle*. So einfach löst sich das Mysterium.

Sobald ich eine von George Sand habe, schicke ich sie Ihnen, aber ich hätte auch gerne eine von Aurore Dudevant, so daß Sie dieses Wesen in seinen beiden Erscheinungsformen besäßen.

Sagen Sie mir weiterhin, ich bitte Sie, alles, was Sie von mir denken, ohne Rücksicht auf meinen Kummer. Sie haben ja recht; alles Leiden ist besser als Verstellung. Aber ernsthaft gesprochen, ich finde, daß Sie doch zu sehr auf Ihre erste Regung hören, Sie sind, verzeihen Sie mir, ungestüm und aufbrausend, und in Ihrem ersten Zorn sind Sie dazu imstande, die Dinge zu zerbrechen, ohne zu wissen, wie sie wieder zu kitten sind. (…) Lassen Sie sich also niemals vom Geschwätz der Verleumdung vereinnahmen, und hätte man mir gesagt, - wie es Ihnen geschehen ist, - daß Sie Alex[andre] Dumas geehelicht hätten, glauben Sie nicht auch, daß ich dann herzlich gelacht hätte, obwohl ich darüber betrübt gewesen wäre, ein so schönes und nobles Leben zum Gegenstand von Klatsch werden zu sehen. Jawohl, im Ernst, es würde mich immer betrüben, die Verleumdung über eine schöne Frauenstirn ziehen zu sehen, selbst wenn sie dort keine Spuren hinterließe. Ich bin darin genau derselben Meinung wie Monsieur de Hanski. Wir können uns wehren, wir sind über die Torheiten der Presse und die üble Nachrede der Gesellschaft erhaben; aber Sie! Sie, die Sie ruhig und einsam in der Umfriedung eines Hauses leben, ohne unser Forum und unser Schwert, es schmerzt mich wirklich, wenn ich weiß, daß selbst eine mir gleichgültige Frau Gegenstand auch nur einer lächerlichen Verleumdung ist. Sie können es doch beurteilen, daß ich in meinen Ansichten gereift bin und nicht so engstirnig urteile, wie es für gewöhnlich Schriftsteller und Künstler über ihre Kollegen tun. Ich lebe weit ab von all diesen Dingen. Nun ja, Dumas ist ein verdorbener Mensch, ein Seiltänzer, und, schlimmer als all dies, ein Mann ohne Talent. Man hat mir erneut das Kreuz der Ehrenlegion[3] angeboten; ich habe erneut abgelehnt.

Ich habe mir Hoffnungen gemacht, daß die Post den Brief, in dem ich Ihnen das Ende meiner Geldsorgen, die Ihnen soviel Kummer bereitet haben, anzeige, schneller zustellen würde als die anderen; habe ich Ihnen damit nicht meine Freundschaft bezeugt, als ich Ihnen mitteilte, was ich der ganzen Welt verheimlichte. Jetzt bleibt mir nur noch, Ihnen von meiner Arbeit zu berichten.

Wenn ich Sie sehe, schildere ich Ihnen ausführlich diese Tage tiefsten Elends, diese Kämpfe, von denen Sie lediglich die groben Züge kennen, denn ich habe Ihnen ja nur kurz Bericht erstattet. Wenn meine Briefe zuweilen verworren sind, so liegt es daran, daß mir die Zeit fehlt, ich lege sie beiseite und nehme sie wieder auf, je nachdem, wie es meine umfangreichen Tätigkeiten zulassen. Ich habe immerfort so Schwieriges zu tun!

Ich flehe Sie an, lesen Sie *den Brief,* als schrieben wir gerade den Tag, an dem er verfaßt wurde und seien Sie versichert, daß nichts Vorrang haben wird vor derjenigen, an die er gerichtet ist. Es hat mich betrübt, als Sie wegen der Freude, die im Kern dieses Werks steckt, von verlorenen Hoffnungen sprachen! Aber wir werden all dies klären; wenn ich um die Monate Mai oder Juni herum meine Aufgaben erfüllt habe, nehme ich in Richtung Ihrer großen Ebene Reißaus, und Sie sehen Ihren Muschik leibhaftig und nicht nur als Gemälde wieder. Sie werden ihn glorreich wiedersehen, denn ich werde *César Birotteau, La Torpille*[4], das 3. Zehent, *Verlorene Illusionen, La Haute Banque, La Femme supérieure* und die *Mémoires d'une jeune mariée* veröffentlicht haben, die sich als große und schöne Gemälde in meine Galerie einreihen.

Welch Aufschrei erklang anläßlich der *Alten Jungfer*! Und wenn Sie dies hier lachend lesen, werden Sie sich fragen, was für seltsame Sitten die Zeitungsschreiber in Frankreich haben, die niederträchtigsten Wesen, die ich kenne.

Ich kann Ihnen kaum irgendwelche besonderen Neuigkeiten aus meinem Leben berichten, denn mein Leben, das sind 18 Stunden Arbeit in der Mansarde, *in der ein Bett steht*; ich gehe nie aus und habe nur 6 Stunden Schlaf. Meine Gesundheit wird bald der Pflege bedürfen, denn sie beginnt sich durch die Arbeit und die Sorgen, denen ich ausgesetzt war, beträchtlich zu verschlechtern, und was ich sage, beruht auf schwerwiegenden Tatsachen. Man muß sich der Medizin demütig unterwerfen, denn ohne sie wäre ich auf der Stelle dem Untergang geweiht.

Ohne Schriftstellerdünkel sage ich Ihnen, lesen Sie noch einmal *Die Lilie*; das Werk gewinnt bei der neuerlichen Lektüre; aber ich gebe mich keinen Illusionen bezüglich der Fehler hin, die es noch enthält und die noch ausgemerzt werden müssen, obwohl der Engel, der nicht mehr unter uns ist, es für makellos erklärt hat. Man darf nicht vergessen, meine Liebe, daß ich alles beschreiben muß und daß jedes Thema unterschiedliche Farben erfordert. Man kann Mademoiselle Cormon, den Ritter von Valois, Suzanne und du Bousquier nicht im Stil von Madame de Mortsauf schildern; schon gar nicht angesichts einer Meute von Neidern, die meint, man altere, wenn man keine feinen Unterschiede macht.

Sie senden mir Segenswünsche, tun Sie nichts anderes für mich, als zu Gott zu beten, daß er meine Schaffenskraft und meine Kraft zur Entsagung erhalte. Einsamkeit mit einer Hoffnung, das ist mein Leben, es ist wie das der Stammväter in der Wüste. Die Arbeit ist wie eine Krücke, an der ich gehe, unbekümmert von allem, was sich außerhalb des Denkens im Allerheiligsten befindet. *Una fides.* Davon abgesehen gibt es nur Zerstreuungen, an denen das Herz keinen Anteil nimmt, ich höre das pochende Herz, voller Bitterkeit, dem trotz alledem eine heilige Hoffnung innewohnt. Sie kennen sie nicht vollständig, diese unergründliche Domäne, sonst würden Sie mir nicht zürnen.

In *Verlorene Illusionen* gibt es ein junges Mädchen namens *Ève*, das in meinen Augen das entzückendste Geschöpf ist, das ich jemals geschaffen habe. Also, dann leben Sie wohl. Ich habe den Druckfahnen, den Geschäften, der Arbeit einen halben Tag gestohlen; aber indem ich Ihnen schrieb, habe ich Sie wiedergesehen, und wenn ich an diese Unterbrechung meines Kummers denke, so scheint es mir, daß alles um mich herum aus Gold ist und daß ich nichts tun muß.

Ich erzähle Ihnen ein andermal von dem Besuch, den ich vor 6 Tagen Madame de Dino und Monsieur de Talleyrand in Rochecotte in der Touraine abgestattet habe. Monsieur de Talleyrand ist ganz außergewöhnlich. Er hat zwei oder drei wunderbare Gedankengänge entwickelt. Er hat mich dringlich eingeladen, ihn in Valencay[5] zu besuchen, und falls er dann noch lebt, tue ich das auf alle Fälle. Ich muß noch Wellington und Pozzo di Borgo aufsuchen, daß sich meine Antiquitätensammlung vervollständige. Der Hund von Anna steht noch immer auf meinem Schreibtisch, damit will ich sagen, daß ihr Pferd sich ihr in Erinnerung bringen möchte. Tausend Liebenswürdigkeiten an alle Bewohner Ihres Königreichs. Gehen Ihre Geschäfte voran? Kann Monsieur de H[anski] sich freier machen? Sind seine Unternehmungen von Erfolg gekrönt? Sie enthalten mir vieles über Ihre Angelegenheiten als Grundbesitzer vor.

Wenn Sie daran denken, zeichnen Sie mir doch einige der Wege auf, die zu Ihnen führen, ich habe meine Gründe, verschiedene Routen kennenzulernen, auf denen man zu Ihnen gelangt. Also, noch einmal ein Lebewohl und tausend zärtliche Wünsche für alles, was zu Ihnen gehört. Mir wird angst und bang, wenn Sie Pfade einschlagen, auf denen es Wölfe und jüdische Kutscher gibt.

Diese Woche stehe ich für Boulanger zum letzten Mal Modell. Sobald ich *Verlorene Illusionen* beendet habe, schreibe ich Ihnen, bis dahin bin ich Tag und Nacht eingespannt.

Ich sende Ihnen eine äußerst seltene Originalhandschrift, denn Gérard schreibt nie.

1 Boulanger malt in mehreren Sitzungen ein Porträt Balzacs.

2 Der spätere Titel für die *Menschliche Komödie* lautet *Les Employés (Die Beamten)*.

3 Balzac wird schließlich am 27. April 1845 zum Ritter der Ehrenlegion geschlagen.

4 Endgültiger Titel in der *Komödie* lautet *Glanz und Elend der Kurtisanen*.

5 In ihren Erinnerungen fällt die Herzogin de Dino folgendes Urteil über Balzac: »Er hat mir nicht gefallen. Er ist vulgär vom Äußeren und in seiner Redeweise, und ich glaube auch in seinen Gefühlen... Er hat uns die ganze Zeit, besonders Monsieur de Talleyrand, auf das genaueste beobachtet.«

1837

In diesem Jahr, in dem Balzacs literarische Produktion etwas weniger umfangreich ausfällt, vollendet er die *Études de mœurs*. Sein Verleger Werdet macht Konkurs, und Balzac wird durch unterschriebene Wechsel mit hineingerissen, so daß sich seine finanzielle Lage weiter zuspitzt.

Wieder im Auftrag der Guidoboni-Visconti unternimmt Balzac eine längere Italienreise. Er reist Mitte Februar von Paris ab und über Mailand, Genua, Venedig nach Florenz, wo er sich im April eine Woche lang aufhält, bevor er über Como, den Großen St. Bernhard, den Vierwaldstätter See und Basel am 3. Mai nach Paris zurückkehrt. Dort findet er seine alten und auch neue Geldsorgen, vor allem große Schulden vor. Um einem Gefängnisaufenthalt zu entgehen, versteckt sich Balzac im Haus seiner Freundin, der Visconti, an den Champs-Élysées. Die Gräfin begleicht die Schuld, die Anlaß für die Haftandrohung gewesen war.

Im Herbst dieses Jahres erwirbt Balzac ein Grundstück mit einem kleinen Haus in Sèvres; er beginnt damit, sich sein künftiges Domizil »Les Jardies« zu erschaffen. In der nicht unbegründeten Hoffnung, unterhalb seines Grundstückes verlaufe bald die Eisenbahnlinie Paris-Versailles, kauft er in Erwartung entsprechender Wertsteigerung Land auf, das ihn weitere 18 000 Francs kostet.

Madame Hanska verbringt das Jahr auf ihrem Besitz Wierzchownia.

Paris, [Dienstag,] 27. Dezember 1836
[- Sonntag, 15. Januar 1837]

Heute ist mir ein großes Glück widerfahren, es hat mich jemand aufgesucht, den ich seit Ewigkeiten nicht mehr gesehen hatte und der mir soviel Freude macht, daß ich den ganzen Tag über wie benommen war, und ich wurde nicht müde, mit ihm zu plaudern; er hatte eine lange Reise unternommen, aber glücklicherweise war er ganz und gar nicht verändert, finden Sie nicht auch, daß es Wesen gibt, die uns ähnlicher sind, als wir bisweilen glauben. Sie werden ihn eines Tages kennenlernen, ich will nicht, daß Sie ihn mehr lieben als mich, aber Sie werden nicht umhin können, Freundschaft für ihn zu empfinden, und sei es nur wegen der Begeisterung, die ich für ihn hege. Er hat ein so unverfälschtes Naturell, ist so beharrlich, so groß, von so hoher Intelligenz, so wahrhaftig, so unbedarft, so rein, eines dieser Wesen, die im strikten Gegensatz stehen zu allem, was uns sonst umgibt. Ich muß Ihnen einfach von meiner Freude erzählen, so als könnten Sie sie nachvollziehen, und es wird mir bewußt, daß sich das für Sie wie Kauderwelsch anhören muß. Sehen Sie mir diese Torheit nach, es gibt nun einmal, wie Cherubim sagt, Augenblicke, in denen man ins Blaue hinein spricht, und da ist es besser, zu einem in Freundschaft verbundenen Herzen zu sprechen.[1]

Dieser schöne Tag kam ganz überraschend mitten in meiner härtesten Arbeit, denn ich muß *Verlorene Illu-*

sionen beenden, bedroht von Vorladungen und Prozessen, in einem Augenblick, wo ich erschöpft bin von der Arbeit dieses harten, ja, dieses wirklich harten Jahres!

Vor zwei Tagen habe ich Ihre Nr. 21 erhalten. Ich habe Ihnen einiges dazu zu sagen; aber woher die Zeit nehmen, wenn 50 Francs für jeden Tag Rückstand von einem verlangt werden! Aber schließlich habe ich den Zeitpunkt vor Augen, da ich aus diesem schmutzigen Abgrund herausfinden werde, meine Flügel sind zu müde, um weiter darüber zu schweben.

Sie sagen so wenig zur *Alten Jungfer*, daß ich merke, daß das Werk Ihnen mißfallen hat, geben Sie es ruhig ganz beherzt zu; Sie haben ein Wort mitzureden, und ich werde Ihnen darauf entgegnen.

Es wird schwierig sein, *Verlorene Illusionen* zu beurteilen, denn ich kann Ihnen nur die Anfänge des Werks geben, und dann werden wie beim *L'Enfant maudit* 3 Jahre vergehen, ehe ich damit fortfahren kann. Ich habe noch 10 Tage lang 18 Stunden täglich zu tun, um aus dem Vertrag mit Béchet herauszukommen; dann heißt es *La Haute banque* (1 Band) für *La Presse* fertigstellen, *César Birotteau* (2 Bände) für den *Figaro* sowie einen Artikel für die *Gazette musicale*. Bis dahin weder Frieden noch Ruhe, noch Rast (ach! ich habe das 3. Zehent vergessen), noch Reisen, noch die Ukraine. Und dabei hatte ich mir sogar schon überlegt, Ihnen mein Porträt selbst zu bringen. Wenn Sie in Ihrem Hof einige Peitschenhiebe widerhallen hören, französische Peitschenhiebe wohlgemerkt, dann wundern Sie sich nicht allzusehr. Ich brauche mindestens einen Monat völligen Abstand von den Einfällen, der Müdigkeit, von allem, was mit Frankreich zu tun hat, und ich sehne mich nach W[ierzchownia] wie nach einer Oase in der Wüste, nur ich allein weiß, wie wohl mir die Schweiz

getan hat. Nur die Geldfrage wird mich davon abhalten
können.

Ich habe mich in der Veranschlagung meiner Schulden getäuscht. Man hat mir 50 000 Francs geliehen; ich
brauche noch 14 000 und weitere 7 000 für eine Garantie, die ich unvorsichtigerweise für Werdet abgegeben
habe. Aber ich spüre, daß das Theater und zwei schöne
Werke auf der Bühne mich retten werden, ich muß
zwei Stücke verfassen, mich an einem verlassenen Ort
verbergen, wo niemand mich kennt, und genau das
möchte ich zwei oder drei Monate lang als Flüchtling in
Ihren Schneewüsten tun, je mehr Schnee, um so glücklicher werde ich sein. Aber dies sind reichlich tollkühne Pläne, wenn ich die Stärke der Taue sehe, die mich
hier festhalten.

Ich bin von einer Vorladung wegen meiner letzten
Lieferung der *Études de mœurs* unterbrochen worden.
Nein, man braucht schon einen Eisenschädel, um den
Stürmen meines Lebens zu trotzen, ich schwöre Ihnen,
daß auch starke Männer darüber wahnsinnig geworden
wären.

1 Balzac kündigt hier Madame Hanska die Ankunft seines Porträts an,
eine Kopie der Miniatur, die Daffinger 1835 in Wien angefertigt
hatte. Er wird das Original erst am 2. Februar 1844 erhalten.

[Sonntag,] 15. Januar

Ich habe einen weiteren Brief von Ihnen empfangen,
in dem Sie sich wegen der Briefe, die Sie mir geschrieben haben, beunruhigt zeigen. Seien Sie ohne Furcht,
ich habe alles erhalten.

Die Unterbrechung dieses Briefes hier läßt sich ziemlich leicht erklären, ich war die ganze Zeit über krank.
Zum Schluß hatte ich das, was ich mir vermutlich
schon länger zugezogen habe, eine Entzündung der

Eingeweide, die heute nur leicht gelindert ist, ich leide noch immer, aber das hat nur wenig zu bedeuten, schließlich habe ich andauernd gelitten, und ich fürchtete sehr um mein armes Hirn, eine Entzündung nach einem so peinvollen Jahr, peinvoll in mannigfacher Hinsicht, so mühsam, was die Arbeit angeht, so grausam im Gefühlsleben und voller Verdruß! Diese Krankheit ist wirklich in keiner Weise erstaunlich. Obwohl ich noch nichts anderes als Milch verdauen kann, geht es allgemein aufwärts, und ich werde meine Arbeiter wieder aufnehmen.Die *Verlorenen Illusionen* erscheinen diese Woche.

Am 17. habe ich eine Verabredung, um sämtliche Einwände von Madame Béchet und Werdet auszuräumen. Auf diese Weise wird es einen Grund weniger für Unstimmigkeiten geben. Ich mache mich an *La Haute Banque* und *César Birotteau*, und danach habe ich nur noch wenig zu tun, um meine Feder zu befreien. Alles wird gesagt sein, ich werde zur Ausführung meiner neuen Abmachungen schreiten, die mich zu lediglich 6 Bänden im Jahr verpflichten, was für mich, von dem Moment an, wo ich nicht mehr den Ärger des finanziellen Kampfes habe, eine Oase sein wird; was die 15 000 Francs betrifft, die ich noch schulde, so leiste ich sie sogleich mit irgendeinem Theaterstück ab. Im übrigen habe ich noch immer Hoffnungen wegen des Londoner Geschäfts, aber ich will nicht mehr auf das zählen, was lediglich in Aussicht steht.

Ihr letzter Brief hat mir so wohl getan, daß ich Ihnen dafür danken möchte; ich hatte die Ruhe, die ein Zwangsaufenthalt im Bett mit sich bringt, und die Beschreibung Ihres Lebens hat mich verzaubert. Ich fand Sie sehr glücklich in Ihrem Alleinsein. Können Sie sich vorstellen, daß ich trotz meiner Krankheit mehr denn je von meinen Geschäften gequält wurde? Alles wird jedoch zur Ruhe kommen! Ich werde nur noch arbeiten müssen, meine liebe Predigerin. Ihre Worte sind Gold, aber sie haben kein anderes Verdienst, als mir auf elegante Weise das zu sagen, was ich mir selbst sage. Sie dichten mir auch solche kleinen Unzulänglichkeiten an, die ich angeblich an den Tag lege, um Ihnen das Vergnügen zu verschaffen, mir zu zürnen. Niemand ist weniger verschwenderisch als ich, niemand will noch sparsamer leben; aber Sie müssen bedenken, daß ich zuviel arbeite, um mich um bestimmte Einzelheiten zu kümmern, und schließlich gebe ich lieber fünf- bis sechstausend Francs im Jahr aus, anstatt mich zu verheiraten, nur um ordentliche Verhältnisse zu haben, denn ein Mann, der das unternimmt, was ich unternehme, heiratet, um ein ruhiges Leben zu haben, oder er nimmt, wie La Fontaine und Rousseau, jedes Elend auf sich. Seien Sie gnädig, und erwähnen Sie niemals mein Durcheinander, denn es ist lediglich die Folge der Unabhängigkeit, in der ich lebe, und die ich mir erhalten will.

Um mich also von all dem zu befreien, all jene loszuwerden, die mich mit dem Thema Heirat langweilen, habe ich Pläne geschmiedet und erklärt, daß ich, obwohl ich das schicksalsträchtige Alter von 36 Jahren bereits hinter mir habe, eine Frau wolle, die meinem Alter entspricht, aus höchstem Adel stammt, gebildet, geistreich und vermögend ist und ebenso gut in einer Mansarde leben wie die Rolle der Botschafterin spielen könnte und die sich nicht darüber beklagen würde, nichts anderes zu sein als die Frau eines armen Schreiberlings; ferner habe ich erklärt, daß ich eher wegen meiner Unzulänglichkeiten verehrt und geheiratet werden wolle als wegen der wenigen guten Eigenschaften, die ich besitze und daß diese Frau über genügend Geist verfügen soll, um zu verstehen, daß in der Zweisamkeit jene heilige Freiheit herrschen muß, in der alle Liebesbezeugungen freiwillig sind und nicht Auswüchse einer Pflicht, da ich Pflichten in Herzensangelegenheiten verabscheue; und daß ich, sobald dieses Fabelwesen gefunden wäre, nämlich die einzige Frau, die den Verfasser der *Physiologie* nicht unglücklich machen würde, daß ich dann weiter sähe. Auf diese Weise lebte ich in vollkommener Ruhe; aber nicht ganz ohne Ärger. Wenn die Phantasie und das Hirn müde sind, dann ist mein Leben sogar schwieriger als in der Vergangenheit. Es gibt in meinem Leben einen Mangel, der es zu einem sehr traurigen hat werden lassen, denn die angebetete Freundin weilt nicht mehr unter uns. Jeden Tag gibt es tausendfach Anlaß, ihre auf ewig währende Abwesenheit zu beweinen. Können Sie sich vorstellen, daß ich seit 6 Monaten nicht nach Nemours fahren konnte, um dort die Dinge wieder an mich zu nehmen, die allein in meinen Besitz gehören, und daß ich mir jede Woche sage: *Diese Woche ist es soweit!* Allein diese schmerzliche Tatsache wird Ihnen mein Leben so zeigen, wie es wirklich ist, nämlich noch immer ein erbitterter endloser Kampf! Ach, wie lebhaft sehne ich mich nach der Freiheit, kommen und gehen zu können, wie ich will; nein, ich fühle mich immer gefangen.

Ja, ich bin verärgert, daß Sie mir Ihre Meinung über *Die alte Jungfer* nicht geschrieben haben. Heute morgen habe ich mich wieder an die Arbeit gemacht, und dies geschah, um dem letzten Wort Folge zu leisten, das mir Madame de B[erny] geschickt hatte. Sie fand in diesem Werk einen Abschnitt, der sie dazu veranlaßte, mir zu schreiben: *Ich kann jetzt sterben. Ich bin sicher, daß Sie die Krone auf dem Haupt tragen, die ich dort*

zu sehen wünschte. Die Lilie ist ein erhabenes Werk
ohne Fehl und Tadel. Lediglich der Tod von Madame
de Mortsauf hat keine schrecklichen Klagen nötig; sie
schaden dem schönen Brief, den sie schreibt.

Heute habe ich gottergeben die ungefähr hundert Zeilen gestrichen, die ja nach Meinung vieler Leute, dieses Werk entstellen. Ich habe keine einzige davon bedauert, und jedes Mal, wenn meine Feder über eine von ihnen glitt, war mein Herz so bewegt wie nie, ich glaubte, diese große und erhabene Frau, diesen Engel der Freundschaft vor mir zu sehen, wie sie mir zulächelte, als ich diese so seltene Kraft aufbrachte, die darin besteht, beim Abschneiden eines Gliedes weder Schmerz noch Bedauern zu empfinden, sondern sich zu überwinden, sich zu besiegen. Oh, *cara,* fahren Sie fort mit diesen weisen und lauteren, so uneigennützigen Ratschlägen. Wenn Sie wüßten, wie sehr ich daran glaube, was wahre Freundschaft sagt!

Dieser Rat erreichte mich einige Tage nach den maßlosen Arbeiten, die mir diese selbst so maßlosen Figuren abverlangt haben. Ich habe sechs Monate gewartet, damit sich mein Urteilsvermögen über das ganze Werk erstrecken kann, ich habe den Brief weinend wiedergelesen, dann habe ich mir mein Werk noch einmal vorgenommen und ich habe gesehen, daß der Engel recht gehabt hat. Ja, man darf das Bedauern nur andeuten; man darf nur den Abbé Dominis und nicht Henriette diesen Satz sagen lassen, der alles verrät: *Sie begleitet mit ihren Tränen den Fall der weißen Rosen, die ihr Haupt einer bräutlichen Jephta umkränzten und sich nach und nach entblätterten.* Allein die Religion vermag diese Situation keusch, poetisch und mit der Melancholie des Orients auszudrücken. Wozu diente im übrigen das Testament Madame de Mortsaufs, wenn sie so ungestüm mit ihrem Tod hadert - so ist zwar die menschliche Natur, aber es wäre falsch bei einer so idealisierten Figur. Es gibt da noch einige Mängel in meinem Werk, und zwar betreffen sie Félix. Der Haß der Leute von Welt hat sie mich entdecken lassen; es wird ziemlich schwierig sein, sie auszumerzen, aber ich will es dennoch versuchen; die Figur des Félix ist allerdings in diesem Werk schlecht weggekommen, es erfordert viel Geschick, sie in ein besseres Licht zu stellen. Es wird mir trotzdem gelingen.

Cara, ich habe noch mindestens 7 Jahre Arbeit, wenn ich das begonnene Werk vollenden will. Es braucht einigen Mut, um ein derartiges Leben anzunehmen, insbesondere wenn es der Freuden beraubt ist, die man sich am meisten wünscht. Das Alter schreitet voran! Ich habe ein wenig von dem Zorn in der Seele, den ich soeben in der von Madame de Mortsauf gestrichen habe.

Leben Sie wohl; ich werde Ihre letzten beiden Briefe wiederlesen und sehen, ob ich in diesem hier, der wegen der Unterbrechung so wenig geordnet ist, vergessen habe, Ihnen auf irgend etwas zu antworten, und ich werde sehen, ob ich Ihnen noch einiges von Belang aus meinem Leben mitzuteilen habe.

Ich habe noch 3 oder 4 Tage mich stark beanspruchende Arbeiten vor mir, denn ich beende *Verlorene Illusionen,* und die letzten Seiten sind eine wahre Schlacht.

Wir haben Gérard ganz plötzlich verloren. Sie werden seinen erstaunlichen Salon also nie kennenlernen! Welche Ehrerbietung an das Genie und die Güte des Herzens sowie an den Geist dieses Menschen war doch sein Leichenzug; es waren ausschließlich Berühmtheiten anwesend, und die Kirche von Saint Germain konnte sie gar nicht alle fassen. Der erste Edelmann[1] und der erste Maler von König Charles X. sind ihm sehr schnell nachgefolgt. Das hat etwas Ergreifendes.

Ich schreibe Ihnen, sobald ich die schrecklichen 12 Bände beendet habe, die ich zwischen unserem Treffen in Neuchâtel und in diesem Jahr vollenden will. Warum nur kann ich Sie nicht besuchen, um diese Arbeit so zu beschließen, wie ich sie begonnen habe, im Glanz Ihrer schönen Stirn.

Nun leben Sie denn wohl! Der Oberst Frankowski weilt noch hier. Das bereitet mir Kummer, denn Sie werden Ihr hübsches, so zauberhaftes Medaillon nicht bis Neujahr haben. Es liegt seit 3 Monaten auf meinem Kamin. Nun denn, *addio*; möge der Himmel mich nach Deutschland schicken, um die Geschäfte zu erledigen, die mich eigentlich nach England führen sollten; wir würden uns dann im Februar sehen. Es käme mir nicht auf 200 Meilen mehr an. Wenn ich nach Stoutgard (sie) fahre, schaffe ich es auch bis nach Wierzchownia.

Sie wissen ja alles, was ich Ihrer kleinen Ukrainer Welt mitzuteilen habe. Vor allem gute Gesundheit für alle, das ist der Wunsch all derer, die gerade von Krankheit genesen sind.

Bis Sonntag; ich werde mich einer gewissenhaften Prüfung unterziehen, um nichts von dem zu vergessen, was Sie wissen wollen.

---

1 Der Herzog von Maillé, der Vater von Madame de Castries, war am 5. Januar gestorben.

*

Februar 1837

Ich habe Ihren letzten, ach, so traurigen Brief (in dem Sie mir von der Krankheit und der Genesung von Monsieur de H[anski] berichten) während einer völligen Entkräftung durch eine Grippe erhalten. Ich habe Ihnen, was meine Gesundheit betrifft, genau dasselbe zu vermelden, außer daß bei mir jeder Anschein von Gefahr fehlt. Fast den ganzen Monat Januar brachte ich mit einem sehr starken Brechdurchfall zu, der mir alle Energie und alle meine Fähigkeiten raubte; und als diese geradezu lächerliche Krankheit überstanden war, überfiel mich die Grippe und zwang mich für zehn Tage ins Bett. Sie haben also den Beruf der Krankenpflegerin ausgeübt, *cara!*, und Monsieur de H[anski] war so krank, daß er ebenso lange das Bett hüten mußte wie ich. Was für ein patriarchalisches Leben in den Steppen der Ukraine! Wenn ich hier scherze, dann weil ich mir vorstellen kann, daß er beim Eintreffen meines Briefes vollkommen genesen sein wird und alle wohlauf sind, Sie wie er gleichermaßen, denn mir ist das Metier, das Sie ausgeübt haben, sehr wohl bekannt, und ich weiß, wie ermüdend es ist. Während man am Krankenbett wacht, schwellen die Beine an und verursachen Taubheitsgefühle, die zum Herzen hin ausstrahlen; ich habe einst meine Mutter gepflegt.

Vor meiner Grippe hatte ich glücklicherweise die letzte Lieferung der *Études de mœurs* beendet, denn Gott allein weiß, wie vielen Schwierigkeiten ich noch ausgeliefert sein werde. Hiermit liegen also die ersten 12 Bände der *Études* vor, die ich während meines Besuchs in Genf im Januar 1834 angefangen und im Januar 1837 abgeschlossen habe. Es bekümmert mich sehr, Ihnen nach der

Vollendung eines meiner mühsamsten Werke nicht einmal einen kurzen Besuch abstatten zu können, Sie haben *Eugénie Grandet* mit Ihrem Lächeln begleitet, ich hätte es gern nach den *Verlorenen Illusionen* wiedergesehen; am Anfang und im weiteren Verlauf meiner Karriere.

Da Sie wissen, wieviel Einfluß meine Arbeit auf mein ganzes Leben ausübt, tun Sie gut daran, die Torheiten, die über mich im Umlauf sind, in einen bodenlosen Abgrund fallen zu lassen, gleichgültig, ob sie von einer Prinzessin oder von einem Fischweib stammen. Hat man mich doch allen Ernstes gefragt, ob es wahr sei, daß ich eine der Elssllers[1], eine Tänzerin, zu ehelichen gedächte! Ich, der ich alles, was auch nur einen Fuß in ein Theater setzt, nicht ausstehen kann. So behauptet man in Paris, in derselben Stadt, in der ich mich aufhalte, zwei Schritte von mir entfernt, unerhörte Dinge von mir. Die einen schildern mich als ein Ungeheuer an Liederlichkeit und Ausschweifung, die anderen als gefährliches wildes Tier, dem man zu Leibe rücken müßte. Ich kann Ihnen gar nicht sagen, was man alles verbreitet. Ich gelte auch als großer Verschwender, bald als umgänglich, bald als halsstarrig.

Aber lassen wir diese Dummheiten, es reicht schon, daß sie auf mir lasten, es würde nun wirklich zu weit führen, unsere teure Korrespondenz damit zu belasten.

1 Fanny Elssler (1810-1884) debütierte 1834 in einem Ballett von Coralli an der Pariser Oper.

(…)

*

Ich bin in einem Monat sehr rasch durch einen Teil
Frankreichs, die halbe Schweiz, Mailand, Venedig und
Genua geeilt, und nachdem ich aus Versehen in einem
Lazarett unter Quarantäne festgehalten worden war,
bin ich nun seit zwei Tagen in Florenz, wo ich, ehe ich
zu irgendeiner Besichtigung aufbrach, zu Bartolini lief,
um Ihre Büste zu sehen.[1] Das war der Hauptgrund für
diesen letzten Aufenthalt, denn in zehn Tagen muß ich
in Paris sein. Das Verlangen, Venedig zu sehen, und
meine Quarantäne haben mich die wenigen Tage, die
ich für diese Reise zur Verfügung hatte, überschreiten
lassen, ich habe sehr bedauert, daß ich nicht bei Ihnen
sein konnte; aber weder die Jahreszeit noch die Finanzen erlaubten es. Gleich nach der Veröffentlichung des
letzten Teils der *Études de mœurs* verließen mich mit
einem Schlag die Kräfte, und ich mußte mich erholen,
und ich sehe jetzt schon voraus, daß dies alle vier oder
fünf Monate der Fall sein wird. Mein Gesundheitszu-
stand ist erschreckend, nachgerade beunruhigend, aber
das sage ich nur Ihnen. Mein Geist spürt das, ich habe
Angst, mein Werk nicht vollenden zu können. Meine
Glücklosigkeit verfolgt mich überallhin und verdirbt
mir den Geschmack an den schönsten Dingen. Venedig
und die Schweiz sind die beiden Werke der Schöpfung,
das eine menschlich, das andere göttlich, die mir bislang als vollkommen unvergleichlich und die gewöhnlichen Maßstäbe übersteigend erscheinen. Italien kam
mir vor wie jedes andere Land auch.

Ich bin so schnell gereist, daß ich Ihnen nirgendwo
schreiben konnte. Meine Gedanken gehörten Ihnen jedoch ganz und gar, aber vor Tinte und Feder schreckte
ich zurück. Der Verlust, den ich erlitten habe, ist uner-

meßlich. Die Leere, die er in mir hinterläßt, könnte durch die Gegenwart eines Freundes ausgefüllt werden; aber nicht aus der Ferne; trotz Ihrer Briefe hat der Kummer mich stündlich übermannt, besonders während der Arbeit. Diese andere Seele, die mich einst beraten, die alles gesehen hat, die der Ausgangspunkt für so viele Dinge gewesen ist, fehlte mir. Ich beginne an einer glücklichen Zukunft zu zweifeln. Zwischen dieser Seele, die mich für immer verlassen hat, und den Hoffnungen, denen ich mich in den süßesten Stunden hingebe, gibt es, glauben Sie mir, einen Abgrund, über dem ich unaufhörlich schwebe, und oftmals steigt der Taumel des Unglücks in mir auf. Jeder Tag trägt ein Stück fort von meiner Fröhlichkeit, die mir so viele Schwierigkeiten zu überwinden half. Diese Reise ist ein trauriger Beweis dafür. Ich bin einsam und ohne Kraft.

Sie werden wahrscheinlich eine Büste von mir aus Carrara-Marmor bekommen, halb lebensgroß, das heißt ungefähr 3 Fuß hoch, von wunderbarer Ähnlichkeit, und zwar noch ehe Sie die Kopie dieses Schurken von Boulanger erhalten werden, der nach der Ausstellung, das heißt im Mai, noch 2 oder 3 Monate Zeit haben wollte, um die Kopie anzufertigen. Ich bin untröstlich. Er hat fünf gut bezahlte Porträts und einen Auftrag für Versailles, eine 120 Fuß lange Malerei, die ihn mit Beschlag belegt, und als sein Freund muß ich eben warten. Vielleicht bringe ich Ihnen das Porträt ja selbst vorbei, denn da es mir unmöglich ist, länger als 4 Monate hintereinander zu arbeiten, werde ich im August aufbrechen, um über Ungarn und Tirol in die Ukraine zu reisen, und über Dresden zurückkehren. Zweifelsohne werde ich in Wierzchownia mein 1. Theaterstück schreiben.

Ich habe Ihnen tausenderlei Dinge zu sagen. Aber zunächst möchte ich Monsieur de H[ansk]y [sic] bitten, mir im Gegenzug zu meiner Büste, mit ein paar Zeilen die Erlaubnis zu erteilen, daß Bartolini für mich ein zweites Exemplar von Ihrer Büste fertigen darf. Wenn Monsieur de Hanski mir die Erlaubnis gewährt, bestelle ich die Büste bei Bartolini nur halb so groß, damit ich sie auf den Tisch in meinem Schreibkabinett stellen kann. Diese Größe entspricht der meiner Büste, und alle Künstler, auch Bartolini selbst, finden dieses Format schmeichelhafter für den Gesichtsausdruck; es ist ausdrucksvoller, und es ist besser, wenn die Phantasie, die Größe eines Kopfes ergänzen muß, als wenn sie ihn in den genauen Abmessungen vorfindet.

Diese Büste von mir war ein Werk der Liebe; das merkt man ihr an, sie wurde in Mailand von einem Künstler namens Puttinati gefertigt; er wollte nichts dafür haben. Ich hatte Mühe, ihm die Unkosten und den Marmor zu bezahlen; aber ich nehme ihn jetzt mit nach Paris und zeige ihm die Stadt, und ich werde eine Gruppe *Seraphitas Himmelfahrt zwischen Wilfried und Maria* bei ihm in Auftrag geben[2]. Ich lege während der 3 Jahre, die die Ausführung dauern wird, jährlich 2 000 Francs beiseite, das wird reichen.

Venedig, das ich nur fünf Tage, von denen zwei verregnet waren, besichtigt habe, hat mich entzückt. Ich weiß nicht, ob Ihnen am Canale Grande nach dem Palazzo Fini ein kleines Haus mit zwei gotischen Fenstern aufgefallen ist, die ganze Fassade ist rein gotisch. Ich ließ mich jeden Tag dort hinfahren und war oft zu Tränen gerührt. Ich habe all das Glück, das zwei Menschen dort abgeschieden von aller Welt empfinden könnten, in mir gespürt. Die Schweiz ist teuer, aber in Venedig braucht man nur wenig Geld zum Leben. Das Haus kostet weniger als zwei Jahre Miete für die Villa Diodati, die Sie Lord Byrons wegen so sehr bewundert haben. Es wäre gerade recht für den kleinen Hausstand eines armen Dichters, der während der dem Glück abgerungenen Stunden arbeiten muß, um dies Glück immer auf gleicher Höhe zu halten. Die Sommer ließen sich am besten in einem ähnlichen, kleinen Haus am Gardasee zubringen. Zwölftausend Francs im Jahr genügen für diesen Luxus. Möge der Engel, der unglückseligerweise entflogen ist, mir verzeihen, aber nun, da alles vorbei ist, kann ich Ihnen sagen, daß das Glück, dem die Natur zu unseren Lebzeiten ein Ende setzt, nicht vollkommen ist. Zwanzig Jahre Unterschied - und mehr sogar - waren zuviel, man muß zusammen alt werden können, und es war mir vor diesem Haus gestattet, mir die zehn Jahre, die ich gehabt habe, noch einmal zu wünschen und zwar mit einer Frau, wie *sie* eine war und zudem jung.

Zukunft und Vergangenheit sind in einer gemeinsamen Empfindung verschmolzen, die an die Qualen des Tantalus erinnert, denn ganz gewiß, und davon bin ich überzeugt, stehe ich allein diesem schönen Leben im Wege. Die Ehrenschuld meiner Verpflichtungen wird mich noch mindestens zwei Jahre lang behindern, und wenn ich daran denke, daß ich in zwei Jahren 40 bin, daß es bis zu diesem Alter nur Arbeit gegeben hat, daß diese Arbeit verzehrt und zerstört, ist es schwierig, sich vorzustellen, daß man noch Leidenschaft hervorrufen könne. Ja, wie gut uns die eisige Kälte des Studierens auch erhalten möge, so wirft doch jeder Gedanke Schnee auf unser Haupt, und der Abend wird mich vielleicht ohne Blumen in den Händen antreffen; ach, glauben Sie mir, als armer, so ernsthaft liebender Dichter habe ich vor diesem Häuschen ziemlich bittere Tränen vergossen. Ich kann doch weder Madame Delannoi [sic] im Stich lassen, diese zweite Mutter, die mir bis zu

26 000 Francs anvertraut hat; noch meine Mutter, deren Leben von meiner Feder abhängt, noch diese Herren, die soeben fast 70 000 Francs auf mein Tintenfaß gesetzt haben. Ach, wenn ich mir nur zwei Monate Ruhe in Wierzchownia erkämpfen kann, dort ein oder zwei schöne Theaterstücke verfasse, dann wird sich alles in meinem Leben ändern. Diese so kostbaren zwei Monate, Sie werden mir sagen, ich hätte sie soeben mit Herumreisen vergeudet; aber ich habe mich nur deshalb in Bewegung gesetzt, weil ich ohne Einfälle war, ohne Kraft, das Gehirn erschöpft, die Seele angeschlagen, von den letzten Kämpfen ausgelaugt, und glauben Sie mir, sie waren abscheulich, entsetzlich. Eines Tages war ich so verzweifelt, daß ich loszog, um mir einen Paß für Rußland zu besorgen. Ich hätte Sie nur noch um einen Unterschlupf für ein oder zwei Jahre bitten und den Narren und Feinden meinen guten Ruf und mein Gewissen ausliefern müssen und auch mein Leben, das zerrissen und zunichte gemacht wäre bis zu dem Tag, an dem ich triumphierend zurückgekehrt wäre. Hätte man jedoch in Erfahrung gebracht, wo ich war, und man hätte es gewiß herausgefunden, was hätte man dann nicht alles gesagt?... Diese Aussicht hat mich zurückgehalten. Jetzt, da der Sturm sich gelegt hat und ich nur noch einige wenige Anstrengungen unternehmen muß, um endlich zur Ruhe zu kommen, kann ich es Ihnen ja gestehen. Wenn sich in diesem Monat schon die Seele nicht erfrischt hat, so hat doch wenigstens der Geist neue Kräfte gesammelt. Ich hoffe, daß Ihnen bei meiner Rückkehr *César Birotteau,* das 3. Zehent und *La Haute Banque* meinen Namen stärker als in der Vergangenheit in den Ohren klingen lassen. Ich habe jetzt schon Sehnsucht nach dem Tintenfaß, nach meinem Schreibkabinett und meinen Korrekturbogen. Was

bei meiner Abreise Widerwillen in mir erregte, lächelt mir nun zu. Und schließlich wird mir auch die Erinnerung an das kleine Haus in Venedig Mut verleihen, hat es mich doch erkennen lassen, daß mir, wenn ich einst frei bin, Reichtum nichts bedeutet, daß ich genug davon haben werde, wenn ich ein einziges Buch im Jahr schreibe, und daß ich Arbeit und Glück vereinen könnte in dieser Villa Diodati auf dem Wasser.

1 Lorenzo Bartolini (1777-1850), Florentiner Bildhauer, fertigte 1834 von Madame Hanska eine Büste an.
2 Unausgeführter Plan.

[Dienstag,] 11. [April]

Ich habe soeben einige Säle des Palazzo Pitti besichtigt. Ach! Das Porträt von *Margherita Doni* von Raffael[1]! Ich stand zutiefst berührt davor. Weder Tizian, noch Rubens, noch Tintoretto, noch Velasquez, kein Pinselstrich erreicht eine vergleichbare Vollkommenheit. Ich habe auch den *Pensiero[so]* gesehen und Ihre Bewunderung verstanden. Ich habe großes Vergnügen daran gefunden, das zu betrachten, was Sie 2 Jahre zuvor bewundert haben. Ich habe Ihre Gedanken nachvollzogen. Morgen gehe ich in die Kapelle der Medici, obgleich ich im Pitti nicht alles gesehen habe. Und es wird mir immer klarer, daß man monatelang in Florenz bleiben müßte, während ich nur ein paar Stunden habe. Die Sparsamkeit legt es nahe, daß ich über Livorno, Genua, Mailand und den Splügenpaß zurückfahre, das ist tatsächlich die kürzeste Strecke, obwohl sie auf den ersten Blick lang erscheint, denn man kann in 36 Stunden von Florenz nach Mailand fahren, und von Mailand über den Splügen braucht man keine 80 Stunden mit der Postkutsche nach Paris; zudem werde ich auf dieser Route Neuchâtel wiedersehen, und ich gebe zu, daß ich eine zärtliche Regung für die Straße und den Hof empfinde, wo ich das Glück hatte, Ihnen zu begegnen. Ich werde wieder die St-Peter-Insel und den Aussichtsberg besuchen sowie Ihr Haus, und dann schlage ich noch einmal den Weg durch das Val de Travers ein, das mir bei der Hinreise so gut gefallen hat.[2]

Ich bin also hier der Gnade des Dampfschiffes ausgeliefert, das mich morgen oder auch erst in sechs Tagen zurückbringen wird, denn es verkehrt sehr unregelmäßig. Wenn ich nicht diese furchtbare Quarantäne durchgemacht hätte, in diesem schrecklichen Lazarett, das ich mir nicht einmal als Gefängnis für Räuber hätte je vorstellen können, hätte ich genügend Zeit gehabt, Florenz genau zu besichtigen. Gestern war ich in den Cascinen, wo Sie immer spazieren gegangen sind; aber das Wetter war nicht schön; das schlechte Wetter hat mich überallhin verfolgt; überall Schnee, Regenschauer; mein eigentlicher Kummer fing jedoch erst richtig mit dem Verlust meines Reisegefährten an. Gautier, der Mann, dessen Geist Ihnen so gefällt, sollte mit mir fahren und sich die Reisekosten mit mir teilen; er sollte ein ernsthaftes Gegenstück zu seiner Belgienreise schreiben, aber die Notwendigkeit, über die Ausstellung zu berichten, über all die schlechte Malerei im Louvre, hat ihn gezwungen, zu Hause zu bleiben. Italien hat dadurch einen Verlust erlitten, denn er ist der einzige Mensch, der imstande gewesen wäre, etwas Neues darüber zu sagen und es zu verstehen; aber wenn ich die Reise das nächste Mal mache, wird er mitkommen, und wir werden uns mehr Zeit nehmen.

Ich habe Frankowski, der Ihnen mein Geschenk zum Neuen Jahr mitbringen oder es Ihnen schicken, wird zweimal getroffen. Erst in Mailand, dann in Venedig. Mit jedem Mal hat sich die Bekanntschaft vertieft. Ich halte ihn für einen Ehrenmann von großer Redlichkeit; er ist ein Pole von altem Schrot und Korn; er ist sehr freimütig. Sie, das heißt, wohl eher Monsieur de Hanski, können ihm einen großen Dienst erweisen. Sie haben, glaube ich, Güter, deren Verwaltung schwierig ist und die bislang als Folge der Unzuverlässigkeit der Gutsverwalter schlecht geführt wurden. Nun, ich glaube, dieser wackere Oberst weiß nicht recht, welche Hebel er in Bewegung setzen soll, denn eigentlich war er nach Frankreich gekommen, um herauszufinden, ob er hier einen Roman veröffentlichen könne. Man muß schon am Ende seiner Hoffnungen sein, um sich in ein Land zu begeben, in dem die Verleger jährlich 300 Romanmanuskripte ablehnen. Er hat mich um einen offiziellen Brief an Monsieur de Metternich gebeten, als ob ich auf den Fürsten Einfluß hätte, den ich, wie Sie wissen, nur flüchtig kenne. Wie heikel diese Angelegenheit auch sein mag, wenn Monsieur de H[ansk]y nun die Absicht hätte, einen ehrenwerten Mann auszuschicken, um seine entfernten Güter zu verwalten, sie zum Erblühen zu bringen, indem er einen angemessenen Teil des Ertrags demjenigen überließe, der sie bestellt; wenn er also diesen letzten Versuch wagen sollte, würde er einen verheirateten Mann retten, der, so glaube ich, in einer durch seine Stellung leidlich verdeckten Verzweiflung steckt und der sich lieber eine Kugel in den Kopf jagen würde, als es an strengstem Takt mangeln zu lassen. Für den Fall also, daß er es in Erwägung ziehen sollte, es mit diesem Oberst zu versuchen, schreiben Sie mir ein paar Zeilen, ich würde dann an Frankowski schreiben, um herauszufinden, ob ihm diese Stellung genehm wäre, und sobald er mir zustimmend geantwortet hätte, schriebe ich ihm ein paar Zeilen für Monsieur de H[ansk]y. Im übrigen wäre über der Zeit, die diese ganze Korrespondenz er-

fordern wird, der Zeitpunkt meiner Reise nach Polen gekommen, und er könnte mir helfen, mich in Ihrem Land
zurechtzufinden. Ich bin überzeugt, daß es für Monsieur de Hanski ein gutes Geschäft wäre - und eine gute
Tat. Ich hatte selbst Gelegenheit, den Oberst zu studieren, und im übrigen ist Monsieur de H[ansk]y viel zu
vorsichtig, um sich über seinen Landsmann nicht vollen
Aufschluß zu verschaffen. Wenn Sie Frankowski sehen,
dann erwähnen Sie diesen Brief an Metternich nicht, um
den er mich bat, denn er hat mich in einem Brief voll
wahnsinniger Verzweiflung darum ersucht, und ich
selbst habe die Verzweiflung eines ehrenwerten Mannes
so gut verstanden, daß ich alles durchschaut habe.[3] Ich
wünsche nur, daß mein Einfall noch zur rechten Zeit
kommt; aber man muß auf alle Fälle einen Ehrenmann
stets vor dieser schrecklichen Form der Anteilnahme
retten, die als Beweggrund nur Mitleid kennt; bei mir ist
dieses Gefühl immer ohne alles Verletzende, aber andere sind nicht unbedingt gehalten, das zu wissen. Wenn
jeder wüßte, wie es in meinem Herzen aussieht, welches Verdienst bestünde dann darin, es denen zu öffnen,
die ich liebe? Nachdem ich Ihnen dies alles erläutert habe, werden Sie es also Monsieur de H[ansk]y vortragen,
und er wird das tun, was ihm angebracht erscheint; aber
es ist auf jeden Fall besser, einen ehrenhaften Mann zu
finden, der seine Ländereien verwaltet, anstatt sie zu
verkaufen, denn nach dem Wertzuwachs von Grund
und Boden in Europa, steht es außer Zweifel, daß, in
welchem Winkel Europas auch immer, diejenigen, die
Land besitzen, in einigen Jahren unermeßliches Vermögen ihr eigen nennen werden.

Bis morgen, *cara.* Nicht ahnend, daß ich in einem Lazarett festgehalten werden würde, und im Glauben, nur
einen Monat auf Reisen zu sein, habe ich verfügt, daß

man meine Briefe aufbewahrt, so daß ich seit Ende Februar ohne Nachricht von Ihnen bin. Wissen Sie, daß mir dies so hart ankam, daß ich mich in Genua erkundigt habe, ob es dort ein Schiff nach Odessa gibt, und man hat mir gesagt, es dauere einen Monat, um von Genua nach Odessa zu gelangen. Daraufhin blickte ich in die Himmelsrichtung, in der die Ukraine liegen mußte und schickte ein schmerzliches Lebewohl dorthin. Hätte man nur 12 Tage bis Odessa gebraucht, wäre ich in jenem Augenblick imstande gewesen, Sie zu besuchen und nicht ohne mein Theaterstück nach Paris zurückgekehrt. Doch dann kamen mir auch schon wieder die Verpflichtungen in den Sinn! Was für ein Leben! Sobald der Ruhm sich einstellen wird, falls er sich überhaupt je einstellt, wird er niemals eine Entschädigung für all meine Entbehrungen und all meine Leiden sein.

In der Pergola[4] habe ich gestern die Prinzessin Radziwill und eine gewisse Prinzessin Galitzin (es handelt sich aber nicht um Sophie) getroffen. Es gibt anscheinend einige Prinzessinnen Radziwill und Galitzin. Es war auch eine Gräfin Orloff zugegen, die früher unter dem Namen Wentzell in Paris Schauspielerin war. Ich hoffte, mich meines geliebten Inkognito erfreuen zu können; aber wie schon in Mailand, wie schon in Venedig, wurde ich von Unbekannten erkannt. Außerdem traf ich auf den Ehemann einer Cousine von Madame de Castries und auf Alexandre de Périgord, den Sohn des Herzogs von Dino. Glücklicherweise bin ich wie ein Landstreicher nach Florenz gekommen, wie man das zu Zeiten der Reisen nach Marly nannte, ich habe weder Kleider noch Wäsche, noch irgend etwas von dem, dessen man bedarf, um auszugehen oder sich in Gesellschaft zu begeben, und so habe ich meine teure Unabhängigkeit bewahrt.

1 Es handelt sich um das Porträt von *Maddalena Doni*, das inzwischen im Palazzo Pitti hängt.

2 Diese erneute Pilgerfahrt an die Anfänge ihrer Liebe fand nicht statt.

3 Balzacs Brief an Metternich ist nicht wiedergefunden worden; Frankowski wurde von den Hanskis nicht eingestellt.

4 Die im Jahr 1738 wiederaufgebaute Oper von Florenz.

[Donnerstag,] 13. [April]

Ich habe die Galerie der Medici im Laufschritt besichtigt. Man muß hierher zurückkommen, wenn man die Kunst studieren will. Durch einen Brief des Konsuls von Livorno erfahre ich soeben, daß vor dem 20. kein Dampfschiff mehr verkehrt, und ich muß doch vom 20. bis zum 25. in Paris sein. Somit bleibt mir nichts anderes übrig, als die Postkutsche zu nehmen, und in einigen Stunden breche ich auf, ich schließe meinen Brief, den ich eigentlich ausführlicher gestalten wollte, und setze ihn dann in Mailand fort, wo ich mich auf der Durchreise zwei Tage aufhalte, denn ich nehme die Route über Como und den St. Bernhard. Leben Sie wohl, *cara contessina.* Ich hoffe, bei Ihnen steht es mit allem zum besten und daß ich in Paris gute Nachrichten von Ihnen vorfinde. Zu der Stunde, in der ich Ihnen dies schreibe, müßten Sie, wenn Frankowski ein wackerer Mann ist, mein kleines Geschenk bereits in Händen haben. In einigen Monaten werde ich das Glück haben, Sie zu sehen, und diese Erwartung wird mich die Zeit und das Leben leicht ertragen lassen. Vergessen Sie nicht, mich allen in Erinnerung zu rufen und erlauben Sie Ihrem Muschik, Ihnen den wenig neuen, aber an Stärke wachsenden Ausdruck seiner ergebensten Gefühle zu senden, begleitet von tausend Zärtlichkeiten.

*

Paris, 10. Mai

So bin ich also wieder heimgekehrt, erfreue mich bester Gesundheit, und mein Geist hat sich so sehr erfrischt, daß es mir vorkommt, als hätte ich niemals irgend etwas geschrieben. Ich habe drei lange Briefe von Ihnen vorgefunden, die mir von allen am meisten Wonne bereiten. Ich habe sie aus den zweihundert herausgefischt, die meiner harrten, und ich habe sie während des Bades gelesen, das ich genommen habe, um mich von der mühsamen Reise zu erholen, und diese Stunde zählt gewiß mehr für mich als meine ganze Rundreise. Ehe ich mich ans Schreiben mache, gönne ich mir das Fest, lange mit Ihnen zu plaudern.

Zuallererst, *cara carina,* merke sich Ihre schöne von so erhabener Intelligenz erstrahlende Stirn, daß ich blindes Vertrauen in Ihr literarisches Urteil habe, daß ich Sie in dieser Hinsicht zur Nachfolgerin des Engels gemacht habe, den ich verlor, daß das, was Sie mir schreiben, sogleich Gegenstand langer Betrachtungen wird und ich auf diese Weise, *Brief für Brief,* von Ihnen eine Kritik der *Alten Jungfer* erwarte, wie es das teure Gewissen, das ich besaß und dessen Stimme noch immer in meinen Ohren widerhallt, zu tun verstand, das heißt, daß Sie das Werk noch einmal lesen und mir Seite für Seite mit den genauesten Anmerkungen die Bilder, die Einfälle anzeigen werden, die Sie schockieren, und mir sagen, ob sie getilgt, ersetzt oder umgewandelt werden müssen. Zeigen Sie weder Gnade noch Nachsicht. Machen Sie sich beherzt ans Werk.

Cara, wäre ich nicht der Freundschaft unwürdig, die mir entgegenzubringen, Sie die Güte haben, wenn ich in der Vertrautheit unseres Briefwechsels die elende

361

Kleinlichkeit eines Schriftstellers hätte. Deshalb flehe ich Sie ein für alle Mal an, die langen Lobreden zu unterlassen, sagen Sie mir in drei Worten, das ist gut, das ist schön, das ist wunderbar, Sie haben damit eine Zustimmung, eine Steigerung und einen Superlativ, die für sich genommen jeweils so großartig sind, daß ich erröte, wenn ich sie Ihnen vorschlage; dabei sind Sie noch weit entfernt von den reizenden Schmeicheleien, die Sie zuweilen an mich richten, so daß sie einem Dritten seltsamerweise noch bescheiden erschienen. Fassen Sie sich also, ich bitte Sie darum, kurz und bündig bei Ihrem Lob, und seien Sie ausführlich in Ihrer Kritik; warten Sie, bis Sie Muße haben, schreiben Sie mir nicht gleich nach der ersten Lektüre. Wenn Sie wüßten, wieviel kritisches Urteilsvermögen in all dem steckt, was Sie mir zu meinem Theaterstück sagen, wären Sie stolz auf sich; aber dieses Gefühl überlassen Sie lieber Ihren Freunden. Ja, Planche hätte nicht klüger sein können, und Sie haben mich so gut zum Nachdenken gebracht, daß ich jetzt dabei bin, meine Vorstellungen von neuem zu überdenken. Bedenken Sie, *carina*, daß ich in allen Dingen nach bestem Wissen und Gewissen handle, vor allem in der Kunst, und daß ich nichts von den altväterlichen Torheiten an mir habe, die so viele Schriftsteller einer grausamen Verblendung anheimfallen lassen und daß, wenn *Die alte Jungfer* denn schlecht wäre, ich den Mut hätte, sie aus meinem Werk zu streichen.

In diesem Augenblick, wo ich Ihnen schreibe, müßten Sie das teure Erinnerungsstück haben, daß ich auf meinem Schreibtisch so oft liebkost habe, während ich auf meine Einfälle wartete.

Ich habe sehr gelacht über das, was Sie mir über die Erbinnen von Warschau berichten, und die Geschichte, die Sie mir erzählen, wurde auch in Mailand erfunden und verbreitet, man hat behauptet, ich habe eine unerhört reiche Erbin geheiratet, die Tochter eines Seidenhändlers. Es gibt keine lächerliche Geschichte, deren Mittelpunkt ich nicht bin, und ich werde Sie sehr gut unterhalten, wenn ich Ihnen auch die anderen erzähle, sobald ich Sie sehe.

Vor zwei Tagen habe ich bei Rotschild den Brief von Monsieur de H[ansk]y erhalten, und die 500 Francs kamen durch [den Bankier] Rougemont de Lowemberg. Das Porträt wurde wieder vom Museum zurückgegeben. Boulanger fertigt in einigen Wochen eine Kopie davon an, und es wird so prompt abgeschickt, daß Sie es bald haben; Sie bekommen damit das Bild, das im *Salon* den größten Erfolg hatte; mehrere Kritiker haben es als eines der schönsten modernen Kunstwerke angesehen, und der Streit, der darüber entbrannte, muß Boulanger entzückt haben. Es bekümmert mich, daß der prächtige Rahmen, den ich in der Touraine aufgestöbert habe, nicht Ihre Gemäldesammlung zieren kann; aber man muß dem Zoll seine Strenge nachsehen. Die Büste wird ungefähr zur selben Zeit bei Ihnen eintreffen. Sie lassen ohne Zweifel ein Schränkchen machen, um die Statue aufzustellen, und darin die umfangreiche Sammlung von Manuskripten einschließen, die Sie von mir haben, so daß Sie nicht nur das Herz, sondern auch die Arbeiten des Mannes besitzen, der somit ganz und gar in Wierzchownia sein wird.

Ihre drei Briefe, nacheinander gelesen, tränkten meine Seele mit den reinsten und süßesten Empfindungen, so wie das heimische Wasser der Seine meinen Körper erfrischte, und das Verlangen, diese mit Ihrer anbetungswürdigen kleinen Handschrift gefüllten Seiten zu überfliegen, war noch viel größer als das, mich auszuruhen.

Indessen habe ich eine ungeheuer schöne Reise gemacht; es war gut, sie zu unternehmen. Aber es war wie unser wilder Rückzug aus Rußland, wohl dem, der die Beresina gesehen hat und noch heil und gesund auf beiden Beinen steht. Ich habe den St. Gotthard bei 15 Fuß Schnee auf Pfaden überquert, wo nicht einmal die hohen Pfähle, die die Straße begrenzen, sichtbar waren und die über die Wildbäche gespannten Brücken genauso wenig auszumachen waren wie die Wildwasser selbst. Ich wäre trotz der elf Führer mehrere Male beinahe umgekommen. Den St. Gotthard habe ich um ein Uhr morgens bei herrlichem Mondschein erklommen, ich habe den Sonnenaufgang auf den Schneefeldern erlebt, das muß man einmal in seinem Leben gesehen haben; ich bin so schnell abgestiegen, daß ich in einer halben Stunde einen Übergang von 25 Grad Kälte, die auf dem Gipfel herrschten, auf ich weiß nicht wieviel Grad Wärme im Tal der Reuß erlebte. Mich schauderte vor der Teufelsbrücke, und gegen vier Uhr fuhr ich über den Vierwaldstättersee. Sie sehen, ich habe darauf verzichtet, über Bern und Neuchâtel zu reisen. Ich bin über Luzern und Basel zurückgekehrt. Ich hatte die Route durch das Tessin und über Como gewählt. Ich dachte, auf dieser Strecke Zeit und Geld zu sparen und habe ganz im Gegenteil von beidem ungeheuer viel verschwendet; aber ich habe etwas bekommen für mein Geld; es ist eine großartige Reise, ich muß sie noch einmal im Sommer unternehmen, um diese Pracht unter einem anderen Blickwinkel zu sehen. So war meine Exkursion also wie ein Traum, aber ein Traum, in dem das Gesicht meines treuen Gefährten[1] stets zugegen war, den ich Ihnen gegenüber bereits erwähnt habe und den zu sehen, mir soviel Vergnügen bereitet hat und der nie unter der Kälte litt.

Nun bin ich wieder zu meiner Arbeit zurückgekehrt, ich werde Schlag auf Schlag *César Birotteau, La Femme supérieure* und *Gambara* veröffentlichen, werde *Verlorene Illusionen* und anschließend *La Haute Banque* und *Les Artistes* vollenden. Danach werden wir in die Ukraine eilen, wo ich vielleicht das Glück habe, ein Theaterstück zu verfassen, das meinen finanziellen Nöten ein Ende machen wird. So sieht mein Schlachtplan aus, *cara contessina*.

1 Gemeint ist das Medaillon mit dem Porträt von Madame Hanska, das er bei sich hat.

[Donnerstag,] 11. Mai

Ich war ziemlich selbstsüchtig, ich habe angefangen, von mir selbst zu sprechen, wobei ich Ihnen auf die Dinge antworten wollte, die mich in Ihren Briefen betroffen gemacht haben, und ich muß Ihnen zuallererst sagen, wie glücklich ich war, Sie von dem bejammernswerten und schwierigen Metier der Krankenpflegerin befreit zu sehen, das Sie so mutig und so geschickt ausgeübt haben. Sie haben mir den Vorwurf gemacht, unerbittlich zu sein, der mir hinsichtlich eines Satzes sehr zutreffend erschien. Dieser Satz, das müssen Sie mir glauben, war nur Ausdruck meines Verlangens, Sie als vollkommen zu betrachten, aber vielleicht war mein Verlangen unsinnig, vielleicht bedarf ein Charakter ja einiger Gegensätze. Wie dem auch sei, ich werde mich nicht mehr beklagen, selbst wenn Sie mich ungerechterweise angreifen, weil ich denke, daß eine so aufrichtige und langwährende Zuneigung wie die unsere ohnehin nur an der Oberfläche erschüttert werden kann.

(...)

*

[Paris, Mittwoch,] 31. Mai [- Samstag, 3. Juni 1837]

Ich empfange in diesem Augenblick Ihren Brief (Nr. 28) vom 12., den Sie geschrieben haben, nachdem Sie meinen aus Florenz erhalten hatten; aber haben Sie etwa nicht auch einen in Sion aufgegebenen Brief bekommen, den ich gar nicht als richtigen Brief zählen will, weil er nur 15 Zeilen auf einer Seite umfaßte. Es verhält sich wohl so, daß man das Geld für die Beförderung behalten und den Brief gelesen oder einfach verbrannt hat. Mein Gott, wie mich das erzürnt! Ich, der ich nur deshalb in Sion angehalten habe, um zu schreiben! Sie hätten diese Postsendung in den ersten Märztagen erhalten müssen. Sprechen wir nicht mehr davon. Ich bewundere das Ausmaß Ihrer Intelligenz im Hinblick auf die Person, von der ich Ihnen aus Florenz berichtete, die Tatsachen, die Sie erstaunt haben, haben mich erst später in Erstaunen versetzt! Aber wie Ihr Brief mich betrübt! Zwischen den religiösen Ideen, die Sie darin zum Ausdruck bringen, herrscht eine tiefe Traurigkeit, es scheint, als hätten Sie jede Hoffnung auf Erden verloren. Sie fordern mich auf, Ihnen Vertraulichkeiten mitzuteilen wie meiner besten Freundin, als teilte ich Ihnen nicht schon mein ganzes Leben mit. Ich habe Ihnen viel zu oft meine Ängste anvertraut, und das hat Ihnen nur weh getan.

Dieser Brief ist im falschen Augenblick eingetroffen; er hat auf seltsame Art und Weise den dumpfen Schmerz verstärkt, der an mir nagt und mich noch töten wird. Ich bin achtunddreißig Jahre alt und stecke bis über beide Ohren in Schulden, meine Situation ist voller Unsicherheit; kaum nehme ich mir zwei Monate Zeit, um meinen Kopf frei zu bekommen, schon bereue ich es wie ein Verbrechen, wenn ich sehe, was alles an

Unglück aus meiner Untätigkeit erwächst. Dieses unsichere Leben, das in der Jugend ein Ansporn sein kann, wird in meinem Alter eine erdrückende Bürde. Mein Kopf bedeckt sich zunehmend mit weißem Haar, und das einzig Erfreuliche, was sich in dieser Hinsicht sagen läßt, ist, daß ich die Hoffnung zu gefallen aufgeben muß. Das reine, stille, sichere Glück, für das ich gemacht war, entflieht mir, und ich habe nichts anderes gekannt als Sorgen und Widrigkeiten und dazwischen einige Lichtstreifen am Horizont.

Meine Arbeiten treffen auf wenig Verständnis, werden wenig geschätzt; sie dienen der Bereicherung Belgiens[1] und lassen mich in tiefem Elend zurück. Die einzige Freundin, die auftauchte, als mein Leben begann, und die mir eine wahre Mutter war, ist in den Himmel zurückgeflogen; und Sie, Sie sagen mir, daß uns ebenso viele unterschiedliche *Vorstellungen* wie Meilen trennen, und Sie raten mir ab zu kommen. Ihr Brief hat mir sehr weh getan. Glauben Sie mir, in den religiösen Vorstellungen gibt es nun einmal eine bestimmte Richtlinie, oberhalb derer alles als lasterhaft gilt. Sie wissen, welchen Glaubensgrundsätzen ich anhänge, ich bin keineswegs orthodox und glaube nicht an die römische Kirche; ich finde, wenn es etwas gibt, das Gottes Plan würdig ist, dann sind es die Verwandlungen, die das menschliche Wesen in unbekannte Gefilde aufbrechen lassen, und dieses Gesetz gilt sowohl für die niederen als auch die höheren Geschöpfe. Meine Religion ist der Swedenborgismus, der nichts anderes ist als eine Wiederholung althergebrachter Ideen im christlichen Sinn, für mich noch gesteigert durch die Unfaßbarkeit Gottes. Dies bedeutet, und ich sage Ihnen das, weil ich weiß, daß Sie so römisch-katholisch sind, daß nichts Ihr Denken beeinflussen kann, daß ich klarer, als Sie es tun, sehen kann, was Ihre Lossagung von den irdischen Dingen verbirgt, und sie beklagen muß, da sie auf falschen Vorstellungen beruht. Um mich zu trösten, mußte ich einen Brief wieder lesen, in dem Sie mir gesagt haben, daß Sie Sie selbst sein wollten, sich so geben wollten, wie Ihnen zumute sei in ihren melancholischen, frommen oder frühlingshaften Stunden.

1 Die belgischen Nachdrucke seiner Werke waren mittlerweile sehr zahlreich, und er mußte in Italien feststellen, daß seine ausländischen Bewunderer ihn zumeist in belgischen Editionen lasen, die ihm keinen Sou einbrachten.

[Donnerstag,] 1. Juni

Dieser Brief hat tiefe Spuren bei mir hinterlassen, und ich wüßte nicht zu sagen, was ich empfunden habe, als ich die Stelle las, an der Sie Ihre Lektüre in eine weltliche und eine religiöse aufteilen. Es liegen Welten zwischen Ihrem vorletzten Brief und diesem hier; Sie haben den Schleier genommen. Ich bin todtraurig.

[Freitag,] 2. Juni

Ich hatte *La Femme supérieure* so angelegt, daß sie in 4 Tagen fertig sein konnte, und jetzt ist es mir unmöglich, auch nur eine einzige Zeile zu schreiben, es kommt mir vor, als hätten meine Fähigkeiten nachgelassen. Ich hatte meine Mutter davon überzeugt, zwei Jahre in der Schweiz zu verbringen, um ihr hier das Schauspiel meines Kampfes zu ersparen, dessen siegreiches Ende ich auf diesen Zeitpunkt vertagt hatte; aber nun ist sie krank. Zwei Neffen aufzuziehen, meine Mutter zu unterstützen und mein Schaffen, das mir unzulänglich erscheint, das ist die eine Seite meines Lebens, fortwährende Ungerechtigkeit, anhaltende Verleumdungen, Verrat von Freunden, das ist die andere. Die

Notlage, in die mich Werdets Bankrott stürzt, sowie mein neuer Vertrag liefern mich dem schlimmsten Elend aus, das ist eine weitere Seite meines Lebens; eine andere die literarischen Schwierigkeiten, bei dem, was ich gerade schreibe und der Fortgang meiner Arbeit; ich werde aus allen 4 Himmelsrichtungen zugleich unter einem schmerzhaften Druck verschlissen. Wenn meine Seele je die elfenbeinerne Pforte, durch die sie sich ins Land der Illusionen, der Träume vom Glück geflüchtet hat, verschlossen findet, was soll dann werden? Die Einsamkeit! Ein Abschied von der Welt. Es ist peinigend für den, der nur durch das Herz lebt, nur noch durch den Verstand leben zu können.

Wenn Sie diesen Brief erhalten, wird mein Porträt von Boulanger bereits unterwegs sein, denn es wird noch diese Woche verpackt. Ich wollte es schon rollen lassen, aber der erfahrene Farbenhändler und Gemälderestaurator, an den ich mich wandte, hat mir versichert, daß es in einer viereckigen Kiste von der Größe des Bildes, ohne Schaden zu nehmen, ankäme. Sie werden nach dem Urteil verschiedener Maler ein schönes Kunstwerk ihr eigen nennen. Vor allem die Augen sind gut gelungen, allerdings zeigen sie eher den allgemeinen psychischen Ausdruck des Arbeitenden als die liebende Seele des Individuums; Boulanger hat den Schriftsteller gesehen und nicht die Schwäche des Einfaltspinsels, den man immer hinters Licht führen wird, nicht die Nachgiebigkeit angesichts der Not des Nächsten, die zu all meinem Unglück führt, weil ich den Schwachen die Hand gereicht habe, die in den Abgrund des Unglücks gefallen waren. Weil ich 1827 einem Buchdrucker gefällig sein wollte, finde ich mich 1829 von 150 000 Francs Schulden niedergedrückt und ohne Brot auf einem Dachboden hausend wieder; 1833 dann, gerade als es so aussah, als brächte meine Feder genügend ein, um meinen Verpflichtungen nachzukommen, binde ich mich an Werdet, will ihn zu meinem alleinigen Verleger machen und aus meinem Wunsch heraus, seine Geschäfte erblühen zu lassen, unterzeichne ich Verbindlichkeiten, so daß ich mich 1837 noch immer vor 150 000 Francs Schulden sehe und seinetwegen von der Schuldhaft bedroht bin, die mich dazu zwingt, mich zu verstecken. Unterdessen mache ich mich zum Don Quichotte der Schwachen, ich hoffe, Sandeau Mut einzuflößen, indem ich für diesen Kerl 4 bis 5000 Francs ausgebe, mit denen manch anderer hätte gerettet werden können. Ich muß zwischen der Welt und mir eine Schranke errichten; ich muß mich damit zufrieden geben, etwas zu schaffen, ohne mich zu verausgaben, und einen engen Kreis um mich ziehen, auch wenn es mir schwerfällt.

[Samstag,] 3. Juni

Gestern habe ich meine 3 Bediensteten entlassen! Auguste, den Sie gesehen haben, bleibt mit einem Lohn, den die neuen Verleger, der Buchdrucker und ich aufbringen, er wird meine Druckfahnen hin und her tragen. Ich werde sehen, ob ich meine Wohnung in der Rue des Batailles aufgeben kann; die in der Rue Cassini ist bis zum 1. Oktober dieses Jahres bezahlt. Ich muß zu dem Leben zurückkehren, das ich in der Rue de Lesdiguières geführt habe: mit wenig auskommen und immerzu arbeiten. Ach, hätte ich doch eine Familie! Vielleicht werde ich mich in einem Dorf in der tiefsten Touraine niederlassen. In einer Pariser Mansarde zu leben, ist noch immer gefährlich.

Wenn man pro Jahr 3 Werke wie *Die Lilie* zugrunde legt, muß ich noch 7 Jahre arbeiten, und ich bin dann

45 Jahre alt, wenn mein Werk in groben Zügen entworfen und der Rahmen mehr oder weniger ausgefüllt sein wird. Mit 45 ist man nicht mehr jung, zumindest nicht, was das Äußere angeht und will man einige schöne Tage für sich haben, muß man in die Eisgefilde tiefer Einsamkeit eintauchen.

Mein Geist ist nicht ruhig genug, um mich an ein Theaterstück zu machen. Ein Bühnenstück ist zugleich das einfachste und schwierigste Werk für den menschlichen Geist: entweder ist es wie deutsches Spielzeug oder wie eine unsterbliche Statue, ein Hanswurst oder Venus, *Der Menschenfeind* und *Figaro* oder *Die Kameraderie* [von Scribe] und *Der Turm von Nesle*[von Dumas]. Die erbärmlichen Melodramen von Hugo stoßen mich ab. Ich würde einen ganzen Winter in Wierzchownia brauchen, um ein Stück richtig zu bauen. Und ich habe noch 4 Monate erdrückende Arbeiten, ehe ich weiß, ob ich das Geld haben werde und wann ich es haben werde und wie ich es haben werde.

Vielleicht fasse ich einen jener großen Entschlüsse, die das Leben wie einen Handschuh umstülpen. Das ist sogar sehr wahrscheinlich. Vielleicht werde ich gar von der Literatur ablassen, um reich zu werden und mich ihr erst danach wieder zuwenden, wenn es mir gefällt. Ich denke seit Tagen darüber nach.

Sind Sie es nicht leid, mich mein Lied in allen möglichen Tonarten singen zu hören? Diese fortwährende Egomanie eines Mannes, der nur um sich selbst kreist, sind Sie dessen nicht überdrüssig? Sagen Sie es ruhig; denn nach Ihrem Brief zu urteilen, scheinen Sie mir geneigt, mich als armen Wicht hinzustellen, der nichts anderes kennt als das *Vaterunser* und immerzu dasselbe herunter betet.

Cara, ich halte Florenz für eine große Dame, eine

schöne Stadt, die den Geist des Mittelalters atmet; aber ich habe Ihnen ja schon gesagt, daß für mich Venedig und die Schweiz einzigartig und unvergleichlich sind. Ich habe es nicht gewagt, Ihnen etwas Schlechtes über Ihre Büste zu sagen, denn Sie hat mir zuviel Freude bereitet. Was den Mund angeht, sollten Sie sich nicht über Bartolini beschweren; er hat ihn schön und wahrheitsgetreu nachgebildet. Ihr Mund ist eine der lieblichsten Schöpfungen, die ich kenne; er hat tatsächlich diesen Ausdruck, den ihm Ihre Tante und andere zum Vorwurf machen; aber dies trifft nur die Oberfläche. Ohne Ihren Mund, wäre Ihre Stirn wie die eines Wasserköpfigen. Es herrscht ein genaues Gleichgewicht zwischen Gefühlen und Gedanken, zwischen Herz und Hirn; vor allem in dem Ausdruck, dem man Ihrem Mund vorwirft, liegt eine unglaubliche Noblesse und eine unermeßliche Sanftheit, zwei Attribute, die Sie für denjenigen, der Sie gut kennt, anbetungswürdig machen. Niemand hat besser als ich Ihren Kopf und Ihr Gesicht untersucht; das letzte Mal, daß ich Sie mit der nötigen Kaltblütigkeit studieren konnte, das war bei Daffinger[1], und erst da habe ich in Ihren Lippen leise Anzeichen eines grausamen Feuers gefunden. Erschrecken Sie nicht über diese beiden Wörter, sie weisen nur auf das hin, was Ihrem Mund diesen Ausdruck verleiht, den die beiden Damen beklagt haben; aber diese Züge werden durch Ihre Güte im Zaum gehalten. Sie haben im ersten Moment etwas Ungestümes, doch dann treten sogleich Überlegung, Güte, Sanftheit und Noblesse hinzu. Auch betrachte ich diese Dinge nicht als Makel. Dieser erste Eindruck hat seinen Grund, den ich Ihnen in Wierzchownia am Kaminfeuer enthüllen werde, sollten Sie je erwägen, mich danach zu fragen, und ich liefere Ihnen die Beweise für das, was ich über Sie sage, sogar mit

Beispielen, die ich dem entnehme, was ich Sie in Wien habe tun sehen; in der Angelegenheit *des Briefes* zum Beispiel, der in dieser Erregung geschrieben wurde. Wären Sie übrigens ausschließlich gut, wären Sie ein Schaf, was zu fade wäre.

Nun denn, Leben Sie wohl, *cara*; ich werde Ihnen noch am selben Tag schreiben, an dem das Porträt abgeschickt wird, damit Sie die Zeit abschätzen können, die es bis zu Ihnen brauchen wird, und somit werde ich Ihnen also in ein paar Tagen schon wieder schreiben. Jetzt wollte ich nur Ihren Brief beantworten. Leben Sie wohl; *trotz alledem* tausend Zärtlichkeiten, denn ich habe schon vor langer Zeit für Sie den Leitspruch der Chouans übernommen. Auf bald. Tausend Nettigkeiten für die nette Anna, für ihre Gedanken und für sie selbst. Ich werde noch diese Woche an Monsieur de H[anski] schreiben.

1 Balzac enthüllt hier, daß er die Miniatur von Daffinger in seiner Gegenwart im Mai 1835 in Wien hat anfertigen lassen.

*

[Sèvres, Dienstag, 10. Oktober - Donnerstag, 12. Oktober 1837]

Sèvres, 10. Oktober

Jetzt ist schon einige Zeit vergangen, ohne daß ich Ihnen geschrieben habe, und ich habe ein so stürmisches Leben geführt, daß ich nicht mehr weiß, ob ich Ihnen nach meiner Rückkehr aus der Touraine und nach meiner Genesung geschrieben habe, daß ich wieder hergestellt bin und daß mir an der Lunge nicht das geringste fehlt. Um mich der Reichweite eines unmöglichen Gesetzes, das für die Nationalgarde des Departements Seine erlassen wurde, zu entziehen, mußte ich die Rue Cassini und die Rue des Batailles aufgeben und Paris offiziell verlassen, das heißt, auf 3 Rathäuser laufen und erklären, daß ich aus der Hauptstadt wegzöge und mich hier in Sèvres häuslich niederließe. Halten Sie also fest, daß Sie ab diesem Brief die Ihren an *Monsieur de Surville, rue Ville-d'Avray in Sèvres, Seine-et-Oise* adressieren müssen. Denn ich muß meine Briefe noch einige Monate lang unter diesem Namen in Empfang nehmen, damit meine Anschrift nicht bei der Post bekannt wird, zuallererst aus Gründen der Geheimhaltung, das heißt wegen Werdets Bankrott und der Nachstellungen, die sich daraus für mich ergeben und die ich erdulden muß, bis ich das Geld habe, das es zu zahlen gilt, und dann, um der großen Anzahl von Briefen zu entgehen, mit denen mich Unbekannte beiderlei Geschlechts überhäufen. Ich habe hier ein kleines Stück Land von ungefähr vierzig Ruten gekauft, auf dem mein Schwager mir ein Häuschen erbauen lassen wird, wo ich mich solange aufhalten werde, bis das Glück mir hold ist und wo ich für immer bleiben werde, falls ich weiterhin am Bettelstab gehe. Sobald es gebaut ist und ich eingezogen bin, was nächsten Januar der Fall sein dürfte, werde ich Ihnen Bescheid geben, und Sie werden mir dann unter meinem Namen und unter dem meiner armseligen Klause schreiben können, der *Les Jardies* lautet, wie der der Gegend, wo ich mich niederlassen werde wie ein Wurm auf einem Salatblatt. Die Ländereien rund um Paris sind so aufgeteilt, daß es nötig war, mit 3 Bauern zu verhandeln, um diese Parzelle von 40 Ruten zusammenzubekommen, obwohl eine Rute nicht mehr als 18 Fuß im Quadrat umfaßt. Ich befinde mich hier in einer Entfernung, die es mir erlaubt, innerhalb von 2 Stunden in Paris zu sein. So kann ich ins Theater gehen und rechtzeitig nach Hause zurückkehren. Ich bin in Paris und doch wieder nicht. Es gibt weder ausufernde Zölle noch Steuern, das Leben hier ist ausgesprochen billig, und sobald ich über 1 000 Francs im Monat verfüge, werde ich mir einen Wagen leisten können. Außerdem werde ich dieser ständigen Inquisition entgehen, die jeden Schritt, den ich tue, und jedes Wort, das ich sage, öffentlich macht. Ich werde niemanden aufsuchen und niemanden empfangen. Und schließlich werde ich, anstatt 20 000 Francs im Monat auszugeben, um bei anderen zu logieren, sie lieber in mein Haus stecken, und nichts wird mich von hier vertreiben können. Sie können sich gar nicht vorstellen, wie sehr ich die Seßhaftigkeit liebe. Beständigkeit ist einer der Eckpfeiler meines Charakter

Sie verstehen sicher, daß diese Unrast mir keine Minute Zeit für mich selbst gelassen hat, ich habe hundert Häuser rund um Paris besichtigt, stand wegen einiger in Verhandlungen, war einen Monat lang rund um Paris unterwegs, um schließlich das zu finden, was ich wollte, genau an der Grenze der Departements Seine und Seine-et-Oise; ich hätte beinahe eines gekauft, aber nachdem ich mich davon überzeugt hatte, daß ich alles in allem 20 000 Francs für Reparaturen und Ausstattung ausgeben müßte, um dort einzuziehen, habe ich die Entscheidung getroffen, lieber ein Stück Land zu erwerben und zu bauen, denn ein Haus, nach meinem Gusto gebaut, wird keine 12 000 Francs kosten, und der Grund mit dem Bauernhaus wird auf nicht mehr als 5 000 Francs kommen. Rechnet man für die Innenausstattung 3 000, so wird es mich 20 000 Francs kosten, und wenn man 5 000 Francs für Unvorhergesehenes beiseite legt, macht das zusammen 25 000 Francs[1] statt der 1 200 Francs Miete, und die Annehmlichkeit, seine eigene Hütte zu haben und keinen Verdruß mit dem Lärm, denn ich grenze an den Parc de Saint-Cloud. Ich habe die Rue des Batailles noch ein paar Monate als Möbellager behalten, solange bis ich fertig eingerichtet bin.

Ich beeile mich, Ihnen zu schreiben, denn morgen mache ich mich daran, *Das Bankhaus Nucingen* oder *La Haute Banque* für *La Presse* zu schreiben. Das sind noch ungefähr 50 Spalten, die ich bis Ende des Monats ausgebrütet haben muß und dann... dann wird meine Feder frei, denn meine Verleger haben mit dem verblichenen *Figaro*, der wieder aus seiner Asche auferstehen wird, einen Vergleich geschlossen, und ich habe das 3. Zehent beendet. So wird meine Feder um den 1. November herum niemandem mehr etwas schulden, und ich werde meinen neuen Vertrag mit der Veröffentlichung von *César Birotteau* antreten; aber da er kaum vor Januar erscheint und man mir zwei weitere Monate Zeit gegeben hat, werde ich vor März kein Geld erhalten. Meine verzweifelte Lage dauert also noch ein halbes Jahr an, und das ist wirklich entsetzlich.

Durch meine Krankheit habe ich sechs unersetzliche Wochen verloren. Ich denke noch immer, für den Fall, daß ich noch mehr in Schwierigkeiten gerate, drei Monate lang bei Ihnen Zuflucht zu suchen, ich hebe mir diesen Plan als meinen letzten Rettungsanker auf, und ich bereue es bereits sehr, ihn nicht schon durchgeführt zu haben, denn wenn man mich auf Reisen wähnt, warten alle und keiner sagt etwas, und wenn ich mit ein oder zwei Theaterstücken zurückkäme, wären alle meine Geldangelegenheiten geregelt. Aber das kann ich erst machen, nachdem ich meine Schreibschulden abgegolten und meinen neuen Verlegern ein Werk geliefert habe, was mich bis Februar aufhält, falls bis dahin mein Haus überhaupt fertig ist und ich schon eingezogen bin.

Ich kann Ihnen gar kein Bild von dem Wirbel vermitteln, in dem ich mich seit sechs Wochen befinde, und von dem Durcheinander in meinem sonst so friedlichen Dasein. Die ganze Zeit hieß es Druckfahnen lesen und arbeiten. Sie in Ihrer Ukraine, wo jeder sein eigenes Haus hat, wissen ja nicht, was ein Umzug in Paris bedeutet, den nichts besser beschreibt als dieses Sprichwort: *Drei Umzüge sind wie ein Großbrand.* Während dieser Wirren und Unannehmlichkeiten habe ich nur zwei Freuden erlebt, und das sind Ihre beiden Briefe, auf die ich in einigen Tagen antworte, denn ich habe sie mit ihren Vorgängern gemeinsam in ein wertvolles Kästchen gelegt und zu meiner Schwester gebracht, damit sie beim Möbelrücken nicht zwischen die Stühle geraten, und ich habe sie noch nicht wieder bei mir. Ich glaube, ich habe Ihnen einiges zu entgegnen.

Ich gehe wahrscheinlich nicht mehr ins Italiens, und ich versichere Ihnen, daß dies einen großen Verzicht bedeutet, denn allein die Musik verschafft mir Zerstreuung, und ich weiß nicht, wie ich künftig meine Seele laben soll. Es bleibt mir nur noch die Betrachtung der blauen Meere der Hoffnung, und ich weiß nicht, ob es nicht ein Schmerz ist, der angenehm ist, aber nicht weniger schmerzt, mit ausgebreiteten Flügeln über dieser Unendlichkeit zu schweben, die zurückweicht, sobald man sich zu ihr aufschwingt.

Ich hatte viel Kummer, seit ich Ihnen zuletzt geschrieben habe. In der Krise, in der ich derzeit stecke, hat mich alle Welt gemieden wie einen Aussätzigen. So bin ich nun ganz allein, aber ich ziehe diese Einsamkeit in meiner Abgeschiedenheit der süßlichen Häme in Paris vor, die man dort Freundschaft nennt. (...)

Ich bin untröstlich zu erfahren, daß Ihr Medaillon in Warschau ist, und kann mir nicht vorstellen, warum es Ihnen nicht bei irgendeiner Gelegenheit geschickt wurde. Es besteht demnach überhaupt keine Verbindung zwischen Ihnen und Warschau? Mittlerweile gibt es ausreichende Gründe, die Person, von der die Rede ist, zu verdächtigen, zumal deren Reise so ganz und gar unerklärlich ist. Ich füge diesem Brief im übrigen ein paar Zeilen für ihn bei, die Sie versiegeln und ihm übersenden mögen, um die Übergabe des Schmuckstücks zu beschleunigen. Ich bitte Sie, schreiben Sie mir kurz, um mich über die Ankunft des *Bildes* in Brody in Kenntnis zu setzen. Es ist schon doppelt soviel Zeit vergangen, wie es hätte brauchen dürfen, und ich bin sehr ungeduldig zu erfahren, ob etwas Ärgerliches auf dem Transport vorgefallen ist. Ich habe keine Nachrichten über die Büste aus Mailand. Diese Italiener sind wirklich sehr sonderbar.

Sie hatten mir geschrieben, daß Sie vielleicht nach Wien führen, dann aber dieses Vorhaben nicht mehr erwähnt. Wenn Sie denn nach Wien kommen, könnte ich Ihnen *die Bibliothek* der Manuskripte dorthin mitbringen, die Ihnen zugedacht ist und die zu transportieren mittlerweile fast schon zu schwierig geworden ist.

Dies ist das erste Mal, daß ich zwei Briefe gleichzeitig beantworte, denn wenn Sie nachzählen, werden Sie sehen, daß ich in meiner Eigenschaft als Schreibender rühriger war trotz alledem, was Sie so schmählich Ihr Geschwätz nennen; wie dem auch sei, ich bin sehr betrübt, wenn ich es missen muß, und jetzt sind es schon vierzehn Tage, daß ich Auguste bei mir eintreten sah, der voll Ehrfurcht das sorgfältig gefaltete Päckchen trug, das von so weit her stammt und doch nichts von der unermeßlichen Weite der Steppen in sich birgt.

Mein Theaterstück, die Komödie in 5 Akten, steht in groben Zügen, aber da Ihr Urteil bereits dazu geführt hat, das anfänglich Geschriebene zu verändern und abzuwandeln, wage ich nicht, Ihnen den derzeitigen Entwurf vorzutragen, denn Ihr Brief wird erst ankommen, wenn er schon ausgearbeitet sein wird, und wenn Sie Einwände haben, werden Sie mich in eine fürchterliche Verlegenheit stürzen. Heißt das nicht vor seinem Kritiker auf die Knie fallen? Sehen sich mich so? Ich falle gern darauf, um Sie zu bitten, dem, was ich Ihnen soeben gesagt habe, keine Bedeutung beizumessen und sich durch nichts davon abhalten zu lassen, Ihre weibliche Schere zu schleifen, um mein dramatisches Gespinst ohne Mitleid zurechtzuschneiden, denn in der Lage, in der ich mich befinde, stellt dieses Stück eine Summe von hunderttausend Francs dar, und ich muß rasch und gekonnt ein Meisterwerk schaffen, oder ich werde untergehen.

Sie kennen Monsieur Prudhomme, diesen von Monnier erfundenen Typus, ich nehme ihn ganz dreist als Vorbild, denn will man den Erfolg beim Schopf packen, darf man nichts Neues schaffen, was es erst durchzusetzen gilt, sondern man muß es machen wie der englische Gesandte mit der Liebe, nämlich alles fertig kaufen. Deshalb zweifle ich nicht mehr an der Hauptfigur; ein Lacherfolg ist mir sicher. Ich muß nur noch Monnier umbringen, damit mein Prudhomme auch der einzige Prudhomme ist; Monnier hat nichts anderes als ein erbärmliches Singspiel mit viel Mummenschanz daraus gemacht, ich hingegen werde einen 5-Akter im Théâtre Français daraus machen.

Prudhomme, als Typus unserer gegenwärtigen Bourgeoisie, als Abbild der Gannerons[2], der Aubés, der Nationalgardisten, dieser mittleren Klasse, auf die sich *il padrone* stützt, ist eine wesentlich komödiantischere Figur als Turcaret, komischer als Figaro, denn sie ist stets aktuell. Hier also das Thema: mit siebenunddreißig

Jahren ist Prudhomme in Leidenschaft zu der Tochter einer Portiersfrau entflammt, einer reizenden Person, die am Konservatorium studiert und dort den ersten Preis gewonnen hat. Sie steht vor einer Laufbahn ähnlich der von Mademoiselle Mars; sie weiß sich vornehm zu benehmen und standesgemäß auszudrücken; sie benimmt sich ganz und gar, wie es sich gehört; sie ist 18 Jahre alt, aber sie hat bereits die Enttäuschung der ersten Liebe hinter sich; sie hat einen Sohn von einem jungen Schüler des Konservatoriums, der sich aus Liebe zu seinem Kind und getrieben von seiner Armut nach Amerika in der Hoffnung geflüchtet hat, dort ein Vermögen zu machen. Paméla hat um ihn geweint, aber sie hat ein Kind am Hals. Der Wunsch, ihr Kind zu ernähren und aufzuziehen, läßt sie Prudhomme ehelichen, vor dem sie ihre Situation verbirgt. Prudhomme hatte schon mit siebenunddreißig Jahren 30 000 Francs Ersparnisse, die er 1815 in den Minen von Anzin anlegte, und seine Aktien sind 1817 bereits 300 000 Francs wert. Das verleitet ihn zur Heirat. Die Hochzeit findet statt. Seine Frau schenkt ihm eine Tochter. Die 1000-Francs-Aktien von Anzin sind 1834 150 000 Francs wert. Das ist die Vorgeschichte, denn das Stück setzt 1834 ein, 18 Jahre danach.

Monsieur Prudhomme hat die Hälfte seiner Aktien in Höhe von 1 500 000 Francs abgestoßen und den Rest behalten, er ist zum Spekulanten geworden, und da er es nur mit Dummköpfen zu tun hat, ist er mit Hilfe der Ratschläge seiner Frau reich geworden, die eine engelsgleiche, eine vorzügliche Frau ist, voller Schicklichkeit und Anstand. Die Schauspielerin hat es verstanden, die Rolle einer wohlanständigen Frau zu spielen. Ihre Anhänglichkeit an ihren Gatten wird beflügelt durch die praktischen Qualitäten dieses lächerlichen Mannes und durch die Leidenschaft, die dieser für sie empfindet, sowie durch das Glück, das er ihr durch sein Vermögen spendet; und sie wird gesteigert durch die bis zum äußersten gehenden mütterlichen Gefühle, die Paméla ihrem ersten Kind entgegenbringt; denn dank des Vermögens konnte sie es aufziehen und ihm von unsichtbarer Hand seinen Lebensunterhalt zukommen lassen, und schließlich hat sie es sogar bei sich aufgenommen, ohne daß ihr Mann den geringsten Verdacht hegte. *Adolphe* ist ein höherer Angestellter, und die arme Mutter hat ihre schreckliche Rolle so sorgfältig gespielt, daß niemand, nicht einmal Adolphe selbst, eine Ahnung von der unermeßlichen Liebe hat, die ihn umfängt. Monsieur Prudhomme hat Adolphe sehr gern. Mademoiselle Prudhomme wiederum ist siebzehn, und das Stück trägt den Titel *Le Mariage de Mademoiselle Prudhomme*. Monsieur Prudhomme, der über ein Vermögen von 15 Aktien der Minen von Anzin verfügt und über ein Haus im Wert von über zwei Millionen, sowie Besitzer von Immobilien ist, muß seine Tochter mit einer Mitgift von fast einer Million ausstatten, seine Tochter ist also mit einer Million und dem, was sie sonst zu erwarten hat, eine der reichsten Partien überhaupt.

Sie müssen wissen, daß Adolphe ein fröhlicher, lebensbejahender, mit seiner Lage zufriedener Jüngling ist, der glücklich darüber ist, weder Vater noch Mutter zu haben und sich über sie keine Gedanken macht. Hierin besteht die entsetzliche Tragödie zwischen Mutter und Sohn, denn die arme Madame Prudhomme stirbt zwanzig Tode am Tag wegen der Gleichgültigkeit ihres Sohnes seiner Mutter gegenüber und wegen einer Fülle von Charakterzügen, die man unmöglich erklären kann, darum dreht sich das ganze Stück. Das Vermögen von Mademoiselle Prudhomme hat einen jungen Notar angelockt, der seinem Vorgänger einen Abstand schuldet, auf dessen Bezahlung dieser begierig wartet. Der ehemalige Notar ist ein Freund Prudhommes, der seinen Nachfolger in dessen Haus eingeführt hat. Die Zuneigung Madame Prudhommes für Adolphe ist dem Auge des alten Notars nicht entgangen, der glaubt, daß Madame Prudhomme ihm ihre Tochter zugedacht hat, und er öffnet nun Prudhomme die Augen über die Liebe Madame Prudhommes zu Adolphe. So wird die Frau ungerechterweise eines vermeintlichen Fehlers bezichtigt und weiß sich nicht zu rechtfertigen. Die Komik entsteht, Sie ahnen es, aus dem *Pathos* Prudhommes und aus all seinen Bemühungen, seine Frau umzustimmen. Seine Frau nimmt diesen einzigartigen Kampf auf und gibt vor, schuldig zu sein, um ihren Mann zum Schweigen zu bringen, was übrigens eine Spöttelei ganz im Stile Molières ist; aber sie sieht, woher dieser Schlag kam, sie treibt Ihr Spiel mit den beiden Notaren und von ihnen bedrängt, zeigt sie ihnen die Schändlichkeit ihres Verhaltens auf und erklärt, daß sie ihre Tochter keinem Mann geben wolle, der imstande ist, die Ehre der Mutter zu beschmutzen, um die Tochter zu erobern; die Notare sind gezwungen, Prudhomme gegenüber das Gesagte zu widerrufen, und die Mutter ist gezwungen, sich von ihrem Sohn zu trennen, um ihrem Ehemann seinen Frieden zu verschaffen.

Das ist in groben Zügen das Stück, denn Sie werden sich vorstellen können, daß es eine Unmenge von Situationen, von Szenen und Winkelzügen gibt. Die Bediensteten sind darin verwickelt. Es ergibt sich ein Abbild des heutigen Bürgertums, es kommt zur Rückkehr von Adolphes Vater, der das Ganze erst kompliziert und schließlich die Lösung des dramatischen Knotens herbeiführt, es gibt den schrecklichen Auftritt von Prudhomme, der, um sich über die Gefühle seiner Frau Gewißheit zu verschaffen, vorgibt, den Bruder und die Schwester miteinander verheiraten zu wollen, und sich gegen das Entsetzen seiner Frau wappnet; hier liegt das ergiebigste Thema, eine große Spötterei über Menschen und Dinge durch Übertreibungen Prudhommes. Madame ist eine Célimène des Bankgewerbes, sie verkörpert den wahren Charakter unserer heutigen Frauen; aber das Stück ist vor allem eine scharfsinnige Moralsatire, Prudhomme, sein vermeintliches Unglück hinnehmend, von der Überlegenheit seiner Frau besiegt, ist eine Figur, die bislang auf der Theaterbühne fehlte. Das von der üblen Nachrede der beteiligten Personen so vollständig getrübte und von ihnen selbst schließlich wieder bereinigte Glück hat einen angemessenen Ton von Komik. Mademoiselle Prudhomme heiratet gar nicht. Was die Wahrscheinlichkeit angeht, erscheint Ihnen dies alles gewiß unschlüssig, aber es ist höchstens so unschlüssig und verwirrend wie es *Der Menschenfeind* auch ist, dessen Inhalt in zehn Zeilen paßt. Die Rolle der Madame Prudhomme, die 40 Jahre alt ist, kann von keiner anderen als Mademoiselle Mars gespielt werden und mit ihrer stummen, in jedem Augenblick überwältigenden Mütterlichkeit, wird sie großartig sein.

Ecco, cara, die Karte, auf die ich meine ganze Zukunft setze, denn ich habe nur noch diese Chance, da es um den Buchhandel so erbärmlich steht, und sollte unsere große Sache fehlschlagen, möchte ich wenigstens ein Trostpflaster besitzen. Ich werde nicht nur dieses Stück verfassen, sondern ich will gleichzeitig zwei weitere schreiben, um wenigstens die Einnahmen von zwei Theatern zu haben.

Addio. Sobald ich einige eilige Besorgungen gemacht habe, werde ich Ihnen noch vor dem ersten November schreiben; aber ich bitte Sie, vergessen Sie mich nicht und setzen Sie Ihren Bericht über ihr beschauliches ukrainisches Leben für mich fort. Unter meinem Fenster sind allerlei Blumen, darunter Dahlien, Pflanzen, die mich an ihre Gärten denken lassen. Wenn ich das Buch aufschlage, in dem ich alle Einfälle für meine Werke aufgeschrieben habe und manches mehr, stoße ich immer wieder auf *Je serai Richelieu pour te conserver,* das ist in dem großen Park meiner Ideen die Blume, die ich am meisten mit den Augen liebkose. Haben Sie Nachsicht mit dem armen 3. Zehent, von dem 1/3 im Hôtel de l´Arc in Eaux-Vives geschrieben wurde. Ganz gewiß nimmt *Berthe la repentie* jetzt am meisten Raum innerhalb der *Hundert Geschichten* ein. Ich beschwatze Sie mit all meinen armseligen Gedanken; mein Leben ist so öde, und es gibt so viele Enttäuschungen, neuerlichen Verrat und Verdruß, daß ich es gar nicht wage, Sie über mein materielles Leben zu unterrichten. Es ist zu traurig.

1 Diese sehr bescheidene Schätzung war längst Vergangenheit.
2 Auguste Ganneron war Kerzenfabrikant in Paris und seit 1830 Vorsitzender der Handelskammer. 1844 gründet er das Comptoir Ganneron, eine Diskontbank, zu deren Kunden auch Balzac zählen sollte.

[Donnerstag,] 12. [Oktober]

Die Erzählung ist umgeschrieben und in die Druckerei gebracht worden, und ich kann Ihnen sagen, daß ich sehr glücklich bin, dieses ewig *in der Druckerpresse* liegende Zehent endlich beendet zu haben. Ich habe auf diese Weise noch mancherlei Dinge zu beenden, denn in *Massimilla Doni* fehlt noch ein Kapitel über *Moses,* das ein ausführliches Studium der Partitur verlangt, und da ich dies mit einem ausgebildeten Musiker tun will, bin ich nicht Herr meiner Arbeit. Dann habe ich *La*

Femme supérieure noch mit einem Vorwort, quasi als Halskrause, zu bekränzen und als krönenden Abschluß einen 4. Teil hinzuzufügen, denn die 75 Spalten von *La Presse* ergeben nur einen schmalen Band, daher das Vorwort, und die eine Hälfte des Bands. Sie können sich nicht vorstellen, wie sehr ich dieses Flickwerk, dieses Nachbessern leid bin; ich habe für diese Arbeiten nach dem großen Wurf einfach keine Kraft mehr.

Nun leben Sie denn wohl, obwohl ich keinen Brief von Ihnen erhalten habe, gefällt es mir zu glauben, daß Sie wohlauf sind, daß Sie weder Kummer noch Kranke haben, denn natürlich läßt mich die Verspätung zittern, ich stelle mir vor, daß die Reihe jetzt an Ihnen ist mit dem Kränkeln und daß Sie vielleicht gar leidend sind.

Ich habe, glaube ich, ganz vergessen, Ihnen von Mademoiselle Fauveau zu erzählen, die sich sehr gut an Sie erinnerte. Sie sind so katholisch, daß ihre Schwester aus Glaubensgründen Schwierigkeiten machte, den Sohn von Bautte zu heiraten - den Genfer Juwelier und Millionär, den wir zusammen aufgesucht haben, Sie erinnern sich doch! und dabei leben diese beiden armen Frauen im Elend. Ist so ein starker Glaube nicht imposant? Mademoiselle Fauveau, der ich berichtete, daß viele Leute aufgeschrien hätten angesichts dessen, was ich Madame de Mortsauf vor ihrem Tod sagen ließ, hat sich über diese Unverständigen in einen heiligen Zorn gesteigert, denn sie war voll der Bewunderung für *Die Lilie*. Als ich ihr eröffnete, daß ich die Schmerzensausbrüche der armen Kreatur verändert habe, erwiderte sie mir: - Aber lassen Sie wenigstens: *Ich werde Englisch lernen, um my dee sagen zu können.*

Sie fand darin das katholische Thema gut getroffen, denn es geht um den Kampf des Geistes gegen die Materie.

- Unglücklicherweise, so antwortete ich ihr, scheint es, daß nur wir beide dies begreifen. Sie ist eine reizende Person, aber allzu mystisch und mythisch. Sie hat mich nach San Miniato geschickt, um die ursprünglichen Triglyphen zu besichtigen, die prachtvoll sind und in Beziehung zur Dreifaltigkeit stehen, aber ich habe nichts von all dem gesehen. Nennen Sie mich wegen dieser Blindheit nicht wieder einen *Handelsreisenden*. Ich will gern Reisender sein und nach Ihrem *cara patria* aufbrechen, aber nicht als Händler.

Leben Sie wohl; ich hoffe, dieses kümmerlichen Worte werden Ihnen alles sagen, was ich denke, und ich hoffe, daß Sie nicht an meine Verzweiflung noch an meinen Kummer denken werden, sondern, daß Sie es wie ich halten, nämlich heiter und traurig zugleich, den Kopf zum Himmel erheben, wo ich, seit ich denken kann, die Morgenröte des vollkommenen Glücks erwarte. Zürnen Sie nicht allzu sehr über mein Schweigen, *cara,* denn es gab hier seit meinem letzten Brief weder Ruhe noch Frieden, und obwohl ich wußte, daß es Sie beunruhigen würde, konnte ich mich nicht hinsetzen und schreiben, denn nur ein paar Zeilen schreiben, ist genau das, was ich nicht kann. Lassen Sie mich Ihnen eines Tages an Ihrem Kaminfeuer von diesem Monat erzählen, und Sie werden hören, was sich zugetragen hat. Das sind wahre Romane, die man für die Plauderstunden aufbewahren muß, und der Herr über Wierzchownia wird lachen, als würde ich über meine Feldzüge in China berichten.

Tausend herzliche Grüße an diejenigen, die Sie umgeben, und daß sie ja sanft und gütig zu Ihnen sein mögen, - wo Sie es doch so sehr verdienen,- so wie ich es gern zu Ihnen wäre, zu Ihnen, für die ich nur Zärtlichkeit und Zuneigung empfinde.

1838

Es ist ein wenig fruchtbares Jahr. Es erscheint *La Femme supérieure* (später *Die Beamten*) und *Das Bankhaus Nucingen* sowie *La Torpille* (später der erste Teil von *Glanz und Elend der Kurtisanen*).

Balzac träumt davon, reich zu werden durch Spekulation mit stillgelegten Silberbergwerken auf Sardinien. Auf der Reise im März nach Sardinien besucht Balzac das Geburtshaus Napoleons auf Korsika. In Alghero muß er sich einige Tage lang einer Quarantäne unterziehen. Als er sein sardisches Ziel erreicht, muß er feststellen, daß eine Gesellschaft aus Marseille ihm zuvorgekommen ist und bereits die Schürfrechte für die Minen erworben hat.

Anfang Juni nach Paris zurückgekehrt, erwirbt Balzac weiteres Terrain in Sèvres, und ab Mitte Juli bewohnt er nun seinen dortigen Besitz Les Jardies. Bis zum Ende des Jahres bleibt Balzac ganz in der Pariser Region.

Auch dieses Jahr verbringt Madame Hanska in Wierzchownia.

Frapesle, Issoudun, [Samstag,] 10. Februar [1838]

Ich habe hier [bei den Carrauds] Ihren kurzen Brief Nr. 38 erhalten und in dem Augenblick, da ich ihn lese, werden Sie gewiß den ziemlich umfangreichen Brief haben, in dem meine Befürchtungen und die Bemerkung verständlich werden, auf die Sie mir geantwortet haben. Ich schätze mich sehr glücklich, von Berditschew gemalt zu werden, denn in meiner Sorge über dieses unglückselige Gemälde habe ich nun endgültig den Spediteur verklagt. Ich bin recht neugierig zu hören, was Sie von diesem Werk halten. Es ist heute bei Boulanger ständig so, daß ihm die Raffinesse bei den Rundungen fehlt, daß er den Charakter meiner verborgenen Kraft reichlich übertrieben und mir den Ausdruck eines Haudegens und Prahlhanses verliehen hat. Das jedenfalls sagten mir Bildhauer und Porträtmaler einige Tage vor meiner Fahrt zu einem Diner bei Monsieur de Castellane, der in seinem Haus einige Theaterstücke hat aufführen lassen. Das Verdienst Boulangers liegt im Feuer der Augen und in der Wahrhaftigkeit der körperlichen Konturen sowie im Reichtum der Farben. Trotz der vielen Kritik, die sich nur gegen die allzu große Übereinstimmung der moralischen mit der physischen Seite wendet, sagen alle, daß es sich um eines der bedeutendsten Exemplare der Pariser Schule der letzten zehn Jahre handle, und ich habe gedacht, daß Sie zumindest kein Machwerk in Ihrer Galerie hängen haben würden. Wir werden sehen, was Sie mir dazu sagen.

Ich bin vor Müdigkeit erschöpft bei den Carrauds angekommen; der Körper hat sich inzwischen erholt. Ich werde hier, falls ich kann, den Einleitungsteil fertigstellen, über den ich mit Ihnen gesprochen habe sowie den zweiten Teil der *Verlorenen Illusionen*, der Ihnen so gut gefallen hat.

Ich werde bis Mitte März im Berry bleiben. Man hat mir aus Paris geschrieben, daß *César Birotteau* nach zwei Monaten des Schattendaseins einen außergewöhnlichen Erfolg feiert und daß man trotz der Nichtbeachtung in den Zeitungen und hinterhältiger Freundlichkeiten bestimmter Leute das Buch höher in den Himmel hebt als *Eugénie Grandet*, mit der man so vieles von mir erschlagen hat. Ich erzähle Ihnen von dieser Pariser Nichtigkeit, weil Sie gütigerweise so etwas als ein Ereignis betrachten.

Schreiben Sie mir doch, was Anna zu ihrem Namenstag Freude machen würde, da ich eine Möglichkeit für Riga habe. Riga ist nicht weit von Ihnen entfernt[1], und ich kann Ihnen dann sagen, bei welchem Händler das Kleinod für Ihren Schatz hinterlegt ist. Falls Sie etwa Silbernadeln aus Mailand oder etwas nach Pariser Geschmack haben möchten usw. Und falls schließlich Monsieur de H[anski] zu unserer Gemäldeausstellung noch ein oder zwei wertvolle Stücke benötigt, die gut ausgewählt sind, um seine Sammlung zu mehren, etwas, das eines Tages einen großen Wert haben wird, soll er wissen, daß ich ihm und natürlich auch Ihnen zur Verfügung stehe.

Sie ahnen nicht, wie oft ich an Sie gedacht habe, als ich durch die Beauce und das Berry fuhr, denn beides ist Ihre Ukraine in kleinerem Maßstab. Es sind zwei höher gelegene Ebenen, denn Issoudun liegt 600 Fuß über dem Meer, und es gibt dort nur Kornfelder, auch Wein und Wälder. Aber in der Beauce ist der Boden so wertvoll, daß man keinen Baum pflanzt. Sie werden diese trostlosen Landschaften sehen, wenn Sie eines Tages nach Frankreich kommen, und vielleicht teilen Sie genau wie ich nicht die Empfindungen, die sie den gewöhnlichen Reisenden eingeben.

Ich weiß nicht, ob man mir die Wahrheit sagt oder ob sie dem erzählt wurde, der es mir weitergesagt hat, aber meine Verleger rühmen sich damit, 5 000 Exemplare *Balzac illustré* verkauft zu haben, was hieße, daß wir mit Unterstützung von Zeit und Freunden bald zehntausend verkauft haben dürften. Dann wäre all mein finanzielles Unglück im Jahr 1839 zu Ende. So Gott will!

Kokettieren Sie bitte nicht mit Ihrem 33. Geburtstag, Sie wissen, was ich vom Alter der Frauen halte, und falls Sie zu diesem Thema abermalige Äußerungen von mir hören möchten, werde ich glauben, daß Sie sehr versessen auf Komplimente sind. Es gibt Frauen, die immer jung sind, und Sie gehören dazu, denn die Jugend kommt aus der Seele. Verlieren Sie nie diese unbekümmerte Fröhlichkeit, die zu Ihrer großen Anmut gehört und die bewirkt, daß Sie mit aller Welt laut denken können, und Sie werden lange jung bleiben. Anders als Sie, glaube ich, daß es nur wenige Wolken über dem See Ihrer Gedanken gibt, aber die Unendlichkeit eines blauen Himmels!

Falls Sie mein Bildnis einrahmen lassen, und das sollte sein, lassen Sie es mit schwarzem Samt machen, das ist preiswert, schön und dürfte sehr gut zu den Farben von Boulanger passen. (…)

---

1 Balzac hatte nur ungenaue Vorstellungen von den riesigen Entfernungen in Rußland. Tatsächlich liegt Wierzchownia 800 km Luftlinie entfernt von Riga.

Frapesle, [Freitag,] 2. März [1838]

Cara contessina, ich bin hier, ohne irgend etwas getan zu haben, was von Bedeutung wäre, ich habe mich
ein wenig erholt, das ist alles. Ich war von einer Krankheit befallen, vor der die Liebe voll Abscheu zurück-
schreckt und die durch die mangelnde Qualität des
Wassers verursacht wurde, das hier löslichen Kalk enthält, von daher rührte die völlige Auflösung meiner ze-
rebralen Kräfte, die durch die übersteigerte Reaktion
meiner Nasennebenhöhlen völlig irregeleitet wurden;
wie bin ich arm dran! Was nutzt da schon der Ruhm,
die Schöpfungen des Geistes? Madame Car[r]aud hat
behauptet, ich wiche vor einer Krankheit zurück, aber
ich bin ganz bestimmt nur davor zurückgewichen, eine
Komödie oder einen schlechten Roman zu schreiben.
Ich habe erfahren, daß Georges [sic] Sand auf ihrem
Landsitz in Nohan[t] weilte, nur wenige Schritte von
Frapesle entfernt, und da habe ich ihr einen Besuch abgestattet; so werden Sie auch die beiden gewünschten
Autographen bekommen, heute schicke ich Ihnen das
von Georges [sic] Sand, mit meinem nächsten Brief
werden Sie ein anderes erhalten, gezeichnet Aurore Dudevant; auf diese Weise werden Sie dieses seltsame Tier
in seinen beiden Existenzformen haben, aber es gibt
noch eine 3., und zwar ihren Kosenamen, Doktor
Pif[f]oel[1], sobald ich seiner habhaft werde, schicke ich
ihn. Da Sie ja eine ganz eminent Neugierige oder eine
neugierige Eminenz sind, werde ich Ihnen meinen Besuch schildern.

Ich bin am Samstag vor Fastnacht um halb sieben Uhr
abends im Schloß von Nohan[t] angelangt und habe
den Kollegen Georges [sic] Sand nach dem Abendbrot
am Kaminfeuer in einem riesigen abgelegenen Zimmer

im Schlafrock eine Zigarre rauchend angetroffen. Sie trug hübsche gelbe, mit Fransen verzierte Pantoffel, schmucke Strümpfe und rote Hosen. Soviel zur Kleidung; was das Körperliche anbelangt, so hatte sich ihr Kinn verdoppelt wie das eines Domherrn, sie hat nicht ein weißes Haar und trotz der schrecklichen Schicksalsschläge, die ihr widerfahren, hat sich ihr bräunlicher Teint nicht verändert, ihre schönen Augen sind noch genauso glänzend, beim Nachdenken hat sie noch denselben einfältigen Ausdruck: denn, wie ich ihr sagte, nachdem ich sie studiert hatte, ihr ganzer Charakter liegt in den Augen. Sie ist seit einem Jahr in Nohan[t] und ziemlich traurig; sie arbeitet ungewöhnlich viel. Sie führt mehr oder weniger das gleiche Leben wie ich. Sie geht um sechs Uhr morgens zu Bett und steht mittags auf, ich gehe um sechs Uhr abends zu Bett und stehe um Mitternacht auf; aber ich habe mich selbstverständlich ihren Gewohnheiten angepaßt, und wir haben 3 Tage lang von 5 Uhr abends nach dem Essen bis 5 Uhr morgens geschwatzt, so daß ich sie in diesen 3 Plaudereien besser kennengelernt habe - und umgekehrt - als in den 4 vorhergegangenen Jahren, in denen sie zu mir nach Hause kam, als sie in Jules [Sandeau] verliebt war, und auch mehr als zu der Zeit, als sie mit Musset liiert war, in der ich sie hin und wieder besuchte.

Es war ziemlich nützlich, daß ich sie aufsuchte, denn wir haben uns gegenseitig unsere Ansichten über Jules Sandeau anvertraut. Ich bin der letzte, der sie tadeln wollte, weil sie ihn verließ, heute empfinde ich nur noch tiefstes Mitleid mit ihr, so tief wie Sie es für mich empfinden, wenn Sie erfahren, mit wem wir es zu tun hatten, sie in der Liebe, ich in der Freundschaft. Mit Musset war sie indes noch viel unglücklicher. Sie hat sich jetzt ganz und gar zurückgezogen, die Ehe wie die

Liebe gleichermaßen verdammend, denn sowohl in dem einen als auch in dem anderen Zustand sind ihr nur Enttäuschungen widerfahren. Was ihr an Männlichkeit vorschwebte, war rar, das ist alles. Und es wird sich weiter rar machen, da sie in keiner Weise liebenswürdig ist, und es folglich schwieriger sein wird für sie, geliebt zu werden. Sie ist Junggeselle, sie ist Künstler, sie ist groß und großzügig, aufopferungsvoll, *keusch*, sie hat starke männliche Züge, *ergo* ist sie keine Frau. Als ich jetzt 3 Tage offenen Herzens mit ihr plauderte, erging es mir in ihrer Gegenwart wie einst, als ich auch nicht von dieser oberflächlichen Galanterie befallen wurde, die man in Frankreich und Polen bei allen Frauen an den Tag legen muß. Ich plauderte wie mit einem Kameraden. Sie hat große Tugenden, Tugenden von der Art, wie sie der Gesellschaft gegen den Strich gehen. Wir haben mit aller Ernsthaftigkeit, Redlichkeit, Hellsichtigkeit und Gewissenhaftigkeit die großen Fragen, die der großen Hirten, die die Menschenherde leiten, würdig wären, die gewichtigen Fragen von Ehe und Freiheit erörtert.

Denn wie sie mit ungeheurem Stolz feststellte (ich hätte diesen Gedanken nicht von mir aus gewagt): »Obgleich wir durch unsere Schriften einer Revolution für die zukünftige Moral den Boden bereiten, bin ich nicht wenig erstaunt über die Unzulänglichkeiten der einen wie der anderen.« Und wir haben eine ganze Nacht lang über dieses gewaltige Problem gesprochen. Ich bin ganz und gar für die Freiheit des jungen Mädchens und die Versklavung der Frau, das heißt, ich möchte, daß ihr vor der Heirat klar ist, worauf sie sich einläßt, daß sie alles wohl bedacht hat, damit sie dann, nachdem sie den Vertrag unterschrieben und dessen Möglichkeiten abgewogen hat, ihn auch treu erfüllen wird, es war ein großer Sieg, Madame Dudevant dazu zu bringen, die Notwendigkeit der Ehe anzuerkennen; und ich bin sicher, daß sie daran glauben wird, und ich meine, etwas Gutes getan zu haben, indem ich den Beweis führte.

Sie ist eine vorzügliche Mutter, von ihren Kindern vergöttert, aber sie verkleidet ihre Tochter Solange als kleinen Jungen, und das ist nicht gut. Sie hat ihrem Sohn Maurice zu früh erlaubt, mit den Zerstreuungen von Paris Bekanntschaft zu machen, er leidet schon mit 12 Jahren an Mattigkeit und hat einen Wirbelsäulenschaden, *sittlich* gesehen ist er wie ein Mann von zwanzig Jahren, sie aber ist im tiefsten Inneren *keusch und prüde* und nur äußerlich Künstlerin. Sie raucht unmäßig, sie spielt vielleicht ein wenig zu sehr die Prinzessin, und ich bin davon überzeugt, daß sie sich in der Prinzessin im *Secrétaire intime*[2] ihr getreues Ebenbild geschaffen hat. Sie weiß und sagt ja selbst, was ich über sie denke, ohne daß ich es ihr gesagt hätte: daß sie weder die Kraft zu einem Entwurf noch die Gabe, einen Plan aufzubauen, noch die Fähigkeit, zur Wahrheit vorzudringen, noch die Kunst des Pathos besitzt, aber daß sie, ohne die französische Sprache sonderlich gut zu beherrschen, über *Stil* verfügt; genauso ist es.

Sie nimmt, wie ich, ihren Ruhm ziemlich spöttisch hin, hegt eine tiefe Verachtung für das Publikum, das sie *Jumento* nennt.

Sie arbeitet viel, um die Schulden abzubezahlen, die sie für *tutti quanti*, Freunde und Liebhaber, auf sich genommen hat. Können Sie sich vorstellen, daß sie für Musset Schulden bezahlte, die dieser an zwielichtigen Orten gemacht hatte - Wie konnten Sie einen Mann lieben, der dies zugelassen hat, fragte ich sie. Sie gestand mir, daß sie hoffte, ihn durch ihre Liebe zu läutern. Und das stimmt tatsächlich. Ich werde Ihnen die unendlichen und heimlichen Opfer dieser Frau für jene beiden Männer schildern, und Sie werden sich dann sagen, daß Engel und Dämonen nichts gemein haben. Alle Torheiten, die sie begangen hat, gereichen ihr in den Augen schöner und großmütiger Seelen zur Ehre. Sie wurde von der Dorval, von Bocage, von La Mennais [sic] usw., usw. nur zum besten gehalten, und sie fällt auf Lizst [sic] und Madame d'Agoult herein, aber was dieses Paar betrifft, hat sie es nun ebenso eingesehen wie damals bei der Dorval, denn sie gehört zu jenen Wesen, deren Stärke im Schreiben und in ihren Geistesgaben liegt, die aber auf dem Boden der Realität leicht zu hintergehen sind. Mit Listz [sic] und Madame d'Agoult hat sie mir den Stoff der *Galériens* oder *Amours forcés* geliefert, den ich verarbeiten werde, denn sie kann es in ihrer Position nicht selbst tun, hüten Sie dieses Geheimnis wohl! Letztlich ist sie ein Mann und zwar um so mehr, weil sie einer sein will, weil sie die Frauenrolle abgelegt hat und keine Frau ist; eine Frau zieht an, sie aber ist abweisend, und da ich ausgesprochen männlich bin und sie auf mich diesen Eindruck macht, muß sie ihn auch auf Männer machen, die mir ähnlich sind, sie wird immer unglücklich sein; so liebt sie zur Zeit einen Mann, der ihr unterlegen ist, und bei einem solchen Verhältnis kann es für eine Frau, die eine schöne Seele hat, nur Ernüchterung und Enttäuschung geben; eine Frau muß immer einen Mann lieben, der über ihr steht, oder sie muß es sich zumindest so sehr einreden, bis sie selbst daran glaubt.

Ich weilte nicht ungestraft in Nohan[t], ich habe ein schlimmes Laster von dort mitgebracht, sie brachte mir bei, eine Huka mit Lataki[a] zu rauchen; das ist mir plötzlich ein Bedürfnis geworden, diese neue Mode wird mir erlauben, vom Kaffee abzulassen, mit den

Reizmitteln, die ich für die Arbeit brauche, abzuwechseln, und dabei habe ich an Sie gedacht, ich brauche nämlich eine schöne gute Huka mit auswechselbaren Schläuchen und Mundstücken, und wenn Sie lieb und nett sind, dann besorgen Sie mir eine in Moskau, denn dort oder in Konstantinopel findet man die besten; und seien sie doch so freundlich, sofort nach Moskau zu schreiben, damit es bei der Verschickung so wenig Verzögerung wie nur möglich gibt. Aber natürlich nur unter der Bedingung, daß Sie mir sagen, was Sie aus Paris haben wollen, so daß ich meine Huka lediglich im Austausch erhalte; wenn Sie echtes Lataki[a] in Moskau bekommen, schicken Sie mir auch davon eine möglichst große Menge, so fünf bis sechs Pfund, denn die Gelegenheiten, bei denen ich mir welches aus Konstantinopel besorgen könnte, werden ziemlich rar sein. Darf ich es wagen, Sie noch zu bitten, den *Karawanentee* nicht zu vergessen, den Sie mir versprochen hatten. Weil ich gerade bei den Sendungen bin; sollten sich meine Auskünfte bewahrheiten, wird einer der Neffen von Madame de Lannoy [sic], meiner zweiten Mutter, alle meine Manuskripte bei einem Händler in Riga für Sie hinterlegen. Sobald sie einmal dort sind, werden Sie sich die Manuskripte leicht schicken lassen können; aber das werde ich erst genau erfahren, wenn ich morgen wieder in Paris bin.

Sie wissen ja, daß ich bisweilen sehr kindlich bin. Wenn es denn möglich wäre, daß die Verzierungen an der Huka aus Türkisen bestünden, so würde mir das um so mehr Freude bereiten, da ich vorhabe, am Ende des Schlauchs den Knauf meines Spazierstocks anzubringen, den ich aufgrund der Berühmtheit, den er erlangt hat, ohnehin nicht mehr tragen kann. Wenn Sie möchten, schicke ich Ihnen den Perlenschmuck aus Paris, den Sie sich gewünscht haben und dessen Ausführung so kunstvoll sein wird, daß Sie, obwohl es bloß Pariser Perlen sind, ein Kunstwerk Ihr eigen nennen werden. Nun? Sagen Sie ja? Wenn Sie mich lieben? Ja! Nicht wahr!

Aus Paris werde ich Ihnen nur ein paar Zeilen schreiben, denn es heißt nach Sardinien reisen, und beten Sie zu Gott, daß ich Erfolg habe, denn, wenn ich Erfolg habe, wird mich meine Freude bis nach Wierzchownia tragen, ich werde frei sein, keine Sorgen mehr haben, keinen Verdruß mehr mit dem Geld, ich werde reich sein. Nun, *addio, cara contessina,* denn die Post hat willkürliche und gebieterische Öffnungszeiten. Denken Sie daran, daß ich in 14 Tagen auf dem Mittelmeer schaukeln werde, ach, von dort bis Odessa, nichts als Meer, wie man in Paris sagt, nichts als Straßenpflaster, und von Odessa nach Berditschew ist es nur ein Katzensprung. Ich schicke Ihnen meine tausend Zärtlichkeiten, tausend freundschaftliche Grüße an Monsieur de Hanski und tausend Liebenswürdigkeiten an Ihre Kleinen. Sie müssen jetzt gerade, während ich Ihnen schreibe, voller Freude über Boulanger sein, und ich erwarte mit Ungeduld Ihren allerhöchsten Urteilsspruch über das Werk des Malers. Glauben Sie mir, wenn ich bete, dann für Sie, wenn ich Gott mit zurückgeschlagener Kapuze um etwas bitte, dann geschieht es für Sie, und dieser beleibte Mönch ist für immer der Muschik Ihrer großen und mächtigen Intelligenz. Haben Sie *Birotteau* gelesen? Nach diesem Buch mache ich ganz bestimmt *La Première demoiselle,* anschließend eine ganz hübsche Liebesgeschichte, *Les Amours forcés.* Sie ist all jenen gewidmet, die die anbetungswürdige Sanftmut besitzen, in der Liebe ihrem Herzen zu folgen, um damit die Galeerensklaven der Liebe zu beschämen.

Addio, cara carina. Ich gehe davon aus, daß Sie, Anna und der Großmarschall bei guter Gesundheit sind.

1 Beiname George Sands wegen ihrer recht hervorstehenden Nase (von *pif*, große Nase).
2 Ein im März 1834 veröffentlichter Roman.

*

Ajaccio, [Montag,] 26. März [- Genua, Sonntag, 22. April 1838]

Cara, ich hatte nicht einen Moment für mich, um Ihnen aus Paris nach meiner Rückkehr aus dem Berry zu schreiben. Das heutige Datum zeigt Ihnen an, daß ich noch zwanzig Stunden vor Sardinien bin, dem Ziel meiner Expedition, ich warte auf eine Gelegenheit zur Überfahrt, und bei meiner Ankunft werde ich mich fünf Tage in Quarantäne begeben müssen, denn in Italien besteht man darauf, sie glauben an eine Ansteckungsgefahr durch Cholera; sie ist vor sechs Monaten in Marseille ausgebrochen, und nun setzen sie ihre unnützen Vorsichtsmaßnahmen fort. Während der wenigen Tage, die ich mich in Paris aufhielt, hatte ich tausend Schwierigkeiten zu überwinden, um diese Reise antreten zu können, das Geld war nur schwer aufzutreiben, denn Geld ist bei mir Mangelware. Wenn Sie erfahren, daß diese Unternehmung eine Verzweiflungstat ist, um den ständigen Wettstreit zwischen dem Reichtum und mir zu beenden, wird Sie das sicher nicht verwundern. Ich setze nur einen Monat meiner Zeit und vierhundert Francs für ein ziemlich schönes Vermögen aufs Spiel. Monsieur Car[r]aud hat mich überzeugt, ich habe ihm meine Vermutungen unterbreitet, die von wissenschaftlichem Rang sind, und da er einer jener großen Gelehrten ist, die nichts tun, nichts veröffentlichen und faul dahinleben, fällte er sein Urteil ohne jede Einschränkung zugunsten meiner Ideen, Ideen, die ich, sollte ich Erfolg haben, nur mündlich mitteilen kann, oder falls ich scheitern sollte, in meinem nächsten Brief. Erfolg oder Mißerfolg, Monsieur Car[r]aud sagte, daß er eine derartige Idee in ihrer Genialität ebenso schätze wie die schönste Entdeckung. Monsieur Car[r]aud war zwanzig Jahre lang Direktor unserer Militärakademie von Saint-Cyr und ist ein enger Freund von Biot, den ich im Interesse der Wissenschaft die Untätigkeit beklagen hörte, in der Monsieur Car[r]aud verharrt. Es gibt tatsächlich kein wissenschaftliches Problem, das er nicht auf bewundernswerte Weise erklärt, wenn man ihn danach fragt; aber diese enormen mathematischen Gehirne beurteilen das Leben, so wie es sich darstellt, und sehen darin kein logisches Ziel, sie erwarten den Tod, der die Abrechnung ist. Diese pflanzenhaft dahinvegetierende Existenz bringt Madame Car[r]aud, die seelenvoll und leidenschaftlich ist, zur Verzweiflung. Sie war verblüfft, Monsieur Car[r]aud, nachdem ich ihm meine Vermutungen unterbreitet hatte, sagen zu hören, daß er mit mir käme, er, der nie sein Haus verläßt und sich nicht einmal um sein Landgut kümmert.

Indes hat jedoch sein Naturell die Oberhand gewonnen, und er hat sein Wort zurückgenommen. Sein Urteil hat mich Feuer und Flamme werden lassen und trotz der schrecklichen Stürme im Golfe du Lion, trotz der fünf Tage und vier in Postkutschen zu verbringenden Nächte bin ich aufgebrochen. Ich habe sehr gelitten, vor allem auf See, aber jetzt bin ich hier in der Geburtsstadt Napoleons und verfluche bei allen Teufeln, daß ich gezwungen bin, die Lösung meines Problems zwanzig Stunden von meinem Problem entfernt zu erwarten. Es ist gar nicht daran zu denken, Korsika zu durchqueren und die Meerenge zu erreichen, die es von Sardinien trennt, denn der Landweg ist sowohl auf Korsika als auch auf Sardinien weit, gefährlich und kostspielig. Ajaccio ist ein unerträglicher Ort, ich kenne niemanden hier, und es ist im übrigen auch kein Mensch da. Die Zivilisation ist wie in Grönland, die Korsen können Fremde nicht leiden. Ich komme mir hier vor wie ein Gestrandeter auf einem felsigen Eiland, ich gehe ans Meer, kehre zurück, um zu Abend zu essen, zu Mittag zu essen, gehe wieder ans Meer, gehe zu Bett und das Ganze von vorn, nicht wagend, mich an die Arbeit zu machen, denn es könnte jeden Augenblick gelten, aufzubrechen, und dieser Zustand steht in völligem Widerspruch zu meinem Charakter, der ganz Entschlossenheit und Tatkraft ist. Ich habe das Geburtshaus Napoleons besichtigt, es ist eine armselige Bruchbude.

(...)

Genua, [Sonntag,] 22. April

Jetzt kann ich Ihnen endlich vom Ziel meiner Reise berichten. Ich hatte recht und unrecht zugleich. Voriges Jahr zur etwa gleichen Zeit sagte ein Händler in Genua zu mir, daß die Nachlässigkeit auf Sardinien so groß sei, daß es im Umfeld der Silberminen Berge von Schlakke gäbe, die das Bleierz enthielten, aus dem das Silber gewonnen worden ist; ich sagte ihm sogleich, er möge mir eine Probe dieser Schlacke nach Paris schicken und daß ich nach gewissenhafter Überprüfung zurückkehren würde, um in Turin die Erlaubnis einzuholen, mit ihm gemeinsam diese Haufen Schlacke auszubeuten. Ein Jahr ging vorüber, mein Mann übersandte mir nichts. Meine Überlegung war folgende. Die Römer und die Hüttenbetreiber im Mittelalter waren dermaßen unwissend in der Probierkunst, daß notwendigerweise diese Schlacke auch heute noch eine große Menge Silber enthalten muß. Ein großer Chemiker, ein Freund von Borget, hütet ein Geheimnis, wie man Gold und Silber in einer gewissen Zusammensetzung und in einem bestimmten Verhältnis ohne große Kosten aus einer Gesteinsmischung gewinnen kann. Auf diese Weise könnte ich das ganze Silber aus der Schlacke herausholen. Während ich auf die Proben wartete, hatte mein Genueser sich das Schürfrecht besorgt. Und während ich diese geniale Schlußfolgerung entdeckte, kam ein Unternehmen aus Marseille nach Cagliari, um die Bleierze und die Schlacke zu prüfen, und ersuchte in Turin in Konkurrenz zu meinem Genueser um eine Genehmigung. Ein Prüfer aus Marseille hat vor Ort herausgefunden, daß man mit den üblichen Methoden 10 Prozent Bleierz aus der Schlacke und aus dem Bleierz 10 Prozent Silber gewinnen kann. Also waren meine Vermutungen begründet, und ich hatte das Nachsehen, nicht schnell genug handeln zu können. Aber andererseits, verführt von den Auskünften im Land, bin ich zur *Argentiera* geeilt, einer verlassenen Mine, im unzugänglichsten Teil der Insel gelegen, und habe dort Mineralproben entnommen.[1] Vielleicht hilft mir der Zufall mehr als alle Geistesanstrengungen.

Ich sitze hier fest, weil der österreichische Konsul sich weigert, mir ein Visum für Mailand auszustellen, wohin ich muß, um wieder nach Paris zu gelangen, denn ich werde erst Geld besorgen müssen. (...) Ich glaubte, nur einen Monat auf Reisen zu sein, und nun werden es 45 bis 50 Tage sein.[2] Sowohl meine geschäftlichen als auch meine persönlichen Angelegenheiten leiden unter dieser Verzögerung. Das sind 50 Tage ohne Nachrichten von Ihnen! Und mein armes Haus, das gerade gebaut wird! Hoffentlich ist es fertig geworden, so daß ich die verlorene Zeit wieder einholen kann. Ich werde dort 3 Werke hintereinander schreiben, ohne eine Pause. Nun adieu, *cara*. Wenn Sie Genua gesehen haben, dann müssen Sie wissen, was für ein langweiliges Leben man dort führt; ich werde an meiner Komödie arbeiten. Grollen Sie mir nicht zu sehr, wenn Sie mir auf diesen Brief antworten, denn man sollte die Besiegten trösten. (…)

1 Eine Untersuchung von René Bouvier über den Geschäftsmann Balzac hat gezeigt, daß diese einzelgängerische Expedition weniger versponnen war, als sie scheint. Die Minen im Distrikt Argentiera und auch anderswo auf Sardinien wurden bald darauf wieder in Betrieb genommen.
2 Tatsächlich dauert diese Expedition vom 15. März bis zum 10. Juni 1838.

*

Mailand, [Sonntag,] 20. Mai [- Dienstag, 5. Juni 1838]

Liebe Gräfin, Sie wissen sehr wohl, was dieses Datum bedeutet, ich beginne ein Jahr, an dessen Ende ich zur großen und vielköpfigen Schar der entmutigten Seelen gehören werde, denn in den Tagen des Unglücks, des Kampfes und der Zuversicht, die meine Jugend so erbärmlich machten, habe ich mir geschworen, gegen nichts mehr anzukämpfen, sobald ich das Alter von vierzig Jahren erreicht hätte. Dieses schreckliche Jahr hat mit dem heutigen Morgen, fern von Ihnen, fern von den Meinen in einer tödlichen Traurigkeit angefangen, die durch nichts zu vertreiben war, denn ich selbst kann mein Schicksal nicht ändern und an irgendwelche glücklichen Ereignisse glaube ich in keiner Weise. Meine Philosophie wird ein Kind der Erschöpfung und nicht der Verzweiflung sein.

Ich kam hierher, um eine Gelegenheit zu finden, nach Frankreich zurückzukehren, und bin schließlich hiergeblieben, um ein Werk zu schaffen, zu dem mir die Inspiration kam, um die ich seit einigen Jahren vergeblich gerungen hatte. Ich habe noch nie ein Buch gelesen, in dem eine glückliche Liebe geschildert wurde; Rousseau ist zuviel Wortgeklingel, Richardson ist zu vernunftbetont, die Dichter sind zu *blumig*, die Romanerzähler hängen zu sehr an den Tatsachen, und Petrarca ist zu sehr mit seinen Bildern, mit seinen *concetti* beschäftigt. Er richtet sein Augenmerk sehr viel mehr auf die Poesie als auf die Frau, nur Gott allein konnte eine Liebe wie die auf der St.-Peter-Insel[1] ersinnen. Pope ließ Heloise viel zu viel Reue empfinden; niemand hat je die grundlosen Eifersüchteleien, die unsinnigen Ängste beschrieben, noch die Erhabenheit, die darin liegt, sich hinzugeben; so will ich denn meine Jugend in aller Jugendlichkeit mit einem Werk beschließen, das außerhalb meiner anderen Werke steht, mit einem besonderen Buch, das in aller Hände, auf allen Tischen sein wird, leidenschaftlich und unschuldig zugleich, in dem Schuld nur dazu dient, eine gewaltige Umkehr zu bewirken, weltlich und religiös, voller Trost, voller Tränen und Freuden; und ich möchte, daß dieses Buch wie *L'Imitation [de Jésus-Christ]* namenlos bleibt. Ich würde es gern hier schreiben, aber es gilt nach Frankreich, nach Paris zurückzukehren, heimzukehren in meine Phrasenschmiede, und so kann ich es hier nur skizzieren.

Seit ich Ihnen zuletzt geschrieben habe, hat sich nichts Neues ereignet, ich habe den *duomo* von Mailand wiedergesehen und bin auf dem Corso auf und ab gegangen, aber ich habe Ihnen nichts zu sagen, was Sie nicht schon wüßten. Ich habe mit sämtlichen Schimären des großen Leuchters auf dem Altar der Jungfrau Bekanntschaft gemacht, den ich bislang nur sehr oberflächlich betrachtet hatte, sodann mit dem Heiligen

Bartholomäus, der seine Haut wie einen Mantel hält, und mit einigen wonnigen Engeln, die den Chorbogen tragen, das ist alles. Ich habe die Boccabadati in *La Zelmira* in der Scala gehört[2], ansonsten gehe ich übrigens nirgendwohin; die Gräfin Bossi jedoch hat mich kühnerweise auf der Straße angesprochen und mich an unseren wunderbaren Abend bei Sismondi erinnert, sie war nicht wiederzuerkennen! Das ließ mich schreckliche Rückschlüsse auf mich selbst ziehen.

Jetzt sind es schon zwei Monate, daß ich keine Nachricht von Ihnen habe, meine Briefe liegen in Paris, kein Mensch schreibt mir, denn ich bin in Ländern umhergeirrt, in denen die Post nie ankommt; nichts hat mir besser gezeigt, daß ich ein von Zuneigung und Zärtlichkeiten lebendes Tier bin, nicht mehr und nicht weniger als ein Hund. Oberflächliche Freundschaften sagen mir überhaupt nicht zu, sie ermüden mich und lassen mich nur noch stärker fühlen, welche Schätze die Herzen bergen, in denen ich meine Heimstatt habe. Was das angeht, bin ich ganz und gar kein Franzose.

Die Herberge war mir unerträglich geworden, und ich hause nun, durch die Gunst seiner Hoheit des Prinzen Porcia, in einem kleinen Zimmer, das auf den Garten geht, in dem ich arbeite und mich wohlfühle wie bei einem Freund. Alfonso Serafino, Prinz von Porcia, ist ein Mann meines Alters, verliebt in eine Gräfin Bolognini, - in diesem Jahr noch verliebter als er es im letzten war, - der keinesfalls heiraten will, es sei denn die Gräfin, die noch einen Ehemann hat, von dem sie allerdings von Tisch und Bett getrennt lebt. Wie Sie sehen, sind sie glücklich! Die Gräfin ist sehr geistreich.[3] Die Schwester des Prinzen ist die Gräfin San Severino, die ich Ihnen gegenüber, glaube ich, schon einmal erwähnt habe.

Ganz Mailand steht kopf wegen der Krönung des Kaisers zum König der Lombardei, und das heißt, sich für das Haus Österreich in Schale und *in fiocchi* zu werfen.

Obwohl ich Florenz in der halben Woche quasi nur im Vorbeigehen gesehen habe, ziehe ich das Leben in Florenz dem in Mailand vor. Wenn ich das Glück hätte, so sehr von einer Frau geliebt zu werden, daß sie mit mir leben wollte, dann würde ich mit ihr ein zurückgezogenes Leben an den Ufern des Arno führen; aber schließlich trifft man ungeachtet der Romane meines Freundes G[eorge Sand] und der meinen doch eher selten auf eine Madame d'Agoult, die mit Listz [sic] durch die Gegend streift, auf eine Madame de Dudevant, die von Tisch und Bett getrennt lebt, auf einen Prinzen Porcia, der über genügend Vermögen verfügt, um zu leben, wo er will. Ich hingegen bin arm und leide Not, ich muß wie ein Zwangsarbeiter schuften, ich kann nicht zu Arabella d'Agoult sagen (Siehe *Briefe eines Reisenden*[4]): - Kommen Sie nach Wien, und 3 Konzerte werden uns zehntausend Francs einbringen, lassen sie uns nach Petersburg fahren, und die Elfenbeintasten meines Klaviers werden uns einen Palast einspielen. Ich brauche dieses hohnlachende Paris und seine Druckereien, zwölf Stunden stumpfsinnige Arbeit am Tag, ich habe Schulden, und die Schuld ist eine Gräfin, die mich ein wenig gar zu zärtlich liebt, ich werde sie nicht mehr los, hartnäckig stellt sie sich zwischen mich und die Liebe, den Frieden, den Müßiggang. Dieses Schicksal ist zu scheußlich, um es einfach dem Nächstbesten hinzuwerfen, ich wünsche es nur meinen Feinden. Es gibt nur eine einzige Frau auf der Welt, von der ich etwas annehmen würde, weil ich sicher bin, sie mein ganzes Leben lang zu lieben, wenn sie mich jedoch nicht gleichermaßen liebte, brächte ich mich um bei dem Gedanken, welche Rolle ich gespielt hätte. Sie sehen, in einigen Monaten heißt es, sich in ein Leben nach der Art La Fontaines zu flüchten. Nach welcher Seite ich mich auch drehe und wende, ich sehe nichts als Schwierigkeiten, Arbeit und falsche Hoffnungen. Ich kann mich nicht einmal für zwei Jahre nach Diodati am Genfer See zurückziehen, denn ich bin inzwischen über der Arbeit zu alt geworden, als daß ich daran sterben könnte, und wer wollte mir da schon heraushelfen? Ich bin wie ein Vogel im Käfig, der sich an allen Gittern wund gestoßen hat und unbeweglich auf seiner Stange sitzen bleibt, denn eine bleiche Hand hat über ihn ein grünes Netz ausgebreitet, das ihn daran hindert, sich den Kopf zu stoßen. Sie würden nicht glauben, wie viele düstere Gedanken mir beim Anblick dieses glücklichen Lebens von Porcia kommen, der dort auf dem Corso Porta Orientale nur zehn Häuser von der Bolognini entfernt wohnt. Ich hingegen zähle 39 Lenze und 150 000 Francs Schulden, Belgien ist im Besitz der Million, die eigentlich mir zustünde, und... ich habe nicht den Mut fortzufahren, denn ich weiß, daß die Traurigkeit, die mich zerreißt, sich auf dem Papier zu grausam ausnähme und ich sie der Freundschaft zuliebe in meinem Herzen verwahren muß. Morgen, sobald ich meine zwei Verliebten einige Briefe habe schreiben lassen, werde ich heiterer sein und Ihnen so abgeklärt vorkommen, daß sogar ein Heiliger darüber verzweifelte.

1 Rousseau lebte im Jahr 1765 auf dieser Insel im Bieler See.
2 Oper von Rossini.
3 Nach dem Tod ihres Mannes heiratete die Gräfin Bolognini in zweiter Ehe den Prinzen Porcia. Ihr widmete Balzac 1839 *Eine Evastochter*.
4 Von George Sand.

Liebste, ich habe Heimweh. Die Sehnsucht nach Frankreich und seinem meist grauen Himmel läßt mir unter diesem schönen klaren Himmel von Mailand das Herz schwer werden. Der *duomo,* geschmückt mit seinen spitzen Ornamenten, läßt meine Seele unberührt, die Alpen sagen mir gar nichts, dieses laue und sanfte Lüftchen ermüdet mich, ich gehe ohne Seele umher, ohne Leben, ohne sagen zu können, was mir fehlt, und währte dies noch zwei Wochen lang, so würde ich sterben. Das zu erklären, ist unmöglich. Das Brot, das ich esse, erscheint mir ungesalzen, das Fleisch nicht sättigend, das Wasser stillt kaum meinen Durst, die Luft setzt mir zu, ich betrachte die schönste Frau, als sei sie ein Ungeheuer, und ich empfinde noch nicht einmal mehr diese Freude, die für gewöhnlich der Anblick einer Blume in mir hervorruft. Sogar mein Werk habe ich aufgegeben; ich werde die Alpen wieder überqueren und hoffe, in einer Woche in meiner geliebten Hölle zu sein. Was für ein schreckliches Übel ist doch das Heimweh, es ist nicht greifbar und nicht zu beschreiben. Ich bin nicht glücklich, außer wenn ich Ihnen schreibe, mir sage, daß dieses Stück Papier von Mailand nach Wierzchownia reisen wird, nur dann wird dieses trotz der Sonne dunkle Dasein, diese Ermattung jeder Lebensenergie, von Gedanken unterbrochen, die allein die Einheit von Körper und Seele aufrechterhalten.

Ich habe die Gräfin Bossi gesehen, ich war erstaunt, wie oberflächlich diese Italienerinnen sind, sie verfügen weder über Geist noch Bildung, sie verstehen kaum, was man zu ihnen sagt; hierzulande gibt es keinen kritischen Geist, und ich fange an zu glauben, daß der Ruf der Italienerinnen gerechtfertigt ist, der ihnen etwas Berechnendes in der Liebe nachsagt. Die einzige geistreiche und gebildete Frau, die ich in Italien getroffen habe, ist die Marquise de Cortanze aus Turin. Ich habe die Fresken von Luini in Saronno besichtigt, sie werden zurecht gerühmt. Jenes, das die *Hochzeit der Jungfrau* darstellt, ist von einzigartiger Anmut. Die Figuren sind engelsgleich und, was bei Fresken sehr selten ist, die Farben sind sanft und harmonisch.

Es gibt keine Reisegelegenheit, um nach Frankreich zurückzukehren. Ich muß mich damit abfinden, den beschwerlichen und ermüdenden Weg mit sardischen und französischen Postkutschen zurückzulegen.

[Freitag,] 1. Juni

Meine Abreise verzögert sich bis übermorgen, sofern nichts dazwischenkommt, und ich glaube, ich werde Frankreich freudiger wiedersehen als je zuvor, obgleich meine Geschäfte dort wegen meiner zu langen Abwesenheit sehr durcheinander geraten sein müssen. Wenn ich 6 Tage unterwegs bin, werden es 3 Monate und insgesamt 7 Monate literarischer Untätigkeit gewesen sein, und um diesen ganzen Schaden wiedergutzumachen, bedarf es 8 Monate fortwährender Arbeit. Ich werde mich in mein Häuschen zurückziehen, um dort viele arbeitsame Nächte zu verbringen.

[Dienstag,] 5. Juni

Ich bin zur Post gegangen, um zu erfahren, ob vielleicht jemand die Idee gehabt hat, mir postlagernd zu schreiben. Ich habe einen Brief der guten Gräfin Loulou vorgefunden, die Ihnen sehr zugetan ist und die auch Sie lieben; in diesem Brief fand Ihr Name Erwähnung mitten in einem melancholischen Satz, der mich zu Tränen rührte, denn Sie können sich ja vorstellen, was die Erinnerung an die *Landstrasse* und an die *Gemeindegasse* in meinem nostalgischen Zustand in mir auslöste! Ich setzte mich auf eine Bank im Café und blieb fast eine Stunde dort, die Augen unverwandt auf den *duomo* gerichtet, im Bann dessen, was dieser Brief alles in mir aufwühlte, und all die Begebenheiten während meines Aufenthaltes zogen in ihrer ganzen Wahrhaftigkeit, ihrer marmornen Reinheit vor meinem geistigen Auge vorüber. Ach! Was verdankt man nicht,- ich sage nicht jener, die uns derartige Erinnerungen verschafft,- sondern dem brüchigen Papier, das sie wiedererweckt. Man muß bedenken, daß ich durch eigene Schuld seit 3 Monaten ohne Nachricht von Ihnen bin! Sie wissen weshalb? Aber Sie werden nie verstehen, warum es mich so sehr nach Reichtum dürstet. Ich werde der guten Loulou schreiben, ohne ihr zu sagen, was sie alles durch ihren Brief heraufbeschworen hat, denn dies sind Dinge, die man nur schwerlich ausdrücken kann, selbst dieser wackeren Deutschen gegenüber; aber sie hat mit soviel Herzlichkeit von Ihnen gesprochen, daß ich ihr sagen kann, daß das, was bei ihr Freundschaft ist, bei mir ein Kult ist, der niemals enden wird. Sie teilt mir so liebenswürdig mit, daß *eine* meiner Freundinnen, nicht die *wahre*, sondern eine *andere*, in Venedig sei; sie hat mich wahrhaftig zu Tränen gerührt. Welch ständige Pein, Ihnen im Geiste stets so nahe zu sein und in Wirklichkeit so fern. Ach! Meine Teure, der Dom war so erhaben an diesem 5. Juni um elf Uhr, in Gedanken habe ich dort ein ganzes Jahr durchlebt.

Leben Sie wohl. Ich breche morgen auf, und in 10 Tagen werde ich alle Ihre Briefe beantworten, diese Schätze, die sich während meiner schrecklichen Reise angesammelt haben. Möge Gott Sie und die Ihrigen behüten, und vergessen Sie nicht einen armen Verbannten, der Sie sehr liebt.

*

[Les Jardies, Donnerstag, 26. Juli - Dienstag, 7. August 1838]

26. Juli, Sèvres, Les Jardies

Ich habe heute Ihre Nr. 44 erhalten und beantworte gleichzeitig die 3 Briefe, die ich vor einem Monat, als ich ankam, in der Rue des Batailles vorgefunden habe. Zunächst, meine Liebe, müssen Sie wissen, daß es die Witwe Durand nicht mehr gibt, die arme Frau ist von den kleinen Zeitungen umgebracht worden, die die Niedertracht gegen mich soweit trieben, ein Geheimnis zu verraten, das für jeden Ehrenmann unantastbar sein sollte. Weiterhin müssen Sie wissen, daß ich mich nun für immer in Sèvres niedergelassen habe und mein armseliges Zuhause *Les Jardies* heißt, so wird also für lange Zeit meine Adresse lauten, Monsieur de B[alzac], Les Jardies, Sèvres.

Sie haben es in Ihrem letzten Brief sehr wohl vorausgeahnt, ich mußte hier einen ganzen Monat verbringen, konnte nichts anderes tun, als einen Platz auf meinem Misthaufen zu finden, und bin noch immer zwischen frisch verputzten Wänden, Maurern, Fliesenlegern, Malern und anderen Arbeitern. Als ich ankam, war ich voll von diesem Buch, das es noch nicht gibt, das niemals geschrieben worden ist und das ich machen könnte, und ich bin hier auf die dümmsten merkantilen Interessen gestoßen, nämlich die beiden Nachdrucke von *La Femme supérieure*, bei denen noch ein paar Seiten fehlen, um sie in den Verkauf zu geben, außerdem erwartet man den Beginn von *La Torpille,* dann fand ich den Bauunternehmer meines Hauses in einer schwierigen Lage vor, weiterhin die ganze Meute meiner Schuldner

411

und Sorgen aller Art, so daß ich einen Monat nur hin- und herfahren mußte. Ich habe mich zuerst eine Woche lang ausgeruht; meine Rückreise war sehr anstrengend; ich lief Gefahr, auf dem Mont Cenis eine Augenentzündung zu bekommen, da ich in der schlimmsten Hitze aus der Lombardei abgefahren bin und mich wenige Stunden später bei zwanzig Grad Kälte, Schnee und Wind in den Alpen wiederfand.

(…)

*

Sèvres, [Donnerstag,] 15. November 1838

Heute wollte ich endlich einen vor einem Monat begonnenen Brief abschließen und Ihnen schicken, aber er ist verlorengegangen, und zwar auf meinem Schreibtisch, und jetzt habe ich schon mitten in der Nacht drei Stunden damit zugebracht, ihn zu suchen, das bekümmert mich; ich weine um ihn, denn jede Regung meiner Seele, die in den Abgrund des Vergessens fällt, scheint mir unersetzlich. Sie hätten erfahren, was mir alles seit meinem letzten Brief widerfahren ist. Kurz gesagt, ich stehe am Anfang einer glücklichen Phase, oder um mich eines treffenderen Ausdrucks zu bedienen, einer weniger unglücklichen als in der Vergangenheit, finanziell gesprochen. Noch einige Tage, und ich werde vermutlich die Hälfte meiner gesamten Schuld getilgt haben. Der materielle Erfolg setzt ein, er beginnt zumindest. Man wird meine Werke gleichzeitig in verschiedener Form verwerten. Meine Verleger gestatten mir, mich aus dem Vertrag freizukaufen, der mich zu stark gebunden hatte, und in einigen Monaten werde ich unabhängig sein. Wenn ich es Ihnen nicht selbst sage, können Sie sich keinen Begriff machen von dem zweimonatigen

Hin und Her, den Verhandlungen, dem Kommen und Gehen, die mich auf der Leiter der Hoffnung haben auf und ab steigen lassen.

Meine Feder wird während dieser Monate einen Haufen Gold einbringen. *Qui a terre a guerre,* mehr als tausend Dukaten. *Das Antiquitätenkabinett,* fünfhundert Dukaten. *Sœur Marie-des-Anges,* tausend Dukaten usw., usw., *Massimilla Doni* hundert Dukaten. Das Recht, 36 000 Duodezbände aus meinen Werken zu verkaufen, wurde für zweitausend Dukaten abgetreten. Die *Physiologie [der Ehe]* in Duodez wurde für fünfhundert Dukaten verkauft. Kurzum, dies ist eine plötzliche Ausbeute, unerwartet und zur rechten Zeit. Ich hoffe, in fünf Monaten 10 000 Dukaten von meinen Schulden beglichen zu haben. Aber ich habe noch ungefähr 8 Bände fertigzustellen. Man hat mir Vorworte zu 50 Dukaten das Blatt abgekauft. Das freut Sie, nicht wahr? Nichts verschafft mir jedoch bisher Erleichterung, denn alles dient lediglich dazu, die Altschulden zu begleichen; aber wenigstens kann ich endlich aufatmen. Es wird Ihnen Vergnügen bereiten und Ihre katholische Seele erfreuen, wenn Sie hören, daß alle meine Angelegenheiten diese Wende zum Guten seit dem Tag genommen haben, an dem mir meine Mutter ein von einem Heiligen geweihtes Medaillon um den Hals hängte, das ich ganz fromm zusammen mit einem anderen Amulett trage, das ich für noch wirksamer halte. Die beiden Talismane harmonieren sehr gut miteinander und mißfallen sich keineswegs. Ich wollte meine Mutter nicht vor den Kopf stoßen, aber dieses Wunder hat mich doch nicht vollends bekehrt, denn ich weiß ja nicht, welcher Heilige der mächtigere gewesen ist.

Ich fühlte mich dieser Tage sehr erbärmlich, meine Verleger stapelten die Taler, und ich hatte keinen roten Heller, und dieser Krieg in Form von diplomatischen

Verhandlungen hat mir viel abverlangt. Nun habe ich mich wieder in mein Schneckenhaus hier in Sèvres zurückgezogen, wo noch nichts fertig oder bewohnbar ist. Ich habe meinen Umzug zu bewerkstelligen und noch viele andere Ausgaben.

Die Moral ist weniger befriedigend als die Physis. Ich werde älter, ich verspüre das Verlangen nach Gesellschaft und vermisse jeden Tag das angebetete Geschöpf, das auf einem Dorffriedhof bei Fontainebleau ruht.[1] Meine Schwester, die mich sehr liebt, wird mich nie bei sich haben können, eine rasende Eifersucht schiebt da den Riegel vor.[2] Meine Mutter und ich verstehen uns überhaupt nicht. Ich werde Halt in der Arbeit suchen müssen, zumindest solange ich keine Familie von Freunden um mich habe, was ich für das Erstrebenswerteste erachte. Eine gute und glückliche Ehe, ach ja, ich habe längst die Hoffnung darauf aufgegeben, obwohl niemand besser für das häusliche Leben geschaffen ist als ich.

Ich kann nur Ihnen den tiefen Kummer offenbaren, der mich im Inneren bedrückt. Solange ich denken und fühlen kann, hatte ich mich ganz der Liebe verschrieben, und die erste Frau, der ich begegnete, war eine vollkommene Göttin, ein engelsgleiches Herz, ein feinsinniger Geist mit umfassender Bildung, von vollendeter Anmut und Benehmen; die teuflische Natur hatte jedoch ihr verhängnisvolles *aber* gesetzt! Sie war zweiundzwanzig Jahre älter als ich; so daß, obschon die geistigen Fähigkeiten im Übermaß vorhanden waren, das Physische, das viel bedeutet, unüberwindbare Schranken setzte. Diese grenzenlose Leidenschaft, die ich im Herzen trage, ist also nie richtig gestillt worden, eine Hälfte fehlte mir immer. Glauben Sie jetzt, daß man sich begegnen sollte, ich sehe doch, wie mir die Zeit davongaloppiert. Mein Leben wird scheitern, das spüre ich voll Bitterkeit. Es gibt keinen bleibenden Ruhm, damit muß man sich abfinden. Es gibt kein Glück für mich. Mein Leben ist öde, es fehlt darin das, was ich mir ersehnte, wofür ich die größten Opfer brächte, was ich nicht mehr finden werde, womit ich nicht mehr rechnen kann. Ich drücke es mathematisch aus, ohne die Poesie des Klagelieds, das ich bis zum Wehgeschrei eines Hiob anschwellen lassen könnte; aber das ist nun einmal eine Tatsache. Ich könnte genug Abenteuer erleben. Ich kann, wenn ich will, die Rolle des Mannes mit günstigen Gelegenheiten spielen; doch sie erfüllt mich mit Abscheu. Die Natur hat mich für die eine große Liebe geschaffen. Etwas anderes kommt mir gar nicht in den Sinn. Ich bin ein unerkannter Don Quichotte. Ich unterhalte lebhafte Freundschaften. Madame C[arraud] im Berry ist eine brave Seele, aber Freundschaft ersetzt keineswegs die Liebe, die alltägliche Liebe, die Liebe zu jeder Stunde, die unendliche Freude daran findet, jeden Augenblick Schritte, eine Stimme, das Rascheln eines Kleides im Haus zu hören. Eben das, was ich, wenngleich unvollkommen, mehrmals in den vergangenen zehn Jahren erlebt habe. Bedenken Sie ferner, daß ich eine tiefe Abneigung gegen junge Leute habe, daß ich mehr Wert auf eine erblühte Schönheit lege als auf die im Erblühen begriffene, was dieses Problem noch schwerer lösbar macht.

Madame Car[raud], deren Briefe mir viel Vergnügen bereiten, wenn dieses Wort überhaupt auf andere Briefe als die Ihren angewendet werden kann, hat meine Lage sehr gut erkannt, sie hat meine Schmerzen durch einen Brief neu entfacht, den ich von ihr erhalten habe und in dem sie mir von Heirat spricht, was mich für lange Zeit zürnen läßt, denn davon will ich nichts hören.

Sie wissen, welche Meinung ich darüber habe: es gehört ein großes Vermögen dazu, und das habe ich nun einmal nicht; es müßte eine Person sein, die mich gut kennt, und ich zweifle, ob das bei der *nächstbesten* möglich wäre. Ist das Leben nicht eine traurige Angelegenheit, *cara?*

Sobald meine großen Werke abgeschlossen sind, werden Sie mich gewiß zu Gesicht bekommen. Bei den ersten Anzeichen von geistiger Erschöpfung wird es mich zu Ihrem geliebten Wierzchownia ziehen, und ich werde Ihnen einen Besuch abstatten, ich ertrage es einfach nicht, Sie so lange nicht zu sehen.

Den ganzen gestrigen Abend in der Oper, wo ich Duprez in *Wilhelm Tell* singen hörte, war ich im Geiste in der Schweiz, und die Schweiz, das sind für mich Prél'Évêque und die beiden Ufer des Sees, an denen wir zusammen entlang spaziert sind. Irgendeine Einzelheit unserer Fahrt nach Coppet oder Diodati hat mich mehr beschäftigt als mein ganzes übriges Leben. Beim Anblick des Vierwaldstättersees erinnerte ich mich daran, und zwar *Wort für Wort*, was Sie damals zu mir gesagt haben, als wir am Anwesen von Galitzin vorbeikamen, an das, was Sie mir über das eine oder andere Porträt in Coppet erzählt haben usw. Auch sagte ich mir, so wie man über künftige Dinge nachdenkt: - Es wird gar nicht mehr soviel Zeit vergehen, bis ich die Ukraine sehe; da ich derart durch die Erinnerung lebe, sind das die Schätze, die es zu heben gilt, und nicht die Silberminen, denn ich war in meiner Opernschweiz glücklicher als der Millionär Greffulhe, der über mir gähnte. Ich werde sparen, um diese Reise machen zu können.

Nach Ihren Briefen zu urteilen, die so ernst, von so *gedämpftem* und trockenem Tonfall sind, habe ich Angst, Sie in veränderter Stimmung vorzufinden. Wie dem auch sei, man muß seine Freunde lieben, wie sie sind.

Was mir an Ihrem letzten Brief gar nicht gefällt, ist Ihr Ausspruch; *die alten Freundschaften sind von Ängsten begleitet.* Es herrscht hier ein Argwohn zwischen uns beiden, den ich nicht mag. Sie wissen doch, daß nichts wichtiger sein kann als Sie, daß Sie gleichsam über den Dingen stehen wie ein wahrer König, der durch nichts erschüttert werden kann. Ich habe Angst, daß Sie Gespenster sehen. Wenn meine Briefe sich verzögern, gehen Sie doch einfach davon aus, daß es triftige Gründe dafür gibt, daß ich Tag und Nacht ohne Rast noch Ruhe unterwegs war, daß ich keiner Menschenseele geschrieben habe; daß, wenn ich krank oder glücklich wäre, Sie trotz der Entfernung die erste wären, die es erführe. Also lasse ich Sie ein wenig an meinem Kummer teilhaben, denn ich weiß, daß Sie unter meinem Schweigen leiden, und Schweigen herrscht nur dann, wenn es unvermeidlich ist. Sie, Sie Einsiedlerin, Sie schreiben mir viel zu wenig, bei Ihnen ist das immer unverzeihlich, wohingegen ich stets tausend Entschuldigungen habe.

Sie wissen, wie wohl mir Ihre Briefe tun, gleichgültig, ob Sie fromm, traurig, heiter oder vertraulich sind. Ich bin um so zurückhaltender, als ich Ihnen nur Kümmernisse und Sorgen mitzuteilen habe und keine andere Blüte, als die einer ewigen Zuneigung, die so hoch über den kleinen mondänen Nachahmungen steht wie der Mont Blanc über dem See. Es wird Sie gewiß nicht wundern, daß ich mit einem Brief zögere, der nur von Elend und Arbeit berichtet; es gibt für mich keine andere Entschädigung als die, Ihnen davon zu berichten.

Sie beklagen sich über die Scheidungen in Polen, während wir hier alle Anstrengungen machen, um das wunderbare Recht auf Scheidung wieder in das bürgerliche Gesetzbuch aufnehmen zu lassen, so wie es sich Napoleon ausgedacht hatte, der alle gesellschaftlichen Mißstände beseitigte, ohne der Liederlichkeit, dem zu leichten Wechsel, dem Laster oder der Leidenschaft das Feld zu überlassen. Dies ist die einzige Einrichtung, die in der Lage ist, Ehen glücklich zu machen. Es gibt in Paris 40 000 *ménages sur parole* ohne religiöse oder standesamtliche Übereinkunft, und das sind die besten, denn jeder fürchtet, den anderen zu verlieren. Wir geben das in der Öffentlichkeit nicht zu, aber diese Statistik ist exakt. Der Code Napoleon erlaubte nur *eine* Scheidung im Leben einer Frau und untersagte sie nach zehnjährigem Zusammenleben. In diesem Punkt hatte er unrecht, es gibt nämlich eine Art von Tyrannei, die sich in der Jugend ertragen läßt, später aber nicht mehr hinnehmbar ist. Ich kannte eine anbetungswürdige Frau, die 45 Lebensjahre und die Hochzeit ihrer Töchter abwartete, um sich gütlich von ihrem Ehemann zu trennen und so die Scheidung, ohne die sie gestorben wäre, bis zu dem Moment aufschob, da man sie deshalb nicht mehr beargwöhnen würde.[3]

Wie können Sie es wagen zu behaupten, daß es in diesem *dummen* neunzehnten Jahrhundert nur *einen* Mann gäbe? Sie meinen Napoleon, nicht wahr? Und Cuvier, *cara!* Und was ist mit Dupuytren? *Cara!* Und Geoffrey Saint-Hilaire? *Cara!* Und Masséna, *carina!* Und Rossini, *carissima!* Und unseren Chemikern? Und unseren Männern zweiten Ranges, die über Talente ersten Ranges verfügen, und Lammenais, G[eorge] Sand, Talma! Mit Gall, mit Broussais, der gestern gestorben ist, usw. Also wirklich, Sie sind ungerecht. Lord Byron, Walter Scott, Cooper usw. sind Männer dieses Jahrhunderts. Auch Weber und auch Meyerbeer und noch so ein paar Lausebengel aus Paris, die im Handumdrehen eine Revolution anzetteln können. Victor Hugo, Lamartine und Musset geben zu dritt einen Dichter ab, denn keiner von ihnen ist vollkommen. (...)

Cara, ich wünschte, Sie erklärten mir, womit ich eine Wendung wie die in Ihrem letzten Brief verdient habe, nämlich: *der natürliche Leichtsinn Ihres Charakters*. Weshalb bin ich leichtsinnig?. Weil ich seit zwölf Jahren ohne Unterlaß ein gewaltiges literarisches Werk schaffe?

Weil ich seit sechs Jahren nur eine Liebe in meinem Herzen trage?

Weil ich seit zwölf Jahren Tag und Nacht arbeite, um eine riesige Schuld zu begleichen, die mir meine Mutter durch die wahnwitzigste aller Rechnungen aufgehalst hat?

Weil ich mich trotz soviel Elends weder erhängt, noch mir eine Kugel in den Kopf gejagt habe, noch ins Wasser gegangen bin?

Weil ich unaufhörlich arbeite und durch geniale Einfälle, die leider nicht fruchten, versuche, die Zeit meiner Schwerarbeit zu verkürzen?

Was meinen Sie damit? Daß ich jede Gesellschaft und jeden Umgang meide, um mich meiner Leidenschaft, meiner Arbeit, meiner Schuldentilgung zu widmen?

Ist es, weil ich 12 Bände anstatt 10 verfasse? Ist es, weil sie nicht regelmäßig erscheinen? Ist es, weil ich Ihnen mit Leidenschaft und Beständigkeit schreibe und Ihnen stets mit unglaublich vermessenem Leichtsinn eine Handschrift mitschicke?

Ist es, weil ich aufs Land ziehe, anstatt in Paris zu bleiben, um mehr Zeit zu haben und weniger Geld auszugeben? Los, sagen Sie es schon, verbergen Sie Ihrem Freund keine Hintergedanken!

Ist es, weil ich trotz all der Kümmernisse mir etwas Fröhlichkeit bewahrt habe und in China oder auf Sardinien Geschäfte tätige?

Ich bitte Sie, seien Sie unbekümmert, sagen Sie es mir. Ist es, weil ich zögere, für das Theater zu schreiben, um nicht Gefahr zu laufen, durchzufallen? Oder weil Sie mit dem blinden Vertrauen des Sohnes zur Mutter, des Bruders zur Schwester, des Ehemannes zur Frau, des Liebhabers zur Geliebten, des Sünders zum Beichtvater, des Engels zu Gott, über alles Bescheid wissen, auch über das Allervertraulichste, über alles, was sich in meinem armseligen Dasein abspielt, in meinem armen Kopf, in meinem armen Herzen, in meiner armen Seele, so daß Sie sich mit meinen Vertraulichkeiten wappnen können, um aus meinem *Ich* ein anderes *Ich* zu machen, dem Sie zürnen, das Sie ohrfeigen, dem Sie predigen und das Sie verblüffen können, wie es Ihnen gefällt?

Leichtsinn des Charakters! Gewiß, Sie sind wie ein wackerer Spießbürger, der beim Anblick Napoleons, welcher sich bei der Inspektion seines Schlachtfeldes nach rechts und links und allen Seiten wandte, gesagt hätte: - *Dieser Mann kann keinen Moment stillstehen; er hat keinen festen Plan.*

Tun Sie mir den Gefallen und sehen Sie auf dem Porträt nach, das Sie von Ihrem armen Muschik besitzen; betrachten Sie die Schulterbreite, den Brustkorb und die Stirn und dann sagen Sie sich: - Das ist der bodenständigste, solideste und zuverlässigste Mann! Tun Sie das zur Buße. Danach können Sie Ihrem armen Honoré de Balzac ruhig zürnen und ihn beschuldigen, das ist dann Ihre Sache; ich habe hierbei ungern recht, doch wenn Sie auf Ihrer Meinung bestehen, werde ich von nun an einen leichtsinnigen Charakter an den Tag legen und mich ziellos herumtreiben, aufs Geratewohl die Herzogin von Otrante aufsuchen, um ihr Schmeicheleien zu sagen, mich in eine Notarsgattin verlieben, Kritiken schreiben, um Schauspielerinnen in Rage zu bringen, und mich wie der größte Filou weit und breit gebärden. Ich werde Les Jardies verkaufen; ich erwarte Ihre hochherrschaftlichen Befehle; in einer Sache werde ich Ihnen allerdings nicht gehorchen, und zwar in einer Herzensangelegenheit, bei der ohnehin alle Macht bei Ihnen liegt.

Ich fordere Sie dringend auf, noch hinzuzufügen, daß ich auch leicht im Körperbau und mager wie ein Skelett bin, und das Abbild ist vollständig.

Erläutern Sie auch, falls Sie können, *die Vielfalt der Verpflichtungen, die ich haben soll,* ich, von dem man sagt, daß es niemandem gegeben ist, mich dazu zu bewegen, etwas anderes zu tun als das, was ich will! (Man weiß nicht, daß ich Leibeigener auf dem Gut von Pawoufka bin, der Untergebene einer russischen Gräfin und ein Bewunderer der selbstherrlichen Macht meiner Herrschaft).

Niemals zöge ich irgend etwas, das von Ihnen kommt, in Zweifel! Ich sträube mich lediglich gegen das Vordringen mystischer Ideen, noch geschieht dies aus einem bewundernswerten Instinkt von Eifersucht, und schließlich, wenn es denn gesagt sein soll, verabscheue ich auch *ein demütiges Naturell*, wobei mich nicht die Frömmigkeit stört, sondern die Unterwerfung. Sich hin und wieder an die Brust Gottes zu flüchten, nun, das mag angehen, aber so sehr ich alle Bestrebungen nach Höherem bewundere, so sehr stoßen mich die peinlich genau festgelegten religiösen Rituale ab. Spitzfindigkeit heißt nicht Gerechtigkeit.

Addio, cara. Es heißt *Massimilla Doni* beenden, das Vorwort zum *Dorfpfarrer* machen (in diesem Buch werden Sie mich als *Kirchenvater* bewundern. Das wird reinster Fénélon sein), *Qui a terre a guerre* korrigieren und zudem noch bis in zehn Tagen das Manuskript von *Ein großer Mann der Provinz in Paris*, das den Schluß der *Verlorenen Illusionen* bildet, abliefern. Sie sehen also, daß mir wenig Zeit zum Müßiggang bleibt. Finden Sie hier tausend Kostbarkeiten meiner Zuneigung, tausend Wünsche für Ihr Wohlergehen und für das der Ihrigen sowohl für die Gegenwart als auch für die Zukunft. Wenn Gott erhört, worum ich ihn ersuche, werden Sie keine Sorgen haben und die glücklichste Frau der Welt sein. Ich habe mich in Paris um Ihr Perlengeschmeide gekümmert, und ich habe eine günstige Gelegenheit aufgetan. Wenn Gott will, werden Sie es zum Neuen Jahr erhalten!

Haben Sie eigentlich schon [Handschriften] von Scribe, Hugo und Byron, ich werde Ihnen das alles schikken.

1 Gemeint ist selbstverständlich Madame de Berny.
2 Balzac beschuldigt seinen Schwager Surville der Eifersucht, die jede Vertrautheit mit seiner Schwester unterbinde.
3 Gemeint ist abermals Madame de Berny.

1839

Das Jahr 1839 ist durch intensive literarische Aktivität Balzacs gekennzeichnet. Er vernachlässigt Madame Hanska, der er in diesem Jahr nur viermal schreibt.

Im März wird Balzac ins Komitee der »Société des gens de lettres« gewählt, deren Mitglied er seit Ende 1838 ist, und zu deren Präsident für ein gutes Jahr er bereits im August gewählt wird.

Im September begibt Balzac sich nach Bourg, um im Zusammenhang mit dem Prozeß gegen den Notar Peytel, der zum Tode verurteilt werden soll, Recherchen anzustellen. Balzac setzt sich in Paris vehement für Peytels Begnadigung ein, aber vergebens. Der Notar endet unter der Guillotine.

Obwohl Balzac in der Rue de Richelieu eine Mansarde gemietet hat, verbringt er die meiste Zeit des Jahres in Les Jardies; im Juli empfängt er dort Victor Hugo als seinen Gast.

Ein unglücklicher Sturz in seinem Garten schränkt Balzac in seiner Bewegungsfreiheit einige Wochen lang sehr ein.

Am 2. Dezember verzichtet er als Kandidat der Académie Française zugunsten Hugos, der jedoch nicht gewählt wird.

[Les Jardies, Dienstag, 12. Februar - Sonntag,
14. April 1839]

(...)

[Sonntag,] 14. April

Meine Liebe, fast ein Monat ist vorbei. Was für ein Monat! Ich habe heute soeben Ihren Brief empfangen. Falls meine Unregelmäßigkeit Ihnen Kummer bereitet, so tötet die Ihre mich, sie läßt mich glauben, daß Sie keine Briefe mehr von mir wollen, und ich bleibe zurück wie ein unbeseelter Körper. Ich habe übrigens Tag und Nacht gearbeitet. Erneute Korrekturen an *Ein großer Mann [der Provinz in Paris]*, an *Béatrix* und weitere Artikel waren fertigzustellen, und all das hat mich gezwungen, in Paris eine Mansarde [in der Rue de Richelieu] zu beziehen, wo ich ganz in der Nähe der Druckereien bin und somit keine Zeit verliere. Diese Arbeiten müssen fertig werden, damit ich wieder meine Freiheit habe und Geld, Sie wissen nicht, was Geld in diesem Moment bedeutet. Ich habe nicht den kleinsten Augenblick Zeit gehabt, um diesen Brief zu beenden, ich habe immer nur dann geschlafen, wenn mich die Müdigkeit übermannte. Auch habe ich jedes Interesse am Leben verloren, es ist mir völlig gleichgültig, ob ich lebe oder nicht.

Soweit die Neuigkeiten. Sie werden Monsieur de Custine sehen, er kommt nach Rußland, er wird Ihnen das Manuskript von *Seraphita* mitbringen, das Manuskript, verstehen Sie, und nicht die Korrekturen daran, da sie

425

zu umfangreich sind, er wird Sie besuchen, er ist reich, er hat das Glück, nach seinem Belieben zu verreisen, er wird, wenn nötig, einen Umweg machen, um Sie zu treffen.

Ich bin an einem Punkt angelangt, wo ich ganz nüchtern meine Lage überdenken muß, es gibt für mich nur zwei Möglichkeiten, den gordischen Knoten durchzuschlagen. Entweder ich verkaufe mein Werk für eine zehnjährige Nutzung zu einem Preis von hundertfünfzigtausend Francs oder ich lasse, falls ich meine innere Ruhe auf diese Weise nicht zurückgewinne, mein eigenes Leben in der Höhe meiner jetzigen Schulden versichern und stürze mich in die Arbeit wie in einen Abgrund, aus dem ich keinen Ausweg mehr weiß, denn bei der Schwäche, die mich überfällt, wenn meine Arbeit ein gewisses Maß übersteigt, fühle ich, daß man sehr wohl an zuviel Arbeit sterben kann. (...)

Beyle, [Stendhal], hat soeben das nach meinem Gefühl schönste Buch herausgegeben, das seit fünfzig Jahren erschienen ist, es heißt *Die Kartause von Parma*, aber ich weiß nicht, ob Sie es sich besorgen können. Hätte Machiavelli einen Roman geschrieben, es wäre dieser. (...)

Meine Liebe, klagen Sie nicht meine Freundschaft an, eines Tages werden Sie erfahren, was für ein Leben ich in diesen Tagen führe. Welche Last ich zu tragen habe. Meine Terrassenmauern in Les Jardies sind eingestürzt, es gilt also erneut, ein Grundstück, ein Haus zu erwerben, und ich habe kein Geld, dieses Haus, meinen Traum von stiller Zurückgezogenheit zu bewohnen, meine liebe Kartäuserin, dafür benötigte ich fünfzehn bis zwanzigtausend Francs, und ich weiß nicht, ob meine Tage jemals in Ruhe dahinfließen. Zwölf Jahre Arbeit, Mühe und Kummer haben mich wie am ersten

Tage einer allzu großen Schuldenlast überlassen, die ich nur schwer abtragen kann. Madame de Staël hat es gesagt: - Der Ruhm ist die hell leuchtende Trauerkleidung des Glücks.

Ihr Plan, die Ufer des Rheins sehen zu wollen, läßt mein Herz höher schlagen, oh, kommen Sie, aber Sie werden nicht kommen. Es ist ein Leichtes für mich, nach Baden zu fahren und den Rhein zu sehen, es ist weder langwierig noch kostspielig, und lange Zeit werden die Reisen, die mir so wichtig sind, möglich sein. Mit der Postkutsche nach Straßburg und wenige Augenblicke später in Deutschland, das heißt zehn Tage und zwanzig Louis[dor]! Oh, ich weiß nicht, ob Sie nicht ein wenig meinen Mut wieder stärken und meine Seele wiederaufrichten könnten! Ich werde also nicht Monsieur de Custine das Manuskript mitgeben, Sie werden es wie alle anderen selbst entgegennehmen! Falls Sie das tun würden, könnte ich Sie wegen Anna mit einem großen Pianisten bekannt machen, ich... ich weiß nicht, was ich täte, denn bei den Zeilen Ihres Briefes ist mir ganz warm geworden, und ich bin zu dem Gedanken zurückkehrt, daß das Leben erträglich sein kann.[1]

Sie werden mich recht verändert wiedersehen, aber körperlich schrecklich gealtert, mit weißen Haaren, ein alter, gutmütiger Mann. (...)

1 Es handelt sich zweifelsohne um Liszt, den er dazu bringt, 1843 Madame Hanska in Sankt Petersburg aufzusuchen. Aber erst 1845 wird Balzac gemeinsam mit Madame Hanska den Rhein bereisen.

*

Sèvres, Les Jardies, [Sonntag,] 2. Juni [- Dienstag,
4. Juni 1839]

Ich erhielt heute Ihren letzten Brief und hätte mir beinahe das Bein gebrochen, als ich die von einem Unwetter verursachten Schäden untersuchen wollte. Ich bin
mit dem Fuß ausgerutscht, und das Gewicht meines
Körpers lastete auf meinem linken Fuß, der sich unter
der Masse verrenkte, und alle Sehnen, die den Knöchel
umgeben, wurden heftig überdehnt und sind mit einem
lauten Geräusch gerissen. Die Willenskraft, die ich darauf verwandte, mich aufrechtzuhalten, hat mir einen
Schmerz von außergewöhnlicher Heftigkeit im Sonnen-
geflecht verursacht, ich habe mehr darunter gelitten als
unter dem Knöchel, obgleich der Schmerz mich glauben machte, das Bein sei gebrochen. Der Chirurg und
Chefarzt des Hospitals von Versailles ist gekommen,
und ich muß 14 Tage lang das Bett hüten. So sieht es
aus, teure Gräfin. Als Ausgleich dafür, daß all meine
schrecklichen finanziellen, literarischen usw., usw. Angelegenheiten durch höhere Gewalt unterbrochen
wurden, werde ich Ihnen nach Herzenslust schreiben
können, denn es ist schon lange her, daß ich bei Ihnen
verweilen konnte. Es mußte ja soviel gearbeitet werden. Les Jardies wird mich viele durchwachte Nächte
kosten! Reden wir nicht davon.

Wie Monsieur de Talleyrand *zu sagen pflegte*, wenn
man Kummer voraussagt, kann man sicher sein, daß die
Prophezeiung eintritt. Also nichts mehr mit der Reise
an die Ufer des Rheins! Als Entschädigung für diese
schlechte Nachricht, hier eine gute. Wenn die Abgeord-
netenkammer das Gesetz über geistiges Eigentum in unserem Sinn verabschiedet, werde ich zweifelsohne
nach Sankt Petersburg fahren und durch die Ukraine zu-

rückreisen. Aber auf jeden Fall sollen Sie wissen, meine Allerteuerste, daß mich meine erste Reise zu Ihnen führen wird. Solange Les Jardies noch nicht fertig eingerichtet ist, wird es mir unmöglich sein zu verreisen; das wäre eine zu arge Torheit, das wäre der Untergang. Ich muß noch hunderttausend Francs verdienen. Glücklicherweise ereignete sich mein Unfall erst, nachdem ich *Der große Mann der Provinz in Paris* fertiggestellt hatte, die Fortsetzung der *Verlorenen Illusionen*. Ohne das wüßte ich nicht, wie es mit mir und meinen Verlegern weitergegangen wäre. Monsieur de Custine fährt nicht bis nach Rußland, sondern nur bis Berlin; so habe ich wohl Ihr wertvolles Manuskript vergeblich aus seinem Versteck geholt.

[Dienstag, 4. Juni]

Seit den zwei Tagen, die ich das Bett hüte, werde ich von Sehnsucht heimgesucht, von wahrhaft stürmischer Sehnsucht, Sie zu sehen. Jedesmal, wenn ich allein bin, wenn ich mich in mich selbst versenke, wenn mein Kopf frei wird, wenn ich ganz auf mein Herz höre, dann ist das so. Ihr Brief hat mich betrübt, er traf ein, als ich mich gerade diesen süßen Träumereien hingab, die mein Elysium sind, und ich fand Ihren Brief frostig, förmlich, fromm usw. Ich habe Sie zwei Tage lang gehaßt. Ich habe Ihren Brief versteckt, er bereitete mir Verdruß. Sie nennen sich darin meine alte Freundin. Wenn dem so ist, dann nehmen Sie zur Kenntnis, daß meine Liebe für Sie von gestern ist. Behandeln Sie mich mit etwas mehr Eleganz. Wann haben Sie je einen Brief ohne eine Originalhandschrift erhalten? Merken Sie sich, Gräfin, daß es unter elf Millionen Freunden französischer und anderer Nationalitäten keinen 1/2 gäbe, der so hartnäckig an dieser kleinen Aufmerksamkeit festhalten würde, darin liegt eine Beständigkeit der Zuneigung, die beweist, daß die Freundschaft noch immer in ihrer Blüte steht. Selbst wenn Sie 50 Jahre alt wären, sähen meine Augen Sie immer noch im Kleid von damals und so wie Sie auf dem Aussichtsberg von Neuchâtel aussahen. Sie haben nicht die geringste Ahnung, weder von meinem Herzen noch von meinem Charakter. Glauben Sie bloß nicht, daß es so einfach ist, mich loszuwerden.

Meine Gesundheit hat Anstrengungen ausgehalten, die die literarische Welt in Erstaunen versetzt haben. Ich bin jetzt, meine Teure, bei meinem zwölften Band, und ich bewege mich auf einem Bein so wie auf zweien. Sie werden *Der große Mann* lesen, ein Werk voller Leidenschaft, in dem Sie Florine, Nathan, Lousteau, Blondet und Finot wiederbegegnen werden, diesen bedeutenden Personen in meinem Werk, wie Sie sie freundlicherweise nennen; was aber an diesem Werk die Aufmerksamkeit des Auslands erregen wird, ist die kühne Schilderung der Sitten aus dem inneren Zirkel des Pariser Journalismus, die zudem von erschreckender Genauigkeit ist. Nur ich allein war in der Lage, unseren Journalisten die Wahrheit zu sagen und ihnen bis aufs Messer den Krieg zu erklären. Dieses Buch wird man bei Ihnen nicht verbieten.

Derzeit habe ich den *Dorfpfarrer* unter meiner Feder, um ihn zu beenden, die zweite Episode wird in *La Presse* unter dem Titel *Véronique* erscheinen, sie wird viel erhabener, größer, stärker als *Die Lilie* und *Der Landarzt* sein, und mit diesen beiden Teilen habe ich meine Versprechungen eingelöst. In einem so sehr mit Arbeit ausgefüllten Leben wie dem meinem, kann nichts mehr beeindrucken, ich habe während der Tage des Aufstands gearbeitet wie gewöhnlich, Planche und ich hatten lediglich vorher gesagt, daß man in sechs Wochen mit Gewehren aufeinander losgehen würde, und so war es dann auch.[1]

Dieser Tage hat mich ein russischer Professor aus Moskau hier aufgesucht, ein Monsieur de Chevireff, und ich liebe doch alles, was auf *eff* endet, wegen Berditschew, und ich bin kindisch genug zu glauben, daß ich mich auf diese Weise auch Ihnen annähere. So klingen mir auch die Worte Wien, Genf, usw. auf besondere Weise in den Ohren. Je mehr ich darüber nachdenke, desto *hoffmannesker* werde ich bei diesem Thema.

So wird es also nichts werden mit dem Rhein! Sie können sich gar nicht vorstellen, welche Verwunderung diese beiden verhängnisvollen Zeilen bei mir ausgelöst haben, die vielleicht ganz unbedacht niedergeschrieben wurden und in denen Sie mir mitteilen, daß Ihre Reise aufgeschoben ist. Es fiele mir so leicht, an den Rhein zu fahren, selbst wenn ich in Geschäften steckte und Zeitungen unter dem Arm trüge, unsere Postkutschenlinie von Paris an den Rhein ist doch so schnell. Man muß dies wohl mit manch anderen schönen goldenen Träumen begraben. Sie hat der Frühling getröstet; mich tröstet nichts darüber hinweg; aber die Zuneigung, die Sie hervorrufen, kann Ihnen jetzt nicht mehr verborgen sein. Am Datum Ihres Briefes sehe ich, daß Sie mir an meinem Geburtstag geschrieben haben, und das war Ihnen nicht einmal gewärtig. Ich höre auf mit meinem Klagen, denn ich stünde auf jeden Fall nur lächerlich da; aber ich habe bemerkt, daß Ihre Seiten weniger Zeilen umfassen und daß Sie sich buchstäblich von mir losgesagt haben. Vielleicht habe ich es ja verdient, da ich Ihnen in einem meiner vorhergehenden Briefe sagte, wie wenig Zeit ich hätte, Ihnen zu schreiben, indem ich mich Ihnen gegenüber meiner Treue rühmte; ach, das war doch nur eine kindliche Unbefangenheit, die man nicht bestrafen sollte. Eines Tages werde ich Ihnen die Wahrheit über diese Passagen sagen, und Sie werden betroffen sein und sich sehr schämen, mir gezürnt zu haben. Glauben Sie, ich verstünde nicht, bloß weil 400 Meilen zwischen uns liegen, die Gedanken zu lesen, die hinter Ihrer erhabenen Stirn walten; ich kann sie Ihnen alle einzeln vorführen, einen nach dem anderen. Es genügt mir, Ihren Brief mit der Sorgfalt eines Cuvier zu untersuchen, um den Seelenzustand zu erkennen, in dem er geschrieben wurde; Sie waren zweifelsohne gegen mich aufgebracht, Sie werden es mir schon noch sagen.

Mit Les Jardies geht es nur sehr langsam vorwärts. Ich habe noch einige weniger wichtige Umbauten vorzunehmen, aber alles ist schwierig für die, die nichts besitzen.

Die Augen fangen an, mir weh zu tun, und das macht mir ziemlichen Kummer; ich werde mein nächtliches Arbeiten wohl einstellen müssen. Haben ich Ihnen schon gesagt, daß *Béatrix* vollendet ist? Sie werden den Text sicherlich durch die *Revue* in Sankt Petersburg bekommen; aber Sie werden ihn schlampig und verstümmelt finden; lediglich die Oktav-Ausgabe, die gerade im Druck ist, wird gelungen sein. Diese Puritaner des Liberalismus, die *Le Siècle* herausbringen, in dem *Béatrix* erschienen ist, sind sittenstreng und schaden damit dem Erzbistum, dies ist in seiner Dummheit geradezu komisch. Sie schrecken vor dem Wort *Busen* zurück, und sie treten gleichzeitig die Moral mit Füßen; sie wollen nicht, daß man das Wort *Wollust* druckt und erschüttern selbst die Grundfesten des Staates. Weil die Frau des Direktors mager ist wie eine Bohnenstange, haben sie einen Scherz von Camille Maupin über die dürren Knochen von Béatrix gestrichen. Ich brächte Sie sehr zum Lachen, wenn ich Ihnen all die Verhandlungen erzählte, derer es bedurfte, um in der Zeitung einen Scherz über die Hündin von Monsieur du Halga erscheinen zu lassen. Zu meinem Leidwesen werden Sie also dieses Werk verstümmelt und kastriert lesen müssen.

Was wird Les Jardies für ein hübsches Nest sein, wenn erst einmal alles fertig ist. Wie glücklich wird man hier sein. Welch schönes Tal, saftig wie ein Schweizer Tal! Ein königlicher Park[2] hundert Schritte entfernt, 1/4 Stunde nach Paris und doch wie hundert Meilen von Paris entfernt! Was für ein schönes Leben, wenn... Aber ich fange schon an, wie ein Kapuziner zu denken, wir sind nicht hienieden wegen unseres Wohlergehens.

Unsere Gemäldeausstellung war sehr schön, es gab in allen Gattungen sieben oder acht Meisterwerke; wunderbare Decamps, eine herrliche *Cleopatra* von Delacroix, ein erhabenes *Porträt* von Amaury-Duval, eine bezaubernde *Venus* von Chassériau, einem Schüler von Ingres. Was für ein Unglück arm zu sein, wenn man ein Herz für die Kunst hat.

Das erste einigermaßen jungmädchenhafte Buch, das ich mache, werde ich Ihrer lieben Anna widmen; aber zuerst erwarte ich ein Wort dazu in Ihrem nächsten Brief, denn ich möchte sicher gehen, daß es Ihnen recht ist.

Es sieht so aus, als gäbe es im Herbst eine Balzac-Dahlie; wenn Sie ein Pfropfreis haben möchten, lassen Sie mich wissen, wie ich es Ihnen zukommen lassen kann, es wird, so sagt man, eine wunderbare Blume sein, falls der Züchtungsversuch Erfolg hat.

Sie wünschen mir den Seelenfrieden, dessen Sie sich

erfreuen, ach, ich habe Leidenschaften, oder um genau zu sein, eine zu heftige Leidenschaft, die zu aufwühlend ist, um das Feuer meiner Seele löschen zu können; Sie können sich nicht vorstellen, wie es mich umtreibt: für mich verjährt nichts; alles, was mich je im Innersten getroffen hat, ist wie von gestern. Ein Baum, ein Gewässer, ein Berg, eine Landschaft, ein Wort, ein Schmuckstück, ein Blick, Furcht, Lust, Gefahr, ein Gefühl, sogar der Sand, der geringste Vorfall, die Farbe eines Mauerstücks, alles spiegelt sich in meiner Seele wider, alles empfinde ich jeden Tag neu und tiefer. Ich vergesse alles, was nicht zur Domäne des Herzens gehört, aber alles, was in den Bereich der Phantasie gehört, erfordert ein Erinnern, ein gründliches Nachdenken. Alles jedoch, was meine Amouren betrifft, erlauben Sie mir diesen wunderbaren französischen Ausdruck, macht mein Leben aus, und nur, wenn ich mich ihnen ausliefere, glaube ich zu leben. Für mich zählen nur die köstlichen Stunden der Hingabe, dies sind meine Sonnenstunden, meine Freudenstunden; aber Sie werden sich das niemals vorstellen können, diese Poesie des Herzens, gesteigert durch die unglaubliche Kraft der Intuition. Ich werde mich nie dessen rühmen, was man Talent nennt, nicht einmal meiner Willenskraft, die der Napoleons gleichkommt; aber ich bin dankbar und stolz auf mein Herz, auf meine Beständigkeit in Gefühlsdingen. Hier liegen meine Reichtümer; hier sind die Schätze, die außerhalb der Reichweite derer sind, die diese schönen Goldstükke geprägt haben. »Ich weiß, wie edel und groß Ihre Seele ist, und ich weiß, wo ich Ihnen nahekommen kann. Sie sollen noch einmal meinetwegen erröten.« Dieser Satz[3] ist eines meiner Goldstücke. Manchem Toren hätte das nichts bedeutet, aber für mich sind das erhabene Töne, und wäre ich nicht schon verliebt gewesen wie ein Tölpel, wie ein Gymnasiast, wie ein Narr, wie ein Verrückter, wie alles, was Sie sich an Exaltiertem vorstellen können, hätte ich eine Frau, die so etwas sagt, wie eine Gottheit angebetet. Ich weiß nicht, ob diese Sätze Sie vielleicht nicht an Swedenborg erinnern, aber da sie eng mit meiner Geschichte verknüpft sind, werde ich sie Ihnen eines Tages erklären. Übrigens kann ich es Ihnen ja sagen. Sie wurden mir von einer ziemlich außergewöhnlichen Frau, die ich Ihnen jedoch nicht nennen kann, in einem Anfall unberechtigter Eifersucht gesagt. Ich schwöre Ihnen, daß kein Monat vergeht, ohne daß ich mich an den Anblick des Himmels und an die Farbe der Wolken erinnere, die ich in dem Augenblick, als diese Worte ausge-sprochen wurden, betrachtcte.

So leben Sie wohl. In zehn Tagen wird es meinem Bein besser gehen, aber bis dahin werde ich Ihnen noch einmal schreiben. Ich werde Ihnen meine Träumereien nach und nach enthüllen, ich werde in meinem Müßiggang viel an Sie denken, er ist für mich der Ursprung der Erinnerungen. Ich bin sehr froh zu hören, daß in Ihren Besitzungen alles zum besten steht; aber im Vertrauen gesagt, ich verstehe nicht, warum der Graf seine Geschäfte nicht so geregelt hat, daß er sich keine Sorgen mehr machen muß. Sobald ich die meinen abgeschlossen habe, werde ich ihm, da ich ganz unbestreitbar ein wesentlich besserer Finanzsachwalter bin als er, - habe ich doch mit nichts viel erreicht, - meine Dienste anbieten, um aus viel nichts zu machen, wenn Sie mir diesen Scherz gestatten. Tausend freundliche Grüße an Mademoiselle Séverine, an Ihre liebe Anna, meine herzlichsten Ehrerbietungen an die Oberhoheit, den Großmarschall, und für Sie die kostbarsten und süßesten Opfergaben des Herzens.

Kein Custine, kein Perlengeschmeide, es entgeht Ihnen etwas, denn es ist sehr schön, und Sie wären nächsten Winter die Ballkönigin von Kiew gewesen. Aber Sie werden es auch ohne Geschmeide sein.

1 Balzac bezieht sich auf die blutige Erhebung vom 12. und 13. Mai 1839 von republikanischen Aufständischen, die die Wachen vor dem Rathaus und dem Justizpalast überwältigten.
2 Parc de Saint-Cloud.
3 Eben diesen Satz hatte Madame Hanska im Mai 1835 in Wien zu Balzac gesagt.

*

Les Jardies, August [- Dezember 1839]

Ich habe Ihren letzten Brief erhalten und finde, daß unsere doppelte Existenz etwas Wundersames an sich hat: bei Ihnen tiefster Friede und bei mir erbitterter Krieg; bei Ihnen Ruhe und bei mir dauernder Zwist. Sie können sich die stets neu aufflammenden Qualen, in deren Fängen ich bin, gar nicht vorstellen. Aber ich weiß gar nicht, warum ich Ihnen das überhaupt erzähle, denn bei mannigfacher Gelegenheit haben Sie mir bewiesen, daß es meine Schuld sei und ich unrecht habe. Les Jardies nähert sich der Fertigstellung, noch ein paar Tage und ich werde die Umbauten beendet haben, es sind nur noch ein paar Kleinigkeiten. Aber ich werde hier erst zur Ruhe kommen, wenn ich alles, was ich schulde, zurückbezahlt habe, und das ist ein Vermögen. Die Tausend-Francs-Scheine gehen darin unter wie Schiffe auf hoher See. Der Verdruß mit dem literarischen Gewerbe nimmt zu und wird durch die Forderungen des Buchhandels, der alle Bücher auf einmal will, immer komplizierter, während die Kritik einfach befindet, ich schreibe zuviel. Jeder will sein Geld zur gleichen Zeit. Dieser Tage hat mich eine schreckliche

Lust gepackt, dieses Leben aufzugeben, nicht durch Selbstmord, den ich stets als Torheit ansehen werde, sondern indem ich, dem Beispiel von Molières Meister Jacques folgend meinen Fuhrmannskittel gegen eine Kochschürze eintausche, das heißt, so tue, als seien mein Werk, mein Les Jardies, meine Schulden, meine Familie, mein Name, alles, was mich ausmacht, tot und begraben oder habe nie existiert; sodann bräche ich in ein fernes Land auf, nach Nord- oder Südamerika; unter einem anderen Namen und sogar das Aussehen verändernd, finge ich ein neues Leben an und hätte ein angenehmeres Los.

[Samstag, 7.] September

Ich bin durch eine schreckliche Angelegenheit über die Maßen aufgewühlt, und zwar wegen der Affäre Peytel, ich habe den armen Kerl dreimal gesehen.[1]

Er ist verurteilt worden; in zwei Stunden breche ich nach Bourg auf.

1 Balzac kannte Peytel schon aus der Zeit, da dieser Aktionär der Zeitung Voleur gewesen war. Im November 1838 überraschte Peytel seine junge Frau mit einem Liebhaber. Als er auf diesen mit einer Pistole schoß, traf er aus Versehen seine Frau. Das Schwurgericht in Bourg verurteilte ihn am 30. August 1839 zum Tode.

[Mittwoch,] 30. Oktober

Sie werden vielleicht erfahren haben, daß nach zweimonatigen unerhörten Anstrengungen, Peytel der Todesstrafe zu entreißen, er vor zwei Tagen den Weg zum Schaffott angetreten hat, als *guter Christ*, sagte der Pfarrer, als Mann, der nicht schuldig war, sage ich. Sie können sich jetzt also denken, woher diese scheußliche Lücke in meiner Korrespondenz rührt. Ach! Liebe, meine Geschäfte waren ohnehin bereits in einem ziemlich üblen Zustand, aber nun kostet mich meine Aufopferung auch noch ein wahnsinniges Geld, mindestens 500 Dukaten und weitere 500 Dukaten an ausgefallener Arbeit. Verleumdungen aller Art waren der Dank. Ich glaube, ich würde in Zukunft zuschauen, wie man einen Unschuldigen tötet, ohne mich einzumischen, oder würde es wie die Spanier machen, die weglaufen, sobald man jemanden umbringt. Wir werden all das bereden, denn ich werde Sie besuchen. Ich verspreche es Ihnen; denn ich werde ohne jeden Zweifel einige Monate lang aus Erschöpfung nicht in der Lage sein zu schreiben.

Ich bringe das Schauspiel *Vautrin* in 5 Akten an der Porte-Saint-Martin auf die Bühne.

Ich beende den *Dorfpfarrer*, ferner *Sœur Marie-des-Anges*, *Die Bauern*, *Die kleinen Nöte des Ehelebens*, *Pierrette*, was Ihrer lieben Anna gewidmet ist, und *La Frélore*.

Sobald all dies abgeschlossen ist, und wenn ich dann keine Hirnhautentzündung habe, mache ich mich nach Berlin auf, um Zerstreuung zu suchen und um dann weiter nach Dresden reisen... Und man fährt nicht zur *Madonna* von Dresden[1], ohne bis zur *Heiligen* von Wierzchownia vorzustoßen.

1 Die *Sixtinische Madonna* von Raffael, die im Museum von Dresden hängt, war durch Kupferdrucke sehr populär geworden. Tatsächlich sieht Balzac dieses Gemälde erst 1843 in Dresden.

[Samstag,] 2. November

Ich habe so Fürchterliches durchgemacht, daß es mir unmöglich ist, Ihnen davon auch nur ein einziges Wort zu schildern, denn dies hieße zweimal leiden. Ich war an dem Punkt, daß ich Brot, Kerzen und Papier entbehren mußte. Ich wurde von den Gläubigern gehetzt wie ein Hase, ja schlimmer noch als ein Hase. Nun bin ich allein und verlassen in Les Jardies. Meine Mutter stirbt noch vor Kummer. Aber ich bin der einzige, der die Verheißung der Zukunft kennt: ich sehe in den nächsten zwei Monaten Ereignisse eintreten, die mich auf dem schwierigen Weg meiner Befreiung voran bringen werden. Ich arbeite so rasch, daß ich Ihnen gar nicht mehr erzählen kann, woran. Sie werden erst ziemlich spät ein Kleinod kennenlernen, *La Princesse parisienne*, das die Maufrigneuse im Alter von 36 Jahren porträtiert. Wie ich sehe, haben Sie den *Großen Mann der Provinz* noch nicht erhalten, der nicht nur ein Buch, sondern auch eine große Tat war, eine mutige vor allem. Das Aufheulen der Presse dauert noch immer an.

Schließlich werde ich mich, erschöpft von so vielen Kämpfen, dem köstlichen Entwurf von *Sœur Marie-des-Anges* widmen, in dem ich die *weltliche* Liebe in die *göttliche* überführe.

Pierrette ist eine von diesen köstlichen Blumen der Melancholie, die von vornherein für den Erfolg bestimmt sind. Da es für Anna ist, will ich Ihnen nichts darüber verraten, ich möchte Ihnen doch das Vergnügen der Überraschung lassen.

[2. (?)] Dezember

Sie sehen mich verblüfft. Ich fand jenen Brief, den ich diesem hier beilege. Ich dachte, er sei abgeschickt, aber in meinem Durcheinander ist er unter dem weißen Papier von *Pierrette* liegengeblieben. Als ich *Pierrette* beendete und meinen Schreibtisch aufräumte, finde ich den Brief, den ich in Ihren Händen glaubte.

Das erklärt mir, warum Sie nicht mehr schreiben. Sie dachten, ich sei tot und begraben, nicht wahr?

Gestern widerfuhr mir eine große literarische Schmach, *Pierrette* wurde von *Le Siècle* abgelehnt, und ich kann nur sagen, daß es eine Perle ist, die ich mir unter Schmerzen abgerungen habe, denn ich bin ganz Leiden. Es wundert mich überhaupt nicht, daß ich dachte, ich hätte Ihnen einen Brief geschickt, und ihn dabei auf meinem Schreibtisch behalten habe, denn ich vergesse sogar zu leben.

Ich habe mich um die Aufnahme in die Académie beworben, (39 Besuche waren zu machen), lasse aber Victor Hugo den Vortritt, dessen Originalbrief hierzu ich Ihnen schicke.[1]

Ich arbeite 18 Stunden und schlafe 6, ich esse beim Arbeiten, und ich glaube, ich höre nicht einmal im Schlaf zu arbeiten auf, denn es gibt literarische Schwierigkeiten, deren Lösung ich bis nach dem Erwachen aufschiebe und die ich beim Aufstehen gelöst finde, so arbeitet also mein Gehirn im Schlaf.

Ich erwäge noch immer, sobald ich einen Augenblick Ruhe haben werde, nach Berlin und Dresden und zu Ihnen zu fahren.

Es gibt dreizehn aufeinanderfolgende Drucke von *Pierrette*, das heißt, daß es dreizehnmal neu gemacht wurde. *César Birotteau* habe ich 17mal überarbeitet. Aber da ich *Pierrette* in zehn Tagen gemacht habe, können Sie selbst beurteilen, wieviel Arbeit das war, und ich habe nicht nur das am Hals.

Ich habe mich in eine Dampfmaschine verwandelt, aber unglücklicherweise in eine Maschine mit Herz, die leidet, deren Empfinden ungeheuer viel umspannt und die durch alles betrübt, durch alles verletzt, durch alles erregt wird und der kein Schmerz erspart bleibt. Es gibt keinen Trost mehr für mich, der bittere Kelch ist zur Neige gegangen. Ich glaube kaum mehr an eine glückliche Zukunft, und ich werde vorwärts getrieben von der unerbittlichen Hand der Pflicht.

Ich reiche Ihnen betrübt und schmerzgebeugt die Hand über die Entfernung hinweg und hoffe, Sie werden auf immer dieses gute friedliche und ruhige Leben führen, in dem sich mein Geist manchmal erholt, ohne daß Sie es wissen. Ja, es gibt Stunden, da ich mir unter dem Joch meiner Bürde vorstelle, daß ich zu Ihnen komme und daß ich einige Wochen lang ohne Sorgen in dieser ukrainischen Oase lebe, wenn auch nicht ohne Kümmernisse. Tausend Liebenswürdigkeiten an alle, die um Sie sind, und glauben Sie an die immerwährende Zuneigung Ihres Muschik der Literatur, der ärmer ist denn je zuvor.

1 Victor Hugo wurde trotz dreier Wahlgänge am 19. Dezember 1839 nicht in die Académie Française aufgenommen.

1840

In diesem Jahr, das literarisch gesehen weniger ertragreich ist als das vorhergehende, erlebt Balzac die Premiere seines Theaterstücks *Vau*trin; daraus wird kein Erfolg, weil die Aufführung vom Innenminister verboten wird, obwohl Alexandre Dumas und Victor Hugo sich dafür eingesetzt haben.

Balzac arbeitet an den *Memoiren zweier Jungvermählter*, die er George Sand widmet.

Um seinen Gläubigern zu entgehen, verläßt Balzac seinen Besitz in Sèvres und bezieht eine Wohnung in Passy, die Madame de Brugnol für ihn gemietet hat. Im Dezember nimmt Balzac für kurze Zeit seine Mutter bei sich auf.

Madame Hanska hat auch in diesem Jahr Wierzchownia nicht verlassen.

Ha! Endlich sehe ich Sie einmal außergewöhnlich kleinlich, und das zeigt mir, daß auch Sie von dieser Welt sind! Ha! Sie schreiben also nicht mehr, weil meine Briefe so spärlich waren. Ja, sie waren spärlich, denn ich hatte nicht immer das Geld, sie zu frankieren, und das wollte ich Ihnen nicht gestehen. Ja, meine Not ging so weit und noch darüber hinaus. Das ist ziemlich scheußlich und ziemlich traurig, aber das ist eine Tatsache wie die Ukraine, in der Sie leben. Ja, ich habe Tage gekannt, an denen ich stolz ein Brötchen auf den Boulevards gegessen habe. Dann habe ich wieder furchtbar gelitten: Eigenliebe, Stolz, Hoffnung, Zukunft, alles war in Mitleidenschaft gezogen. Ich werde, so hoffe ich, all dies überwinden. Ich hatte oft keine 2 Heller, und dabei brachte ich doch diesen verabscheuungswürdigen Lecous und Delloyes 70 000 Francs im Jahr ein. Die Affäre Peytel kostet mich 10 000 Francs, gleichzeitig ging das Gerücht, ich hätte 50 000 Francs erhalten. Durch diese Angelegenheit und meinen Sturz, der mich, wie Sie wissen, 45 Tage ans Bett gefesselt hat, sind meine Geschäfte um mehr als 30 000 Francs in Rückstand geraten. Oh! Wie mir Ihr Mangel an Vertrauen mißfällt. Sie möchten, daß ich ein großer Geist bin, aber Sie möchten nicht, daß ich ein großes Herz habe. Nach bald acht Jahren kennen Sie mich noch immer nicht! Mein Gott! Vergib ihr, denn sie weiß nicht, was sie tut!

Nein, ich war nicht *glücklich*, als ich *Béatrix* schrieb;

Sie hätten es sonst gewußt. Jawohl, Sarah ist Madame de V[isconti][1], ja, Mademoiselle des T[ouches] ist G[eorge] Sand, ja, und in Béatrix ist Madame d'Agoult nur zu gut getroffen. Georges [sic] ist deswegen überglücklich, es ist für sie wie eine kleine Rache an ihrer Freundin; von einigen Abweichungen abgesehen, *ist die Geschichte wahr*.

Ich bitte Sie, stellen Sie keine Vergleiche an zwischen sich und Madame de B[erny]. Sie war von unendlicher Güte und absoluter Hingabe, sie war einfach einzigartig. Sie wiederum sind ganz und gar Sie selbst, wie sie es ihrerseits war. Man soll niemals zwei große Dinge miteinander vergleichen, sie sind, was sie sind.

Pierrette ist in *Le Siècle* erschienen, das Manuskript ist für Anna aufgebunden. Die Lieferung ist erschienen, ich lege sie Ihnen hier bei. Freunde und Feinde haben diese kleine Geschichte zum Meisterwerk erklärt, und ich wäre glücklich, wenn sie sich nicht täuschten. Sie können es bald lesen, es wird in Buchform gedruckt. Man hat es auf eine Stufe mit der *Suche nach dem Absoluten* gestellt, mir ist das nur recht, aber ich möchte es vor allem bei Anna wissen.

Ach ja! Ich kritzele immerzu, ich besudele viel Papier, und ich komme kaum voran. Ich schäme mich, weil ich nicht die notwendige schöpferische Kraft habe.

Mit Ihrem Brief hatte ich gar nicht mehr gerechnet, ich hatte jede Hoffnung verloren, ich wußte nicht mehr, was ich denken sollte, ich wähnte Sie krank, und ich habe bei der Prinzessin Constantine nachgeforscht, was mit Ihnen los sei; ich wäre bis zu Ihnen gereist, litte ich nicht solche Not. Sie ahnen wohl kaum, was Sie mir bedeuten, aber es ist eine unglückliche Leidenschaft. Treue stellt sich nicht zur Schau. Nicht nur Ihr Gefühl ist absolut, das meine ist es auch. Ich glaubte Sie tot, ich hielt Sie keineswegs für vergeßlich; wogegen Sie sich unter dem Vorwand, ich sei ein Mann und in Paris, ungeheuerliche Dinge vorgestellt haben. Zählen Sie meine Bände an den Fingern ab und überlegen Sie. Ich bin in Paris eher in der Wüstenei als Sie in Wierzchownia. Es gefällt mir gar nicht, wenn Sie an wen auch immer auf der Welt schreiben und noch viel weniger, wenn es nach Paris ist, aber die Adresse von Custine lautet 6, Rue de la Rochefoucault. Schreiben Sie nur, Madame Sévigné! Ihr Muschik gehorcht.

Sie haben die Geschichte dieses armen [Peytel] sehr gut durchschaut: es gibt wirklich verhängnisvolle Begebenheiten im Leben. Die Umstände waren mehr als mildernd, aber unmöglich zu beweisen. Es gibt eine Form von edelmütigem Verhalten, das für die Menschen niemals glaubhaft ist. Nun, jetzt ist es vorbei, eines Tages werde ich Sie lesen lassen, was er mir geschrieben hat, bevor er zum Schaffott schritt; ich kann dies Gott zu Füßen legen, und viele Sünden werden mir vergeben werden. Er war ein Märtyrer seiner Ehre, was man bei Calderon, Shakespeare und Lope de Vega beifällig aufnimmt, hat man in Bourg guillotiniert.

Ich, der ich mich verheiraten will, der ich es zwar möchte, aber mich vielleicht doch nie verheiraten werde, weil ich mich verheiraten will, kurzum, Sie wissen schon! Aber was Sie nicht wissen, hier kommt es - sozusagen im voraus, ich habe den besten Willen und die feste Absicht, das Geschöpf, mit dem ich durchs Leben gehen will, nach seiner Art glücklich sein zu lassen, es niemals vor den Kopf zu stoßen und nur in einem Punkt streng zu sein, nämlich in der Achtung der gesellschaftlichen Regeln. Die Liebe ist eine Blume, deren Samen vom Wind herbeigetragen wird und dort erblüht, wo er hinfällt. Es ist ebenso lächerlich, einer Frau vorzuwerfen, daß sie einen nicht liebt, wie mit dem Schicksal zu hadern, daß es einem keine schwarzen Augen geschenkt hat, wenn man rote hat; wo es an Liebe mangelt, gibt es Freundschaft, die Freundschaft ist das Geheimnis des Ehelebens. Man kann darunter leiden, nicht geliebt zu werden, aber man darf es sich nicht anmerken lassen; das hieße nämlich, aus Verzweiflung über den Verlust der ersten Hälfte des Glücks, auch noch die andere Hälfte zu verlieren, die uns bleibt. Jene Frau[2] schielte, sie war reizlos, sie hatte einen fürchterlichen Charakter, aber jener Mann hat sich darauf versteift, sie zu begehren, er hat zum ersten Mal den Kopf verloren, als er sah, daß ein Wesen von geringerem Rang ihm selbst vorgezogen wurde, und er hat ihn ein zweites Mal verloren, als er erkannte, ihn schon einmal aus Rache verloren zu haben. Die Frau war seiner Rache nicht würdig. Ich würde es einer Frau nicht allzu sehr vorwerfen, einen König zu lieben, aber wenn sie Ruy Blas liebt, ist das ein Laster, das sie tief sinken läßt, sie ist für mich dann nicht mehr existent und keinen Schuß Pulver wert! Doch genug davon.

Vautrin drängt mit Macht auf die Bühne, ich habe jeden Tag Probe. Wenn Sie diesen Brief in Händen halten, wird diese wichtige Frage bereits entschieden sein. Ja, es ist beinahe sicher, daß man *Vautrin* an dem Abend aufführen wird, an dem Sie den Brief erhalten, denn es wird zwischen dem 28. Februar und dem 5. März sein. An diesem Abend steht ein ganzes Vermögen an Geld und literarischem Ruhm auf dem Spiel. Frédérick Lemaître bürgt für den Erfolg, Harel, der Direktor, glaubt daran! Ich wiederum war schon ganz verzweifelt; vor 10 Tagen fand ich mein Stück stupide und hatte damit recht, ich habe es vollständig überarbeitet und finde es nun annehmbar. Aber es wird immer ein vermaledeites

Stück bleiben. Ich habe mich dazu hinreißen lassen, eine romantische Figur auf die Bühne zu stellen, und das war ein Fehler.

Gewiß doch, ich hätte nur gar zu gern eine Ansicht von Wierzchownia.

1 Seit dem Spätsommer 1835 ist die vielumworbene Gräfin Guidoboni-Visconti für etwa fünf Jahre die Geliebte Balzacs.

2 Madame Peytel.

[Montag,] 10. Februar

Ich habe manches Jammertal durchschritten, und wenn ich Erfolg habe, dann kann ich sie alle ein für allemal hinter mir lassen, malen Sie sich ruhig aus, welche Ängste ich an dem Abend der Aufführung von *Vautrin* leiden werde. In 5 Stunden wird sich entscheiden, ob ich meine Schulden bezahlen kann oder nicht. Seit 15 Jahren bin ich mit dieser Bürde belastet, die die Entfaltung meines Lebens beeinträchtigt, die mein Herz aus dem Takt bringt, meine Gedanken erstickt, meine Existenz besudelt, meine Bewegungsfreiheit einschränkt, meine Phantasie lähmt, mein Gewissen bedrückt, mich in allem behindert, den Lauf der Dinge hemmt, mir das Rückgrat gebrochen und mich hat altern lassen, mein Gott, wie habe ich meinen Platz an der Sonne teuer erkauft! Meine ganze beschauliche Zukunft, die Ruhe, derer ich so sehr bedarf, all dies steht in einigen Stunden auf dem Spiel und ist dann den Launen der Pariser genauso ausgeliefert wie in diesem Augenblick bereits der Zensur!

Ach! Wie sehr ich Erholung nötig habe! Jetzt bin ich schon 40 Jahre alt! 40 Jahre Leiden, denn das Glück, von dem ich nur zwischen 1823 und 1833 bei einem Engel gekostet habe, war das Gegengewicht zu einem gleichbleibenden Elend, und es bedurfte meiner ganzen Kraft, einer Freude standzuhalten, die ebenso unermeßlich war wie der Schmerz. Noch immer frage ich mich, wie der Tod dies beenden konnte? Und was für ein Tod!... Ich lechze nach dem verheißenen Land einer süßen Ehe, denn ich bin es leid, in dieser wasserlosen Wüste voller Sonne und Beduinen herumzustapfen. Wer, großer Gott, könnte mir das nach zehn Jahren verübeln?

Nun hat Dumas also tatsächlich Ida geehelicht! Ich mag nicht an die niederträchtigen Motive dieser verabscheuungswürdigen Heirat denken. Es herrscht keine Zuneigung, er schreckt davor zurück und hat es zwanzigmal bewiesen, das Ganze ist nicht einmal mit ihrem Talent zu entschuldigen, denn sie ist eine grauenvolle Schauspielerin; sie hat mit Wissen Dumas' seit Beginn ihrer Verbindung auch anderen gehört; sie verachtet Dumas! Er heiratet sie nicht einmal, um sie zu besitzen. Das versteht man einfach nicht! Es heißt, er heirate sie, um das wiederzuerlangen, was er unter ihrem Namen angelegt hat, denn er wird von ihr bedroht, verstoßen zu werden und alles zu verlieren; aber seinen Namen einer solchen Frau zu überlassen, nur um Möbel wiederzuhaben! Das ist wie sein Haus anzünden, um ein Ei zu kochen - sie zu heiraten, um sie gleich anschließend verlassen zu können, das ist doch zu scheußlich. Seit langem schon weiß ich, daß Dumas ein erbärmliches Wesen ist, aber ich wußte nicht, daß er verrückt ist bis zur Schändlichkeit. Die Liebe, die heilige Liebe läßt alles verzeihen. Mit 60 Jahren Fanny Elssler lieben wie Gentz, mit 17 Jahren eine Frau von 40 lieben, Juliette heiraten und ein Idol aus ihr zu machen, wie es Hugo getan hat, eine Marketenderin heiraten wie Peter der Große, die Liebe rechtfertigt alles; aber mir wird übel, wenn ich nur an derartige Niederträchtigkeiten denke, ich trauere um die Literatur, denn es gilt als sicher, daß Dumas ein Teil von ihr ist, er hat seinen Namen zwar unverdienterweise, aber er hat wenigstens einen.

Sie zu besuchen, ist mir ein beständiger Wunsch, aber dabei darf man weder unbezahlte Rechnungen noch Geschäfte, noch Schulden, noch Geldsorgen einfach hinter sich zurücklassen, und das macht wenigstens 60 000 Francs aus, und die kann *Vautrin* in 4 Monaten einspielen!

Die von Ihnen erwähnte Madame de V[isconti] ist eine der liebenswürdigsten Frauen und von unendlicher, auserlesener Güte, von vornehmer zarter Schönheit, sie hilft mir sehr, das Leben zu ertragen, sie ist sanft und doch voller Entschlossenheit; unerschütterlich und unerbittlich in ihren Überzeugungen und Abneigungen. Auf sie ist stets Verlaß, sie hat kein Vermögen oder besser gesagt, ihr und des Grafen Vermögen steht nicht im Einklang mit dem glanzvollen Namen, denn der Graf ist Vertreter der 1. Linie der legitimen Söhne des letzten Herzogs, des berühmten Barnabò, der nur Bastarde hinterlassen hat, von denen er einige legitimierte, die anderen nicht. Dies ist eine Freundschaft, die mich über manchen Kummer hinwegtröstet, aber unglücklicherweise sehe ich sie nur sehr selten[1], Sie können sich gar nicht vorstellen, zu welchen Entbehrungen mich mein Schaffen verdammt! Nichts ist möglich in einem Leben, das so ausgefüllt ist wie das meine, selbst wenn man um 6 Uhr zu Bett geht, um gegen Mitternacht schon wieder aufzustehen. Mein Tagesablauf, meine erdrückenden Pflichten, alles widersetzt sich der geringsten Annehmlichkeit. Niemandem wird es gelingen, einen Arbeiter aufzuspüren, der gleich mir 15 Stunden am Tag arbeitet, ich kann nicht einmal mehr irgendwelche gesellschaftlichen Verpflichtungen wahrnehmen. Ich sehe Madame de V[isconti] nur alle zwei Wochen, und das macht mir wirklich Kummer, denn sie und meine Schwester sind die einzigen mitfühlenden Seelen, die ich habe. Meine Schwester weilt in Paris, Madame de V[isconti] in Versailles, und ich sehe beide kaum. Kann man das Leben nennen? Sie sind in einer Wüstenei am Rande Europas; ich kenne keine anderen Frauen in der Gesellschaft, und ich habe die Ehre, Ihnen zu versichern, daß es niemanden gibt, der annimmt, mir flögen alle Frauenherzen zu und lägen mir zu Füßen und ich fühlte mich in weiblicher Gesellschaft so wohl wie das Pferd im Stroh. Was für ein wüster Scherz! Mein Gott, wie ist die Welt dumm. Hierin liegt ein so beißender und bitterer Spott, daß es Stunden gibt, in denen ich, über mein Leben nachsinnend, mit Tränen in den Augen in mein halb heruntergebranntes Feuer schaue, mit gesenktem Kopf und gebrochenem Herzen, denn niemand ist mehr als ich geschaffen für ein Glück an jedem Abend und an jedem Morgen. Meine Seele und mein Charakter sind von einer Ausgeglichenheit, die eine Frau glücklich machen müßte, ich fühle eine unendliche, unerschöpfliche Zärtlichkeit in mir, die leider ungenutzt verlischt; immerfort träumen, immerfort warten, zu sehen wie die schönen Tage enteilen, zu sehen wie die Jugend Haar um Haar dahinschwindet, dabei nichts in den Armen halten und auch noch als Don Juan angeklagt werden! Was für ein dicker und unausgefüllter Don Juan! Es gibt Augenblicke, in denen ich meine arme Schwester Laurence beneide, die seit 15 Jahren von meinen Tränen benetzt in ihrem Sarg ruht.

1 Tatsächlich hatte die Gräfin Visconti ein Nebenhaus in Les Jardies angemietet.

Leben Sie wohl, ich schließe diesen Brief und lege soviel Zuneigung für Sie hinein wie in alle anderen Briefe zusammen. Möge *Vautrin* von Erfolg gekrönt sein und das Jahr 40 mich auf Ihrem Landgut sehen! Ich bin derzeit mit Arbeit überhäuft. Ich habe *Pierrette* im Druck, der ich noch eine Geschichte hinzufügen muß, um die gewünschten 2 Oktavbände herausgeben zu können. Ich muß für *La Presse* ein Buch machen und habe außerdem einen Briefroman im Druck, von dem ich noch nicht weiß, wie ich ihn betiteln soll, denn *Sœur Marie-des-Anges* ist zu lang und beträfe auch nur den 1. Teil davon. All das will erledigt sein, ehe ich die Freiheit haben werde zu reisen, wohin ich will, was ich seit Genf nicht mehr hatte. Nein, ich habe wahrhaftig noch nie mehr als 6 Wochen für mich gehabt und zudem immer sehr teuer für meine Eskapaden bezahlt.

Ich glaube, ich werde *La Torpille* zu Ende bringen; ich muß ferner *Les Lecamus* für *Le Siècle* abschließen sowie den letzten Teil der *Verlorenen Illusionen*, das heißt, den Schluß von *Ein großer Mann* usw... Sie sehen also, wieviel noch zu tun ist, denn ich habe auch noch *den Schluß von Béatrix* vor mir; es gibt einen 4. Teil, die 2. Begegnung von Calyste und Béatrix. Insgesamt gilt es 6 Werke zu erstellen! Abgesehen von den 2 Stücken, die auf die Bühne gebracht werden müssen. Was meinen Sie? Glauben Sie wirklich, man habe hierbei Zeit zum Müßiggang? Ach, ich habe nicht einmal Muße zum Nachdenken, ich werde von den laufenden Geschäften mitgerissen wie von einem Strom. Kaum einen Augenblick habe ich, um Ihnen zu schreiben, und Sie wissen ja nicht, daß er meinem Schlaf geraubt ist. Mich Herzensdingen widmen, ist für mich ein Luxus. Was sind die Reichen doch für privilegierte Leute! Und wie wenig verstehen sie es, ihre Möglichkeiten zu genießen. Ich glaube, Geld macht dumm. Seit 3 Wochen hoffe ich darauf, daß Rostchild [sic] mir hilft, meine Angelegenheiten zu regeln, ich habe ihn darum gebeten. Aber pah! Wenn ich ihn zweimal bitten muß, ziehe ich Elend und Arbeit vor. Tausend Zärtlichkeiten für Sie, meine Liebe. Übermitteln Sie meine Grüße und meine Freundschaft an all jene, die mit Ihnen sind, vor allem meine Segenswünsche für das Wohlergehen Ihrer Familie. Sie haben Ihre Wölfe, ich habe meine Gläubiger und hätte es doch viel lieber nur mit Ihren Wölfen zu tun. Ich habe erfahren, daß Oberst Frankowski, der Ihnen die Schatulle überbracht hat, derzeit hier weilt. Ob ich ihm wohl die *Pierrette* für Anna und Ihr Perlengeschmeide anvertrauen kann? Geben Sie mir Bescheid, antworten Sie mir darauf umgehend.

Nun noch einmal lebewohl und nehmen Sie alle Blumen einer aufrichtigen und treuen Zuneigung, die so makellos sind, wie es noch nie zuvor welche gab.

*

[Les Jardies, Donnerstag, 1. Oktober - Passy,
Donnerstag, 26. November 1840]
Sèvres, 1. Oktober 1840

Liebe Gräfin, soeben empfange ich Ihren letzten Brief. Mein Gott! Was soll ich Ihnen sagen. Alles, was er an Gutem, an überströmenden Gefühlen und an Tröstlichem enthält, ließe noch schlimmere Nöte als die meinen ertragen, wenn es sie denn gäbe. Ich kann nur mit Traurigem auf Trauriges antworten:

Zunächst habe ich den Plan, Ihnen den Winter über Gesellschaft zu leisten, ganz aufgeben müssen: denn mein Advokat hat sich dem mit äußerst einleuchtenden Begründungen widersetzt, die mich jedoch nicht befriedigen. Ja, ich hatte mir sieben oder acht Monate des Friedens, der Ruhe, mit stetiger, aber nicht zu ermüdender Arbeit erträumt, Monate des völligen Vergessens all meiner Qualen, und all meine Vorkehrungen hierfür waren getroffen. Ich wollte mir Berlin und Dresden ansehen und dann kommen. Ich muß es verschieben. Ihre Vorahnung war richtig, alles schien vonstatten zu gehen, und ich war mit unendlicher Freude erfüllt, die ich gar nicht auszudrücken vermag. Doch leider wäre es verrückt und leichtsinnig. Um meine Angelegenheiten ist es zu schlecht bestellt. Ich verpfände also meine Geschütze und trete den Rückzug an, um schließlich mit Macht zurückzukehren. Ich werde Ihnen all dies im einzelnen genau darlegen. Aber zuerst will ich auf das antworten, was Sie mich fragen und was mich zum Schmunzeln gebracht hat; ich glaubte, Sie hätten es nicht nötig, dies zu fragen, glaubte, Sie wären sich dessen gewärtig. Nein, ich werde niemals einen besonders wichtigen Entschluß fassen, in welchem Sinn auch immer, ohne Sie vorher konsultiert zu haben. Ehe ich mich, wie es heißt, der Gnade Gottes überantworte, werde ich mich zuerst als braver Muschik der Gnade Eurer Hoheit überantworten. Sie kommen noch vor Gott, denn ich gestehe Ihnen, daß ich Sie zu meiner großen Beschämung mehr liebe als ihn, Sie werden mir deshalb zürnen, aber warum sollte ich lügen? Beim Lesen Ihres Briefes lief ich mit Ihnen über Ihre Ländereien in Paulowska [sic]. Ich würde mich im Handumdrehen in einen Russen verwandeln, wenn... Aber es dauert zu lang, das *wenn* zu erklären. Über meine Reise ist das letzte Wort noch nicht gesprochen, man hat mich dazu gebracht, darauf zu verzichten, aber ich habe sie nicht aufgegeben. Es hängt viel von den Finanzen und von der Entwicklung der politischen Lage ab, denn wir stehen am Rande eines erbitterten Krieges. Ich begreife nicht, daß man sich nicht verständigt.

Wenn Sie wüßten, was ein Brief von Ihnen in meinem stürmischen Leben bedeutet, vor allem ein Brief, wie der, den ich soeben bekomme. Dann schrieben Sie mir öfter, als Sie es derzeit tun, und ließen mich an allem teilhaben, was Sie tun und was Sie denken. Eigentlich müßten Sie jetzt *Vautrin* und *Pierrette* erhalten haben. *Pierrette* ist ein Juwel. In ungefähr zwanzig Tagen wird *Der Dorfpfarrer* erscheinen, allerdings verstümmelt, ich habe nämlich nicht die Zeit, dieses Buch zu vollenden, es wird genau das fehlen, was die Person des *Pfarrers* angeht, ungefähr ein ganzer Band, den ich für die zweite Ausgabe machen werde. Der Verleger und ich können uns nicht über diese erhöhte Anzahl von Bänden einigen.

[Montag,] 16. November 1840

Eine Unterbrechung von genau anderthalb Monaten. Und dabei gibt es so vieles, was ich Ihnen sagen möchte und nicht sagen kann, es würde Bände füllen. Vielleicht wirkt es erhellend für Sie, wenn ich Sie bitte, mir von dem Moment an, da Sie diesen Brief erhalten, mir an folgende Adresse zu schreiben: Monsieur de Breugnol, Rue Basse Nr. 19 in Passy, bei Paris.

Ich halte mich hier für einige Zeit versteckt; sollten Sie mir jedoch währenddessen Briefe nach Sèvres geschickt haben, werde ich sie hier bekommen.

Liebe Gräfin, ich mußte ganz schnell entschlossen umziehen und mich hier verkriechen; aber wie sagt schon Marie Dorval, Geldangelegenheiten sind allenfalls ärgerlich, Elend und Kummer gibt es nur in Herzensdingen, und wenn auch finanziell gesehen alles schlecht für mich steht, so ist doch sonst alles gut, denn ich fahre nach Rußland und besuche Sie, sobald ich das Geld für meine Reise verdient habe, ich hoffe zwischen dem 1. Februar und dem 1. März nach Berlin aufbrechen zu können, ich werde einen Monat in Berlin und zwei Wochen in Dresden bleiben und Mitte April dann bei Ihnen sein. Ich habe meine Mutter zu mir genommen und kann nicht von Zuhause fort, ohne das Haus für ein Jahr bestellt zu haben. Wahrscheinlich werde ich den Juni und Juli in Sankt Petersburg bleiben und Sie im Herbst ein zweites Mal aufsuchen. Während dieser Brief angefangen in meinen Papieren liegenblieb, die einen ganzen Monat lang in Kisten verpackt mit meiner gesamten Bibliothek umgeräumt wurden, habe ich wiederum einen Brief des Bankhauses Rougemont und Lowemberg erhalten, in dem ich aufgefordert wurde, das Gemälde abzuholen, das Sie mir angekündigt hatten. Seien Sie deswegen also ganz beruhigt, wie auch wegen allem anderen, was uns betrifft, denn Sie haben mir da wirklich überflüssige Dinge geschrieben. Es versteht sich wohl von selbst, daß ich, falls ich meine Taler rascher verdiene als ich annehme, früher aufbrechen werde. Ich beginne, mein geliebtes Land zutiefst zu verabscheuen, Sie wissen ja nicht, was das für ein Tollhaus ist, und ich glaube, allmählich ist mir sogar Holland lieber, das literaturfeindlichste Land der Welt. Also, meine Liebe, wir werden sehr bald miteinander plaudern und Stoff für mehr als nur einen Abend haben. Mein Gott, ist es lange her, daß ich Sie gesehen habe! Es kommt mir vor wie ein Traum, in meinem Innern zu wissen, daß ich aufbrechen, daß ich fahren werde, daß mich jeder meiner Schritte Ihnen näherbringt. Ich habe für meine derzeitigen Arbeiten wieder neue Kraft geschöpft, als ich daran dachte, daß sie mir die Freiheit geben werden, in Deutschland umherzuschweifen und am Ende meiner Wege Sie zu treffen.

Ich beende gerade den *Dorfpfarrer*, das ist eine große Sache, die mich sehr beschäftigt.

[Donnerstag, 26. November]

Meine letzten Anstrengungen waren von Schmerzen vergiftet, die das Maß dessen übersteigen, was ein Mensch ertragen kann; aber ich habe weder Zeit noch Raum, noch Kraft, Ihnen gegenüber auch nur ein Wort darüber zu verlieren; ein anderes Mal vielleicht. Ich kann Ihnen nur diesen Brief hier schicken, an dem ich über zwei Monate hinweg geschrieben habe, denn heute ist schon der 26. November, aber wenn er Ihnen meinen letzten Entschluß mitteilt, genügt das, glaube ich, denn dahinter verbergen sich noch viele andere Dinge. Nicht mehr lebewohl, sondern auf bald, meine Teure, denn drei Monate, das ist bald. Ich werde Ihnen gewiß noch ein- oder zweimal schreiben, ehe ich per Schiff die Reise antrete. Tausend freundschaftliche Zärtlichkeiten, tausend schöne Hoffnungen und alles, was eine lange Zuneigung an liebenswürdigen Gedanken und Blumen hervorbringt, wenngleich oft in der Tiefe des Herzens verborgen. Viele Dinge in Ihrem letzten Brief, über die ich nicht mit Ihnen sprechen möchte, haben mir sehr wohl getan; denn ich hatte Ihnen weder soviel Beharrlichkeit noch soviel Willenskraft zugetraut; als Sie mich wissen ließen, daß die ausgezeichneten Ratschläge, die ich Ihnen in Genf gegeben habe, befolgt wurden und noch immer von Ihnen befolgt werden, überlief mich ein Schauder.

Tausend liebenswürdige Grüße an alle, die ich unter denen, die Sie umgeben, kenne und alles Gute für Monsieur de H[anski]. (...)

*

[Passy, Mittwoch,] 16. Dezember 1840

Endlich konnte ich zu Rougemont und Lowemberg gehen, um das Landschaftsgemälde von Wierzchownia abzuholen, ich habe die Kiste selbst nach Hause gebracht, deren nordisches Holz beim Zerbrechen einen köstlichen, verführerischen Duft verströmt, der mir wie eine selige Erinnerung vorkam. Wenn Sie mit diesem Holz heizen, ist es eine wahre Lust, im Feuer herumzustochern, das ist mehr als nur ein Vergnügen. Das Landschaftsbild hat gelitten, denn Reisen, auch wenn sie die Jugend bilden, schaden eben den Gemälden. Meine Allerteuerste, diese Leinwand ist ja riesig - wir haben hier in unseren zellenartigen Löchern, die man in Paris Wohnungen nennt, gar nicht so viel Platz. Ich werde das Original in Les Jardies aufhängen, falls ich es behalte, und von meinem lieben Borget, der dieser Tage aus China zurückgekommen ist und für den diesjährigen Salon arbeitet, eine Verkleinerung anfertigen lassen, die ich dann in meinem Kabinett stets vor Augen haben kann. Es hat mir sehr viel Vergnügen bereitet, dieses Gemälde zu betrachten; aber Sie haben mir weder erzählt, daß Sie einen Fluß vor Ihrem Rasen noch daß Sie einen Louvre haben. All dies erscheint mir sehr hübsch, sehr schön, sehr blühend, die Baulichkeiten geschmackvoll, wir kennen hier nichts Besseres. Welche Melancholie im Hintergrund, wo man die Steppen und diese Landschaft ohne jede Erhebung erahnt. Sie haben gut daran getan, mir dieses Bild Ihres Domizils zu schicken; aber ich hätte auch gern eine Ansicht von Paulowska [sic].

Meine Liebe, das hat meine Lust, dorthin zu fahren, nicht verringert, der ich sicherlich bald nachgeben werde. Ich arbeite Tag und Nacht, um meine Angelegenheiten hier in Ordnung zu bringen und meine Reisekasse aufzufüllen; Sie werden mich eines schönen Tages an dieser so reizenden Brücke anlegen sehen.

Dies sind nur ein paar Zeilen, um Ihnen den Empfang zu bestätigen, um Ihnen zu sagen, daß meine Blicke von nun an ohne Unterlaß auf Ihre Fenster gerichtet sind und auf Ihren Säulenumgang und daß ich mich auf der Suche nach Einfällen auf Ihrem Rasen ergehen werde.

Der Dorfpfarrer erscheint in einigen Tagen. Die *Memoiren zweier Jungvermählter* gehen dem Ende zu, mein Advokat, ein Mann von bewundernswertem Charakter, hält meine Gläubiger mit Formalitäten hin; ich werde zwei Theaterstücke und eine ganze Reihe von Artikeln abliefern. Ich werde bei meiner Abreise meine Druckfahnen Freunden zum Korrigieren überlassen, denn ich werde gut und gern um die zehn Bände an Neudrucken haben, während ich auf Reisen bin. Vielleicht komme ich ja schon als Académiemitglied zu Ihnen; aber gewiß mit der Befriedigung den *Dorfpfarrer* veröffentlicht zu haben, der ein Giebelstein an der Fassade meines Bauwerks ist. Ich werde einiges an Arbeit mitnehmen und wüßte gern, an wen ich mich wenden muß, um wegen meiner Manuskripte an der Grenze keine Unannehmlichkeiten zu haben. Glauben Sie, daß ich nach Sankt Petersburg schreiben muß oder daß ein paar Worte Ihres Botschafters Pahlen genügen. Ich hätte deswegen gern einen Rat, denn dann könnte ich Ihnen auch die Manuskripte mitbringen.

Als ich Ihr Haus sah, schien es mir, als sei es das meine, und ich würde darin leben. Sie haben mich sehr glücklich gemacht und offensichtlich meine Freude vorhergesehen, als Sie mich so oft fragten, ob ich das Bild schon hätte.

Gestern, am 15., waren hunderttausend Menschen

auf den Champs-Élysées! Man könnte fast an eine bestimmte Absicht hinter den Naturereignissen glauben. Denn in dem Augenblick, als die sterblichen Überreste Napoleons in den Invalidendom Einzug hielten, bildete sich (am 15. Dezember wohlgemerkt) ein Regenbogen über dem Invalidendom. Victor Hugo hat ein erhabenes Poem geschaffen, eine Ode auf die Heimkehr des Kaisers. Von Le Havre bis Pecq waren alle Ufer der Seine schwarz vor Menschen und die gesamte Bevölkerung fiel auf die Knie, als das Schiff vorüberfuhr. Das ist größer als alle römischen Triumphzüge. Man kann ihn in seinem Sarg erkennen, das Fleisch ist weiß, die Hand wie lebendig. Er bleibt bis zum Ende ein Mann mit Charisma. Paris, die Stadt der Wunder. In nur 5 Tagen hat man hundertzwanzig Standbilder errichtet, darunter sieben oder acht wahrhaft prächtige. Hundert Triumphsäulen, Urnen von zwanzig Fuß Höhe und Tribünen für hunderttausend Menschen. Der Invalidendom war ausgeschlagen mit violettem Samt, der das Bienenmuster aufwies. Mein Dekorateur sagte mir folgenden Satz, um das Phänomen zu erklären: »Monsieur, bei solchen Anlässen ist jeder ein Dekorateur!«

Leben Sie wohl. Ich habe noch zu tun, und jede verlorene Stunde ist eine Verzögerung meiner Reise. Ich übereigne Ihnen heute die kostbarste aller Originalhandschriften, denn Frédérick Lemaître schreibt nie auch nur ein Wort, und er ist ebenso berühmt wie Talma. Tausendfache liebenswürdige und zärtliche Ehrerbietung; meine freundschaftlichen Grüße an alle, die mit Ihnen sind. Sie müßten jetzt eine vollständige *Pierrette* haben. Sie werden darin tausenderlei Dinge finden, die ich Ihnen zu sagen habe und die ich nicht mehr zu Papier bringen kann.

1841

Seit mehreren Monaten hat Balzac nicht mehr an Madame Hanska geschrieben. Auch in diesem Jahr wird er nur wenige Briefe an sie richten.

Balzac entfernt sich kaum von Paris. Er unterzeichnet einen Vertrag für die Publikation der *Comédie humaine*. Unter diesem Titel soll eine Gesamtausgabe seiner Romane erscheinen.

Balzac ist häufig in Paris zu Empfängen und Diners eingeladen. Er trifft regelmäßig mit George Sand und Marie d'Agoult zusammen. Seine Hoffnung, Les Jardies erhalten zu können, geht nicht in Erfüllung. Er hat weiterhin große Geldsorgen und wohnt in Passy.

Im November stirbt der Ehemann von Madame Hanska.

Heute Nacht, liebe Gräfin, habe ich Sie im Traum so deutlich und so greifbar gesehen, daß ich Ihnen wie in [La Fontaines] Fabel von den *Zwei Freunden* sogleich schreibe, denn ich bin ganz erschrocken, Sie so klar gesehen zu haben; danach bin ich aufgewacht, wieder eingeschlafen und habe dann einen wohltuenden langen Brief von Ihnen gelesen. Sie waren gar nicht verändert, und ich war entzückt, Sie so zu sehen. Sie waren fern und nah zugleich, aber ich hatte nicht einmal das Vergnügen, Ihnen die Hand zu drücken.

Kommt das vielleicht daher, daß ich am Vorabend bei der Tochter des verstorbenen Prinzen Koslowski mit einer Russin, einer Demoiselle Crewuski, über Sie gesprochen habe, die zur selben Zeit wie wir in Wien war und die versuchte, mir zu beweisen, daß Sie nicht schön seien (sie selbst ist ausgesprochen häßlich)! Oder ist vielleicht ein Brief von Ihnen auf dem Weg zu mir? Dasselbe widerfuhr Madame de B[erny] jedesmal, wenn ich ihr schrieb, sie träumte dann von dem Brief. Diese Erinnerung hat mich betrübt, hier an meinem Schreibtisch, ehe ich an Sie schrieb!

Ach, meine Liebe! Keine Reise mehr von jetzt an bis mindestens zum nächsten Jahr! Und es hat sich soviel zugetragen, daß ich gar nicht weiß, ob ich Ihnen alles erzählen kann. Ich nehme den Faden wieder auf.

Als ich Ihnen schrieb, ich käme, glaubte ich nicht, daß es möglich sei, unter diesen entsetzlichen Kämp-

465

fen, die mein Dasein verzehren, in Frankreich zu leben, und ich hatte den Einfall, von Ihnen aus nach Sankt Petersburg zu fahren und Frankreich zu entsagen.

Aber beim allerletzten Versuch konnte ich mich den Klauen des Verlegers entreißen, dem ich hunderttausend Francs schulde! Wenn ich Tag und Nacht arbeite und mich noch 6 Monate lang zu literarischen Herkulesarbeiten verpflichte, werde ich diese hunderttausend Francs bezahlt haben.

Ich schulde nur noch hundertfünfzigtausend, und obwohl das Alter immer näher rückt und die Arbeit für mich jeden Tag mühsamer wird, habe ich die Hoffnung gesponnen, diese schreckliche Schuld in anderthalb Jahren abzutragen, vor allem, wenn ich mich in die Lage bringe, in der mich mein *Advokat* sehen will, damit ich nicht gerichtlich belangt werde und keine Unkosten entstehen. Les Jardies wird verkauft und von einem Strohmann mit meinem Geld erstanden, und wenn ich niemandem mehr etwas schulde, werde ich dorthin heimkehren. Andererseits habe ich meine Mutter zu mir genommen, die sich für meinen Bruder Henry, der sich in den Kolonien aufhält, zugrunde gerichtet hat. Endlich habe ich fast die Mehrheit für meine Wahl in die Académie hinter mir. All dies hat mich von dem Vorhaben, nach Rußland zu gehen, abgebracht, und ich habe einen Vertrag für 10 neue Bände unterzeichnet, die in diesem Jahr zu machen sind, ich schulde *La Presse* und dem *Siècle* Artikel, die ich noch schreiben muß, bevor ich auf Reisen gehen kann. Und zu guter Letzt, *cara*, habe ich einen Vertrag über eine Gesamtausgabe meiner Werke unterzeichnet, die von einem großen Haus verlegt und in prächtiger Aufmachung zu einem niedrigen Preis veröffentlicht werden sollen.

All diese so großen, so wichtigen, so bedeutsamen

Dinge haben sich zwischen meinem letzten Brief und diesem hier zugetragen. Aber ich habe nicht ungestraft gearbeitet, veröffentlicht und Geschäfte gemacht.

Zunächst einmal, zürnen Sie nicht; genau zwei Monate lang hatte ich weder die Zeit zu schreiben noch sonst irgend etwas zu tun, außer dem, was ich tat. Les Jardies wurde beschlagnahmt, ein Gläubiger war drauf und dran, es verkaufen zu lassen, innerhalb eines Monats hieß es 50 000 Francs auftreiben, und ich habe sie aufgetrieben! Es galt meine Bücher zu veröffentlichen, meine Artikel, Geschäfte zu tätigen, und ich war mittellos und zwar vollends, es goß in Strömen, und ich ging zu Fuß von Passy aus meinen Geschäften nach, am Tage herumlaufend und des Nachts schreibend. 1. bin ich nicht verrückt geworden. 2. bin ich krank geworden. Ich mußte verreisen. Sobald mein Ziel erreicht war, wurde ich von einer Entzündung des Bluts befallen, die auf das Gehirn überzugreifen drohte. Ich fuhr für zwei Wochen in die Touraine und in die Bretagne[1]; aber bei meiner Rückkehr hat mich Monsieur Nacquart dazu verurteilt, täglich ein 3stündiges Bad zu nehmen, dazu 4 Schoppen Wasser zu trinken und zu fasten, da die Gefahr von Blutgerinnseln bestand. Ich bin aus dieser barbarischen Behandlung heldenhaft, mit gesunder Gesichtsfarbe, erfrischt und bereit zu neuen Kämpfen hervorgegangen.

Das ist kurz gesagt meine Geschichte, denn in die Einzelheiten gehen, hieße Bände füllen.

Meine Liebe, ich habe seit Ihrer Nr. 57 mit Datum vom 29. Dezember keine einzige Zeile von Ihnen erhalten! Das ist wirklich schlimm, wenn man geliebt wird, wie Sie von mir geliebt werden, und Sie zudem allein in diesem Herzen sind mit Not und Arbeit als unbestechlichen Hütern. Warum lassen Sie mich nur so im Stich, wo Sie doch mein einziger Gedanke sind, das Ziel und das Band so vieler meiner Werke! Wo ich doch, seit ich Wierzchownia als Gemälde besitze, nichts in den Gefilden meines Geistes gefunden habe, was nicht auf den Wassern Ihres Teiches, unter Ihren Fenstern, in Ihren Rosenstöcken und auf Ihrem Rasenteppich gesucht worden wäre! Wurde Ihr Herz nicht wenigstens von Skrupeln befallen? Ist nicht manchmal am Abend ein Gedanke funkelnd vor Ihrer Kerze aufgetaucht, um Ihnen zu sagen: jemand denkt an Sie! Hat nicht gar selbst Monsieur de H[anski] Ihnen gesagt: - Sie schreiben diesem armen Kerl ja gar nicht mehr!

Nichts sprach zugunsten des Unglückseligen, des Leidenden, des Schlaflosen, des Artikel- und Bücherschreibers, des vermeintlichen Dichters, nun für mich also, für den Reisenden von Neuchâtel, von Genf und von Wien, der in diesem Augenblick nicht bei Ihnen ist, weil die Reise tausend Taler kostet, um einmal die schreckliche Sprache der Geschäftswelt zu wählen, und weil tausend Taler und der Buchhandel zwei unversöhnliche Begriffe sind!

Jawohl! Sechs Monate, ohne mir zu schreiben! Ich habe immer triftige Gründe für mein Schweigen, aber Sie haben keine für das Ihrige; Sie müßten mir eigentlich 3 mal so oft schreiben wie ich Ihnen, und dabei ist es genau umgekehrt, und ich schreibe doppelt soviel wie Sie! *Ingrato cuore!*

Meine Entschuldigungen, hier sind sie: ich habe den *Dorfpfarrer* (ein noch unvollständiges Werk) veröffentlicht; ich habe die *Memoiren zweier Jungvermählter*, die in einem Monat erscheinen werden, zu 3/4 fertiggestellt; ich habe *Eine dunkle Begebenheit* veröffentlicht; ich habe in *Le Siècle*, *Les Lecamus* veröffentlicht sowie *Die beiden Brüder* in *La Presse*.

Ich bin jetzt in der Lage, *Die Bauern* zu veröffentlichen. Ich habe ziemlich viele nutzlose Arbeiten gemacht, um leben zu können, ich nenne sie nutzlos, weil sie außerhalb meines Werkes stehen, und wenn es auch verdientes Geld ist, so ist es doch verlorene Zeit.

Schließlich werden wir heute in einem Monat mein Werk unter dem Titel *Die Menschliche Komödie*[2] in Einzelbänden veröffentlichen, und ich werde 500 eng bedruckte Bogen mindestens 3 mal korrigieren müssen.[3]

Meine Teure, die geliebte Frau und ein wenig Brot im stillen Winkel, Ruhe, Arbeit in Maßen, das ist mein Wunsch, ich weiß, er ist gewaltig in einem Punkt, aber er ist so bescheiden, was das übrige angeht! Warum wird er nicht erfüllt. Gott will einfach nicht, aber ich kann nicht erkennen, daß er triftige Gründe dafür hätte. Hier also, meine Liebe, all meine Hoffnungen und Pläne. Ich werde ein Buch für den Prix Monthyon[4] schreiben, mit dem ich ein Drittel meiner Schuld bezahlen kann.

Ein weiteres Drittel wird das Theater einbringen und den Rest meine übliche Arbeit. Sie werden zu den Quellen von Baden kommen, und ich werde Sie sehen, denn einen Monat zu verreisen, das ist möglich; zwei oder drei hingegen, nein, nicht unter den gegenwärtigen Umständen.

Meine Schwester versucht noch immer, mich zu verheiraten, unter ihren Freundinnen ist ein Patenkind von Louis-Philippe, die Tochter des Sohnes von diesem Bonnard, der den König der Franzosen erzogen hat. Ich bin in so lautes Lachen ausgebrochen, daß meine Schwester sprachlos war. Und überhaupt, habe ich ihr gesagt, will ich nur noch eine Frau von 36 Jahren heiraten! Ja vielleicht sogar von 40, da ich selbst 42 Jahre alt bin.

Übrigens habe ich einen Brief von Ihnen zum 16. Mai

erwartet, dem Fest des heiligen Honoré, und zum 20., meinem Geburtstag, und ich hatte vergeblich Herzklopfen zur Stunde, als die Post kam: *Ingrato cuore*! Aber Sie werden *trotzdem* geliebt!

In diesen sechs Monaten gab es Augenblicke, in denen ich mir vorgestellt habe, Sie kämen! (…)

Wenn Sie wüßten, was ich darum gäbe, ein Kind zu haben! Es gibt Momente, in denen die Furcht, aufzuwachen und mit einem Mal alt und krank zu sein, unfähig, irgendein Gefühl zu erwecken (was bereits anfängt), mich überfällt, dann werde ich toll, voll Wehmut werde ich an einsamen Orten umherspazieren, das Leben und unser scheußliches Land verfluchen, welches wiederum das einzige ist, in dem man leben kann.

Ich habe hier Ihren letzten Brief vom 29. Dezember vor Augen. Sie betrachteten einen Sonnenstrahl, der das Eis auf Ihren Fensterscheiben zum Schmelzen brachte, Sie sahen darin in die Vergangenheit und in die Zukunft. Möge der Himmel den Sonnenstrahl bis hierher schicken! Ich erwarte diesen seltenen Strahl mit großer Ungeduld, einen Ihrer Briefe nämlich, der von Zeit zu Zeit für mich leuchtet. Sechs Monate Schweigen, Winter im Herzen. Was ist Ihnen in all der Zeit widerfahren? Waren Sie krank? Leiden Sie etwa! Geist und Herz spazieren voller Pein in allen Gefilden der Vermutungen, des Zweifels, der Besorgnis.

Wäre ich dem Ruin weniger nahe gewesen, weniger gezwungen, mein ganzes Geld meinem Advokaten zu geben, hätte ich Sie besucht, denn es war mir verordnet worden, ein Weilchen umherzureisen, aber man hatte mir nur für 500 Francs Freiheit gelassen.

Leben Sie wohl, meine Liebe, oder vielmehr, auf bald. Trotz meiner vom Schicksal und vom Unglück vereitelten Versprechungen, müssen Sie mir glauben, daß ich mir nichts anderes ersehne, als Sie zu besuchen, ich rede nicht mehr davon, ich werde es einfach versuchen. Vielleicht wird ja die Wucht der Arbeit eine längere Erholung als die der vierzehn in der Touraine verbrachten Tage erfordern, die mir der Advokat und mein Arzt gemeinsam verordnet hatten. Sobald alle Bücher erschienen sind, die ich dem werten Monsieur Souverain noch liefern muß und von denen es noch fünf an der Zahl zu machen gilt, werde ich zweifellos einen Moment finden. Seien Sie mir nicht böse, daß ich dieses für mich so große Glück aufgeschoben habe, aber ich mußte meine Belange vertreten. Es hieß die hunderttausend Francs retten, die Les Jardies kostet, und beharrlich mit dieser großen und noblen Aufgabe fortfahren, die da lautet: seine Schulden zu bezahlen. Sie hätten mich meiner eigenen Verzweiflung verdankt, aber jetzt habe ich wieder angefangen zu hoffen. Die Hoffnung ist vor allem eine Tugend für mich, sie ist eine Pflicht, die nicht ohne viele heimlich vergossene Tränen auskommt, die Sie ja nicht sehen. Gott ist mir eine ziemlich große Belohnung schuldig und zu denen, die er mir senden wird, zähle ich auch den unsichtbaren Segen, den Ihre schönen Hände mir mit den Abschiedsworten in Ihren lieben Briefen schicken.

Tausend Glückwünsche für Ihre liebe Anna! Meine herzlichsten Grüße an all diejenigen, die ich unter den Ihren kenne und meine Empfehlung an den Grafen. Ich habe ihn bei meinen Widmungen nicht vergessen, und so wird er die seinige in dieser schönen Gesamtausgabe finden, die ich vorbereite.

Was Sie betrifft, teure Auserwählte und am meisten von allen meinen Freundschaften Angebetete, die selbst gegenüber natürlicher Zuneigung Bevorzugte, Sie, die Sie noch vor der Schwester kommen, und der ich immerdar gewogen sein werde, ich sage Ihnen keineswegs ein Lebewohl, ich schenke Ihnen von neuem alles, was Ihnen schon gehört, denn man kann sich nicht zweimal hingeben.

1 Erstaunlicherweise gibt es nur sehr wenige Auskünfte über diese Reise Balzacs. Wahrscheinlich befand er sich in Begleitung von Hélène de Valette.

2 Balzac nennt hier gegenüber Madame Hanska erstmals den Titel seines Romanwerks.

3 Balzac korrigierte sehr aufmerksam seine Werke für *Die Menschliche Komödie*, deren zwischen 1842 und 1846 veröffentlichten 16 Bände 8697 Seiten umfaßten, was 543 fertige Druckbogen bedeutete.

4 Gemeint ist *Die Kehrseite der Zeitgeschichte*; doch dieses Werk erhielt nicht den Prix Monthyon.

[Passy, Juni - Freitag, 16. Juli 1841]

(…)

[Donnerstag,] 15. Juli

Les Jardies ist für 17 500 Francs verkauft worden, die mich 100 000 gekostet haben! Nun bin ich ohne Haus, ohne Herd und ohne Heimstatt. In wenigen Tagen werde ich damit beginnen, die Verpflichtungen der *Feder* zu erfüllen, die von mir nur noch 6 Bände verlangen, und da ich weder Haus noch Mobiliar besitze, noch Strafverfolgungen zu befürchten habe, werde ich also verreisen können! (…)

Nicht ein einziger Brief von Ihnen, das beunruhigt mich inzwischen aufs äußerste. Ich fange an, mich den absurdesten Gedanken hinzugeben. Ich werde wohl eine Wahrsagerin aufsuchen, um in Erfahrung zu bringen, ob Sie krank geworden sind. Erst vor einigen Tagen habe ich mir von einem berühmten Hexenmeister die Karten legen lassen. Ich hatte nie zuvor solche Phänomene erlebt, die ich außerordentlich eigenartig finde. Dieser Hexenmeister nannte mir, nur aufgrund seiner Karten, Dinge mit einer unvorstellbaren Genauigkeit und Besonderheiten über meine Vergangenheit, aus denen er meine Zukunft weissagte. Dieser Mensch ohne jede Bildung und von großer Einfachheit bedient sich gewählter Ausdrücke, sobald er seine Karten in der Hand hält. Mit seinen Karten ist er ein ganz anderer Mensch als ohne. Er sagte mir (...), daß mein Leben bis heute ein einziger Kampf gewesen sei, den ich aber stets gewonnen hätte! Aber er hat mir nicht gesagt, ob ich bald verheiratet sein würde, und gerade darauf war ich *besonders neugierig*.

(...)

*

Paris, September [1841]

Liebe Gräfin, seit bald zehn Monaten habe ich keinen Brief mehr von Ihnen erhalten, und das ist der fünfte Brief, den ich an Sie schreibe, ohne je Antwort erhalten zu haben. Ich bin mehr als beunruhigt, ich weiß nicht, was ich denken soll.

Diesmal habe ich Ihnen von einigen guten Dingen zu berichten. 1. Ich habe endlich die Schuld beglichen, die mein Leben und all meine Anstrengungen zunichte machte. Die hunderttausend Francs, die ich jenen schuldete, mit denen ich diesen fatalen Vertrag im Jahr 1836 schloß, sind zurückgezahlt. 2. Les Jardies ist an einen Freund verkauft, der mir den Besitz erhalten wird. 3. Niemand kann mich mehr quälen; meine Schulden sind nun auf einem Stand, daß ich, wenn ich nichts weiter ausgebe, sie in 18 Monaten endgültig beglichen habe, vorausgesetzt ich bleibe bei Kräften. 4. Drei vereinigte Verlagshäuser Dubochet, Furne, Hetzel &

Paulin unternehmen den Versuch, mein gesamtes Werk herauszubringen, und zwar in hoher Auflage, mit Zeichnungen und ungewöhnlich preiswert. Die *Menschliche Komödie* wird endlich erstehen, schön, gut korrigiert und nahezu vollständig. (…)

*

Paris, [Donnerstag,] 30. September [1841]

Liebe Gräfin, ich erhalte soeben den Brief, den Sie mir in einem Umschlag von Souverain zukommen ließen, und bin aus allen Wolken gefallen. Haben Sie jedoch zunächst die Güte, mir postwendend diese beiden Fragen zu beantworten:

Haben Sie die Briefe, die an Sie zurückgingen, an die Adresse in Passy, Rue Basse Nr. 19 zu Händen von Monsieur Brugnol adressiert?

Oder waren sie nach Sèvres adressiert?

An welchem Tag hätten sie ankommen müssen?

Bedenken Sie, daß Ihre Antwort viel für meinen Seelenfrieden bedeutet und daß ich nach diesem Brief von Ihnen wissen muß, aus welchen Gründen die anderen Briefe mir nicht ausgehändigt wurden.

Nichts auf der Welt hat je soviel Eindruck auf mich gemacht wie Ihr knapper Brief, den mir mein Verleger übergeben hat, ich habe darunter mehr als gelitten, war 2 Tage lang krank, ich hatte eine Art Blutandrang im Gehirn, der sehr wahrscheinlich daher rührte. Der Brief, den Sie einige Tage vor diesem hier wohl erhalten haben, wird Ihnen meine Ängste schildern; als ich ihn selbst zur Post brachte, sprach ich mit dem Direktor und teilte ihm mit, daß ich 4 Briefe in seinem Amt aufgegeben hätte, die ohne Antwort blieben und daß meine Korrespondenz seit acht oder neun Jahren niemals so lange unterbrochen gewesen wäre, daß ich nicht mehr wüßte, ob meine Briefe überhaupt ankämen, und daß ich befürchtete, dies geschähe aufgrund irgendeines Irrtums bei der Frankierung meiner Briefe. Er gab mir zur Antwort, daß, wenn es denn Fehler bei der Bezahlung gegeben habe, sie zu seinen Lasten gingen und dies keineswegs die Auslieferung der Briefe beträfe, und mir kam in den Sinn, denjenigen, den ich gerade aufgab, *einschreiben zu lassen*. Aber wenn ich weder Ihren Souverain-Brief noch die Antwort auf meinen letzten zu gegebener Zeit (2 1/2 Monate) erhalten hätte, wäre ich abgereist, und, meine Liebe, eine Reise zur Unzeit kann den Erfolg gefährden, den Gauvault, der Advokat, bei der Abwicklung meiner Geschäfte in Aussicht gestellt hat. Beurteilen Sie nun selbst die Verwirrung, die von meinem Geist Besitz ergriff, als ich Ihren Brief las, so voll von Melancholie, ja Trauer , und der mir *irgendeine schlimme Wendung* ankündigt, für deren Vermeidung ich die Antworten brauche, um die ich Sie bitte.

Meine Liebe, Allerliebste, Sie müssen einsehen, daß meine Beanspruchung in diesem Jahr einfach grausam war, ich kann dieses Wort mit Fug und Recht gebrauchen. Von Oktober 1840 bis Oktober 1842 werde ich 12 Bände verfaßt haben, und was für Bände! Zudem sind Sie, von kurzen geschäftlichen Mitteilungen abgesehen, der einzige Mensch auf der Welt, dem ich schreibe. Ermessen Sie meinen Schmerz, als ich erfahren habe, daß Briefe an Sie nach Paris zurückgingen.

Ich habe mich verpflichtet, in diesem Jahr, von Oktober 1841 bis Oktober 1842 40 000 Romanzeilen für die Zeitungsfeuilletons zu schreiben, und wenn ich 2 Francs 50 Centimes pro Zeile dafür bekommen kann, verdiene ich 100 000 Francs, mit denen meine Schulden nahezu beglichen wären, und ich wäre so unabhängig wie nie zuvor in meinem Leben. Ich werde niemandem auf der Welt mehr einen Sou oder auch nur eine Zeile schulden. Vor diesem Hintergrund habe ich meine kostbarsten Empfindungen geopfert und auf meine geplante Reise verzichtet. Aber es ist undenkbar, daß ich nach dem kommenden Winter nicht das Verlangen nach einer wirklich schönen und langen Zerstreuung habe, ich werde also die Reise nach Deutschland im April antreten und Ihnen weit entgegenreisen, sehr weit, fast bis ganz zu Ihnen.

Die schmerzliche Beredsamkeit Ihres lieben Briefes einer Gekränkten hat mich zum Weinen gebracht, und es zerriß mir das Herz, als ich am Schluß die Beteuerungen Ihrer alten Zuneigung las - die bei mir genauso vorhanden ist - und daß Sie mich beschuldigten. Der Freudenstrahl, als ich erfuhr, daß all unser Kummer weder von Ihnen noch von mir herrührte, daß wir in dem Unheil, das acht Monate unseres Lebens verdunkelte, dasselbe Vertrauen zueinander hatten, - obgleich Sie betrübt waren und ich ungeduldig und fast ungerecht war, - war Balsam für mein Herz. Muß ich Ihnen jetzt wirklich noch einmal sagen, daß ich Sie und meine Schwester vergöttere? Meine Liebe, es war das grenzenlose Unglück, das mich in Ihnen die Hoffnung auf meinen Besuch wecken ließ. Aber ich überstand die übermäßige Fron besser, als ich gedacht hatte. Nach 10monatiger Arbeit innerhalb von 20 Tagen *Ursule Mirouet* zu schreiben, wie ich es getan habe, ist eines der Dinge, die nur die Drucker und andere Zeugen dieses einzigartigen Kraftakts glauben, der nur mit *César Birotteau* vergleichbar ist. Nun, Gott war mir diese von Tränen durchsetzte Freude schließlich schuldig, die mir Ihr Brief bereitet hat und ohne die ich vermutlich die neuerliche Kraftanstrengung dieses Monats nicht ausgehalten hätte, denn ich muß dem

Landarzt einen Gegenspieler beigesellen, und um 1842 die 20 000 Francs des Prix Monthyon zu erhalten, schreibe ich in diesem Monat *Les Frères de la consolation*[1]. Man spricht davon, mir das Kreuz der Ehrenlegion zu verleihen, was mich wenig kümmert, denn wenn man 40 Jahre alt ist, macht das kein Vergnügen mehr, aber ich kann Villemain nicht zurückweisen.[2]

Die *Memoiren zweier Jungvermählter* erscheinen in einigen Tagen.

In einem Monat wird mein Roman in *La Presse* enden, von dem der erste Teil bereits unter dem Titel *Deux Frères*[3] herausgekommen ist.

Ich werde Deutschland einen sehr gründlichen Besuch abstatten müssen, um die *Szenen aus dem militärischen Leben* schreiben zu können, und schnurstracks nach Dresden fahren, um das Schlachtfeld zu sehen.

Die Veröffentlichung meines großen Werks unter dem Titel *Die Menschliche Komödie*, in dem alle meine Arbeiten geordnet und endgültig korrigiert sein werden, steht vor dem Beginn; für den Anfang muß ich meinen Verlegern 4 fertige Bände überlassen, und zwar *4 engbedruckte Bände*, das Ganze wird dann 28 Bände mit Illustrationen umfassen.

Schwirrt Ihnen nicht der Kopf, wenn Sie das lesen? Sehen Sie nun, wo die Arbeit all meiner Nächte geblieben ist! Bedenken Sie, daß ich, um meine Schulden ganz gewiß bezahlen zu können, im Dezember auch noch eine Komödie mit dem Titel *Les Rubriques de Quinola* fertigschreiben werde.

Spüren Sie, was hinter all dem steckt? Sie natürlich! Ihr Freund muß ein Riese sein, ein wahrlich großer Mann, und ich fordere die größten Männern heraus. Ich hoffe, daß, wenn wir uns wiedersehen, Sie den Honoré von Genf gereift finden, daß Sie nicht so gealtert sind, wie Sie behaupten, und daß wir nach soviel fern voneinander verbrachter Zeit beide eine zweite Jugend haben werden. Setzen Sie sich nicht so herab, meine Liebe.

Borget, der von seiner Weltreise aus China zurückgekehrt ist, wird eine Verkleinerung der Landschaft von Wierzchownia für Sie anfertigen, damit Sie ein hübsches Bild bekommen. Ich habe es leider noch ganz nackt und ungerahmt in meinem Kabinett, denn Sie können erst dann verstehen, wie groß meine Not ist, wenn sie vorüber ist und ich sie Ihnen schildern werde. Derzeit leide ich von dieser Seite her weniger, ohne aber deshalb glücklich zu sein, denn ich lebe stets von der Hand in den Mund; Gavault hält jedoch mit Beharrlichkeit an dem Plan für meine Entschuldung und Befreiung fest.

Les Jardies gehört mir nicht mehr, und ich logiere nicht mehr unter meinem Namen, von daher keine Nachstellungen und keine Unkosten mehr; es ist also tatsächlich so, als schuldete ich nichts, man fordert nichts von mir, und ich häufe in den Händen Gavaults (meines Advokaten) alle meine Einkünfte ohne Verlust an, bis die Summe meiner Schulden erreicht ist, und ich lebe in Passy von 300 Francs im Monat. So sieht es aus, meine Liebe. Ich brauche noch 10 Romane und zwei Theaterstücke, die Erfolg haben, um Les Jardies und die Freiheit zurückzuerobern. Sobald ich soweit bin, werde ich daran denken, mir ein Vermögen zu verschaffen, das genauso groß ist wie das, das ich jetzt zur Begleichung meiner Schulden verdienen werde, und ich habe dann ein Einkommen von 20 000 Francs.

Nach dem Kummer, den mir Ihr Brief bereitet hat, kam die unbeschreibliche Freude, Sie zur - wenngleich betrübten - Freundin zu haben; aber warum, meine Liebe, haben Sie bloß nicht den Weg eingeschlagen, den ich Ihnen beim ersten zurückgekommenen Brief angezeigt habe?

Wo haben Sie Ihren Verstand gelassen? Ist das Herz denn ohne Verstand? Also, tun Sie folgendes in Ihren hübschen Kopf, hinter diese schöne Stirn.

Adressieren Sie stets an Monsieur de Balzac, in Paris, *postlagernd*.

Postlagernd ist in Paris das sicherste und beste überhaupt. Ein Ehemann kann dort die Briefe nicht abholen, die für seine Frau sind, denn die Post händigt sie nur der Frau und nicht dem Ehemann aus. Sie schreibt der Person, für die Briefe bereitliegen, damit sie sie abholen kann, und da sie stets meine Adresse weiß, erreicht mich ein postlagernder Brief immer.

Die Perfektion bei den postlagernden Briefen in Paris hat mich seit jeher von der Überlegenheit des Pariser Geistes im Vergleich mit allen anderen Ländern überzeugt.

Leben Sie wohl, meine Liebe, seien Sie meinetwegen ganz beruhigt, beruhigt über eine so aufrichtige und so heilige Zuneigung. Ich habe *Vertrauen* in das nächste Jahr und glaube fest daran, daß Gott soviel Arbeit, soviel Beständigkeit und so viele ertragene Kümmernisse belohnen wird. Ich kann Ihnen, meine Liebe, nur noch einmal im Monat schreiben, werde das aber nicht unterlassen, es sei denn wegen Krankheit oder übermäßiger Arbeit. Ende Oktober werde ich Ihnen vielleicht durch Bellizard eines der 50 Exemplare der Originalausgabe von *Les Frères de la consolation* schicken.

Tausend Zärtlichkeiten für Sie und meine Grüße an alle, die mit Ihnen sind.

---

1 Ursprünglicher Titel von *Kehrseite der Zeitgeschichte*.

2 Tatsächlich erhielt Balzac das Kreuz der Ehrenlegion erst im April 1845.

3 Den Roman *Deux Frères* benennt Balzac später um in *La Rabouilleuse (Die 'Fischerin im Trüben')*.

1842

Balzac erfährt Anfang Januar vom Tod des Wenzeslaw Hanski. Diese Nachricht bedeutet eine Wende in seinem Leben. Die Briefe an Ève Hanska werden wieder zahlreicher - achtzehn Briefsendungen anstelle von fünf im Jahr 1841 - und im Ton intim und überschwenglich.

Die ersten drei Bände der *Comédie humaine* werden veröffentlicht.

Ein weiteres Theaterstück, *Les Ressource de Quinola*, das im März im Théâtre de l'Odéon Premiere hat, wird, von der Presse abgelehnt, nach wenigen Vorstellungen abgesetzt und somit auch zu einem finanziellen Mißerfolg.

Abgesehen von zahlreichen Ausflügen nach Versailles zur Gräfin Visconti, verläßt Balzac seinen Wohnsitz in Passy nur ganz selten. Er gibt seine Mansarde in der Rue de Richelieu in Paris auf.

Madame Hanska hat große Schwierigkeiten bei der Übernahme des Erbes ihres Mannes. Das Gericht in Kiew erkennt die mit Wenzeslaw Hanski vereinbarte Gütergemeinschaft nicht an. Ève Hanska richtet ein Bittgesuch an den Zaren und begibt sich nach Sankt Petersburg, der Hauptstadt des russischen Reiches, um ihre Angelegenheiten dort zu regeln.

Soeben habe ich, teurer Engel, Ihren schwarz versiegelten Brief[1] erhalten, und nachdem ich ihn gelesen hatte, hätte ich wohl keinen anderen von Ihnen erhalten wollen, trotz der betrüblichen Nachricht, die Sie mir über sich und Ihre Gesundheit vermelden. Was mich angeht, teure Angebetete, kann ich, obwohl dieses Ereignis die Erfüllung dessen bedeutet, was ich seit beinahe zehn Jahren brennend ersehne, kann ich vor Ihnen und Gott, Rechenschaft ablegen, daß in meinem Herzen niemals etwas anderes als vollkommene Unterwerfung war und daß ich meine Seele auch nicht in meinen schwersten Augenblicken mit bösen Wünschen befleckt habe. Man kann gewisse unwillkürliche Gefühle nicht verhindern, und so habe ich mir oft gesagt: wie leicht mein Leben mit *ihr* wäre! Man bewahrt sich seinen Glauben, sein Herz, sein gesamtes inneres Wesen nicht ohne Hoffnung. Die beiden Triebfedern, die die Kirche zu Tugenden erklärt, haben mich in meinem Kampf gestärkt; aber ich verstehe das Bedauern, das Sie mir gegenüber zum Ausdruck bringen, es erschien mir nur natürlich und angemessen, vor allem, nachdem es Ihnen seit dem Wiener Brief[2] nie an Schutz gemangelt hat. Ich war indes froh zu wissen, daß ich Ihnen offenen Herzens schreiben und Ihnen all die Sachen sagen konnte, die ich Ihnen verschwiegen hatte und die ärgerlichen Verstimmungen auflösen konnte, die auf Mißverständnissen, die Sie aufgebaut hatten, beruhten und die aus der Ferne so schwer zu klären sind. Ich kenne Sie zu gut oder glaube zumindest, Sie so gut zu kennen, um auch nur einen Moment an Ihnen zu zweifeln, und ich habe oft darunter gelitten, daß Sie an mir zweifeln könnten, ziemlich grausam gelitten, denn seit Neuchâtel sind Sie mein Leben. Lassen Sie es mich Ihnen ruhig sagen, nachdem ich es Ihnen schon so sehr bewiesen habe! Das Elend meines Kampfes und meiner schrecklichen Arbeit hätte selbst große und starke Männer erschöpft, und oft wollte meine Schwester all dem ein Ende setzen, Gott weiß wie, doch ich fand stets die Arznei schlimmer als das Übel; es sind also Sie allein, die mich bislang aufrechterhalten hat, und ich zählte indessen auf nichts anderes als das, was wir in Chène [bei Genf] von diesem alten Paar Sismonde und Sismondi gesehen haben, diesen Philemon und Baucis, die uns so rührten, erinnern Sie sich noch daran? Bei mir hat sich nichts geändert. Ich habe meine Arbeit verdoppelt, damit ich Sie dieses Jahr besuchen kann, und bislang bewältigte ich sie.

Seit ich Ihnen zuletzt schrieb, habe ich keine Nacht mehr als zwei Stunden geschlafen und außer den Büchern und Artikeln, zu denen ich mich verpflichtet habe, zwei Stücke in 5 Akten geschrieben, eines davon mit einem Prolog, das ab morgen im Odéon probiert wird. Ich hoffe, daß, wenn ich noch 18 Monate so arbeite wie die letzten 18, meine erdrückenden Schulden abbezahlt sind und Les Jardies gerettet ist. Dieses andauernde Arbeiten hat mich vor allem in den vergangenen 5 Jahren mit der Welt brechen lassen, aber jetzt will ich meinen Wahlzensus zugesprochen bekommen, denn Lamartine hat einen verkommenen Marktflecken für mich, und für die nächste Legislaturperiode gewählt zu werden, ist unsere ganze Zukunft.[3] Muß man nicht sehr lieben, um mitten im stürmischsten Gefecht eine solche Kühnheit auszuhecken, und den Mut dazu aufzubringen? Als Ihre Briefe selten wurden, wurde ich Woche um Woche von dem Wunsch getrieben, Sie zu besuchen, um den Grund Ihres Schweigens zu erfahren, denn die paar fast unleserlichen Worte, die Ihre Briefe stets beendeten, waren für mich immer ein neuer Hoffungsstrahl, Sie sagten mir dort: - Gedulden Sie sich; man liebt Sie genauso, wie Sie lieben. Ändern Sie sich nicht, denn man ändert sich auch nicht. Wir sind beide mutig gewesen, warum sollten Sie also jetzt nicht glücklich sein. Glauben Sie etwa, daß es für mich geschah, daß ich so viel Beharrlichkeit darauf verwandte, mir einen großen Namen zu schaffen? Oh! Vielleicht bin ich ziemlich ungerecht, aber diese Ungerechtigkeit entspringt dem Ungestüm meines Herzens, ich hätte mir zwei Worte für mich in diesem Brief gewünscht, und ich habe nach ihnen gesucht, zwei Worte für denjenigen, der, seit er die Landschaft, in der Sie leben, vor Augen hat, beim Arbeiten noch keine zehn Minuten vergehen ließ, ohne sie zu betrachten; ich habe darin alles gesucht, was man in der Stille seit jeher in seinem Geist sucht. Ich konnte mich nicht dazu entschließen, mich davon zu trennen, um von Borget eine Kopie fertigen zu lassen. Die Gewißheit, Sie frei zu wissen, hat mich sanft werden lassen, denn ich hätte mich über manche Kleinigkeit mehr geärgert, wenn Sie nicht in Trauer gewesen wären.

Ach, mein geliebter Engel, seien Sie vorsichtig und gehen Sie pfleglich mit sich um, geben Sie auf Ihre teure Gesundheit acht; ich werde meinerseits bis zu meiner Abreise nicht mehr so viel arbeiten, denn am 20. März breche ich nach Deutschland auf, werde mich aber nicht ohne Ihre Erlaubnis über Sachsen hinausbegeben; aber ich möchte nicht mehr, daß so viele Meilen zwischen uns liegen. Ich habe bereits meine Verleger angewiesen, genügend Bände drucken zu lassen, so daß sie mich erst nach September wieder brauchen. Ich habe meine Freude ebenso sorgfältig verborgen, wie ich meine Sorgen und meine Erinnerungen im Grunde meines Herzens versteckt hatte. Aber ich werde es Ihnen sagen. Ich habe mich 24 Stunden lang ganz apathisch zu Hause in meinem Schreibkabinett eingeschlossen und wollte mit niemandem sprechen. Als ich dann ausging, überlief es mich plötzlich heiß und kalt. Lassen Sie mich Ihnen von einem kleinen Aberglauben berichten, der den größten Eindruck auf mich gemacht hat. Am 1. November habe ich einen der beiden Manschettenknöpfe verloren, die mir Madame de Berny[4] geschenkt hatte und die ich abwechselnd mit den Ihren trug. Als ich den einen verloren hatte, trug ich nur noch die Ihren, und diese kleine Zufälligkeit hat mich in einem Grad aufgewühlt, den Sie sich vorstellen können, wenn ich Ihnen sage, daß es sogar meiner Mutter und allen, die mich kennen, aufgefallen ist. Ich sagte: das ist ein Fingerzeig des Himmels! Ich liebe Sie so sehr, und es kostet mich seit Wien so entsetzlich viel, es zu verschweigen, daß ich die Einsamkeit meines Schreibkabinetts in Passy vorziehe, wohin niemand vordringt und wo ich im Geiste bei Ihnen sein kann.

Ach! Meine Liebe, Sie haben so vieles in Ihrem Brief vorgebracht, daß ich auf keinen Fall abreise, sondern Ihre Antwort auf diesen hier abwarte, und Sie werden Zeit gehabt haben, darüber nachzudenken, wie schwer es mir fällt, in Paris zu bleiben, wo ich mich doch seit sechs Jahren danach sehne, Sie zu sehen. Ach! Schreiben Sie mir, daß mir Ihr Leben ganz gehören wird, daß wir von nun an ohne dunkle Wolken glücklich sein können. Wenn Sie bloß wüßten, welcher Stärke es bedurfte, Ihnen dies zu schreiben, ohne Ihnen etwas zu sagen, was Ihnen die Heftigkeit dieser einmaligen wie meinen einzigen Schatz behüteten Liebe zum Ausdruck gebracht hätte. Ach! Wie oft habe ich mich in Zeiten bitterster Enttäuschungen, in Kämpfen und in Kümmernissen gen Norden gewandt, für mich das Morgenland, der Friede, das Glück.

Um auf das Geschäftliche zu kommen: ich habe einen großen Schritt vorwärts gemacht. Vom 5. bis zum 7. Februar führt man im Odéon *L'Ecole des grands hommes* auf, eine großartige Komödie über den Kampf eines genialen Mannes mit seinem Jahrhundert. Das Stück spielt 1560 in Spanien und handelt von dem Mann, der ein Dampfschiff in den Hafen von Barcelona bugsieren ließ, es versenkte und verschwand. Wenn ich Erfolg habe, breche ich auf. Wenn ich durchfalle, muß ich 4 Bände schreiben, um das Geld für die Reise zu verdienen. Aber ich habe noch ein anderes Stück beim Vaudeville.

Meine gesammelten Werke werden eilends gedruckt und erscheinen, während ich auf Reisen bin.

Wenn ich zweifachen Erfolg habe, verwende ich das Geld dazu, den Preis für Les Jardies zu bezahlen und ein bißchen Geld dafür, die kleinen Gläubiger zu bezahlen, und ich bin sicher, daß ich in zwei Jahren meine Befreiung erreicht haben werde. Ich brauchte nur noch etwas, um meiner Mutter ein Haus zu kaufen, der ich im übrigen 40 000 Francs schulde, die ich zur Erlangung meines Wahlzensus benötige.

Nun, meine schöne Emilie, so sieht es aus...[5]

Gavault, mein Advokat, ist es zufrieden. Jedermann glaubt an einen überwältigenden Erfolg für *Les Ressources de Quinola*, dem falschen Titel meines Stücks, ich halte den, den ich Ihnen genannt habe, bis zum letzten Augenblick zurück.

Die *Memoiren zweier Jungvermählter*, die in *La Presse* veröffentlicht wurden, hatten den allergrößten Erfolg. Aber in diesem Jahr ist *Ursule Mirouet* das schönste Werk.

Ich werde jetzt diese eilig geschriebenen Worte abschicken und Ihnen in 3 bis 4 Tagen ausführlicher schreiben. Ich bin noch immer mit Arbeit überhäuft, und ich arbeite die Nächte durch, denn es gibt noch immer viel am Stück zu tun und für das zweite muß ich noch 3 Akte schreiben, und ich habe die Zeitungen auf dem Hals. Was Ihre Briefe betrifft, teure Angebetete, seien Sie ohne Sorge. Selbst wenn ich plötzlich stürbe, gäbe es nichts zu befürchten. Sie sind in der gleichen Schatulle, wie auch Sie eine besitzen, und darauf liegt eine Verfügung, die meine Schwester kennt, nämlich alles unbesehen ins Feuer zu werfen, und ich kann mich auf meine Schwester verlassen. Aber warum auf einmal diese Beunruhigung? Warum, habe ich mich voll Bangen gefragt. Sie sind also kränker als Sie mir sagen. Sie haben die letzte Seite Ihres Briefes leer gelassen! Sie haben so viel Sorge um das entstehen lassen, was mich glücklich macht, daß ich nicht mehr weiß, was ich davon halten soll. Ach! Mein innig geliebter Engel, meine himmlische Blume, wissen Sie denn nicht, daß alles, was Sie von mir verlangen, so getan wird, wie Sie es wünschen? Liebe ich Sie nicht mehr Ihret- denn meinetwegen! Ich flehe Sie an, schreiben Sie mir bei Empfang meines Briefes wenigstens zwei Worte, damit ich weiß, ob ich Ihnen offenen Herzens schreiben kann (denn ich bin noch betroffen von dem, was Sie mir sagen) und wie es Ihnen geht, denn nur das will ich von Ihnen wissen. Ja, meine innig Geliebte, nur um Ihre Gesundheit bin ich besorgt. Geben Sie gut auf sich acht, das sind Sie mir schuldig! Leben Sie denn wohl, mein teures und schönes Leben, das ich so sehr liebe und dem ich es jetzt endlich sagen kann. *Sempre medesimo.*

1 Dieser Brief zeigt den Tod von Wenzeslaw Hanski am 10. November 1841 an.

2 Wahrscheinlich bezieht sich Balzac auf seinen reichlich konfusen und deshalb hier nicht berücksichtigten Brief an Wenzeslaw Hanski, den er ihm am 16. September 1834 nach Wien geschickt hatte.

3 Diese Zukunft trat nicht ein; es gibt keine weiteren Details über den Traum, ein künftiger Parlamentsabgeordneter zu werden.

4 Erstmals schreibt Balzac diesen Namen mit all seinen Buchstaben in einem Brief an Madame Hanska.

5 Zitat aus Corneilles *Cinna.*

*

[Passy, Montag,] 10. Januar [1842]

Ach! Mein Engel, der Brief, den ich vor zwei oder drei Tagen an Sie aufgegeben habe, wurde geschrieben, nachdem ich den Ihren gelesen hatte, und Sie wissen ja wohl, daß ich Ihre Briefe immer mehrmals lese, und so überlief es mich beim Wiederlesen eiskalt, als ich die letzten zwanzig Zeilen las, die mir auf der Seele lasten, da Sie mir darin sagen, wie schlecht es Ihnen geht und daß Sie gar Todesgedanken hegen. Nein, nichts kann Ihnen beschreiben, welch tiefes Entsetzen mich ergriff, als ich die folgenden Zeilen in der Zeitung las: *Die Gazette* aus Posen *zeigt uns den Tod der Gräfin Madame de Kicka, geborene Gräfin Krosnowska aus Wolhynien an.* Es passiert so leicht, anstelle eines H oder eines R ein K zu drucken, und unsere Drucker begehen so viele Fehler in Ihren russischen und polnischen Namen, daß mir ein Schrei entfuhr und ich mich vor Aufregung übergeben mußte; mir ging es schlecht, und man brachte mich zu Bett, wo ich zwei Tage lang an einem nervösen Fieber litt, das gerade abgeklungen ist, und hier bin ich wieder, lese Ihren Brief noch einmal und schreibe Ihnen, Sie bei unserem *adoremus in aeternum,* bei dem *una fides* anflehend, das ich wie einen mittelalterlichen Wappenspruch trage, mir postwendend zu antworten.

Ich sagte mir, daß Wierzchownia in der Ukraine liegt, daß in dieser knappen Anzeige zwei Namen anstelle von einem erwähnt wurden; aber vielleicht kennen Sie ja weder mein Herz noch meine Phantasie sehr gut, die sich seltsamerweise so ergänzen, daß das eine die Freuden wie die Schmerzen des anderen verdoppelt, ja verzehnfacht. Obwohl alles auf die Unwahrscheinlichkeit, diese Nachricht könne Sie betreffen, hinweist, verspüre ich aufgrund meiner außergewöhnlichen Zuneigung Angst, aber Sie kennen ja La Fontaine auswendig und wissen:

ein Nichts, alles macht ihm Angst
wenn es um das geht, was er liebt![1]

So antworten Sie mir also auf der Stelle, und denken Sie daran, daß, sollten Sie ernsthaft erkrankt sein, Sie es mir mitteilen lassen müßten, falls Sie nicht selbst schreiben können, denn derzeit gibt es nichts, was mich davon abhalten könnte, zu Ihnen zu eilen und Sie zu besuchen. Oh, teurer Engel meines Lebens, enthalten Sie mir keine Nachrichten vor. Ich habe durch 18 Monate langes schweres Arbeiten ein wenig Freiheit errungen. Sie wüßten, wie sehr Sie geliebt werden, wenn Sie mit eigenen Augen die Wunderwerke sehen könnten, die ich angehäuft habe, um mich 1842 von April bis August 4 Monate lang zu schonen, denn jetzt steckt mir nicht mehr der Dolch in der Brust, und ich kann etwas aufatmen. Zwanzig Schlag auf Schlag fertiggestellte Bände, Theaterstücke, die einstudiert werden, all das hat mir geholfen, dieses Ziel zu erreichen: 4 Monate für mich! Hierfür durfte ich keine Verpflichtungen weder den Verlegern noch den Zeitungen gegenüber mehr haben und mußte zudem die Lieferungen herstellen, die während meiner Abwesenheit von meinen gesammelten Werken erscheinen sollen. Haufenweise Arbeit! (...)

Mein Gott, ich denke immer, daß alles, was ich Ihnen da erzähle, Sie zutiefst interessieren müßte, aber Sie sehen ja, wohin das führt, wenn ich über meine Geschäfte rede? Meine Gesundheit hat all dem widerstanden. Ich habe nur ein paar weiße widerspenstige Haare, und die geistige Arbeit ist mir gut bekommen, abgesehen von der Beleibtheit, die einem ständig Sitzenden jedoch zusteht. Ich glaube nicht, daß ich mich seit *Wien* verändert habe, und mein Herz ist so jung, daß der Körper sich unter der mönchischen Strenge meines Daseins erhalten hat. Schließlich habe ich noch fünfzehn Jahre an beinahe jugendlichem Alter vor mir, ganz genau wie Sie, Liebste, und ich gäbe in diesem Augenblick gern zehn Jahre meines Lebens hin, um die Stunde, in der wir uns wiedersehen werden, schneller herbeizuführen. Ich denke ohne Unterlaß daran und ohne Unterlaß betrachte ich auch diesen Teich, diesen Rasen und Ihr prunkvolles Haus. Wie viele Male habe ich schon meine Gedanken aus diesem Teich geschöpft! Gott allein weiß es.

Ach! Immer wenn man sich so sehr gehaßt fühlt, so viele Neider und Feinde hat, gibt man sich ganz und gar einem anderen Herzen hin! Sie werden niemals wissen, wie heftig meine Erinnerungen an die so seltenen armseligen Stunden der Muße sind! Sie werden erst später einmal erfahren, welch schöne Zukunftsträume ich ständig gehegt habe! Wie oft ich des Kampfes müde, erwogen habe, alles hinter mir zu lassen und in die Fremde zu gehen und doch geblieben bin, weil ich uns beide eines fernen Tages in Paris gesehen habe, glücklich, wie Gérard einen Salon unterhaltend, ich die Kammer beherrschend, und Sie eine der Königinnen dieses so schwer zu beeindruckenden Paris. (...)

Tausend zärtliche Liebkosungen der Seele an meine angebetete Blume.

Meine teure Seele braucht keine Autographen mehr; denn sie wird bald an der Quelle sein.

1 Balzac zitiert hier aus La Fontaines Fabel *Les Deux amis* ungenau.

*

[Passy, Donnerstag, 20. Januar - Dienstag, 1. Februar 1842]

(...)

[Samstag,] 22. [Januar]

Ich schlafe immerzu, und das beunruhigt mich. Ich schlafe 18 Stunden, und während der 6 anderen tue ich nichts, das völlige Gegenteil meines bisherigen Lebens, in dem ich 6 Stunden schlief und 18 hindurch arbeitete. Zudem habe ich eine dieser schlimmen Erkältungen eingefangen, die einem auf das Gehirn schlagen. Gleichwohl werde ich versuchen, mich wieder ans Werk zu machen. Ach! Wie sehne ich mich danach, Sie zu besuchen! Und wie sehr warte ich auf Nachricht von Ihnen. Ich bin voller Angst, jetzt, da Sie frei sind und nach einem Brief, in dem Sie mir mitgeteilt haben, daß Sie krank seien, keine Nachricht mehr von Ihnen zu erhalten! Nun ist es bald einen Monat her, daß ich diesen mich selig machenden Brief erhielt! Und Sie lassen einen Monat verstreichen, ohne mir zu schreiben. Mein Gott, ich weiß nicht mehr, was ich denken soll mit dieser Vorstellung im Kopf. Ich muß noch so viele Dinge in Erfahrung bringen und lernen.

Ich habe viel Verdruß mit *Les Ressources de Quinola*, alles Unglück ereilt mich auf einmal. Ich glaube, daß ich das Stück vom Odéon zurückziehen und woanders herausbringen werde. Leben Sie wohl, meine teure Geliebte; auf bald. Ich will versuchen zu arbeiten, und wie die Kinder habe ich mit einem Gebet begonnen oder wie die Dichter mit einer Anrufung. Ich bin ziemlich verstört.

[Montag,] 31. Januar

Seit acht Tagen habe ich nichts getan; und das sagt Ihnen schon alles.

Ich habe noch einmal Ihren Brief gelesen, und ich glaube, ich habe Ihnen noch einiges dazu zu sagen. Zunächst müssen Sie zugeben, daß ich sehr wohl recht hatte mit den Ratschlägen, die ich Ihnen in Genf hinsichtlich der Verwaltung Ihres Vermögens erteilt habe. Sie verfügen doch über eine außergewöhnliche Intelligenz, und es muß ein Leichtes für Sie sein, Ihre Geschäfte zu leiten, wo Sie mir doch verkünden, dazu bedürfe es lediglich leidlicher Intelligenz und gesunden Menschenverstandes.

Erlauben Sie mir, Ihrem zutiefst ergebenen Freund, Ihnen einen Rat zu erteilen? Er ist von außerordentlicher Schlichtheit. Suchen Sie für Anna einen klugen und fähigen, vor allem reichen Mann[1], dessen Vermögen Ihnen erlaubt, *Ihre Rechte* durch eine bestimmte Summe *abzulösen*. Indem Sie den Nießbrauch, über den Sie verfügen, mit dem Eigentumsrecht Annas vereinen, machen Sie Anna so reich, daß sich alles vereinfacht und Sie nicht mehr in Verlegenheit kommen können; oder besser gesagt, Sie sind lediglich in der Verlegenheit, den richtigen Ehemann für sie auszuwählen. Die Trennung Ihrer Interessen wird sich in kürzester Zeit vollziehen, und Sie haben alle Zeit der Welt vor sich, um zu wählen. Ich gebe Ihnen diesen Rat, weil ich mich daran zu erinnern glaube, daß Sie mir gesagt haben, Sie hätten durch Ihren Vertrag die Nutzungsrechte für die Güter oder das, was wir hier den Nießbrauch nennen. Um Ihre Wahlmöglichkeiten zu erweitern, müssen Sie nur Ihren Anteil verringern, indem Sie Annas Vermögen vergrößern. Um Sie über diese Punkte weiter aufzuklären, hätte ich gern Anfang Juni in der Gegend von Brody eine Unterredung mit Ihnen; denn was kann man schon in hundert Briefen ausdrücken? Nicht die Hälfte von dem, was sich in zwei Stunden sagen läßt!

Anna galt nur der zweite meiner Gedanken, aber ich hingegen muß erkennen, daß mir von den Ihrigen nicht einmal der zweite galt! Aber wer so sehr liebt, kann manches Mal ungerecht sein. Sagen Sie mir, daß diese Klage eine Ungerechtigkeit ist.

In Ihrer Lage, meine Liebe, muß ich Ihnen wohl keine übermäßige Vorsicht in allen Dingen anempfehlen; aber bei den geschäftlichen Angelegenheiten, sollten Sie wie die Advokaten in Paris vorgehen; nehmen Sie sich stets die Zeit für eine letzte Überlegung, ehe Sie das Geringste unternehmen.

Seien Sie nicht traurig. Ich kenne Ihre Seele in- und auswendig und weiß deshalb, daß Sie die vollkommenste Frau waren, die man sich in Ihrer Lage vorstellen kann, und die Hochachtung, die ich vor Ihrem Charakter und Ihrem Herzen hege, ist dergestalt, daß ich Ihnen vor allen Frauen auf der Welt den Vorzug gebe; von der Liebe einmal ganz abgesehen, und das sind keine leeren Worte. Gott hat Ihnen in einem Augenblick die Freiheit wiedergegeben, wo es Ihnen erlaubt ist, noch ein schönes und glückliches Leben zu führen; aber dieses Glück wird nicht möglich sein ohne die Erfüllung all Ihrer Aufgaben und die Bezeugung Ihrer Liebe zu Ihrer lieben kleinen Anna, deshalb wage ich es also, Ihnen diesen Ratschlag ganz im Sinne ihrer Belange zu schreiben. Sie müssen mir für den Fall, daß ich mich getäuscht haben sollte, Ihre Lage genau erläutern.

Teure Angebetete, nun ist es schon einen langen Monat her, daß ich einen Brief von Ihnen erhalten habe und Sie haben mir seitdem keinen zweiten geschrieben! Sie lassen mich einen Monat ohne Briefe, nachdem Sie mir mitgeteilt haben, daß Sie so krank wären, daß Sie fürchteten zu sterben! Bedenken Sie, welche Ängste Sie mich durchleben lassen, mich, der ich Sie liebe, wie Sie wissen! Lassen Sie Gnade walten, einen Brief alle vierzehn Tage?

Es ist ein großer Trost, eine unerhörte Freude und ein unaufhörliches Glück für mich in meinem Schreibkabinett, das niemand betritt, zu arbeiten, zwischen Ihrer Landschaft, Ihrem Domizil und diesem Porträt, das Sie so darstellt, wie ich Sie in Wien zurückgelassen habe! Nein, es hat trotz Ihrer Abwesenheit nie jemanden gegeben, der gegenwärtiger war als Sie, es fehlt mir nur noch die Innenansicht Ihres Zimmers, die ich mir schon immer gewünscht habe.

Sie haben mir nichts über die beiden jungen Leute gesagt, die Sie zu sich genommen haben? Nun, *cara vita,* wenn Sie mir denn schreiben, schreiben Sie mir ganz ausführlich über sich und Ihr häusliches Leben, damit mir nichts verborgen bleibt. Sie sprechen von häuslichem Verrat, ohne mir zu sagen, worum es sich handelt.

1 Anna Hanska war zu der Zeit 14 Jahre alt. Balzac wird noch häufiger auf diese Idee einer frühen Verbindung des jungen Mädchens zurückkommen, denn Madame Hanska wollte keine neue Ehe eingehen, bevor nicht ihre Tochter verheiratet war.

Ich habe bis zum heutigen Tag gewartet. Aber die Post bringt mir nichts! Nichts! Sie wissen anscheinend wirklich nicht, welche Angst ich ausstehe, und wenn ich Sie manches Mal, als Folge von grausamen Zufällen oder durch die grausamsten Notwendigkeiten meines Lebens voll Arbeit und Elend, auf einen Brief habe warten lassen, haben Sie längst nicht so gelitten, wie ich leide. Einen Monat ohne Brief, und das nach dem, den ich zuletzt erhalten habe! Einen Monat, in dem jede Stunde mit Ihnen ausgefüllt war, voller Vermutungen über die Entfernung hinweg, um zu wissen, ob es Ihnen gut oder schlecht ergehe? Ob Sie litten? Ob man Ihnen Kummer bereitete? Und ob Sie inmitten so vieler Sorgen denjenigen ein wenig liebten, für den Sie in allen Dingen an erster Stelle stehen und dessen einziger Gedanke Sie seit so langer Zeit sind? Ich werde mich die kommenden zwei Monate in die Arbeit stürzen wie in einen Abgrund, denn am 1. April breche ich auf. Ich rechne nicht damit, daß ich meine Angelegenheiten für eine 6monatige Abwesenheit fruher geregelt haben werde. *L'Ecole des grands hommes* wird, sehr verspätet, erst in den ersten Märztagen gespielt, genau dann, wenn Sie diesen Brief in Händen halten werden. Aber ich nehme an nichts anderem mehr Anteil als an Ihnen, und Sie retten mich im Moment vor manchem Kummer, der vor Ihrer Sonne verblaßt! Vielleicht gibt es ja das Recht, ein Herz, das mit so vielen Hoffnungen erfüllt ist, so sehr leiden zu lassen! (…)

[Passy, Montag, 21. - Dienstag, 22. Februar 1842]

Paris, 21. Februar

Gerade erhalte ich Ihren zweiten Brief und bin noch ganz niedergeschmettert davon, vor allem weil er zusammen mit dem Ihrer schrecklichen Tante kuvertiert ist, bei der so viele Hintergedanken bei dem Wort *Paris* mitschwingen. Wie schnell haben Sie mit der zärtlichsten, der beständigsten und der lebhaftesten Zuneigung, die es je gab, kurzen Prozeß gemacht, ohne ihr zuzuhören, ohne eine Erklärung zu suchen für die Kleinigkeiten, die Ihnen mißfielen, ohne sich daran zu erinnern, wie wenig es mir die ganze Zeit vergönnt war, mich vor Ihnen zu rechtfertigen! Mit welch eisiger Ruhe Sie sagen: - Sie sind frei. Das unter den gegenwärtigen Umständen demjenigen zu sagen, der in 9 Jahren niemals auf den Gedanken kam, daß er ohne Hoffnung lieben könnte, und ein Glück mit weißem Haar wie Sismondi allem Glanz vorzog, der seine Not und seine entsetzlichen Kämpfe, die ihn gebrochen haben, allen Annehmlichkeiten vorzog, die die einfallsreichste schwesterliche Zärtlichkeit je erfunden hat. - Nein, halten Sie inne! Solch ein Unheil hätte ich niemals erwartet. Sie führen Ihre Tochter gegen mich ins Feld!... Hören Sie mir zu, ich kann Ihnen erklären, was Sie mir vorwerfen! Gott gebe, daß es Eifersucht sei, denn dann wären Sie entschuldigt. Ich bin also nach Italien gefahren, anstatt zu Ihnen!... Belassen wir es doch dabei. Jedesmal, wenn ich nach Italien fuhr, fuhr ich, weil der Arzt ausdrücklich eine Ruhepause verordnet hatte. *Ich bin nicht auf meine Kosten gefahren* (das wäre auch gar nicht möglich gewesen), sondern auf Geschäftskosten[1], und ich bin nie länger als zwei Monate dort geblieben.[2] Ziehen Sie all dies in Erwägung. Seit Wien konnte ich nie genügend Zeit und Geld für eine dreimonatige Reise aufbringen. Gewiß doch, ich wäre zu Fuß gegangen, wenn ich die Zeit dazu gehabt hätte; aber die Zeit! In 3 Monaten werde ich mich in einer Lage befinden, in der ich mich *seit 1830 nie mehr befunden habe*, das heißt, daß ich dank Monsieur Gavault und seiner finanziellen Opfer weder einer Zeitung noch einem Verleger Arbeiten schulden werde, die es zu machen gilt, weil sie im voraus bezahlt wurden und das Geld schon ausgegeben ist. Es sind jetzt schon 3 Jahre, daß ich Tag und Nacht arbeite, um das Ziel zu erreichen, *frei* über meinen Geist und meine Person zu verfügen. Um in aller Ruhe in die Ukraine zu fahren, hätte ich 6 000 Francs und vier Monate Zeit gebraucht! Seit nunmehr sieben Jahren gelingt es mir nicht einmal, das Geld für einen Monat aufzutreiben, um ein Theaterstück zu schreiben, das mich retten könnte. Mein arbeitsames Leben, ich kann es Ihnen noch so oft schildern, Sie glauben einfach nicht daran! Leider! Dies Leben nähme der Treue jedes Verdienst, denn viele Frauen würden sie einem Mann, der seine Tage und Nächte in seinem Schreibkabinett verbringt, nicht als solche anrechnen. Seit sieben Jahren kämpfe ich jetzt gegen den Sturm, indem ich mich an einen Mast klammere, an dem ich mich verzweifelt festgehalten habe, und Sie gefallen sich darin, mir kaltblütig diese Stütze zu zerbrechen. Wissen Sie, daß ich kürzlich zu einem der vier Verleger, die meine *Gesammelten Werke* herausgeben, folgendes sagte:

»Ich habe Luther, Calvin, Spinoza, Descartes, Malebranche, Kant und J.-J. Rousseau immer um ihre Genügsamkeit und ihre große Uneigennützigkeit beneidet. Meine 200 000 Francs Schulden verpflichten mich dazu, in einem bestimmten Milieu zu leben und den Habitus eines habgierigen und vom Gold verdorbenen Mannes anzunehmen. Aber dem ist nicht so, ich lebe genauso, wie diese berühmten Männer gelebt haben. Wenn schließlich durch viel Geduld meine Schulden endlich bezahlt sind, werde ich zwischen zwei Lebensweisen stehen, und ich weiß nicht, welche ich wählen werde: entweder in Les Jardies von hundert Louis Rente leben, ohne je herauszukommen, ohne etwas annehmen zu wollen, ohne den üblichen Ehrgeiz, außer dem, die Welt des Geistes zu bewegen; oder mir wie Monsieur de Talleyrand eine fürstliche Existenz schaffen. Das wird von einer Frau abhängen. Vielleicht würde ich mir ja für *sie* dieses quasi Königtum wünschen.«

Das habe ich im April 1841 gesagt, vor zehn Monaten also, als ich in der Ferne die glückliche Stunde wähnte, in der es mir gestattet sein würde, schuldenfrei nach meiner Art zu leben. So trage ich in jenen Regionen meines Herzens, die niemand kennt, das Wissen darüber, was im Fall des vollständigen Scheiterns zu tun ist. Seit langem schon ist mein Leitspruch: *alles oder nichts!* Sie sehen, daß Sie das Ausmaß meiner Gefühle gar nicht ahnten. Uneigennützigkeit, Hingabe, Glauben und Beständigkeit sind die vier Säulen meines Charakters, und zwischen diesen kantigen Pfeilern gibt es nichts als Zärtlichkeit und die vollkommenste Güte. Unter dem eisigen Wind der Verachtung und des Spotts verschließe ich mich aber und lasse nichts anderes durchschimmern als die französische Oberfläche.

Nach diesem grausamen Brief werde ich also warten. Sie haben mir damit ziemlich tiefe und grausame Wunden zugefügt, die diese sieben Jahre in Frage stellen, während derer Sie als Heilige Jungfrau über meinem Haus wachten und zu der ich Armer in meinen kleinen Freuden und in meinen Ängsten zu jeder Tages- und Nachtzeit aufschauen konnte.

Sie haben die Furcht, die mich umtreibt, zerstreut,

wenn ich am 14. März darauf warten werde, was inner-halb von 7 Stunden wegen *Quinola* sich entscheidet, diesem Werk von sieben Jahren, das mir die Mittel ein-bringen sollte in Erwartung eines Wortes von Ihnen im Juni und Juli meine Blicke in Richtung Ukraine zu len-ken. Mein ganzes Leben stand dabei auf dem Spiel, Sie haben mir meine Seele weggenommen, als Sie mir schrieben: - Kommen Sie nicht, legen Sie nicht 800 Mei-len Entfernung zurück. Und ich, der ich mir ein Vergnü-gen daraus machen wollte, nach Galizien zu fahren, allein schon aus dem Grund, mich in Ihrer Luft zu erge-hen! Ich für meinen Teil habe immer geglaubt, daß Pe-trarca größer ist als Laura.[3] Hätte Hugues de Sade sie freigegeben, hätte sie Gründe gehabt, den Verfasser der *Sonette* zu bevormunden, hätte ihn mit feinen Fäden umgarnt, aus denen sie eiserne Fesseln gemacht haben würde, hätte Einwände vorgebracht und sich hinter ih-rer Familie verschanzt. Selbst auf die Gefahr hin, daß das Gesagte sich gegen mich wenden könnte, behaupte ich: was ist das für eine Liebe, die stets Hindernisse fin-det, denn seit sieben Jahren bin ich hartnäckig dabei, diese aus dem Weg zu räumen.

Mein Herz ist zerrissen, weil ich jeden Baum an der Straße einzeln begrüßt habe, jede Bodenwelle, jede Stadt, als ich auf dem Weg zu Ihnen nach Wien war, weil keine Woche verging, in der ich mich nicht an die geringfügigsten Begebenheiten erinnert habe, und tau-sendmal hatte ich Tränen in den Augen, als ich mich an die schreckliche Eifersuchtsregung erinnerte, die Sie (zu Unrecht) überfiel, als Sie mich eines Tages im Hôtel de la Poire trafen, und ich doch an eine so vollkomme-ne Liebe geglaubt hatte, wie es die meine ist; es hat mir das Herz zerrissen, weil diese zehn Jahre Arbeit mir zwanzig Jahre Jugend verschlungen haben, und ich weiß nicht, was in zwei Jahren aus mir geworden ist, und ich möchte nicht oh, nein! - ich möchte nicht sehen, wie Sie zusammen mit einem alten Mann ein neues Leben beginnen! Und Sie wissen ja gar nicht, wieviel an Jugend Ihr Brief in mir abgetötet hat, indem Sie mir meinen Glauben geraubt haben, diesen Baum, um den ich meinen Arm gelegt hatte.

Wenn Sie mir gesagt hätten, ich bin wie Sie, ich lebe nur durch den einen Gedanken, durch ein Begehren, durch eine Hoffnung, wir haben im Grunde des Herzens dieselbe Zuversicht; aber es heißt noch anderthalb, höchstens zwei Jahre warten. Bleiben Sie fort, denn hierher zu kommen hieße meine Verlegenheit vergrößern - oh! meine Liebe, ich hätte über Ihre Schwierigkeiten und Unannehmlichkeiten geweint, ich hätte mich in zwei weitere Jahre Arbeit gefügt. Sie jedoch schicken mir den Brief Ihrer schrecklichen Tante, meiner erklärten Feindin, und es sieht so aus, als ob Sie ihrem Rat folgen wollten: *Niemals Paris!* Sie sagen mir, daß Sie *alles* Ihrer Tochter verdanken, die Sie getröstet hat, und sagen mir damit gleichzeitig, daß ich Ihnen nichts bedeutet habe, wo Sie doch wissen, daß Sie alles für mich sind. Das sagen Sie dem, der Ihnen geschrieben hat, *alles für Anna zu opfern,* während Sie gleichzeitig diese grausamen Worte an ihn richten! Ich halte hier inne; ich möchte nichts hinzufügen, was Sie verletzen könnte, obgleich ich große Lust dazu hätte. Bis morgen.

1 Auf Kosten der Guidoboni-Visconti.

2 Während die Eskapade nach Turin im Jahr 1836 knapp einen Monat dauerte, fand die Reise von 1837 vom 14. Februar bis zum 3. Mai statt, das sardische Abenteuer hielt Balzac mehr als drei Monate von Paris fern.

3 Die Frau, die Petrarca in seinen lyrischen Gedichten und in der Allegorie *Trionfi* besingt.

Nachdem ich Ihnen gestern geschrieben hatte, ging ich ins Theater. *Les Ressources de Quinola* wird am 14. März gespielt, dem Jahrestag der verhängnisvollen Aufführung von *Vautrin*. Wieviel Leid, Arbeit und Unglück ist in diesen zwei Jahren geschehen! Mein Bankrott durch einen feigen und gemeinen Wucherer! Nun, wir wollen besser gar nicht mehr an die Vergangenheit denken. Gegenwärtig wird darüber verhandelt, ob ich Mademoiselle Georges für die Rolle der Brancadori haben kann. Wenn die Post pünktlich ist, werden Sie diesen Brief vielleicht genau am 14. März bekommen, dem Tag des Triumphs oder der Niederlage. Bei der Bedeutung des Themas gibt es keine Alternative. Ich muß noch den 5. Akt schreiben, bin aber in einer zu schlechten geistigen Verfassung dafür; ich hätte ihn fertig haben müssen, ehe Ihr Brief eintraf, den ich soeben noch einmal gelesen habe, als suchte ich Gründe gegen den Kummer, den er mir bereitet hat und der mich die ganze Nacht wachgehalten hat, trotz der Müdigkeit eines Tages, verbracht in diesen Katakomben, die man *Odéon* nennt. *Wenn man mir mein armes Kind entrisse, stürbe ich!* sagen Sie mir. Kann man jemandem nachdrücklicher mitteilen: Ihre Zuneigung allein erhielte mich nicht am Leben?

Sie danken mir, als ob der so lange gezügelte und verbotene Ausdruck meiner Zärtlichkeit neu und erst von gestern wäre! Hierin liegt eine selbstherrliche Ungerechtigkeit, genauso groß wie die, die sich auf die Italienreise bezog und die ich bereits am Anfang des Briefes richtig gestellt habe. Ich habe eine Reise unternommen, nämlich die nach Sardinien, um meinem Elend zu entkommen, und Sie wissen, wie die Geschichte ausging. Denken Sie einmal gründlich nach über das, was ich Ihnen über diese Reisen geschrieben habe, wägen Sie alle Worte ab, und Sie erkennen, wie unschuldig ich bin.

Es gibt eine Stelle in Ihrem Brief, die ich überhaupt nicht verstehe, ganz und gar nicht verstehe. Sie lautet: *Als Sie mich betrogen!* Durch Sie wurde dieses Wort für immer aus meinem Leben verbannt; und deshalb sah ich in Ihnen die größte und überlegenste der Frauen, und dies ließ mich Ihnen eine Liebe weihen, die Sie auch mit Ihrem Brief nicht ins Wanken bringen können, denn dieser Brief zeigt mir durch die Tiefe meiner Verletzung, wie tief diese Liebe in mir verwurzelt ist. Sie haben mir gesagt: - »Binden Sie sich an niemanden. - Ich will nur Ihre Treue und Ihr ganzes Herz!«

Ich sehe noch den Baum im Garten vor mir, den ich gerade betrachtete, als ich diese Worte in Wien hörte. Sie haben mir über meine Verlegenheit hinweg geholfen, und ich kann jetzt offen sprechen. Nun, das Leben, das ich seit 1836 führte, hat es mir leichter gemacht, als Sie glauben, Ihren Empfehlungen zu folgen. Lassen Sie mich Ihnen folgendes sagen. Seit meiner Rückkehr aus Wien ist mehr als eine Frau auf mich zugekommen, angezogen von der Berühmtheit wie der Falter vom Licht; nicht eine einzige jedoch hat den (angeblich) offensichtlichen *Egoismus* meines beständigen Arbeitens ertragen. Alle sind schneller geflohen, als sie gekommen waren.[1] Vor 5 Tagen speiste ich bei meinem alten Patron, (bei ihm ließ mein Vater mich in das Gerichtswesen einführen), der sehr stolz auf mich ist und der mir jedes Jahr ein Geburtstagsessen gibt. Zu diesem Diner fand sich ein *französischer Troubadour* ein, ein *Edelmann*, der mich über meine *angeblichen Eroberungen* befragte. Und dem ich antwortete: - Ich hatte nie welche! Zum großen Erstaunen zwanzig geladener Gäste, die wie ein großer Teil der Öffentlichkeit dachten, ich sei ein Marschall de Richelieu, ja ein zutiefst unmoralisches Wesen.

- Monsieur, sagte ich zu ihm, ich habe in diesem Jahr 12 Bände und 10 Akte von Theaterstücken geschrieben, damit will ich Ihnen sagen, daß ich 300 Nächte von 365, die Gott hat werden lassen, durchwacht habe. Das Jahr 1841 ähnelt in jeder Hinsicht den 10 vorhergegangenen. Ich leugne nicht, daß es Frauen gab, die sich in einen imaginären Monsieur de B[alzac] verliebt haben, die aber nicht bis zu dem dicken, pausbäckigen Krieger vorgedrungen sind, der die Ehre hat, sich Ihnen gegenüber zu rechtfertigen; aber die Frauen wollen alle (die vornehmste wie die gewöhnlichste, Herzogin wie Grisette), daß man sich nur um sie allein kümmert, sie ertragen einen Mann, der mit den wichtigsten Dingen befaßt ist, keine zehn Tage, ohne aufzubegehren, und das ist auch der Grund, warum alle Frauen Dummköpfe lieben. Der Dummkopf widmet ihnen seine ganze Zeit und bezeugt ihnen, indem er sich nur um sie kümmert, daß sie geliebt werden. Wenn ein Mann von Genie ihnen sein Herz, seinen Reichtum gibt, wird die feinsinnigste Frau sich nicht geliebt glauben, wenn er nicht auch seine Zeit opfert. Ich, der ich 200 000 Francs Schulden *mit meiner Feder* bezahlen muß, der ich die Nächte durchwache, im Februar kein Brot habe, wenn ich nicht im Januar gearbeitet habe, ich habe in 10 Jahren keine zehn Tage an beständiger Liebe erlebt. Die Gewißheit, *ohne Rivalin* zu sein, genügt nicht; sobald eine Frau einen Geliebten in ein moralisches Gefängnis eingesperrt hat, läßt sie ihn dort. *Ich wurde nur einmal geliebt*, denn ich wage es nicht, für die Gegenwart zu bürgen, da die Person, die ich liebe, nicht in das Geheimnis der Gefühle eingeweiht ist, die sie auslöst.

Nun, meine Liebe, das ist es, was ich gesagt habe, es waren 2 Staatsanwälte, zwei alte Magistratsbeamte und zwei berühmte Advokaten zugegen, die mich alle 6 verstanden und mir sagten: *Monsieur de B[alzac] hat unglücklicherweise recht.* Und drei Frauen sagten, dies sei wahr. Sie aber, der ich dies wiederhole, Sie werden es vielleicht nicht glauben, aber es ist die reine Wahrheit. Ja, meine Liebe, das zärtlichste Wesen, das es gibt, hat (bis auf etwa 10 Vergnügungen im Jahr) seit seiner Trennung von Madame de B[erny] in *völliger Abgeschiedenheit und tiefster Einsamkeit* gelebt. Rechnen Sie doch nach. Seit anderthalb Jahren lebe ich in Passy[2], Tag und Nacht arbeitend, und ich kam von Les Jardies aus hierher, wo ich zwei Jahre, ohne die geringste Zerstreuung gelebt habe.[3] Davor hatte ich, Gott weiß welche Prozesse, Unannehmlichkeiten und Arbeit!... Sie haben mir vorgeworfen, Ihnen nicht geschrieben zu haben!... Aber nehmen Sie doch zur Kenntnis, daß ich in diesen langen Zwischenpausen, nicht *eine* ruhige Minute hatte und wie ein gehetztes Wild lebte.

Die Stelle Ihres Briefes, auf die ich diese lange Erwiderung folgen lasse, hat mir deshalb ein bitteres und mitleidiges Lächeln entlockt. Ach, Sie! Sie! Sie verstehen einen Mann nicht, der so sorgfältig schreibt wie ich (es gibt kein Blatt meiner Schriften, das nicht 17 bis 18 Korrekturen benötigt hätte), der soviel schafft, sein ganzes Leben und all seine Zeit dafür hingibt. Aber ich habe noch 5 bis 6 Abzüge der Neudrucke meiner Werke durchzusehen!... Um im Jahr 30 000 Francs mit Büchern zu verdienen, muß man wenigstens vier schreiben, und was sind schon 3 Monate, um ein Werk zu schreiben und es zu korrigieren, wie ich es tue. Wie oft habe ich Ihnen diese Dinge schon geschrieben, die ich für Sie endlos wiederkäuen muß. Das ist Ihrer Intelligenz unwürdig. Ein Beispiel: seit zwei Monaten bin ich jeden Morgen und Abend im Theater, um *Quinola* auf die Bühne zu bringen, und hatte so wenig Zeit, daß, obwohl ich innerlich wegen 1 500 Francs Schulden beunruhigt bin und sie auch in 3 Tagen aufbringen könnte, ich nicht die 3 Tage Zeit gefunden habe, um die Novelle zu schreiben, die mir das Geld einbrächte! Was gibt es Erstaunlicheres als das? Nun gut! Sie werden glauben, daß ich mich beim Karneval *amüsiert* habe.

Diese grausamen Unterstellungen verursachen mir schreckliche Pein. Wenn man ein einziges Herz zu seiner Welt, zu seinem Leben, zu allem erkoren hat und von ihm verkannt wird, ist das zuviel. Man gewöhnt sich an irgendeine üble Nachrede der Welt, die einem ziemlich gleichgültig ist; aber von der, durch die man lebt, das geht zu weit.

An meinen *englischen* und *italienischen* Erlebnissen[4], auf die Sie anspielen, ist nichts Wahres außer Folgendem: mitten in einem Orkan wollte ich in einem Winkel ein wenig Ruhe und Frieden finden und bin deshalb dorthin gefahren. Aber ich habe dort, wie überall, das gefunden, was ich *meinem Troubadour* erzählte und bin grausam dafür bestraft worden, an etwas Besseres geglaubt zu haben, vielleicht grausamer, als Sie es wollten, wenn Sie denn auf Rache sinnen sollten. Sprechen wir nie wieder davon, ich flehe Sie an. Es hieße an der Vorsehung zweifeln.

Ich werde Ihnen gehorchen. Ich wünschte, ich hätte von Ihrem Brief nichts anderes gelesen als den Schluß, wo Sie mir sagen, ich solle an Sie glauben und treu sein, als wäre auf mich etwa kein Verlaß? Denken Sie am Abend des 14. März an mich. *Quinola* ist für mich das, was die Schlacht von Marengo für den 1. Konsul war, und es steht unwiderruflich fest, daß das Stück an diesem Tag gegeben wird und sich das Schicksal dessen entscheidet, der Sie ebenso *vernünftig* wie *unfreiwillig* liebt und der sich stets so fühlt wie am Tag nach den glücklichen Stunden von Pré-l'Évêque.

1 Vielleicht nicht alle…

2 Zusammen mit Madame de Brugnol (so gab er u.a. als Tarnadresse Monsieur de Breugnol (!) an), deren Existenz er bis November 1843 in seinen Briefen nicht erwähnt.

3 Nicht einmal einige wenige mit der *Contessa* (Guidoboni-Visconti), die in einem kleinen Nebenhaus sich eingemietet hatte?

4 Nach allem Leugnen gesteht Balzac dann doch sein Abenteuer mit der Gräfin Visconti, geborene Frances Sarah Lovell.

*

[Passy, Freitag, 25. Februar 1842]

A[1]

Vielleicht war es nicht richtig, meinen letzten Brief abzuschicken, und Sie sind mir böse, weil ich Sie so sehr liebe, daß die geringfügigste Verletzung meines so keusch verschleierten Herzens, auch wenn sie von Ihnen stammt, mich erregt und außer sich geraten läßt. Überdies habe ich in den fünf Tagen, in denen ich darüber nachgrübelte, festgestellt, daß ich nur auf das geantwortet habe, was mein Herz gekränkt hat; ich habe Ihnen nicht dafür gedankt, daß Sie mir von Ihrer teuren und kostbaren Gesundheit berichtet haben. Diese im offenen Wagen bei 20 Grad Kälte unternommene Reise hat mich nicht weiter überrascht, denn oft habe ich mit irgendwelchen Russen geplaudert, die mir ihre Art zu reisen geschildert haben. Ich habe mich auch nicht über einige unterkühlte Seiten in Ihrer Antwort gewundert. Wenn Sie sich nicht allezeit von einer in Liebesglut brennenden Seele umhüllt fühlen, habe ich dazu nichts mehr zu sagen, und ich verstehe, warum Sie ein Sehnen in Ihrem Herzen empfanden; ich aber hatte keinen einzigen Gedanken, den Sie nicht zu 3/4 eingenommen hätten. Meine heftigen Anstrengungen, meine Arbeiten, mein Streben nach Reichtum, all das galt Ihnen, und ich hatte noch nicht einmal den bescheidenen Trost, es Ihnen sagen zu können, denn dies wäre zu gefährlich gewesen. Aber seien Sie ganz ruhig, ich verstehe, daß die Angelegenheiten, von denen Sie mir berichten und die Sie mir auseinandergesetzt haben, in meiner Gegenwart nur schwer zu regeln wären, und ich habe volles Vertrauen in Sie und in Ihre Zuneigung. Nein, meine Teure, ich habe *zumindest für mich* gespürt, daß man die *Zeit* nicht einfach zurückdrehen kann und daß neun Jahre *dolce costume* weder im Kopf noch im Herzen einfach neu begonnen werden können. Es gibt in der Zärtlichkeit einen Gipfel wie den höchsten Gipfel der Alpen, dieser Punkt ist weiß und rein, unerschütterlich, unveränderlich und klar, er ist das, was ich den Höhepunkt der Freundschaft nenne, und seine Ausläufer erstrecken sich bis in diese tiefen, saftigen und blühenden Alpentäler, und es gefällt mir, die Freuden der Liebe, der Zärtlichkeit und allem, was in unserem Herzen an Menschlichem ist, damit zu vergleichen; viele Liebkosungen wandern in diesen abwechslungsreichen und prächtigen Tälern umher; aber wenn es um den Gipfel geht, die Jungfrau[2], dann ist das Band zwischen all diesen Dingen, dann ist das Leben vollkommen: unabänderliche, gleichbleibende, reine, klare und dauerhafte Freundschaft ist das Band, das Gefäß, die Nahrung dieser großen Reichtümer, die um so kostbarer sind, als sie von der Gewißheit erneuert werden. Es ist diese zweifache Liebe, befruchtet von einer unverbrüchlichen Freundschaft, die ich für Sie seit bald zehn Jahren in mir trage. Zwar bin ich manches Mal betrübt, wie jetzt gerade, wenn ich sehe, wie die Kleinlichkeiten in der Liebe in mir einen Gewittersturm entfachen. Der Gipfel dieser mächtigen und starken Zuneigung wird sich jedoch bald zeigen. Sie wissen all das nicht. Sie wissen nicht, wie sehr ich mich mit der Zeit und angesichts der Mißgeschicke, die mich beim Erlangen meines Ziels zurückwarfen, ganz stark an Sie gebunden habe, ich fühlte mich durch alle menschlichen Bande dort festgehalten, als da sind Liebe, Freundschaft, Ehrgeiz, Glück, Stolz, Eitelkeit, Erinnerung, Freude, Gewißheit und durch den Glauben an Sie, die ich über fast alle anderen Geschöpfe gestellt habe. Heute kann ich Ihnen diese Dinge schreiben; ich schreibe sie Ihnen ganz unbedarft, ohne mich darum zu kümmern, daß ich zu sehr zeigen könnte, wie sehr ich im Guten wie im Bösen an Ihnen hänge. Mein ganzes Wesen wurde in Frage gestellt, als Sie mir sagten, *Sie sind frei* und dabei den Anschein erweckten, sich Ihrerseits wieder Ihre Freiheit zurückzuholen. Meine Liebe, gehen Sie Ihren Geschäften nach, trennen Sie sich keinesfalls von Anna, ehe es wirklich sein muß. Vielleicht war es ganz allein an mir, einen langen Freudenschrei auszustoßen, den ich 6 Wochen lang nervös, zitternd und krank zurückhielt, aber seien Sie bitte nicht erstaunt, daß ich betrübt darüber war, keinen Widerhall in Ihrem Herzen zu finden.

Seit drei Tagen schon verfluche ich die Entfernung, die daran schuld ist, daß Sie Ihren Honoré nicht gut genug kennenlernen konnten. Als ich von einer unerklärlichen Erregung ergriffen wurde, weil ein seit Genf tagtäglich geträumter Traum sich erfüllen könnte, war es doch ganz natürlich, einen Schrei auszustoßen, und Gott mußte einem armen Liebenden einfach verzeihen, der sich während seines langen und grausamen Wartens nicht einen einzigen Gedanken vorzuwerfen hatte, und weil ich von der Lauterkeit meines geheimen Gefühls überzeugt war, konnte ich zu Gott sagen: - Danke!

Ich gestehe ein, daß Ihre Tante recht hat mit dem, was sie Ihnen von dem Menschen sagt, der seine Pflichten Ihnen gegenüber erfüllt hat, und ich denke gerade deshalb mit Hochachtung an ihn; aber sie geht zu weit in ihrem Haß gegen alles, was sich hinter dem Wort *Paris* verbirgt. Das Leben schuldet Ihnen viel, aber diese Schuld schreckt mich nicht ab.

Sie haben meine Reisepläne falsch verstanden. Von heute an in 3 Monaten werden alle Fragen, die Sie so lebhaft interessieren, daß Sie Ihr Leben damit verbinden (eine weitere Beleidigung, die Sie gegen mich geäußert haben, nämlich Ihre Existenz nach einer einzigen Person auszurichten), entschieden sein, und Sie haben nicht verstanden, wie reizvoll es für mich wäre, nur noch hundert Meilen zurücklegen zu müssen, um mit Ihnen einen Morgen lang in der Nähe von Brody zu plaudern. Aber wenn selbst dies eine Gefahr bedeutet, werde ich in Paris bleiben und Komödien aufführen lassen, um so viele Schulden wie möglich abzubezahlen.

Ach, mein geliebter Engel, ich habe wirklich nicht viel von meiner Ève verlangt; ich wollte nur dies: in achtzehn Monaten, in zwei Jahren werden wir glücklich sein. Ich wollte nur dieses wir und einen Zeitpunkt dafür, Sie hätten mich dadurch sehr stark gemacht! Sie hätten mir die Kraft verliehen, die sich allmählich in einem Kampf verbraucht, dessen Ende ich nicht absehe.

Ich brauche ungefähr 3 Monate, um meine Verträge mit meinem Verleger und den Zeitungen zu erfüllen und meine Angelegenheiten ein wenig in Ordnung zu bringen, denn *Quinola* bedeutet für mich eine Einbuße in meinen Einnahmen, denn seit zwei Monaten tue ich jetzt nichts anderes, und zwei Monate lang nichts anderes tun, heißt 10 000 Francs weniger haben, und wenn 10 000 Francs in meinen Geschäften fehlen, ist das so, als hätte ich mich mit 10 000 Francs verschuldet, denn ich kann sie nicht bezahlen.

Ich spreche gar nicht erst von meinem Wunsch, Sie zu sehen, dies gehört zu den Dingen, über die man gar nicht erst sprechen sollte, ich befehle mir selbst, überhaupt nicht daran zu denken! Es gibt etwas, was noch schrecklicher ist als diese Sehnsucht des Herzens, die Sie erwähnten, das ist ein gewisser Juckreiz (verzeihen Sie mir den Ausdruck), der gleichzeitig Herz, Blut, Hirn, Seele sowie die Füße befällt! Und der Liebe, Neugier, Drang, Hunger, Durst, Begehren, Lust umfaßt, eben alle Bereiche des seelischen und körperlichen Lebens. Ich weiß nicht, ob die zehn Jahre der Jugend, die uns mit Sicherheit noch bleiben, ausreichen werden, um diese andere Sehnsucht zu stillen. Heute kann ich Ihnen mein Geheimnis ja anvertrauen! Zwischen Madame B[ern]y und mir herrschte vor allem eine Verbindung von Mutter zu Sohn, sie liebte mich mit aller Zärtlichkeit, aber sie hat mir nie das gegeben, wonach die Liebe verlangt; sie war eine schöne Frau, außerordentlich anmutig, so hingebungsvoll, daß sie sich aus dem Fenster gestürzt hätte, wenn ich sie dazu aufgefordert hätte, aber es gab keine Gewißheit der Unzertrennlichkeit, keine Zuversicht, zusammen zu leben und zu sterben, tatsächlich mit Leib und Seele und auch durch das Gesetz vereint zu sein, um schließlich nur noch füreinander da zu sein. Einen völligen Zusammenhalt, Vollkommenheit, die von einem gemeinsamen Wollen herrührt, habe ich seit 1834 erhofft, und es war diese Hoffnung, die mich leben ließ. Sollte ich durch Zufall heiraten müssen, zöge ich es vor, wie ich Ihnen bereits geschrieben habe, das mönchische Leben von Kant, Calvin oder J.-J. [Rousseau] auf mich zu nehmen und die vitalen Regungen des Geistes zu befriedigen, wie ich es auch jetzt tue, aber indem ich sie in eine höhere Sphäre zum Allgemeinwohl der Menschheit erhöbe. Deshalb, geliebte Blume meines Lebens und meiner Seele, werde ich nicht ohne neue Ängste die Antwort auf diesen Brief erwarten, den ich mit A kennzeichne. Numerieren Sie die Ihrigen ebenfalls, und zwar mit römischen Zahlen, damit wir trotz der Entfernung wissen, ob sie aufeinander folgen und worauf wir Antwort erhalten.

Leben Sie wohl, ich werde mir ein Drama im Odéon ansehen, das vor meinem aufgeführt wird, *Cédric-le-Norwégien* von [Félix] Pyat. Gestern ist *Lorenzino* von Dumas durchgefallen, *La Chaîne* von Scribe war auch kein Erfolg. Es wäre sehr schön für mich, wenn ich den Erfolg der Saison hätte! Dafür tue ich alles. Davon hängt ja soviel ab! Leben Sie wohl, achten Sie auf Ihre Gesundheit, schreiben Sie mir mindestens zweimal im Monat. Sie haben mehr Zeit als ich, und ich habe Ihnen schon 5 Briefe geschrieben und Sie mir erst *zwei!...* Ist das etwa in Ordnung, Madame? Berichten Sie mir vor allem, was Ihnen widerfahren ist, und bedenken Sie, daß Sie, auch wenn Sie argen Kummer im Herzen tragen, immerzu Trost finden bei einer Seele, die ganz Ihnen gehört und die Ihnen hundertfach alles zurückgeben wird, was Sie verloren haben.

Ich flehe Sie an, bedenken Sie doch, Sie haben noch ein ganzes Leben vor sich. Tausend Herzensgrüße und tausend Blumen der Zärtlichkeit. Nur den Müßigen sagt man: *seid treu.* Die fleißigen Männer sind sowohl beständig als auch treu. *Una fides, unus dominus.*

---

1 Balzac markiert seinen Brief A, wie er es am Ende des Briefes erklärt. Er hält dieses System aufrecht bis zum 31. Mai 1843.
2 Berggipfel im Berner Oberland von 4158m Höhe.

[Passy, Montag,] 8. August [1842], 11 Uhr morgens

H H

Ich erhalte gerade in dieser Stunde Ihren lieben, anbetungswürdigen Brief (V) vom 8./20. Juli, und meine Antwort wird in 3 Stunden in Paris auf der Post sein. Ich habe zehn beschriebene Blätter verbrannt, auf denen nur mein Tagebuch und andere traurige Dinge standen, die Beschreibung der Beerdigung des Herzogs von Orléans, usw. Jetzt will ich aber nur auf Ihren Brief antworten. Teure Geliebte, wenn Sie wüßten, wie viele Tränen ich soeben vergoß und nicht zurückhalten konnte, als ich Ihr Verbot las, nach Petersburg zu kommen! Was für Hoffnungen da in ihrer Blüte zerbrochen wurden! Was für Seufzer, welch zerschlagenes Glück! Was hatte ich mir doch alles erträumt! Oh, nein! Sie werden davon nichts erfahren, *denn Sie haben recht.* Ich bin es, der ein Narr ist! Aber ich liebe Sie wie mein Leben und mit jedem Atemzug, und ich hatte so sehr in dieser Hoffnung gelebt und geatmet. Um die tiefe Wehmut zu besiegen, in die ich fallen werde, sobald ich Ihnen geschrieben habe, muß ich mich mit Arbeit eindecken! Es wird nichts anderes mehr geben! Was den herausgefallenen Stein angeht, sollten Sie nun wirklich keine Angst haben, aber Ihr Aberglaube hat mich amüsiert. Ich war genauso entsetzt, als ich einmal auf der Place Saint-Sulpice einen der Manschettenknöpfe verlor, die mir Madame de B[ern]y geschenkt hatte; aber das war 1822, und wir hatten immerhin neun Jahre ungetrübten Glücks. Sobald Sie in Petersburg sind, hinterlassen Sie Ihre Adresse bei der französischen Botschaft, ich werde Monsieur de Barante treffen, von dem ein Autogramm meinem Brief beigefügt ist, und er wird Ihnen bestimmt (falls er nach Paris kommt), er oder der

Außenminister, einen Ring zukommen lassen, den ich trage und auf dem *Ave* steht, Ihr Name *Eva* rückwärts gelesen. Er ist für meinen kleinen Finger gemacht und wird Ihnen wunderbar passen, es ist ein hübsches Schmuckstück, das gegen Anfang September bei Ihnen in Petersburg eintreffen wird.

Um Ihnen zu schreiben, habe ich einen Artikel beiseite gelegt, den man für die morgige Ausgabe einer neuen Zeitung erwartet; ich laufe Gefahr, meine Veröffentlichung verschieben zu müssen, aber Ihr Brief hat mich so heftig berührt, daß ich nichts anderes tun konnte.

Werden Sie nicht ungeduldig, wenn Sie den Ring nicht gleich bekommen, das bedeutet allein, daß ich nur wenige sichere und ungefährliche Möglichkeiten der Überbringung gefunden habe.

Was Sie mir über Ihre Geschäfte mitteilen, betrübt mich ebenso wie der Kummer Ihrer Tante. Obwohl mich Ihre Tante nicht mag und gegen mich ist, liebt sie doch Sie, und wer immer Sie liebt, ist für mich heilig, selbst wenn es einer meiner Feinde wäre.

Alles was Sie mir über Ihre Gefühle mitteilen, hat mir ebenso weh getan wie Ihnen, und nun bin ich auch in den Fängen dieser Schmerzen, denn mein ganzes Herz ist Ihnen vorbehalten. Zu meiner Schande muß ich gestehen, daß Ereignisse wie die Eisenbahn, wie der Tod des Herzogs von Orléans mich fast kalt lassen. Was bedeutet schon Sterben? Aber ein erhabenes, ein höheres Wesen im Kampf mit den Menschen und den Dingen zu wissen, alle Augenblicke verletzt, ach! ich spüre seinen Schmerz mit allen Poren. Ach, Liebste, was sagen Sie da, daß ich Unannehmlichkeiten gehabt hätte! Ich habe Katastrophen erlebt! Mein wahres Leben spielt sich zwischen zwei Gefühlen ab, ich habe keine anderen. Meine Zärtlichkeit eines Sohnes (die nun kein Ziel mehr hat) für Madame de B[ern]y und meine Liebe zu Ihnen. Das ist die Geschichte meiner Seele in zwei Worten. Außerdem wissen Sie ja gar nicht, was alles für Sie in meinem Herzen ist! All mein Tun, meine Entschlüsse, meine Gedanken erhalten erst durch Sie ihren Sinn, Sie sind ihr Ursprung, ihr geheimer Beweggrund, und für mich hätte nichts mehr Sinn, wenn Sie nicht mehr bei mir wären. Das Leben mit Ihnen, wie immer es auch sei, prunkvoll oder von schlichtester Einfachheit, wird für mich ein glückliches sein. Wäre ich allein, brächte ich den Rest meines Lebens in irgendeinem Winkel zu, mit zwölfhundert Francs Rente, die ich mir in einem Jahr zu verschaffen wüßte, ohne mich um irgend etwas auf der Welt zu scheren, nicht einmal darum, wieviel ich noch jemandem schulden könnte. So verkörpern Sie für mich, sogar noch mehr als Sie glauben, auch mein Gewissen. Sie können alles von mir verlangen, hier zu bleiben, selbst wenn Sie nur 6 Tagesreisen von mir entfernt sind, ich werde weinen, ich werde häufiger mit gesenktem als mit erhobenem Haupt umhergehen, aber ich werde hier bleiben. Falls Sie sich an den Roman *Indiana* erinnern, kann ich Ihnen sagen, daß ich Sie so liebe, wie Ralph liebte, oder besser, daß ich Sie liebe, wie ich eben zu lieben verstehe und wie es noch in keinem Buch stand; noch nicht einmal in den meinen, und was niemand auf der Welt je wissen wird, wenn Sie es nicht ahnen oder gar spüren, auch über die Entfernung hinweg, die uns trennt.

Sobald Abbé Jacottin nach Frankreich zurückkehrt, schicken Sie ihn zu mir, damit ich jemanden sehe, der Sie gesehen hat, damit ich ihn ausfragen und die Luft atmen kann, die er mitbringt. Falls er irgendein Werkzeug von Monsieur Gambey haben möchte, soll er mich nur fragen, und ich beschaffe es ihm, selbst wenn es ein

Quadrant wäre! Nein, doch nicht, denn es braucht Jahre, um ihn zu fertigen, und 50 000 Francs. Ich werde also Ihre Anordnungen erwarten, um Sie zu besuchen. Oh! Wenn Sie bloß diesen Winter nach Galizien kommen könnten oder nach Wien oder Berlin oder Dresden. Meine Liebe, sagen Sie mir nicht, daß Sie gebrochen seien, daß Ihr Herz erkaltet sei, Ihre Besonnenheit dahin, machen Sie mir nicht diesen schrecklichen Kummer, lassen Sie mich glauben, daß in der so tiefen und großen Zuneigung, die ich für Sie hege, ein heilsamer Trost liegt und daß das Glück Ihnen die Jugend zurückbringen wird, die Sie angeblich verloren haben. Ich fürchte vielmehr, Sie könnten entsetzt sein über die Veränderungen, die mein fortwährendes Arbeiten und das ständige Sitzen bei mir bewirkt haben. Ich habe mich in einen Taltischeff[1] verwandelt. Sie sollten lieber an die Sismondis denken! Wie glücklich sie waren! Der lächelnde Blick dieser engelsgleichen Frau auf dieses Arbeitstier, auf diesen Mann, der so geadelt war durch sein ununterbrochenes mühevolles Forschen, das ist das Eindrucksvollste und das Rührendste, was ich je auf der Welt erlebt habe, abgesehen von Ihrer lieben Stimme, Ihrer Eifersucht und Ihrer Zärtlichkeit.

Ich werde Ihnen also die 3 ersten Bände der *Menschlichen Komödie* nach Petersburg schicken, und all das, was ich an Büchern noch für Sie beilegen soll.

Ich werde mich ablenken, indem ich ein Schauspiel, *Richard-Coeur-d'Éponge,* für Frédérick [Lemaître] verfasse.

Ich habe von einer ziemlichen Niedertracht Victor Hugos mir gegenüber erfahren, und zwar aus sicherer Quelle, wie kann ein so großes Genie nur zu derartig niedriger Gesinnung fähig sein!

Oh, meine Liebe! Leben Sie wohl, denn ich will nicht

eine Minute verlieren, es ist Mittag, ich muß diesen Brief versiegeln und ins Zentrum von Paris bringen! Mit welchem Bangen Ihr Brief erwartet wurde, und welche Pein, auf die Hoffnung verzichten zu müssen, Sie zu sehen, Ihre innig geliebte Stimme zu hören, diese liebe kleine Hand zu spüren. Mein Leben hat etwas Provisorisches, und im Augenblick sind Sie der oberste Schiedsrichter über mein Schicksal. Vor 8 Tagen wollte ich aufbrechen, ohne Ihren Brief abzuwarten. Ich liebe Sie jedoch so sehr, daß ich mir, obwohl ich Tränen in meinen Augen aufsteigen spürte, sagte: - Ich habe gut daran getan, nicht zu reisen! Ich hätte sie verstimmt, ich hätte ihr geschadet. Man braucht soviel Umsicht in einer solchen Krise, sie ist weiser als ich, denn wer ein gutes Ende will, braucht die richtigen Mittel. Aber da es immer eine kindliche Seite an mir gibt, habe ich dabei geweint.

Das *Vorwort* zur *Menschlichen Komödie* ist beendet. Es hat mir einiges abverlangt; Sie werden das beim Lesen gar nicht merken.

Sie finden mich nicht ruhig genug? Den Ereignissen gegenüber nicht ergeben genug? Liebste, machen Sie mir doch nicht das Wenige, das mir an Jugend bleibt, zum Vorwurf; das hieße nämlich, sich über Ihr Eigentum beklagen, über den, der Ihnen gehört. Auch nach Jahren des Glücks werde ich noch immer anspruchsvoll sein, aber glauben Sie deshalb ja nicht, daß meine Zuneigung nicht tief sei. Eine Bindung, die von einer so starken Seelenverwandschaft, durch zehnjährige Bande und Gedanken geschaffen wurde? Schätzen Sie das nicht gering, denn es ist selten und wird durch Frauen wie Sie bewirkt und kommt nur einmal im Leben vor. Ich liebe Sie auf alle erdenklichen Arten, dies ist der richtige Ausdruck dafür, und Sie wären zu recht verstimmt, wenn Sie nicht so geliebt würden.

Leben Sie wohl, teures Leben und Seele meiner Seele, Seele meines Lebens; lassen Sie es sich wohl ergehen, machen Sie sich nicht zu viele Sorgen, tun Sie es mir nach, den nichts in Aufregung versetzen kann, außer wenn es von Ihnen kommt oder mit Ihnen zu tun hat. Letztlich soll ja Ihr Wille geschehen.

Die liebe Anna, ich möchte sie gern glücklich sehen, denn sie lindert doch so gut manche Ihrer Kümmernisse. Wie es mich ärgert, daß Sie *Ursule Mirouet* nicht erhalten haben und daß es noch so lange dauert, bis Sie das ganze literarische Werk Ihres Muschik kennen werden. Nun, tausend Zärtlichkeiten und alle Blumen meiner Seele, alle Liebkosungen meines Herzens. Schreiben Sie mir von jedem Ort, an den Sie sich begeben. Ein Brief! Wissen Sie denn nicht, daß jeder einer meiner Schätze ist.

[1] Gemeint ist Madame Hanskas Kammerdiener Tatischew. Vgl. dazu den Brief vom 7. Juni 1835.

*

[Passy, Donnerstag,] 25. August 1842

J J

Liebste, ich erhalte soeben Ihren letzten Brief (VI), in dem Sie mir Ihre Abreise nach Sankt Petersburg ankündigen. Sie tun gut daran. Gewinnen Sie Ihren Prozeß, das wäre noch besser. Ich möchte allerdings, daß Sie sich auf immer ins Herz meißeln, daß, sollten Sie den Prozeß verlieren, Sie Ihrem Freund noch teurer wären, wenn sich seine Zuneigung überhaupt noch steigern ließe, und daß Sie trotz Ihrer abwegigen Ideen über die Augustinerinnen *con vostro sposo di cuore* glücklich und vergöttert leben werden.

Ich möchte nicht, daß Sie den Ring ändern wegen einer Sache, die vielleicht nicht gut geht. Es gibt kein Datum, das man eingravieren könnte, außer *in aeternum*. Sie werden einen Ring haben, der meinem völlig gleicht, und darauf wird mein umgekehrtes *Ave* stehen: *Eva*.

Man wird Ihnen in Sankt Petersburg ein Paket, das aus den ersten 4 Bänden der *Grrrroßen menschlichen Komödie* und einem Kästchen mit dem Ring besteht, aushändigen. Es wird nur einem jungen Mann von der französischen Botschaft oder jemand Vertrauenswürdigem, einem Franzosen, überantwortet werden, ich wende mich deswegen ans Außenministerium.

Ich arbeite ungemein viel, um meine Schulden so weit wie möglich abzutragen. Arbeiten, das heißt Sie lieben. Wenn Sie wüßten, mit welch doppeltem Eifer ich arbeite, seit es für uns geschieht. Die Verleger wundern sich darüber, sie, die sich gemeinhin über nichts wundern.

Ich wünschte mir, daß Sie schnell zu einem Ergebnis kämen. Verloren oder gewonnen, sie hätten jedenfalls Ruhe vom Prozeß.

Oh! Liebes Dummchen! Wissen Sie denn nicht, daß man mit dem Alphabet 24 mal mehr Numerierungen erhält als mit Zahlen, denn das bedeutet 24 mal unendlich! In der königlichen Bibliothek zu Paris numeriert man A-1, B-1, C-1 usw. Man hat also die Zahlen vervierundzwanzigfacht. Somit sind Ihre Klagen über die Wahl meiner Numerierung widerlegt.

Was soll ich bloß zum Schluß Ihres lieben Briefes sagen; wenn ich mich unbedarft den Empfindungen meines Herzens hingebe, sagen Sie mir, daß ich wie ein Schüler liebe, wie ein Fünfzehnjähriger, und machen sich über mich lustig. Aber ach! Die Arbeit hat mich zu meiner großen Schande sehr kindlich bleiben lassen;

mein Herz ist anders als man angesichts meiner weißen Haare denken könnte. Ich bin genau derselbe wie in Neuchâtel, Genf und Wien; nur der Körper ist gealtert bei dieser gewaltigen, unaufhörlichen Arbeit, ohne Unterlaß, ohne Rast, ohne andere Freuden als jenen, die seit einigen Monaten wie Tau herabgefallen sind. Meine Liebe, seien Sie tausendfach gesegnet für die köstlichen Zeilen, in denen Sie mir so viel Mut machen, indem Sie mir die Geheimnisse Ihres engelsgleichen Herzens verraten.

Glauben Sie bloß nicht, daß ich die Zerstreuungen habe, die Sie mir zuschreiben, teurer Engel; ich lebe wie Sie in der Einsamkeit, sogar mehr noch als Sie denken; aber man muß es wohl sehen, um es zu glauben. Warum zählt eine Frau wie Sie nicht einfach die Arbeiten des ganzen Jahres zusammen, die Seiten, die ich schreibe, sondern wiederholt mir statt dessen dieselben Gemeinplätze? Das ist es, was mich so bestürzt. Wissen Sie denn nicht, daß es nichts Anspruchsvolleres gibt als die Pariser Gesellschaft, die einen mit Haut und Haaren verschlingt, daß es für einen Mann, der 16 Stunden täglich arbeitet, nur Einsamkeit gibt und daß ich nicht einmal Zeit habe, meine geschäftlichen Angelegenheiten zu erledigen. Sie befinden sich im seltsamsten Irrtum über mich, wenn Sie sich vorstellen, daß ein Mann wie ich *Freunde hat!...* Ich sehe meine Schwester keine 3 mal in 2 Monaten. Um alle 3 Monate einen 2bändigen Roman zu schreiben, muß man mit einer Geschwindigkeit schreiben, die Sie entsetzen würde; es gibt Leute, die allein 3 Monate für den *Entwurf* brauchen!... Ihr Brief fiel mir aus der Hand; ich bin ganz niedergeschlagen. Eine Träne steigt mir ins Auge! Und ich sage mir: von wem wird man eigentlich verstanden? (...)

Wenn Sie mir solche Dinge schreiben: *Sie haben ja*

Paris, Ihre Freunde usw., dann müssen Sie den Verstand verloren haben.

Nein, niemals waren zwei Seelen mehr miteinander verschmolzen, als es die unsrigen sind. Ich habe Sie zu meinem besseren *Ich* gemacht; deshalb berührt mich das, was Ihnen an Glück oder Unglück zustößt, weit mehr als die Geschehnisse in meinem eigenen Leben, und wenn ich noch immer arbeite, mich aufrecht halte und beharrlich bleibe, dann nur, weil *Sie* in mir sind und es mir vorkommt, als kümmere ich mich um jemand anderen und nicht um mich selbst. Deshalb versteht mich kein Mensch! Mein Leben ist nicht in mir. Sie haben ganz recht, sich in dieses Herz zu flüchten; es ist Ihr Reich, ein Reich voll himmlischer Blumen, die Sie darin angehäuft haben.

Nun, auf bald, denn was sind schon einige Monate.

Und glauben Sie vor allem nicht, daß eine *Moralpredigt* von Ihnen mir Kummer bereiten oder mich zur Verzweiflung bringen könnte. Sie wissen nicht, was Ihre Handschrift für mich bedeutet und alles, was Ihre lieben Gedanken wiedergibt. Ich möchte nicht, daß Sie sich falsche Vorstellungen machen!... Ich glaube, ich besitze genügend Größe, um nicht zuviel Vorsicht üben zu müssen. Ich schreibe Ihnen allerdings mit einer Hingabe, die mir derlei Befürchtungen in dieser Hinsicht einflößen könnte.

Tausend Zärtlichkeiten und tausend Liebkosungen der Seele.

Ich schreibe Ihnen erst wieder, wenn ich Ihre Adresse in Sankt Petersburg habe.

[Passy, Montag, 17. Oktober - Montag, 31. Oktober 1842]

17. [Oktober], abends

L

In meinem Wunsch, Ihnen sogleich Nachricht von mir zu geben, habe ich nicht darauf geachtet, Sie nicht mit meinen Sorgen zu behelligen, aber diese Sorgen in geschäftlichen Dingen, das sind meine Krankheiten! So will ich gleich wieder mit einem neuen Brief beginnen, um Sie auf dem laufenden zu halten, und sobald ich ein gutes Ergebnis habe, wird dieser Brief abgeschickt. Es versteht sich von selbst, daß meine Ève über die Vorkommnisse in ihrem Haus Bescheid weiß; ich habe Ihnen also noch einiges zu berichten. Aber *wenn ich Ihnen zunächst nicht alles sage*, dann, weil die Zeit und das Papier dazu nicht ausreichten. Wie soll ich Ihnen die Bosheit von Hugo schildern; man brauchte Bände! Er hat mich von einem dieser gewöhnlichen Kritiker, [Edouard] Thierry vom *Messager,* so schrecklich angreifen lassen, daß Durangel[1], der Sekretär von Monsieur Guizot, der an der Spitze des *Messager* steht, den Artikel abgelehnt hat und Thierry ihn woanders unterbringen mußte, und zwar in einer Zeitung, die Hugo ganz und gar ergeben ist. Das ist einfach abscheulich - nicht etwa, mich in einem Artikel zu verreißen, sondern eine Widmung wie die in den *Verlorenen Illusionen* anzunehmen[2], sich mir ganz zugetan zu zeigen und mich dann angreifen zu lassen! Das ist eines großen Dichters nicht würdig. Er ist ein großer Dichter, aber ein kleinmütiger Mensch. Von ihm kann man mit Fug und Recht behaupten: *Er ist ein großer Schriftsteller und ein jämmerlicher Intrigant.* Bei mir wird so etwas niemals vorkommen, nicht einmal meinen Feinden gegenüber.

Jawohl, meine Liebe, die Aussicht auf hoffnungsvollere Zeiten hat mir zu neuem Mut verholfen und bei jeder überwundenen Schwierigkeit sage ich mir: - Das geschieht für sie! Es ist schließlich etwas ganz anderes, für uns zu arbeiten, statt nur für mich allein. Ich bin einigermaßen stolz auf mein *una fides*, denn was immer man sagt und was immer geschehen sein mag, dieser Leitspruch besitzt tiefe Wahrheit für mich; er erklärt mein ganzes Leben seit 1832. Madame de B[ern]y war meine Mutter, und Gott hat mir einen schweren Schlag versetzt, als er sie mir genommen hat, denn wenn Sie wüßten, wie meine wirkliche Mutter ist! Ein Ungeheuer und eine Ungeheuerlichkeit zugleich! Derzeit ist sie dabei, *meine Schwester umzubringen*, nachdem sie schon meine arme Laurence und meine Großmutter zugrunde gerichtet hat.[3] Sie haßt mich aus mannigfachen Gründen, sie haßte mich bereits, ehe ich geboren war; aber um Sie Ihnen nur mit einem einzigen Zug zu schildern, hier das, was sie zuletzt gesagt hat. Sie weiß genau, was Gavault für mich bedeutet und sagte also: - *Ach! wenn ich Monsieur Gavault aufsuchte, könnte ich ihn in zwei Stunden gegen meinen Sohn aufbringen!* Wundern Sie sich also keineswegs, wenn Sie mich eines Tages zu meiner Ève sagen hören, sie solle meine Mutter lediglich einmal im Monat fünf Minuten lang ganz förmlich besuchen. Meine Mutter hat eine erschreckende Maske. Ich besuchte neulich meine Schwester, die sich in einer mißlichen Lage befindet, wegen eines dieser Frauenleiden, die es erfordern, sich in die Hände von Lisfranc[4] zu begeben, und die bei zartbesaiteten Gemütern oft von seelischen Nöten verursacht werden. Seit einem Jahr macht meine Mutter meiner Schwester mit grausamen, zu Herzen gehenden Szenen das Leben schwer. Ich hätte deshalb beinahe mit meiner Mutter gebrochen. Eigentlich wäre das angebracht. Aber ich leide lieber weiter. Diese Wunde kann durch nichts geheilt werden. Wir dachten erst, sie sei wahnsinnig. Wir konsultierten einen Arzt, der mit ihr seit 33 Jahren befreundet ist, und er sagte: - Sie ist leider nicht wahnsinnig! Sie ist bösartig!

1822 hat mir mein Vater gesagt, daß ich in meinem Leben keinen grausameren Feind als meine Mutter haben würde; Madame de B[ern]y hatte mir geraten, sie niemals aufzusuchen; meine Mutter hat sich zugrunde gerichtet, ohne jemals meine Ratschläge annehmen zu wollen, doch ich muß für ihr Brot sorgen, und solange ich es ihr nicht gesichert habe, kann ich nicht die Gesetze der Gesellschaft und der Natur abschütteln, obwohl sie alles mit Füßen getreten hat. In all meinem Unglück ist das am schlimmsten. Sie verzeiht uns ihre Fehler nicht. Man muß Sie schon sehr lieben, um Ihnen diese schrecklichen Vertraulichkeiten zu gestehen!...
Meine Mutter ist die Ursache all meines Übels, und selbst heute noch verleumdet sie mich, schmiedet Ränke gegen mich und verheiratet mich alle vierzehn Tage. Nein, sprechen wir nicht mehr davon.

Mein Mut jedoch, meine Liebe, wird niemals sinken, denn Sie wissen ja, wo er seinen Ursprung hat. Aufzugeben hieße, auf *una fides* zu verzichten. Diesen Winter werden Sie von den schönsten Werken reden hören, die ich je gemacht habe. Das letzte Wort in Ihrem Brief hat mir neue Kraft gegeben!...

1 Der Direktor des *Messager* unterhielt sehr gute Beziehungen zu Balzac.
2 Balzac hatte wohl gerade einen Beleg dieser Widmung an Hugo geschickt.
3 Unbestritten hat Balzacs Mutter sehr viel Härte gegenüber ihrer Tochter Laurence an den Tag gelegt, die schon mit 23 Jahren an Kummer und Erschöpfung verstarb. Auch zwischen Balzacs Mutter und ihrer

eigenen (also seiner Großmutter, Madame Sallambier, die mit 74 Jahren starb) soll es zu schweren Zerwürfnissen gekommen sein.
4 Jacques Lisfranc (1790-1847) pflegte ständig Balzacs Schwester Laure Surville, die an chronischer Gebärmutterentzündung litt.

[Dienstag,] 18. [Oktober]

Nichts Neues. Ich hatte Besprechungen, alles liegt in Scherben. Das Leben nutzt sich Zug um Zug in falschen Hoffnungen ab.

(...)

*

[Passy, Montag, 19. Dezember - Donnerstag, 22. Dezember 1842]

Paris, 19. Dezember

O

Meine Liebe, es gibt Augenblicke, in denen Entmutigung mein Herz beschleicht wie ein *Simoun* [1] und alles durcheinander wirbelt und schließlich alles zerstört, sogar die Hoffnung, die sich niederbeugt und unter den Trümmern einschläft; in diesen Momenten nehme ich die Miniatur und klammere mich an dem Ausdruck fest, den Daffinger Ihnen verliehen hat, wie ein Schiffbrüchiger, der zum Himmel aufschaut; aber heute morgen habe ich dieses himmlische Gesicht, diese Lebensfreude, diese sanfte Keckheit, diesen so anmutig betonten Mund, rot wie der schönste Granatapfel, diese Stirn, der ein genialer Geist innewohnt, und diese geliebte Haartracht, diese Reichtümer der Seele und diese Schätze der Liebe voll banger Zweifel betrachtet; dann habe ich den Brief IX zur Hand genommen und die letzten zehn Zeilen, die ich zum 5. Mal gelesen habe, ergossen sich wie Balsam über mein Haupt und über mein Herz, und ich wurde mit neuem Leben erfüllt: - Kämpfen, wie sie es tut! Geliebt zu werden, ist die größte Gabe, der sicherste Reichtum *(Senza brama, sicura ricchezza)*[2], mit diesem Gedanken kann man die Welt bewegen. Wenn Ihr Prozeß verlorengeht, nehme ich es auf mich, ihn zu gewinnen. Oh, meine liebe Ève, wenn Sie wüßten, welche Wonne für mich zehn Zeilen voll Zärtlichkeit bergen, würden Sie nicht derart damit geizen! Ich hätte mich ans Werk machen müssen und 4 Bände schreiben sollen und dies in kürzester Zeit. Soeben erhielt ich einen dringenden Brief von Gavault, aber ich bin eben erst genesen und habe entsetzliche Mühe, den Gang meiner Arbeit wieder aufzunehmen! Übrigens habe ich gestern zum ersten Mal gehört, wie ein Bewunderer Ihrer Schönheit und Ihres Geistes von Ihnen gesprochen hat. Gestern, am Sonntag, habe ich bei Charles Nodier zu Abend gegessen, der mir so für die Widmung des Romans *2 frères* dankte, (der ziemlich großen und ziemlich unerwarteten Erfolg hat). Nodier empfängt jeden Sonntag abend. Eine der Damen erklärt, daß sie mich anbetet, und Madame Nodier stellt mich ihr vor. - Mich anzubeten, ohne mich zu kennen, sage ich zu dieser Dame, ist so wenig kompromittierend, daß man es sogar zugeben kann, ohne daß es Folgen hätte.- Aber Monsieur? sagt da mein Tischnachbar zu mir: - Ich habe von einer Dame gehört, die Sie anbetete, nachdem sie Sie kennengelernt hatte! - In diesem Fall, Monsieur, erwidere ich ihm, war das zweifellos nicht gefährlich. - Sie lebt in der Ukraine! - Da sehen Sie es! sage ich lachend.- Es ist eine Nachbarin von mir, Madame Hanska! - Ach, das ist eine Dame, die auf Reisen kennenzulernen, ich die Ehre hatte, und eine der geistreichsten Frauen, die mir je begegnet ist. Ich frage diesen Herrn nach seinem Namen; er gibt mir seine Karte, es ist Monsieur Vincent de Meleniewski. Er berichtet mir zu meinem großen Erstaunen vom Tod Monsieur de

H[anskis] und fügt hinzu: - Sie ist nun eine junge Witwe.

Ich kann Ihnen gar nicht sagen, welche Freude dieser Ausspruch über Sie mir bereitet hat, denn für mich, Sie kennen mich ja, haben Sie kein Alter. Ich sagte zu diesem Fremden, der mit Monsieur de Julvécourt[3] gekommen war, daß die Verbindungen zwischen Ihrer Wüstenei und Paris so schlecht seien, daß ich von nichts wüßte, und er weiß wiederum nichts von Ihrem Prozeß. Wir haben den ganzen Abend lang über Literatur gesprochen, und ich habe Julvécourt sehr gründlich ausgefragt, *der das Glück hat, eine Russin aus Moskau geheiratet zu haben* und der mir sehr geraten hat, mich in Rußland zu verheiraten, wo ich, so sagt er, ein ungeheures Ansehen genieße.

Auf dem Rückweg vom Arsenal nach Passy stellte ich trübsinnige Betrachtungen an über die Hindernisse, die sich zwischen dem Glück und mir auftürmen, wobei ich jedoch erkannte, daß ich keine Zeit verloren habe. Eine Witwe, die sich nach nur einem Trauerjahr wieder verheiraten würde, gäbe damit eine früher getroffene Übereinkunft zu. Somit stünde es erst in sieben bis acht Monaten gut an. Deshalb bitte ich Gott um nichts anderes als um diese Gewißheit. Diese Gewißheit ließe mich alles ertragen. Ich dachte, daß ich mich im Lauf der Zeit durch meine Arbeit ganz verbrauchen würde und mein Idol nur noch als Gemälde sähe, mich mit ihm nur durch verzweifelte Anstrengungen über Magnetismus würde vereinigen können; denn es gibt Augenblicke, in denen die Erinnerung beinahe der Wirklichkeit gleichkommt. Abélard hat niemals Héloise stärker erträumt. Ich will alle Liebesgeschichten auf einmal erleben. Und dann bin ich aufgewacht, krank, zweifelnd, entnervt und kraftlos. Es ist drei Uhr nachmittags - seit 4 Stunden bin ich jetzt schon in den Trümmern meiner Hoffnungen versunken, und was ich am wohltuendsten dabei finde, ist, Ihnen diese fast körperliche Wehmut zu schildern; vielleicht rührt sie von meinen gestrigen Anstrengungen her, denn für 3 Stunden war ich in Genf, hörte die Stimme, roch das Parfum, sah die Augen, nun, ich hatte eine dieser Halluzinationen, die die Kräfte der Seele und des Körpers erschöpfen. Meine Schwester findet mich jung, aber sie weiß nicht, wie sehr ich es bin. Ich liebe mit noch mehr jugendlicher Glut als in Genf, als in Wien! Und nicht immer habe ich die Zeit, die Muße, mich meinen Betrachtungen hinzugeben, ich gäbe mich ihnen mit zu großer Wollust hin und fürchte mich deshalb vor diesem Vergnügen, weil ich spüre, daß ich mich dabei zugrunde richten würde. Ich dächte nur noch an Sie, und vorbei wäre es mit der Arbeit, der Ehre und dem Geld, das ich verdienen muß, denn meine Schulden sind Ehrenschulden. Oh, mein Leben, mein geliebtes Leben, Blume meiner Seele und meiner Tage, könnte ich für Sie das sein, was Sie für mich sind, wäre ich es zufrieden, ich wüßte es so gern und würde fortan weder Verzweiflung noch Hoffnung mehr kennen, ich würde schon im voraus ein glückliches Leben leben und hätte keine Sorgen mehr, selbst wenn sie sich vor mir auftürmten.

Tausend Zärtlichkeiten, Leben meiner Seele!

1 Der *Simoun*, vom Arabischen *samoûm*, ist ein heftiger, extrem heißer Wüstenwind.
2 Diesen Vers Dantes (ohne Furcht, sicherer Reichtum) aus dem *Paradies* in der *Göttlichen Komödie* zitiert Balzac in eigener Übersetzung in den *Memoiren zweier Jungvermählter*.
3 Paul de Julvécourt, Schriftsteller und Übersetzer von Puschkin.

Und kein Brief! Liebe, ich habe soeben gelesen, was ich Ihnen gestern geschrieben habe und schäme mich fast dafür. Warum sollte ich Ihnen Klagelieder schik-ken? Aber Sie bitten mich ja, Ihnen alles zu schreiben, was ich denke, als hätte ich die Zeit, mich in die richti-ge Verfassung zu bringen, wenn ich Ihnen schreibe. Leider ist dem nicht so, mein geliebter Engel! Ich habe Ihnen in den letzten fünf Jahren stets in Eile geschrie-ben, zwischen zwei Druckfahnen, ohne das Geschrie-bene vom Vorabend am nächsten Tag je wiederlesen zu können, wie ich es jetzt gerade getan habe, oder mei-nen Brief vor dem Aufgeben noch einmal ganz zu lesen. Auch ist alles, was Sie von mir erhalten haben, derart spontan, daß Sie sicherlich Wiederholungen bemerkt haben. Dabei gibt es eine, die Sie Ihr Leben lang hören werden. Ich habe nicht einmal die Zeit, an meinen Sät-zen zu feilen, und doch hat noch nie jemand besser in einer Seele gelesen, als Sie es beim Lesen meiner Briefe tun. Nur daß es seit langem und auch gegenwärtig noch einen Winkel in meiner Seele gibt, auf dem einen Schleier zu belassen, ich gezwungen bin, und Sie wis-sen auch warum. Sobald Sie Mittel und Wege gefunden haben, mir Gewißheit zu geben, werde ich Ihnen offe-nen Herzens schreiben, und Sie werden ein Herz erken-nen, das ganz Ihnen gehört, obwohl es im verborgenen bleiben muß. Dieser Zwang ist eines meiner größten Leiden. Ich kann meinen Gefühlen bei keiner Men-schenseele freien Lauf lassen, nicht einmal bei Ihnen. Manches Mal haben Sie mir Vorhaltungen gemacht, auf die ich, wie Sie wußten, nicht eingehen konnte. Viel-leicht ist der schreckliche Druck einer der tausend Gründe für diese Lebenskraft, die ich in mir für die Zu-kunft spüre; und dabei kommt es mir vor, als sei der

Rest meines Lebens zu kurz, als reiche die Zeit mir nicht mehr aus.

Hierin liegt einer der geheimen Gründe für die Melancholie, die gestern überhand nahm und die mich den Tag damit zubringen ließ, Ihre Briefe wiederzulesen und Daffinger zu studieren, der mir als der größte Maler der Welt erscheint. Dies ist einer jener Tage, denen sich *Felipe Hénarès*[1] so gern hingab, eine Kontemplation, die die ganze Vergangenheit, die ganze Zukunft umfaßt, wohingegen die Gegenwart nur den Boden kennt, auf dem unsere Füße zwischen zwei Unendlichkeiten stehen. Sie schreiben mir, an Eva zu denken wie an eine Freundin, die mir *ihr Leben* gegeben hat, ich aber denke an sie wie an die einzige Frau, die für mich auf der Welt existiert. Ach! Wenn Sie wüßten, was es für mich alles an Enttäuschungen in dem Herzen gab, in dem ich am meisten gefunden habe, dann wüßten Sie, was mir Eva bedeutet! Madame de B[ern]y hat mir innerhalb eines Tages alle Schläge zurückgegeben, die sie von diesem schrecklichen Korsen erhalten hatte, dem sie in ihrer Jugend gehörte.[2] Sie wissen ja nicht, was ich alles im Jahr 1833 mit mir nach Genf trug! Mein Gott! Wann wird für mich *das Leben* endlich anfangen. Ich habe bis zum heutigen Tag mehr gelitten als jeder andere. Ich hatte weder eine Mutter noch eine Kindheit. Meine Mutter hat mich 1827[3] zugrunde gerichtet, und von diesem Tag an habe ich bis zum heutigen ständig wie in einer Wüste gearbeitet; Gott hat mir nicht mehr als ein paar Tropfen Wasser gewährt, als er meinen Liebesdurst dreimal von einem Engel stillen ließ! Und Sie möchten doch nicht, daß ich nur durch die Erinnerung an diese Erscheinungen lebe! Auf jedes schlechte Erlebnis antwortete ich mit einem Namen, mit einer Hoffnung; selbst aus allen Niederlagen schöpfte ich noch Mut für die Zukunft.

Teure Gefährtin all meiner Katastrophen wie all meiner Freuden, teure Heilige in meinem Himmel, Schatz der Zukunft und Trost für alles Unglück der Gegenwart, überbrücken Sie in diesem Augenblick wie ich den Raum, um dieses Leben zu spüren, ·das Ihnen gehört!

1 In den *Memoiren zweier Jungvermählter.*
2 André Campi (1765-1819) war fünfzehn Jahre lang der Geliebte von Madame de Berny, der ein ausgesprochen rechtschaffener Republikaner war und eigentlich alles andere als *schrecklich.*
3 Es war allerdings eher Balzac selbst, der das Vermögen seiner Mutter in Gefahr gebracht hatte. Nach der Liquidierung seiner Druckerei und Setzerei im Jahr 1828 schuldete er ihr 50 000 Francs.

(...)

[Donnerstag,] 22. [Dezember]
Liebe, soeben erhalte ich Ihren Brief Nr. X, und ich eile, ihn zu beantworten, indem ich diesen hier beende. Sie sehen, ich schreibe Ihnen doppelt so oft wie Sie mir, und dabei bin ich von uns beiden derjenige, der am wenigsten Zeit hat. Lassen Sie sich nicht entmutigen! Das möchte ich Ihnen als erstes sagen. Aber Sie unterliegen manchem Irrtum hinsichtlich dessen, was ich schulde. Die Höhe der Schulden, die mir meine Mutter 1828 aufgebürdet hat, war größer als achtzigtausend Francs; und als ich Ihnen von 30 000 Francs sprach, war das nur der Anteil meiner Schulden in Form von befristeten Wechseln. Die *Chronique [de Paris]* hat mich um 60 000 Francs gebracht, und Werdet sowie andere Verleger haben mir 25 bis 30 000 abgenommen. Ich habe (mit Ausnahme von Les Jardies) niemals auch nur 500 Francs im Monat für mich ausgegeben. Soviel zu diesem Thema. Was das Spielen angeht, so ist alles, was man Ihnen darüber berichten mag, eine niederträchtige Verleumdung. Ich habe nur ein einziges Mal, nämlich

1836, einen Salon aufgesucht, als ich von Bénazet zum Essen eingeladen wurde, aber ich habe nicht gespielt. Was Gesellschaftsspiele angeht, nehme ich gelegentlich daran teil, und ich habe dabei nie verloren. Mein Gott! Was man nicht alles behauptet! Was Ihnen widerfährt, ist gar nichts gegen den Frevel, den man durch Haß und Neid gegen mich begeht. Wenn ich diesen Pariser Schmutz sehe, der noch bis dorthin aufspritzt, wo Sie leben, dann macht mich das für lange Zeit traurig.

Die Worte Nodiers über mich sind um so wahrer, als sie mir von Hugo und anderen wiederholt wurden. Sie täuschen sich in Nodier. Nodier ist in den Räumlichkeiten von Sully untergebracht, Nodier hat eine Stellung, die 6 000 Francs einbringt, 3 000 als Mitglied der Académie, 6 000 Francs für einen Beitrag zum *Dictionnaire* sowie eine Rente von 2 000 Francs als Schriftsteller; alles in allem 17 000 Francs, und dazu verdient er leicht 3 000 Francs im Jahr. Auf diese Weise hatte er bereits *eine gewisse Stellung*, als er sich um die Aufnahme in die Académie bemühte. Nodier spekuliert mit seiner Bibliothek; er hat sie zweimal verkauft, und zweimal wieder aufgebaut. Er hat jedoch seine Kinder und Enkel bei sich und somit seine kleinen Ausgaben und ist deshalb immer in Geldverlegenheit. Die Académie ist entsetzt über meine Verbindlichkeiten, die ich als beträchtlicher hinstelle als sie tatsächlich sind, ich habe innerhalb von 3 Jahren 100 000 Francs Schulden zurückgezahlt und zahle noch immer ab, ich lebe geradezu ärmlich, um so rasch wie möglich davon loszukommen. Ich habe 50 000 bis 60 000 Francs dringende Schulden und 120 000 Francs Schulden auf 3 Personen verteilt. Aber was ich besitze, hat ja genauso viel gekostet, so daß die Rechnung aufgeht; aber was ich habe, ist nicht genauso viel wert wie das, was ich schulde, denn was ich habe, ist nicht zu Geld zu machen, aber das, was ich schulde, ist einklagbar. Deshalb ist meine Lage durch Forderungen von Gläubigern untragbar geworden. Oft hatte ich Gläubiger, die meine wirtschaftlichen Pläne durchkreuzt haben, und ich hatte niemals den *Erfolg in Geldangelegenheiten*, den ich mit *Vautrin* und mit *Quinola* immer gesucht und herbeigewünscht habe.

Wenn ich den Prix Monthyon ganz allein gewinne und das Werk, das ich dafür schreiben werde, den Erfolg zeitigt, den ich anstrebe, werde ich in einer besseren Lage sein; aber ich glaube nicht daran; nie ist mir bislang irgend etwas gelungen. Mein Vermögen liegt in Belgien[1], und wenn das Glück mir hold ist, wissen Sie, was dann passiert: es treten garantiert Umstände ein, die es aufhalten. Aber ich habe mich erst in letzter Zeit so entmutigen lassen, und noch ein Brief von Ihnen bringt mich schnell zurück zur Hoffnung und zum Leben.

Ihre Rückzugspläne sind ganz natürlich für eine verletzte und erschöpfte Ève; aber Sie kennen das Pariser Treiben und das anregende Leben hier noch nicht. Wenn Sie darauf beharren, werden wir weit vom Zentrum entfernt logieren und mit niemand Umgang pflegen. Im übrigen wissen Sie sehr wohl, daß Ihr Wunsch mir Befehl ist. Niemand ist so geeignet für ein zurückgezogenes Leben wie ich. Ich bin schon seit langem darin eingetaucht. Die Abgeschiedenheit und ein öffentliches Leben passen gleichermaßen zu mir. Ich finde sowohl am Leben von Sismonde und Sismondi sowie an dem Lamartines Gefallen. Ich lechze nach Ruhe und nach unerschütterlichem Glück.

Was Sie mir über Lübeck sagen, gefällt mir über die Maßen, und wenn es möglich wäre, einen Ort in Deutschland zu entdecken, an dem man sich niederlassen könnte, ohne von diesem Aufsehen, das man zu meinem großen Leidwesen in der Öffentlichkeit erregt, verfolgt zu werden, würde ich gern dort in 3 oder 4 ruhigen Monaten *Les Frères de la consolation* schreiben. Ich muß bis zum 1. März oder 15. April ohne Unterbrechung arbeiten. Folglich wird der schöne Monat Mai eine Zeit sein, die meiner Zerstreuung vorbehalten ist. Alles was Sie mir über Anna berichten, beunruhigt mich!

Es fällt mir schwer, meine Arbeit wiederaufzunehmen. Gestern habe ich den berühmten Zahnarzt Brewster aufgesucht, und es gilt, einen Entschluß bezüglich meiner Zähne zu fassen, 3 müssen mir gezogen werden und 2 plombiert. Das ist schrecklich, mir wird ganz heiß und kalt, wenn ich nur daran denke. Angesichts der Zahnzange bin ich feige, und jetzt bin ich schon seit 3 Tagen hintereinander durch meinen Mund beeinträchtigt, ich zittere so sehr, daß ich nicht mehr weiß, bei wem oder was Mut zu erbitten, ich werde mir einfach vorstellen, daß Sie mich ansehen. Das ist im Moment das Hauptereignis.

Wie kommt es bloß, daß Sie nicht wissen, wie sehr alles, was ich plane, *Ihnen* untergeordnet ist. Lassen Sie mich wenigstens einige Augenblicke lang meine Hoffnung in Wirklichkeit verwandeln; aber Sie wüßten nichts von meinem Herzen, wenn Sie dächten, daß ich was auch immer für Reisen plane, ohne es Ihnen zu sagen. Es gibt nur eine Sache, die ich auf mich nähme. Und zwar, wenn Ihr Prozeß *gänzlich verloren* wäre, ihn für Sie zu gewinnen. Denn das geht auch mich etwas an, und ein Erfolg würde mein Eingreifen rechtfertigen; aber wenn ich es mir in den Kopf setzen sollte, dieses Ergebnis zu erreichen, dürfte dies nur ohne Risiko für Sie und für mich geschehen. Ich habe in meinem Leben auf dem Gebiet der Diplomatie schon schwierigere Dinge erledigt.

Ich habe kein dünnes Papier mehr und deshalb dieses Blatt genommen, ich beeile mich, diesen Brief zur Post zu bringen und lasse eine Seite weiß und ohne Unterschrift, denn es ist halb zwei Uhr, und ich bin in Passy; Brewster erwartet mich um 3 Uhr, und es dauert eine Stunde bis nach Paris, und ich muß mich auch noch ankleiden. Morgen werde ich in einem anderen Brief fortfahren und sende Ihnen hier die zärtlichsten Gedanken und all meine Kümmernisse, aber auch meine Hoffnungen und die süßesten Dinge, die in meinem Herzen sind.

Das geliebte Siegel hat mein Herz schneller schlagen lassen. Ich hatte so etwas wie eine Vorahnung! Glaube ich doch bei jedem Brief, daß alles vorbei ist. Jedesmal, wenn ich bei meiner Rückkehr aus Paris einen Brief vorfinde, schwebe ich zwischen Hoffen und Bangen. Wissen Sie, was es bedeutet, wenn man alles allein auf seinen Schultern tragen muß? In seiner Seele! Um diese 4 Monate zu überleben, konnte ich nichts anderes tun, als mir unmenschliche Arbeit aufzubürden, über der ich verrückt werden könnte; seit einem Jahr läßt mich mein Namengedächtnis immer mehr im Stich, so aufgewühlt bin ich.

Geben Sie auf Ihre Gesundheit acht, überanstrengen Sie sich nicht. Wie Sie es mir (vielleicht zu oft für meine Intelligenz, der Sie mißtrauen) gesagt haben: ich verlasse mich auf Ihre Klugheit und Ihre Gewandtheit. Und ich sage Ihnen: vertrauen Sie auf meine ewige und unerschütterliche Zuneigung.

---

1 Die Nachdrucke in Belgien, die große Verbreitung im Ausland fanden, haben Balzac ohne Zweifel um erhebliche Autoreneinkünfte gebracht. Es war das Schicksal aller großen Romanciers jener Zeit.

1843

1843 ist das große Jahr des Wiedersehens. Nach acht Jahren der Trennung besucht Balzac Ève Hanska, die das ganze Jahr in Sankt Petersburg verbringt und sich von Franz Liszt den Hof machen läßt. Balzac schickt siebzehn Briefsendungen vor seiner Abreise im Juli aus Paris, verbringt zwei Monate in Sankt Petersburg und schreibt neun weitere nach seiner Rückkehr im November.

Es entstehen weniger literarische Werke als im vorhergehenden Jahr. Den ganzen Monat Juni arbeitet Balzac noch in einer Druckerei in Lagny, um die Fertigstellung von *Esther* (später der erste Teil von *Glanz und Elend der Kurtisanen*) und *David Séchard* (später *Die Leiden des Erfinders*) zu überwachen und zu beschleunigen.

Die Rückreise aus Rußland unternimmt Balzac in der Postkutsche über Riga und Tilsit nach Berlin. In der preußischen Hauptstadt wird er vom französischen Botschafter eingeladen. Er besucht Leipzig und Dresden. Bei einem längeren Umweg den Rhein entlang und nach Belgien befindet sich Balzac wohl in Begleitung von Madame de Brugnol. Nach seiner Rückkunft erkrankt Balzac an einer Hirnhautentzündung, längere Zeit ist er sehr erschöpft und arbeitet wenig. Sein Arzt und Freund Nacquart kümmert sich um ihn.

10. Januar

Q

Soeben empfange ich Ihren Brief, mein Liebes, in dem Sie sich Sorgen um meine Gesundheit machen, die zerstreut werden können, denn es sind zwei Briefe von mir unterwegs; ich hätte Ihnen gern so geschrieben, daß Sie an Ihrem 1. Januar, der, glaube ich, unserem 13. Januar entspricht, einen Brief von mir erhalten hätten[1]; aber außer, daß ich sicher bin, daß unseren Herzen derselbe Wunsch innewohnt und daß wir keine Briefe brauchen, um uns in derselben Hoffnung zu vereinen, stecke ich im Moment in einer Arbeit, die mir keinen Augenblick Ruhe gestattet noch eine Sekunde, um an etwas anderes zu denken als an das, was ich tue. *Der Abgeordnete von Arcis* (den bis zum 1. März zu schreiben, ich mich verpflichtet habe) umfaßt 4 Bände und *hundert* Personen, und Sie können sich vorstellen, daß dieses Unterfangen geistige Regsamkeit erfordert, ich bin mitten im Schreiben. Wundern Sie sich also nicht, wenn ich Ihnen ein wenig seltsam vorkomme. Es ist keine Kleinigkeit, ein interessantes Buch über die Wahlen zu machen. Und bei meinem ersten Versuch, haben Sie sich mir gegenüber, *cara diva,* ziemlich abschätzig geäußert: - *Albert Savarus* ist ein Männerbuch. Neben dieser gewaltigen Arbeit habe ich noch den Schluß der *Verlorenen Illusionen* auf dem Hals, die Rückkehr nach Angoulême, die *Eva und David* betitelt ist, und

539

ich habe den Zeitungen *Novellen* versprochen, ohne diese außergewöhnlichen Arbeiten zu berücksichtigen; aber seien Sie beruhigt, das Herz ist lebendig, es ist nur allzu lebendig. Wenn Sie wüßten, wie leicht mir diese Arbeiten, die jeden anderen umbrächten, von der Hand gehen, wenn ich mich geliebt fühle, dann wüßten Sie, wie sehr Sie vergöttert werden. Ihre ungeduldige Sorge hätte gleich zerstreut werden müssen, als ich Ihren lieben Brief las, der es mich bedauern ließ, Ihnen gegenüber diese leichte Erkrankung überhaupt erwähnt zu haben, die meinem Arzt die Gelegenheit gab, mich wieder neu herzustellen, wie er es nannte.

Indessen, meine Liebe, habe ich nicht mehr diesen Überfluß an literarischen Einfällen, der mich nie lange nach einem Thema suchen ließ, es nutzt sich eben alles ab; ich sehe es ja: der Körper und der Geist. Und dann durchdringt tiefe Traurigkeit mein Herz. Um nichts auf der Welt möchte ich Ève einen erschöpften Körper und einen erschöpften Geist zumuten, denn das Herz ist nur zu jung und nur allzu gut erhalten unter der vielen Arbeit.

1 Balzac irrt, er läßt den Brief P aus.

[Donnerstag,] 12. [Januar]

Sie erwähnen ein ausgestelltes Porträt von mir, es war der Versuch, ein Porträt zu haben, das als Gravur der *Menschlichen Komödie* vorangestellt werden sollte, aber es ist nicht gelungen. Es wurde lediglich der äußerliche Mensch getroffen, das Tier, ohne alle Poesie, und obwohl er es schlecht fand, wollte der Künstler es ausstellen. Es war für meine Schwester bestimmt[1], die es nicht wollte, denn schon seit langem soll Meissonnier mich porträtieren. Aber ich habe keine Zeit, ihm Modell zu stehen. Man hat Sie nicht belogen, ich bin aus Mangel an Bewegung sehr dick geworden, aber in letzter Zeit, nachdem ich etwas abgenommen hatte, weil ich das Brot einschränkte und mir viel Bewegung verschaffte, habe ich festgestellt, daß das Abnehmen nicht plötzlich geschehen sollte, und ich werde im Winter wieder zunehmen, wenn es wegen des *Drecks von Paris*, von dem man sich keine Vorstellung macht, unmöglich ist, zu Fuß zu gehen. Ich werde mir im Frühjahr in Deutschland Bewegung verschaffen. Zur Zeit geht es mir, abgesehen von Zahnschmerzen, ganz ausgezeichnet! Ich muß mir zwei Zähne ziehen lassen, und was das betrifft, fehlt mir jede Entschlußkraft. Jetzt bin ich schon zweimal vergeblich bei Brewster gewesen; wenn Sie jedoch mit mir kämen, wäre es schnell erledigt.

1 Der Maler Gérard Séguin hatte auf dem Salon von 1842 das Bild *Porträt von M. de B.* ausgestellt, und Balzac dachte daran, eine Lithographie davon anfertigen zu lassen, um es der *Comédie* als Frontispiz voranzustellen. Dieses Bild gehörte zum Besitz der *Contessa* (Visconti).

[Dienstag,] 17. [Januar]

Ich bin überhäuft mit Druckfahnen und Verpflichtungen. Ich mußte zu einer Abendgesellschaft bei Madame de Girardin gehen. Gesellschaftliches Leben und Arbeit sind nicht miteinander zu vereinbaren. Zudem finde ich an nichts Gefallen; ich brauche die Arbeit und die literarischen Schöpfungen, um Herr meiner selbst zu sein, Sie können sich gar nicht vorstellen, wie stumpfsinnig ich werde, sobald ich mir selbst überlassen bin oder besser uns selbst. Ich verliere mich in Vermutungen, ich verfasse Gedichte, ich sehe uns, ich denke nur noch an das eine, und alles, was nicht zu meinem

Traum gehört, erfüllt mich mit Ekel, ist mir unerträglich! Das Dasein hat für mich nur noch eine Form. Wenn ich nicht müde von der Arbeit und schläfrig zu Bett gehe, bin ich verloren; denn der Augenblick, wo man sich vor dem Einschlafen Auge in Auge mit sich selbst und den unermeßlichen Gefilden des Möglichen befindet, ist für mich derzeit verhängnisvoll. Ich weiß nicht, wie man ihn überwinden soll, wenn man wahrhaft liebt, also mit Herz, Körper und Geist. Es gibt drei Arten zu lieben, und wenn sie von derselben Frau inspiriert werden, so ist das eine Tyrannei, für die ein ganzes Leben kaum ausreicht. Ich weiß nicht, wie man die Hindernisse, die Entfernung, die tausend Schranken, die sich zwischen uns und dem Glück auftun, ertragen soll. Sie werden sich vermutlich niemals die Lage eines Mannes ausmalen können, der ebenso viel Phantasie wie Herz besitzt und endlich ein mögliches verspätetes Glück (ein 10 Jahre lang ersehntes Glück) findet. Liebe, alles erwacht nun zum Leben! Alles, was der Zweifel niedergeschlagen hatte, erhebt sich mit Macht, und man könnte verrückt werden. Mein Gott! Ich weiß nicht, ob mir die Vorsehung ruhige und heitere Tage für meinen Lebensabend vorherbestimmt hat, zum Ausgleich für das Leid einer freudlosen Kindheit und für 15 Jahre erfolgloser Arbeit, die die materielle Sicherheit mir abverlangte; aber was auch immer mir die Hoffnung darauf zerstören sollte, brächte mich um, soweit man eine starke Natur wie die meine überhaupt umbringen kann. Ich würde in einem Winkel vor mich hin vegetieren. Sie wissen ja nicht, lieber Engel, daß man, um hundert Dukaten zu bekommen, eine Novelle wie *Honorine erfinden* und schreiben muß, die ich innerhalb von 3 Tagen verfaßt habe und die Sie lesen werden. Ist es nicht Wahnsinn, sich vorzustellen, daß, nachdem ich 15 Jahre lang unaufhörlich aus derselben Quelle geschöpft habe, ich noch 15 weitere Jahre ungestraft daraus werde schöpfen können! Wenn das, was mir noch zu tun bleibt, nicht schon erfunden wäre, würde ich es jetzt gar nicht mehr erfinden! Und dabei ist *Honorine* seltsamerweise besser als *Die Botschaft* und *Die Verlassene* und alles andere, was ich in dieser Art geschaffen habe, ein Urteil, das Sie ohne Zweifel teilen werden. Sie werden es ja lesen. Ich brauche bis zum Monatsende noch weitere hundert Dukaten, und jetzt suche ich schon seit 5 Tagen, ohne fündig zu werden, brauchte ich doch noch eine *Novelle* dieser Größenordnung. Leben Sie wohl für heute. Ich habe die letzten Druckfahnen der *Monographie der la presse* hier liegen, eine große Arbeit über die *Pariser Presse*, von der ich Ihnen erzählt habe und die wohl überlegt sein will, denn es ist eine Schmähschrift gegen die tyrannischste und dümmste Macht, die sich jemals in unserem armen Land herausbilden konnte. Ich hoffe, heute nacht zu finden, wonach ich suche, indem ich zwei Augen und einen Mund betrachte.

[Freitag,] 20. Januar

Diese schreckliche Notwendigkeit, Geld zu verdienen, denn man muß leben und stets 500 Francs im Monat mit seinem Tintenfaß und seinem Verstand auftreiben, was mich dazu verdammt, immerzu etwas zu erschaffen; dieser Zwang, der mich soeben innerhalb von 3 Tagen vom 25. bis 28. Dezember, *Honorine* schreiben ließ, wird mich auch noch in den kommenden 3 Tagen *Le Dernier amour*[1] schreiben lassen. Sie können sich nicht vorstellen, wie sehr mich dieser Zwang demütigt! Ich schreibe diese Dinge, während ich die 4 Bände des *Abgeordneten von Arcis* weiterfüh-

re, wo 100 Personen vorkommen. Ich muß die Druckfahnen von *Honorine* noch einmal lesen sowie die der
Menschlichen Komödie. Ich muß *Madame de la Chanterie* machen, die das *Familienmuseum* (eine Episode
aus den *Frères de la consolation*) mir abverlangt. Und
ich habe die Korrektur meiner *Monographie de la presse parisienne* auf dem Hals... Nun? Was sagen Sie dazu?
Eines Tages ging ich mit Madame de Girardin zu Monsieur Dupotet, den Magnetiseur in der Rue du Bac. Aus
Neugierde gab ich meine Hand seiner berühmtesten
Wahrsagerin, die, nachdem sie sie auf ihren Bauch gelegt hatte, entsetzt losließ: - Was ist denn das für ein
Kopf! sagte sie. *Das ist ja eine ganze Welt,* das macht
mir *Angst.*

Sie hatte nicht auf die Herzlinie geblickt, sie war, sagte sie, vom Kopf ganz geblendet; aber seit ich existiere,
wird mein Leben jedoch vom Herzen beherrscht, und
dies ist ein Geheimnis, das ich sorgfältig hüte; ich habe
auch Sie, die Vielgeliebte und Einziggeliebte, nicht alles
sehen lassen. Seit mein Herz fühlen kann, war ich nur
von einem Wunsch beherrscht, und zwar von dem, einem ebenso heftigen Gefühl zu begegnen wie dem, das
ich in meiner Seele verspüre; das ist mein Lebenstraum,
und ich kann mir die süßen Freuden einer gegenseiti-
gen Hingabe, das Ausmaß eines geheimen Genusses, einer vollkommenen Übereinstimmung sehr gut vorstellen, ich habe mir das so oft poetisch ausgeschmückt,
daß ich meine Phantasien besser für mich behalte. Für
mich liegen so viele Seligkeiten in der einen Seligkeit!
Wenn Sie wüßten, wie lange ich schon davon träume,
wie stark der Widerschein ist, den sie in meiner Seele
hervorrufen. Sie werden sich das erst vorstellen können, nachdem Sie lange Zeit mit mir gelebt haben. Der
Duft Ihres Papiers, der sich trotz der Entfernung nicht

vollständig verflüchtigt, fesselt mich ganze Stunden lang, er ist ein mit Erinnerungen beladener Nachen, der mich in weite Ferne führt! Es gibt Kleinigkeiten, Dinge, an die Sie gar nicht mehr denken werden, die mich halbe Nächte lang wach halten, wenn ich vergeblich nach einem Stoff suche; ich sehe den Pfad von Diodati wieder oder die Kieselsteine der mittleren Allee im Garten von Haus Mirabaud, wo wir spazierengingen, oder höre eine bestimmte Betonung und spüre einen bestimmten fast kindlichen Händedruck beim Betrachten der Radierungen. Und manch andere Dinge, die mich erblassen lassen. Wie alles andere in meinem Leben verblaßt, wenn diese Erinnerungen aufsteigen. Ich habe alles auf Ihr schönes Haupt und in Ihr Herz gelegt, denn es gibt nur eine Liebe im Leben. Die Männer haben und sollen auch Zerstreuung haben; aber die Liebe, die alles befriedigt, die Eitelkeit, die Lust, den Stolz, die häusliches Glück schenkt und die Seele im Gleichgewicht hält, diese Liebe, die der Stoff des Lebens ist, die gibt es nur einmal. Da ich nie eine Mutter hatte, hat Madame de B[ern]y an mir Mutterstelle vertreten. Und es bedurfte einer engen Bindung ihrerseits, um diese Mutterrolle auszufüllen! Aber sie war 46 Jahre alt und ich 22! 1833 war sie 57. Das sagt doch alles. Sie hat mich jung und rein erhalten; das ist schon viel. Aber die Liebe, dieses Verströmen von dreifacher Kraft des Herzens, des Geistes und des Körpers, dieser vollständige Austausch von Leben, dieser vollkommene Zusammenhalt bis in den letzten Winkel des Herzens, diese göttliche Bewunderung des einen für den anderen, dieser Kult der Schönheit, diese unendliche Freude an den geringsten Dingen, diese Befriedigung, die man sich durch eine glückliche Wahl verschafft, und die in der Eifersucht des anderen ihren Niederschlag findet, all das habe ich in Ève gefunden. Und noch mehr! Um nichts auf der Welt möchte ich, daß die Dinge anders seien, als sie es sind oder waren, denn (unter zwei Freunden, die sich seit zehn Jahren kennen, kann man sich die Gedanken, die in den hintersten Falten des Herzens und des Bewußtseins verborgen sind, doch gestehen) es gibt sehr weitreichende persönliche Fragen, die das Glück betreffen; man kann an Seele und Geist übereinstimmen und sich trotzdem nicht lieben. Aber es gibt kein einziges Verlangen der Liebe und des Gefühls, das Ève in mir nicht entfachte. Deshalb sind die Bestrebungen nach diesem Glück im Gleichklang mit all meinen Vorstellungen. Wenn ich mich nach Ruhe sehne im Hinblick auf ein Vermögen, so ist das eine Folge meiner dargelegten Hoffnungen. Es käme mich teuer zu stehen, wenn ich in meinem Glück beunruhigt wäre. Sie können sich meine Ungeduld, Sie zu sehen, gar nicht vorstellen. Glauben Sie bloß nicht, daß ich mich nie den Notwendigkeiten gebeugt hätte, von denen Sie sprachen. Nichts von all dem, was ich besitze, hat den notwendigen Betrag für eine Reise ergeben. Und das ist das Hindernis. Hätte ich 6 000 Francs auftreiben können, hätte ich mein kostbares Idol schon längst wiedergesehen. Dies steckt hinter meiner schrecklichen Umtriebigkeit, denn bis Mai muß ich 6 000 Francs beschafft haben, damit ich meine Geschäfte hier zurücklassen kann, ohne daß sie unter meiner Abwesenheit litten, denn meine Geschäfte sind wie Ihre Geschäfte unsere Geschäfte! Wenn Ihr Herz klug ist, wie muß es dann beim Anblick dieser Werke klopfen, die Schlag auf Schlag aufeinanderfolgen als Ergebnis des Tatendrangs eines jungen Mannes! - Ich liebe zu sehr, es wird mir noch ein Unglück zustoßen - ist ein Spruch, den ich oft vor mich hin sage. Es gibt Stunden, die ausgefüllt sind von Ihnen, die mir wie ein Abgrund vorkommen; ich gehe erschöpft daraus hervor.

Seit mehr als einem Jahr lebe ich jetzt schon mit einer Idee, die dazu angetan ist, einem den Kopf zu verdrehen, nämlich mit der Aussicht auf ein unverhofftes Glück. Mein Gott, ich bin schon soweit, daß ich die Aufregung des ersten Wiedersehens für mein Herz fürchte, ich meine, im körperlichen Sinn. Ich mußte lachen, als Sie von den Veränderungen sprachen, die sich angeblich seit Wien bei der Dame zugetragen haben... Oh! Fürchten Sie nichts. Sie können gar nicht verändert aussehen, selbst wenn Sie sich verändert haben sollten.

Leben Sie für heute wohl. Ich schreibe Ihnen erst wieder, wenn ich diesen Brief zur Post gebracht habe, es heißt arbeiten; ich bin nicht Herr meiner Zeit, denn auch in der Arbeit gibt es noch Sie, und Gott allein weiß, ob ich im Mai irgendwo anders sein möchte als unterwegs! Um das besser verständlich zu machen, was ich Ihnen soeben schrieb, als ich mich vor Ihnen zu einer dieser Träumereien hinreißen ließ, in denen ich des öfteren versinke, will ich Ihnen abschließend sagen, daß für die meisten Frauen der Unterschied zwischen Hugo und Walewski[2] nicht spürbar und nur äußerlicher Natur ist; aber ich glaube mit Gewißheit daran, daß Sie eine Dichterseele haben, eine Intelligenz, die es Ihnen erlaubt, in diesem Punkt über anderen Frauen zu stehen und diesen Unterschied gebührend zu würdigen. Außer der unwiderstehlichen Zuneigung, gibt es auch die gewählte Zuneigung, und ich kann nicht umhin, daran zu denken, daß wir durch diese beiden so leicht zu tragenden Ketten vereint sind, ohne die man nicht leben kann.

Leben Sie wohl für heute, teure Blume meines Lebens, teurer angebeteter Engel. Oh! Wie glücklich fühle ich mich, sobald ich wie jetzt ein wenig mein armes Herz in das Ihre ausgeschüttet habe.

1 Nicht realisiertes Projekt.
2 Alexander Colonna Walewski, natürlicher Sohn Napoleons und der Gräfin Maria Walewska, ein künftiger Minister unter Napoleon III.

[Samstag,] 21. [Januar], morgens

Eine wichtige Angelegenheit steht mir bevor, ebenso wichtig wie Ihr Prozeß, der es vielleicht sogar erfordern wird, daß ich, trotz der strengen Jahreszeit ganz unvermittelt nach Sankt Petersburg aufbrechen werde. Dies entscheidet sich in den nächsten 14 Tagen, und die Abreise erfolgt dann sehr plötzlich, denn ich werde versuchen, entweder mit einem Eilkurier oder mit der Post zu reisen, so daß ich, glaube ich, ebenso rasch wie mein Brief eintreffen werde. Aber bis dahin werden Sie Ihren Prozeß entweder gewonnen oder verloren haben, und so sehe ich nichts, was diese Reise verhindern könnte. Es ist mir unmöglich, Ihnen schriftlich mitzuteilen, worum es geht; aber es muß sich schon um eine besondere Angelegenheit handeln, wenn ich bereit bin, deshalb meine Arbeit zu verlassen. Alles kann fehlschlagen, das hängt nicht von mir ab; sondern von anderen. Ich verhehle Ihnen nicht, daß diese Reise einen leicht fröstelnden und erkälteten Menschen wie mich in Angst versetzt; aber ich werde Vorsichtsmaßnahmen treffen. So wundern Sie sich also nicht, wenn Sie erfahren, daß ich in Ihrer Hauptstadt bin, doch es kann genauso gut sein, daß Sie durch den nächsten Brief erfahren, daß alles fehlgeschlagen ist. Man braucht mindestens 10 000 Francs, um diese Reise zu unternehmen, und es wäre möglich, daß diese Auslage alles verzögert und meine Hoffnungen zunichte macht. Ich bin ganz aufgewühlt von dieser Neuigkeit, die von einem Moment zum anderen meine Pläne verändert hat. In 8 Tagen, das heißt am 29., also am 29. werde ich Ihnen schreiben, um Ihnen zu sagen, ob die Reise stattfindet oder nicht und wie es mir nach diesem Brief geht oder ob ich mein arbeitsames Leben hier weiterführe.

Leben Sie wohl, meine innig Geliebte; tausend und abertausend Zärtlichkeiten. Regen Sie sich vor allem nicht auf und glauben Sie an meine Vorsicht wie an meine immerwährende Zuneigung.

*

[Passy, Sonntag, 22. - Donnerstag, 26. Januar 1843]

Passy - 22. Januar

R

Im Moment erhalte ich die Nr. 12, meine innig Geliebte, und obwohl ich erst gestern den Brief Q zur Post gebracht habe, kann ich dem Vergnügen nicht widerstehen, mein ganzes Glück zum Ausdruck zu bringen; alles was ich beim Anblick der Skizze empfand, denn das ist mehr als Glück. Eines Tages sagte Suzette: ein Franzose ist im Hôtel de l'Arc! und mir, mir sagte mein Herz: das ist sie! Sorgen Sie sich nicht, ob der Maler wahrheitsgetreu war; denn ich bin sicher, Sie sehen noch besser aus. Ich finde, meine liebe Ève ist noch schöner geworden. Sie werden lachen! Oh, Liebe, lachen Sie nicht! Ihr jugendliches, fast kindliches Aussehen hat sich erhalten. Sie tragen Ihr Haar also mit Bändern geschmückt. Er hat das Ohr zu groß gemacht. Wir sehen beide nicht so alt aus, wie wir sind.

Liebste, freuen Sie sich? Sie werden bald den Brief Q empfangen. Ich berichte Ihnen darin von meiner Sitzung bei Dupotet! Und Sie erwähnen in Ihrem letzten Brief ebenfalls Dupotet... Ist das nicht außergewöhnlich. Sie haben recht, lassen Sie sich durch niemanden beeinflußen. Man ist dann nicht mehr man *selbst*.

Leben Sie ohne Sorge; regen Sie sich nicht auf weder über Versailles[1] noch wegen der Zukunft! Versailles ist seit langem und auf immer verrufen: Undank und Leichtlebigkeit, das ist die Geschichte von Versailles. Ludwig XIV. hatte einen Narren an Versailles gefressen, aber es ist ein kalter und herzloser Ort. *Nichts an Versailles*, wenn man dort promeniert, erscheint einem poetisch. Sie wissen ja nicht, was Sie tun, wenn Sie mir davon sprechen.

Vernet will Sie also porträtieren ! Vernet wird nie ein großer Maler sein, er hat alles, er ist Kolorist, er kann zeichnen, er kann komponieren, er hat eine geschickte Hand, er trifft bisweilen den richtigen Ausdruck; aber er *versteht* es nicht, diese Qualitäten in seinen Werken auf höchstem Niveau zusammenzuführen. Er ist ein guter Handwerker, das ist alles, er hat kein Genie, was er übrigens selbst spürt. Er hat seine Tochter seinem Kollegen Delaroche zur Frau gegeben. Louis Boulanger, Delacroix, Ingres, Decamps und Jules Dupré, das sind die wahren Künstler für Staffeleigemälde, Landschaften und große Formate. Die anderen, die mehr von sich reden machen und mehr Talent haben als die berühmten Schüler der Schule Davids, reichen nicht an die von mir genannten heran. Horace Vernet würde Sie trotzdem gut *abbilden*. Daffinger hat Sie übrigens ja auch gut getroffen.

Wenn Sie mich lieben, sprechen Sie mir nicht mehr von Versailles, ich gehe nur noch aus Höflichkeit dorthin, das ist alles; aber erwähnen Sie es nicht mehr, wie man bei einem stolzen Kind, wie übrigens auch Lord Byron eines war, nie von einem Fehler sprechen darf. *Das ist eines der Unglücke meines Lebens.* Doch genug davon.

Ich habe gestern meinen Brief damit beendet, von der Möglichkeit meiner Reise zu sprechen. Sie wird so rasch vonstatten gehen, daß, wenn ich Ihnen schreibe: ich breche auf, Suzette Ihnen am Tag, nachdem Sie den Brief erhalten haben, sagen wird: dieser Brief (einer aus Petersburg) ist von einem Franzosen, der sich dort und dort aufhält. Meiner Meinung nach hat man in der Angelegenheit, die mich dorthin führt, bereits viel Zeit verloren. Zerbrechen Sie sich nicht den Kopf. Es ist ein wichtiges Geschäft, das, wenn es mir denn glückt, vielen Sorgen ein Ende bereitet. Zunächst denen meiner Schwester und dann den meinen; denn es geht nicht nur um mich. Ich rechne damit, daß Ihr Prozeß bis Februar entweder gewonnen oder verloren sein wird und ich Ihnen in beiden Fällen gelegen komme. Habe ich Ihnen nicht gesagt: sollten Sie verlieren, werde ich es auf mich nehmen, für Sie zu gewinnen.

Ich weigere mich nur, die Angelegenheit, die mich dorthin führen würde, zu übernehmen, wenn ich dabei unüberwindbare Schwierigkeiten sehe, und meiner Ansicht nach wird es ziemlich große geben. Ich will vor allem nicht, daß man meine Fähigkeiten oder meine Redlichkeit in Zweifel zieht, denn es wäre wirklich zuviel, mit einem Schlag *tausend Dukaten*, die die Reise zu dieser Jahreszeit kostet, meine Gesundheit und alles andere aufs Spiel zu setzen.

Wenn die Angelegenheit sich entscheidet, werde ich am 15. Februar aufbrechen und am 1. März wird Ihnen ein leicht gealtertes Exemplar Ihres Freundes aus Genf unter die Augen treten. Wir treffen uns immer nur im Winter. Ich brauche zwei Wochen, um den *Abgeordneten von Arcis* mehr recht als schlecht zu machen; aber er wird geschrieben, und das Honorar wird für diese Reise anstatt für meine Schulden verwendet werden!

Ich danke Ihnen für die Beschreibung der kaiserlichen Familie. Ich habe, ohne den Kaiser von Rußland jemals gesehen zu haben, viel Wertschätzung für ihn - 1. weil er der einzige Souverän im wahrsten Sinn des Wortes ist, das heißt Herrscher von eigenen Gnaden, und das deckt sich mit meinen politischen Anschauungen, deren Quintessenz sich so ausdrücken läßt: eine starke Macht in der Hand eines Einzelnen; 2. weil er die Macht so ausübt, wie sie nun einmal ausgeübt werden muß; 3. weil er im Grunde sehr freundlich zu den Franzosen ist, die seine Stadt besuchen wollen. Auch wenn der Kaiser noch 50 Jahre lang leben sollte, was ich ihm wünsche, wäre ich deshalb keineswegs abgeneigt, Russe zu werden[2], ich wäre lieber russischer als sonst irgendein Untertan: die Engländer sind mir verhaßt, ich verabscheue die Österreicher; die Italiener taugen nichts. Andererseits bin ich aber sicher, hier von der Académie oder der einen oder anderen Kammer meiner Wahl aufgenommen zu werden! Und nur in Paris herrscht diese Atmosphäre, die man sonst nirgendwo findet, eine Atmosphäre voller Ideen, voller Amusement, voller Geist, durchtränkt von Vergnügen und Spaß, und auch eine Größe, eine Unabhängigkeit, die die Seele erhebt. Hier bereiten sich große Dinge vor, hier werden sie Ereignis.

Wenn Sie wüßten, wieviel Arbeit ich mir für diese Nacht eingeteilt hatte[3], die ich jetzt damit verbringe, mit Ihnen zu plaudern, *mein Weib würde mich schelten,* obgleich sie glücklich wäre, über das, was man unsinnigerweise *Opfer* nennt. Ich *opfere* Ihnen einen Tausendfrancsschein, den ich für 16 Seiten dieser Größe mit dem Titel: *Voyage de découverte exécuté dans la rue Richelieu* bekomme, für eines dieser stupiden Werke in der Art von *La Vie privée des animaux* , die sich allein wegen der Illustrationen in einer Auflage von 25 000 Stück verkaufen und für die ich *Les Peines de cœur d'une chatte anglaise* geschrieben habe, eine der bezauberndsten Possen, die jener Feder entstammen, die eigentlich nur dazu da sein sollte, Ihnen nicht so sehr die Gedanken, sondern vielmehr die Gefühle desjenigen, der sie führt, zum Ausdruck zu bringen. Das Opfer besteht darin, auf den besagten Schein zu verzichten, den ich so nötig habe. Ich muß außerdem die Druckfahnen von H*onorine*, einer Novelle, korrigieren. Und was für einer Novelle. Das wird sicher eine Novelle für die Frauen.

Aber ja! Die Skizze von Ihnen ist angekommen; sie wird mit den Augen verschlungen, sie wird angebetet, als wäre sie... *Reden wir nicht über Politik,* sagen die Maler.

Wäre ich kein *Frrranzose!,* dann wäre ich gern Russe und führe nach Sankt Petersburg, um den Kaiser zu sehen, der sich ziemlich wenig um einen armen Schmierfinken wie mich schert; dort wäre ich erst jemand nach dem großen politischen Werk, an dem ich beständig arbeite und worin, so hoffe ich, aufgezeigt wird, daß die Monarchie die beste Form der Machtausübung von allen ist. Der Haß gegen das, was man *konstitutionelle Regierung* nennt, was die Regierung von Dummköpfen ist, die Vergötterung des Dummen, ja, der Triumph der Dummheit hat mir dabei die Feder geführt! Aber wann werde ich fahren? Vielleicht in 14 Tagen? Ich finde, er [der Zar] müßte sich Ihres Prozesses annehmen, hat nicht ein erhabener Verstand wie der Ihre mir in Genf über ihn gesagt: - Wohin gingen wir ohne ihn? Selbst Gott könnte nicht mehr erwarten.

Meine Liebe, ich schicke Ihnen Brief R und habe selbst erst Nummer 12 von Ihnen erhalten, ich schreibe doppelt soviel, aber ich habe ja auch doppelt soviel Grund zu lieben wie Sie, denn Sie sind so viel reizender und so

viel liebenswürdiger als dieser arme Eunuch aus dem Se-
rail, der dem einfältigen Sultan, also der Öffentlichkeit,
alle 14 Tage, eine neue oder wenigstens nach der neuesten Mode gekleidete Sklavin liefert und dabei nur Mühe
und kein Vergnügen hat. Aber wenigstens gibt es in meinem Herzen wie in dem Ihren, - denn ich greife Ihre ge-
schätzte Metapher auf,- eine duftende, kostbare und
ganz neue Blume in den lebhaftesten Farben, die uns allein gehört und von der niemand weiß, die von den süßesten Tränen benetzt und von der strahlendsten Sonne
liebkost wird, nämlich von der Hoffnung (was auch immer Sie dazu sagen), und deren Wurzeln bis ins tiefste
Sein hinunterreichen und das reinste Blut trinken, sich
im Hirn einnisten und mein Leben bis zum letzten Moment erblühen lassen werden. David[4], bei dem ich für
mein Medaillonbild Modell saß, ehe die Büste an der Reihe ist, sagte mir kürzlich: - Sie sehen aus wie 30! Ich werde bald 44. - Madame David machte eine Bewegung auf
ihrer Ottomane: - Durch welche Gunst? fragte sie. - Ach,
antwortete ich ihr, das ist mein Geheimnis. Dieses Geheimnis sind Sie, vergötterter Engel, Sie wissen das, dieses Geheimnis ist die Liebe einer Ève, für die man auf
immer jung bleiben möchte, deren Ruhm und Stolz man
sein möchte; für die man auf ewig wie eine vollkommene Blume sein möchte, der man mit zwei Worten sein
ganzes Dasein übereignet: ich liebe!

1 Die *contessa* (Visconti-Guidoboni)
2 Diese Bewunderung für den Zaren sowie die Absichtserklärung,
   russischer Staatsbürger werden zu wollen, taucht in späteren Briefen immer wieder auf.
3 Balzac hatte die Eigenart, die Arbeit sich in der Weise einzuteilen,
   daß er sie auf das von der Redaktion gewünschte Format schon vor-
   ab zurechtschnitt.
4 Die Nachwelt verdankt dem Maler David (d'Angers) zwei Medail-
   lonbilder von Balzac.

Ich konnte gestern nicht nach Paris fahren, um den Brief aufzugeben; so wird er erst heute abgeschickt. Wie soll ich nur dem Vergnügen widerstehen, noch 2 Seiten lang mit Ihnen zu plaudern! Ich habe inzwischen ausgesprochen viel gearbeitet; ich habe 24 Blatt des *Abgeordneten von Arcis* gemacht; das sind 4 Fortsetzungen für *La Presse*. Vorgestern ist die erste Lieferung der *Monographie de la presse parisienne* erschienen; aber sie ist ungeschickt illustriert. Ihre *Revue étrangère* wird das zweifellos übernehmen. Souverain läßt in 3 Tagen *Eine dunkle Begebenheit* erscheinen, die seit zwei Jahren gedruckt und seit anderthalb Jahren im ungesetzlichen Nachdruck vorhanden ist. Und er muß noch die Erläuterungen zu *Katharina von Medici* herausbringen. Ich verstehe diesen Souverain einfach nicht!

Ich habe gerade noch einmal angeordnet, daß man die 4 von der *[Menschlichen]Komödie* erschienenen Bände prächtig einbinden möge, denn ich muß sie Madame [de] Rostchild [sic] offerieren, vielleicht brauche ich bald einen Kreditbrief!... Und im übrigen will ich diesen majestätischen Juden nichts schulden.

Ich lebe schon seit 24 Stunden vom Wohlgeruch Ihrer Briefe. Ich habe ein wenig Koketterie in *Honorine* gelegt und Ihnen nichts davon gesagt; ich möchte nämlich, daß Sie es unvoreingenommen lesen! Der Kaffee, den ich in übermäßigen Mengen zu mir nehme, hat mir grauenvolle Magenschmerzen eingebracht; aber es ist mir unmöglich, ohne Kaffee zu arbeiten.

Madame de Castries, die endlich Herzogin geworden ist, lädt mich für Donnerstag zum Diner. Schon wieder so ein berüchtigtes Versailles.[1] Ich werde hingehen, denn ich bin höflich wie ein Chinese und amüsiere mich dabei, sie Kunststücke machen zu lassen, wie es

Baucher mit seinem *Partisan* getan hat.[2] Ah! Wenn Sie wüßten, wie häßlich sie ist. Ich frage mich, wie das in Aix geschehen konnte?... Ich habe sie stets gemieden, seit man Ihnen damals hinterbrachte, daß ich verheiratet sei, nur weil sie sich als Madame de Balzac ausgegeben hatte.[3] Am Dienstag diniere ich bei Monsieur de Margonne, meinem Gastgeber in Saché, dem ich die *Dunkle Begebenheit* gewidmet habe. Ich hasse es, in der Stadt zu speisen, Gesellschaft ist mir unerträglich. Man empfindet es als Strapaze, ein moralisches Korsett anzulegen, wenn man sonst im Schlafrock lebt.

Mir Ihr Profil zu übersenden, ist ganz gewiß eine Koketterie, liebe Angebetete, denn man könnte meinen, ein junges Mädchen zu sehen; aber ich sehe darin noch etwas Heiligeres, das mich zu Tränen rührt, nämlich den Beweis für Ihre holde Zuneigung, die durch dieses Schenken wiedergeboren zu werden scheint, und mein Herz hat Ihnen mit jeder Faser, mit all seinen Empfindungen geantwortet. Ich habe darin die wahlverwandte Seele wiedererkannt, das erkorene Geschöpf, alles was es an Gutem und Schönem für mich gibt, oder wie Swedenborg sagt, die angeborene Anmut des Hauses, das ich *das schöne Ich* des Menschen zu nennen mir erlaube. Je mehr ich aus der Betrachtung der Skizze Leben und Hoffnung schöpfte, desto mehr entwarf ich die Aussicht auf eine wolkenlose Existenz, auf ein Einvernehmen zu jeder Stunde und eine von beiden Seiten empfundene Bindung. Wenn ich das Recht hätte, mir etwas zu wünschen, (was nur den Reichen vorbehalten ist), dann würde ich gern die Flitterwochen in Diodati verbringen, vielleicht sogar meinen ständigen Wohnsitz dorthin verlegen. Sie wissen ja nicht, welche Leidenschaft ich für diesen Ort empfinde, für die Umgebung, für alles, was mit meinem größten Schatz verbunden ist, meinen täglichen Erinnerungen! Seien Sie hunderttausendmal gesegnet für dieses kostbare Geschenk, es bedeutet mir mehr als alle Schätze, denn es hat mir in diesem Augenblick die Kraft und die Freude am Leben zurückgegeben. Es liegt mir so viel an der Gewißheit geliebt zu werden, zu lieben, zu lieben, wie ich liebe, mit einer Stärke, deren Tiefe sich erst mit der Zeit enthüllt. Ich sah in diesem Profil etwas an Liebreiz und Sanftmut, an Güte, an Ruhe und an Zuneigung, das es mich zärtlich lieben läßt. Es kommt mir vor, als habe ich dieses Lamm aus Sanftheit und zugleich Festigkeit für immer erworben, und mitunter erscheint mir mein Glück so groß, daß ich Angst habe zu sterben, ehe ich es ganz ausgekostet habe. Sie haben wirklich viele Vorzüge, und wenn ich an die Mißgeschicke des gänzlich unschuldigen Lord Byron denke, macht mich das schaudern; aber Lady Byron war keine richtige Frau; Sie aber sind wie eine Pariserin, ohne deren Leichtlebigkeit zu besitzen; Ihre Stirn ist auf dieser Zeichnung weniger großartig als auf der von Daffinger. In der tiefen Ausgeglichenheit meines Charakters steckt ein Unterpfand des Glücks, das dem heißblütigen Byron fehlte, und sein schrecklicher Blaustrumpf von Frau war ein Ungeheuer an Scheinheiligkeit. Wenn man bedenkt, was die Verleumdung aus dem größten Dichter Englands gemacht hat, wundert einen nichts mehr; auch ich wundere mich längst über nichts mehr, was mir, dem armen Prosaschreiber, widerfährt, der all seine poetischen Dichtungen für Sie in seinem Herzen aufbewahrt.

Ach! Sie sind nur in Frisur und Ausstrahlung in gewisser Weise G[eorge] Sand ähnlich, denn Sie sind sehr viel schöner; obwohl Sie beinahe deren beunruhigende Charakterstärke besitzen, *cara diva*! *Man* bewundert

Sie jedenfalls, wenn man Sie so zeichnet. Das ist wie ein Dolchstich in mein Herz gedrungen und läßt mich bedauern, daß Sie nicht mehr in Wierzchownia sind. Oh! Sagen Sie mir, wiederholen Sie es mir, haben Sie keine Scheu, es noch einmal zu sagen, daß wir in einer gemeinsamen Hoffnung leben oder, wenn Sie so wollen, auch *Furcht*. Mit welchem Vergnügen habe ich in Ihrem Brief Gedanken gelesen, die sich auch in dem meinen finden, der gerade mit der Post unterwegs ist und in dem ich Ihnen die Niedergeschlagenheit schilderte, die meine Arbeiten in meinem Herzen hervorrufen! Ja, wenn der Verstand nicht mit seinem ganzen Gewicht wirkte, wenn die Not, die mich zwingt, meinen Schreibutensilien *alles* abzuverlangen, nicht mit ganzer Härte auf meinem Herzen lastete, ich weiß nicht, was dann gewesen wäre, denn Sie ahnen ja nichts von all dem; Sie wissen nicht, welche Bande ich seit zehn Jahren zwischen Ève und mir geflochten habe. Ich habe mein Herz nicht zweimal sprechen lassen. Sie haben aus der Ferne oft meine Absichten verkannt, mein heftiges Streben nach Glück (oh, Undankbare!). Sie wissen nicht, wie oft ich glaubte, Sie hätten nun erraten, daß es mir - in meiner heiklen Lage - nicht zustand, Ihnen auch nur ein Wort davon zu sagen! Aber schließlich bleibt mir und auch Ihnen noch genug Zeit zum Leben, zu einem schönen Leben, um in jedem Augenblick eine Zuneigung, die sich in Blicken, im Klang der Stimme, in Gesten, in einer Übereinstimmung der Seelen ausgedrückt, zu erfahren, wie sehr Sie geliebt werden! Wie ich Ihnen bereits sagte, gibt es drei sehr verschiedene Arten von Liebe, und das so seltene Phänomen der Vereinigung dieser drei schönen menschlichen Regungen, wenn nicht gar eine der drei göttlicher Herkunft ist, trifft auf Sie zu; ich habe lediglich eine Befürchtung, und zwar, daß Sie sich in mir über irgend etwas getäuscht haben könnten. Ich wäre gern sicher, daß ich für Sie das bin, was Sie für mich sind. An Verlangen hat es mir auf keinen Fall gefehlt; aber alles muß von Ihnen ausgehen. Ich habe ein Lebensalter erreicht, in dem eine zehn Jahre lange Bindung sich nicht wiederholen läßt. Bedenken Sie ferner, daß ich über die Vereinigung zweier Wesen so ernsthafte und bestimmte Ansichten habe, daß auch das reichste und bezauberndste junge Mädchen der Welt von 18 Jahren, das mich wollte (wenn es Sie nicht gäbe), mich nicht hätte bewegen können. Oh! Sismondi und seine Frau, das ist mein Ideal! Ich möchte keine Frau, die nur von der Bewunderung zu mir getrieben wird, wenn nicht auch die Prüfung meines Herzens und meines Charakters ihre Vorahnung bestätigt. Sie haben mir einmal mit etwas sehr weh getan, heute kann ich es Ihnen endlich sagen. Das war Ihr ungestümes Benehmen eines Abends in Wien, erinnern Sie sich daran? Jeder gewöhnliche Mann wäre entzückt gewesen von einer Eifersucht, deren Stärke ein Beweis der Zuneigung war. Für mich ist jedoch seit 3 Jahren, jedesmal wenn ich darüber nachsinne, stets derselbe Kummer damit verbunden: sie weiß also nicht, wie sehr sie geliebt wird, wie himmelhoch sie über der Erde schwebt. Sie weiß also nicht, daß ich mein Herz nicht verdächtigt sehen will. Die Sinne können trotz des feierlichsten Versprechens ins Wanken geraten, das Herz jedoch nie. Es gibt letztlich keine Einwände gegen eine Vereinigung auf immer! Mein Gott, wie schwatzhaft ich bin! Aber schließlich gibt es ja nur Sie in meinem Leben!

1 Eine der Verirrungen im Gefühlsleben Balzacs durch eine unbewußte Verwechslung der *duchesse* (de Castries) mit der *contessa* (Visconti).

2 Anspielung auf ein dressiertes Pferd und seinen Reiter.

3 Während des Aufenthalts von Balzac und Madame de Castries im
September 1832 in Aix-les-Bains ließ sie sich als Madame de Balzac
ausgeben. Dies mag der Hanska, bevor sie Balzac kennenlernte, berichtet worden sein.

(...)

*

[Passy, Dienstag, 25. April - Donnerstag, 4. Mai 1843] 25. April

Z

Mein teurer geliebter Engel, ich habe eine neue Feder
genommen, um sogenannte neue Romane zu schreiben, als gäbe es überhaupt irgend etwas Neues auf Erden, und ich weihe sie ein mit einem freundlichen
Guten Tag an Sie. Tausend Zärtlichkeiten für meine Ève.
Ich werde mich um den Ring kümmern, denn ich habe
nur noch einen Monat Zeit dazu. Ein Hyazinth zwischen
zwei kleinen Smaragden. Lassen Sie mich nur machen.
Es ist mir doch ein großes Vergnügen, genau wie in den
Chronicles of the Canongate [von Walter Scott], wo
der Mann seinem Wohltäter eine Tabakdose schenkt
und sagt: - Dieses Gold wurde Körnchen für Körnchen
gewonnen, und in jedem Körnchen liegt ein Gedanke
voll Dankbarkeit. Später einmal, meine Liebe, werde
ich Ihnen prachtvollere Dinge schenken können; aber
keines wird so wertvoll sein. Wenn Sie wüßten, was für
ein Vergnügen es ist, für Sie in Paris herumzulaufen!
Wenn Sie nur wüßten! Wenn ich wie gestern ausgehe,
um einen Brief aufzugeben, wiege ich keine Unze! Und
wenn ich sehe, wie man das Kuvert stempelt, das Sie,
so glaube ich, durch die Erfindungsgabe von Ludwig XI.
und der Universität von Paris in 12 Tagen erhalten werden, starre ich den Beamten sprachlos an. Ihr letzter
Brief war nicht parfümiert! Was spielt sich da in unse-

rem Verhältnis ab? Von jetzt an, geliebte Freundin, werden ich Ihnen jeden Morgen ein paar Zeilen schreiben. Auch auf die Gefahr hin, Sie zu langweilen. Ich möchte gern, daß wir einander um Verzeihung bitten für das übermäßige Glück, das wir einander schenken. Ach so, meine Liebe, Sie haben also einen alten Verehrer, warum spannen Sie ihn nicht für Ihren Prozeß ein, warum sucht dieser gerissene Gauner, der seine diplomatischen Spielregeln auswendig kennt, nicht Ihre Richter auf? Sie stehen vor einem Prozeß, er ist scharfsinnig, er weiß, wie man Menschen beeinflußt, und da bleibt er bei seinen chinesischen Vasen und seinen Kuriositäten, deren seltsamste er selber ist? Er müßte mit beiden Händen und seiner ganzen Intelligenz Ihre Richter bearbeiten, um so mehr als er Vogt ist.

Sagen Sie mir, warum wir beide die zuletzt übersandte Profilzeichnung am liebsten mögen? Sie können sich gar nicht vorstellen, wie glücklich mich diese kleine Zeichnung macht! Welch bezaubernde Unbefangenheit ich darin finde! Ich spreche deshalb davon, weil man zunächst viele Dinge in einem Werk sucht, und seit gestern habe ich dieses Profil ohne Unterlaß betrachtet. Ich habe Angst, blödsinnig zu werden, wenn ich Sie wiedersehe (…) Ich bitte Sie schon im voraus um Verzeihung, entschuldigen Sie, ich werde ziemlich töricht sein und mich bemühen, mich ab sofort an die Vorstellung zu gewöhnen, Sie zu sehen. Wenn diese Vorstellung Gestalt annimmt, schlägt mein Herz mit einer Heftigkeit, die mich beunruhigt. Mein Großvater fiel in Ohnmacht, als meine so gute Großmutter zu ihm sagte, daß sie ihn zum Ehemann nehmen wolle; ich habe Angst, von seinem Schlag zu sein.

Leben Sie wohl für heute, innig Geliebte. Ich schreibe Ihnen, Blume meiner Seele, jeden Morgen zwischen sieben und acht Uhr. So daß, wenn Sie um diese Stunde aufstehen, Sie mit Gewißheit sagen können, er denkt an mich! Er denkt oft an mich; aber zu dieser Stunde schreibt er seine Gedanken nieder; es liegt nicht alles im Geschriebenen, denn was sind schon Worte? Können sie es mit einem Blick aufnehmen? Mit einem Erguß der Seele! Auf morgen, Geliebte.

(...)

[Montag,] 1. Mai

Gestern hat Gavault sein Mündel besucht. Er ist so gütig; er ist immer derselbe! Wir haben uns über meine Geschäfte unterhalten. Er ist fürchterlich besorgt, ich könne nach derartigen Anstrengungen erschöpft sein und krank werden. Denn, meine Liebe, ich habe beinahe Gewißheit, daß ich, nachdem ich 250 000 Francs schuldete, im Monat Juni nur noch 150 000 schulden werde. Und von Oktober bis Mai werde ich dann frei über meine Feder verfügen und so 100 000 Francs verdienen können. Ich werde die 3 Honorare, die ich für meine Werke erhalte, zusammenlegen! 1. das der Zeitung; 2. das des Verlags; 3. das für *Die menschliche Komödie*, und da für einen Roman etwa 10 000 gezahlt werden, und ich mich zu ungefähr 10 für *Die menschliche Komödie* verpflichtet habe, die alle bereits angefangen sind, wird mir das hunderttausend Francs einbringen.

Die menschliche Komödie ist (dank Rußland, wo es eine rege Abnahme gibt) ein gutes Geschäft geworden. Die Nachfrage steigt. Die Zahl von 1 800 Exemplaren ist bereits erreicht. Wenn man 2 000 überschreiten könnte, wäre das großartig. Meine Verleger haben nicht für 2 Sous Anzeigen aufgegeben. Das Werk verkauft sich aus eigener Kraft, und das ist für mich ein großer Triumph. Wenn sie Anzeigen aufgäben und der Verkauf auf 6 000 Exemplare stiege, würde *Die menschliche Komödie* allein meine Schulden abtragen; und wenn sie dann bezahlt wären, hätte ich in diesem Fall sogar noch um die hunderttausend Francs übrig. Ah! Ah! Madame de B[alza]c?...

Ich hätte eine Ruhepause von 5 Monaten dringend nötig. *David Séchard, Les Amours d'un vieux banquier,* [1]*Madame de la Chanterie,* sowie *La Femme d'un savant* (um meine Verpflichtungen *La Presse* gegenüber zu erfüllen), alle diese 5 Werke im Mai zu schreiben, wird mich niederstrecken. Ich werde halbtot aufbrechen.

Dies hier, mein angebeteter Engel, wird zweifellos der letzte Brief sein, den ich Ihnen schreibe, denn während dieser schrecklichen Arbeit kann ich nicht auch nur eine Stunde etwas anderes schreiben als die 250 Blatt dieser 5 Werke[2], ohne meine Abreise in Frage zu stellen. Bedenken Sie, daß ich darüber hinaus noch 60 Bogen, 2 Bände der *Menschlichen Komödie* zu korrigieren habe! Einige unerläßliche geschäftliche Erledigungen nicht mitgerechnet. Dies wird nach *César Birotteau* ein weiterer Schritt zum Grab!

Schreiben Sie mir auf folgendes eine kurze Antwort: SOLL ICH IHNEN DIE MANUSKRIPTE, DIE IHNEN GEHÖREN UND EINE RICHTIGE BIBLIOTHEK AUSMACHEN, IN EINER KISTE MITBRINGEN? Das ist wichtig zu wissen. Oh, meine Liebe, nach dieser letzten Arbeitsanstrengung und meiner Erholungsreise wird mir, ich fühle es schon im voraus, übermenschlicher Mut zuwachsen, um die Begleichung meiner Schulden abzuschließen. Nach der Freiheit der Feder kommt die Freiheit von den Schulden. Und der Tag, an dem mir meine Feder erlauben

wird, *unser* Vermögen zu machen, *unser* Vermögen?...
Sie wird sehr behende dabei vorgehen, besonders wenn
ich weiter in den bescheidenen und sehr kargen Umständen meiner derzeitigen Existenz bleibe. Lecou (dem
ich 92 000 Francs zurückgezahlt habe) schätzt, daß *Die
menschliche Komödie* mir 700 000 Francs in zehn Jahren einbringen wird, von dem Tag ihrer Fertigstellung an
gerechnet. Wird aber der Nachdruck in Belgien verhindert, kann diese Summe sich verdreifachen. Zunächst
heißt es jedoch mit aller Welt quitt sein! Noch 15 000
Dukaten, um in polnischer Münze zu sprechen, und dieses große Werk ist vollendet.

Es wird schwierig sein, Les Jardies zu verkaufen; aber
vielleicht bringt es auch einiges ein, wenn man es ver-
mietet. Das ist eine Angelegenheit, die ich noch vor
meiner Abreise mit meinem Beschützer Gav[ault] verhandeln werde.

Morgen begebe ich mich ans Werk, und wenn ich am
Mittwoch, den 3. Mai, keinen Brief von Ihnen habe,
wird dieser hier am Donnerstag, den 4. Mai, abgeschickt.

1 Die Folge von *La Torpille* (später *Glanz und Elend der Kurtisanen*).
2 Balzac nennt nur vier.

Donnerstag[, 4. Mai]
Gestern habe ich nützliche geschäftliche Laufereien
unternommen. Bei Charpentier sind viele meiner Bücher im Oktavformat ausverkauft, und wenn es so wei-
tergeht, braucht er noch 2500 *Physiologien der Ehe*.
Der Vertrag mit ihm läuft bald aus. Aber heute morgen
mache ich mich endlich ans Werk. Die gestrigen Laufereien haben mich erschöpft; doch ist es gut, daß ich ein
wenig Ordnung in mein Schreibkabinett gebracht ha-

be. Leider bin ich nicht mehr so recht dazu imstande, geistige Gewalttouren wie einst zu unternehmen, ich gestehe, daß ich, während ich Ihnen lebewohl sage (denn ich schreibe Ihnen erst am 16. und am 20. wieder, an meinem Namens- und an meinem Geburtstag), Furcht vor dem verspüre, was ich zu tun habe: 3 1/2 Bände in einem Monat! Gebe Gott, daß diese letzte Anstrengung mich nicht krank macht!

In den Hafen einzulaufen, ist bei stürmischer See äußerst gefährlich. Ich habe heute morgen gerade 4 Bogen der *Menschlichen Komödie* gelesen und korrigiert, und zwar *Die alte Jungfer*. Es entzückt mich, wenn ich das wie irgendein Leser wiederlese, und ich habe Angst, nicht mehr so gut schreiben zu können. Ich habe in diesem Augenblick große Schwierigkeiten zu überwinden, um einfache Dinge dramatisch zu gestalten! Nun, ich mache mich ans Werk. Am Samstag brauche ich Geld, und es sind nur noch zwei Tage bis dahin.

Leben Sie also wohl, liebe, angebetete Seele. Ich habe die Hyazinthe bekommen; Janisset hat zwei für mich gefunden, und der Juwelier wird einen auswählen. Der Rahmenmacher wurde vor dem Landschaftsgemälde von Schauder ergriffen, denn unsere Rahmenmacher sind Künstler, und er sagte mir: - Man sieht genau, daß hier Gefühl dahintersteckt. Jules Dupré, der unser größter Landschaftsmaler ist, hat sich erboten, es zu kopieren und ein schönes Kunstwerk daraus zu machen, denn für mich ist das eine schöne und wichtige Angelegenheit. Dies wird während meiner Abwesenheit geschehen.

Blume meiner Gedanken, leben Sie wohl. Beten Sie für meine Gesundheit, denn während Sie diesen Brief zwischen Ihren rundlichen, innig geliebten, im Geiste hundertfach geküßten Fingern halten, werde ich über meine Druckfahnen gebeugt vom Kaffee verbrannt. (Meine Gesichtshaut hat bereits die Farbe von Holz, und meine Augen sind ohne Glanz). Und ich werde die Nächte durchwachen und nur durch den Gedanken aufrecht gehalten, daß all diese Arbeit die köstlichste Bestimmung hat, daß ich nämlich das Geld für 4 Monate Ruhe und Freude verdiene. Sie werden diesen Brief am Tag meines Geburtstagsfestes erhalten, Sie, die Sie mein einziges Fest sind. Und vielleicht auch der Tag meiner Geburt. Ich hätte eigentlich den Tag, als ich Ihnen in Neuchâtel aus dem *Faucon* kommend auf der Straße begegnet bin, zu meinem Geburtstag erklären sollen. Oh! An diesem Tag wurde ich für ein neues schönes Leben geboren, das, lange erwartet, endlich kommen wird, nicht wahr? Nun, tausend Liebkosungen und auf bald, denn ein Monat, mein geliebter Engel, geht schnell vorbei. Möge der Prozeß zum Ende kommen. Wir werden uns darüber freuen oder darüber hinwegtrösten. *Wissen Sie eigentlich*, daß ich keine Zeile schreibe, ohne mir zu sagen: das bringt mich *ihr* näher? Es ist also bald kein Traum mehr! Meine heiß und innig Geliebte, bin ich für Sie überhaupt all das, was Sie mir sind! Ich zweifle daran, und deshalb muß ich Sie auch mehr lieben, als Sie mich lieben: ich habe sehr viel mehr Grund zu lieben.

*

[Passy, Sonntag,] 28. Mai [1843]

A 2

Mein angebeteter Engel, ich fasse es nicht, wie Sie mich in so grausamer Beunruhigung lassen konnten, aus der ich eben erst wieder herauskomme! Erst heute erhalte ich Ihre Nr. XIX, die Sie am 17. Mai begonnen haben! Das heißt, daß ich vom 12. bis zum 28. 16 Tage lang ohne Nachricht war, und Sie können sich nicht vorstellen, welchen Qualen ich gerade in dem Augenblick ausgeliefert war, da ich meinen Verstand entfacht hatte, um die entsetzlichen Verpflichtungen zu erfüllen, die die Notwendigkeit mir auferlegt. Vor allem seit einer Woche sagte ich mir jeden Abend: - *Morgen ist es soweit!* Wie viele Steine werden Sie noch in die Unendlichkeit meines Herzens werfen, um herauszufinden, ob Sie den Grund erreichen können!...

Wie könnte ich den Mut haben, lange zu zürnen, wenn Sie mir sagen, daß Sie gewartet haben, um mir die gute Nachricht mitteilen zu können![1] Wie ich Ihre Briefe lese, geliebte Ève, Tropfen für Tropfen, wie die Feinschmecker einen kostbaren Likör genießen, das war wie eine unerwartete Erlösung. Dein Brief, mein Engel, ist mir aus den Händen gefallen, und ich hatte Tränen in den Augen, als sähe ich Dich vor mir. Ich freute mich nur für Sie, meine innig Geliebte; ich sagte mir: - Sie hat keinen Kummer mehr und kann mit ihrer Tochter, die ihr in der ganzen schrecklichen Zeit eine so gute Tochter war, auf so großem Fuße leben, wie sie möchte. Das waren meine beiden ersten Empfindungen. Denn dieser Kampf hatte auch schwer auf mir gelastet, aber schließlich atmete ich auf und sagte mir: - Kein Elend, keine Sorgen mehr. Das Leben ist endlich leichter, ist heiter, blau und wolkenlos, wie das Herz.

Oh! *Cara mia*, ich spürte sehr lebhaft die Fessel, deren Leder in die Wunde schnitt!... Die Reise ohne Bedenken vor sich zu sehen und gleichzeitig sind einem die Füße gebunden... Denn ich habe mit den Veröffentlichungen begonnen und muß sie abschließen. Im übrigen gilt es, die Geschäfte hier möglichst ohne Unordnung zurückzulassen und das Geld für die Reise aufzubringen! Wie werden Sie Ihren armen Honoré bedauern! Heute muß ich noch von jedem der Romane das letzte Kapitel schreiben. Die 2 ersten sind in der Druckerei erst *gesetzt*. Sie müssen noch 2-, 3-, 4- oder 5mal korrigiert werden! Also kann ich erst nach dem 15. Juni aufbrechen und muß mich zunächst noch nach Lagny begeben, um die Arbeiten zu leiten. Alles Unglück ist über mich hereingebrochen; die Drucker aus Lagny sind umgezogen; sie wollten die mechanischen Pressen mit Wasserkraft betreiben; die Kraft reichte jedoch nicht aus. Sie sind daher 15 Tage in Verzug geraten. So muß ich meinen Leidenskelch bis zur bitteren Neige austrinken!... Aber jetzt werde ich natürlich nicht mehr leiden, da ich doch den schönsten Teil von mir glücklich, ohne Sorgen und ohne Prozeß weiß... Oh! Meine Liebe, der Mann[2], der den unverschämtesten Prozeß, von dem ich je gehört habe, gegen Sie angestrengt hat, der die Gesetze aller Länder, die eheliche Vereinbarungen schützen, mit Füßen tritt, ist auch imstande, Sie zu einem Prozeß wegen der 19 Monatseinkünfte, die er Ihnen vorenthalten hat, zu zwingen. Dahinter steckt eine Habsucht, die bis zum äußersten geht. Wir haben hier in Paris den Prozeß Stacpoole zu Ende gehen sehen, ein Vormund, der seine Mündel um nicht weniger als 40 Millionen erleichtert hat und dann von Land zu Land floh, sich schließlich aber stellte. Es mußte ein Vergleich abgeschlossen und ihm die Hälfte überlassen werden; sogar nach seiner Verurteilung in Paris, der letzten Hauptstadt, in die er sich geflüchtet hatte, sprach er noch davon, nach Amerika zu gehen. Aber ich erzähle Ihnen das alles nur deshalb, damit Sie Ihre Vorsicht verdoppeln, vor allem was die Belange Annas angeht. Einige Jahre der Sparsamkeit werden Ihnen erlauben, ohne daß es Ihnen allzu schwerfällt, zugunsten des lieben Kindes auf Ihren Nießbrauch zu verzichten, und das wird ihm eine schönere Heirat ermöglichen, denn wir wollen doch vor allem dieses Kind glücklich sehen. Oh! Meine Teure, ich habe so viel Liebe im Herzen, so viel unterdrückte Gefühle zu verschenken, daß ich dieses Kind lieben werde, als wäre es mein eigenes. Und vielleicht hat man ihm Übles über mich erzählt!... Wenn ich auch voller Bewunderung für die schöne erhabene Seele meiner Ève bin, so bedauere ich doch ein wenig ihr Vorgehen. Ein Gesuch wäre doch erlaubt. Und es wäre zum Beispiel ganz falsch, den Minister nicht aufzusuchen, damit alles für unstrittig erklärt wird. Liebe, es gibt Augenblicke auf der harten Reise durchs Leben, in denen man sich umdrehen und die zurückgelegte Wegstrecke betrachten kann, aber auch die noch zurückzulegende. Man kann auf die Vergangenheit einer Liebe blicken und auch auf ihre Zukunft! Wie glücklich war ich, als ich in einem bestimmten Moment, befreit von den Sorgen des angebeteten Herzens, die auch auf dem meinen lasteten, einen Blick in die Zukunft warf!... Was für ein Gefühl, sein ganzes Leben glücklich und ohne Hindernisse vor sich zu sehen! Meine Gesundheit, habe ich mir gesagt! Möge sie sich nicht (und sie hat es bereits ein wenig) durch meine letzten Arbeiten verschlechtern! Mein Kopf steht in Flammen.

Einst habe ich *César Birotteau* in 17 Tagen geschrieben, und das hätte mich beinahe dahingerafft. Aber heute nach 4 Jahren literarischem Kampf und grauenvoller häuslicher Gefechte muß ich 2 mal soviel wie *César Birotteau* in 17 Tagen schaffen! Es läßt einen schaudern. Der Kaffee regt mich nicht mehr genügend an! Seit einigen Tagen trinke ich eine Flasche Bordeaux zum Abendessen, und in einigen Tagen werde ich zum *Portwein* übergehen müssen. Dagegen ist nichts zu sagen, ich muß mich wie die Malibran, die sich Madeira einflößen ließ, um bis zum Ende einer Oper durchzuhalten, ehrenvoll aus der Affäre ziehen und zu meinem Geld kommen.

Was mich entsetzt, ist, 14 Reisetage zu verlieren und das in dem Erschöpfungszustand, in dem ich mich bis dahin befinden werde. 14 Ruhetage weniger, das fiele ins Gewicht, wenn dies nicht schon 14 paradiesische Tage wären. Meine Haare werden infolge dieser letzten Arbeiten zusehends weißer. Gayault wäre gern so reich gewesen, sie mir zu ersparen. Der gute Mann! Ehe er abreiste, hat er mir 500 Francs von seiner Reisekasse abgetreten, und die Ereignisse haben seiner Weitsicht recht gegeben, die Zeitungen haben noch nicht bezahlt; ich erhalte erst in 3 Tagen, am 1., Geld, und wäre somit 14 Tage ohne einen Sou gewesen!

Meine liebe Seele, von dem Tag an, an dem Sie diesen Brief erhalten, den ich Ihnen hauptsächlich deshalb schreibe, um mich dafür zu bedanken, daß Sie mir Ihre Garderobe geschildert haben, das hat mir gut gefallen, ich kann Sie mir jetzt besser vorstellen, also, von dem Tag an dürfen Sie mir nicht mehr schreiben: und zwar aus folgendem Grund - Sie werden diesen Brief in 12 Tagen haben, am 10. oder 12. Juni (für uns ist es der 12.). Ihre Antwort wird nicht vor dem 24. hier eintreffen, und am 24. werde ich (köstlich zu schreiben, aber noch köstlicher, es zu tun) *am Abreisen* sein, denn ich muß meine Romane und meine Geschäfte unbedingt zwischen dem 15. und dem 20. abschließen, und das erste Schiff, das nach dem 20. Juni ablegen wird, wird mich mitnehmen. Also schreiben Sie mir nach Empfang dieses Briefes nicht mehr.

Ich weiß nicht, was los ist, aber ich habe noch keine Ankündigung von Dampfschiffen nach Sankt Petersburg gesehen.

Litz [sic] hatte recht: die Geschäfte von Lamartine gehen noch schlechter als meine; Georges [sic] Sand hat Schulden; Pater Lamennais hat Bankrott gemacht; Berryer steckt über beide Ohren in Schulden; aber, Liebe, die Leiden der anderen sind kein Trost für die meinen. Man darf nicht von derartigen Fragen beherrscht werden, und im übrigen besitze ich die Redlichkeit einer Frau oder eines Gymnasiasten: etwas zu schulden, ist eine so tiefe Demütigung, daß der Grund für meinen Mut in dieser Demütigung liegt, die mir die Röte auf die Stirn treibt, als wäre ich 15 Jahre alt. Wenn ich einst meinen letzten Gläubiger ausbezahlt haben werde, werde ich nie wieder Schulden machen!

Ich bin Listz [sic] so dankbar, daß er aus Gefälligkeit meinen Wechsel, der auf Sie ausgestellt war, eingelöst hat, daß ich ihm *Die Herzogin von Langeais*, in der *Geschichte der 13* gewidmet habe; aber unter uns gesagt, dieser Ungar hat ein wenig von einem Schauspieler, von einem treuherzigen Schauspieler, das glaube ich zumindest. Er hat ein wunderbares Talent zum musikalischen Vortrag, wie man es sonst nur bei Paganini findet; aber er hat kein begnadetes Talent zum Komponieren. Um all das zu verdienen, was man für ihn tut, müßte er eigentlich Rossini und Listz [sic] gleichzeitig sein. Sie werden Listz [sic] erst beurteilen können, wenn es Ihnen vergönnt sein wird, Chopin zu hören. Der Ungar ist ein Teufel; der Pole ein Engel.

Ich habe dem Vergnügen nicht widerstanden, Ihnen noch einmal zu sagen: ich liebe, wie man das Leben liebt, Ihnen in wenigen Zeilen alle meine Herzensblumen zu schicken, Sie dazu zu beglückwünschen, daß Sie mir einen Stein von hunderttausend Pfund von Ihrem Herzen genommen haben, denn ich, meine Liebe, hatte mich schon mit dem Verlust des Prozesses abgefunden, ich hatte bereits erwogen, ein Vermögen für Sie zu machen, so mißtrauisch bin ich den Unwägbarkeiten des Lebens gegenüber schon geworden. Aber es wäre vorteilhafter gewesen, einige zusätzliche Bogen für meine Romanen zu machen; denn beschriebene Blätter sind für mich wie zurückgelegte Meilen, die mich dem Schatz meines Lebens und meines Glücks näherbringen. (…)

Nun denn, nachdem ich mich an die Gitter meines Käfigs geschmiegt hatte, um die Luft des Glücks zu atmen und den Himmel zu sehen, nehme ich das tägliche Joch wieder auf mich. Ich muß noch 120 Blatt Geschriebenes liefern, das sind 12 Tage Arbeit! Oh! Ich werde noch für all das mit dem bezahlen, was die Ärzte *einen allgemeinen Kollaps* nennen, liebe kleine Babusche Salomons. Aber wir werden in Wierzchownia, in Moskau, in... wo es Ihnen gefällt, spazierengehen.

Es scheint mir, Sie waren mit L...*über*-vorsichtig. Wenn er zu Anna paßt, wenn er ein *edles Herz* hat, warum mit ihm brechen. Das Schlimmste was man tun kann, ist, sich von der Verleumdung durch einige Müßiggänger beeindrucken zu lassen. Im Lauf der Zeit habe ich manche Verleumdungen überwunden. Man nannte mich verschwenderisch, heute sagt man, ich sei geizig.

Was Sie unnützerweise für Epigramme verfassen, ich verstehe kein Wort Englisch, und ich weiß nicht, was Sie mir sagen wollen, aber ich werde es erfragen!

Nun denn, meine innig geliebte Èv.; ich lege alle Zärtlichkeit meines Herzens auf dieses kleine Stück Papier. Ich werde wohl kaum mehr schreiben als *ich breche an dem und dem Tag, zu der und der Stunde, auf diesem oder jenem Wege auf*, um das Leben zu suchen und das Übermaß an Tinte und Papier zu kurieren, ohne das Übermaß an Wein zu zählen, von dem jedes Glas eine Medizin für mich ist. Ich sage Ihnen nicht die Hälfte von dem, was ich Ihnen zu sagen habe; sondern fasse alles in einem Satz zusammen: ich arbeite, und ich liebe Sie, und ich arbeite nur, weil ich Sie liebe, denn zu arbeiten, ist unter den gegenwärtigen Umständen der größte Beweis der Zuneigung, den ein Dichter erbringen kann. Jeder andere würde an meiner Stelle zum Räuber und ritte auf einem Pferd mit seinem Diebesgut zu Ihnen; aber leider! Es gilt, wieder rechtschaffen seinen Scheffel voll Sätze zu verkaufen. Leben Sie wohl; auf bald, mein geliebtes Leben.

1 Hier spricht die Hoffnung, Madame de Hanska möge ihren Prozeß bereits gewonnen haben. Aber erst im Februar 1844 gewinnt sie endlich diesen Prozeß.
2 Charles Hanski, der Vetter des Verstorbenen.

*

[Passy, Mittwoch,] 31. Mai [1843]

B 2

Mein geliebter Engel, nach der Rückkehr von einer Fahrt nach Lagny, für die ich hin und zurück nur 6 Stunden gebraucht habe, so sehr hat mich die Ungeduld gegen die Drucker ergriffen, die nicht vorankommen (ich werde mich dort ab 2. Juni niederlassen), finde ich Ihren lieben, teuren Brief, den Sie in Haus Kutaisow beendeten und der mich über Le Havre erreicht hat, und es ist mir unmöglich, Ihnen nicht wenigstens einige Worte zu schreiben.

Zunächst sollen Sie vor allem wissen, lieber Engel, daß ich Sie auf vollkommene Art und Weise liebe, so absolut, daß es keine Befürchtungen deswegen geben kann. Ich würde Sie auch lieben, wenn Sie häßlich wären; seien Sie also ohne Sorge. Niemals wird ein Herz so unangreifbar sein wie das meine.

Außerdem mache ich Sie zum Richter über das Zimmer des Abbé. Um nichts in der Welt möchte ich das, was Sie *meine Freiheit* nennen! Hunderttausendmal *ja*, ein Zimmer genügt mir, gleichgültig, in welchem Zustand es ist. Als Sie von meiner *Freiheit* sprachen, müssen Sie gerade den Brief gelesen haben, in dem ich Sie um die Gelegenheit bitte, Ihnen so nahe wie möglich zu sein. Nur daß ich dabei einen Nachteil sehe, und Sie allein sollen darüber entscheiden. Wird Ihnen das auch nicht in irgendeiner Weise schaden? Denn für mich wäre dies das höchste Glück. Ansonsten sind Sie ganz und gar die Herrin.

Ich schreibe Ihnen nur wegen dieser zwei Punkte. Auf Ihre Freude soll so wenig Schatten fallen wie auf meine. Trotz meiner grauen Haare bringe ich Ihnen eine Kühnheit entgegen, der man den Ruin nicht ansieht. Wir haben mit weißen Haaren gerechnet, uns einander versprochen, als wir schon ein paar hatten, ach ja, und seit 14 Tagen hat sich die Anzahl der meinen verdoppelt. Es ist also abgemacht, daß ich bei Ihnen wohnen werde, worüber ich aus tausenderlei Gründen glücklich bin, ohne die des Herzens zu rechnen. Wenn Sie darin aber *einen Nachteil für sich selbst und Ihre Belange sehen*, dann finden Sie mir eine Mansarde zehn Schritt von Ihnen entfernt, in der ich übernachten werde.[1] So einfach ist das. Ich komme allein, ohne weiteres Gepäck als einen Reisekoffer, und ich wünschte, Sie wären wieder in Wierzchownia; wir hätten dort mehr Ruhe als in Sankt Petersburg.

Seien Sie unbekümmert; sobald ich fertig bin, schreibe ich Ihnen den Tag, an dem ich komme und die Route, die ich nehme.

Ich habe Ehrenschulden, ich muß meine beiden angefangenen Romane beenden, obwohl ich von einer grenzenlosen, fast beängstigenden Müdigkeit bin, *ich mache den reinsten Sue*.[2] Oh! Wie sehr ich eine Ruhepause brauche... Sie wären erschrocken, wenn Sie wüßten, welchen Grad meine Erschöpfung angenommen hat. Ich stehe, wie jetzt eben, nach nur vier Stunden Schlaf auf, das fiebrige Gesicht gezeichnet von den tausend Lanzenstichen der Sorgen, der Körper im Zustand eines erschöpften Gauls.

Noch 10 Tage Arbeit in Lagny, und alles wird erledigt sein, hoffe ich. Einer meiner armen Drucker spuckt Blut, so sehr ist er von der körperlichen Arbeit ausgelaugt.

Anna wird Ihr Schreibpapier, und Sie werden zwei Ringe und eine *Imitation [de Jésus-Christ]* bekommen, Mademoiselle Borel ihr Buch, und Anna noch *Les Animaux*, damit sie etwas zu lachen hat, wenn sie traurig ist.

Ich habe Ihnen etwas von *Nodier*, von *Chateaubriand* und alles, worum Sie mich gebeten hatten, geschickt; aber wenn Sie noch mehr möchten, nichts ist einfacher als das, immer vorausgesetzt, ich habe Zeit.

Verzeihen Sie mir, meine Angebetete, daß ich Ihnen so überstürzt schreibe, aber ich habe nur wenige Minuten, um Ihnen all dies mitzuteilen.

Lassen Sie kein Porträt von sich machen, wir werden hier weitersehen.

Ihr Brief hat mich mit Freude erfüllt. Aber ich bin derselben Meinung wie Gavault, erzwingen Sie vom Minister eine Lösung, damit alles vor meiner Ankunft unanfechtbar festgelegt ist. In dieser Hinsicht erscheint mir die Verspätung, die ich zu meinem aufrichtigen Bedauern hinnehmen muß, eher von Vorteil. Rechnen Sie also nicht vor den ersten Julitagen mit mir; aber rechnen Sie mit mir.

Ich kann meine Feder nicht aus der Hand legen; es gilt einige Zahlungen zu tätigen und das Geld für meine

Reise aufzubringen, und das bedeutet zwei Romane oder 15 000 Francs: schon seit 6 Briefen sage ich Ihnen ja: gut sein und schnell sein. Ich schulde diese Romane Zeitungen und Verlegern, aber dies sind meine letzten Verpflichtungen.

Schreiben Sie mir doch immer so, liebe Angebetete, und vor allem vergiften Sie nicht durch irgendwelche Befürchtungen die so tiefe und so große Freude über unser Wiedersehen. Anscheinend habe ich Ihnen also doch noch nicht genügend darüber gesagt. Lassen Sie mich zittern wegen Meiner Enormität (wie man Ihre Hoheit sagt) und wegen meiner ergrauten Haare. Im übrigen bin ich jung, das weiß ich. Man sagt es mir oft genug. Ich habe ziemlich genaue Vorstellungen, was uns beide angeht.

Ich werde Ihnen also am 12. Juni eine Nachricht schicken, die die Ungewißheit ausräumen wird. Ich habe meine Drucker getroffen; sie haben jetzt die richtigen Lettern und vermelden, daß sie bald fertig sind. Heute vormittag werde ich mich erkundigen, wann das letzte Dampfschiff im Juni von Dünkirchen ablegt, um die Fahrt durch den Ärmelkanal zu vermeiden, denn ich habe Angst, in der Nordsee seekrank zu werden.

In meinem letzten Brief habe ich Ihnen gesagt, mir nicht mehr zu schreiben, und ich wiederhole es noch einmal, denn ein Antwortbrief auf diesen hier käme am 24. Juni an, und wenn ich am 24. noch nicht unterwegs bin, dann nur, weil ich krank geworden bin, doch ich werde gewiß auch krank aufbrechen, allerdings unter der Bedingung, nicht zu arbeiten und mich keiner Aufregung auszusetzen. Ihre letzten drei Worte haben mich erschüttert. Die Seele strebt immer noch vorwärts, und der Körper folgt nach!

Auf bald. Könnte ich mir nur helfen lassen! Aber nein,

es heißt allein arbeiten.

Der arme Abbé! Ich fürchte nichts in Rußland weder für mein Seelenheil noch für meinen Geist, noch für mein Herz, und ich bin sicher, daß es mir bei meiner Rückkehr von dort besser gehen wird als vorher. Tausend Zärtlichkeiten, Liebste. Es heißt arbeiten. Aus Liebe darf ich Ihnen nicht mehr weiter schreiben. Seien Sie meiner sicher, wie der Unfehlbarkeit der Kirche und der Zeit. Tausend Liebkosungen der Seele.

Was die Vorahnung betrifft, die meine liebe Èv. umtreibt, habe ich ihr etwas Besseres entgegenzusetzen: von meiner Seite aus herrscht eine solch vollkommene Gewißheit, daß mich selbst meine letzten Nöte erfreuen, weil ich in ihnen die letzte Rate für mein Glück sehe.

1 Wie es aussieht, verzichtete Madame de Hanska darauf, Balzac in dem Zimmer des Abbé Jaccotin unterzubringen, sie bot ihm vielmehr eine möblierte Kammer an.
2 Balzac schrieb gerade an *Glanz und Elend der Kurtisanen*.

*

Lagny, [Samstag,] erster Juli [1843]

Mein geliebter Engel, dieses Datum sagt Ihnen, daß ich die Sorgen und Mühen noch nicht hinter mich gebracht habe, und je mehr Mut ich aufbringe, desto mehr wachsen die Schwierigkeiten. Es ist wie in den Märchen, wo eine böse Fee einem armen Liebenden ständig neue Hindernisse in den Weg legt. Zum einen trifft man hier nur auf Arbeiter, die man in Paris nicht will, und zudem ist der Wein ausgesprochen billig; sie arbeiten nur 4 Tage in der Woche; ich habe allerdings Prämien ausgesetzt, und das hat gewirkt. Ich habe tatsächlich 4 Bände in einem Monat gemacht, und das war fürchterlich. Der Kaffee ging mir auf den Magen; ich konnte zusehen, wie mir die Haare ausfielen und wie die Haare weiß wurden; aber *David Séchard* ist beendet, und ich muß nur noch den vierten Teil von *Esther*[1] schreiben, ungefähr 40 Blatt. Die Freude erhält mich aufrecht, und es geht voran.

Wissen Sie, was passiert ist: *L´Etat*, diese Zeitung, die mir noch 2 500 Francs schuldet, hat ihr Erscheinen eingestellt, und diese Nachricht erreicht mich erst 6 Tage nach der Einstellung. *Séchard* erscheint nicht weiter, ich eile nach Paris, um von Charles Didier, der das Opfer seines Direktors geworden ist, zu erfahren, welchem *moralischen Schurkenstück* dieser Streich zu verdanken ist. Er versichert mir, daß meine 2 900 Francs vorhanden seien; doch vielleicht muß ich *prozessieren*, um bezahlt zu werden! Schließlich teilt man mir mit, daß *Le Parisien*, wo *Esther* veröffentlicht wird, nicht sehr solvent ist, und ich, *wenn ich nicht meine Vorkehrungen treffe,* Gefahr laufe, die 2 500 Francs nicht zu bekommen, die man mir noch für *Esther* schuldet. Ich muß also von heute, dem 1. Juli, bis zu meiner Abreise am 22. noch 40 Blatt schreiben, muß zudem fürchten, die 5 400 Francs zu verlieren, die meine Reisekasse darstellen, oder zumindest fürchten, auf Schwierigkeiten beim Eintreiben zu stoßen. Es würde viel zu lange dauern, Ihnen alle dazugehörigen Machenschaften zu schildern; ich werde sie Ihnen mündlich erzählen. Verstehen Sie jetzt meine Wut! Und dann noch den 4. Teil [von *Esther*] inmitten all dieser Unannehmlichkeiten, all dieser Ängste schreiben zu müssen! Das ist das letzte, was ich gebrauchen konnte.

Gestern habe ich *David Séchard* abgeschlossen, es ist jetzt ein Uhr morgens, nach wenigen Stunden unruhigen Schlafs bin ich gerade aufgewacht und will nun arbeiten, um *Esther* möglichst innerhalb von zwei Tagen zu beenden. Ich habe viele Geschäfte in Paris zum

Abschluß zu bringen, und 18 Tage sind dafür nichts. Oh! Diejenigen, die auf die (angeblich ungeheuren) Summen neidisch sind, die die großen Arbeiter der Literatur verdienen, ahnen kaum, zu welchem Preis dieses wenige Gold erkauft wird! Mein ganzer Verdruß rührt von meiner Lage her. Wenn ich reich wäre, wenn ich das hätte, was man eine *Stellung in der Gesellschaft* nennt, würde man mich im voraus und bar bezahlen. Aber wenn ich nicht auch den letzten Tropfen aus dem Kelch der Leiden zu trinken hätte, wäre die Welt nicht, was sie ist. Muß ich Ihnen wirklich sagen, daß Sie der Hauptgrund sind für den tiefen Kummer, der mich so quält, Sie und die Tatsache, daß ich nicht unterwegs bin, daß ich mir sagen muß: wäre alles gut gegangen, ich würde in diesem Moment am Kai der Newa an Land gehen und in der Grande Millione promenieren. Ich werde erst dann meine Schiffspassage bestellen können, wenn meine Werke abgeliefert sind und das Geld in meiner Tasche steckt, und ich bin mir möglicher Verzögerungen bewußt. Und ich, werde ich bedrückten Herzens überhaupt arbeiten können und heute tatsächlich die für den Abschluß meines Werks nötige Anzahl von Blättern, nämlich noch 4 500 Zeilen, schreiben können? Werde ich genügend Phantasie und Stil auf diesem langen literarischen Weg aufbringen? Für einen Dreiviertelband braucht man 15 Bogen! Und ich muß den Band in zwei Tagen fertig haben, und wenn ich noch weitere 8 Tage hierbleibe, kann ich dann im Juli aufbrechen?... Das sind, wie Sie sehen, Leiden, denen nichts vergleichbar ist. Und ich wollte eigentlich im *Mai* reisen! Oh! Wann werde ich endlich frei über mich verfügen können?... Wann werde ich die süße Freiheit des Lebens und des Denkens besitzen, die es einem erlaubt, nach eigenem Gutdünken zu kommen, zu gehen und zu arbeiten! Teure Geliebte, Sie werden erst wissen, wie ich gelitten habe, wenn Sie einst selbst urteilen können, wenn Sie die *Küche* der Literatur gesehen haben. Von der Feder zu leben, ist ein ungeheures, ein verrücktes Unterfangen. Und für mich geht es nicht nur darum zu leben; es geht auch darum, beträchtliche Schulden zu begleichen. Man hat mir Geld angeboten, wenn *ich mich verpflichte, bei meiner Rückkehr Romane zu verfassen.* Ich muß gestehen, Liebste, daß ich keine Verpflichtungen mehr eingehen will und Sie nicht mit dem Zügel eines Verlegers am Hals wiedersehen möchte; außerdem sagte ich mir: - Ich weiß gar nicht, ob ich überhaupt zurückkomme. Frankreich langweilt mich und es hat mich eine ziemliche Leidenschaft für Rußland ergriffen, denn ich bin von der absoluten Monarchie eingenommen; ich möchte sehen, ob sie so gut ist, wie ich glaube. De Maistre ist lange Zeit in Sankt Petersburg geblieben, vielleicht bleibe ich ja auch. Oh nein, das wäre zu teures Geld, das mir die Freiheit rauben würde, nur an Sie zu denken.

Ich schreibe Ihnen auf dem Papier der Druckerei, das nicht besonders schön ist. Es ist wie das Papier in den Gasthäusern. Jetzt sind es schon bald vier Wochen, daß ich hier mein Lager aufgeschlagen habe und auf einem tragbaren Klappbett, ohne all meine Bequemlichkeiten[2], mitten in der Druckerei hause.

Leben Sie wohl, teurer angebeteter Engel; Sie beschäftigt sehr, was ich bei Ihrem Anblick empfinden werde, reißen Sie sich diese Sorge aus dem Herzen, die Umstände und meine zu Ende gehende Geduld verliehen auch jeder anderen Frau, selbst wenn Sie es nicht wären, den größten Liebreiz. Nie war das Begehren heftiger, nie zuvor hat das Schicksal so hartnäckig einen bestimmten Preis für das Vergnügen verlangt wie von mir. Ich sehe Sie zu jeder Zeit vor mir stehen, und Sie sind es, die mir im Moment das bißchen Geist verleiht, das ich für das brauche, was ich mache. Ich habe kaum Zeit, Ihnen zu sagen, daß ich Sie liebe, denn man bringt mir gerade Druckfahnen. Tausend Zärtlichkeiten, denn die Zuneigung überdauert alle Stürme des Leids.

1 Ein Teil von *Glanz und Elend der Kurtisanen.*
2 Es ist sehr wahrscheinlich, daß ihn Madame de Brugnol während dieser vier Wochen nicht alleine ließ.

*

Passy, [Freitag,] 7. Juli [1843]

L'ultima!

Mein angebeteter Engel, ich habe meine beiden Werke beendet; aber weder die eine noch die andere Zeitung will mich bezahlen; inzwischen habe ich die Lage der Dinge erkannt; ich werde gerichtliche Schritte unternehmen müssen, und die gerichtlichen Fristen können bis zu 3 Monaten dauern. Ich bin völlig verzweifelt; denn mir sind Hände und Füße gebunden.

Gleichwohl werde ich aufbrechen, ich muß nur noch meinen Paß abholen. Ich komme mit der *Devonshire,* die am 21. Juli in Dünkirchen ausläuft und am 28. ankommt. Ich werde mit ungefähr 1 800 Francs losfahren und überlasse es dem guten Gavault, dafür Sorge zu tragen, die 5 400 Francs einzutreiben, die man mir schuldet, und mir davon 3 000 Francs durch die Bank zu schicken. Ich werde Paris am 18. verlassen, am 19. in Dünkirchen sein und den 20. dort verbringen. Der hiesige Direktor der Schiffahrtslinie, Monsieur de Chateauneuf, ist ein Freund Gozlans und verspricht, mich mit Aufmerksamkeiten zu überhäufen und mir die beste Kabine auf Deck zu geben. Ich habe einen Plan von Sankt Petersburg gesehen und weiß nun, was die Grande und die Petite Millione ist.

Ich werde Monsieur de Barante einen Besuch abstatten, aber nur weil Sie es von mir verlangt haben, denn ich finde das ausgesprochen überflüssig, Sie verkennen ein wenig Form und Größe des Fisches; wäre Monsieur de Barante in Sankt Petersburg, so wäre, glaube ich, er derjenige, der mir Avancen machen würde.

Aber Ihre Befehle, Seigneur, werden ausgeführt.[1]

Ich habe dieses elende Lagny verlassen, kehre aber am Sonntag dorthin zurück, um Geld zu holen und Gavault zu treffen, den ich vor meiner Abreise gern umarmen möchte. Ich habe von ihm als Antwort auf die Neuigkeit, die ich ihm verkündet habe, den rührendsten und freundschaftlichsten Brief erhalten, den man sich vorstellen kann. Er beharrt weiterhin darauf, daß ich erst nach der ministeriellen Bestätigung des Urteils abreisen solle; er glaubte allerdings, ich würde am 22. Juni reisen, da er nichts wußte von den mißlichen Verzögerungen, die ich ertragen muß.

Dies hier, geliebte Freundin, ist also der letzte Brief, den ich Ihnen schreibe, Sie werden ihn wahrscheinlich am 20. oder 22. erhalten und sich sagen können, daß ich mich bereits auf dem weiten Meer befinde, so voller Vorfreude, daß ich die Seekrankheit als sanft empfinden werde.

Sagen Sie selbst, ob das Schicksal nicht wieder einmal böse mit mir umspringt. Wenn man bedenkt, daß es ausgerechnet jetzt nach so viel Arbeit zum ersten Mal vorkommt, daß man mich bei den Zeitungen nicht sofort bezahlen kann. *Le Parisien* steht geschäftlich sehr schlecht da. *L'Etat* ist vorübergehend eingestellt, wird aber wieder erscheinen. Mein Geld darf einfach nicht verloren sein; aber es auf gerichtlichem Weg und durch

Einspruch auf die Kaution zu erlangen, nutzt mir nichts, denn in 3 Monaten kann ich auch anderweitig welches verdienen.

Im übrigen bin ich kindisch genug, nicht eher zu ruhen, bis ich einen gültigen Paß habe. Ich fürchte mich vor allen Verzögerungen, so sehr wünsche ich mir, auf der *Devonshire* zu sein. Ich bin zu jeder Tageszeit *in Aufruhr* - wie Irland - wenn ich mir sage, *ich werde sie also sehen*, was mir, heute kann ich es ja zugeben, vor einem Monat angesichts von 4 noch zu schreibenden Bänden ein Ding der Unmöglichkeit schien. Im Augenblick habe ich 12 Tage für mich und nutze sie, um genüßlich die letzten Vorbereitungen für die Reise zu treffen. Ich möchte alles ganz neu haben, wie eine Jungvermählte. Fromme Mädchen des ersten Klosters von Paris säumen meine Taschentücher; kurzum, ich bin kindischer als je zuvor, noch kindischer als in N[euchâtel] oder in Genf. Der Glaube an das Glück verändert mich völlig. Er ist so groß, geliebter Engel, daß ich sogar die gigantischen Arbeiten in Lagny ertragen habe. Ich habe jedes Blatt von *Séchard* 17-, 18-, manchmal 19mal gelesen. In diesem Werk stecken 1 200 Stunden an Korrekturen, das ist so, als hätte ich es in diesem Monat 15- oder 16mal neu geschrieben. *Esther* bedurfte nicht so zahlreicher Korrekturen. Die Schilderung der Laster von Paris ist so kurzweilig, daß dieses Werk, in dem man tiefen Einblick in das Leben der Kurtisanen gewinnt, ebenso wie man beim *Großen Mann der Provinz in Paris* Einblick in das der Presse erhielt, nur 3 oder 4 Korrekturabzüge erfordert hat. Es ist umwerfend komisch; aber man wird es der Unmoral bezichtigen, darauf kann man sich schon jetzt gefaßt machen.

Meine Müdigkeit übersteigt alles, was Sie sich vorstellen können, ich bin ein halber Leichnam, aber einer mit

Reisefieber. Ich werde heute morgen, sobald ich meinen Paß habe, Monsieur de Chateauneuf noch einmal aufsuchen, um meine Passage und meine Kabine zu reservieren. Ich nehme jeden zweiten Tag ein Bad und werde nach und nach den Kaffee weglassen; aber ganz gewiß wäre ich, ohne das maßlose und tiefe Gefühl der Freude, das ich derzeit empfinde, krank geworden. Ich lebe nur durch Sie.

Also, geliebter Engel, auf bald, das ist nun kein leeres Wort mehr, sondern eine Hoffnung, die nur durch einen Unfall daran gehindert werden kann, in Erfüllung zu gehen. Der 21. ist ein gesegneter Tag! Wenn Sie mich doch sehen könnten, wenn die Postkutsche die Schranke passiert und wenn ich dann an Deck stehe! Dünkirchen erscheint mir nach Sankt Petersburg die schönste Stadt der Welt! Und welches Talent zur Faulheit ich entwickeln werde! Wie unterhaltsam das Nichtstun sein wird.

Nun, leben Sie wohl, innig Geliebte; ich muß noch zwei Vorworte schreiben; und es heißt, sie korrigieren und bis Sonntag *in Druck geben.* Diese beiden Stücke bezahlt man mir bei der Abgabe. Sie wissen doch, was es bedeutet, etwas druckreif abzuschließen.

Ich schreibe Ihnen nicht mehr, es sei denn, es träten unvorhergesehene Ereignisse ein, ich bin so ungeschickt bei all dem, was mit Geld zu tun hat, daß mir all diese Schwierigkeiten, diese zu diskontierenden Wechsel, daß mir all das vorkommt wie diese Ungeheuer, die in einem Wassertropfen herumwirbeln. Tausend Blumen der Seele und der Zärtlichkeit, tausend unendliche Liebkosungen oder besser: auf bald; vielleicht werde ich Sie ja zwei Monate lang so oft betrachten können, daß ich die sieben Jahre der Entbehrung aufholen kann. Sieben Jahre! Und was habe ich da nicht alles erlitten. Ach ja! Das alles wird innerhalb einer Minute verschwunden sein. Ich wüßte zu gern, ob Sie genauso kindlich sind, wie ich es bin?... *Adunque;* bis zum Ende des Monats!... 28tausend schöne Dinge. (…)

1 Ein nicht ganz exaktes Zitat aus Corneilles Tragödie *Cinna.*

*

[Sankt Petersburg, August 1843]

Liebe Minette, mir geht es so gut, wie es einem nur gehen kann, wenn man nicht unter dem Dach der Kutaisows schläft, und Ihnen?

Ich liebe Sie so, wie Sie ihn lieben,

Ihren H.

*

[Sankt Petersburg, August 1843]

Liebste, leihen Sie mir den ersten Band von *[Goethe und] Bettina*[1] und finden Sie darin tausend Gedanken eines von Ihnen erfüllten Erwachens, verschönert durch all die Erinnerungen an den gestrigen Abend und begleitet von tausend Zärtlichkeiten.

1 Es handelt sich um die französische Übersetzung der Korrespondenz von Goethe und Bettina von Arnim.

*

[Sankt Petersburg, August 1843]

Oh, Bettina, durch Deine Gaben... etc. (Lachen Sie ruhig!)

Liebe Gräfin, tausendfachen Dank, ich habe nichts ausgepackt; ich habe nichts anderes getan als gelesen, und mein Dank gilt Ihrem Brief. Léon[1] hat mich dabei überrascht, wie ich den Staub von Peterhof[2] abschüttelte und mich zurechtmachte, um die Herrscherin zu begrüßen, die ihr Reich noch gar nicht ganz kennt, denn es würde Jahre dauern, wollte man dessen Größe erfassen, die nur der Tiefe der ewigen und heiligen Zuneigung gleichkommt von

Ihrem Muschik,

Honoré.

Der Kaiser hat mich durch seinen Gesandten von Beckendorf[3], der mir eine Aufenthaltsgenehmigung überbrachte, auf 32 Rubel veranschlagt.

1 Ein Leibeigener von Madame de Hanska.
2 Ausflugsziel 32 km westlich von Sankt Petersburg.
3 Graf Alexander von Benckendorf war der Polizeiminister. Er überreichte Balzac außerdem eine Einladung des Zaren zur jährlichen Truppenschau.

*

[Sankt Petersburg, August 1843]

Wie sollte es mir denn schlecht gehen? Mir geht es nur dann schlecht, wenn alle Welt zwischen uns steht. Ich werde heute morgen zwischen 10 und 11 Uhr auf die Botschaft gehen und um 11 1/4 Uhr bei Ihnen sein.

Ein beständiger Gedanke, wenn er auch wohltuend ist, bedeutet nur halbes Glück, damit habe ich Ihnen wohl zur Genüge und tausendfach gesagt, Liebste, daß ich im Hause Pétroff[1] immer, wenn ich an Sie denke, nur halb glücklich bin. (...)

Wie schön ist es, auf bald zu schreiben, wenn man in der Millione wohnt.

H.

1 Die Unterkunft Balzacs.

*

Liebe Gräfin, niemals in meinem Leben war ich glücklicher und lebensfroher, noch bin ich je so munter erwacht, es scheint mir, daß ich sogar *ohne Kaffee* heute eine Novelle wie *Honorine* schreiben könnte; aber ich ziehe es vor, die Blüten meines Geistes für Sie zu bewahren, da Sie ja ohnehin alle Schätze meines Herzens besitzen.

Ich nutze Lirette aus und schicke ihr meine Wäsche zusammen mit dieser Nachricht; aber Sie werden mir doch beides verzeihen, und daß ich so tue, als gehöre ich zum Haus.

Ihr

Honoré.

*

Meine geliebte Loulou, (...) ich habe gut geschlafen, obwohl ich ziemlich beunruhigt war, Du könntest Deinen Pelz Anna geben und selbst keinen um den Hals haben, ich bin damit eingeschlafen, daß ich mir vornahm, meine Geliebte zu schelten, die unbedingt möchte, daß *wir uns* erkälten.

Ich bin spätestens in einer Stunde da, denn ich komme, ohne mich groß anzukleiden. (...)

Tausend Liebkosungen vom Loup an Loulou.

[Sankt Petersburg, September (?) 1843]

Die Postkutsche fährt mittags los, gleich bringe ich die Briefe auf die Botschaft. Wenn ich erst mittags bei Ihnen bin, werden Sie mir doch nicht böse sein.

Tausend Zärtlichkeiten.

H.

Können Sie mir ein Taschenmesser *leihen*? Aber schenken Sie mir nicht gleich eins.

*

[Sankt Petersburg, Donnerstag 2./Donnerstag 14. September 1843[1]]

Ich bin am 17. Juli (nach polnischer Zeitrechnung) angekommen und hatte gegen Mittag das Glück, meine teure Gräfin Ève bei sich im Haus Kutaisow, Grande Millione, wiederzusehen und zu begrüßen. Ich hatte sie seit Wien nicht mehr gesehen und fand sie genauso schön, genauso jung wie einst. Es waren indessen sieben Jahre vergangen, und sie war in ihrer Wüstenei von Weizenfeldern geblieben wie ich in der großen Menschenwüste von Paris. Sie empfing mich wie einen alten Freund, und ich habe all jene Stunden, die ich nicht bei ihr verbracht habe, als unglücklich, kalt und trübsinnig angesehen. Von 1833 bis 1843 sind zehn Jahre vergangen, während derer alle Gefühle, die ich ihr entgegenbringe, noch stärker geworden sind, im Gegensatz zu dem, was für gewöhnlich geschieht, über den Trennungsschmerz und alle Enttäuschungen hinweg. Man kann weder die Zeit noch die Gefühle nochmals neu erschaffen!

Petersburg, 2. September 1843

1 Diese Zeilen sind von Balzac am 2. September 1843 nach julianischem Kalender in das Album der Hanska geschrieben worden, das
ihr auch als Tagebuch diente.

*

[Petersburg, September (?) 1843]

Im Gegenzug für eine Krawattennadel werde ich Ihnen tausend Gefälligkeiten darbringen, ganz zu schweigen vom Herzen

Ihres ergebenen
Honoré.

Man kann nichts anderes tun, als Ihnen einen Teil dessen anzubieten, was Ihnen ohnehin auf immer gehört.

*

[Sankt Petersburg, September (?) 1843]

Liebste, ich habe Angst, es könnte mir irgendein Unglück zustoßen; ich habe meinen Ring auf dem Tisch
im Wohnzimmer vergessen, ich sage es Ihnen nur, damit Sie ihn suchen lassen und aufbewahren. Verlöre ich
ihn, würde ich mich verloren glauben.

Können Sie mir ein Buch schicken, damit ich die Zeit
bis Mittag erwarten kann? Wie geht es Ihnen?

Falls Sie den 2. Band von Custine haben[1], verpacken
Sie ihn gut und schicken Sie ihn durch Léon.

Tausend zärtliche Liebkosungen.

H.

1 *La Russie en 1839* des Marquis de Custine war in Rußland von der
Zensur verboten.

*

Liebste, ich gehe erst nach dem Mittagessen auf die Botschaft, damit es nicht so aussieht, als sei ich auf Einladungen aus, die André[1] häufig ausspricht, weil er sie für eine harmlose Form von Protektion hält.

Danke für Deine liebe Fürsorge, in einer Stunde werde ich bei Dir sein, um Dir persönlich zu danken, denn ich zähle schon die Stunden wie ein Verhungernder die Brosamen, die man ihm gibt.

Tausend Zärtlichkeiten, alle Arten von Liebe, die es in der Liebe gibt von... (ich wollte einen Wolf zeichnen, aberichkannesnichtgutgenug),nundenn,vonDeinem

Honoré.

1 Der Baron d'André war Zweiter Sekretär an der französischen Botschaft in Sankt Petersburg.

*

[Sankt Petersburg, Oktober 1843]

Danke, geliebter Liebling; ich hätte jedoch auch gern ein paar Worte über Deine Gesundheit erfahren, möchte wissen, ob es Dir gut geht; aber ich werde um elf Uhr bei Dir sein, ich hoffe, alles in einer Stunde erledigen zu können, sofern ich nicht auf der Botschaft aufgehalten werde. Ich muß mir ein Visum für Berlin besorgen. Wie traurig, sich damit in einem Brief beschäftigen zu müssen. Wollte ich doch hierein nur die ganze Liebe legen, die es für Dich gibt im Herzen Deines

Honoré.

*

Dresden, 19. Oktober

Ich bin voll Überdruß aus Berlin abgereist, Liebste, und habe hier jetzt Heimweh. Nichts von dem, was ich zu mir nehme, sättigt mich, nichts von dem, was ich sehe, zerstreut mich. Ich habe die berühmte Kunstsammlung gesehen und die *Madonna* von Raffael[1], *doch mein Liebchen ist mir lieber, juchhe!* Als ich durch den berühmten Zwinger ging, hätte ich alles gegeben für eine halbe Stunde an der Newa, dem Ort, an dem Sie weilen. Zu allem Unglück muß ich zwei Tage länger hierbleiben, als ich wollte, und zwar aus folgendem Grund: von Berlin aus fuhr ich mit der Eisenbahn nach Leipzig und war gezwungen, dort zu übernachten. Ich hatte aber nicht mit der Leipziger Messe gerechnet! Alle Plätze in der *Schnellpost* sind belegt. Ich hatte den Einfall, den Wirt zu bitten, einen Platz für mich zu reservieren und meine Gepäckstücke zu hüten, damit ich sie nicht von Leipzig nach Dresden und von Dresden nach Leipzig schleppen müßte, denn man verlangt überall eine Menge Taler für die Beförderung des Gepäcks. Der Wirt meinte, es wäre zweifelhaft, daß ich für den Tag, an dem ich aufbrechen wollte, *den 20.,* einen Platz erhielte, und er würde es mir im übrigen schreiben, und nun erhalte ich soeben einen Brief, in dem er mir mitteilt, daß ich erst für den 22. einen Platz habe. Was kann man in seinem Quartier schon Besseres tun, als seiner Freundin zu schreiben?

Gestern, am Tag nach meiner Ankunft, bin ich durch ganz Dresden gelaufen, weil ich die Öffnungszeiten der Gemäldegalerie versäumt hatte, und es ist, das schwöre ich Ihnen, eine bezaubernde Stadt, als Aufenthaltsort Berlin bei weitem vorzuziehen. Es hat etwas von einer

Hauptstadt, etwas von einer schweizerischen wie auch einer deutschen Stadt, die Umgebung ist malerisch, und alles ist hier bezaubernd. Ich kann mir vorstellen, daß es sich hier leben läßt. Es gibt hier ein Gemisch von Gärten und Gebäuden, das das Auge ergötzt. Das von August dem Starken begonnene Palais ist das erstaunlichste Meisterwerk der Baukunst des Rokoko, beinahe so schön wie die Gotik. Das nenne ich Kunst! Was für ein Pech, daß ein so entzückender Entwurf unvollendet blieb. Das Palais ist in einem beklagenswerten Zustand. Man brauchte im übrigen Millionen, um diese Lieblichkeit zu restaurieren, zu vollenden und zu möblieren. Weder in Rußland noch in Berlin, noch irgendwo im ganzen Norden gibt es etwas vergleichbar Kostbares. Was für ein Mann, dieser König von Polen[2]!

Ich habe in Venedig so viele Tizians gesehen, daß die in der Galerie in meinen Augen an Wert eingebüßt haben; aber *Die Nacht* von Correggio, seine *Magdalena*, zwei *Madonnen* von ihm sowie die 2 von Raffael und die holländischen Gemälde sind eine Reise wert. Der Ruf der Galerie ist besser als verdient. Der Zwinger ist ein schlechter Scherz. 4 oder 5 Millionen Diamanten konnten die Augen, die zuvor die im Winterpalast gesehen hatten, nicht blenden. Im übrigen bedeuten mir Diamanten ohnehin nichts. Ein von einem Strahl der aufgehenden Sonne beleuchteter Tautropfen erscheint mir tausendmal schöner als der schönste Diamant der Welt; genauso wie ein Lächeln meines Liebchens mehr wert ist als das schönste Gemälde. Ich muß also mit Ihnen nach Dresden zurückkehren, damit die Bilder mir etwas sagen. Nichts hat mich mehr bewegt als die Frauen von Rubens, denn sie erinnerten mich an eine gewisse Ève! Und es gibt da ein Meisterwerk von Holbein! Ich habe es bedauert, beim Anblick dieses Gemäldes nicht

Ihre Hand drücken zu können! Auf die *Madonna* von Raffael ist man gefaßt; aber bei Holbeins Gemälde ist es das Unvorhergesehene, das einen überwältigt.

Die deutsche Eisenbahn ist ein Vorwand, um zu essen und zu trinken. Man hält alle Augenblicke an, steigt aus, ißt, trinkt und steigt wieder ein, so daß die Postkutschen in Frankreich genauso schnell sind wie diese Schienenbahn hier.

Geliebte, Sie werden sich keine Vorstellung von meiner schrecklichen Einsamkeit machen. Da ich die Sprache nicht kann und niemanden gefunden habe, der mit mir spricht, habe ich seit Riga, wo ich von einem französischen Kaufmann Abschied nahm[3], keine hundert Sätze gesagt. Ich bin dauernd auf mich selbst zurückgeworfen, und da die Landschaft stets aus der gleichen Wüste, der gleichen Ebene besteht, habe ich nichts für die Augen. Das Herz ist vom äußersten Reichtum zur Armut übergegangen. Die Erinnerungen sind tödlich. Nein, Sie können sich die Traurigkeit hinter meiner Maske gar nicht vorstellen. Meine beiden Bildhauer sagen mir (das heißt derjenige, der französisch spricht) alle Augenblicke: - Was haben Sie? Noch 14 Tage hier, und ich ginge ganz sachte zugrunde, ohne eine augenfällige Krankheit. Ich werde auf den Rhein und Belgien verzichten und bei meinen Arbeiten in Paris wieder eine starke Geschäftigkeit entfalten müssen. Die Luft bekommt mir nicht, ich bin innerlich schlaff, nichts gibt mir meine Laune wieder, nichts tröstet mich, und mich dürstet nach nichts. Ich sage Ihnen ganz unbefangen, wie es ist. Ich habe doppeltes Heimweh: einmal nach der Landschaft an der Newa, die ich hinter mir gelassen habe, und dann nach Frankreich, wohin ich unterwegs bin.

Es ist elf Uhr abends! Ich bin in einem Hotel, in dem alles schläft. Dresden ist ruhig, und ich verspüre überhaupt keine Lust zu schlafen. Bin ich gealtert? Wie kalt mich diese Galerie gelassen hat? Oder hat sich die Quelle meiner Empfindungen etwa verändert? Teure Göttin, ich erkenne die Stärke meiner Liebe angesichts der unermeßlichen Leere, die nun in meiner Seele herrscht. Zu lieben, das ist mein Leben; und heute spüre ich das mehr denn je, ich sehe es, alles beweist es mir, und ich erkenne, daß es für mich niemals eine andere Leidenschaft geben wird, als diejenige, die so sehr mein Leben erfüllt.

1 N.A. Ramazanow, der ihn auf der Reise von Berlin nach Leipzig und Dresden begleitete, erzählt von folgender Begebenheit. Nachdem Balzac lange die *Sixtinische Madonna* betrachtet hatte, rief er aus: »Mein Gott, wie war es möglich, daß der Mensch so etwas hat schaffen können!«
2 Gemeint ist August II., der Starke, Kurfürst von Sachsen und später auch König von Polen.
3 Ramazanow fand ihn ein wenig geschwätzig...

[Freitag,] 20. [Oktober]

Ich habe Ihnen nichts, aber auch gar nichts zu sagen, was Sie nicht schon wüßten, ich komme aus dem Theater, das sehr gelungen ist, das reizendste Theater, das ich je gesehen habe. Es waren Despléchin, Séchan und Diéterle, die 3 Bühnenbildner unserer französischen Oper, die hierher gekommen sind, um es auszustatten. Es gibt nichts Schöneres. Wenn Sie sich für Dresden entscheiden, wird Anna den schönsten Theatersaal erleben, den sie je gesehen hat. Man gab *Fra Diavolo* fast ganz auf deutsch. Es war ausgesprochen einschläfernd. Ich hatte am Morgen die Porzellan- und die Antiquitätensammlung besucht. Ich bin müde; die Müdigkeit ist eine so starke Macht, daß ich um elf Uhr nach dem Abendessen zu Bett gehe. Sie wissen, wovon ich beim Einschlafen träume.

Ich reise morgen ab, mein Platz ist reserviert, und ich beende nun meinen Brief, denn ich muß ihn selbst zur Post bringen. Mein Kopf ist wie ein leerer Kürbis, und mein Zustand beunruhigt mich mehr·als ich Ihnen sagen kann. Wenn es mir in Paris genauso geht, muß ich zurückkehren. Nichts scheint mir Sinn zu haben. Ich verspüre keine Lebensfreude, habe nicht die geringste Energie und fühle mich völlig willenlos. Sie können sich, bis ich es Ihnen nicht mündlich erkläre, den Mut nicht vorstellen, den es mich kostet, Ihnen zu schreiben. Der Schmerz, der sich nirgendwo festmachen läßt, sondern überall ist, ist so scheußlich, daß man es nicht beschreiben kann und daß es einem Herz und Hirn angreift. Ich bin wie verwirrt, und je weiter ich fahre, desto mehr nimmt die Krankheit zu. Ich werde Ihnen aus Mainz schreiben, ob es mir besser geht; aber gegenwärtig kann ich meine Lage nur so schildern, wie Fontenelle seinen nahen Tod schilderte: *eine Schwierigkeit zu sein.* Ich habe nicht mehr gelächelt, seit ich von Ihnen fort bin. Das drückt man durch den Begriff *Spleen* aus; aber es ist der *Spleen* des Herzens, und das ist ein besonders schwerer Fall; es ist sozusagen ein doppelter *Spleen.*

Leben Sie wohl, Liebe und tausendfach Gesegnete. Es wird vielleicht einen Augenblick geben, in dem ich Ihnen die Gedanken mitteilen kann, die mich niederdrücken, heute kann ich Ihnen nicht mehr sagen, als daß ich Sie viel zu sehr liebe, um meinen Seelenfrieden zu bewahren, denn nach diesem August und diesem September spüre ich, daß ich nur bei Ihnen leben kann. Tausend und abertausend Zärtlichkeiten. Ich versuche zu vermeiden, an das geliebte M[1] zu denken.

1 Seit Oktober 1843 taucht immer wieder dieses M oder auch m, min und Mi für Minou oder Minette auf.

Paris, [Dienstag], 7. November 1843

(…) Ich hoffe, daß meine Line [Evelina] auf ihre Gesundheit achtet, daß sie sich ganz und gar ihren Geschäften widmet und daß sie ihre Zigaretten rauchen wird. Ich lebe, ich denke und ich atme nur für ein einziges Ziel, das ich nicht aus den Augen verliere. Nur Sie allein auf der Welt wissen, wo mein Leben liegt, welche Düfte ich einatme, wenn ich mich über ein Spatium beuge wie der Gelehrte über die Tiefen einer Forschungsaufgabe. Welche Stimme ich höre, welches Antlitz mich bezaubert, welche Seele mein Zuhause ist, was sonst niemand weiß.

Ich empfinde bei dem geliebten M eine Melancholie, die ich bislang nicht kannte. Sie können sich nicht vorstellen, und ich könnte es Ihnen nicht ausmalen, was diese Seelenkrankheit heißt. Ich war taub wie Beethoven, blind wie Raffael, ohne Soldaten wie Napoleon an der Beresina außerhalb meiner gewohnten Umgebung, meines Lebens, der sanften Gewohnheiten meines Herzens und meines Geistes. Weder Wien noch Genf, noch Neuchâtel waren geprägt von diesem ständigen Ausdruck an Gefühlen, von langer Bewunderung, von Stunden gemeinsamen Plauderns. Ach! Sie haben mich gefragt, ob ich ein ganzes Jahr so in W[ierzchownia] verbringen könnte… Mein Gott, Jahre, vor allem, wenn meine Liline dreimal *Geschrei* im Monat erlaubt. Sie müssen wissen, mein geliebter Engel, falls ich morgen bei einem Unfall ums Leben käme oder durch eine dieser Fügungen des Schicksals, die glücklichen Menschen zustoßen, daß ich dann ein ganzes Leben gehabt hätte. (…) Oh, Liebe! Rußland ist ein so wunderschönes Land! Sie wissen alles, was Ihr armer Freund hier denkt, was er Ihnen an Schwüren sendet! Mit welch fürsorglicher

Zärtlichkeit er Sie umgibt und mit welch liebkosenden Gedanken er gerne sähe, wie Sie leben! Lassen Sie alle Sorgfalt walten bei Ihrem materiellen Glück, denn ich glaube nicht, daß es je ein Glück in köstlicherer Erscheinung, in grenzenloserer Gewißheit, mit sorgloserer Zukunft gegeben hat wie das der triumphierenden Ève. Anna geht es gut, nicht wahr, Lirette wird nicht gefühllos werden, wenn sie ihre Belange in der Hand dessen weiß, der ihr Herr sein wird. Nun, keiner wird an der Zuneigung zweifeln, die mein vielgeprüftes Herz für euch hat, das aber gewiß ganz Dir gehört. Sei nicht zu besorgt, meine liebe Frau; in wenigen Monaten wird vieles erledigt sein und vielleicht… bin ich gar unterwegs! Tausend Küsse für mein M! Oh, einen Brief! Einen Brief! Viele Briefe! (…)

*

[Passy, Montag, 20. November [1843]

(…) Heute, liebe Gräfin, bin ich trotz Ihrer Vorhaltungen gezwungen, Ihnen diesen Brief in aller Eile und Kürze zu schreiben. Und zwar aus folgendem Grund. Aus Vorsicht habe ich Janisset angewiesen, den Ring Mademoiselle Henriette Borel zu übergeben, beziehungsweise übergeben zu lassen, so wissen Sie also, daß die kleine Schachtel von Janisset an Lirette für Sie ist.

Seit zwei Tagen trage ich einen Ring, der dem Ihrigen vollkommen gleicht, er ist wunderschön. Nur daß man vergessen hat, auf die Innenseite die 2 Daten 1833-1843 einzugravieren, wie ich es eigentlich angeordnet hatte; aber das wird später nachgeholt.

Im Gegensatz zu dem, was Sie später in meinem Tagebuch, das ich Ihnen schicken werde, lesen können, sind meine Kopfschmerzen schlimmer geworden. Samstag abend, als Doktor Nacquart zum Abendessen zu meiner

Schwester kam, fand er, daß ich sehr schlecht aussähe. Der Ärger, den mir die Lektüre der Zeitung verursachte, von der ich Ihnen in meinem Tagebuch unter dem Datum dieses Tages berichtet habe, war mir derart aufs Haupt geschlagen, daß ich glaubte zusammenzubrechen. Der Arzt bestand darauf, daß ich gleich am nächsten Tag Blutegel ansetzen ließe, was ich am gestrigen Sonntag dann auch tat; er hat 2 Anwendungen im Abstand von 5 Tagen empfohlen. Die von gestern haben den Kopf schon etwas erleichtert, und nächsten Freitag werde ich wieder welche ansetzen. All dies verzögert meine Arbeiten, und niemals war die Arbeit wichtiger.

Sagen Sie Lirette außerdem, daß sie die Entscheidung über ihr Schicksal bald erhalten wird[1], zusammen mit dem Paket mit meinem Tagebuch, ich warte nur auf ein Wort von Ihnen, um alles abzuschicken. Ich setze mein Tagebuch fort, als hätte ich diesen Brief nicht geschrieben, Sie werden darin unter dem Datum des 20. lesen: *an die Gräfin wegen der Sendung von Janisset geschrieben.* (…)

Wissen Sie, daß ich im Gedenken an Sankt Petersburg zu Mittag esse? Und beim Teekochen überkommen mich andauernd Erinnerungen an Lirette, an Anna und an die Kosakengräfin. Ich kann nicht einmal mehr einen Briekäse anschauen, ohne zu sagen: oh! Warum hat sie nicht den gleichen! Und die gute Montagnarde[2] erbietet sich, Ihnen welchen zu bringen, desgleichen Obst und Weintrauben.

In Petersburg verschwendete ich kaum einen Gedanken an hier, aber hier gehe ich ganz in Erinnerungen an Petersburg auf! Diese beiden Monate sind wie ein Traum für einen armen Schriftsteller, der seine elenden Fesseln, seine Arbeiten usw. sich wieder aufgebürdet hat. Wenn Sie wüßten, wie stark die Macht der Erinnerungen an bestimmte Gegenstände auf meiner Seele lastet, wie an den karierten Teppich, an die Malachitsteine, an das Taschenmesser usw., dann wäre Ihnen diese Art von Glück bekannt, die man in der Düsternis des Herzens haben kann und die man Sehnsucht nennt. Zu sehen, ob der Ring am 4. Finger Ihres Handschuhs paßt, hat mir bei Janisset die Tränen in die Augen steigen lassen! So werden Sie auch verstehen, daß der Anblick der Glocke mir unerträglich ist! Deshalb habe ich auch das Ei meiner Mutter gegeben. Eine meiner Beschäftigungen besteht darin, den Reiseführer von Sankt Petersburg zur Hand zu nehmen, die Karte zu entfalten, den Hofkai zu betrachten und dann den Stich, der diesen Kai darstellt, an dem sich *jene bestimmte Brücke* vor der Eremitage befindet.

Der Zar von Rußland wird für sehr schön gehalten[3]. Meine Schwester schwärmt für ihn und sagt, ein so gutaussehender Mann sei ein Trugbild.

Leben Sie wohl. Trotz meiner morgigen Blutegelanwendung muß ich ausgehen, um diesen Brief selbst bei der Post von Paris aufzugeben und auch, um meinen Verlobungsring weiten zu lassen, der mir ein wenig zu sehr den Finger einschnürt, zwar war niemals ein Druck reizvoller, doch ein Ring darf nie im materiellen Sinn einengen. Mit diesem Brief wird das neue Siegel eingeweiht. *Lididda* ist das hebräische Wort für den berühmten Ausdruck *Hoheslied*, es bedeutet auch: *vom Vielgeliebten, - für die Vielgeliebte, - von der Vielgeliebten, - der Vielgeliebte,- die Vielgeliebte* und sogar, hat mir Cahen gesagt, alles zusammen, so reich ist diese wunderbare orientalische Sprache. Aber, hat er mir gesagt, die Worte: Liebes, - Abgott, - Angebetete, - Geliebter, - Geliebte, nun, all diese liebkosenden Worte in den modernen Sprachen können nur eine Ahnung vermitteln von diesem erhabenen und ursprünglichen Wort:

Lididda[4], das die Begriffe Vaterschaft, - Mutterschaft, - Kindsein, Liebe, göttliche Sanftheit, Paradies - usw. sowie himmlische Wollust umfaßt. Er hat mir das gesagt (und für einen Rabbiner, den Erzieher der Kinder Rotschilds, ist das wirklich beeindruckend). Dies ist die einzige Weitergabe des irdischen Paradieses an die Kinder Adams: Eva hat es zurückbehalten. Ich bin der einzige, der auf diese Idee kam.

Eva auf hebräisch steht auf der einen Seite Ihres Siegels. So haben wir beide den Namen der 1. Frau und die einzige nähere Bestimmung, die sie verdient, die zudem in den modernen Sprachen nicht wiederzugeben ist.

Anfangs haben mir die Ringe nicht gefallen; aber alle Welt fand, daß meiner ein Kleinod sei, ein bezauberndes Werk der Goldschmiedekunst. Ich warte Ihre Meinung ab, ehe ich mir die meine bilde. So soll es sein, *in aeternum.*

Dies hier, liebe È[ve], sind keine Nichtigkeiten, und in einigen Tagen werden Sie davon überzeugt sein, wenn Sie das am Finger tragen, was ich an meinem trage. Auch wird meine Freude solange nicht vollkommen sein, bis ich beim Betrachten meines Hyazinths zwischen den beiden Smaragden weiß, daß meine teure Kosakin es mir gleichtut.

Also, kommen wir zum Schluß. Lirette möge vor Freude hüpfen wie die Hügel König Davids, denn sie wird das bekommen, was sie sich wünscht. Seien Sie nicht weniger fröhlich, denn Sie sind der einzige Gedanke Ihres H[onoré], der tausend Zärtlichkeiten an sein M. schickt. Leben Sie wohl, schließen Sie auf die eine oder andere Weise mit der Justiz ab und kehren Sie zu ihren Schafen in der Ukraine zurück. Sagen Sie meiner lieben kleinen Anna, daß sie ihren festen Platz in meinem Herzen hat und meine immerwährende Zuneigung. Schließlich, liebe Gräfin, denken Sie beim Anblick der Schlange, die sich auf dem Ring in den Schwanz beißt, daran, Vorsicht walten zu lassen. Ich habe so viele Gefühle für Sie im Herzen, daß ich Sie alle blumigen Ausdrücke raten lasse, in die sie gekleidet sein könnten, mit Ausnahme dieser tiefen Ehrerbietung, die man für das hat, was man über alles stellt und die ich für eine so fromme, so köstliche, so sanfte, so in zärtlicher Freundschaft verbundene Seele hege, wie es die Ihrige ist, die verwandteste Seele, die sich ein Mann als Gefährtin auf dem Weg gen Himmel nur wünschen kann.

1 Balzac bemüht sich sehr darum, daß die Vertraute der Hanska - eine Schweizer Calvinistin - einen Platz in einem katholischen (!) Kloster in Paris erhält, da sie anscheinend seit dem plötzlichen Tod von Monsieur Hanski von Gewissensbissen geplagt wird und sich zunehmend voller Haß gegen Madame Hanska stellt.

2 Madame de Brugnol stammte aus dem Morvan (französisches Zentralmassiv) und wird in späteren Briefen oft als »La Montagnarde« (die Gebirglerin) bezeichnet.

3 Balzac hatte von einer Verwandten der Hanska eine Büste des russischen Zaren Nikolaus I. bekommen, die er dem Museum in Bourges anbot.

4 Balzac ließ eine Schachtel aus Malachit anfertigen, in der seine künftigen Briefe an Madame Hanska aufbewahrt werden sollten. Nach Rückfrage bei dem Schriftgelehrten Samuel Cahen ließ er dort die Inschrift einfügen *Hava lidida*, was soviel heißen kann wie *Eva an den Vielgeliebten*.

*

[Passy, Sonntag, 3.- Dienstag 5. Dezember 1843]

3. Dezember

Liebste, ich habe noch immer nicht den Brief erhalten, in dem Sie mir sagen sollen, ob und wie Sie das erste Paket erhalten haben, das ich Ihnen aus Paris schickte, so daß ich Ihnen also die Fortsetzung meines

Tagebuchs und die Sachen von Lirette nicht auf diesem Wege zukommen lassen kann. Vor allem Lirettes Sachen erfordern einen sicheren Weg. Ich empfinde im Moment den Kummer, keine Nachricht zu haben von der, die man liebt, als so grausam, (ich habe erst einen Brief von Ihnen bekommen), daß ich Ihnen diesen Brief noch zusätzlich zum Tagebuch schreibe. Im übrigen habe ich Ihnen, seit ich Ihnen die kleine Schatulle an die Adresse von Mademoiselle Borel ankündigte, höchstens ein paar Zeilen täglich geschrieben, denn ich war in der Hand von Äskulap-Nacquart. Man mußte mir zweimal Blutegel ansetzen und Abführmittel verabreichen. Diese ganze Kur hat Zeit gekostet, und es geht mir erst seit heute morgen wieder richtig gut. Alle Symptome und alle Schmerzen haben jetzt aufgehört, *es ging mir nie besser,* und ich bin um Jahre jünger geworden, ich glaube, ich habe den gleichen Vorteil, den Sie in so hohem Maße besitzen, nämlich einfach zehn Jahre im Sack verschwinden zu lassen, um einen populären Ausdruck zu verwenden, den wir Ninon verdanken. Diese Neuigkeit wird Ihnen Vergnügen bereiten, und ich muß des weiteren über Dinge mit Ihnen sprechen, die ruhig den langen Weg über die Post nehmen können, während das Tagebuch die Geheimnisse des Herzens hütet und Ihnen noch die flüchtigsten Seelenregungen dessen mitteilen wird, dem es zur Ehre gereicht, einer Ihrer Leibeigenen zu sein.

Es hat also einen ganzen Monat gedauert, wieder gesund zu werden, das Gehirn wenigstens von seiner rein äußerlichen Entzündung zu heilen und die Gewohnheiten der Arbeit wiederaufzunehmen, denn heute morgen bin ich um 5 1/2 Uhr aufgestanden, morgen werde ich um 5 Uhr aufstehen und übermorgen um 4 Uhr, bis ich es regelmäßig schaffe, schon um 2 1/2 Uhr aufzustehen. Es stimmt, daß diese Zeit nicht völlig verloren war. David brauchte zehn ganztägige Sitzungen, und heute, teurer Liebling, sitze ich zum letzten Mal Modell, die Büste ist fertig, und es werden einige Freunde geladen, um zu sehen, was Sie leider nicht sehen werden, weil es nur einen Tag lang Bestand hat: nämlich den Ton in dem Augenblick, wo er die letzten Spuren der Künstlerhand trägt, dieses glorreiche Leichte und Lebendige, das der Abguß zerstört und das der Künstler mit Gottes Hilfe neu erschaffen muß, wenn der Handwerker ihm den Marmor wieder abliefert; aber ich habe David versprochen, ihm für den Marmor einige Male Modell zu sitzen. Da ich hoffe, Ihnen einen Gipsabdruck für Anna nach Petersburg zu schicken, sage ich Ihnen nichts über dieses große Werk, das wie David und einige andere glauben, sein bestes ist, *in Anbetracht der Schönheit des Originals und im Hinblick auf den Ausdruck und die ganz und gar typischen Eigenschaften des Schriftstellers*; Sie werden diese Beurteilung wohl kaum in Abrede stellen wollen. Das bedeutet für Ihren Salon, daß Sie ein Podest aus Malachit brauchen, dessen Abmessungen ich Ihnen zu einem späteren Zeitpunkt mitteilen werde. Ein anderer Bildhauer wird die Ornamente dafür entwerfen, und David wird die Medaillons meiner beiden Nichten, meiner Schwester, meiner Mutter und einer weiteren Person, die Sie oft im Spiegel sehen, aus Bronze fertigen, um die 4 Seiten des Podests zu verzieren. An die 4 Ecken kommen Seraphita, die schöne Imperia, die große Nanon und Madame de Beauséant.

Vergeben Sie mir diesen Anflug von Eitelkeit. Ich gebe mich ihr nur deshalb hin, damit ein Hauch davon bis zu Ihnen reichen möge. Meine Schwester sagte beim Anblick der 15 oder 16 Büsten großer Männer, die

David gemacht hat: - Ich sehe, daß Honoré nicht der häßlichste von allen ist. Und Sie werden in der Tat verblüfft sein, wenn Sie das majestätische Haupt sehen, das David aus meinem dicken Bulldoggengesicht herauszuformen verstand.

Kommen wir nun zum Schlachtfeld und zu den Geldangelegenheiten.

Ich habe vorgestern Frédérik [Lemaître] im Theater getroffen, und wir werden eine schrecklichen Kampf fechten müssen, es geht um mein Drama in 5 Akten, das ich an der Porte Saint-Martin herausbringen möchte. Oh ja! Und dies zusätzlich zu *einer Novelle* mit dem Titel *Ce qui plaît aux Parisiennes*, die ich machen muß, um 2 000 Francs in die Hände der Montagnarde zurückzugeben, damit sie damit 3 Monate lang ihren Lebensunterhalt bestreiten kann, sowie zusätzlich zu *Gendres et belles-mères* und *Les Ambitieux de province*, zwei Romane, die zusammen 5 Bände ergeben und die unbedingt notwendig sind, um wenigstens 9 000 Francs von den 12 500 Francs zu haben, die im Januar fällig werden und die nicht minder notwendig sind, um Die *grrrrroße menschliche Komödie* auszuschlachten, die, wie meine Verleger behaupten, sich nicht verkauft, solange die Bände nicht Schlag auf Schlag aufeinanderfolgen, (die Leserschaft habe die heftigste Abneigung gegen *Lücken* an den Tag gelegt), nun, zusätzlich zu all dem, muß ich mich mit Leib und Seele Tag und Nacht dem Drama in 5 Akten widmen.

Habe ich nicht recht daran getan, zuvor meine Waffen von Äskulap-Nacquart polieren zu lassen? Ich habe nur zwei Monate, um all das zu machen! 2 Monate, um das Metier wiederaufzunehmen, dem ich in Lagny nachgegangen bin, und um 5 Bände und ein Drama zu schreiben; und das Drama muß ein Erfolg werden, und die 5 Bände müssen das Beste sein, was ich je gemacht habe: *Gendres et belles-mères* gehen an *L´Illustration* und *Les Ambitieux de province* an *Les Débats*, damit in Sankt Petersburg eine Frau *diese köstlichen Seiten* lesen kann, wo der Verfasser sich sehr angestrengt hat, um glauben zu machen, er habe einen freien Geist, ein unbekümmertes Herz und den Kopf voller... Betrachtungen über die menschliche Seele.

(...)

*

[Passy, Freitag, 15. - Samstag, 30. Dezember 1843] 15. Dezember

2 1/2 Uhr morgens

Ergo, ich fange mein 3. Tagebuch an. Und wie! Nach welch köstlichem Erwachen? Ihr Brief Nr. 3 traf ein, während ich schlief, denn ich bin gestern um 7 1/2 Uhr todmüde zu Bett gegangen, und man wollte mich nicht wecken; aber ich habe den Gesang der Nachtigall gehört, als meine Sonne aufging, dieser so berühmte Feuerstein! Ich war tief erschrocken, als ich mich schuldig-unschuldig an einer Gesichtsrose sah. Ich brachte meinen Brief vom 14. gestern zur Post.

Aber zunächst, lieber Engel, klagen Sie nicht meinen wackeren und würdigen Direktor an, er kann nicht in dem Augenblick, wo er etwas erhält, es sogleich weiterschicken, denn er hat nur 2 oder 3 Gelegenheiten im Monat! Nun, mein Tagebuch wurde am 8. November abgeschickt, am Tag nach meiner Abreise nach Le Havre; wenn er es am 13. hatte, wäre das schon früh. Ich habe damit gerechnet, daß es 10 Tage braucht; so kommen wir auf den 23., und noch 4 Tage bis in den Norden, also auf den 27. Anschließend vergehen mindestens 12 Tage, ehe ich eine Antwort erhalte. Macht zusammen den neunten Dezember, und ich erhielt Ihren Brief am 12. Dezember.

Was habe ich bloß getan?[1] Ich habe bei meiner Rückkehr aus Le Havre verstanden, daß Sie ein wenig besorgt sein könnten, und als ich Ihren 1. schönen Brief erhielt, habe ich Ihnen einen, zwei, ja sogar drei Briefe geschrieben. Beruhigen Sie sich, ich werde den Umweg nur wählen, wenn es unbedingt sein muß. Coucy ist jetzt zufriedengestellt. Was ich Ihnen hier im 2. Tagebuch schicke, Liebste, (ein Band mit 16 Blatt, 32 Seiten, im Wert von 1 600 Francs, ja sogar 2 000 Francs, wenn man den Brief an Lirette mitrechnet) hat mir solchen Mut eingeflößt, wie ich ihn Zeit Lebens nicht kannte, und ich werde (von heute ab) bis zum 31. Dezember 1844 alle meine Schulden begleichen, die sich auf 145 000 Francs belaufen.

Monsieur Lecou wird mir einige Verträge über Nachdrucke meiner Werke vorlegen. Die Anteilnahme, die ich für Ihre Landsleute hege, die so wacker und tapfer ihr Elend ertragen, hat mich mit Chlendowski[2], der unter die Verleger gegangen ist, einen Vertrag über 32 Bände neuer Werke abschließen lassen, die innerhalb von 4 Jahren veröffentlicht werden sollen. Souverain hat an mir 160 000 Francs verdient und wird noch einmal soviel an mir verdienen. Man würde mir 16 000 Francs in bar bezahlen. Madame de Bocarmé, die die Gräfin Chlend[owska] großzügig unterstützt, wird für das nötige Kapital sorgen, und ich werde endlich einen Verleger haben, wie er sein soll. (...)[3]

Sie sehen an diesen ausführlichen Einzelheiten, die ich Ihnen hier mitteile, daß meine Ratschläge ganz allein in Ihrem Sinne sind, denn in 6 Monaten, sogar in 3 Monaten schon, bin ich in einer beneidenswerten Lage. Ich werde mich abrackern, und ich werde mich aufreiben, wenn es sein muß: aber ich werde mein Vorhaben verwirklichen. 1. Ich will niemandem etwas schulden und alles selbst und ohne fremde Hilfe begleichen. 2. Glauben Sie etwa, es sei angenehm, daß alle Welt mich der Académie vorschlägt und die Mitglieder der Académie öffentlich kundtun (Lecou hat es heute morgen in einem Café gehört), daß ich ihr nur aufgrund meiner finanziellen Lage nicht angehöre?... Solange meine Vermögensverhältnisse, oder wenn Sie so wollen, meine Stellung nicht geregelt ist, werde ich nicht ernannt. *Pro pudor! M*an wird mich aufnehmen, sobald ich reich bin!

Gestern morgen traf ich 2 Mitglieder der Académie; ich bemühe mich nur deshalb um sie, um wissen zu lassen, daß ich ernannt werden möchte, denn dies ist ein Fest, das ich meiner Èv. oder besser meinem Liebling nicht vorenthalten möchte.

Solange ich außerhalb der Académie bin, stehe ich an der Spitze der Literatur, die von ihr ausgeschlossen ist, und ich bin lieber diese Art von Cäsar als der 40. Unsterbliche; schließlich reicht es mir noch, wenn ich diese Ehre 1845 erlange.

Zwischen Verträgen, Laufereien, zu fertigenden Manuskripten schreibe ich Ihnen, wie Sie sehen, ausführlich!... Und Sie werden sich wundern, wenn Sie das Ergebnis dieser 2 Monate an heimlicher Arbeit sehen, zwischen Geschäften und Verabredungen (das Theater, Frédérick [Lemaître], die Verleger, die Advokaten, die Bildhauer), zwischen Entwürfen, Zinsberechnungen und dann auch noch Schwierigkeiten, besonders für einen Mann, der in Passy lebt. Wenn Ihnen all das nicht mit ungebändigter Wucht zum Ausdruck bringt, daß Sie geliebt werden, muß man es wohl aufgeben, das Herz der Frauen je zu ergründen. Leben Sie wohl für heute, mein Leben, es ist 4 Uhr, es ist Zeit, sich ans Werk zu machen.

1 Auf der Rückreise hat sich Balzac am Rhein mit Madame de Brugnol getroffen, was Madame Hanska aufs äußerste beunruhigte und die Gesichtsrose auslöste.

2 Der Comte Adam Chlendowski hatte allein oder zusammen mit Souverain einiges von Balzac verlegt, aber das angekündigte große Projekt wurde aus Geldmangel nicht durchgeführt.

3 Es folgt eine detaillierte Aufstellung zu erwartender Gelder, wobei es sich teilweise um Projekte handelte, zu deren Ausführung es nie kam.

Samstag, 16. [Dezember]

Ich habe Ihnen gestern soviel von meinen Geschäften erzählt, daß ich fast nichts über Ihren schönen Brief gesagt habe und über das, was Ihre Gesichtsrose in mir ausgelöst hat. Das rief wieder meine schrecklichsten Befürchtungen wach! An der Häufigkeit meiner Briefe werden Sie die Sorgfalt erkennen, die ich daran setze, um Ihnen solche Krankheitsausbrüche zu ersparen. Sie sollen noch den Grund für den fehlenden Brief aus Mainz erfahren, wo ich mich genötigt sah, ein zweistündiges Bad zu nehmen, das aber nicht in zwei Stunden bereitet war. Als ich wieder ins Hotel zurückkam, war ich gezwungen, im Bett zu Abend zu essen. Dieses Bad hatte mich so geschwächt, und ich fühlte all meine Müdigkeit, ohne die viel schlimmeren Schmerzen, die ich Nacquart-Äskulap beschrieben habe und die mich eiligst nach Paris zurückkehren ließen, um allein unter seiner Hand zu sterben. Das muß sein.

Armer Liebling, das größte Glück nach gemeinsamem Vergnügen ist die Gemeinsamkeit im Schmerz. Ich habe mir die Hand auf die Wange gelegt, als ich las, was Sie mir über Ihre Aufgedunsenheit sagen und, seien Sie ganz beruhigt, es ist mir unmöglich, Sie anders zu sehen, als Lenz[1] Sie beschreibt: *immer schön, immer geistreich*.

Ich bin begeistert von der Verjüngung des Gehirns, die diese fünf Monate des Ausruhens mir gebracht haben; und so lassen Sie mich bitte im März kommen. Ich hoffe, aus *Le Programme d'une jeune veuve* ein Schmuckstück der Literatur zu machen.

[1] Wilhelm de Lenz arbeitet in dieser Zeit als kleiner Angestellter bei Balzac.

(...)

Montag, 18. [Dezember]

Ach! Lieber Engel, V. Hugo ist um zehn Jahre gealtert! Vielleicht sieht er den Tod seiner Tochter als Strafe für die 4 Kinder an, die er mit Juliette hat. Er ist jedoch ganz auf meiner Seite und hat mir seine Stimme versprochen. Er verabscheut Sainte-Beuve und de Vigny. Ach! Liebste, welche Lehre soll uns doch diese Liebesheirat mit 18 Jahren sein! Von Victor Hugo und seiner Frau kann man viel lernen. Ich wäre nicht so sehr durch meine heftige, ernsthafte, aufrichtige und unwandelbare Liebe, die vor allem Ihnen wohlbekannt sein dürfte, gegen Torheiten à la Hugo gefeit, als vielmehr durch meine Erfahrung, durch mein Alter und durch die Vorstellungen, die ich von der Familie habe.

Nodier liegt im Sterben, er hat keine 14 Tage mehr zu leben, er sagte mir auf seine geistreiche und gutmütige Art: - Nun, mein Freund! Sie bitten um meine Stimme, und ich überlasse Ihnen gleich meinen Platz!... Ich sehe dem Tod ins Auge! Ich war so erschüttert, daß ich die Académie nicht mehr erwähnt habe, es ist schrecklich; er wird aufgezehrt! Da ist kein Feuer mehr, sondern nur noch erkaltete Asche. Er hat mir seine Stimme versprochen und wird, wenn er kann, zur Académie gehen.

Monsieur de Pongerville wird für mich stimmen. Aber sowohl er als auch Monsieur Dupaty haben mir gegenüber eingestanden, daß meine finanzielle Lage das einzige Hindernis für meinen Eintritt in die Académie sei, und Lecou hat mir berichtet, daß er das von Mitgliedern des Instituts gehört hat, die selbst nicht der Académie angehören.

V. Hugo will, daß ich meine Kandidaturbesuche trotzdem mache.

So, meine Liebe, sehen Sie mich Besuche machen und außerdem *Modeste* schreiben.

Ich werde 4 mal abgelehnt und gegen Ende 1844 aufgenommen werden, Gott gebe, daß meine Frau dann hier ist.

(...)

Freitag, 22. [Dezember]

Ich habe mir zwei Möbelstücke gekauft: 1 350 Francs! Aber ich habe eine große historische Entdeckung gemacht und werde sie heute noch überprüfen. Die Kommode gehörte Maria von Medici, der Schreibsekretär soll die Wappen von Concini oder die des Herzogs von Épernon tragen, und in dem Sekretär sind einige M als Intarsien eingelegt, die wie verliebt wirken. Das dürfte die Vertraulichkeit der Maria von Medici mit dem einen oder anderen ihrer Günstlinge belegen. Sie hat ihre Kommode verschenkt und hat den Sekretär anfertigen lassen. Der Marschall d'Ancre, der Pappmaché-Marschall, hat auf dem Sekretär Kanonen und anderes Kriegsgerät aus Perlmutt. Allein die Kommode hat einen Wert von 4 000 Francs, und ich werde sie dem König verkaufen für das Museum Sommerard [Musé de Cluny], und ich selbst werde den Sekretär behalten. (…) Da ich schon zwei Schränke aus reichhaltig geschnitztem Ebenholz habe, wird sich der Sekretär dazwischen sehr gut ausmachen, und die Kommode wird alles bezahlen und noch zusätzlich 1 650 Francs einbringen, ich werde sie zu allererst dem Königsschloß anbieten, denn ihr Platz ist der Louvre. Ich werde noch heute überprüfen, ob die eingelegten Wappen, die von Concini sind, ich bin mir dessen fast sicher aufgrund der kriegerischen Ornamente. Es hat fünf Jahre gedauert, um diese 2 Möbel anzufertigen, und welche Eleganz der Formen!… Schon die Kommode allein entspricht dem Wert der schönen Dinge Ihrer Wohnräume, einschließlich des zauberhaften Elefanten und des Tisches aus Malachit. Falls ich L.[ouis]-Philip[pe] 3 000 Francs für die Kommode abknöpfe, werde ich sehr glücklich sein, denn ich habe dann in den 1 650 Francs Überschuß einen kleinen Fonds, um im Antiquitätenhandel *arbeiten* zu können und um unsere kostbaren Güter[1] zu mehren.

1 Bei der Auflösung des Haushaltes nach dem Tod von Evelina Hanska, seit 1850 Madame de Balzac, entpuppten sich nahezu alle wertvollen Gegenstände als Talmi.

(…)

Sonntag, 24. [Dezember, zwei Uhr]

Ich bin den ganzen Tag über in meinem Schreibkabinett geblieben, ohne arbeiten zu können, da ich weder die Fähigkeit noch den Willen dazu hatte. Ich bin zu erregt von der Aussicht, sechs- oder siebentausend Francs aus meinen Neuauflagen zu gewinnen und auch von der törichten Meinung, ich würde in die Académie aufgenommen werden, wenn ich keine Schulden hätte. Deshalb sann ich über einen Brief an jedes der 4 Académiemitglieder nach, die ich aufgesucht habe, denn ich bin viel zu unerfahren im Umgang mit diesen 36 Kadavern; mein Metier ist es vielmehr, mein Denkmal zu vollenden und nicht Stimmen nachzulaufen. Gestern sagte ich zu Mignet: - Ich ziehe es vor, ein Buch zu schreiben, anstatt bei einer Wahl durchzufallen! Meine Entscheidung ist getroffen, ich will nicht des Vermögens wegen in die Académie eintreten, ich erachte die Meinung, die in dieser Hinsicht an der Académie herrscht, als Beleidigung, vor allem seit sie an die Öffentlichkeit gedrungen ist. Als reicher Mann, und ich werde aus eigener Kraft einer werden, werde ich niemals dort kandidieren.

(...)

Freitag, 29. [Dezember]

Der gestrige Tag war kein guter, ich habe wenig gearbeitet, ich war von unüberwindbarer Traurigkeit, wie Sie es damals waren, als es mir nicht gelang, Sie aufzuheitern. Ich sagte zu mir selbst: - Mein werter Herr. Ich habe viel an uns gedacht, aber mehr wie im Traum. Ich war so müde, daß ich mich von 11 1/2 Uhr bis ein Uhr mittags hingelegt habe. Ich konnte für Hetzel nichts erfinden, denn für diese ausschließlich geistvollen Werke braucht man einen gewissen Schwung, eine geistige Stimmung, die genau das Gegenteil von dem ist, was ich empfand. Meine Lage ist ernst, und ich sehe nur noch das Unglück und die Schwierigkeiten. Ich habe oftmals die Ranke betrachtet, die vom Efeu aus Ihrem Salon stammt und die ich an Ihr Profilbild gesteckt habe. Ich liebe dieses Erinnerungsstück, das ein Sinnbild unser beider Schicksal ist. Der Efeu ist eine meiner Lieblingspflanzen. Ich stand weinend neben dem an der Tür im 2. Salon, als Anna mir lebewohl sagte und Sie gleichfalls von mir gegangen waren. Meine Tränen sind selten geworden; das Gehirn trocknet sie aus; es verzehrt sie, und es gibt auf Erden nur noch Sie, die mich dazu bringen könnte, welche zu vergießen. Wenn ich nicht arbeiten muß, ist dieser graue Zustand von Wehmut nicht ohne Reiz. Ich habe bis 4 Uhr in dieser Starre verharrt, um 4 Uhr habe ich dann einige Seiten geschrieben. Heute morgen geht es mir besser. Ich habe viel geschlafen, das stimmt. Vielleicht war es der Schlafmangel, der meinen gestrigen Zustand verursacht hat. Es ist 4 Uhr nachmittags; ich habe 11 Seiten gemacht, und ich bin einigermaßen zum Arbeiten aufgelegt; aber wir haben den obersten Präses von Bourges zum Diner hier, ein Abgeordneter, der zweifellos dafür sorgen wird, daß man meinem Schwager das Kreuz der Ehrenlegion verleiht. Morgen werde ich diesen langen Brief beenden und zur Post bringen, denn ich möchte, daß Sie ihn zu Ihrem russischen Neujahr bekommen, mit meinem Segen, oder zumindest dem, den ich bei Gott für Sie und Ihre liebe Tochter erbitten werde. (…)

Samstag, 30. [Dezember]

Ich fühle mich sehr viel besser, seit ich zwei Stunden länger schlafe, neun Stunden anstatt sieben; ich glaube, diese Methode wird es mir gestatten, 10 bis 11 Stunden lang fruchtbar zu arbeiten. Heute vormittag gehe ich nach dem Frühstück zur Post, um dieses Päckchen aufzugeben und ein, zwei geschäftliche Dinge zu erledigen. Was den morgigen Tag angeht, mein Liebes, so werde ich das Jahr bis 5 Uhr arbeitend beenden. Ich werde bei der Prinzessin B[elgiojoso] speisen und Madame Kiss[elew] einen Besuch abstatten, das, was wir einen Verdauungsbesuch nennen. Das sind die Äußerlichkeiten; aber ich werde auch noch glühende Fürbitten für das Glück meiner teuren Line sprechen, das Glück, das nicht von uns abhängt, denn nie gab es ein Herz, das so geneigt gewesen wäre, eine unversiegbare Quelle des Glücks für eine Frau zu sein, wie das meine. Es ist ganz von Ihnen erfüllt und ohne einen Winkel, der nicht in vollkommener Übereinstimmung mit dem Ihren wäre. Ich zähle dieses Jahr zu den glücklichsten meines Lebens, es hatte zwei erfüllte Monate, zwei Honigmonde. Weder in G[enf] noch in N[euchâtel], noch in W[ien] war es mir gegeben, so wie in P[etersburg] in dieses Herz voller wahrer Reichtümer und aufrichtiger Zuneigung einzudringen; nie zuvor konnte ich dieses engelsgleiche, edle Wesen so, ohne jede Absicht, ergründen. Der Schmerz, Sie zu verlassen, war groß, denn die Süße dieser Stunden war unermeßlich. Was auch geschehen mag, diese Erinnerung ist und bleibt mein Glück. Wenn ich mich prüfe, habe ich die Gewißheit, mein ganzes Leben lang so zu lieben, und Gott gebe, daß alle Widrigkeiten ein Ende haben mögen.

Liebe È., seien Sie unbesorgt, lassen Sie sich nicht von der Arbeit betrüben, die im Augenblick mein Los ist; ich erstatte Ihnen darüber wahrheitsgetreu Bericht, bedenken Sie jedoch, daß ich diese Bürde gewohnt bin und daß nichts dem Vergnügen gleichkommt, meine Zukunft von einem dieser hinderlichen Steine zu befreien, die ihr im Wege stehen und daß, je mehr ich abbezahlt habe, mein Haus mir um so mehr als eigenes erscheinen wird. Im übrigen ist das Ende mancher Sorgen nicht mehr weit, das hoffe ich wenigstens. Die Hoffnung hat sich für Sie genau wie für mich in Gewißheit verwandelt, nicht wahr? Ich arbeite an meinem Charakter, damit ich nicht mehr mit ansehen muß, wie Sie sich an meinen Ecken und Kanten stoßen. Ich bemühe mich, weniger aufbrausend zu sein. Ich möchte vollkommen für Sie sein. Denken Sie daran, mit welcher Freude ich mich in den ersten 3 Monaten des Jahres 1844 von vielen Sorgen freimachen werde und zwar ganz aus eigener Kraft. Sie haben, das wissen Sie, die absolute Herrschaft über uns, und ich vertraue mich Ihrer Klugheit an; aber bedenken Sie auch, daß ich in all der Arbeit und Misere auf ein Wort warte: - Kommen Sie! Niemals, meine Loulou, habe ich Sie so sehr geliebt; von unserem vor einigen Monaten gegenseitig gegebenen Wort rührt mein ganzer Trost und meine einzigartige Kraft. Deshalb steckt in mir noch mehr als Liebe und Verbundenheit, nämlich ein gleichbleibendes, reines und heiteres Glück, über das Dante gesagt hat: *Senza brama, sicura ricchezza.* Tausendfache Glückseligkeit, die von den schönen Händen der Erinnerung geweckt wurde, erblüht in jedem Augenblick in meiner Seele und läßt mich alle Widrigkeiten des Lebens annehmen. Nun, adieu von unserem französischen Jahr, meine liebste Blume, ich werde in Gedanken an Dich einschlafen, ich werde übermorgen im Glauben an uns erwachen, und meine ersten Zeilen in der Nacht vom 31. auf den 1. werden Dir gelten. Ich glaube an die Magie der Zahlen. Diese 2 4 von 44 künden eine doppelte Bindung an. Wir nennen die Zahl 22 bei uns in Frankreich die beiden Entchen, Ihrer Form wegen. Nun gut! Die 44 wird ihre Weissagung erfüllen; 11 Jahre ist die Basis sowohl von 22 als auch von 44, und die 11 wird von zwei Einheiten gebildet. Tausend Zärtlichkeiten, meine liebe Kosakin, und tausend Liebkosungen an mein M. Vergessen Sie meine zärtlichsten Schmeicheleien für ihr kleines Mädchen nicht; man liebt die Kinder einer geliebten Frau doch so sehr. Meine aufrichtigsten Wünsche für Schwester Constance, denn ich denke, daß die heilige Borel einen Ihrer Namen annehmen wird. Schließlich tausend Küsse auf Ihre Stirn, mein Stolz, meine Liebe, und achten Sie gut auf diese Gesundheit, die mir so teuer ist. Ist es nicht seltsam, daß die Nelke, die ich Ihnen schicke, im Dezember blüht. Sie ist gestern in der Jardiniere aufgegangen. Sie ist rot, und sie riecht gut! Und Rot ist die Farbe des Triumphs!

Abrantès, Duchesse, Laure d' (1784-1838), war 1825 trotz der
Eifersucht von Madame de Berny Balzacs Geliebte. Die
zwanzig Jahre ältere und sehr vermögende Herzogin
führt den jungen Schriftsteller in die aristokratischen
und literarischen Kreise von Paris ein. Balzac widmet
ihr *Die Verlassene*.

Agoult, Marie d' (1805-1876), war 1835-1838 die Geliebte von
Franz Liszt, mit dem sie gemeinsam drei Kinder hat,
darunter die Tochter Cosima, die spätere Frau von Ri-
chard Wagner. Balzac wird an sie denken, als er *Beatrix* schreibt.

Béchet, Madame Charles (1800-1880), Witwe des Verlegers
Béchet, mit der Balzac 1833 einen Vertrag über die *Étu-
des de mœurs au XIX. siècle* in 12 Bänden abschließt.
Siehe vor allem den Brief vom 18. Oktober 1833.

Berny, Laure de (1777-1836), von Balzac auch die *Dilecta*
(Auserwählte) genannt. Seit 1822 für ein gutes Jahrzehnt die mütterliche Geliebte und hingebungsvolle
Förderin und Ratgeberin des aufstrebenden literarischen Talents. Prägte Balzac nachhaltig. Er widmet ihr
die *Lilie im Tal*. Ihr Wohnsitz La Bouleaunière ist ein
Refugium für Balzac, vor allem im Spätherbst 1832
nach dem Desaster mit der Marquise de Castries.

Borel, Henriette, auch Lirette genannt (gest. 1857). Die aus
der französischen Schweiz stammende Erzieherin von
Anna Hanska ist lange Zeit die Vertraute von Evelina
Hanska. Sie begleitet die Hanskis auf allen Reisen.

Borget, Auguste , Maler und Freund Balzacs, den er wie auch Zulma Carraud zu fördern sucht. Siehe Briefe von Ende März 1833 und vom 15. Februar 1834. Balzac widmet ihm *Die Messe des Atheisten*.

Boulanger, Louis (1806-1867), Maler, der in mehreren Sitzungen Balzac in einem einer Mönchskutte ähnelnden Arbeitskittel porträtiert. Eine Kopie gelangt nach langen Verzögerungen auch nach Wierzchownia ins Haus der Hanskis. Siehe dazu vor allem den Brief vom 1. Dezember 1836. Balzac widmet dem Malerfreund *Die Frau von dreißig Jahren*.

Brugnol, Madame de (1804-1874), eigentlich Philiberte-Louise Breugniot (1804-1874), (von Balzac *geadelt*), *Gouvernante* und Geliebte Balzacs seit 1840. Er bittet Evelina Hanska in dieser Zeit mehrmals, ihm unter der Adresse Monsieur de Breugnol, Rue Basse in Passy zu schreiben. Zum Entsetzen der Hanska verbringt Balzac nach seiner Rückkehr aus Sankt Petersburg im Herbst 1843 noch ein paar Tage mit ihr am Rhein.

Buloz, François (1803-1877), Direktor der R*evue des Deux Mondes*. Gegen den Pressezaren von Paris beginnt Balzac 1836 einen aussichtslosen Prozeß zu führen.

Carraud, Zulma (1796-1889), gemeinsam mit ihrem Ehemann François-Michel (1781-1864) Balzac in wahrer Freundschaft verbunden. Beide halfen ihm in schwierigen Zeiten. Zunächst wohnhaft in Angoulême, später auf Schloß Frapesle bei Issoudun im Berry, das für Balzac ein häufiger Zufluchtsort und eine Oase der Ruhe ist. Balzac widmet ihr *Das Bankhaus Nucingen*.

Castries, Marquise, Claire de (1796-1861), Tochter des Duc de Maillé, geht im Verlauf des Jahres 1832 nicht auf die Avancen Balzacs ein, obgleich sie sich im September 1832 bei einem gemeinsamen Aufenthalt in Aix-les-Bains mit Madame de Balzac anreden läßt. Vorbild der *Herzogin von Langeais*, wo Balzac kein schmeichelhaftes Bild von ihr zeichnet. Anlaß frühzeitiger Eifersucht für Evelina Hanska.

Daffinger, Moritz Michael (1790-1849), Wiener Maler, der 1835 von Balzac ein Miniaturbild anfertigt, aber auch Evelina Hanska porträtiert. Siehe dazu den Brief vom 19. Dezember 1842.

David (d'Angers), Pierre-Jean (1789-1856), Maler, der zwei Miniaturbilder von Balzac in 1842 und 43 anfertigt. Siehe dazu den Brief vom 22. Januar 1843.

Delannoy, Josephine (1783-1854). Im turbulenten Jahr 1836 läßt sich Balzac des öfteren mit ihr im Théâtre des Italiens blicken. Er widmet ihr *Die Suche nach dem Absoluten*.

Dumas, Alexandre, Vater (1802-1870), ist in den 1830er Jahren bereits einer der berühmtesten französischen Schriftsteller, kommt vor allem aufgrund sehr erfolgreicher Theaterstücke frühzeitig zu großem Vermögen. Obwohl ein Förderer Balzacs ist er häufig Gegenstand leicht gehässiger Bemerkungen. Siehe dazu die Briefe vom 1. Dezember 1836 oder vom 10. Februar 1840.

Gavault, Sylvain (1794-1866), ist von 1840-1844 Advokat und vor allem geschäftlicher Berater Balzacs. *Die Bauern* von 1844 enthalten eine liebevolle Widmung an Gavault.

Gérard, Baron François (1770-1837, 1819 geadelt), bedeutender Hofmaler Napoleons. Unterhielt einen berühmten Salon, zu dem seit etwa 1830 auch Balzac geladen wird.

Gosselin, Charles (1795-1859), einer der vielen Verleger Balzacs in den 30er Jahren. So wird in 1833 bei ihm das 2. Zehent der *Tolldreisten Geschichten* verlegt.

Grosclaude, Louis (1784-1882), Maler in Neuchâtel, den Balzac Anfang 1835 in Genf kennenlernt. Er beschwört geradezu Evelina Hanska, sich von dem Schweizer nicht porträtieren zu lassen. Siehe dazu den Brief vom 15. Februar 1834.

Guidoboni-Visconti, Comtesse, Sarah de (1804-1883), seit dem Spätsommer 1835 für etwa fünf Jahre die Geliebte Balzacs. Eine Zeitlang mietet sie sich bei Balzac in Les Jardies in einem Nebenhaus ein. Bezeichnet sie gegenüber Evelina Hanska stets nur als Gönnerin. Balzac widmet ihr *Beatrix*.

Hanska, Evelina, (1805/06-1882), geb. Evelina-Constance-Victoire Rzewuska. Heiratet im Februar 1819 Wenzeslaw Hanski.

Hanska, Anna (1828-1915), Tochter von Evelina H. Heiratet im Oktober 1846 den Grafen Georges Mniszech (1823-1881). Balzac widmet ihr *Pierrette*.

Hanski, Wenzeslaw (1778-1841), reicher ukrainischer Großgrundbesitzer und Ehemann von Evelina Hanska. Ist sich der Beziehung seiner Ehefrau zu Balzac mehr oder minder bewußt.

Hetzel, Pierre-Jules (1814-1886), bedeutender französischer Verleger, u.a. auch Jules Verne, der zusammen mit den Verlagshäusern Dubochet und Furne sich seit Ende 1841 daran macht Balzacs Gesammelte Werke zu verlegen, die ab 1842 unter dem Titel die *Menschliche Komödie* erscheinen.

Hugo, Victor (1802-1885), veröffentlicht 1831 mit dem *Glöckner von Notre-Dame* den bedeutendsten historischen Roman in Frankreich. Obwohl er sich immer wieder negativ über Hugo in seinen Briefen an die Hanska äußert - so bereits in einem der allerersten Briefe von März 1833 oder auch vom 29. Mai 1833 - verbindet sie gleichwohl eine Art Freundschaft, und nicht zufällig empfängt Balzac Hugo als eine der letzten Personen an seinem Sterbebett. Er hält auf ihn eine ergreifende Grabrede.

Lemaître, Frédérick (1800-1876), einer der größten Schauspieler seiner Zeit. Er spielte 1841 in der Uraufführung des *Vautrin* die Hauptrolle und trat dabei mit der gleichen Haartracht auf wie König Louis Philippe. Daraufhin wurde das Stück verboten.

Liszt, Franz (1811-1886), häufig in den Briefen erwähnter Komponist und Pianist. Im April 1843 lernt er in Sankt Petersburg Evelina Hanska kennen. Er macht ihr zum Mißfallen Balzacs sofort den Hof, was ihr offenkundig zusagt. Siehe dazu vor allem den Brief vom 28. Mai 1843.

Mame, Louis, (1775-1839), Verleger Balzacs aus den frühen 1830er Jahren. Gegen ihn führt Balzac 1833 einen unerfreulichen Prozeß, den er trotz der Unterstützung der Duchesse d'Abrantès verliert. Siehe hierzu vor allem den Brief vom 19. Juli 1833.

Marbouty, Caroline (1803-1890), begleitet Balzac auf seiner ersten Italienreise in 1836. Er widmet ihr *Die Grenadière*.

Margonne, Jean-François-Alexandre de (1780-1858), Freund Balzacs und Besitzer der »Schloßruine« Saché. Siehe dazu Brief vom 17. Februar 1834. Balzac widmet ihm *Eine dunkle Begebenheit*.

Nacquart, Jean-Baptiste (1780-1854), Freund und Arzt Balzacs, den er Evelina Hanska gegenüber bereits im Brief vom 29. Mai 1833 erwähnt. Balzac widmet ihm *Die Lilie im Tal*.

Nodier, Charles (1780-1844), Schriftsteller, väterlicher Freund und Unterstützer Balzacs, den er von Anbeginn des Briefwechsel erwähnt. Siehe vor allem die Briefe vom 19. und 22. Dezember 1842 sowie vom 18. Dezember 1843.

Peytel, Sébastien-Benoît (1804-139), Notar aus Bourg, zuvor als Journalist in Paris tätig, der 1839 wegen Mordes zum Tode verurteilt wird. Balzac versucht vergeblich, ihn vor dem Schafott zu retten.

Planche, Gustave (1808-1857), Literaturkritiker, den Balzac zunächst verachtet, später aber dessen Unterstützung schätzt.

Potocka, Comtesse, Marie de, geb. Rzewuska (1786-1849), Cousine und Vertraute von Evelina Hanska.

Potocka, Sophie Comtesse (1760-1822), die Schöne Griechin genannt. Geliebte von Fürst Potemkin.

Rossini, Gioacchino (1792-1868), Komponist und von Balzac bewunderter Freund. Lebte in den 1820 und 30er Jahre in Paris, wo er unter anderen die Oper *Wilhelm Tell* schrieb.

Sand, George, geb. Aurore Dupin, verheiratete Dudevant (1804-1876), Schriftstellerin, die von Balzac durch die Schreibweise Georges gern vermännlicht wird. Seine einfühlsame und von tiefer Verbundenheit geprägte Charakterisierung der Sand kommt im Brief vom 2. März 1838 zum Ausdruck. Balzac widmet ihr *Memoiren zweier Jungvermählter.*

Sandeau, Jules (1811-1883), Schriftsteller. Seinetwegen verläßt Aurore Dudevant ihren Ehemann und geht mit ihm nach Paris, wo sie sich in Verkürzung seines Namens das Pseudonym Sand zulegt. Nachdem ihn die Sand verlassen hat, arbeitet er als Sekretär für Balzac, ist aber den Anforderungen dieses Arbeitswütigen nicht gewachsen und muß im März 1836 wieder gehen. Äußert sich Balzac im Jahr 1833 noch sehr positiv über Sandeau und negativ über die Sand, so verändert sich dies dann spätestens im Jahr 1838 ins Gegenteil. Siehe dazu vor allem die Briefe von Ende März 1833, vom 29. Mai 1833 und vom 19. Dezember 1835.

Séchard, David. Unter diesem Namen der Hauptperson aus *Ève et David* spricht Balzac in seinen Briefen in 1843 viel über einen Roman, der dann unter dem Titel *Die Leiden des Erfinders* in die *Menschliche Komödie* eingeht.

Sismondi, Jean Simonde de (1773-1842), Genfer Historiker, dessen Bekanntschaft Balzac und Evelina Hanska gemeinsam im Januar 1834 in Genf machen. Gilt Balzac in seinen Briefen immer als Vorbild einer harmonischen Beziehung eines arbeitswütigen Mannes und einer verständnisvollen Frau. Der Wohnsitz der Sismondis im Genfer Vorort Chène gaukelt hin und wieder als Ideal für ein mögliches Zusammenleben mit Evelina Hanska durch Balzacs Briefe, so vor allem in dem vom 5. Januar 1842.

Souverain, Hippolyte (1803-1880), einer der Verleger Balzacs, mit dem er u.a. im April 1841 einen Vertrag über *Die Fischerin im Trüben, Die Bauern, Eine dunkle Begebenheit* abschließt.

Vernet, Horace (1789-1863), Maler und Direktor der französischen Akademie in Rom. Im Jahr 1843 will sich Evelina Hanska von ihm porträtieren lassen, doch Balzac rät ihr dringend ab. Siehe dazu den Brief vom 22. Januar 1843.

Werdet, Edmond (1793-1870), Verleger Balzacs und zunächst Angestellter im Verlagshaus Charles Béchet. Seinetwegen kommt Balzac, den er als Freund und Verleger sehr schätzt, in große Schwierigkeiten, da er für ein Wechselgeschäft Werdets bürgte. Siehe dazu vor allem die Briefe vom 18./19. Oktober 1834 und vom 22. Oktober 1836.

Angoulême, Hauptstadt des westfranzösischen Departements Charente, Wohnort von Zulma Carraud, solange ihr Ehemann Direktor der örtlichen Munitionsfabrik war.

Berditschew, Stadt in der Ukraine, in deren Nähe das Landgut Wierzchownia der Hanskis liegt. Am 14. März 1850 findet in Berditschew die Trauung von Evelina Hanska und Balzac statt.

Diodati, Villa in Cologny am Genfer See, in der Lord Byron 1816 eine Zeitlang wohnte. Von Balzac als eine Art Elysium verehrter Ort, den er sowohl 1832 mit der Marquise de Castries als auch 1834 mit Evelina Hanska aufsuchte.

Dresden, königliche Residenzstadt, von Balzac erstmals auf seiner Rückreise von Sankt Petersburg besucht und überschwenglich beschrieben. Siehe dazu den Brief vom 19. Oktober 1843.

Florenz, die toskanische Metropole wird von Balzac im April 1837 gleichsam auf den Spuren von Evelina Hanska aufgesucht, die dort im Frühjahr 1835 weilt und wo eine Büste von ihr gefertigt wird.

Frapesle, Schloß der Carrauds bei Issoudun im Berry, in dem sie seit dem Ruhestand von Monsieur Carraud wohnen und das wie zuvor Angoulême ein Zufluchtsort Balzacs ist, der sich im Februar 1838 dort für einige Zeit aufhält. Die Umgebung des Schlosses bildet den Rahmen für den Roman *Die Fischerin im Trüben*.

Genf, im Winter 1833/34 wohnen die Hanskis dort im Haus Mirabaud. Während seines sechswöchigen Aufenthaltes im Januar und Februar 1834 wohnt Balzac ganz in der Nähe im Hôtel de l'Arc. Ort der ersten intimen Begegnung zwischen Balzac und Evelina Hanska.

La Bouleaunière, Wohnsitz von Laure de Berny bei Nemours, 70 km von Paris entfernt. Balzac schreibt dort zum Teil *Das Chagrinleder*. Er besucht die *Dilecta* das letzte Mal im Oktober 1835.

Lagny, Sitz einer Druckerei, die u.a. *Glanz und Elend der Kurtisanen* sowie *Die Leiden des Erfinders* im Jahr 1843 fertigstellt. Balzac weilt dort den Juni 1843 über, wahrscheinlich in Begleitung von Madame de Brugnol, um den Druck zu überwachen.

La Grenadière, Besitzung in der Touraine, wo er sich im Juni 1830 mit Laure de Berny aufhielt. Auf unnachahmliche Weise in *Die Lilie im Tal* beschrieben. Es sollte ein ewiger Traum Balzacs bleiben, eines Tages diese »kleine Touraine« zu erwerben.

Les Jardies, im Herbst 1837 erworbenes Anwesen in Sèvres, das Balzac zu einem großartig geplanten Landsitz ausbauen möchte. Die Kosten für Restauration, Ausbau und Unterhalt verschlingen ungeahnte Summen. Im September 1840 erhält einer seiner zahlreichen Gläubiger einen Pfändungsbeschluß, so daß Balzac sein geliebtes Anwesen am 1. Oktober 1840 für immer aufgeben muß.

Mailand, Ziel der Hanskis im Frühjahr 1834 auf ihrer langen Reise durch die Schweiz, Norditalien und Österreich. Im Frühjahr 1837 dann auch von Balzac besucht.

Neuchâtel, Ort der ersten Begegnung zwischen Evelina Hanska und Balzac am 25. September 1833. Sein Hotel, das Pré-l'Évêque, wird im Verlauf der Jahre immer wieder als Ort der Verzauberung erwähnt.

Pawlowka, Landgut, das Ernest Rzewuska 1833 an seine Schwester Evelina und seinen Schwager Wenzeslaw Hanski verkauft hat.

Rue Basse in Passy. Dort wohnt Balzac nach der Aufgabe von Les Jardies mit seiner »Gouvernante« Madame de Brugnol unter der Adresse Monsieur de Breugnol.

Rue des Batailles in Chaillot. Dort wohnt Balzac in einer »kleinen, wenig bezaubernden Zelle« seit März 1835, ohne die Wohnung in der Rue Cassini aufzugeben.

Rue Cassini, in dieser Straße nahe dem Pariser Observatorium wohnt Balzac bereits zu Beginn des Briefwechsels mit Evelina Hanska.

Rue de Richelieu, seit 1839 neben dem Besitz Les Jardies seine kleine Pariser Wohnung, die er im April 1842 endgültig aufgibt.

Saché, »ist eine Schloßruine am Indre, in einem der lieblichsten Täler der Touraine… Der Himmel ist dort so klar, die Eichen so schön, die Ruhe so grenzenlos." (Brief von Ende März 1833). Dieser Ort mit seiner bezaubernden Umgebung ist Schauplatz der *Lilie im Tal*. Im September 1834 wohnt Balzac dort einen Monat lang, um mit den Arbeiten an *Père Goriot* zu beginnen.

Sankt Petersburg, im Spätsommer 1843 Ort der bis dahin längsten Begegnung von Evelina Hanska und Balzac, der von dort im Oktober des Jahres in der Gewißheit nach Paris zurückkehrt, einer endgültigen Verbindung mit der vermögenden Gräfin entgegensehen zu können.

Sardinien, Ziel Balzacs in 1838, um dort im Auftrag der Guidoboni-Visconti Geschäftsinteressen wahrzunehmen, die darin bestanden, Rechte für eine Nutzung der verbliebenen Bleierze aus sardischen Silberminen nach neuesten Erkenntnissen gewinnbringend auszunutzen.

Venedig, im April 1837 von Balzac auf seiner zweiten Italienreise besucht. »Venedig und die Schweiz sind die beiden Werke der Schöpfung, das eine menschlich, das andere göttlich, die mir bislang als vollkommen unvergleichlich und die gewöhnlichen Maßstäbe übersteigend erscheinen.« (Brief vom 10. April 1837).

Wien, Ziel einer in jeder Hinsicht aufwendigen Reise Balzacs im Mai 1835, wo er Evelina Hanska das letzte Mal vor ihrem Zusammentreffen 1843 in Sankt Petersburg sieht.

Wierzchownia, Gutsschloß der Hanskis in Wolhynien. Jahre-
lang Balzac nur als Gemälde gegenwärtig (siehe dazu
den Brief vom 16. Dezember 1840), denn erst im September 1847 wird er W. zum ersten Male sehen.

1799 Geburt am 20. Mai in Tours als Sohn des Leiters des Proviantamtes der Armee Bernard-François Balsa oder Balssa (1746-1829) und von Anne-Charlotte-Laure, geb. Sallambier (1778-1854).

1807 Besuch des Collège der Oratorianer in Vendôme, das später in *Louis Lambert* beschrieben wird; 1813 Entlassung wegen Krankheit.

1814 In Paris Unterbringung im Institut Lepître; Besuch des Lycée Charlemagne.

1816 Beginn eines Jurastudiums, gleichzeitig praktische Ausbildung bei einem Notar.

1819 Ablegung der ersten juristischen Prüfung, im *Chagrinleder* beschrieben. Danach Beschluß, Schriftsteller zu werden. Anmietung einer Dachkammer in der Rue Lesdignières.

1821 Gemeinsam mit dem Schriftsteller Auguste Lepoitevin (1793-1854) Verfasser von Kolportageromanen unter dem Pseudonym Auguste de Viellerglé. Erste Begegnung mit Laure de Berny. Bald darauf Romane unter dem Pseudonym Horace de Saint-Aubin.

1824 Selbstmordgedanken nach dem Scheitern der »Romanfabrik« Lepoitevin/Balzac.

1825 Beteiligung an Verlagsprojekten des Journalisten Horace Raisson und des Verlegers Urbain Canel mit Geld seiner Familie und von Madame de Berny.

1826 Scheitern dieser Verlagssozietät unter hohen Verlusten. Mit neuem Kapital Kauf einer Buchdruckerei, später einer Letterngießerei.

1828 Endgültiges Aus dieser geschäftlichen Spekulationen. Schuldenlast von 90 000 Francs. Unter Pseudonym Anmietung einer Wohnung in der Rue Cassini. Rückkehr zur Schriftstellerei.

1829 Im März erscheint mit den *Chouans* der erste richtige Roman unter eigenem Namen. Bald darauf folgtdie *Physiologie der Ehe*, die Evelina Hanska so gut gefiel.

1830 Mit den ersten beiden Bänden der *Szenen aus dem Privatleben*, die u.a. *Gobseck*, *Der Ball zu Sceaux* enthalten, plötzlich bekannt. Im Frühsommer Aufenthalt mit Laure de Berny auf dem Landsitz La Grenadière in der Touraine.

1831 Selbstadelung in *de* Balzac. Trotz hoher Schulden aufwendiger Lebensstil mit Diener und Wagen. Es erscheint u.a. das *Chagrinleder*. Aufenthalte bei Monsieur de Margonne in Saché und bei den Carrauds in Angoulême. Erster Brief der Marquise de Castries.

1832 Erster Brief der »Fremden« im März. Verkehr in der aristokratischen Gesellschaft. Im Herbst Reise mit der Marquise de Castries nach Aix-les-Bains. Zerwürfnis in Genf. Flucht aufs Land zu Laure de Berny. Es erscheinen das erste Zehent der *Tolldreisten Geschichten*, *Die Frau von dreißig Jahren*, *Louis Lambert*.

1833 Von April bis Mai wieder Aufenthalt in Angoulême bei den Carrauds. Im September erstes Zusammentreffen mit Evelina Hanska in Neuchâtel. Ende Dezember Fahrt nach Genf. Es erscheinen u.a. *Der Landarzt*, das zweite Zehent der *Tolldreisten Geschichten*. Beginn einer neuen Romanserie *Études de mœurs au XIX. siècle*, die u.a. *Eugénie Grandet* und *Gaudissart* enthält.

1834 Bis Anfang Februar in Genf. Im April bei den Carrauds in Frapesle bei Issoudun, im Oktober bei Monsieur de Margonne in Saché. Es erscheinen *Die Suche nach dem Absoluten*, *Geschichte der Dreizehn*, *Die Herzogin von Langeais*.

1835 Wohnhaft in der Rue des Batailles unter dem Namen Veuve Durant. Im Mai finanziell sehr aufwendige Reise nach Wien zu den Hanskis. Es erscheinen u.a. *Père Goriot, Seraphita* sowie *Der Ehekontrakt*.

1836 Versuch als Zeitungsverleger mit der *Chronique de Paris*. Vom 27. April bis 4. Mai wegen Dienstverweigerung bei der Nationalgarde im Gefängnis. Beziehung zur Comtesse Sarah Guidoboni-Visconti. Erste Italienreise im Auftrag des Ehepaares Guidoboni-Visconti, aber in Begleitung von Caroline Marbouty. Es erscheint u.a. *Katharina von Medici*.

1837 Im Frühjahr wieder für zwei Monate in Italien. Konkurs des Verlegers Werdet. Zuflucht vor Gläubigern im Stadthaus der Viscontis an den Champs-Élysées. Die *Chronique* wird eingestellt. Es erscheinen u.a. der erst Teil der *Verlorenen Illusionen, César Birotteau, Die Messe des Atheisten*.

1838 Im Frühjahr Scheitern des Versuchs, mit Silberbergwerken auf Sardinien Geschäfte zu machen. Ausbau der Besitzung Les Jardies in Sèvres. Bekanntschaft mit George Sand. Es erscheinen u.a. *Das Bankhaus Nucingen, Die Beamten* (zunächst unter dem Titel *La Femme supérieure*) sowie der erste Teil von *Glanz und Elend der Kurtisanen* (zunächst unter dem Titel *La Torpille*).

1839 Ein Jahr intensiven literarischen Schaffens. Erfolgloses Eintreten für den wegen Mordes zum Tode verurteilten Notar Peytel in Bourg. Es erscheinen u.a. *Das Antiquitätenkabinett, Beatrix*, Teil 1 und 2.

1840 Im März Premiere des Theaterstücks *Vautrin*, die kläglich scheitert. Am 1. Oktober endgültige Aufgabe von Les Jardies, Bezug der Wohnung in der Rue Basse in Passy. Es erscheint u.a. *Pierrette*.

1841   Im November Tod von Wenzeslaw Hanski. Im Herbst
       Vertrag mit einem Verlegerkonsortiums über die Heraus-
       gabe der Gesammelten Werke unter dem Titel: *Die
       Menschliche Komödie*. Es erscheint u.a. *Der Dorfpfar-
       rer*.

1842   Im März Premiere des Theaterstücks *Les Ressources de
       Quinola* im Odéon. Es erscheinen die Bände 1 bis 3
       der *Menschlichen Komödie*.

1843   Im Juni wochenlang in Lagny, um den Druck von
       Glanz und Elend der Kurtisanen zu überwachen.
       Reise nach Sankt Petersburg zu Evelina Hanska von
       Ende Juli bis Anfang Oktober. Rückkehr in der Gewiß-
       heit einer künftigen festen Verbindung. Es erscheint
       u.a. der letzte Teil von *Verlorene Illusionen*.

1844   Einkauf angeblich wertvoller Möbel und Gegenstände
       für eine gemeinsame Pariser Wohnung mit Evelina
       Hanska. Schwere Gelbsucht. Es erscheinen u.a. Teil 1
       und 2 von *Glanz und Elend der Kurtisanen*, *Modeste
       Mignon*.

1845   Evelina Hanska hält sich mit ihrer Tochter Anna seit Fe-
       bruar in Dresden auf, Besuch im Mai. Gemeinsame Wei-
       terreise nach Cannstatt, Paris, Holland. Abschied in
       Brüssel. Im Herbst gemeinsame Reise nach Italien. Es er-
       scheint u.a. der 3. Teil von *Beatrix*.

1846   Neue Italienreise mit Evelina Hanska, zu Ostern in
       Rom, Audienz beim Papst. Vorbereitungen zur Heirat
       in Metz. Kauf eines Hauses in der Rue Fortunée. Im De-
       zember hat Evelina Hanska eine Frühgeburt eines Mäd-
       chens in Dresden. Es erscheinen u.a. die letzten vier
       Bände der *Menschlichen Komödie*, der 3. Teil von
       Glanz und Elend der Kurtisanen.

1847   Im Frühjahr zweimonatiger Aufenthalt von Evelina
       Hanska in der Rue Fortunée. Im Oktober erste Reise in
       schlechter gesundheitlicher Verfassung zu ihr nach
       Wierzchownia. Insgesamt vier Monate in der Ukraine.
       Es erscheinen der 4. Teil von *Glanz und Elend der
       Kurtisanen*, *Vetter Pons* und *Cousine Bette*.

1848   Rückkehr nach Paris kurz vor der Februarrevolution. Im Juni letzter Besuch in Saché. Im Herbst zweite Reise in die Ukraine.

1849   Das ganze Jahr bei sehr schlechter Gesundheit in Wierzchownia. Die Académie Française lehnt die Aufnahme ab. Der Zar stimmt einer Heirat zu, wenn Evelina Hanska ihren gesamten Besitz der Krone überläßt.

1850   Am 14. März Trauung mit Evelina Hanska in Berditschew. Im April Abreise des Paares nach Paris. Im August Besuch von Victor Hugo am Sterbebett. Tod in der Nacht vom 18. zum 19. August. Am 21. Leichenbegängnis, Victor Hugo hält eine ergreifende Grabrede.

INHALTSVERZEICHNIS